***ACCESO GRATIS** a la Lectura en la Nube*

Para visualizar el libro electrónico en la nube de lectura envíe junto a su nombre y apellidos una fotografía del código de barras situado en la contraportada del libro y otra del ticket de compra a la dirección:

ebooktirant@tirant.com

En un máximo de 72 horas laborales le enviaremos el código de acceso con sus instrucciones.

La visualización del libro en **NUBE DE LECTURA** excluye los usos bibliotecarios y públicos que puedan poner el archivo electrónico a disposición de una comunidad de lectores. Se permite tan solo un uso individual y privado

NUEVAS PERSPECTIVAS SOBRE LA PROTECCIÓN DE LOS DERECHOS Y EL BIENESTAR DE LOS ANIMALES

COMITÉ CIENTÍFICO DE LA EDITORIAL TIRANT LO BLANCH

María José Añón Roig
Catedrática de Filosofía del Derecho de la Universidad de Valencia

Ana Cañizares Laso
Catedrática de Derecho Civil de la Universidad de Málaga

Jorge A. Cerdio Herrán
Catedrático de Teoría y Filosofía del Derecho Instituto Tecnológico Autónomo de México

José Ramón Cossío Díaz
Ministro en retiro de la Suprema Corte de Justicia de la Nación y miembro de El Colegio Nacional

María Luisa Cuerda Arnau
Catedrática de Derecho Penal de la Universidad Jaume I de Castellón

Manuel Díaz Martínez
Catedrático de Derecho Procesal de la UNED

Carmen Domínguez Hidalgo
Catedrática de Derecho Civil de la Pontificia Universidad Católica de Chile

Eduardo Ferrer Mac-Gregor Poisot
Juez de la Corte Interamericana de Derechos Humanos Investigador del Instituto de Investigaciones Jurídicas de la UNAM

Owen Fiss
Catedrático emérito de Teoría del Derecho de la Universidad de Yale (EEUU)

José Antonio García-Cruces González
Catedrático de Derecho Mercantil de la UNED

José Luis González Cussac
Catedrático de Derecho Penal de la Universidad de Valencia

Luis López Guerra
Catedrático de Derecho Constitucional de la Universidad Carlos III de Madrid

Ángel M. López y López
Catedrático de Derecho Civil de la Universidad de Sevilla

Marta Lorente Sariñena
Catedrática de Historia del Derecho de la Universidad Autónoma de Madrid

Javier de Lucas Martín
Catedrático de Filosofía del Derecho y Filosofía Política de la Universidad de Valencia

Víctor Moreno Catena
Catedrático de Derecho Procesal de la Universidad Carlos III de Madrid

Francisco Muñoz Conde
Catedrático de Derecho Penal de la Universidad Pablo de Olavide de Sevilla

Angelika Nussberger
Catedrática de Derecho Constitucional e Internacional en la Universidad de Colonia (Alemania). Miembro de la Comisión de Venecia

Héctor Olasolo Alonso
Catedrático de Derecho Internacional de la Universidad del Rosario (Colombia) y Presidente del Instituto Ibero-Americano de La Haya (Holanda)

Luciano Parejo Alfonso
Catedrático de Derecho Administrativo de la Universidad Carlos III de Madrid

Consuelo Ramón Chornet
Catedrática de Derecho Internacional Público y Relaciones Internacionales de la Universidad de Valencia

Tomás Sala Franco
Catedrático de Derecho del Trabajo y de la Seguridad Social de la Universidad de Valencia

Ignacio Sancho Gargallo
Magistrado de la Sala Primera (Civil) del Tribunal Supremo de España

Elisa Speckman Guerra
Directora del Instituto de Investigaciones Históricas de la UNAM

Ruth Zimmerling
Catedrática de Ciencia Política de la Universidad de Mainz (Alemania)

Fueron miembros de este Comité:

Emilio Beltrán Sánchez, Rosario Valpuesta Fernández y Tomás S. Vives Antón

Procedimiento de selección de originales, ver página web:
www.tirant.net/index.php/editorial/procedimiento-de-seleccion-de-originales

NUEVAS PERSPECTIVAS SOBRE LA PROTECCIÓN DE LOS DERECHOS Y EL BIENESTAR DE LOS ANIMALES

Directores
DULCE M. SANTANA VEGA
OCTAVIO LUIS PÉREZ LUZARDO
JUAN ALBERTO CORBERA SÁNCHEZ

Coordinadora
CRISTINA CAZORLA GONZÁLEZ

tirant lo blanch
Valencia, 2025

Copyright ® 2025

Todos los derechos reservados. Ni la totalidad ni parte de este libro puede reproducirse o transmitirse por ningún procedimiento electrónico o mecánico, incluyendo fotocopia, grabación magnética, o cualquier almacenamiento de información y sistema de recuperación sin permiso escrito de los autores y del editor.

En caso de erratas y actualizaciones, la Editorial Tirant lo Blanch publicará la pertinente corrección en la página web www.tirant.com.

© Dulce M. Santana Vega
Octavio Luis Pérez Luzardo
Juan Alberto Corbera Sánchez

© TIRANT LO BLANCH

EDITA: TIRANT LO BLANCH
C/ Artes Gráficas, 14 - 46010 - Valencia
TELFS.: 96/361 00 48 - 50
FAX: 96/369 41 51
Email: tlb@tirant.com
www.tirant.com
Librería virtual: www.tirant.es
DEPÓSITO LEGAL: V-4453-2025
ISBN: 979-13-7010-583-9

Si tiene alguna queja o sugerencia, envíenos un mail a: *atencioncliente@tirant.com*. En caso de no ser atendida su sugerencia, por favor, lea en *www.tirant.net/index.php/empresa/politicas-de-empresa* nuestro procedimiento de quejas.

Responsabilidad Social Corporativa: http://www.tirant.net/Docs/RSCTirant.pdf

Índice

Prólogo ***25***

Juan A. Corbera Sánchez
Octavio Pérez Luzardo
Dulce M. Santana Vega

CAPÍTULO
INTRODUCTORIO

La constitucionalización de los derechos de los animales en España ***33***

Iván Ojeda Legaza

I. Visión general 33

II. La protección constitucional de los animales en el Derecho comparado: modelos y experiencias 36

2.1. Europa y los países pioneros en la protección animal 36

2.2. Hispanoamérica: Un faro en la penumbra 39

III. Estado de la cuestión y marco jurídico en España 43

3.1. El derecho de los animales en España 43

3.2. La Ley 7/2023, de 28 de marzo: Una breve aproximación 51

3.3. La Sentencia del Tribunal Constitucional 81/2020 de 15 de julio 53

3.4. La (¿posible?) implementación efectiva de los derechos de los animales a través de la Constitución 54

Bibliografía 56

CAPÍTULO PRIMERO
ADMINISTRACIONES PÚBLICAS Y PROTECCIÓN ANIMAL

Aspectos competenciales en la aplicación de la Ley 7/2023, de 28 de marzo, de protección de los derechos y el bienestar de los animales ***63***

Ruth Manzanares Fernández

I. Introducción 63

II. Títulos competenciales en el ámbito de la protección de los animales..... *65*

III. Posibles conflictos entre la Ley 7/2023, de 28 de marzo, de protección de los derechos y el bienestar de los animales y las leyes autonómicas aprobadas previamente: prevalencia de la normativa básica estatal, inconstitucionalidad sobrevenida y desplazamiento autonómico........ *67*

IV. La adaptación de la normativa autonómica tras la aprobación de la Ley 7/2023, de 28 de marzo........ *71*

V. Conclusiones........ *73*

Bibliografía........ *74*

Las administraciones públicas en la protección animal: nuevas perspectivas ***77***

Ruth Manzanares Fernández

I. Introducción........ *77*

II. Unión Europea: pasado, presente y futuro........ *79*

2.1. El Derecho de la Unión Europea como fuente de Derecho........ *79*

2.2. La Unión Europea y el bienestar animal........ *80*

2.3. Los animales de compañía en el ámbito de la Unión Europea...... *82*

III. El Estado........ *83*

3.1. Normativa: de dónde venimos........ *83*

3.2. Normativa: a dónde vamos........ *88*

3.3. Políticas públicas........ *90*

IV. Las comunidades autónomas. Principio y fin de los nuevos retos........ *92*

4.1. Normativa........ *92*

4.2. Competencias, aplicación y políticas públicas........ *95*

V. Entidades locales, primera línea de acción........ *96*

5.1. Retos y desafíos........ *96*

5.2. Políticas públicas........ *97*

VI. Conclusiones........ *100*

Bibliografía........ *102*

Identificación de los animales, los registros de animales de compañía ***107***
RUTH MANZANARES FERNÁNDEZ

I. Introducción *107*

II. La importancia de la identificación *107*

III. Evolución y situación previa a la aprobación de la Ley 7/2023, de 28 de marzo, de protección de los derechos y el bienestar de los animales *113*

IV. El nuevo marco jurídico de la identificación de animales de compañía *114*

V. Retos por resolver *117*

5.1. Legales y tecnológicos *117*

5.2. Sociales *119*

VI. Posibilidades adicionales y nuevas tecnologías *121*

6.1. Microchips electrónicos avanzados *122*

6.2. Identificación biométrica: huellas nasales, reconocimiento facial y ADN *123*

6.3. Identificación por ADN *124*

6.4. Blockchain para el registro y la trazabilidad de animales de compañía *124*

6.5. Aplicaciones móviles y sistemas interconectados para la gestión de datos *125*

VII. Conclusiones *126*

Bibliografía *129*

CAPÍTULO SEGUNDO
ASPECTOS FISIOLÓGICOS, ETOLÓGICOS Y ETIOLÓGICOS DE LOS DERECHOS DE LOS ANIMALES

La importancia de la socialización de las especies canina y felina ***133***
ÁNGELA GONZÁLEZ MARTÍNEZ

I. Introducción *133*

II. Ontogenia de la conducta de la especie canina y felina *134*

2.1. Etapa prenatal *135*

2.2. Periodo neonatal *136*

2.3. Periodo de transición *138*

2.4. Periodo de socialización *139*

2.5. Periodo juvenil *143*

2.6. Adolescencia *143*

III. Importancia de las clases de cachorros *144*

IV. Edad de adopción ideal de cachorros y gatitos *146*

V. El papel de las madres en el desarrollo de los cachorros y gatitos *147*

VI. Conclusiones *148*

Bibliografía *148*

Zooeyia: los beneficios positivos de la tenencia de los animales para nuestra salud ***153***

Juan Alberto Corbera Sánchez

I. Introducción *153*

II. Beneficios de la tenencia de mascotas derivados de la actividad física *155*

III. Beneficios de la tenencia de mascotas para la población infantil y adolescente *157*

IV. Beneficios de la tenencia de mascotas para la población de edad avanzada *158*

V. Beneficios de la tenencia de mascotas en las familias que conviven con el autismo *160*

VI. Beneficios de la tenencia de mascotas sobre el bienestar mental *160*

VII. Beneficios de la tenencia de mascotas sobre la salud cardiovascular *162*

VIII. Beneficios de la tenencia de mascotas y el incremento de la interacción social *165*

IX. Efectos de la tenencia de mascotas sobre las alergias y el asma *165*

X. Beneficios de la tenencia de aves como mascotas *168*

Bibliografía *169*

El alojamiento y transporte de los animales. Necesidades fisiológicas y etológicas ***177***

José Rodríguez Torres

I. Alojamiento y transporte: dimensiones clave del bienestar animal *177*

II. Problemática actual de bienestar animal en animales de compañía *178*

III. El marco legal *180*

IV. El bienestar animal. Concepto y breve reseña histórica *183*

4.1. Bienestar animal. El concepto *183*

4.2. Las cinco libertades *183*

4.3. El Modelo de los Cinco Dominios *184*

V. Alojamiento y bienestar animal. Consideraciones específicas *186*

5.1. Enriquecimiento ambiental *186*

5.2. Generalidades *187*

5.3. Perros *189*

5.4. Gatos *190*

5.5. Conejos *191*

5.6. Aves *192*

5.7. Reptiles *193*

5.8. Peces *194*

VI. Viajando con tu mascota *195*

6.1. Viajar en avión *195*

6.2. Viajando en coche *197*

Bibliografía *197*

Colonias felinas. El método CER ***203***

Octavio Pérez Luzardo
María Del Mar Travieso Aja
Manuel Luis Zumbado Peña
Beatriz Martín Cruz

I. Introducción *203*

II. Marco legal y normativo *205*

III. Colonias felinas: conceptos clave ... 208

3.1. Dinámica poblacional y formación de colonias ... 209

3.2. Conflictos asociados a las colinas felinas ... 209

3.3. Protección y gestión ética ... 210

IV. El Método de Captura-Esterilización-Retorno (CER): un enfoque de gestión integral ... 211

4.1. El Método CER ... 211

4.2. Ventajas del CER frente a otras estrategias de control poblacional de gatos ... 212

4.3. Enfoque Integral del CER ... 213

V. Directrices Técnicas para la Implementación del método CER en España ... 214

VI. Casos de éxito y experiencias prácticas en España ... 216

6.1. Un modelo de gestión urbana: Córdoba ... 216

6.2. Un modelo pionero en la gestión ética de gatos en áreas protegidas: La Graciosa ... 218

6.3. Claves del éxito y aprendizajes para el futuro ... 219

VII. Retos y oportunidades ... 220

7.1. Dificultades en la implementación del método CER ... 220

7.2. Adaptaciones específicas para contextos complejos ... 221

7.3. Oportunidades para fortalecer el método CER ... 221

VIII. Conclusiones y recomendaciones ... 222

8.1. Conclusiones ... 223

8.2. Recomendaciones ... 224

Bibliografía ... 225

Los perros de trabajo: consideraciones especiales ... **231**

Carlos Alfonso López García

I. Consideraciones generales previas ... 231

1.1. La coyuntura actual: el perro de compañía como estándar ... 231

1.2. Los perros de trabajo ... 232

1.3. Cómo se ha regulado a los perros de trabajo ... 233

1.4. Conocer para regular *235*

II. ¿Sabemos qué es un perro de trabajo? Definir para empezar *235*

III. ¿Qué tipos de perros de trabajo existen? Clasificar para operativizar .. *237*

IV. Las coordenadas que encuadran a los perros de trabajo *240*

4.1. La cría selectiva: un poco de historia *240*

4.2. El perfil físico, emocional, cognitivo y social de los perros de trabajo *242*

4.3. Los reglamentos, las pruebas de trabajo y los deportes cinófilos: un medio que se ha convertido en un fin (y en un remedio) *244*

4.4. Las entidades que tutelan a los perros de trabajo *246*

V. Legislar los perros de trabajo *247*

5.1. Condiciones de desempeño de su actividad *248*

5.2. Trazabilidad de perros en activo y de perros seleccionados para el trabajo que no están en activo *250*

5.3. Condiciones de convivencia y tenencia *251*

5.4. Condiciones de cría y educación *253*

VI. Para terminar *253*

Alguna bibliografía sobre la materia *254*

Las razas caninas y la clasificación de animales potencialmente peligrosos ***257***

Carlos Alfonso López García

I. Introducción *257*

1.1. De qué va este capítulo *257*

1.2. Los perros, nosotros y las leyes *258*

II. Problemas conceptuales al legislar la peligrosidad canina *260*

2.1. ¿Peligroso o agresivo? *260*

2.2. Cómo se determina el potencial de agresión (que no de peligrosidad) de un perro al legislar *265*

2.3. Morder fuerte: la variable fantasma (e irrelevante) *266*

2.4. Las características que hacen a un perro potencialmente peligroso, según la ley española: desglosar la racialización *268*

III. Las razas caninas como categoría clasificatoria 271

3.1. ¿Qué es una raza canina? 271

3.2. Lo que las razas son y nos permiten saber y lo que no 272

3.3. La raza NO es el fenotipo físico 273

3.4. Qué es el tipo racial y qué NO es 274

3.5. Las razas y la agresividad: lo que sabemos y lo que deducimos de lo que sabemos 275

3.6. Aprovechar lo que sabemos de las razas para prevenir las agresiones caninas y la peligrosidad de los perros en general 278

3.7. Las razas como herramienta de clasificación por peligrosidad, el bienestar animal y el cuidado de sus derechos 280

IV. Algunos hechos y algunas conclusiones 283

Alguna bibliografía sobre la materia 284

CAPÍTULO TERCERO
CUESTIONES DE DERECHO PRIVADO EN LA PROTECCIÓN Y EL BIENESTAR ANIMAL

Cría, venta y comercialización de animales de compañía. Transmisión de la titularidad ***289***

Rosalía Estupiñán Cáceres

I. Consideraciones previas 289

II. Marco normativo 293

2.1. Legislación nacional y autonómica 293

2.1.1. Normativa nacional 293

2.1.2. Normativas autonómicas 295

2.2. Normativa y directrices de la Unión Europea 296

2.3. Tratados Internacionales 297

III. Cría de animales de compañía 298

IV. Venta y comercialización de animales de compañía 301

4.1. La comercialización como género y la venta como especie 301

4.2. El contrato de compraventa y la regulación de la comercialización y venta en tiendas y online 303

V. Transmisión de la titularidad *307*

5.1. Cesión gratuita *307*

5.2. Adopción *308*

VI. Retos y perspectivas futuras *310*

VII. Conclusiones *311*

Bibliografía *313*

Titularidad y custodia de animales de compañía en situaciones de separación, divorcio y nulidad ***317***

Miguel Gómez Perals

I. Introducción *317*

II. Una cuestión terminológica y una nueva consideración de la mascota *318*

III. La previsión en pactos entre los miembros de la pareja *321*

IV. La atribución conjunta o exclusiva del animal a uno u otro (ex)cónyuge *324*

V. Las medidas judiciales *329*

5.1. Las medidas provisionales tras la admisión de la demanda *329*

5.2. Las medidas en la sentencia *334*

VI. Otras consideraciones *335*

6.1. La mediación *335*

6.2. Las parejas de hecho *336*

VII. Conclusiones *337*

Bibliografía *339*

Anexo *341*

Adopciones reponsables ***345***

Arancha Sanz De Madrid
Matilde Cubillo García

I. Introducción *345*

II. El problema del abandono en España *347*

III. La importancia de la educación temprana de los cachorros para prevenir el abandono *352*

IV. El proceso de adopción *353*

4.1. Requisitos y pasos para la adopción de un animal *353*

4.1.1. Cuestionario y evaluación preliminar *353*

4.1.2. Entrevista y visita al hogar *355*

4.1.3. El contrato de adopción: obligaciones y derechos *355*

4.1.4. Entrega del animal y preparativos en el nuevo hogar *357*

4.2. Consejos para una mejor adaptación del animal al hogar *357*

4.2.1. Preparación del espacio *357*

4.2.2. Visita al veterinario y cuidados médicos *358*

4.2.3. Establecimiento de normas y rutinas en el hogar *358*

4.2.4. Socialización y juego *359*

4.2.5. Seguridad y protección en el hogar *359*

4.3. Implicaciones legales y responsabilidad en la adopción *360*

4.4. Consecuencias legales del incumplimiento del contrato de adopción *361*

4.5. Beneficios de convivir con un animal de compañía adoptado *362*

V. Animales que ayudan a las personas *364*

5.1. Beneficio de visitas con animales en residencias de mayores *364*

5.1.1. Beneficios emocionales *365*

5.1.2. Beneficios físicos *366*

5.1.3. Beneficios sociales y cognitivos *366*

5.2. Beneficio de la convivencia de personas mayores con animales en el hogar *367*

5.3. Beneficios para niños hospitalizados al recibir la visita de sus animales de compañía *368*

5.4. Perros que ayudan a niños víctimas de violencia a declarar en los juzgados *369*

Alguna bibliografía sobre la materia *370*

CAPÍTULO CUARTO
LA PROFESIÓN VETERINARIA EN LA PROTECCIÓN DEL BIENESTAR ANIMAL Y LA SALUD PÚBLICA

Homologación de títulos para trabajar con animales *375*

Manuel Luis Zumbado Peña
Beatriz Martín Cruz
Octavio Pérez Luzardo
María Del Mar Travieso Aja

I. Introducción: categorías en el trabajo con animales..........................*375*

II. Trabajar con animales en la normativa legal.................................*377*

2.1. Normativa relativa a la acreditación de la posesión o para trabajar con animales de compañía..*377*

2.1.1. Nacional...*377*

2.1.2. Autonómicas...*379*

2.2. Normativa sobre la acreditación para trabajar con animales de granja...*380*

2.2.1. Europea..*380*

2.2.2. Nacional...*381*

2.2.3. Autonómicas...*383*

2.3. Normativa sobre acreditación para trabajar con animales de experimentación...*384*

2.3.1. Europea..*384*

2.3.2. Nacional...*386*

2.3.3. Autonómicas...*388*

2.4. Normativa para acreditación para trabajo con fauna salvaje en zoológicos y otros centros...*390*

III. Conclusión...*390*

Referencias normativas...*390*

Implicaciones de la normativa en el ejercicio de la profesión de veterinario ***397***

Beatriz Martín Cruz
Manuel Luis Zumbado Peña
María Del Mar Travieso Aja
Octavio Pérez Luzard

I. Introducción *397*

1.1. La legislación en la profesión veterinaria *397*

1.2. Normativa más destacada en el campo veterinario *398*

1.2.1. Legislación administrativa *399*

1.2.2. Legislación sanitaria *399*

1.2.3. Legislación agropecuaria *401*

1.2.4. Legislación profesional *402*

II. Conclusiones *404*

Referencias normativas *405*

La esterilización de los animales de compañía: implicaciones en su comportamiento y en su salud ***407***

Miguel Batista Arteaga
Raquel Rodríguez Trujillo
Desirée Álamo Santana

I. Introducción *407*

II. Beneficios de la gonadectomía *408*

2.1. Control de la población *408*

2.2. Tumores mamarios *408*

2.3. Otros tumores *410*

2.4. Patologías reproductivas *411*

2.5. Comportamiento *412*

III. Riesgos de la gonadectomía *413*

3.1. Neoplasias *413*

3.2. Sistema inmune y endocrino *414*

3.3. Otras patologías (dermatológicas y reproductivas) *415*

3.4. Patologías del sistema esquelético *416*

3.5. Comportamiento *418*

3.6. Obesidad *419*

3.7. Incontinencia urinaria *420*

3.8. Alteraciones neurológicas *421*

3.9. Patologías del tracto urinario inferior *422*

III. Conclusiones *423*

Bibliografía ... *423*

La eutanasia: cómo y cuándo aplicarla con dignidad ... **427**

Manuel Luis Zumbado Peña
Beatriz Martín Cruz
Octavio Pérez Luzardo
María Del Mar Travieso Aja

I. Introducción ... *427*

1.1. Definición del término eutanasia en animales ... *427*

1.2. El profesional veterinario frente a la eutanasia ... *430*

II. La eutanasia en la normativa legal ... *431*

2.1. Antecedentes en la normativa nacional y comunitaria ... *431*

2.2. Normativa legal en vigor ... *433*

2.2.1. Nacional ... *433*

2.2.2. Autonómicas ... *435*

2.2.3. Otras normas que afectan a la realización de la eutanasia ... *438*

III. Conclusiones ... *438*

Bibliografía ... *440*

Riesgos para la salud pública y el medio ambiente originados por animales de compañía ... **447**

María Del Mar Travieso Aja
Octavio Pérez Luzardo
Beatriz Martín Cruz
Manuel Luis Zumbado Peña

I. Introducción ... *447*

II. Impacto en la biodiversidad: realidades, especulaciones y contextos ... *448*

2.1. Los gatos y su efecto sobre la biodiversidad ... *449*

2.2. Los perros y su impacto en los ecosistemas naturales ... *454*

III. Impactos en la salud pública atribuibles a gatos y perros: realidad frente a percepción ... *456*

3.1. Anquilostomiasis ... *456*

3.2. Ascariasis ... *458*

3.3. Leptospirosis ... *459*

3.4. Rabia *460*
3.5. Leishmaniosis *461*
3.6. Bartonelosis *463*
3.7. Criptosporidiosis *463*
3.8. Dermatofitosis *464*
3.9. Giardiasis *465*
3.10. Toxoplasmosis *466*
Bibliografía *468*

CAPÍTULO QUINTO
LA PROTECCIÓN JURÍDICO ADMINISTRATIVA Y PENAL DE LOS ANIMALES

La protección y el bienestar animal como términos jurídicos. Conceptos de animal de compañía, animales silvestres, protección y bienestar animal ***477***
Ruth Manzanares Fernández
I. Introducción *477*
II. La modificación del estatuto jurídico de los animales: Ley 7/2021, de 15 de diciembre *479*
2.1. Antecedentes: Derecho de la Unión Europea *479*
2.2. Breve análisis del alcance de las modificaciones del estatuto jurídico de los animales *482*
2.3. El impacto de la reforma del Código Civil en la protección jurídica de los animales: análisis de la sentencia sobre el "Toro de Júbilo" en Medinaceli *485*
III. Derechos de los animales, protección y bienestar como términos jurídicos *487*
3.1. Derechos de los animales, el debate *488*
3.2. El concepto de protección animal *491*
3.3. Bienestar animal como concepto científico y jurídico *493*
IV. Clasificación de los animales *495*
4.1. Animales silvestres *495*
4.2. Animales de producción *496*

4.3. Animales de compañía ... *496*

V. Conclusiones ... *497*

Bibliografía ... *499*

Los animales en el Código Penal: una visión panorámica ... ***503***

MIGUEL DÍAZ Y GARCÍA CONLLEDO
LUIS MIGUEL RAMOS MARTÍNEZ

I. Introducción ... *503*

II. Animales como sujeto del delito ... *505*

2.1. Animales como sujeto activo: falta de acción ... *505*

2.2. Animales como sujeto pasivo: titularidad de bienes jurídicos e imposibilidad de ser víctima ... *507*

III. Animales como objeto del delito ... *509*

3.1. Animales como objeto material ... *509*

3.2. Animales como objeto ideal (bien jurídico) ... *511*

IV. Delitos relacionados con los animales ... *518*

4.1. Animales (también) como sujeto pasivo: delitos contra los animales ... *518*

4.2. Animales (solo) como objeto material: delitos patrimoniales y contra la salud pública ... *518*

4.2.1. Delitos patrimoniales ... *519*

4.2.2. Delitos contra los animales como producto alimenticio ... *520*

4.3. Animales en otros delitos ... *521*

4.3.1. Delitos contra los recursos naturales y el medio ambiente ... *521*

4.3.2. Delitos contra la fauna ... *522*

4.3.3. Delitos relativos a la energía nuclear y a las radiaciones ionizantes ... *523*

4.3.4. Incendios forestales, en otras zonas vegetales y en bienes propios ... *524*

V. Animales, justificación y atipicidad ... *526*

5.1. Animales, legítima defensa y estado de necesidad ... *526*

5.2. Animales, cumplimiento de un deber y ejercicio legítimo de un derecho, oficio o cargo ... *528*

5.3. Animales y principio de insignificancia 530

VI. Algunas cuestiones relacionadas con las penas y similares 531

6.1. La pena de inhabilitación especial para el ejercicio de profesión, oficio o comercio que tenga relación con los animales y para la tenencia de animales 531

6.2. Medidas cautelares 533

6.3. Suspensión de la ejecución de las penas privativas de libertad 534

Bibliografía 534

El delito de maltrato animal **537**

Dulce M. Santana Vega

I. Consideraciones introductorias 537

II. El delito de maltrato animal en el Código Penal 538

1. Aspectos comunes a las conductas típicas del delito de maltrato animal 539

1.1. Bien jurídico-penal protegido 539

1.2. Sujetos del delito 542

1.3. Objeto material 544

1.4. El dolo en los delitos de maltrato animal 546

1.5. Atipicidad y causas de justificación en el maltrato animal 548

2. Clases de maltrato animal: las conductas tipificadas 550

2.1. Conducta básica (art. 340 bis 1-I): lesión que requiera tratamiento veterinario 550

2.2. Conductas agravadas o cualificadas 556

2.2.1. Agravaciones de primer grado (340 bis.2): los elementos cualificadores 556

2.2.2. Agravación de segundo grado (art. 340.3.I y II): causación de la muerte del animal sin concurrencia de elementos cualificantes a los animales del 340.1-I 563

2.2.3. Agravación de segundo grado (art. 340 bis.3.I y II): causación de la muerte de los animales sin la concurrencia de elementos cualificantes 567

2.3. Conductas atenuadas 568

2.3.1. Atenuación de primer grado (art. 340 bis.1-II CP) 568

2.3.2. Conductas atenuadas de segundo grado (art. 340 bis.4 CP) *568*

III. Especial referencia a la responsabilidad civil ex delicto de maltrato animal *570*

IV. Cuestiones concursales *572*

V. Cuestiones procesales *576*

VI. Conclusiones *577*

Bibliografía *579*

La delimitación (y colisión) entre infracciones administrativas y delitos en el maltrato y el abandono animal ***585***

José Ancor Viera González

I. Introducción *585*

II. Bien jurídico protegido: ¿Un debate entre extremos y polos opuestos? ... *586*

III. La triple identidad entre delitos e infracciones administrativas y la salvaguarda del non bis in ídem desde el ámbito procesal *589*

3.1. Prelación del proceso penal frente al procedimiento administrativo sancionador *591*

3.2. Procedimiento administrativo sancionador previo al procedimiento penal *592*

3.3. Procedimiento penal previo al procedimiento administrativo sancionador *593*

IV. Delimitación cualitativa en supuestos de identidad fáctica. Especial referencia al abandono animal *594*

V. (Ir)relevancia penal y delimitación cuantitativa en supuestos de triple identidad *601*

5.1. La relación y colisión entre el principio de legalidad y el principio de intervención mínima *606*

5.1.1. Carácter fragmentario y subsidiario en el maltrato animal *608*

5.1.2. Carácter fragmentario y subsidiario en el abandono animal *611*

5.2. El principio de insignificancia (o de bagatela): ¿Es delito o infracción administrativa maltratar gravemente a una abeja que viva temporalmente bajo el control humano? *612*

Bibliografía 615

El decomiso de animales en la jurisdicción penal. Una propuesta unificadora ***617***

CRISTINA CAZORLA GONZÁLEZ

I. Introducción 617

II. Cobertura jurídica conforme a la redacción legal del art. 127 y ss. CP. La naturaleza jurídica del animal a efectos de decomiso 619

III. El decomiso de los animales en la práctica forense 627

3.1. El decomiso cautelar 627

3.2. El decomiso definitivo del animal 628

IV. Toma de postura 631

Bibliografía 639

Prólogo

El mayor interés académico, científico, profesional o social suscitado por los derechos y el bienestar animal en los estados de nuestro entorno cultural viene motivado, entre otros factores, por los nuevos valores sociales, el cambio de las estructuras familiares, o los especiales beneficios para las personas que se derivan del trato con determinados animales. Todo ello ha motivado que la presencia de estos se haya incrementado en la vida cotidiana de las personas, sobre todo, de las que viven solas o en los hogares familiares, así como el número de animales que viven con aquellos o en estos. Por eso, no es de extrañar que tales cambios sociales hayan tenido reflejo en el Ordenamiento jurídico español, motivando diferentes reformas en este, como así se evidencia en los temas que se tratan en este volumen.

En efecto, la relación del Derecho con los animales ha sido la historia de un arduo, pero progresivo reconocimiento de su naturaleza como "seres sintientes", con efectos tuitivos para estos frente a determinados comportamientos o actividades de los seres humanos. En la historia jurídica reciente de España ha sido el Código penal de 1995 el que, por primera vez, reconoce la protección de los animales como "seres sintientes", a través de la tipificación del delito de maltrato animal, frente al Código civil o la normativa hipotecaria que seguían considerándolos, hasta los años veinte del presente siglo, como meros bienes muebles o semovientes.

No obstante, es de resaltar que el reconocimiento de los animales como "seres sintientes" no siempre ha tenido en la Historia un efecto favorable para los mismos. Así, en la Edad Media, en 1522, en la población francesa de Autun, los aldeanos acudieron a la corte eclesiástica en busca de justicia contra las ratas por haberse comido sus cultivos de cebada, abriéndose un proceso penal contra ellas por tal crimen. Las ratas delincuentes fueron citadas a presentarse al juicio y se les designó a un joven abogado, llamado Bartolomée Chassenée, el cual argumentó la incomparecencia de estas a que estaban dispersas por el campo, por lo que necesitaban más tiempo para hacer el viaje al tribunal, así que le concedieron otro plazo para que comparecieran. Cuando llegó el día, el abogado justificó la nueva incomparecencia, debido a la falta de las debidas garantías de sus clientas para personarse, sin riesgo para su integridad o vida, al temer ser atacadas por gatos hostiles. Apiadado —o agotado— por los argumentos del citado Abogado, el Obispo suspendió *sine die* el juicio. Sin embargo, durante siglos, corrieron peor suerte, sobre todo: perros, cerdos, toros, vacas, caballos, o topos, los cuales eran sentenciados a muerte, no librándose tampoco los insectos (gorgojos, hormigas, gusanos o sanguijuelas). Es más, en pleno siglo XX, más concretamente, en 1906 en Suiza, un perro fue condenado, al ser considerado cooperador necesario, del homicidio cometido por un padre y un hijo, quienes asaltaron y dieron muerte a un hombre, sirviéndose para ello de la ayuda de su perro, siendo los tres ejecutados; o en Texas en 1929, se abrió un proceso penal por un delito de daños contra un elefante, entre otros tantos casos acreditados históricamente.

En la actualidad, superados estos planteamientos "personalizadores" de los animales, contrarios a los principios del hecho y de culpabilidad de cualquier Derecho sancionador democrático, el reconocimiento del carácter de "seres sintientes" de los animales persigue ahora dotarles de una mayor y diversa protección jurídica. Para ello, la actuación multinivel de las diferentes administraciones públicas, que exige la Ley 7/2021, se erige en un elemento esencial para la articulación de instrumentos de prevención y sanción de comportamientos indebidos contra los animales, y sin olvidar que, en los casos más graves, actuará el Derecho penal. Pero, también la citada Ley requiere una mayor implicación de las administraciones públicas en el ámbito promocional con el establecimiento de políticas o planes de actuación públicas respecto de los derechos y el bienestar animal.

No obstante, las nuevas reformas de la regulación de los derechos y el bienestar de los animales plantean retos interpretativos y aplicativos a las administraciones públicas y a los tribunales, los cuales son, a veces, de difícil cumplimiento o resolución, al no haberse observado las pautas y necesarias exigencias de una buena técnica legislativa, no siempre contempladas en el proceso político de creación de las normas.

Esta obra pretende tener un enfoque eminentemente práctico y orientado tanto a profesionales clínicos, como a gestores públicos o juristas, y ser una herramienta útil para avanzar hacia una sociedad más justa y consciente en su relación con los animales, desde el respeto a su naturaleza como seres sintientes y al compromiso con su bienestar integral.

Este libro colectivo es fruto de una investigación interdisciplinar llevada a cabo en la Universidad de Las Palmas de Gran Canaria, con la colaboración de otros investigadores de diversas Universidades españolas, y de profesionales de instituciones públicas o privadas implicadas en la protección de los derechos y el bienestar animal, tal como se desprende de la filiación de sus autoras y autores.

La mirada interdisciplinar de esta obra propicia que se haya podido compilar, por primera vez, en un solo volumen tanto la evolución y plasmación legal, como los retos técnicos que plantea la protección del bienestar animal en el contexto español actual, en línea con la nueva Ley 7/2023 y con el enfoque internacional del *One Health.*

La obra se estructura en cinco Capítulos, precedidos de un Capítulo introductorio relativo al siempre polémico tema de la constitucionalización de los derechos de los animales, abordando tanto el tema desde un punto de vista de Derecho comparado, como de la *lege data* constitucional española.

En el Capítulo Primero se aborda la cuestión central del papel de las administraciones públicas en la protección animal, sobre todo, desde un punto de vista orgánico, analizando la distribución de competencias entre aquellas y sus posibles conflictos.

El Capítulo Segundo se adentra en los aspectos fisiológicos, etológicos, etiológicos y sanitarios relacionados con el bienestar animal, desde una perspectiva técnico-científica veterinaria. Este bloque ofrece un análisis riguroso y actualizado de cuestiones clave como la socialización en perros y gatos, la zoonosis positiva o zooeyia, el alojamiento y transporte de animales, la gestión ética de colonias felinas, el rol de los perros de trabajo y la clasificación de razas potencialmente peligrosas, así como aspectos tan delicados como la eutanasia o la esterilización y sus implicaciones clínicas y conductuales.

El Capítulo Tercero trata las cuestiones de derecho privado, familiar y parafamiliar en la protección y el bienestar animal, incluyendo los estudios de la cría, venta y comercialización de animales de compañía y la transmisión de la titularidad sobre los mismos; las situaciones de crisis matrimoniales en las que se litiga sobre la custodia o titularidad de los animales de la pareja; y las adopciones responsables.

Por lo que respecta al Capítulo Cuarto, se abordan con profundidad los requisitos para trabajar con animales y las implicaciones normativas del ejercicio profesional veterinario, contextualizando todos estos temas en el marco de la nueva Ley 7/2023, de protección de los derechos y el bienestar de los animales. Esta parte del libro no solo recopila el estado del arte en cada una de estas áreas, sino que proporciona pautas de actuación y reflexión basadas en la evidencia científica, elaboradas por especialistas en Medicina y Cirugía Animal, Medicina Preventiva y Veterinaria Legal de diversas universidades españolas.

En suma, en este Capítulo se hace de la profesión veterinaria el hilo conductor de los temas que en él se incluyen, los cuales tienen como denominador común la importancia del ejercicio de esta profesión tanto en la protección del bienestar animal, como en la salud pública. A este respecto se aborda: la homologación de títulos para trabajar con animales, las implicaciones de la normativa en el ejercicio de la profesión de veterinario, el papel central que juegan los veterinarios en las esterilizaciones o en práctica de la eutanasia de los animales, así como en la prevención de los riesgos para la salud pública y el medio ambiente originados por animales de compañía.

Por último, el Capítulo Quinto, relativo a la protección jurídico administrativa y penal de los animales, se centra en la clasificación de estos para su protección y en los aspectos sancionadores de los comportamientos que conculquen la normativa administrativa o sean constitutivos de delitos contra los animales, y la delimitación entre ambas clases de ilícitos.

Esta publicación no hubiera sido posible sin la financiación del Ilmo. Cabildo de Gran Canaria, concedida en el marco de la Ayuda destinada a la Formación del Personal Investigador de la Universidad de Las Palmas de Gran Canaria (Resolución de 25 de noviembre de 2022, BO de Canarias nº 242, de 12 de diciembre de 2022), de la que fue beneficiaria, en concurrencia competitiva, la Doctoranda, coordinadora de la obra, Cristina Cazorla González. Por ello, desde estas líneas, nos gustaría expresar nuestro sincero agradecimiento a la citada Institución.

JUAN A. CORBERA SÁNCHEZ
OCTAVIO PÉREZ LUZARDO
DULCE M. SANTANA VEGA
(Dirs.)

CAPÍTULO
INTRODUCTORIO

La constitucionalización de los derechos de los animales en España

IVÁN OJEDA LEGAZA[1]
Personal Investigador en Formación
Universidad de Las Palmas de Gran Canaria

I. VISIÓN GENERAL

La protección constitucional de los derechos de los animales en España, se torna una cuestión harto discutida a la que, sin embargo, aún no se ha dado respuesta. Habida cuenta de que, hasta hace escasos años, nuestro Código Civil consideraba como meros objetos a los animales, con todas las implicaciones que ello comporta. Resulta de interés a este respecto reseñar qué estipula el Preámbulo de la Ley 17/2021, de 15 de diciembre, de modificación del Código Civil, la Ley Hipotecaria y la Ley de Enjuiciamiento Civil, sobre el régimen jurídico de los animales, *ab initio*, al expresarse en los siguientes términos: *"La actual regulación de los bienes del Código Civil dota a los animales del estatuto jurídico de cosas, en concreto con la condición de bienes muebles. Resulta paradójico que el Código Penal ya distinguiera en 2003 entre los daños a los animales domésticos y a las cosas, reforma sobre la que se profundizó en 2015, mientras que el Código Civil sigue sin reconocer que los animales son seres vivos dotados de sensibilidad"*.

---

1 Investigador contratado predoctoral en formación del Programa Predoctoral de Formación del Personal Investigador de la Universidad de Las Palmas de Gran Canaria, con la financiación del Ilustrísimo Cabildo de Gran Canaria. Miembro del Grupo de Investigación Reconocido (Código GIR: 571) "Problemas Jurídicos Actuales" de la Universidad de Las Palmas de Gran Canaria.

Asimismo, conviene remarcar, aunque dedicaremos el preceptivo espacio en esta aportación a abordar este asunto, que nuestro Código Civil, establece en su artículo 333 que *"[...] También pueden ser objeto de apropiación los animales, con las limitaciones que se establezcan en las leyes"*, a la vez que el artículo 333 bis, en su primer apartado, considera a los animales como *"seres vivos dotados de sensibilidad"*, continuando el apartado dos del citado artículo 333 bis, indicando que *"El propietario, poseedor o titular de cualquier otro derecho sobre un animal debe ejercer sus derechos sobre él y sus deberes de cuidado respetando su cualidad de ser sintiente, asegurando su bienestar conforme a las características de cada especie y respetando las limitaciones establecidas en ésta y las demás normas vigentes"*, siendo por tanto estas algunas de esas limitaciones a las que se refiere el artículo 333, sin olvidarnos por supuesto de aquellas conductas realizadas en contra de los animales, tipificadas como delitos en el Código Penal, a las que también haremos mención, al menos de forma somera, en el presente trabajo.

A tenor de lo expuesto, podemos quizás alcanzar a comprender por qué la constitucionalización de los derechos de los animales en nuestro país requerirá de un profuso trabajo donde, sin duda, la sociedad civil, así como las organizaciones y las asociaciones animalistas, tendrán un papel más que relevante, máxime cuando, al igual que ha ocurrido en otros países, el legislador español ha tendido por adoptar un pensamiento antropocéntrico, que dificulta la superación de un paradigma, que, habiéndose arraigado constitucionalmente en muchos países, se configura como un verdadero escollo que sólo el tiempo demostrará si somos capaces, o no, de sortear (González Marino & Becerra Valdivia, 2021, pp. 43-47).

La presente aportación tratará de explicar la evolución de la consideración jurídica de los animales en España, así como conocer en qué fase del debate sobre la constitucionalización de los derechos de los animales nos encontramos, teniendo en cuenta los modelos y experiencias que desde el derecho comparado, pueden servirnos de faro e inspiración, a fin de lograr percibir a los animales como plenos titulares de Derechos Fundamentales, una vez que ya se les ha otorgado en nuestro ordenamiento jurídico, el *status* o la condición de seres sintientes.

A tenor de esos modelos y experiencias que nos puede ofrecer el derecho constitucional comparado, seremos capaces además de comprender cuán lejos estamos de esa ambiciosa meta que supone la constitucionalización de los derechos de los animales en España, centrándonos en la casuística de los países europeos, precursores en esta materia, como por ejemplo Bélgica, Austria o Alemania y también en el contexto de Hispanoamérica, donde países como Ecuador, Brasil y Bolivia, se han convertido en auténticos abanderados de esta causa que nos ocupa. Sería imprudente olvidarnos en la presente aportación, de la Declaración Universal de los Derechos de los Animales de 1978, de la Declaración de Cambridge sobre la conciencia de animales no humanos y de las Cinco Libertades del Bienestar animal, textos que han servido como sustento a muchas legislaciones nacionales, incluso en España, pese a no haberse alcanzado aún su consagración en nuestra Carta Magna y sobre las que ahondaremos en apartados posteriores.

Lejos de pretender en este epígrafe introductorio, ahondar sobre el estado de la cuestión y el marco jurídico español en torno al derecho de los animales, que abordaremos en apartados posteriores, sí conviene precisar que, junto a la reforma del *Código Civil* de 2021, la *Ley Orgánica 3/2023, de 28 de marzo, de modificación de la Ley Orgánica 10/1995, de 23 de noviembre, del Código Penal, en materia de maltrato animal,* extendió el ámbito de su protección, no quedándose sólo en los animales domésticos o amansados, sino también alcanzando a los animales vertebrados (*art. 340 bis CP*), estableciendo además a este respecto, nuevas circunstancias agravantes a través del *artículo 340 bis 2 CP.*

Asimismo, y como hito más reciente, nos encontramos con la *Ley 7/2023, de 28 de marzo, de protección de los derechos y el bien-*

estar de los animales, denominada comúnmente como la Ley de bienestar animal, que sin duda ha supuesto todo un espaldarazo a los derechos de los animales en nuestro país, que nos demuestra o al menos nos hace reflexionar que, aunque exista aún mucho trabajo por hacer, estamos en el camino correcto.

También resultará de utilidad referirnos a la legislación autonómica de la que disponemos hasta la fecha en materia de protección animal, inspirada, entre otros textos, por la Declaración Universal de los Derechos de los animales, a la que ya hemos hecho mención en líneas anteriores. Y es que la mayoría de las Comunidades Autónomas disponen de legislación a este respecto, lo cual ha supuesto, como veremos, toda una fuente de la que sin duda ha bebido la Ley de bienestar animal, una norma que ahora ha de servir de base para la normativa autonómica.

En suma, esta aportación tiene como fin último acercarnos y contextualizar en torno a una cuestión sobre la que, pese a todo lo que haya podido escribirse al respecto y los últimos avances a este tenor, aún queda mucho trabajo por hacer, en aras de la constitucionalización de los derechos de los animales en España.

II. LA PROTECCIÓN CONSTITUCIONAL DE LOS ANIMALES EN EL DERECHO COMPARADO: MODELOS Y EXPERIENCIAS

2.1. Europa y los países pioneros en la protección animal

El artículo 13 del Tratado de Funcionamiento de la Unión Europea, ha servido por supuesto de base sobre la que cimentar la protección de los derechos de los animales por parte de los Estados miembros, no sólo en los ámbitos civil, penal o administrativo, sino también en el contexto constitucional.

Sin embargo, el TFUE ha sido tan sólo uno de los textos inspiradores en esta materia, si bien, es de los pocos con valor normativo, como expondremos a continuación. En 1965 se publicaron las denominadas como Cinco Libertades del Bienestar Animal, de la mano de la Organización Mundial de la Sanidad Animal, siendo estas libertades las siguientes: 1. Libre de hambre, sed y desnutrición; 2. Libre de miedos y angustias; 3. Libre de incomodidades físicas o térmicas; 4. Libre de dolor, lesiones o enfermedades; 5. Libre para expresar las pautas propias de comportamiento. Estas cinco libertades resultarían de aplicación para todo tipo de animales terrestres – domésticos, domesticados, amansados, silvestres, salvajes, de granja, gatos comunitarios…etc. –, que estén bajo el cuidado de personas y/o bajo su responsabilidad (López Teruel, 2020).

El 23 de septiembre de 1977, la Liga internacional de los derechos del animal adoptó la Declaración universal de los derechos del animal, que finalmente no fue aprobada por la UNESCO ni tampoco por la ONU (Capacete González, 2018, p. 144), quedando tan sólo como una declaración de intenciones sin fuerza ni valor normativo, pero que sí contribuyó a sentar las bases de la relación del ser humano con los animales y que en España inspiró a muchas de las leyes autonómicas en materia de protección animal con las que contamos en la actualidad (Vivas Tesón, 2019, p. 3).

De nuevo en el contexto europeo, conviene acudir al Convenio europeo sobre protección de animales de compañía, de 13 de noviembre de 1987, que fue ratificado por España hace escasos años, en 2017, entrando en vigor un año después y que reconoce la obligación moral del ser humano de respetar a todas las criaturas vivas, en especial a los animales de compañía (Vivas Tesón, 2019, pp. 3-4).

De modo más reciente, el 7 de julio de 2012, tuvo lugar la Declaración de Cambridge sobre la Consciencia de los Animales no Humanos, un manifiesto firmado en la Universidad inglesa, por trece neurocientíficos de prestigio internacional, donde se concluyó que los animales no humanos tienen consciencia (López Teruel, 2020; Vivas Tesón, 2019).

Tras todo lo referenciado, conviene ahora centrarnos en los países europeos que han consagrado constitucionalmente los derechos de los animales. Comenzamos por Alemania, que modificó su Constitución (*Grundgesetz*) en 2002, añadiendo el artículo 20 a), que lleva por título *'Protección de los fundamentos naturales de la vida y de los animales'* y que se expresa en los siguientes términos *"El Estado protegerá, teniendo en cuenta también su responsabilidad con las generaciones futuras, dentro del marco del orden constitucional, los fundamentos naturales de la vida y los animales a través de la legislación y, de acuerdo con la ley y el Derecho, por medio de los poderes ejecutivo y judicial"*. Y es que la Ley Fundamental de la República Federal Alemana fue una de las primeras en elevar la cuestión animal a nivel constitucional (González Marino & Becerra Valdivia, 2021, pp. 48-49).

En Suiza, la Constitución fue reformada en 1992 para reconocer a los animales como *"seres"* en lugar de *"cosas"*, protegiendo además de manera explícita la *"dignidad de los animales"*, a través de su artículo 120.2, si bien, la protección de los animales se recoge en los artículos 78.4 y 80.

Por otro lado, la Constitución de Austria de 1920 introdujo mediante el artículo 11.8, que la Federación se hará cargo de la *"Protección animal, en la medida en que no sea competencia de la legislación federal de acuerdo con otras normas, con excepción del ejercicio de la caza o la pesca"*.

La Constitución de Eslovenia de 1991, también ha introducido con carácter reciente la protección de los animales, en este caso, mediante el artículo 72, el cual se pronuncia en el siguiente tenor, de una manera bastante sucinta: "*La protección de los animales contra la crueldad estará regulada por la ley*".

Por último, la Constitución de Bélgica de 1831, introdujo en 2024 una modificación del artículo 7 bis, que en la actualidad se expresa en los siguientes términos: "*En el ejercicio de sus respectivas competencias, el Estado federal, las comunidades y las regiones garantizan la protección y el bienestar de los animales como seres sintientes*".

2.2. Hispanoamérica: Un faro en la penumbra

Al margen de lo que puedan disponer los códigos civiles, penales y las leyes administrativas de los países de Hispanoamérica, nos centraremos en aquellos que consagran constitucionalmente la protección de los derechos de los animales, resultando objeto de especial interés, además, aquellos países que están haciendo esfuerzos significativos en esta línea.

En este sentido, si existe un país hispanoamericano que se ha erguido como ejemplo, ese es sin duda Ecuador, que reconoció constitucionalmente los derechos de los animales en 2008, convirtiéndose en el primer país de Hispanoamérica en consagrar este derecho en su Carta Magna. La Constitución de Ecuador sentó las bases del denominado *biocentrismo* en toda la región sudamericana, incluyendo los conceptos de derechos de la naturaleza y el derecho a la restauración de esta y haciendo expresa mención no sólo a la naturaleza, sino a *Pachamama* –también definida como 'Madre Naturaleza' o 'Madre Tierra' – estableciendo "*un contexto para las políticas y la gestión ambiental basado en la buena vida (sumak kawsay) y en nuevas estrategias de desarrollo*" (Foy Valencia, 2014, p. 52). Los derechos de la naturaleza aparecen recogidos en los artículos 71 a 73 de la Constitución ecuatoriana, mientras que la protección a los animales se lleva a cabo a través de los artículos 57.12, 281.7 y 415. Mediante el artículo 57.12 se reconoce y garantiza a los pueblos indígenas los derechos colectivos de mantener, proteger y desarrollar, entre otros, la diversidad biológica y los animales. El artículo 281.7, relativo a la soberanía alimentaria, indica que será responsabilidad del Estado "*Precautelar que los animales destinados a la alimentación humana estén sanos y sean criados en un entorno saludable*". Por último, el artículo 415 estipula que "*El Estado central y los gobiernos autónomos descentralizados adoptarán políticas integrales y participativas de ordenamiento territorial urbano y de uso del suelo, que permitan regular el crecimiento urbano, el manejo de la fauna urbana [...]*".

Asimismo, en lo concerniente a Ecuador, conviene traer a colación el denominado Caso de ''Estrellita", una sentencia emanada de la Corte Constitucional de Ecuador, que reconoce y amplía el alcance de los derechos de la Naturaleza, específicamente en lo que respecta a la protección de animales silvestres. El caso se centra en la mona chorongo "Estrellita" y la decisión de la Corte establece un precedente importante sobre cómo se deben aplicar las garantías constitucionales en situaciones que involucran a estos animales. La sentencia detalla los lineamientos generales para determinar la procedencia de acciones constitucionales a favor de animales silvestres, abordando aspectos como su estatus jurídico, los deberes del Estado y la sociedad en su protección, y los criterios para evaluar casos particulares (Bravo Burbano, 2024, pp. 100-106). Además, la Corte revisó las circunstancias específicas del caso de la mona "Estrellita", analizando las acciones y omisiones de las partes involucradas y su impacto en el bienestar del animal. Este pronunciamiento representa un avance significativo en la jurisprudencia ecuatoriana en materia de derechos de la Naturaleza y derechos de los animales, y tiene implicaciones relevantes para la conservación de la fauna silvestre y la interpretación de los derechos constitucionales en relación con el medio ambiente. Además, la sentencia ordenó la elaboración de una ley que amparase los derechos de todos los animales, tanto a los animales urbanos como a los silvestres.

De este modo, Ecuador, pese a haber constitucionalizado ya los derechos de los animales y seguir consolidando estos a través de su jurisprudencia, continúa comprometido con garantizar su bienestar y protección. En los meses de julio y agosto de 2024 tuvo lugar el primer debate en la Asamblea Nacional del país, del Proyecto de Ley Orgánica de los Animales (Lostal et al., 2024, pp. 528-530). En diciembre de ese mismo año, la Comisión de Biodiversidad de la Asamblea Nacional ecuatoriana, aprobó el informe para llevar a cabo el segundo debate. Si bien, aunque el borrador original de la ley incluía medidas estrictas como la regulación de las horas de trabajo de los animales, el establecimiento de prácticas de sacrificio humano y la prohibición de la experimentación con animales, la versión revisada ha sido criticada por las asociaciones animalistas del país – como el colectivo LOA Ecuador, proponente de la Ley Orgánica, que fue entregada a la Asamblea Nacional por la Defensoría del Pueblo –, por ser demasiado indulgente y temen que las modificaciones conduzcan a más violaciones de los derechos de los animales, por lo que abogan por que la ley sea archivada y por que se restaure el espíritu legislativo original (Cárdenas Verdesoto, 2025).

Prosiguiendo con otros ejemplos de países hispanoamericanos, nos encontramos con Bolivia, en cuya Constitución se recoge, a través del artículo 33 que *"Las personas tienen derecho a un medio ambiente saludable, protegido y equilibrado. El ejercicio de este derecho debe permitir a los individuos y colectividades de las presentes y futuras generaciones, además de otros seres vivos, desarrollarse de manera normal y permanente"*. Aunque no se reconocen de manera explícita los derechos de los animales, *"se establece un mandato que condiciona el ejercicio humano del derecho al ambiente a que otros seres puedan desarrollar sus propias cualidades vitales de una manera normal y permanente"* (Foy Valencia, 2014, p. 49). Entre los países de Sudamérica que ya contemplan en sus Leyes Fundamentales los derechos de los animales, encontramos también a Brasil, que en los artículos 23 y 24 de su Constitución, indica que las administraciones públicas del país serán competentes, entre otras materias, para preservar y legislar sobre la flora y la fauna y en su artículo 225, prohíbe los tratos crueles contra los animales.

La Constitución política de los Estados Unidos Mexicanos, recoge en su artículo 122 que, entre otras funciones, la Asamblea Legislativa en los términos del Estatuto de Gobierno, tiene encomendada la protección de los animales. Con respecto a México, conviene traer a colación que, en octubre de 2018, el Pleno de la Suprema Corte de Justicia de la Nación, en base a la sentencia 163/2018, que sienta un importantísimo precedente en materia de interpretación y desarrollo constitucional del bienestar animal, como principio implícito en la Constitución mexicana. Esta resolución, significaba, en suma, establecer un límite al derecho a la cultura y a las prácticas culturales mexicanas, que resultasen contrarias a los principios de un Estado democrático de Derecho, considerándose que la protección de los animales debe prevalecer, motivo por el cual, prácticas como las peleas de animales, pese a ser parte de la cultura y la tradición mexicana, deben prohibirse, en aras de la protección del bienestar animal (de la Torre Torres, 2020, pp. 155-160).

Si continuamos por este periplo, nos encontramos con lo que ocurre en Colombia, uno de los países hispanoamericanos donde el debate sobre la constitucionalización de los derechos de los animales se encuentra más candente. Si bien su Código Civil ya contempla a los animales como ''seres sintientes", la Constitución Política de Colombia de 1991 continúa centrada en aspectos antropocéntricos, aunque también biocéntricos, en tanto en cuanto, aunque se consagran una serie de preceptos constitucionales como el deber de protección de los recursos naturales, el comportamiento digno de los seres humanos para con otras especies y la función ecológica de la propiedad, no se trata de auténticos derechos autónomos de protección y bienestar de los animales (Estrada Arias et al., 2023, pp. 27-29; Sarmiento E, 2020, pp. 259-260).

Por último, queremos referirnos a lo que ocurre en Chile, que en 2022 celebró un plebiscito donde se pretendía conocer si los ciudadanos estaban de acuerdo con la propuesta de Constitución de la República, propuesta por la Convención Constitucional, siendo cinco de los preceptos que se pretendían añadir, referidos a la constitucionalización de los derechos de los animales. Estas normas disponían que los animales debían ser considerados como sujetos de especial protección y que el Estado *"[...] debía reconocer su sintiencia y el derecho a vivir una vida sin maltrato, promover una educación basada en la empatía y el respeto y protección de la biodiversidad, por lo cual se debía conservar y restaurar el hábitat de las especies nativas silvestres, asegurando su supervivencia y no extinción"* (Henríquez Ramírez, 2023, p. 181). Finalmente, aquel referéndum fue rechazado por un 61,89% de los votantes y con ello, decayó aquel intento de proteger constitucionalmente los derechos de los animales en Chile, si bien es una cuestión que seguirá resultando de interés, no sólo doctrinal sino también social, puesto que la promoción del bienestar animal y la defensa de los derechos de los animales a través de la Constitución – lo que no deja de ser en definitiva el rol del animal, en el orden constitucional –, se ha tornado ya en una cuestión insoslayable (Gallego & Chible, 2025).

III. ESTADO DE LA CUESTIÓN Y MARCO JURÍDICO EN ESPAÑA

3.1. El derecho de los animales en España

Hablar sobre la protección de los derechos de los animales en nuestro país, es hacerlo sobre una auténtica conquista paulatina de derechos. Y es que, hasta hace escasos años, los derechos de los animales a nivel Estatal, si bien no inexistentes, sí eran ciertamente paupérrimos.

El ''paradigma antropocéntrico" al que ya hemos hecho mención en líneas anteriores, ha venido empujando al legislador español a confeccionar normas que podríamos catalogar, además de antropocéntricas, como antropogénicas, en tanto en cuanto se presentan como meras limitaciones creadas por el ser humano, fruto precisamente de ese errado pensamiento renacentista, que situaba al ser humano en el centro del universo (Fernández Dos Santos, 2023; Rey Pérez, 2018, pp. 18-24), obviando de esta forma, incluso normativamente como podremos comprobar, al resto de animales no humanos y legislando principalmente, al menos en el caso español, en torno a cuestiones relativas a la sanidad animal, la responsabilidad civil, el comercio, las responsabilidades en el cuidado y por último, el bienestar y la protección de los animales (López Teruel, 2020).

Llegados a este punto, conviene remontarnos a los verdaderos antecedentes del derecho de los animales en España, lo cual nos traslada hasta 1877, en concreto a la ciudad de Palma de Mallorca, que en el artículo 206 de sus ordenanzas municipales prohibía el maltrato hacia los perros. En 1892, el Ayuntamiento de Madrid promulgó una ordenanza municipal mediante la cual se prohibía cualquier acto violento que causara sufrimiento a los animales, lo cual, en pleno siglo XIX, se consideró todo un hito que, sin embargo, fue incapaz de dejar su impronta en las legislaciones contemporáneas, hasta el punto de que nuestra Constitución, no hace mención alguna a los derechos de los animales, lo cual, habida cuenta de los importantes logros que se habían alcanzado tan sólo un siglo antes, suponía un claro retroceso en la protección de los animales.

Desde el punto de vista penal, se hace necesario referirnos, en primer lugar, al *Código Penal de 1848*, que en su artículo 482.2 recogía que *''Incurrirán en multa de medio duro a cuatro el dueño de un animal feroz o dañino que se le dejare suelto o en disposición de causar un mal"*, una conducta que, a tenor de la cuantía de la sanción, era tipificada como una falta menor. Los Códigos Penales posteriores, de 1870, 1928 y 1932, se pronunciaban en sentido similar a este respecto, variando tan sólo el importe de la multa que se imponía a los dueños infractores del precepto penal, siendo ejemplo de ello el Código Penal de 1928, que en su artículo 810.4 indicaba que *"Serán castigados con las penas de 50 a 500 pesetas de multa (...) los que públicamente maltraten a los animales domésticos o los obliguen a una fatiga excesiva"*. Cosa distinta ocurrió durante la dictadura franquista. El Código Penal de 1944, dentro del Capítulo II, que llevaba por título *«De las faltas contra los intereses generales y régimen de las poblaciones»*, se pronunciaba en su artículo 577.7 de la siguiente forma: *"Serán castigados con multa de 5 a 250 pesetas y reprensión privada: Los que arrojaren animales muertos, basuras, escombros en las calles, o en sitios públicos donde esté prohibido hacerlo, o ensuciaren las fuentes o abrevaderos"*. Paradójicamente y en clara contraposición con lo que establecían los códigos penales anteriores, el vigente durante el franquismo igualaba a los animales a cualquier otro tipo de «basuras o escombros», que pudieran afectar a la salud pública, obviando cualquier tipo de necesidad de cuidado o protección de la vida o la integridad física del animal, lo cual se traducía en la total impunidad para los maltratadores, incluso cuando las lesiones provocasen la muerte del animal (Inés Villar, 2025).

Tras la entrada en vigor en 1995 de nuestro Código Penal, se introdujo, a través del artículo 632 como una *falta contra los intereses generales* que, *"Los que maltrataren cruelmente a los animales domésticos o a cualesquiera otros en espectáculos no autorizados legalmente, serán castigados con la pena de multa de diez a sesenta días"*. Sin embargo, no fue hasta 2003, mediante la *Ley Orgánica 15/2003, de 25 de noviembre, por la que se modifica la Ley Orgánica 10/1995, de 23 de noviembre, del Código Penal*, cuando el maltrato animal fue tipificado como delito en nuestro Código Penal, situándolo el legislador dentro de los delitos contra el medioambiente. A colación de esto último, conviene apuntar que son muchos los autores – entre ellos Corcoy Bidasolo, Queralt Jiménez y Muñoz Llorente –, los que estimaban que la ubicación sistemática de estos artículos resultaba improcedente, por la escasa conexión entre el delito de maltrato animal y los delitos que afectan al medioambiente, siendo en su opinión necesaria la creación de un Título específico dentro del Libro II del CP, para la ubicación de este delito entre los calificados como delitos contra la fauna, que aparecen tipificados en los artículos 333 a 336 de nuestro vigente Código Penal. Resulta interesante ver que estos delitos contra la fauna – y la flora –, aparecen enmarcados en el Título XVI del Código Penal, dedicado a los delitos relativos a la ordenación del territorio y el urbanismo, la protección del patrimonio histórico y el medio ambiente. Es este último contexto el que nos ayuda a comprender cómo el legislador español asocia la protección de la fauna como un elemento integrado en el medio ambiente, quedando por tanto subsumido el maltrato animal dentro de esta esfera (Arregui Montoya, 2024, pp. 107-108).

Posteriormente, la *Ley Orgánica 5/2010, de 22 de junio, por la que se modifica la Ley Orgánica 10/1995, de 23 de noviembre, del Código Penal*, eliminó la exigencia de ensañamiento como elemento del tipo para apreciar el maltrato, del modo que se recogía en el artículo 337 CP, ampliándose además el objeto material del delito al animal amansado. Más tarde, la *Ley Orgánica 1/2015, de 30 de marzo, por la que se modifica la Ley Orgánica 10/1995, de 23 de noviembre, del Código Penal*, derogó el *Libro III*, relativo a las faltas, lo cual tuvo, a efectos de lo concerniente al maltrato animal, un doble efecto: en primer lugar y en virtud del principio penal de subsidiariedad, ciertas faltas se despenalizaron, siendo trasladadas al ámbito administrativo, mientras que otras conductas, en base a su gravedad, pasaron a ser categorizadas como delito. Un ejemplo de esto lo encontramos con la falta de abandono de animales, otrora recogida en el artículo 631.2 CP. Una conducta que, tras ser tipificada como delito, pasó a enmarcarse en el ya derogado artículo 337 bis CP. Mediante la *Ley Orgánica 1/2015*, se produjo además, una modificación del tipo delictivo de maltrato animal, resultando de especial interés la mención que se hacía al abandono animal y a la puesta en riesgo de la vida e integridad de estos, lo cual fue efectuado mediante los artículos 337 y 337 bis CP, hoy derogados y sustituidos por el artículo 340 bis del Código Penal. Aquel artículo 337 CP quedó inmerso en el Capítulo IV, «De los delitos relativos a la protección de la flora, fauna y animales domésticos», ubicado en el Título XVI, que, aunque hoy suprimido, como acabamos de señalar, consideraba sujeto pasivo del delito tan sólo a los animales domésticos, estipulando que *"Los que maltrataren con ensañamiento e injustificadamente a animales domésticos causándoles la muerte o provocándoles lesiones que produzcan un grave menoscabo físico serán castigados con la pena de prisión de tres meses a un año e inhabilitación especial de uno a tres años para el ejercicio de profesión, oficio o comercio que tenga relación con los animales"*, por lo que era necesaria la existencia de ensañamiento, además de un resultado lesivo grave o la muerte del animal.

Centrados ya en la normativa en vigor a este respecto, conviene traer a colación la *Ley Orgánica 3/2023, de 28 de marzo, de modificación de la Ley Orgánica 10/1995, de 23 de noviembre, del Código Penal, en materia de maltrato animal.* Si bien no ha sido nuestra intención realizar un análisis pormenorizado de la protección de los derechos de los animales desde el punto de vista penal, sí hemos considerado necesario establecer un marco temporal donde situar, al menos la forma en la que la protección del bienestar de los animales se ha ido perfeccionando por parte del Código Penal. Un trabajo que, habiéndose culminado – al menos por el momento –, con nuestro Código Penal vigente, presenta, como una de las novedades más destacadas, la inclusión en nuestro ordenamiento penal del término «animal vertebrado», viéndose de este modo ampliada la lista de animales que el Código Penal protege, que ahora pasaría a incluir, además de, a los animales domésticos, domesticados o amansados, a los animales silvestres que vivan en libertad, independientemente de si cuentan, o no, con la condición de especie protegida, tal y como se desprende del artículo 340 bis CP, que alberga el tipo básico del delito de maltrato animal. Dicho esto, y tal y como sostiene la doctrina jurisprudencial en nuestro país, el bien jurídico protegido ante los delitos de maltrato animal, es la propia dignidad animal, si bien, esta se vería condicionada *"[...] a la existencia de un valor humano que respalde la acción"* (Inés Villar, 2025). Tal y como se expone en el Preámbulo de la Ley Orgánica 3/2023, de 28 de marzo, *"A través de la presente reforma, siguiendo los pasos de los legisladores alemán y británico se incluye en nuestro ordenamiento jurídico la expresión «animal vertebrado», que sustituye y amplía la lista tasada de animales protegidos por el actual Código Penal"*, resultando este el ejemplo palpable de la influencia del derecho comparado en materia de protección animal, algo que sin duda abre la puerta a la esperanza, en cuanto a la constitucionalización de los derechos de los animales en nuestro país se refiere, si tomamos como base este precedente, que sin duda supuso todo un golpe de efecto.

Tras haber abordado la protección de los derechos de los animales desde el derecho penal, conviene ahora hacerlo desde el punto de vista del derecho civil, donde en los últimos años ha habido importantes avances, en absoluto desdeñables. Como ya mencionamos en el apartado introductorio de la presente contribución, *la Ley 17/2021, de 15 de diciembre, de modificación del Código Civil, la Ley Hipotecaria y la Ley de Enjuiciamiento Civil, sobre el régimen jurídico de los animales*, introdujo en nuestro ordenamiento jurídico la consideración de los animales como *«seres vivos dotados de sensibilidad»*, también denominados *«seres sintientes»* o *«seres sensibles»* del modo comprendido por el artículo 13 del TFUE, el cual establece que: *"Al formular y aplicar las políticas de la Unión en materia de agricultura, pesca, transporte, mercado interior, investigación y desarrollo tecnológico y espacio, la Unión y los Estados miembros tendrán plenamente en cuenta las exigencias en materia de bienestar de los animales como seres sensibles, respetando al mismo tiempo las disposiciones legales o administrativas y las costumbres de los Estados miembros relativas, en particular, a ritos religiosos, tradiciones culturales y patrimonio regional''*. A este respecto, resulta de relevancia la *Ley Orgánica 1/2018, de 5 de noviembre, del Estatuto de Autonomía de la Comunidad autónoma de Canarias*, que en su artículo 35 y en consonancia por lo expresado en el citado artículo 13 TFUE, expresa que: *''En los términos que se fijen por ley, de acuerdo con la Constitución y el Tratado de Funcionamiento de la Unión Europea, las Administraciones públicas canarias velarán por el mantenimiento y la salvaguarda de los animales, además de reconocerlos como seres que sienten y con derecho a no ser utilizados en actividades que conlleven maltrato o crueldad. Asimismo, se fijará el régimen de infracciones y sanciones''*. El Estatuto de Autonomía de Canarias reconoce de este modo la sintiencia animal y el deber de protección de los animales, consagrado por el TFUE, una norma a la que también alude, entre otras, la Sentencia del Juzgado de Primera Instancia número 9 de Valladolid de 27 de mayo de 2019, al considerar que un perro cuya posesión se discutía tras un divorcio, es un sujeto dotado de especial sensibilidad (Vivas Tesón, 2019, pp. 5-6).

Originalmente, según el artículo 333 del Código Civil, *''Todas las cosas que son o pueden ser objeto de apropiación se consideran como bienes muebles o inmuebles''*. En tanto en cuanto los animales podían – y pueden actualmente – ser objeto de apropiación, su consideración o estatus jurídico a efectos del Código Civil, era la de un objeto, la de una cosa, lo cual coincide con el posicionamiento de los países circunscritos al *Civil Law*, la familia jurídica romano-germánica a la que pertenece España (Nava Escudero, 2019, pp. 48-49). La descosificación de los animales, fue un proceso que tuvo su origen en los años ochenta en Austria, Suiza y Alemania y que, en la mayoría de los países, comenzaba en el Código Civil, tal y como terminó aconteciendo en nuestro país (Giménez-Candela, 2018, pp. 8-10). Este proceso de descosificación de los animales en nuestro país, llegó a verse interrumpido tras la convocatoria de elecciones generales de 28 de abril de 2019, a falta de pocos trámites para su aprobación, tras dos años de intenso trabajo parlamentario, iniciado en 2017 y que la convocatoria de aquellos comicios truncó de forma abrupta (Giménez-Candela, 2019, pp. 7-8). Si bien, finalmente y a pesar de la incertidumbre generada por aquella convocatoria de elecciones de 2019, la *Ley 17/2021, de 15 de diciembre*, fue aprobada dos años después de aquel escollo.

Finalmente, mediante el artículo 1.7 de la *Ley 17/2021, de 15 de diciembre de 2021*, se introdujo en el Código Civil el artículo 333 bis, el cual pasaba a considerar a los animales, en su apartado primero, como seres vivos dotados de sensibilidad.

Conviene también referirse en este apartado, aunque sea de manera sucinta, a la normativa autonómica en materia de protección animal. Y es que todas las Comunidades Autónomas, así como las Ciudades Autónomas de Ceuta y Melilla, disponen de normativa propia en materia de protección animal, la cual ha tenido que adaptarse, tras su entrada en vigor, a la *Ley 7/2023, de 28 de marzo, de protección de los derechos y el bienestar de los animales*. Bien es cierto que la mayoría de estas leyes, como la *Ley 8/1991, de 30 de abril, de protección de los animales*, de aplicación en Canarias, se centran en la protección de los animales domésticos y como mucho, alcanzando a los animales domesticados y salvajes en cautividad, no protegiendo por tanto a los animales silvestres, lo cual ocurre, por ejemplo, con la *Ley 4/2016, de 22 de julio, de Protección de los Animales de Compañía de la Comunidad de Madrid*, la *Ley 6/2017, de 8 de noviembre, de protección y defensa de los animales de compañía de la Región de Murcia*, la *Ley 5/1997, de 24 de abril, de protección de los animales de compañía, de Castilla y León*, o la *Ley 13/2002, de 23 de diciembre, de Tenencia, Protección y Derechos de los Animales, del Principado de Asturias*, entre otras. Es de justicia reconocer que existen Comunidades Autónomas como Castilla-La Mancha, donde se observa una notable convergencia entre la LPDBA, y la normativa de esta región. En particular, el ámbito de protección definido en la legislación castellanomanchega muestra una significativa aproximación a los preceptos establecidos en la LPDBA. Dicha similitud sugiere una tendencia hacia la armonización de los estándares de bienestar animal a nivel estatal y autonómico, lo cual debería ser un propósito común. Por otro lado, la *Ley 9/2022, de 30 de junio, de protección de los animales domésticos, del País Vasco,* incorpora a su ámbito de protección a los denominados como *"animales silvestres urbanos"*, que la citada norma en su artículo 2.7, define como *"aquellos animales silvestres que viven compartiendo territorio geográfico con las personas en los núcleos urbanos de ciudades y pueblos"*, lo cual supone que la legislación vasca en esta materia ofrece una visión más integral y garantista, que la propia LPDBA.

3.2. La Ley 7/2023, de 28 de marzo: Una breve aproximación

No es objeto del presente trabajo realizar un análisis exhaustivo de la *Ley 7/2023*, al igual que tampoco lo es hacerlo sobre cualquier otra norma, si bien se torna interesante hacer, al menos una mención a esta norma y a la importancia de contar con legislación específica en torno a la protección y bienestar animal, más allá de lo que pueda disponerse en el Código Penal, el Código Civil, incluso en las leyes autonómicas de nuestro país.

Como suele ocurrir siempre, el escudriñamiento de las normas trae consigo el descubrimiento o el hallazgo de puntos favorables y puntos desfavorables y con esta ley no iba a ser diferente. La denominada comúnmente como ley de bienestar animal otorga mayor protección para los animales de compañía, regulando su cuidado, tenencia y adopción responsables, combatiendo el maltrato y el abandono, así como regulando la cría y venta de animales. Además, la ley regula el control poblacional de las denominadas colonias felinas, siendo su objetivo principal la mejora de las condiciones de vida y la convivencia con su entorno.

Como contraparte, tenemos por ejemplo la exclusión de ciertas especies, como sujetos protegidos por la ley, entre los que se encuentran los perros de caza y los animales utilizados en los espectáculos taurinos, algo que ha sido duramente criticado por parte de organizaciones animalistas y de protección animal, pues la cobertura integral de todo animal había sido una máxima en todas las negociaciones y reuniones con estos colectivos, que finalmente no se ha visto satisfecha. La posible falta de recursos para la correcta implementación de esta ley es otra de las grandes preocupaciones, puesto que para ello se requiere de una inversión significativa en recursos no sólo materiales, sino también humanos, a lo que se suma la incertidumbre sobre si las administraciones públicas serán capaces de asegurar el cumplimiento de esta norma en todo el territorio nacional. Asimismo, existe cierta complejidad en la aplicación de la norma, ya que esta establece numerosas obligaciones y prohibiciones que pueden dificultar su aplicación práctica, resultando imprescindible también establecer mecanismos de coordinación entre la administraciones estatal, autonómica y local, lo cual se antoja complicado a priori, a la par que esencial, en aras de una aplicación uniforme de la LPDBA. Como conclusión a este respecto, es importante remarcar que existen además aspectos ambiguos o que requerirán de una aclaración o modificación, si se persigue una correcta y eficaz aplicación de la norma. En concreto esto ocurre con respecto a las infracciones, recogidas en el artículo 74 de la LPDBA, ya que concurren ciertas contradicciones y aspectos que no quedan totalmente claros, en cuanto a las infracciones leves y las infracciones graves, las cuales podrán conducir a error en su interpretación y ulterior aplicación, lo cual deberá ser enmendado por el legislador, tan pronto como se constate que estos errores no admiten otra solución distinta.

3.3. La Sentencia del Tribunal Constitucional 81/2020 de 15 de julio

La Sentencia del Tribunal Constitucional 81/2020, derivada del recurso de inconstitucionalidad 1203-2019, de 26 de marzo de 2019, promovido por más de cincuenta senadores del grupo parlamentario Popular del Senado, se pronunció sobre varios preceptos de la Ley 6/2018 de Protección de los Animales de La Rioja, abordando la controversia sobre la supuesta imposición de una *"ideología animalista"*. El Tribunal Constitucional desestimó esta preocupación, aclarando que la ley no equipara los derechos de los animales con los derechos humanos, y que la protección animal, siendo un interés legítimo y moralmente avanzado, no compromete la dignidad humana, consagrada en el artículo 10.1 de la Constitución Española (Moradell Ávila, 2020).

En cuanto a la posible infracción de las libertades ideológica y religiosa, garantizadas por el artículo 16.1 de la Constitución, el Tribunal Constitucional determinó que las disposiciones de la ley no imponen un ideario específico ni exigen adhesión a una ideología particular, por lo que no se produce vulneración de dichas libertades (Cantero Berlanga & Méndez Rocasolano, 2024, pp. 19-20).

En cuanto al principio de legalidad sancionadora, que exige claridad y previsibilidad en las infracciones y sanciones (artículos 9.3 y 25.1 CE), el Tribunal Constitucional observó que las modificaciones introducidas por la Ley 2/2020 se han adaptado a la definición de maltrato animal de la normativa básica estatal, resolviendo las dudas de tipicidad y asegurando que prácticas legítimas con animales no sean indebidamente sancionadas.

Finalmente, el análisis del Tribunal Constitucional abordó la posible invasión de competencias estatales exclusivas en materia de legislación civil por ciertas disposiciones de la ley autonómica, como las que regulan la venta, donación y uso de animales. El Tribunal Constitucional anuló algunos artículos de la ley, argumentando que regulan indebidamente aspectos de las obligaciones contractuales y relaciones jurídicas entre particulares, lo cual es competencia del Estado.

En suma, el Tribunal Constitucional dictaminó, a través de la citada sentencia, que la protección animal es un objetivo legítimo, siempre que no se equipare a la dignidad humana, se respeten las competencias estatales y se garantice la claridad en la regulación de infracciones y sanciones.

3.4. La (¿posible?) implementación efectiva de los derechos de los animales a través de la Constitución

Llegados a este punto, lo que a pocos se les escapa es que la constitucionalización de los derechos de los animales en nuestro país roza la obligatoriedad moral. La cultura y tradición españolas, al igual que ha ocurrido en países de Hispanoamérica como México, llegaron a normalizar durante décadas el maltrato animal, a través de eventos y festividades donde siempre había un claro damnificado, el animal. Ejemplo de ello serían las corridas de toros, los sanfermines en Navarra, el toro de la Vega en Tordesillas, los 'toros de fuego', los toros ensogados de Teruel, la *Rapa das Bestas* en Galicia o el Día de los Gansos en el País Vasco; festividades, eventos y tradiciones españolas, cuyo denominador común es el maltrato de un animal, como principal entretenimiento del acto a celebrar. Si bien la sociedad española viene considerando ya desde hace años este tipo de actos como anacrónicos, aún queda latente una reminiscencia cultural que mantendrá vivas ciertas tradiciones, aún con el descontento, desaprobación y el malestar social que este tipo de eventos suele traer consigo.

Actualmente, nuestra Constitución, a través del artículo 45.2 establece que *"los poderes públicos velarán por la utilización racional de todos los recursos naturales, con el fin de proteger y mejorar la calidad de la vida y defender y restaurar el medio ambiente"*. Aunque pueda justificarse que la protección animal puede subsumirse por este artículo, por formar los animales parte del medio ambiente, esta resultaría una conclusión errónea, en tanto en cuanto la visión antropocéntrica de este artículo se traduce en una nula protección real de la naturaleza y de los elementos – minerales, vegetales y animales –, que la componen, ya que la protección establecida por este precepto tiene como fin último la supervivencia y la calidad de vida del ser humano, sin importar ninguna otra cuestión (Doménech Pascual, 2015, p. 108). Los animales como *'seres sensibles'*, merecen gozar de una tutela individual y autónoma con respecto a la protección del medio ambiente – al comportar cada uno valores e intereses propios –, máxime cuando la protección de este se hace desde una visión antropocéntrica, como ocurre en este caso. Aunque el bienestar animal pueda verse ya amparado por el artículo 13 del TFUE y este resulte de aplicación directa en nuestro ordenamiento jurídico *ex* art. 93 de la CE, ello no es óbice para que nuestra Carta Magna no apueste por consagrar los derechos de los animales, del modo que vienen haciendo los países de nuestro entorno, pudiendo por ejemplo enmarcarse en el Capítulo III del Título I, «De los principios rectores de la política social y económica», compartiendo, eso sí, ubicación con la protección del medioambiente, pero siendo derechos claramente diferenciados. Y es que los principios rectores se conforman, en definitiva, como auténticos pilares de nuestro Estado social (Criado Martos, 2020, pp. 141-142).

Como reflexión final, conviene apuntar que, el actual contexto jurídico español, que gira en torno al bienestar y a la protección de los animales, nos hace pensar que, la constitucionalización de los derechos de los animales sería el siguiente paso lógico a dar por el legislador, tras entrada en vigor de la Ley de bienestar animal y las modificaciones del Código Civil y del Código Penal. Si bien nuestra Carta Magna, ha sido objeto de pocas y muy justificadas modificaciones desde su promulgación, lo cierto es que, en este caso, a la luz de todo lo expuesto, resulta manifiesta e innegable, la necesidad de proteger constitucionalmente los derechos de los animales en España.

BIBLIOGRAFÍA

Arregui Montoya, R. (2024). *El delito de maltrato animal.* Madrid: Dykinson.

Bravo Burbano, Á. C. (2024). Evolución de los derechos de los animales: análisis del caso de Estrellita. *Foro: Revista de Derecho,* (41), 91-108. https://doi.org/10.32719/26312484.2024.41.5

Cantero Berlanga, M. D., & Méndez Rocasolano, M. (2024). La protección de los animales en España: Los derechos de los animales como respuesta a las injusticias humanas. *Actualidad Jurídica Ambiental,* (143), 5-51. https://doi.org/10.56398/ajacieda.00361

Capacete González, F. J. (2018). La Declaración universal de los derechos del animal. *Derecho Animal. Forum of Animal Law Studies,* 9(3), 143-146. https://doi.org/10.5565/rev/da.339

Cárdenas Verdesoto, E. (2025). *Ley de protección animal no deja conformes a grupos animalistas.* Ecuador Chequea. https://ecuadorchequea.com/ley-de-proteccion-animal-no-deja-conformes-a-grupos-animalistas/

Criado Martos, E. (2020). Animal law in Spain: regulation, problematic, and constitutional solution. *Revista CEF Legal,* 239, 123-148.

De la Torre Torres, R. M. (2020). El bienestar animal como principio constitucional implícito y como límite proporcional y justificado a los derechos fundamentales en la Constitución mexicana. *Derecho Animal. Forum of Animal Law Studies,* 11(3), 152-161. https://doi.org/10.5565/rev/da.506

Doménech Pascual, G. (2015). Colisiones entre bienestar animal y derechos fundamentales. En B. Baltasar, (Coord.), *El derecho de los animales* (89-125). Madrid: Marcial Pons.

Estrada Arias, L. V., Pérez Pereira, D., & Bustamante Rúa, M. M. (2023). Reflexiones sobre la protección animal en Colombia. *Revista Vía Iuris,* 35, 33-95. https://doi.org/10.37511/viaiuris.n35a2

Fernández Dos Santos, C. (2023). *¿Pueden los animales ser sujetos de derechos?* Blog de Derecho de los Animales, Consejo General de la

Abogacía Española. https://www.abogacia.es/publicaciones/blogs/blog-de-derecho-de-los-animales/pueden-los-animales-ser-sujetos-de-derechos/#_ednref1

Foy Valencia, P. C. (2014). La constitución y el animal: Aproximación a un estudio comparado. *Foro Jurídico,* 13, 155-174. https://revistas.pucp.edu.pe/index.php/forojuridico/article/view/13784

Gallego, J., & Chible, M. J. (2025). *¿Derechos de animales no humanos en la Constitución?* Diario Constitucional.cl. https://www.diarioconstitucional.cl/articulos/derechos-de-animales-no-humanos-en-la-constitucion/

Giménez-Candela, M. (2018). Descosificación de los animales en el Cc. español. *Derecho Animal. Forum of Animal Law Studies,* 9(3), 7-47. https://doi.org/10.5565/rev/da.361

Giménez-Candela, M. (2019). Animales en el Código Civil español: una reforma interrumpida. *Derecho Animal,* 10(2), 7-18. https://doi.org/10.5565/rev/da.438

González Marino, I., & Becerra Valdivia, K. (2021). Los demás animales como miembros de la comunidad política: superando el antropocentrismo constitucional a través de la paz como fin del Derecho. *Derecho Animal,* 12(3), 43-56. https://doi.org/10.5565/REV/DA.587

Henríquez Ramírez, A. (2023). La constitucionalización de los animales no humanos: Análisis, reflexiones y propuestas en torno al proceso constituyente chileno. *Revista de Derecho Ambiental (Chile),* 2(20), 155-188. https://doi.org/10.5354/0719-4633.2023.70792

Inés Villar, A. C. (2025). *La protección jurídica de los animales tras la reforma del Código Penal.* Blog de Derecho de los Animales, Consejo General de la Abogacía Española. https://www.abogacia.es/publicaciones/blogs/blog-de-derecho-de-los-animales/la-proteccion-juridica-de-los-animales-tras-la-rreforma-del-codigo-penal/

López Teruel, R. (2020). *Los Derechos de los Animales.* DeAnimals, Derecho Animal. https://www.deanimals.com/legislacion-derecho-animal/los-derechos-de-los-animales/

Lostal, M., Shanker, A., & Calley, D. (2024). Un paso adelante, dos atrás: La búsqueda de «derechos» en el proyecto de ley sobre derechos de los animales en Ecuador. *DALPS. Derecho Animal (Animal Legal and Policy Studies),* 2, 504-546. https://doi.org/10.36151/DALPS.033

Moradell Ávila, J. (2020). *El Tribunal Constitucional español y la 'ideología animalista' – Jurisprudencia del TC y Protección Animal.* INTERcids, operadores jurídicos por los animales. https://intercids.org/tribunal-constitucional-espanol-ideologia-animalista-jurisprudencia/

Nava Escudero, C. (2019). Los animales como sujetos de derecho. *Derecho Animal, 10*(3), 47-68. https://doi.org/10.5565/rev/da.444

Rey Pérez, J. L. (2018). *Los derechos de los animales en serio.* Madrid: Dykinson.

Sarmiento E, J. P. (2020). La protección a los seres sintientes y la personalización jurídica de la naturaleza aportes desde el constitucionalismo colombiano. *Estudios Constitucionales,* 18(2), 221-264. https://doi.org/10.4067/S0718-52002020000200221

Vivas Tesón, I. (2019). Los animales en el ordenamiento jurídico español y la necesidad de una reforma. *Revista Internacional de Doctrina y Jurisprudencia,* (21), 1-23. https://doi.org/10.25115/ridj.v0i21.2911

Referencias normativas

Código Civil Colombiano de 1873.

Código Penal de 1848. Gaceta de Madrid núm. 4937, de 21 de marzo de 1848, 1-2.

Constitución Española. BOE núm. 311, de 29 de diciembre 1978, páginas 29313 a 29424.

Constitución de Austria (*Österreichische Bundesverfassung)* de 1920.

Constitución federal de la Confederación Suiza (*Bundesverfassung der Schweizerischen Eidgenossenschaft)* de 1999.

Constitución del Reino *de Bélgica (Constitution du Royaume de Belgique)* de 1831.

Constitución de la República de Eslovenia (*Državni zbor)* de 1991.

Constitución de la República de Ecuador de 2008.

Constitución Política del Estado, Estado Plurinacional de Bolivia, de 2009.

Constitución Política de los Estados Unidos Mexicanos de 1917.

Constitución Política de la República de Colombia de 1991.

Declaración Universal de los Derechos de los Animales de 1978.

Tratado de Funcionamiento de la Unión Europea. Diario Oficial de la Unión Europea, 30 de marzo de 2010, C/83/49.

Ley Fundamental de la República Federal de Alemania (*Grundgesetz für die Bundesrepublik Deutschland*) de 1949.

Ley Orgánica 10/1995, de 23 de noviembre, del Código Penal. BOE núm. 281, de 24 de noviembre de 1995, páginas 33987 a 34058.

Ley Orgánica 15/2003, de 25 de noviembre, por la que se modifica la Ley Orgánica 10/1995, de 23 de noviembre, del Código Penal. BOE núm. 283, de 26 de noviembre de 2003, páginas 41842 a 41875.

Ley Orgánica 1/2015, de 30 de marzo, por la que se modifica la Ley Orgánica 10/1995, de 23 de noviembre, del Código Penal. BOE núm. 77, de 31 de marzo de 2015, páginas 27061 a 27176.

Ley Orgánica 1/2018, de 5 de noviembre, de reforma del Estatuto de Autonomía de Canarias. BOE núm. 268, de 6 de noviembre de 2018, páginas 107645 a 107708.

Ley Orgánica 3/2023, de 28 de marzo, de modificación de la Ley Orgánica 10/1995, de 23 de noviembre, del Código Penal, en materia de maltrato animal. BOE núm. 75, de 29 de marzo de 2023, páginas 45611 a 45617.

Decreto por el que se aprueba y promulga el Código Penal, texto refundido de 1944, según la autorización otorgada por la Ley de 19 de julio de 1944. Boletín Oficial del Estado núm. 13, de 13 de enero de 1945, páginas 427 a 472.

Ley 8/1991, de 30 de abril, de protección de los animales. BOC núm. 62, de 13 de mayo de 1991, BOE núm. 152, de 26 de junio de 1991, páginas 21196 a 21199.

Ley 5/1997, de 24 de abril, de protección de los animales de compañía. BOCL núm. 81, de 30 de abril de 1997, BOE núm. 156, de 1 de julio de 1997, páginas 20308 a 20314.

Ley 13/2002, de 23 de diciembre, de tenencia, protección y derechos de los animales. BOPA núm. 301, de 31 de diciembre de 2002, BOE núm. 28, de 1 de febrero de 2003, páginas 4332 a 4340.

Ley 4/2016, de 22 de julio, de Protección de los Animales de Compañía de la Comunidad de Madrid. BOCM núm. 190, de 10 de agosto de 2016, BOE núm. 285, de 25 de noviembre de 2016, páginas 82527 a 82546.

Ley 6/2017, de 8 de noviembre, de protección y defensa de los animales de compañía de la Región de Murcia. BORM núm. 271, de 23 de noviembre de 2017, BOE núm. 310, de 22 de diciembre de 2017, páginas 127170 a 127196.

Ley 17/2021, de 15 de diciembre, de modificación del Código Civil, la Ley Hipotecaria y la Ley de Enjuiciamiento Civil, sobre el régimen jurídico de los animales. BOE núm. 300, de 16 de diciembre de 2021, páginas 154134 a 154143.

Ley 7/2023, de 28 de marzo, de protección de los derechos y el bienestar de los animales. BOE núm. 75, de 29 de marzo de 2023, páginas 45618 a 45671.

Real Decreto de 24 de julio de 1889 por el que se publica el Código Civil. Gaceta de Madrid núm. 206, de 25 de julio de 1889, páginas 249 a 259.

Real decreto-ley aprobando el proyecto de Código Penal, que se inserta, y disponiendo empiece a regir como Ley del Reino el día 1° de Enero de 1929. Gaceta de Madrid núm. 257, de 13 de septiembre de 1928, páginas 1450 a 1526.

Ordenanzas municipales de la Ciudad de Palma de Mallorca de 1877.

Ordenanzas municipales de la Villa de Madrid de 1892.

CAPÍTULO PRIMERO
ADMINISTRACIONES PÚBLICAS Y PROTECCIÓN ANIMAL

Aspectos competenciales en la aplicación de la Ley 7/2023, de 28 de marzo, de protección de los derechos y el bienestar de los animales

RUTH MANZANARES FERNÁNDEZ
Dirección General de Derechos de los Animales,
Ministerio de Derechos Sociales y Agenda 2030
Consejo Asesor de la Sección de Derecho Animal del
Ilustre Colegio de la Abogacía de Madrid

I. INTRODUCCIÓN

Tras la controvertida aprobación de la Ley 7/2023, de 28 de marzo, de protección de los derechos y el bienestar de los animales y su entrada en vigor el 29 de septiembre del mismo año, surgieron diversas polémicas y debates sobre su aplicabilidad en el ámbito autonómico. En junio de 2023 tuvo lugar la publicación de los acuerdos de las comisiones bilaterales de Cooperación entre la Administración General del Estado y las comunidades autónomas de Extremadura y del País Vasco por los que se iniciaba una negociación sobre la constitucionalidad de varios artículos de la norma.

Estas negociaciones, cuyo objeto era resolver la discrepancia competencial sobre varios artículos de la Ley 7/2023, culminaron en dos acuerdos. Ambos, firmados el 28 y el 29 de diciembre de 2023 respectivamente. En dichos acuerdos, la Administración General del Estado se comprometió a promover una disposición normativa que atendiera los términos pactados con ambas comunidades autónomas. Estos acuerdos, prácticamente idénticos en el caso de ambas Comunidades Autónomas, presentaban una única diferencia relevante: el punto relativo al desarrollo del artículo 32.4 de la Ley 7/2023, de 28 de marzo, que únicamente figuraba entre las reclamaciones de la Comunidad Autónoma de Extremadura.

La publicación de estos acuerdos tuvo una repercusión mediática inesperada y, al igual que ocurrió durante la tramitación de la propia ley, en muchos casos se difundió información errónea. Algunos medios de comunicación llegaron a afirmar que: "*De este modo, el servicio municipal de urgencias veterinarias disponible las 24 horas, la prohibición de dejar a un perro sin supervisión durante más de un día o la gestión municipal de las colonias felinas dejan de ser vinculantes. A partir de ahora, dependen de la legislación autonómica y no de la ley animalista del Gobierno de Pedro Sánchez" (Arce, 2024).*

Estas afirmaciones generaron una gran confusión entre la ciudadanía e, incluso, entre algunos técnicos y administrativos de las entidades locales, quienes llegaron a utilizar esta información errónea como argumento para no aplicar los preceptos recogidos en la norma.

Más allá de lo anecdótico y de sus posibles repercusiones en la aplicación normativa y en la opinión pública, la confusión generada, sumada a la complejidad preexistente en la convivencia entre normativas autonómicas en vigor y una nueva ley de carácter mayoritariamente básico, ha propiciado un cúmulo de opiniones y discrepancias sobre la correcta aplicación de la normativa y sus límites competenciales.

A esta situación, ya de por sí compleja, se suma la necesidad de determinar, en ausencia de desarrollo reglamentario, qué artículos requieren una regulación adicional para su plena aplicación y cuáles pueden ser directamente aplicables y en qué medida pueden entrar en conflicto con las normativas autonómicas y locales. En este contexto, surgieron nuevas informaciones en los medios de comunicación que generaron una confusión significativa sobre cuestiones de especial interés para la ciudadanía, como la obligatoriedad del seguro de responsabilidad civil o la exigencia del curso para titulares de perros. Para muchos ciudadanos, resultaba difícil discernir si debían cumplir con estas obligaciones, dada la disparidad y las discrepancias en las informaciones disponibles.

Por si no fuera suficiente, a la confusión imperante se suma el propio carácter y ámbito de la Ley 7/2023, de 28 de marzo que, durante su tramitación parlamentaria fue objeto de numerosos vaivenes y una profunda modificación. Como resultado, el texto final presenta incoherencias y carencias derivadas de un proceso de enmiendas farragoso y desarrollado en un contexto de enorme polarización política.

La exclusión de un subconjunto de animales de compañía en función de su uso, fruto de una encarnizada batalla entre los grupos parlamentarios, pero no por ello menos arbitraria, supuso un punto de inflexión de una tramitación que dejó a la ciudadanía en una situación de incertidumbre respecto a qué disposiciones eran aplicables y en qué circunstancias.

Este artículo tiene como objetivo clarificar, al menos en parte, algunas de las cuestiones más relevantes que, a la fecha de redacción de este, plantea la interpretación de los aspectos competenciales de la Ley 7/2023, de 28 de marzo, de protección de los derechos y el bienestar de los animales.

II. TÍTULOS COMPETENCIALES EN EL ÁMBITO DE LA PROTECCIÓN DE LOS ANIMALES

La protección de los animales, especialmente de los animales de compañía, ha sido hasta el año 2023 una competencia ejercida exclusivamente por las Comunidades Autónomas. Las normativas autonómicas en esta materia se han fundamentado en la inexistencia de una regulación estatal y en la necesidad de dar respuesta a una sensibilidad social cada vez mayor respecto al bienestar animal (Castro, 2019, p. 150). Este carácter pionero de las Comunidades Autónomas en materia de protección de los animales ha llegado incluso a incluir en tres Estatutos de Autonomía - Andalucía, Canarias y Cataluña - atribuciones competenciales expresas en protección o bienestar animal (Cuerda Arnau, 2022, p. 35), que, sin embargo, no pueden afectar a las competencias reservadas al Estado en el artículo 149.1 de la Constitución Española (Tribunal Constitucional, Sentencia 81/2020, 2020, FJ3).

Las competencias de protección de los animales no se recogen en el texto constitucional como un título competencial específico, ya que no se encuentran incluidas de forma expresa entre las atribuidas como exclusivas del estado en el artículo 149 de la Constitución Española, ni tampoco se materializan en ninguna de las competencias que en el artículo 148 permite asumir a las Comunidades Autónomas. En este sentido, el Tribunal Constitucional establece en la Sentencia 81/2020, de 15 de julio, la posibilidad de que la intervención del Estado en esta materia pueda ampararse en los títulos competenciales exclusivos 149.1.13 de bases y coordinación de la planificación general de la actividad económica, 149.1.16 de bases y coordinación general de la sanidad y 149.1.23 de legislación básica sobre medio ambiente (Tribunal Constitucional, Sentencia 81/2020, 2020, FJ3).

Así, el legislador asumió la doctrina del Tribunal Constitucional desarrollando la Ley 7/2023, de 28 de marzo, sin perjuicio de los artículos declarados no básicos en su Disposición Final Sexta, con carácter de legislación básica, dictándola al amparo de lo dispuesto en el artículo 149.1. 13.ª, 16.ª y 23.ª de la Constitución Española ya citados anteriormente.

La cautela al definir los títulos competenciales habilitantes enfrentó significativas dificultades tanto en su proceso de materialización como en su posterior aprobación. Entre los principales desafíos destacan la complejidad para delimitar el grado de detalle que una normativa básica puede alcanzar sin menoscabar la capacidad de desarrollo normativo de las Comunidades Autónomas, así como las discrepancias sobre el carácter no básico de determinados preceptos aprobados por las Cortes, frente a la necesidad de conferirles un carácter básico para asegurar una adecuada ejecución de su contenido y su conformidad con el marco constitucional.

III. POSIBLES CONFLICTOS ENTRE LA LEY 7/2023, DE 28 DE MARZO, DE PROTECCIÓN DE LOS DERECHOS Y EL BIENESTAR DE LOS ANIMALES Y LAS LEYES AUTONÓMICAS APROBADAS PREVIAMENTE: PREVALENCIA DE LA NORMATIVA BÁSICA ESTATAL, INCONSTITUCIONALIDAD SOBREVENIDA Y DESPLAZAMIENTO AUTONÓMICO

Como se ha señalado, la Ley 7/2023, de 28 de marzo, posee un carácter fundamentalmente básico. Cabe destacar, además, que, al momento de su aprobación, las 17 Comunidades Autónomas ya habían regulado, en mayor o menor medida, la protección de los animales. Esta circunstancia, poco habitual en el ordenamiento jurídico, ha generado múltiples dudas respecto a la convivencia y armonización entre la normativa estatal y las disposiciones autonómicas.

El modelo territorial de España, articulado mediante el Estado autonómico, establece una compleja distribución de competencias entre el Estado y las Comunidades Autónomas, caracterizada, en determinados ámbitos competenciales, por la coexistencia de legislación básica estatal y normativa autonómica de desarrollo, cuyos contenidos pueden solaparse o coincidir generando potenciales conflictos de prevalencia que han sido objeto de análisis por la doctrina y la jurisprudencia del Tribunal Constitucional (Valencia Vila, 2017).

No obstante, cuando una norma autonómica vigente entra en contradicción con una ley estatal básica de aprobación posterior —como podría suceder tras la entrada en vigor de la Ley 7/2023, de 28 de marzo, de protección de los derechos y el bienestar de los animales— surgen conflictos competenciales que deben ser resueltos para garantizar la coherencia y seguridad jurídica en el ordenamiento.

Así, en caso de conflicto en la relación entre las leyes autonómicas y la Ley 7/2023, de 28 de marzo, de carácter básico, se plantea la aplicación principio de prevalencia normativa recogido en el artículo 149.3 de la Constitución Española, que garantiza la primacía de la normativa estatal básica en caso de conflicto. La prevalencia de la normativa básica estatal se encuentra recogida también en Sentencias del Tribunal Constitucional en lo que respecta a la competencia de bases y coordinación general de la sanidad (SSTC 32/1983, FJ 2; 42/1983, FJ 5; 15/1989, FJ 3; 22/2012, FJ 7), y en la de Bases y coordinación de la planificación general de la actividad económica, en la STC 148/2011, de 28 de septiembre.

Esta situación de conflicto, caracterizada por la concurrencia de dos normas válidas y vigentes, no constituye una controversia competencial propiamente dicha, dado que ambas leyes mantienen su validez y eficacia. La prevalencia no opera como una cláusula competencial ni implica la invalidez de la norma autonómica contraria a la ley estatal prevalente, sino que supone el desplazamiento de la norma autonómica en los supuestos previstos por la doctrina del Tribunal Constitucional (Alonso, 2003, p. 342).

Ante la cuestión de la convivencia entre una norma básica estatal y una norma autonómica de desarrollo que entran en contradicción, la doctrina del Tribunal Constitucional ha sido especialmente compleja al determinar qué norma debe prevalecer en estos supuestos. En el caso de las normativas autonómicas vigentes con anterioridad a la Ley 7/2023, de 28 de marzo, las opciones contempladas son la inconstitucionalidad sobrevenida o el desplazamiento de la normativa autonómica.

La STC 76/2022 en su fundamento jurídico 3, reconoce a los tribunales la capacidad de aplicar el principio de prevalencia o, en caso contrario, plantear una cuestión de inconstitucionalidad:

Ante un conflicto entre una norma estatal y una norma autonómica los tribunales pueden recurrir al principio de prevalencia que el art. 149.3 CE reconoce a la norma estatal «sobre las de las Comunidades Autónomas en todo lo que no esté atribuido a la exclusiva competencia de estas» cuando concurran de forma clara e incontrovertida los criterios precisados en la STC 102/2016 y posteriores. En caso contrario, deben plantear la cuestión de inconstitucionalidad prevista en el art. 163 CE, conforme a la doctrina contenida en las SSTC 173/2002, 66/2011 y 195/2015, entre otras. (Tribunal Constitucional, Sentencia 76/2022, FJ 3)

Por otra parte, el Tribunal Constitucional en la STC 102/2016, introduce el concepto de operador jurídico primario, que hace referencia a aquellos sujetos que aplican el Derecho en su actividad diaria, como las Administraciones Públicas, pero que carecen de la facultad de plantear cuestiones de inconstitucionalidad. Este operador, como señala Rebollo Puig (2015), debe actuar aplicando el principio de prevalencia sin necesidad de intervención del Tribunal Constitucional, limitándose a elegir la norma estatal aplicable y desplazar la autonómica.

De este modo, el desplazamiento autonómico puede aplicarse por un órgano jurisdiccional o por un operador jurídico primario cuando una norma autonómica válida queda relegada en su aplicación por una ley estatal básica posterior. Este fenómeno no implica la derogación de la norma autonómica, sino su inaplicación en los aspectos que sean incompatibles con la ley estatal básica. La doctrina se fundamenta en el artículo 149.3 CE, que otorga prevalencia a la legislación estatal básica en las materias de competencia estatal exclusiva, denominándose desplazamiento autonómico a la inaplicación de la normativa autonómica por un operador jurídico primario en este contexto.

Autores como Rubio Llorente (1997) subrayan que este mecanismo protege la coherencia del ordenamiento jurídico y la supremacía de la legislación básica estatal, además de ser una consecuencia necesaria del sistema de distribución competencial.

La inconstitucionalidad sobrevenida se produce cuando una norma inicialmente conforme con la Constitución deviene incompatible tras la modificación del marco normativo superior, como puede ser la promulgación de una ley estatal básica posterior. Este fenómeno ha sido abordado ampliamente por el Tribunal Constitucional, que ha señalado que dicha inconstitucionalidad implica la pérdida de validez de la norma autonómica afectada, no por un defecto originario, sino por el cambio en el ordenamiento jurídico (Valencia Vila, 2018, p. 1). A diferencia del desplazamiento autonómico, que supone la inaplicación de la norma autonómica por un operador jurídico primario o un órgano jurisdiccional, la inconstitucionalidad sobrevenida solo puede ser declarada por el Tribunal Constitucional, tal como lo establecen las SSTC 195/2015 y 66/2011. Autores como Aranda Briones (2023) advierten que la inconstitucionalidad sobrevenida genera un dilema práctico: las leyes autonómicas pueden seguir vigentes formalmente, pero resultan inaplicables si contradicen normas básicas estatales.

IV. LA ADAPTACIÓN DE LA NORMATIVA AUTONÓMICA TRAS LA APROBACIÓN DE LA LEY 7/2023, DE 28 DE MARZO

Las Comunidades Autónomas tienen el deber ineludible de adaptar su normativa a las leyes básicas estatales para garantizar la coherencia y armonía del sistema de fuentes. Esto incluye reformar, derogar o sustituir disposiciones incompatibles con celeridad y eficacia. Así lo recoge el Tribunal Constitucional cuando refiere el deber de inmediata acomodación de la legislación autonómica de desarrollo a la nueva legislación básica en el fundamento jurídico sexto de la Sentencia 102/2016, de 25 de mayo. Adicionalmente, la falta de adaptación de las normativas autonómicas genera un elevado grado de inseguridad jurídica para la ciudadanía y los operadores sectoriales, por lo que estas adaptaciones deben abordarse con la mayor agilidad posible.

Una primera dificultad para la adaptación de las normativas autonómicas respecto al contenido de la Ley 7/2023, de 28 de marzo, es la heterogeneidad de los ámbitos competenciales, que no son coincidentes ni entre las diferentes comunidades autónomas, cuyos marcos normativos varían desde una regulación limitada a los animales de compañía hasta normas más amplias que incluyen otros grupos de animales. Además, las definiciones de estos grupos de animales son, en muchos casos, dispares, dificultando enormemente la adaptación obligatoria de las normas autonómicas a la normativa básica estatal.

Un reto añadido es que el ámbito de la Ley 7/2023, de 28 de marzo, que en principio debería ser el de los animales de compañía y los animales silvestres en cautividad, incluye en su artículo 1.3 un conjunto de excepciones que añaden complejidad al proceso de adaptación autonómica, al excluir, además de los habituales animales de experimentación, producción, silvestres y tauromaquia, un apartado e) que deja fuera a determinados grupos de animales por su actividad, aun cuando su especie los definiría como animales de compañía.

Así, las adaptaciones autonómicas deberán realizarse, en su mayor parte, sobre aspectos parciales de sus textos normativos, lo que arroja dificultades adicionales en las adaptaciones a acometer, especialmente, pero no de forma exclusiva, en aspectos relacionados con el sistema sancionador.

El sistema sancionador resultante de la adaptación deberá ajustarse escrupulosamente a la normativa básica estatal, cuestión que está suscitando no pocas reacciones en contra de muchas Comunidades Autónomas, debido al carácter más riguroso de las sanciones de la Ley 7/2023. El Tribunal Constitucional recoge en el fundamento jurídico 8 de la STC 87/1985 que la norma sancionadora autonómica no podrá introducir tipos ni prever sanciones que difieran, sin fundamento razonable, de los ya recogidos en la normación válida para todo el territorio.

Una dificultad adicional en la adaptación de la normativa es la interpretación, posiblemente intencionada, de que las leyes autonómicas debían ajustar su ámbito al establecido en la Ley 7/2023, de 28 de marzo. Sin embargo, como se ha mencionado, cada ley autonómica de protección animal tiene un ámbito propio y diferenciado, con una gran heterogeneidad entre comunidades autónomas. En consecuencia, las legislaciones autonómicas deben respetar la normativa básica estatal, pero dentro de su propio marco competencial.

Así, las adaptaciones de las leyes autonómicas deberán realizarse únicamente sobre el ámbito coincidente con la Ley 7/2023, es decir, el de los animales silvestres en cautividad y los animales de compañía, con la excepción de aquellos expresamente mencionados en el artículo 1.3.e). No obstante, esto no implica que los animales exceptuados deban ser eliminados del texto autonómico, ni que tengan que verse sometidos a condiciones diferentes. Estas decisiones quedarán en manos de cada Comunidad Autónoma, en el ejercicio de sus competencias, permitiendo así la coexistencia de regulaciones que, si bien deben respetar el marco estatal, pueden mantener o ampliar su ámbito de protección.

V. CONCLUSIONES

La Ley 7/2023, de 28 de marzo, de protección de los derechos y el bienestar de los animales, ha puesto de manifiesto las tensiones inherentes al modelo territorial español, en el que coexisten legislación básica estatal y normativa autonómica de desarrollo. La necesidad de adaptación de las normativas autonómicas a la nueva legislación básica es un reto complejo, marcado por la diversidad de regulaciones previas y la falta de uniformidad en las definiciones y ámbitos competenciales.

La inconstitucionalidad sobrevenida y el desplazamiento autonómico son conceptos clave para entender el impacto de la Ley 7/2023, de 28 de marzo en las normativas preexistentes. La doctrina del Tribunal Constitucional ha establecido que, ante conflictos normativos en los que la ley básica estatal se apruebe con posterioridad a las normativas autonómicas, los tribunales pueden aplicar el principio de prevalencia recogido en el artículo 149.3 CE o plantear una cuestión de inconstitucionalidad. Además, se ha reconocido la figura del operador jurídico primario, quien puede inaplicar normas autonómicas en favor de la legislación básica estatal sin necesidad de intervención del Tribunal Constitucional.

Así, la aplicación de la Ley 7/2023, de 28 de marzo, enfrenta desafíos normativos, administrativos y competenciales, exigiendo una actuación diligente de las Comunidades Autónomas para adaptar su legislación, garantizando la coherencia y seguridad jurídica del sistema de fuentes. La diversidad autonómica, el propio ámbito competencial de la Ley 7/2023, de 28 de marzo y las discrepancias de carácter político añaden complejidad al proceso, por lo que la evolución de este marco normativo dependerá de la capacidad de las instituciones para dialogar, negociar y aplicar eficazmente los principios de prevalencia y adaptación normativa.

BIBLIOGRAFÍA

Alonso Más, M. J. (2003). La prevalencia del derecho del Estado y la inaplicación judicial de las leyes autonómicas: el caso de las cesiones de aprovechamiento en suelo urbano. *Revista de Administración Pública, 161*, 305-347.

Aranda Briones, B. (2023). La doctrina de la prevalencia: ¿un cambio de paradigma? *Revista Asamblea, 44*, 171-224.

Arce, M. (2024, 31 de enero). País Vasco y Extremadura pactan con el Gobierno una ley animalista a la carta. *Libertad Digital.* Recuperado de https://www.libertaddigital.com/ciencia-tecnologia/ciencia/2024-01-31/pais-vasco-extremadura-pactan-gobierno-ley-bienestar-animal-carta-7092245/.

Castro Álvarez, C. (2019) *Los animales y su estatuto jurídico. Protección y utilización de los animales en el Derecho*, Aranzadi, Cizur Menor.

Cuerda Arnau, M. L. (2022). *De animales y normas: Protección animal y Derecho sancionador.* Tirant lo Blanch.

Rubio Llorente, F. (1997). *El reparto competencial en el Estado autonómico.* Madrid: CEPC.

Valencia Vila, S. (2018). Prevalencia de la ley estatal posterior y desplazamiento de la ley autonómica previa: ¿dónde nos encontramos? Foro de las Autonomías.

Otras referencias:

Resolución de 11 de enero de 2024, de la Secretaría General de Coordinación Territorial, por la que se publica el Acuerdo de 29 de diciembre de 2023, de la Comisión Bilateral de Cooperación Administración General del Estado-Comunidad Autónoma de Extremadura, en relación con la Ley 7/2023, de 28 de marzo, de protección de los derechos y el bienestar de los animales. BOE núm. 27, de 31 de enero de 2024, páginas 12696 a 12697.

Resolución de 11 de enero de 2024, de la Secretaría General de Coordinación Territorial, por la que se publica el Acuerdo de 28 de diciembre de 2023, de la Comisión Bilateral de Cooperación Administración del Estado-Administración de la Comunidad Autónoma del País Vasco, en relación con la Ley 7/2023, de 28 de marzo, de protección de los derechos y el bienestar de los animales. BOE núm. 25, de 29 de enero de 2024, páginas 10915 a 10916

Las administraciones públicas en la protección animal: nuevas perspectivas

RUTH MANZANARES FERNÁNDEZ
Dirección General de Derechos de los Animales, Ministerio de Derechos Sociales y Agenda 2030
Consejo Asesor de la Sección de Derecho Animal del Ilustre Colegio de la Abogacía de Madrid

I. INTRODUCCIÓN

La preocupación social por el trato dispensado a los animales y su reconocimiento como seres dotados de sensibilidad[1] ha ido en aumento en los últimos años. Este cambio de percepción ha sido impulsado por un movimiento social conformado por asociaciones protectoras de animales, la ciudadanía y una parte significativa del ámbito académico y científico. Como resultado, la visión tradicional sobre los animales ha evolucionado, llegando a considerarse, en algunos casos, como parte del núcleo familiar.

---

1 Se emplea el término sensibilidad debido a que el concepto recogido en el Tratado de Funcionamiento de la Unión Europea (TFUE) bajo la palabra *sentience,* que hace referencia a la capacidad de los animales para experimentar placer, dolor, emociones y sufrimiento, no cuenta con una traducción literal consolidada en castellano. Aunque el término "sintiencia" ha sido propuesto en algunos ámbitos, no está reconocido por la Real Academia Española (RAE). No obstante, al referirse a *sentience,* debe entenderse con su significado completo, abarcando la plena capacidad de los animales para experimentar estados emocionales y sensaciones subjetivas.

Paralelamente, el Derecho Animal ha despertado un creciente interés en las últimas décadas. En sintonía con el aumento de la sensibilidad social hacia los animales, se han promovido la creación de comisiones y secciones especializadas en la materia dentro de numerosos colegios profesionales. El Derecho Animal, entendido como el conjunto de normas nacionales, europeas e internacionales que regulan la protección y el uso de los animales a partir de su reconocimiento como seres sintientes (Castro, 2019, p. 54), abarca tanto las disposiciones relativas a su bienestar y protección como aquellas que regulan su utilización y, en algunos casos, su sacrificio.

Para comprender la evolución del Derecho Animal y el contexto normativo actual, es fundamental analizar los antecedentes que han allanado este camino: el impulso de algunas entidades locales, la legislación autonómica, la normativa de la Unión Europea y los tratados internacionales ratificados por España han sido pilares clave en esta transformación jurídica.

Durante la XIV Legislatura, se aprobaron diversas normativas que han modificado en profundidad el estatuto jurídico de los animales dentro del Ordenamiento Jurídico Español. Este desarrollo normativo, no exento de polémica y utilizado por distintos partidos políticos como elemento de confrontación ideológica, tiene su fundamento en la creciente sensibilidad de una parte significativa de la ciudadanía hacia los animales en general y, en particular, hacia los animales de compañía.

En este contexto, la ciudadanía continúa desempeñando un papel crucial en la protección animal, promoviendo iniciativas como la Iniciativa Legislativa Popular (ILP) "No es mi cultura", registrada el 4 de enero de 2024, con el objetivo de derogar la Ley 18/2013, que declara la tauromaquia como patrimonio cultural en España. No obstante, en este ámbito, los avances legislativos siguen siendo limitados, lo que evidencia la existencia de una resistencia institucional al cambio.

La tendencia actual refleja una evolución normativa impulsada por la presión social, lo que motiva a las administraciones públicas a adoptar medidas progresivas en favor de la protección animal. Aunque este avance es, en muchos casos, lento y sujeto a controversias, la dirección parece clara: una evolución constante en la protección y el reconocimiento de los derechos de los animales dentro del marco jurídico y social.

II. UNIÓN EUROPEA: PASADO, PRESENTE Y FUTURO

La Unión Europea tiene una trayectoria de más de 40 años en la promoción del bienestar animal, centrándose especialmente en los animales de producción y aquellos utilizados en experimentación. No obstante, en los últimos años, la creciente sensibilización social y la preocupación por diversas cuestiones, como la sanidad animal, la protección de los animales de compañía en el comercio y el transporte, así como la conservación de especies, han impulsado el desarrollo de políticas más amplias y estrictas en materia de protección animal.

2.1. El Derecho de la Unión Europea como fuente de Derecho

La modificación del Código Civil para reconocer a los animales como seres dotados de sensibilidad tiene un claro precedente en el Derecho primario de la Unión Europea.

En un primer momento, toda la normativa de la Unión Europea en relación con los animales se fundamentó, en consonancia con sus competencias, en la legislación propuesta por la Comisión Europea, que más tarde consideraría el bienestar animal como un elemento clave aunque en aquel momento tenía como objetivo principal cumplir con los fines de la Política Agraria Común (PAC), armonizando factores que afectaban los costes de producción y reduciendo el riesgo de distorsiones en la competencia (Villalba, 2016, p. 15).

En el año 1992 el Tratado de Maastricht incluyó una declaración anexa que mencionaba por primera vez el bienestar animal como un principio rector a respetar por la normativa comunitaria. Posteriormente, en el Tratado de Ámsterdam, se incluyó el Protocolo sobre la Protección y el Bienestar de los Animales, considerado el germen del reconocimiento de los animales como seres sensibles en el marco de la Unión Europea (López de la Osa, 2012, p. 25). Este reconocimiento se consolidó en el artículo 13 del Tratado de Lisboa, firmado el 13 de diciembre de 2007, el cual impuso a los Estados miembros la obligación de considerar las exigencias en materia de bienestar animal derivadas de dicha condición.

Aunque el texto del artículo 13 del Tratado de Lisboa (TFUE) puede parecer idéntico al Protocolo incluido en el Tratado de Ámsterdam, el Tratado de Lisboa introdujo cuatro cambios, añadiendo las políticas de pesca, de desarrollo tecnológico y espacial e incluyendo expresamente, dentro de la parte dispositiva, su carácter de seres sensibles. (Alonso, 2011, p. 12). Es esta última introducción la que, siendo considerado este contenido del TFUE una política de aplicación transversal y una norma de carácter cuasi constitucional (Alonso, 2011, p.13) apoya la modificación del Código Civil desde un fundamento jurídico irreprochable.

2.2. La Unión Europea y el bienestar animal

La Estrategia de la Unión Europea para el Bienestar Animal 2021-2025 es una iniciativa clave dentro del Pacto Verde Europeo y la Estrategia "De la Granja a la Mesa", con el objetivo de mejorar las condiciones de vida de los animales en toda la Unión. Su enfoque se basa en la sostenibilidad y la ética en la producción alimentaria, garantizando que los estándares europeos en bienestar animal sean acordes con los avances científicos y las expectativas de la sociedad.

Uno de los principales objetivos de esta estrategia es la revisión de la legislación vigente sobre bienestar animal, con el fin de actualizar las normativas, ampliar su alcance y facilitar su aplicación efectiva en todos los Estados miembros. Esta actualización responde a la necesidad de mejorar la protección de los animales en distintos ámbitos, incluyendo su transporte, cría, experimentación y sacrificio.

Además, la estrategia busca fortalecer la aplicación de las leyes existentes, garantizando un sistema de supervisión más riguroso y homogéneo en toda la Unión Europea. Esto incluye el refuerzo de inspecciones y el desarrollo de medidas más estrictas para evitar el incumplimiento de la normativa sobre bienestar animal.

Otro aspecto central de la estrategia es la mejora de las condiciones de los animales durante el transporte y el sacrificio, ámbitos que han sido objeto de gran preocupación por parte de la ciudadanía y organizaciones de protección animal. La Unión Europea pretende establecer regulaciones más exigentes que reduzcan el estrés y el sufrimiento de los animales en estos procesos.

En el ámbito de la experimentación animal, la estrategia promueve la reducción progresiva del uso de animales en investigación, incentivando el desarrollo y la implementación de métodos alternativos más éticos y científicamente validados. Esto se alinea con el compromiso de la Unión Europea de minimizar el sufrimiento animal y fomentar modelos de investigación más sostenibles.

Para garantizar el éxito de estas iniciativas, la Comisión Europea ha propuesto la creación de una plataforma de la Unión Europea sobre bienestar animal, que facilitará el intercambio de conocimientos y mejores prácticas entre los Estados miembros y otras partes interesadas. Además, se prevé la asignación de fondos específicos para apoyar proyectos que contribuyan al bienestar animal en sectores como la ganadería, el transporte y la conservación de especies.

2.3. Los animales de compañía en el ámbito de la Unión Europea

La Estrategia de la Unión Europea para el Bienestar Animal 2021-2025 no solo se centra en los animales de producción, sino que también aborda la situación de los animales de compañía.

Uno de los objetivos principales de la estrategia es mejorar las condiciones de vida de los animales de compañía mediante la armonización de las normativas en los Estados miembros. Aunque la protección de estos animales ha sido históricamente competencia de las legislaciones nacionales, la Unión Europea busca establecer criterios comunes que garanticen estándares mínimos de bienestar en toda Europa.

Entre las medidas destacadas, se encuentra la lucha contra el comercio ilegal de animales de compañía, especialmente de perros y gatos. La venta ilegal y la cría irresponsable han dado lugar a problemas como la endogamia, enfermedades genéticas y maltrato animal. Para combatir esta problemática, la estrategia promueve la implementación de sistemas de identificación y trazabilidad obligatorios, que permitan el control de la cría, el comercio y la adopción de estos animales.

Para ello, La Unión Europea está avanzando en la implementación de una legislación que establecerá, por primera vez, normas mínimas a nivel comunitario para la cría, venta y cuidado de perros y gatos. Esta iniciativa busca mejorar el bienestar y la protección de estos animales y combatir el comercio ilegal asociado. Entre las medidas propuestas se incluye la obligatoriedad de implantar microchips en todos los perros y gatos, registrándolos en bases de datos nacionales interoperables. Esta acción facilitará la trazabilidad y ayudará a prevenir prácticas ilegales en la cría y venta de animales de compañía.

Además, la legislación propuesta contempla la prohibición de prácticas de cría perjudiciales, como la reproducción de animales con características extremas que puedan afectar su salud y bienestar. También se establecerán estándares mínimos para los establecimientos de cría, tiendas de animales y refugios, asegurando condiciones adecuadas para los animales en estos entornos.

Otro aspecto clave es la regulación del transporte y comercio transfronterizo de animales de compañía. En muchos casos, los animales transportados dentro de la Unión Europea no cumplen con los requisitos mínimos de bienestar, lo que genera sufrimiento innecesario. Por ello, la Comisión Europea pretende establecer controles más estrictos y sanciones más severas contra el tráfico ilegal y las malas prácticas en la comercialización de estos animales.

III. EL ESTADO

El papel del Estado en la protección de los animales ha estado tradicionalmente limitado, en gran medida, por el reparto competencial en esta materia, centrándose en la generación de normativa de carácter básico. Sin embargo, en los últimos años, la tipificación del maltrato animal como delito y la modificación del estatuto jurídico de los animales en el Código Civil han impulsado una mayor actividad normativa. Estos cambios han sido el punto de partida para una serie de transformaciones en distintos niveles de la gobernanza, reforzando la protección legal de los animales y promoviendo un marco normativo más sólido y coherente con las exigencias de la sociedad.

3.1. Normativa: de dónde venimos

Salvo en algunos aspectos relacionados principalmente con la sanidad y el bienestar en la producción animal, la protección de los animales no ha sido, hasta la última década, un asunto de interés prioritario a nivel estatal. En este contexto, resulta fundamental analizar la evolución de la Administración General del Estado en materia de protección animal para comprender su futuro y los desafíos que enfrenta.

Hasta 1995, con la inclusión del maltrato animal como falta en el Código Penal, el Estado no había adoptado medidas específicas en materia de protección animal. La posterior evolución de esta figura a delito, con la aprobación de la Ley Orgánica 15/2003, de 25 de noviembre, y las sucesivas reformas introducidas por la Ley Orgánica 5/2010, de 22 de junio, la Ley Orgánica 1/2015, de 30 de marzo, y la más reciente Ley Orgánica 3/2023, de 28 de marzo, de modificación del Código Penal, han supuesto un fortalecimiento progresivo de la protección penal de los animales. Estas reformas han ampliado tanto los tipos penales como el alcance de la protección, que ha pasado de centrarse exclusivamente en los animales domésticos a abarcar todos los vertebrados.

En 1999, el Estado abordó la regulación en materia de tenencia de animales, en especial de perros considerados potencialmente peligrosos, con la aprobación de la Ley 50/1999, de 23 de diciembre, sobre el régimen jurídico de la tenencia de animales potencialmente peligrosos, posteriormente desarrollada por el Real Decreto 287/2002, de 22 de marzo. Sin embargo, estas normativas no tenían como objetivo principal la protección de los animales, sino una controvertida protección de las personas frente a ellos, estableciendo restricciones y regulaciones en función del criterio de peligrosidad.

Posteriormente se aprobó, la Ley 32/2007, de 7 de noviembre, para el cuidado de los animales, en su explotación, transporte, experimentación y sacrificio, aprobada con el objetivo de completar la transposición de las Directivas europeas en materia de bienestar animal, realizada previamente mediante Reales Decretos. La Unión Europea había considerado que dicha transposición era incompleta, ya que carecía de un régimen sancionador efectivo. Como advierte Pérez Monguió (2015, p. 326), la norma no logró satisfacer plenamente a ninguno de los sectores implicados, ya que el resultado legislativo fue deficiente y limitado. En este sentido, la ley no llegó a consolidarse como la norma de referencia en materia de bienestar animal, pues ni siquiera su régimen sancionador se consideró suficientemente robusto para garantizar su eficacia.

Aunque no es una normativa de protección animal *stricto sensu*, la Ley 42/2007, de 13 de diciembre, del Patrimonio Natural y de la Biodiversidad, estableció el régimen jurídico básico para la conservación, uso sostenible, mejora y restauración del patrimonio natural y la biodiversidad en España. Entre sus medidas más destacadas se encuentra la creación del Listado de Especies Silvestres en Régimen de Protección Especial, en el que se incluyen aquellas especies, subespecies y poblaciones que requieren atención y protección específica debido a su singularidad, rareza o grado de amenaza.

En la misma línea, la Ley 31/2003, de 27 de octubre, de conservación de la fauna silvestre en los parques zoológicos, reguló el funcionamiento de los parques zoológicos desde una perspectiva conservacionista, centrándose en la protección de la biodiversidad y la conservación de especies, sin abordar de manera específica la cuestión del bienestar animal. Esta normativa deriva de la Directiva 1999/22/CE, relativa al mantenimiento de animales salvajes en zoológicos, cuyo objetivo principal es garantizar la conservación de la fauna silvestre en cautividad mediante programas de cría, educación y reintroducción en sus hábitats naturales.

Deben señalarse también algunas carencias del Estado en materia de protección animal, como que España no haya ratificado el Convenio para la Protección de los Animales al Sacrificio del Consejo de Europa[2], mientras que el Convenio para la Protección de los Animales de Compañía, adoptado el 13 de noviembre de 1987, no fue ratificado en España hasta 2017. Según el artículo 96 de la Constitución Española, los tratados internacionales ratificados y publicados en el Boletín Oficial del Estado forman parte del ordenamiento jurídico interno y son de obligado cumplimiento. En este contexto, los retrasos y la ausencia de ratificación de normativas que buscan proteger a los animales proyectan una imagen negativa sobre las políticas estatales en esta materia.

La aprobación de la Ley 17/2021, de 15 de diciembre, supuso un hito legislativo en la protección animal en España, al modificar el Código Civil, la Ley Hipotecaria y la Ley de Enjuiciamiento Civil para redefinir el estatuto jurídico de los animales. Esta reforma sentó las bases para posteriores modificaciones normativas, entre ellas la reforma del Código Penal mediante la Ley Orgánica 3/2023, de 28 de marzo, que estableció que el bien jurídico protegido en los delitos contra los animales es su vida, salud e integridad, tanto física como psíquica. Asimismo, allanó el camino para la Ley 7/2023, de 28 de marzo, sobre protección de los derechos y bienestar de los animales.

El proceso legislativo que condujo a la modificación del Código Civil comenzó con una Proposición de Ley presentada por el PSOE y Unidas Podemos en 2021, pero no fue el primer intento de reformar el estatuto jurídico de los animales en las Cortes. En septiembre de 2020, el Partido Popular impulsó una iniciativa similar, precedida a su vez por otra propuesta del mis-

---

2 No confundir con el Consejo de la Unión Europea. El Consejo de Europa es una organización internacional creada en 1949 y que contribuye a la creación de un espacio legal común europeo a través de la elaboración de Convenios, Acuerdos y Recomendaciones y fue la primera organización intergubernamental preocupada por los animales utilizados y su bienestar.

mo partido en 2017. Esta última, tras ser admitida a trámite y debatida, logró el consenso de todos los grupos parlamentarios en marzo de 2019, sirviendo como base para la redacción de la Proposición de Ley de 2021.

A pesar del amplio consenso parlamentario, el Grupo Parlamentario VOX se posicionó en contra de cualquier reforma que favoreciera la protección animal, alegando un supuesto conflicto cultural. Desde su perspectiva, estas reformas conducían a un proceso de "humanización del animal y deshumanización del hombre" (VOX España, 2021). Esta postura marcó el inicio de un periodo de intensa confrontación política en el que la protección animal pasó a convertirse en un tema de polarización ideológica, afectando la acción de las administraciones y gobiernos en todos los niveles.

Finalmente, se aprobó la Ley 7/2023, de 28 de marzo, de protección de los derechos y el bienestar de los animales, concebida inicialmente para llenar el vacío existente en la normativa estatal básica en materia de protección y bienestar de los animales de compañía y silvestres en cautividad. Su propósito era establecer un marco normativo homogéneo de mínimos que sirviera de base para las legislaciones de desarrollo de las comunidades autónomas.

Lo que en un principio se presentó como una apuesta clara por un cambio significativo en la protección de los animales de compañía y silvestres en cautividad terminó enfrentándose a una tormentosa tramitación parlamentaria. A lo largo del proceso legislativo, la ambición inicial de abarcar todos los animales de compañía y silvestres en cautividad se vio limitada por diversas modificaciones introducidas, lo que restringió significativamente su alcance final.

3.2. Normativa: a dónde vamos

El interés del Estado por la protección de los animales, en especial en materia de animales de compañía, lejos de haberse agotado tras las controversias suscitadas por los desarrollos normativos en Derecho Animal durante la XIV Legislatura, sigue reflejándose en los debates parlamentarios actuales. Un ejemplo significativo es la incorporación, por primera vez en nuestra legislación, de la posibilidad de entrada en domicilio para el rescate de animales, así como la inclusión de referencias a los animales para garantizar su seguridad e integridad en la Proposición de Ley Orgánica de Protección de las Libertades y Seguridad Ciudadana, que, a la fecha de redacción de este artículo, se encuentra en fase de enmiendas en el Congreso de los Diputados.

Esta tendencia también se observa en las ediciones de 2024 y 2025 del Plan Anual Normativo de la Administración General del Estado, que contemplan nuevos desarrollos normativos que consolidarán y desarrollarán el régimen jurídico de los animales, evolución iniciada en diciembre de 2021 con la aprobación de la Ley 17/2021, de 15 de diciembre.

En los próximos años, es previsible que se aborden diversas cuestiones pendientes en materia de protección animal. La consolidación del nuevo estatuto jurídico de los animales requerirá una revisión progresiva del conjunto normativo vigente, garantizando que en todas sus disposiciones se reconozca a los animales como seres sintientes.

Asimismo, será necesario avanzar en el desarrollo reglamentario de la Ley 7/2023, de 28 de marzo, para permitir la aplicación efectiva de diversas medidas fundamentales. Entre ellas, destaca la creación de un registro interconectado, que facilite la interoperabilidad de los registros autonómicos de identificación de animales de compañía, así como la implementación de otros sistemas de registro anexos previstos en la normativa.

Además, varios aspectos clave aún pendientes de desarrollo reglamentario, como el Listado Positivo de Animales de Compañía, el Listado de Animales Domésticos de Compañía, las condiciones de identificación, registro y cría de animales de compañía, la regulación de los cursos de tenencia y la obligatoriedad del seguro para titulares de perros, deben abordarse con urgencia. La pronta implementación de estos aspectos es esencial para completar la aplicación de la ley en su totalidad y garantizar su eficacia con la debida seguridad jurídica.

Es previsible que también se aborde la problemática generada en lo que respecta a los animales excluidos de la Ley 7/2023, de 28 de marzo, para que se produzca su regulación de protección a nivel estatal. Si parece probable que se produzca la regulación de los establecimientos en los que permanezcan a través de la normativa de núcleos zoológicos de animales de compañía, cuyo desarrollo, pendiente desde 2016, continúa en tramitación.

Sin embargo, existen otras cuestiones que la sociedad exige abordar con cambios normativos urgentes, como la experimentación animal y la tauromaquia, temas que han generado un intenso debate en los últimos años.

En el caso de la experimentación animal, su regulación se revisará en el marco de la adaptación a la Directiva Delegada (UE) 2024/1262 de la Comisión, de 13 de marzo de 2024, que modifica la Directiva 2010/63/UE del Parlamento Europeo y del Consejo. Esta nueva normativa introduce nuevos requisitos sobre los establecimientos, el alojamiento y el cuidado de los animales, así como sobre los métodos de sacrificio, con el objetivo de mejorar las condiciones de los animales utilizados en procedimientos científicos. España deberá incorporar esta directiva a su ordenamiento jurídico antes del 4 de diciembre de 2025, proceso que ya ha comenzado con una consulta pública previa iniciada en enero de 2025.

Por otro lado, el debate sobre la tauromaquia se verá reactivado con la más que probable admisión a trámite de la Iniciativa Legislativa Popular (ILP) "No es mi cultura", que ha logrado reunir más de 650.000 firmas. Esta iniciativa obligará a los partidos políticos a posicionarse sobre la Ley 18/2013, que actualmente declara la tauromaquia como patrimonio cultural en España.

3.3. Políticas públicas

La implementación de políticas públicas en materia de protección animal a nivel estatal se encuentra limitada por la falta de competencias ejecutivas en esta área. No obstante, en los últimos años se han llevado a cabo diversas acciones estratégicas en este ámbito.

Los primeros pasos en políticas públicas de alcance estatal se dieron con la creación del Plan de Actuaciones para la Tenencia Responsable de Animales de Compañía (PATRAC), una iniciativa lanzada en abril de 2018 por el Ministerio de Agricultura, Pesca y Alimentación. Su objetivo principal era promover un cambio de actitud en la relación con los animales de compañía, fomentando la tenencia responsable y mejorando la ordenación y transparencia del sector.

Tras la creación de la Dirección General de Derechos de los Animales, PATRAC fue transferido al Ministerio de Derechos Sociales, Consumo y Agenda 2030, donde se mantiene vigente con nuevos contenidos adaptados a los avances normativos. Su estrategia actual se basa en la educación en tenencia responsable, a través de publicaciones, alianzas estratégicas y campañas de difusión en medios de comunicación.

En los últimos años, el Estado ha impulsado dos líneas de subvenciones inéditas a nivel estatal. La primera, dirigida a entidades de protección animal, financia actuaciones en la recogida de animales abandonados y la gestión de colonias felinas.

La segunda, destinada a entidades locales, se centra exclusivamente en la gestión de colonias felinas, alineándose con las obligaciones establecidas en la Ley 7/2023, de 28 de marzo.

De cara a 2025, las políticas públicas estatales en protección animal se enfocarán en la puesta en marcha de dos planes de acción.

El primero, el Plan de Acción de Colonias Felinas, actualmente pendiente de publicación, abordará el apoyo a las entidades locales en la gestión de poblaciones felinas, una responsabilidad que ha sido incorporada a sus competencias con la entrada en vigor de la Ley 7/2023. Como parte de esta estrategia, ya se han dado pasos iniciales con la publicación de la Directriz Técnica de la Dirección General de Derechos de los Animales sobre gestión de poblaciones felinas y la formación especializada en colaboración con la Federación Española de Municipios y Provincias (FEMP).

El segundo, el Plan de Acción Estatal contra el Abandono de Animales de Compañía y para el Fomento de la Adopción, fue anunciado por el ministro de Derechos Sociales, Pablo Bustinduy, durante el IV Congreso de Derechos de los Animales, celebrado en octubre de 2024. Su objetivo principal es combatir el abandono de animales en todo el país y promover la adopción responsable.

Aunque aún se está a la espera de la definición de las líneas de acción de estos planes, su mera existencia marca un hito inédito en la protección animal a nivel estatal. Sería deseable que estos sean los primeros de muchos más programas y actuaciones futuras para consolidar un marco normativo y operativo eficaz en materia de protección animal en España

IV. LAS COMUNIDADES AUTÓNOMAS. PRINCIPIO Y FIN DE LOS NUEVOS RETOS

4.1. Normativa

Hasta 2023, las Comunidades Autónomas fueron las responsables de regular la tenencia responsable y la protección de los animales de compañía, en el marco de la distribución de competencias establecida en los artículos 148 y 149 de la Constitución Española. Ante la ausencia de una regulación estatal, cada comunidad autónoma desarrolló su propia legislación en la materia (Vivas, 2019, p. 16).

Hasta 2023, año en el que el Partido Popular y VOX derogaron la Ley 6/2018, de 26 de noviembre, de protección de los animales en la Comunidad Autónoma de La Rioja, las 17 Comunidades Autónomas contaban con leyes autonómicas de protección animal. Sin embargo, la falta de homogeneidad legislativa entre comunidades generaba inseguridad jurídica, especialmente en aspectos como la regulación profesional de los sectores vinculados a los animales de compañía, la tenencia responsable, el sacrificio, la gestión de poblaciones de animales urbanos, entre otros.

La primera Comunidad Autónoma en legislar en materia de protección animal fue Cataluña, con la aprobación de la Ley 3/1988, de 4 de marzo, de Protección de los Animales de Cataluña. En su preámbulo, la norma justificaba su necesidad ante la ausencia de legislación nacional actualizada sobre la protección de los animales.

A lo largo de los años, el resto de las comunidades autónomas fueron aprobando sus propias leyes autonómicas de protección animal, aunque con escasos desarrollos reglamentarios. De aquellas primeras generaciones de leyes, la más antigua aún vigente es la Ley 8/1991, de 30 de abril, de Protección de los Animales de Canarias, la cual cuenta con un reglamento aprobado mediante el Decreto 117/1995, de 11 de mayo, que desarrolla diversos aspectos relacionados con la protección de los animales en el archipiélago.

En contraste, muchas comunidades autónomas no desarrollaron reglamentariamente sus leyes o lo hicieron con normativas ya derogadas, lo que ahora les obliga no solo a adaptarse a la nueva legislación estatal, sino también a elaborar reglamentos específicos para garantizar su correcta aplicación.

En el último tramo de 2024, dos leyes autonómicas afrontaron su adaptación a la ley estatal. La Comunidad de Madrid, con la modificación de la Ley 4/2016, de 22 de julio, de Protección de los Animales de Compañía, mediante la Ley 7/2024, de 26 de diciembre, de Medidas para un Desarrollo Equilibrado en Materia de Medio Ambiente y Ordenación del Territorio y la Comunidad Valenciana, con la modificación de la Ley 2/2023, de 13 de marzo, de Protección, Bienestar y Tenencia de Animales de Compañía y Otras Medidas de Bienestar Animal, mediante la Ley 7/2023, de 26 de diciembre, de Medidas Fiscales, de Gestión Administrativa y Financiera, y de Organización de la Generalitat.

Ambas modificaciones fueron tramitadas a través de leyes ómnibus, caracterizadas por su tramitación rápida y controvertida, lo que generó debates sobre la forma en que se han introducido estos cambios legislativos.

Es previsible que, en cumplimiento del mandato constitucional de adaptación a la normativa básica estatal, el resto de las Comunidades Autónomas comiencen a modificar sus respectivas normativas de protección animal. Sin embargo, es probable que muchas de ellas pospongan estas adaptaciones hasta que el Estado complete el desarrollo reglamentario de la Ley 7/2023, de 28 de marzo, con el objetivo de evitar posibles contradicciones con la normativa estatal de desarrollo.

Uno de los principales obstáculos para el diseño e implementación de políticas públicas eficaces en materia de protección de animales de compañía es la falta de datos fiables y homogéneos sobre la cantidad de animales abandonados, recogidos en centros y protectoras, así como el número real de animales de compañía que coexisten en los hogares. Sin una base de datos sólida y actualizada, resulta difícil establecer estrategias efectivas para combatir el abandono, regular la cría y fomentar la tenencia responsable.

En este sentido, la Ley 7/2023, de 28 de marzo, establece la creación de la Estadística Estatal para la Protección Animal, una herramienta clave que permitirá recopilar, analizar y centralizar información sobre el estado real de los animales de compañía en España. Esta medida, cuyo desarrollo aún está pendiente, es fundamental para dotar tanto al Estado como a las Comunidades Autónomas de la información necesaria para la planificación y ejecución de políticas públicas futuras.

La implementación de esta estadística estatal debe ir acompañada de mecanismos que garanticen una recopilación de datos homogénea y fiable en todo el territorio nacional. Esto implica la coordinación entre administraciones públicas, centros de recogida de animales, entidades de protección animal y veterinarios, con el fin de unificar criterios y procedimientos en la gestión y registro de información sobre animales de compañía.

Además, sería deseable que esta iniciativa se complementara con otros instrumentos tecnológicos, como la creación de un registro nacional interconectado de identificación animal, que permita trazar con precisión la población de animales de compañía y facilitar su control y seguimiento en casos de abandono, extravío o maltrato.

4.2. Competencias, aplicación y políticas públicas

Las Comunidades Autónomas poseen plenas competencias ejecutivas y de desarrollo en materia de protección y bienestar animal. En este contexto, su labor es fundamental, ya que la aplicación efectiva de la normativa, la distribución del sistema sancionador en colaboración con las entidades locales y el desarrollo de políticas territoriales específicas son los principales ámbitos donde su intervención puede generar resultados tangibles y medibles.

Uno de los avances más significativos en este ámbito ha sido la regulación del registro de identificación de animales de compañía y la fijación de condiciones sanitarias mínimas, aspectos en los que las Comunidades Autónomas han progresado de manera relativamente homogénea en todo el territorio nacional. Sin embargo, más allá de estas disposiciones básicas, el grado de desarrollo e implementación efectiva de la normativa varía significativamente entre comunidades.

En términos de acciones concretas, solo algunas Comunidades Autónomas han impulsado medidas de gran impacto destinadas a garantizar la correcta aplicación de la normativa de protección animal. Acciones clave como campañas de identificación y vacunación, la creación de líneas de subvenciones estables para entidades locales o el apoyo financiero a las entidades de protección animal no han sido implementadas de manera uniforme en todo el país. En la mayoría de los casos, estas iniciativas han sido más excepciones que norma, lo que ha derivado en una desigual aplicación de la normativa entre territorios.

El desarrollo de políticas autonómicas en este ámbito debería centrarse en reforzar la cooperación entre administraciones y, en especial, en el apoyo a las entidades locales, estableciendo estrategias comunes y homogéneas que permitan garantizar una protección efectiva de los animales en todo el territorio nacional. Un mayor compromiso en la asignación de recursos, el fomento de campañas periódicas de concienciación y educación en protección animal, y la mejora en la coordinación con las entidades locales y las organizaciones de protección animal son pasos esenciales para asegurar que las acciones normativas se traduzcan en mejoras reales y sostenibles en la vida de los animales.

V. ENTIDADES LOCALES, PRIMERA LÍNEA DE ACCIÓN

5.1. Retos y desafíos

Las entidades locales constituyen la primera línea de acción en materia de protección y gestión de los animales, asumiendo responsabilidades directas en áreas clave como la gestión de animales abandonados, el control de animales de compañía y domésticos, la regulación de la fauna urbana y, desde la entrada en vigor de la Ley 7/2023, de 28 de marzo, la gestión de colonias felinas. Su papel es crucial para la aplicación efectiva de la normativa, ya que son las administraciones más cercanas a la ciudadanía y las responsables directas de implementar las políticas de bienestar animal en su territorio.

La diversidad territorial de España, con sus diferentes configuraciones supramunicipales y los 8.131 municipios que la componen, hace que los retos, necesidades y soluciones para cada localidad sean extremadamente variadas, lo que prácticamente exigiría estrategias personalizadas. A esta heterogeneidad se suma el hecho de que muchos municipios carecen de recursos suficientes, lo que dificulta la correcta gestión de sus obligaciones en materia de protección animal.

Es importante señalar que gran parte de los municipios españoles son de pequeño tamaño. De los 8.131 municipios existentes, 4.986 cuentan con menos de 1.000 habitantes, lo que representa aproximadamente el 61% del total. Esta realidad demográfica plantea desafíos específicos, ya que estos municipios no solo enfrentan escasez de medios humanos, materiales y económicos, sino también falta de formación técnica en materia de protección y bienestar animal, lo que complica aún más la implementación de la normativa.

Además, estas dificultades se ven agravadas por factores geográficos y territoriales, que influyen en aspectos como la tenencia y gestión de animales de compañía, la presencia de fauna silvestre en entornos urbanos y la prestación de servicios veterinarios. En este contexto, es fundamental el desarrollo de estrategias adaptadas a las realidades de cada municipio, promoviendo formación específica para los gestores municipales, recursos técnicos adecuados y medidas de apoyo financiero para garantizar la correcta aplicación de la legislación.

Por tanto, para lograr una protección animal efectiva a nivel local, es imprescindible aumentar la financiación, fortalecer la colaboración entre administraciones públicas, fomentar la asistencia técnica a los municipios más pequeños y establecer mecanismos de coordinación entre entidades supramunicipales. Solo así será posible afrontar los desafíos de manera equitativa y garantizar una aplicación homogénea y eficiente de las políticas de protección animal en todo el territorio español.

5.2. Políticas públicas

La diversidad y el número de municipios que han implementado políticas públicas exitosas en materia de protección animal en España es tan amplio que sería injusto destacar solo unos pocos ejemplos. Desde hace décadas, las entidades locales han sido las primeras en impulsar cambios normativos mediante sus ordenanzas municipales y a través de políticas públicas innovadoras, que han servido de modelo para la creación de las primeras leyes autonómicas de protección animal.

Los municipios han desempeñado un papel clave en la evolución del marco legal de bienestar animal, promoviendo iniciativas de integración y protección de los animales de compañía que, con el tiempo, han impulsado a las Comunidades Autónomas a desarrollar legislaciones más amplias y estructuradas. Además, fueron las primeras administraciones en implantar sistemas de gestión no letal de poblaciones felinas, en estrecha colaboración con entidades de protección animal. Estas experiencias locales fueron determinantes para que las normativas autonómicas incluyeran referencias a la gestión de colonias felinas, un modelo que finalmente alcanzó reconocimiento y regulación a nivel nacional con la aprobación de la Ley 7/2023, de 28 de marzo.

En la actualidad, las políticas públicas locales en protección animal están cada vez más alineadas con la concienciación ciudadana. Sus actuaciones abarcan un amplio espectro de competencias, tales como la recogida y protección de animales abandonados y desamparados, la gestión de la fauna urbana y colonias felinas mediante métodos éticos, la lucha contra el abandono a través de estrategias de prevención y control, el fomento de la tenencia responsable y convivencia armoniosa con los animales de compañía, y la modernización, tecnificación y profesionalización de los servicios municipales de protección animal.

Este avance en la gestión pública de la protección animal no habría sido posible sin la colaboración imprescindible de las entidades protectoras, que durante décadas asumieron estas responsabilidades en ausencia de un movimiento institucional claro. Su labor ha sido fundamental para consolidar modelos de gestión eficientes, sostenibles y éticos, que ahora son adoptados y reforzados por los municipios con un mayor respaldo institucional.

En este contexto, las administraciones locales continúan evolucionando hacia modelos más avanzados de protección animal, apostando por la innovación, la digitalización y la coordinación interinstitucional, con el objetivo de garantizar una convivencia responsable y equilibrada entre humanos y animales en las comunidades urbanas y rurales.

No obstante, el respaldo de las administraciones supralocales y una mayor financiación son elementos esenciales para que los municipios más pequeños puedan evolucionar y fortalecer sus políticas en protección y bienestar animal. La falta de recursos humanos, técnicos y económicos en muchas localidades dificulta la implementación de programas eficaces de gestión de animales abandonados, control de colonias felinas y promoción de la tenencia responsable.

Por ello, el Estado y las Comunidades Autónomas deben asumir un papel activo en la planificación y el apoyo financiero a los municipios, asegurando que las políticas públicas en protección y bienestar animal no dependan exclusivamente de la capacidad económica de cada ayuntamiento. Esto implica dotar de fondos específicos a los municipios para la gestión de animales abandonados y la mejora de infraestructuras de acogida, establecer líneas de subvención estables y sostenibles para entidades locales y asociaciones de protección animal, y ofrecer formación especializada a los equipos municipales en normativa de protección animal, gestión de fauna urbana y buenas prácticas en control de colonias felinas.

Además, es fundamental promover la cooperación intermunicipal, permitiendo que los municipios con menor capacidad de actuación puedan compartir recursos y optimizar la gestión de sus programas de bienestar animal. Este enfoque colaborativo facilitaría la implantación de estrategias más eficientes y adaptadas a las particularidades de cada territorio.

El éxito de las políticas locales de protección animal no solo depende del compromiso de los ayuntamientos, sino también del apoyo estructural de las administraciones autonómicas y estatales. Garantizar recursos suficientes, estrategias homogéneas y colaboración interinstitucional es clave para que estas políticas se consoliden, evolucionen y generen un impacto real y positivo en la protección de los animales.

VI. CONCLUSIONES

La protección y bienestar de los animales ha experimentado en los últimos años una evolución significativa dentro del ordenamiento jurídico español y europeo. Esta transformación ha sido impulsada por una creciente conciencia social sobre la importancia de considerar a los animales como seres sintientes, un reconocimiento que ha sido incorporado en la legislación de la Unión Europea y que ha derivado en la modificación de diversas normativas nacionales, autonómicas y locales.

A nivel europeo, la Estrategia de la UE para el Bienestar Animal 2021-2025 ha sido un referente en la regulación del trato hacia los animales, promoviendo estándares más estrictos en áreas como el transporte, la cría y el sacrificio. Además, esta estrategia ha fomentado la adopción de políticas destinadas a reducir la experimentación con animales y a garantizar la protección de los animales de compañía mediante medidas de trazabilidad y control del comercio ilegal. Sin embargo, su aplicación en los Estados miembros ha sido desigual y enfrenta desafíos en su implementación efectiva.

En el ámbito estatal, España ha avanzado notablemente en la protección animal con la Ley 7/2023, de 28 de marzo, que establece un marco normativo homogéneo para la protección de los animales de compañía y silvestres en cautividad. Este avance legislativo ha sido complementado con reformas clave, como la modificación del Código Penal para endurecer las penas por maltrato animal y la reforma del Código Civil, que otorga a los animales un estatuto jurídico diferenciado del de los bienes materiales. No obstante, la aplicación de esta normativa sigue enfrentando obstáculos derivados de la falta de recursos y de la necesidad de un desarrollo reglamentario más detallado.

Las Comunidades Autónomas han jugado un papel fundamental en la protección animal, ya que hasta la reciente legislación estatal eran las principales responsables de regular esta materia. A pesar de la existencia de normativas autonómicas, la disparidad en su contenido y aplicación ha generado inseguridad jurídica y desigualdades territoriales en la protección de los animales. Con la entrada en vigor de la nueva ley estatal, las comunidades autónomas deberán armonizar sus normativas, aunque algunas han optado por demorar sus adaptaciones hasta que el Estado desarrolle los reglamentos pertinentes.

Las entidades locales son la primera línea de acción en la gestión y protección de los animales, asumiendo competencias como la recogida de animales abandonados, la regulación de la fauna urbana y la gestión de colonias felinas. Sin embargo, los municipios, especialmente los más pequeños, enfrentan dificultades para aplicar estas políticas debido a la escasez de recursos económicos y humanos. Para mejorar la efectividad de la protección animal a nivel local, es imprescindible fortalecer la colaboración entre administraciones y garantizar un apoyo financiero estable por parte del Estado y las Comunidades Autónomas.

Las políticas públicas de protección animal han evolucionado gracias a la presión social y la labor de las organizaciones de defensa de los animales. La ciudadanía ha desempeñado un papel clave en el impulso de iniciativas legislativas, como la Iniciativa Legislativa Popular (ILP) “No es mi cultura”, que busca la derogación de la tauromaquia como patrimonio cultural en España. Estas acciones reflejan una demanda social creciente por la protección de los animales y la necesidad de seguir avanzando en el desarrollo de normativas más ambiciosas y efectivas.

En el futuro, es previsible que la legislación en protección animal continúe expandiéndose y perfeccionándose, con especial énfasis en el desarrollo reglamentario de la Ley 7/2023, de 28 de marzo y sus adaptaciones autonómicas y la implementación de nuevas herramientas, como la Estadística Estatal para la Protección Animal, que permitirá contar con datos precisos sobre el abandono y la población de animales de compañía. También será crucial la regulación de aspectos aún pendientes, como la cría y comercio de animales de compañía, que se abordarán en el marco de la normativa estatal y de la Unión Europea.

La protección animal en España ha avanzado considerablemente en los últimos años, pero aún enfrenta retos importantes en su aplicación y desarrollo. La consolidación de un marco normativo homogéneo, el refuerzo de los recursos destinados a la protección animal y la cooperación entre administraciones serán claves para garantizar un sistema de protección efectivo y sostenible a largo plazo.

BIBLIOGRAFÍA

Alonso García, E. (2018). El bienestar de los animales como seres sensibles-sentientes: su valor como principio general, de rango constitucional, en el derecho español. *La Ley Digital*, 1120/2011.

Cantero Berlanga, M. D., & Méndez Rocasolano, M. (2024). *L*a protección de los animales en España: los derechos de los animales como respuesta a las injusticias humanas. *Actualidad Jurídica Ambiental, 143.*

Castro Álvarez, C. (2019). *Los animales y su estatuto jurídico. Protección y utilización de los animales en el derecho.* Cizur Menor: Thomson Reuters Aranzadi.

Dirección General de Derechos de los Animales. (s.f.). E*res responsable.* Gobierno de España. https://www.dsca.gob.es/es/derechos-sociales/derechos-animales/eres-responsable.

Dirección General de Derechos de los Animales. (2024). *Directriz técnica de la Dirección General de Derechos de los Animales sobre gestión de pobla-*

ciones felinas. Gobierno de España. https://www.dsca.gob.es/sites/default/files/derechos-sociales/24.08DirectrizTecnicaColoniasFelinasNIPOAcces.pdf.

Gavilán Rubio, M. (2017). El delito de maltrato animal. Sus penas y ejecución de las mismas. Medidas de protección animal en el proceso penal. *Anuario Jurídico y Económico Escurialense,* 143-166.

Instituto Nacional de Estadística (INE). (2023). *Padrón municipal: Datos básicos a 1 de enero de 2023.* Gobierno de España. https://www.ine.es/infografias/infografia_padron.pdf.

López de la Osa Escribano, P. (2012). *El Derecho del Bienestar Animal en Europa y Estados Unidos.* Cizur Menor: Thomson Reuters Aranzadi.

Pérez Monguió, J. M.ª (2015). Marco jurídico de la protección animal en España desde 1929 hasta 2015: el lento y firme trote del mastín. *Revista Aranzadi de Derecho Ambiental, 32,* 285-333.

Plataforma No Es Mi Cultura. (s.f.). *Iniciativa Legislativa Popular "No Es Mi Cultura".* Recuperado el [fecha de acceso], de https://noesmicultura.org/.

Rosado, B., et al. (2007). Spanish dangerous animal act: Effect on the epidemiology of dog bites. *Journal of Veterinary Behaviour, 2,* 166-174.

Villalba, T. (2016). *40 años de bienestar animal: 1974-2014. Guía de la legislación comunitaria sobre bienestar animal.* Madrid: MAGRAMA.

Vivas Tesón, I. (2019). Los animales en el ordenamiento jurídico español y la necesidad de una reforma. *Revista Internacional de Doctrina y Jurisprudencia, 21.*

VOX España. (2021, 20 de abril). *Régimen jurídico de los animales: Así desmonta VOX el fariseísmo del Congreso.* https://www.voxespana.es/grupo_parlamentario/actividad-parlamentaria/proposiciones-de-ley/regimen-juridico-de-los-animales-asi-desmonta-vox-el-fariseismo-del-congreso-20210420.

Referencias normativas

Gobierno de España. (1995). *Ley Orgánica 10/1995, de 23 de noviembre, del Código Penal*. Boletín Oficial del Estado (BOE), núm. 281.

Gobierno de España. (1999). *Ley 50/1999, de 23 de diciembre, sobre el régimen jurídico de la tenencia de animales potencialmente peligrosos. Boletín Oficial del Estado, núm. 307,* de 24 de diciembre de 1999, 45306-45310.

https://www.boe.es/boe/dias/1999/12/24/pdfs/A45306-45310.pdf.

Gobierno de España. (2002). *Real Decreto 287/2002, de 22 de marzo, por el que se desarrolla la Ley 50/1999, de 23 de diciembre, sobre el régimen jurídico de la tenencia de animales potencialmente peligrosos. Boletín Oficial del Estado, 74,* 12290-12292. https://www.boe.es/boe/dias/2002/03/27/pdfs/A12290-12292.pdf.

Gobierno de España. (2007). *Ley 32/2007, de 7 de noviembre, para el cuidado de los animales, en su explotación, transporte, experimentación y sacrificio. Boletín Oficial del Estado, 268,* 45914-45920. https://www.boe.es/boe/dias/2007/11/08/pdfs/A45914-45920.pdf.

Gobierno de España. (2007). *Ley 42/2007, de 13 de diciembre, del Patrimonio Natural y de la Biodiversidad. Boletín Oficial del Estado, 299,* 51275-51327. https://www.boe.es/boe/dias/2007/12/14/pdfs/A51275-51327.pdf.

Gobierno de España. (2021). *Ley 17/2021, de 15 de diciembre, por la que se modifica el Código Civil, la Ley Hipotecaria y la Ley de Enjuiciamiento Civil, sobre el régimen jurídico de los animales. Boletín Oficial del Estado, núm. 300, de 16 de diciembre de 2021.* https://www.boe.es/diario_boe/txt.php?id=BOE-A-2021-20727.

Consejo de la Unión Europea. (1978). *Decisión 78/923/CEE, de 19 de junio de 1978.* Diario Oficial de las Comunidades Europeas (DOCE), L 323, 17 de noviembre de 1978, 47-54.

Consejo de la Unión Europea. (1992). *Tratado de la Unión Europea, Maastricht, 7 de febrero de 1992.* Diario Oficial de las Comunidades Europeas (DOCE), L191, 29 de julio de 1992, 1-115.

Consejo de la Unión Europea. (1997). *Tratado de Ámsterdam, por el que se modifican el Tratado de la Unión Europea, los Tratados Constitutivos de las Comunidades Europeas y determinados actos conexos, Ámsterdam, 2 de octubre de 1997. Boletín Oficial del Estado (BOE), núm. 109,* 7 de mayo de 1999, 17146-17202).

Consejo de la Unión Europea. (1999). *Directiva 1999/22/CE, de 29 de marzo de 1999, relativa al mantenimiento de animales salvajes en parques zoológicos. Diario Oficial de las Comunidades Europeas, L 94,* 9 de abril de 1999, 24-26.

Consejo de la Unión Europea. (2007). *Tratado por el que se modifican el Tratado de la Unión Europea y el Tratado Constitutivo de la Comunidad Europea, Lisboa, 13 de diciembre de 2007.* (DOCE), L83, 330 de marzo de 2010, 47-199.

Comisión Europea. (2023). *Propuesta de Reglamento del Parlamento Europeo y del Consejo relativo al bienestar de los perros y los gatos y a su trazabilidad.* https://eur-lex.europa.eu/resource.html?format=PDF&uri=cellar%3Ac16e01a8-94d9-11ee-b164-01aa75ed71a1.0002.02%2FDOC_1.

Comisión Europea. (2023). *Propuesta de Reglamento del Parlamento Europeo y del Consejo relativo a la protección de los animales durante el transporte y las operaciones conexas, por el que se modifica el Reglamento (CE) nº 1255/97 del Consejo y se deroga el Reglamento (CE) nº 1/2005 del Consejo.* https://www.mapa.gob.es/es/ministerio/servicios/participacion-publica/com_2023_770_1_propuesta_transporte_es_texto_tcm30-682148.pdf.

Identificación de los animales, los registros de animales de compañía

RUTH MANZANARES FERNÁNDEZ
Dirección General de Derechos de los Animales, Ministerio de Derechos Sociales y Agenda 2030. Consejo Asesor de la Sección de Derecho Animal del Ilustre Colegio de la Abogacía de Madrid.

I. INTRODUCCIÓN

La identificación de los animales de compañía es un pilar fundamental en las políticas de protección animal. En España, donde hay más de diez millones de perros, gatos y hurones registrados (REIAC, 2022), este sistema permite individualizar a cada animal, vincularlo con su titular y facilitar su localización en caso de pérdida o abandono.

En los últimos años, la normativa española ha experimentado importantes avances en esta materia, especialmente con la aprobación de la Ley 7/2023, de 28 de marzo, de protección de los derechos y el bienestar de los animales. Esta norma ha unificado a nivel estatal la obligatoriedad del microchip para perros, gatos y hurones, garantizando un sistema homogéneo en todo el territorio. Además, ha abierto la posibilidad de extender la identificación obligatoria a otras especies, reforzando así el control y la protección de los animales de compañía.

II. LA IMPORTANCIA DE LA IDENTIFICACIÓN

La identificación de los animales de compañía proporciona numerosas ventajas para su protección y bienestar. Gracias a este sistema, un animal extraviado tiene mayores probabilidades de regresar con su titular, ya que permite su rápida localización, incluso en caso de accidente. Además, si el animal fallece mientras está perdido, su identificación facilita que el titular sea notificado, evitando una búsqueda que, de otro modo, podría prolongarse indefinidamente.

La eficacia del microchip como herramienta para reducir el abandono y aumentar la recuperación de animales de compañía está respaldada por datos y estudios científicos. Este sistema almacena un código único, registrado en una base de datos junto con la información de contacto del titular, lo que permite una localización rápida y eficiente en caso de pérdida.

Diversas investigaciones han cuantificado su impacto. En Estados Unidos, estudios revelan que solo el 22% de los perros perdidos sin microchip logran reunirse con sus dueños, mientras que la tasa de retorno asciende al 52% en aquellos identificados electrónicamente. En el caso de los gatos, la diferencia es aún más significativa: apenas un 2% de los no identificados son devueltos a sus titulares, frente a casi un 40% de los gatos con microchip que logran regresar a su hogar.

Estos hallazgos confirman que la identificación electrónica multiplica las probabilidades de recuperación, consolidándose como una herramienta clave en la protección y bienestar de los animales de compañía (AVMA, 2022).

En España, aunque la infraestructura para la identificación con microchip está ampliamente disponible, las tasas de animales correctamente identificados siguen siendo bajas. Según el Estudio Fundación AFFINITY 2023 sobre abandono y adopción, tres de cada cuatro animales recogidos en refugios no llevaban microchip, a pesar de su obligatoriedad. En concreto, solo el 27% de los perros y un preocupante 4% de los gatos recogidos en 2023 estaban debidamente identificados.

Esta falta de identificación dificulta enormemente la restitución de los animales a sus dueños, lo que implica que la mayoría de los perros y gatos perdidos no puedan ser devueltos. Sin embargo, cuando el sistema se aplica correctamente, su eficacia queda demostrada: el 63% de los animales recogidos con microchip lograron reunirse con su familia gracias a la información registrada (AFFINITY, 2023). En otras palabras, decenas de miles de animales regresan a casa cada año simplemente porque llevaban una identificación adecuada.

El microchip no solo facilita la recuperación de animales de compañía perdidos, sino que también se considera un indicador de tenencia responsable. En la población general de animales de compañía en hogar, el 89% de perros y el 51% de gatos están identificados, cifras significativamente superiores a las observadas en animales abandonados (AFFINITY, 2023). Este contraste sugiere que los titulares responsables tienden a identificar a sus animales de compañía, lo que reduce el riesgo de pérdida definitiva.

Además, la presencia del microchip ejerce un efecto disuasorio frente al abandono, ya que vincula legalmente al animal con su titular. Uno de los principales propósitos de este sistema es facilitar el control administrativo y permitir la aplicación de sanciones en caso de incumplimiento.

En España, el legislador reconoce el registro obligatorio como una herramienta clave para combatir el maltrato y la tenencia irresponsable (Arana, 2006), especialmente a la luz de los datos que revelan que la mayoría de los animales que ingresan en los centros de acogida carecen de identificación.

La identificación de los animales de compañía no solo es una herramienta clave en la lucha contra el abandono, sino que también tiene un impacto económico directo en los costes de los servicios de recogida. Un sistema sólido de identificación alivia la carga sobre las entidades de protección animal y los centros públicos, ya que los animales identificados pasan menos tiempo en los centros de acogida, lo que supone un importante ahorro de recursos públicos y privados.

Cada animal devuelto a su hogar libera espacio y presupuesto en los refugios, permitiendo que estos recursos se destinen a animales realmente abandonados que necesiten atención. Además, contar con un registro nacional permite una mejor planificación de las políticas de protección animal, al proporcionar datos precisos sobre el número de animales, sus especies, razas y su distribución geográfica. Esta información facilita la asignación eficiente de fondos y el diseño de campañas de educación y concienciación adaptadas a las necesidades de cada territorio.

Asimismo, la identificación electrónica resulta fundamental en situaciones de desastre o emergencia. Tras inundaciones, terremotos u otras catástrofes, un registro actualizado ayuda a reunificar animales de compañía desplazados y a gestionar albergues temporales, permitiendo contactar rápidamente con sus titulares y agilizar su retorno al hogar.

En el Reino Unido, la implantación del microchip obligatorio en perros permitió proyectar ahorros anuales de decenas de millones de libras para municipios y protectoras, debido a la reducción en el mantenimiento de animales perdidos no reclamados (DEFRA, 2016). Este modelo evidencia que una política de identificación efectiva no solo favorece la protección animal, sino que también optimiza la gestión de los recursos públicos.

En España, la identificación obligatoria de los animales de compañía en todo el territorio, junto con otras medidas complementarias, podría generar beneficios similares a medio y largo plazo, fortaleciendo la protección animal y mejorando la eficiencia de los servicios de recogida y adopción.

Por otro lado, la identificación también contribuye a combatir el robo, dificultando que los animales sustraídos circulen libremente o sean transferidos de titularidad sin control. En muchos países, la protección animal ha sido el principal argumento para establecer la identificación obligatoria. Al reconocer legalmente que los animales son seres sintientes bajo el cuidado de una persona, se refuerza la responsabilidad individualizada del titular, lo que se traduce en mayor protección y control sobre su bienestar.

La identificación de animales de compañía también es relevante en aspectos fundamentales como la salud pública y la protección de los consumidores.

Los registros de identificación desempeñan un papel fundamental en el seguimiento veterinario de la población animal. Al exigir que determinados tratamientos y vacunaciones solo se administren a animales identificados, se crea un historial sanitario trazable, lo que mejora el control y la prevención de enfermedades.

En el caso de zoonosis como la rabia, la identificación electrónica es especialmente crucial. Permite verificar de inmediato el estado vacunal de un animal que ha mordido a una persona y facilita la organización de la profilaxis adecuada. En países donde la rabia urbana ha sido erradicada, como la mayoría de los Estados europeos, los sistemas de microchip forman parte integral de las estrategias de prevención, ya que garantizan que todo perro vacunado pueda quedar registrado.

Desde el punto de vista de la salud pública, la identificación obligatoria de los animales de compañía no solo facilita su control sanitario, sino que también mejora la difusión de alertas epidemiológicas y, en general, optimiza la gestión de la medicina poblacional veterinaria.

La identificación obligatoria de los animales de compañía no solo es clave para la lucha contra el abandono, sino que también desempeña un papel fundamental en la protección de los derechos de los consumidores. En el contexto del comercio y la tenencia responsable de animales, un sistema sólido de identificación contribuye a garantizar transparencia, seguridad y responsabilidad jurídica.

La obligatoriedad del microchip y su registro en bases de datos oficiales permite a los consumidores conocer el origen y la trazabilidad del animal que adquieren o adoptan. Esto reduce el riesgo de fraude en la venta de animales y protege a quienes buscan adoptar o comprar de manera ética, asegurando que los animales provienen de criadores legales, protectoras o entidades registradas.

El tráfico ilegal de animales de compañía sigue siendo un problema en muchos países, con prácticas como la venta de cachorros no identificados, transportes clandestinos y falsificación de documentación. Un sistema de identificación obligatorio dificulta estas actividades, ya que permite rastrear la procedencia del animal y verificar si ha sido criado y vendido conforme a la normativa vigente.

El Parlamento Europeo ha reconocido en su Resolución de 12 de febrero de 2020 que la falta de registros nacionales interconectados facilita la venta irregular de animales y pone en riesgo tanto a los consumidores como a los propios animales (Parlamento Europeo, 2020).

La identificación permite establecer una responsabilidad clara del vendedor o criador ante eventuales irregularidades, como la venta de animales enfermos o con problemas genéticos no informados. En muchos países, las normativas sobre protección y bienestar animal y aquellas que protegen los derechos del consumidor exigen que los vendedores proporcionen información clara sobre el estado de salud, origen y condiciones de entrega del animal.

Además, en casos de estafas en la compraventa, el microchip facilita el rastreo del criador o vendedor responsable, ayudando a las autoridades a investigar y sancionar prácticas ilegales.

III. EVOLUCIÓN Y SITUACIÓN PREVIA A LA APROBACIÓN DE LA LEY 7/2023, DE 28 DE MARZO, DE PROTECCIÓN DE LOS DERECHOS Y EL BIENESTAR DE LOS ANIMALES

Hasta la aprobación de la Ley 7/2023, de 28 de marzo, de protección de los derechos y el bienestar de los animales, la regulación de la identificación de los animales de compañía en España había sido una competencia exclusiva de las comunidades autónomas. Esta descentralización derivó en un mosaico normativo con diferencias en los requisitos de identificación, las sanciones y los criterios de gestión de los registros autonómicos.

Desde la década de 1990, las comunidades autónomas comenzaron a aprobar leyes de protección animal que incluían la obligación de identificar ciertos animales de compañía. La Comunidad Valenciana fue una de las pioneras, exigiendo el microchip obligatorio para perros en su Ley 4/1994. Posteriormente, otras comunidades como Andalucía y Aragón incluyeron la identificación obligatoria para gatos en sus normativas a través de la Ley 11/2003. En algunos casos, la obligatoriedad se extendió a hurones, como ocurrió en Cataluña y Castilla-La Mancha con la Ley 2/2008 (art. 3).

Cada comunidad autónoma dispone de su Registro de Animales de Compañía, donde se inscriben los datos del microchip y del titular del animal. No obstante, hasta la unificación de criterios introducida por la Ley 7/2023, existían diferencias normativas significativas entre territorios. Por ejemplo, mientras que la Comunidad de Madrid exigía la identificación de perros, gatos, hurones e incluso conejos (Ley 4/2016, art. 6), en Illes Balears la identificación con microchip solo era obligatoria para perros, siendo voluntaria para gatos hasta la entrada en vigor de la normativa estatal (Ley 1/1992, art. 24).

Además de estas disparidades en las especies identificables, también se registraban diferencias en la gestión de los registros. En muchas comunidades autónomas, los Colegios Veterinarios o Consejos de Colegios Veterinarios gestionaban la base de datos de identificación animal, como ocurre en Andalucía (RAIA) o Madrid (RIAC). En contraste, en otras comunidades como La Rioja o el País Vasco, la gestión recaía directamente en la administración pública (REIAC, 2023). Tenemos además el caso de Cataluña, donde conviven ANICOM, gestionado por la Generalitat y AIAC, Gestionado por el Consell de Col·legis Veterinaris de Catalunya. Estas diferencias administrativas generan problemas de interoperabilidad, especialmente cuando un animal se trasladaba de una comunidad a otra y debía verificarse su identificación en otra base de datos.

La falta de coordinación entre registros autonómicos dificulta no solo la recuperación de animales extraviados fuera de su comunidad de origen, sino también la aplicación de sanciones en casos de incumplimiento normativo. En un intento por mitigar estos problemas, la Red Española de Identificación de Animales de Compañía (REIAC) ha trabajado desde 1996 en la interconexión de bases de datos autonómicas, permitiendo consultar la titularidad de un animal en cualquier parte del país. Sin embargo, no todas las comunidades autónomas estaban plenamente integradas en este sistema, y el acceso a los datos es sumamente limitado, lo que sigue generando descoordinación en la aplicación de la normativa y problemas generalizados.

IV. EL NUEVO MARCO JURÍDICO DE LA IDENTIFICACIÓN DE ANIMALES DE COMPAÑÍA

La Ley 7/2023, de 28 de marzo, ha supuesto un avance significativo en la regulación de la identificación de los animales de compañía en España, al establecer un marco jurídico común a nivel nacional. Entre sus principales novedades, la norma introduce el Sistema Central de Registros para la Protección Animal, con el objetivo de mejorar la interoperabilidad entre registros autonómicos y garantizar una gestión más eficiente de la identificación animal (BOE, 2023). Este sistema busca unificar criterios y facilitar la trazabilidad de los animales de compañía identificados en todo el territorio español, superando así las limitaciones derivadas de la fragmentación administrativa existente hasta la fecha.

En este sentido, la Ley 7/2023 establece que todos los animales de compañía deberán ser identificados individualmente mediante un sistema y un procedimiento que será desarrollado reglamentariamente en función de las especificidades de cada especie. Esta identificación ya se define en la propia ley para los perros, gatos y hurones, mediante microchip, así como las aves, que serán identificadas mediante anillado desde su nacimiento.

Asimismo, la normativa refuerza la identificación como un deber jurídico del propietario, convirtiéndola en un requisito previo para la transmisión de los animales de compañía. La ley exige que ningún perro, gato o hurón pueda ser cedido sin estar previamente identificado mediante microchip y debidamente registrado en la base de datos autonómica correspondiente. Estas medidas responden a la necesidad de garantizar la trazabilidad de los animales y la responsabilidad de su tenencia, en concordancia con los principios de protección y bienestar animal establecidos en el derecho europeo, estatal y autonómico.

En este contexto, la Unión Europea ha manifestado reiteradamente la importancia de unificar los sistemas de identificación y registro de animales de compañía. En particular, el Parlamento Europeo, en su Resolución de 12 de febrero de 2020, instó a los Estados miembros a establecer un sistema obligatorio de registro e identificación de perros y gatos en toda la Unión Europea, subrayando su relevancia para combatir el comercio ilegal y el abandono de los animales de compañía (Parlamento Europeo, 2020). Esta directriz ha influido en la regulación española, promoviendo un modelo homogéneo de identificación que permita la trazabilidad transfronteriza de los animales y el fortalecimiento de las políticas de bienestar animal en el ámbito europeo.

Adicionalmente, el Proyecto de Reglamento de la Unión Europea sobre el bienestar de perros y gatos, presentado por la Comisión Europea el 7 de diciembre de 2023, propone un marco normativo para reforzar la identificación y el registro obligatorio de estos animales en todos los Estados miembros. Esta iniciativa responde a la necesidad de garantizar la trazabilidad de los animales de compañía, combatir el comercio ilegal y armonizar los procedimientos de identificación en la Unión Europea (Comisión Europea, 2023).

Una de las disposiciones clave del reglamento es la obligatoriedad del microchip y del registro en bases de datos nacionales para todos los perros y gatos antes de su comercialización o transferencia. Asimismo, el reglamento establece que las bases de datos nacionales deben ser interoperables, lo que permitirá a las autoridades competentes de cada Estado miembro verificar la autenticidad de la identificación de un animal, facilitando la cooperación transfronteriza en materia de bienestar animal (Parlamento Europeo y Consejo de la Unión Europea, 2023).

Este reglamento reforzará, de aprobarse, el compromiso de la Unión Europea con el bienestar animal y la protección de los consumidores, estableciendo estándares comunes que eviten las disparidades normativas entre Estados miembros. La implementación de un sistema de identificación y registro unificado contribuirá significativamente a la lucha contra el abandono y el comercio ilegal de animales de compañía, garantizando su trazabilidad y control en todo el territorio europeo (Parlamento Europeo y Consejo de la Unión Europea, 2023).

Hay que considerar que, además de la identificación obligatoria de perros y gatos contemplada por la UE y perros, gatos y hurones, recogida en la Ley 7/2023, de 28 de marzo, se plantea también la identificación de otros animales de compañía. Así, las aves deben anillarse de forma obligatoria y el resto de los animales de compañía dispondrán del sistema de identificación que se regulará cuando se incluya su especie en el Listado de Animales Domésticos o en el Listado Positivo de Animales de Compañía recogidos en el artículo 34 de la Ley 7/2023. Todos estos medios de identificación se determinarán en el desarrollo reglamentario de dicha ley, estando mientras tanto estas especies a lo dispuesto en las normativas autonómicas, si procediera.

Debemos abordar también, la identificación de aquellos animales que, a pesar de ser animales de compañía, no entran dentro del ámbito de aplicación de la Ley 7/2023, de 28 de marzo. Estos animales, principalmente perros y hurones, se identificarán según lo dispuesto en las normativas autonómicas que les afecten. No obstante, la Administración general del Estado está desarrollando, desde el 11 de marzo de 2025, una normativa de identificación que, respetando lo dispuesto en el artículo 39 de la Ley 8/2003, de 24 de abril, de sanidad animal, regule un sistema de identificación único para especie de todos los animales de compañía, integrando aquellos incluidos en la Ley 7/2023 con los individuos de las mismas especies exentos de otras disposiciones de esta ley por su uso.

V. RETOS POR RESOLVER

5.1. Legales y tecnológicos

La identificación de los animales de compañía en España y la creación del SICERPA enfrentan diversos desafíos legales y tecnológicos que afectan su implementación y eficacia. Entre los principales obstáculos se encuentran las dificultades para lograr la interoperabilidad entre registros autonómicos, las limitaciones en el acceso a la información por razones de protección de datos, así como los costes asociados a la implantación del microchip y el mantenimiento de la infraestructura digital.

Otro aspecto crucial es el acceso a la información contenida en los registros. La Ley Orgánica 3/2018, de 5 de diciembre, de Protección de Datos Personales y garantía de los derechos digitales, en concordancia con el Reglamento General de Protección de Datos (RGPD) de la Unión Europea, establece que el acceso a datos personales debe estar justificado y regulado (BOE, 2018). En la práctica, únicamente veterinarios colegiados, cuerpos de seguridad, administraciones públicas y entidades de protección animal registradas podrán acceder a los registros para fines específicos, como la localización del titular en caso de pérdida o abandono del animal o los necesarios según su actividad. No obstante, ha habido debates sobre la posibilidad de permitir el acceso parcial al público mediante plataformas donde cualquier persona pueda introducir un número de microchip para obtener información de contacto del titular, aunque esta opción ha sido descartada para proteger la privacidad de los titulares.

Los costes asociados a la implantación del microchip y la infraestructura tecnológica también representan un desafío. Aunque en España el precio del microchip y su implantación por un veterinario ronda los 30-50 euros, esto puede ser un obstáculo para ciertos sectores de la población, especialmente en áreas rurales o familias en situación de vulnerabilidad económica (Colegio Oficial de Veterinarios de Madrid, 2023). Para mitigar este problema, algunas comunidades autónomas han promovido campañas de identificación gratuita o subvencionada, facilitando el acceso a la identificación obligatoria y aumentando las tasas de cumplimiento.

En términos de infraestructura, el mantenimiento y actualización de las bases de datos requiere inversión en tecnología, seguridad digital y capacitación del personal encargado de su gestión. Las administraciones deben garantizar que los sistemas sean seguros, estables y compatibles con estándares internacionales, minimizando riesgos de fallos, ciberataques o pérdida de información. Para abordar estos desafíos, el Gobierno de España y las administraciones autonómicas deben adoptar diversas estrategias. La interconexión progresiva de los registros autonómicos con el SICERPA, y la integración que ofrece con otras bases de datos administrativas, como el Registro de Criadores de Animales de Compañía o el Registro de Núcleos Zoológicos son fundamentales para lograr un sistema homogéneo de trazabilidad.

5.2. Sociales

Lograr que todos los titulares identifiquen a sus animales de compañía sigue siendo un desafío significativo. Incluso en países donde el microchip es obligatorio, sigue habiendo un porcentaje considerable de animales sin registrar, lo que implica que muchos permanecen fuera del control oficial. Las razones de esta falta de cumplimiento varían, desde la desinformación y la dejadez hasta barreras económicas que dificultan el acceso a la identificación.

Sin embargo, la implementación y cumplimiento efectivo de estas normas requiere un esfuerzo constante de fiscalización. Para ello, es fundamental que policías locales, ayuntamientos y otras autoridades competentes realicen verificaciones periódicas y apliquen sanciones en caso de incumplimiento. No obstante, en áreas rurales o comunidades con menos recursos, la falta de vigilancia puede traducirse en menores tasas de cumplimiento, perpetuando la existencia de animales no identificados.

Superar este desafío exige una combinación de estrategias de control y programas de concienciación. Las campañas de educación y sensibilización deben ser masivas y accesibles, explicando la importancia del microchip no solo desde el ámbito legal, sino también en términos de bienestar animal y salud pública. Además, en algunos casos, los incentivos pueden ser clave: jornadas de identificación gratuita o subvencionada han demostrado ser eficaces para aumentar la identificación en poblaciones con menos recursos o en sectores más reticentes.

Un registro de identificación solo es útil en la medida en que la calidad de la información que contiene sea fiable. Uno de los problemas más recurrentes es la falta de actualización de los datos del titular. Muchos titulares cumplen con implantar el microchip, pero posteriormente no notifican cambios de domicilio, número de teléfono o la cesión del animal a un tercero.

Esto genera los llamados "microchips huérfanos", es decir, códigos registrados sin información vigente, lo que dificulta o impide localizar al dueño en caso de pérdida o abandono. Estudios han demostrado que la eficacia del microchip disminuye drásticamente cuando los datos asociados no están actualizados (AVMA, 2020).

La mayoría de las normativas establecen la obligación de actualizar los datos en un plazo determinado. A pesar de estas obligaciones, en la práctica muchos titulares desconocen estos requisitos o no los consideran prioritarios, lo que genera vacíos en los registros y limita la eficacia del sistema de identificación.

Para garantizar la actualización constante de la información en los registros, deben implementarse estrategias como la integración con otros registros administrativos, la implantación de plataformas digitales accesibles, donde los titulares pueden modificar su información de manera sencilla y rápida o los recordatorios periódicos, donde las bases de datos envíen avisos a los titulares para que confirmen o actualicen sus datos, asegurando así que la base permanezca depurada y funcional.

Desde el punto de vista legal, un registro incorrecto o desactualizado puede generar conflictos de responsabilidad. Por ejemplo, si un animal causa daños y el registro señala como titular a una persona que ya no lo posee, surge la cuestión de quién debe responder legalmente. Hasta que se notifique oficialmente el cambio de titularidad, el anterior titular sigue siendo responsable *ex lege.* Esto resalta la importancia de reforzar la educación y concienciación sobre este aspecto: la implantación del microchip no es un trámite único, sino una responsabilidad permanente de mantener los datos correctos y actualizados.

Algunas personas manifiestan recelo hacia la idea de registrar sus animales por temores infundados. Estas percepciones pueden alimentar cierta resistencia social inicial. Las autoridades deben trabajar en la concienciación ciudadana, explicando que la identificación es una parte natural y necesaria de la tenencia, al igual que vacunar o alimentar al animal, y no como una carga o intromisión.

En conjunto, estos desafíos no opacan los beneficios de los registros de identificación, pero sí requieren acciones complementarias: desde un buen diseño legal hasta recursos adecuados y campañas de difusión. Con voluntad política y colaboración de profesionales veterinarios y entidades protectoras, es posible construir sistemas de identificación animal robustos y ampliamente aceptados por la población.

VI. POSIBILIDADES ADICIONALES Y NUEVAS TECNOLOGÍAS

Tradicionalmente, la identificación se ha basado en chapas identificativas y microchips subcutáneos con un código único. Sin embargo, en los últimos años han surgido nuevas tecnologías y posibilidades adicionales que amplían las funciones de la identificación más allá de un simple número de registro.

6.1. Microchips electrónicos avanzados

El microchip de identificación es un dispositivo del tamaño de un grano de arroz que se implanta bajo la piel del animal y contiene un número de identificación que se almacena en una base de datos junto con los datos del titular. Los microchips convencionales utilizan tecnología RFID pasiva, de modo que no emiten señal por sí solos; solo almacenan el código y requieren un escáner externo que los energice momentáneamente para leer la información. Por esta razón, un microchip estándar no incluye GPS ni puede mostrar la localización en tiempo real.

Los microchips avanzados de nueva generación amplían estas capacidades básicas. En la actualidad existen modelos que almacenan información adicional aparte del número de identificación, como datos de salud, historial de vacunas e incluso información genealógica del animal. De este modo, el chip actúa no solo como un código sino como un pequeño repositorio de datos médicos relevantes, facilitando que cualquier veterinario tenga acceso instantáneo al historial esencial al escanearlo. Además, algunas marcas han incorporado biosensores en el microchip: por ejemplo, se han desarrollado microchips con un sensor de temperatura que permite leer la temperatura corporal del animal al escanearlo (SmartTag, 2023). Esta innovación práctica convierte al microchip en una herramienta doble: identifica al animal y proporciona un dato clínico útil (la temperatura) que ayuda a monitorizar su salud. Estas funciones avanzadas son especialmente valiosas en animales con condiciones crónicas, ya que permiten hacer seguimiento de signos vitales básicos de forma continua o durante controles rutinarios, facilitando la detección temprana de problemas de salud.

Otro avance prometedor es la integración de capacidades de geolocalización (GPS) en los dispositivos implantables. Debido a las limitaciones energéticas, los microchips estándares no pueden llevar GPS activo, pero se están explorando soluciones híbridas. Algunos fabricantes han anunciado microchips subcutáneos con módulo GPS y baterías de larga duración para rastreo en tiempo real.

6.2. Identificación biométrica: huellas nasales, reconocimiento facial y ADN

La identificación biométrica aprovecha características biológicas únicas de cada animal como método de reconocimiento, evitando la necesidad de dispositivos implantados o accesorios externos. En perros y gatos, se han investigado varias modalidades biométricas, destacando las huellas nasales, los rasgos faciales y los perfiles genéticos (ADN).

Al igual que las huellas dactilares en humanos, la rugosidad de la trufa (nariz) de un perro forma un patrón único en cada individuo. Estudios recientes han confirmado científicamente esta unicidad: en 2021, una investigación con 60 perros de diversas razas y edades demostró que el patrón nasal de cada perro se mantiene invariable en el tiempo y es exclusivo de ese animal, sin repetirse siquiera entre individuos emparentados (Choi *et. al*, 2021). Esto sentó las bases para usar la huella nasal como un marcador biométrico infalsificable para la identificación canina. Aprovechando esta propiedad, startups tecnológicos han creado aplicaciones móviles que reconocen a un perro a partir de una foto de su nariz. Estas soluciones biométricas móviles tienen la ventaja de la *inmediatez*: cualquier persona con un smartphone puede, en teoría, escanear la nariz o cara de un animal hallado en la calle y verificar su identidad en una base de datos, sin necesidad de equipo especial como un lector de microchips. Además, evitan procedimientos invasivos, lo que las hace muy prácticas en contextos donde la infraestructura de microchip es limitada.

6.3. Identificación por ADN

Otra forma de identificación biométrica es a través del perfil genético único de cada animal. El ADN funciona como un “código de barras biológico” que puede vincular un animal con su titular en registros específicos. Varios países han comenzado a implementar bases de datos de ADN canino con fines de trazabilidad y civismo. España es un ejemplo destacado: a nivel municipal, 78 ciudades españolas han establecido censos genéticos caninos obligatorios, donde los dueños deben aportar una muestra de saliva o sangre de su perro para registrar su ADN. Además, el ADN aporta un elemento probatorio robusto en procesos legales por maltrato o abandono. Un desafío de esta tecnología son los costes y la logística (especialmente para ADN, que requiere análisis de laboratorio), pero la tendencia indica que, con la reducción de costos genómicos y la mejora de algoritmos de reconocimiento, estas herramientas serán cada vez más accesibles. En suma, la biometría complementa y en algunos casos puede reemplazar a los métodos tradicionales, fortaleciendo la red de seguridad que protege a los animales de compañía.

6.4. Blockchain para el registro y la trazabilidad de animales de compañía

La tecnología blockchain o cadena de bloques se ha propuesto como una solución innovadora para gestionar los registros de identificación de animales de compañía de forma descentralizada, segura y transparente. Un registro basado en blockchain funciona como una base de datos distribuida e inmutable, donde cada animal podría estar representada por un identificador único (incluso un token digital) y sus datos de propiedad, historial y movimientos quedarían grabados en bloques a prueba de manipulaciones. A diferencia de las bases de datos tradicionales, la blockchain garantiza que la información de cada animal no pueda alterarse ni eliminarse sin dejar rastro, lo que eleva la confianza en la trazabilidad del animal a lo largo de toda su vida.

A nivel internacional, Perú ha sido pionero en la adopción de blockchain para animales de compañía con el proyecto Firulaix. Lanzado en 2023, Firulaix implementó un registro soportado en blockchain, asignando a cada animal un código único asociado a un contrato inteligente (Cointelegraph, 2023). Un posible reto de esta tecnología es la adopción generalizada: requiere que las autoridades y usuarios confíen en sistemas digitales relativamente nuevos. Sin embargo, la tendencia global hacia la identidad digital de los animales está al alza, y la blockchain ofrece una infraestructura robusta para sostenerla. En la práctica, se espera que estos sistemas complementen a los registros tradicionales, mejorando su seguridad y alcance, más que reemplazarlos inmediatamente.

6.5. Aplicaciones móviles y sistemas interconectados para la gestión de datos

El despliegue de todas las tecnologías mencionadas se potencia mediante aplicaciones móviles y plataformas interconectadas que gestionan los datos de identificación de forma integrada. De poco sirve un microchip avanzado o una base de datos genética si no hay sistemas accesibles para registrar, consultar y cruzar la información cuando se necesita. Por ello, se están desarrollando ecosistemas digitales alrededor de la identificación animal que facilitan la participación tanto de los dueños como de veterinarios, protectoras y autoridades en general.

Han emergido aplicaciones móviles que hacen más sencilla la tarea de mantener actualizados los datos de los animales de compañía y aprovechar las nuevas tecnologías de identificación. Por ejemplo, muchas bases de datos de microchips ofrecen apps o portales web donde el dueño puede actualizar su número de teléfono o dirección en tiempo real, asegurando que en caso de que alguien escanee el chip de su animal perdida obtendrá la información de contacto correcta, permiten registrar biométricamente al animal y crear un perfil digital que puede vincularse a anuncios de animales perdidos; de esta forma, si se encuentra un perro, se puede comparar su huella nasal o foto con las de la base de datos para verificar su identidad y contactar al dueño registrado.

Otro aspecto importante son los dispositivos conectados e IoT para animales. Hay collares con códigos QR o chips NFC que cualquier persona puede escanear con su smartphone para obtener al instante los datos del titular sin necesidad de acudir a un veterinario. Esto simplifica el proceso de rescate por parte de la ciudadanía: si alguien encuentra un perro vagando, escanea el QR del collar y puede llamar al titular en minutos. Algunas ciudades han repartido chapas QR a los dueños como parte de campañas de tenencia responsable, complementando al microchip obligatorio.

VII. CONCLUSIONES

Los registros de identificación de los animales de compañía se han consolidado como una herramienta jurídica fundamental para la protección, el control y la gestión de estos animales en el ámbito normativo. Asimismo, organismos internacionales han promovido la identificación obligatoria como un mecanismo clave para la protección de los animales y la prevención del abandono.

El registro de identificación cumple diversas funciones esenciales en la gestión responsable de los animales de compañía. Por un lado, permite establecer una relación jurídica clara entre el animal y su titular, facilitando la devolución de animales extraviados, la atribución de responsabilidades legales y la planificación de políticas sanitarias y de protección animal. Desde el punto de vista administrativo y epidemiológico, proporciona datos fiables sobre la población animal identificada, lo que contribuye a la implementación de estrategias más eficaces en el control de enfermedades zoonóticas y en la regulación de la tenencia responsable.

No obstante, la eficacia real de estos registros depende de su correcta implementación y mantenimiento. Persisten desafíos significativos, como alcanzar una tasa de identificación universal, garantizar que los datos de los titulares se mantengan actualizados y lograr la interoperabilidad entre diferentes sistemas autonómicos y nacionales. Las soluciones para optimizar estos registros incluyen el fortalecimiento del marco legal, estableciendo deberes claros para los titulares y sanciones disuasorias en caso de incumplimiento. Asimismo, es imprescindible dotar de recursos suficientes a las administraciones encargadas de la gestión de estos sistemas y, sobre todo, promover campañas educativas dirigidas a la ciudadanía sobre la importancia de identificar correctamente a sus animales de compañía.

En definitiva, los registros de identificación no solo representan un instrumento administrativo, sino que también constituyen la materialización jurídica del vínculo humano-animal. Su implementación refleja un cambio de paradigma en la sociedad, que cada vez reconoce con mayor claridad que los animales de compañía, como seres sintientes, deben contar con protección y visibilidad dentro del sistema legal. Un animal identificado no es simplemente un número en una base de datos, sino un individuo con nombre, hogar y titular reconocidos ante la ley. La experiencia comparada confirma que, cuando estos registros se implementan de manera efectiva, se logra una reducción en la cantidad de animales perdidos, una disminución del abandono en refugios, un mayor número de reencuentros exitosos y una mejora en la tenencia responsable.

Este enfoque jurídico y social configura un círculo virtuoso, en el que se benefician los animales, sus titulares y la sociedad en su conjunto. En este contexto, se debe avanzar decididamente para evitar que ningún animal de compañía quede fuera del sistema de protección.

La identificación de animales de compañía está viviendo una auténtica revolución tecnológica, incorporando avances que hace solo unos años parecían de ciencia ficción.

Los clásicos microchips RFID se están complementando con sensores de salud y quizá en un futuro con funciones de GPS, las características únicas de cada animal (desde su nariz hasta su ADN) se emplean ya como huellas digitales infalibles, la blockchain ofrece llevar un registro vitalicio e inviolable de cada animal, los localizadores GPS y otras herramientas de rastreo proveen seguridad en tiempo real, y todo ello se integra mediante aplicaciones y plataformas digitales fáciles de usar. Esta convergencia tecnológica conlleva beneficios prácticos enormes: se fortalece la trazabilidad desde el nacimiento del animal hasta cada cambio de dueño o ubicación, mejorando la transparencia y combatiendo mercados ilegales; se potencia el bienestar animal, al permitir monitorear la salud y localizar rápidamente a un animal extraviado o en apuros; y se proporciona a las autoridades y organizaciones herramientas más efectivas para el control del abandono y el maltrato.

Las posibilidades adicionales y nuevas tecnologías en identificación de animales están transformando la forma en que cuidamos y registramos a nuestros compañeros animales. Podemos afirmar que la evidencia apunta a que estas herramientas mejoran significativamente la capacidad de las sociedades para garantizar la protección y bienestar de los animales de compañía. La combinación de identificación electrónica avanzada, biometría, blockchain, rastreo en tiempo real y sistemas interconectados crea un ecosistema integral de identificación. Esto no solo ayuda a recuperar animales perdidos y a penalizar el abandono, sino que sienta las bases para una tenencia más responsable y consciente, donde cada animal importa y puede ser rastreado y atendido apropiadamente en todo momento.

BIBLIOGRAFÍA

Asociación Americana de Medicina Veterinaria. (2020). *Microchipping FAQ.* Recuperado de https://www.avma.org/resources-tools/pet-owners/petcare/microchips-reunite-pets-families/microchipping-faq

Arana García, E. (2006). *Animales de compañía y Administración local.* En J. Esteve Pardo (Coord.), Derecho del medio ambiente y Administración local (pp. 727-754). Madrid: INAP.

Choi, H. et al. (2021). *Study on the viability of canine nose pattern as a unique biometric marker.* Animals, 11(12), 3511.

Cointelegraph. (2023). *Proyecto Firulaix: Innovación en el Registro Civil de Mascotas de Perú mediante Blockchain.*

Colegio Oficial de Veterinarios de Madrid. (2023). *Tarifas de identificación animal y microchip en la Comunidad de Madrid.*

Comisión Europea. (2023). *Proposal for a Regulation on the welfare of dogs and cats and their traceability.* Recuperado de https://eur-lex.europa.eu

Departamento de Medio Ambiente, Alimentación y Asuntos Rurales – DEFRA (UK). (2016, 6 de abril). *Compulsory dog microchipping comes into effect* [Comunicado de prensa]. Gobierno del Reino Unido.

Fundación Affinity. (2022). *Estudio de Abandono y Adopción 2023.*

Parlamento Europeo y Consejo de la Unión Europea. (2023). *Proposal for a Regulation on the welfare of dogs and cats in the Union.* Recuperado de https://ec.europa.eu

Red Española de Identificación de Animales de Compañía (REIAC). (2022). Censo de animales identificados en España. https://www.reiac.es

SmartTag. (2023). *Mini Data Temperature Microchips* (specifications). id-tag.com.

Referencias normativas

Normativa comunitaria

Resolución de 12 de febrero de 2020 sobre la protección del mercado interior y los derechos de los consumidores de la Unión frente a las consecuencias negativas del comercio ilegal de animales de compañía (2019/2814(RSP)). Diario Oficial de la Unión Europea, C 294/02, 23 de julio de 2021, pp. 41-47.

Normativa estatal

Ley 7/2023, de Protección de los Derechos y el Bienestar de los Animales. BOE núm. 75, de 29 de marzo de 2023, páginas 45618 a 45671.

CAPÍTULO SEGUNDO

ASPECTOS FISIOLÓGICOS, ETOLÓGICOS Y ETIOLÓGICOS DE LOS DERECHOS DE LOS ANIMALES

La importancia de la socialización de las especies canina y felina

ÁNGELA GONZÁLEZ MARTÍNEZ
HVU Rof Codina
Facultad de Veterinaria de Lugo
Universidad de Santiago de Compostela

I. INTRODUCCIÓN

La conducta de un individuo es consecuencia de sus genes, de la influencia del ambiente y de sus experiencias vividas por lo que se va modificando a lo largo de su vida. Estos factores pueden afectar la fisiología y comportamiento de los animales, teniendo consecuencias importantes a nivel de neuroendocrino, epigenético y de conducta, que pueden persistir a lo largo de la vida del animal (Pirrone et al., 2015). Así, la genética, el estrés prenatal, el ambiente que lo rodea en sus distintas etapas de crecimiento, junto con el ambiente que lo rodea en su hogar, el aprendizaje y su estado sanitario influyen en gran medida en que un perro o gato presente o no problemas de comportamiento. Los problemas de comportamiento, conductas que pueden peligrosas para el animal, sus tutores, u otros seres vivos, o que simplemente son molestas para sus tutores, son una causa importante de abandono, eutanasia y merman en gran medida el bienestar animal (Manteca, 2009).

Desde que están en el útero materno, hasta su muerte, los mamíferos pasan distintas fases de las que son propios ciertos comportamientos. Así el comportamiento de los animales durante las primeras fases de la vida es, fundamentalmente, resultado de la maduración del sistema nervioso central y de los órganos de los sentidos, así como del desarrollo de la capacidad locomotora. De hecho, esos hitos en el desarrollo son los que marcan la transición entre periodos (García-Belenguer et al., 2022). La ciencia que estudia los cambios de comportamiento que se producen en un individuo a lo largo de su desarrollo es la ontogenia de la conducta, la cual describe 6 periodos sensibles en la vida de los perros y gatos, bien diferenciados, conocidos como "prenatal", "neonatal", "de transición", "socialización", "juvenil", "adolescente" y "adulto" (Tabla 1). Durante estos periodos, las experiencias vividas pueden alterar considerablemente el comportamiento de los animales. De hecho, en mamíferos se ha comprobado que el estrés durante los periodos de desarrollo neural, desde el periodo prenatal hasta la adolescencia, tiene un efecto importante y a largo plazo en la estructura y función cerebral, y, como consecuencia, en el comportamiento (McMillan, 2017).

A continuación, se describen los periodos de la ontogenia de la conducta del cachorro y el gatito haciendo hincapié en la importancia del periodo de socialización, si bien en el caso de la especie felina existe menos información al respecto y los límites entre periodos son menos claros. En cualquier caso, tanto el desarrollo del SNC como de la conducta del gato es similar al del perro.

II. ONTOGENIA DE LA CONDUCTA DE LA ESPECIE CANINA Y FELINA

El desarrollo del comportamiento comienza con la constitución genética del individuo y los efectos del ambiente en el feto en el útero materno. Después del parto, el medio ambiente y el aprendizaje continúan afectando al desarrollo del comportamiento canino y felino. El comienzo y el final precisos de cada fase del desarrollo varían un poco de un individuo a otro, pero la progresión de una etapa a la siguiente es constante (Landsberg et al., 2024; Serpell, 1995).

Tabla 1. *Periodos de la ontogenia de la conducta en perros y gatos*

Periodo	Perro	Gato
Prenatal	Hasta el nacimiento	Hasta el nacimiento
Neonatal	Desde los 0 a los 12-13 días	Desde los 0 a los 14 días
Transición	De los 12 a los 21 días	De los 14 a los 21 días
Socialización	De los 21 días a las 12-14 semanas	Desde los 21 días a la 7ª-9ª semana
Juvenil	De las 12-14 semanas a la madurez sexual (sobre los 9 meses)	De la 9ª semana de vida a los 9 meses
Adolescente	De la madurez sexual a la comportamental (2-3 años de edad)	No estudiado
Adulto	A partir de los 3 años de edad	A partir de los 9 meses en adelante

2.1. Etapa prenatal

El efecto del ambiente en el desarrollo del comportamiento es tan importante que ya comienza "*in útero*". El estrés prenatal produce alteraciones en el cerebro de la descendencia en múltiples niveles, desde el molecular y celular hasta el estructural. Estos cambios acaban dando lugar a alteraciones fenotípicas duraderas, como en el comportamiento y la cognición de la prole (Haq et al., 2021). Pese a que no hay estudios en perros y gatos, sí se ha visto en otras especies como humanos, roedores y animales de granjas, que el estrés en las madres gestantes puede tener efectos a largo plazo en su descendencia, principalmente como resultado de la desregulación del eje hipotálamo-hipófisis-adrenal, produciéndose una elevación prolongada de corticoides en plasma, pero también se ha encontrado una actividad reducida de los sistemas opioides GABA, serotonina y dopamina y una actividad aumentada del sistema simpático-suprarrenal (Beydoun & Saftlas, 2008; Huizink et al.,

2004; St-Pierre et al., 2016). Así, por ejemplo, el estrés prenatal en roedores y animales de granja se asocia con descendencia con más probabilidades de tener un temperamento más ansioso y comportamientos sociales y reproductivos anormales (Braastad, 1998; Weinstock, 2017). Es por esto por lo que se debe preservar el bienestar y evitar el estrés en hembras preñadas. De forma general, se deben evitar cambios importantes en el ambiente del animal como viajes largos, mudanzas, llegada de otros animales a casa, cambios en su mobiliario. Además, de proporcionar un nido adecuado, una dieta adecuada para su estado fisiológico, ejercicio moderado, seguimiento de la gestación veterinario y un ambiente tranquilo.

2.2. Periodo neonatal

El periodo neonatal abarca desde el nacimiento hasta los 12 -13d en cachorros y hasta los 14 en gatitos. Los cachorros y gatitos a esta edad viven en una inmadurez motora y sensorial: están ciegos, aunque pueden responder a la luz, y sordos. No obstante, tienen olfato, gusto y tacto, por lo que también sienten dolor, de manera que es importante evitar manipulaciones dolorosas y utilizar analgesia adecuada en intervenciones quirúrgicas o en traumatismos (Scott & Fuller, 2019).

Lo cierto es que en este periodo los cachorros y gatitos prácticamente solo maman y duermen. Solo tienen sueño de ondas REM y su defecación y micción reflejas, de forma que tienen que ser estimulados por la madre para orinar y defecar, y carecen que una termorregulación adecuada (Scott, 1958). En los casos de cachorros y gatitos huérfanos se debe estimular con una gasa humedecida en agua templada la zona ano-genital para que orinen y defequen, además, de proporcionales una fuente de calor pues carecen de una adecuada termorregulación (Scott, John Paul; Fuller, 1965).

Por otra parte, presentan ciertos reflejos como el reflejo de rooting, de flexión o extensión (García-Belenguer et al., 2022). La movilidad de los cachorros recién nacidos está muy limitada. Hasta los 5 días de edad se arrastran sobre su abdomen, a los 6-10 días ya son capaces de apoyar su peso sobre las extremidades anteriores, y se sostienen sobre las cuatro patas sobre los 11-15 días (Landsberg et al., 2024).

Los estudios a largo plazo de efectos del estrés en etapas tan tempranas de perros y gatos son raros, no obstante Foyer y sus compañeros (Foyer et al., 2013) sí hallaron cambios comportamentales que perduraron a largo plazo en perros que se expusieron a ambientes y experiencias estresantes durante los 10 primeros días de vida, encontrando que estos individuos tenían menos capacidad para gestionar el estrés.

Se ha visto que el manejo temprano de los cachorros durante este periodo, e incluso someterlos a pequeños grados de estrés como, cogerlos, ponerles un paño frío y separarlos brevemente de su madre, puede acelerar el crecimiento del animal, así como el del pelo de este, la maduración del sistema nervioso, aumentar la capacidad de resolución de problemas y la confianza social, disminuir la reactividad y promover la resistencia a algunas enfermedades. Se consigue una respuesta adrenocortical más flexible y adaptada a la intensidad del factor estresante que la desencadena a lo largo de la vida del animal, lo que se traduce en una menor susceptibilidad al estrés. En cambio, un estrés excesivo puede dar lugar a una secreción crónica de ACTH y a una disminución de la capacidad de aprendizaje (Battaglia, 2009; Fox & Stelzner, 1967; Gazzano et al., 2008). En un estudio en el que se expuso a los cachorros a un programa de socialización adicional y exposición a estímulos sensoriales (táctiles, auditivos, visuales, ambientales y sociales) durante las primeras 6 semanas, 5 días a la semana durante de 5 a 15 minutos por sesión, cuando se evaluaron a los perros a los 8 meses, los cachorros que participaron en el programa tuvieron significativamente menos problemas relacionados con la separación, ansiedad generalizada, sensibilidad corporal y también se distraían menos (Vaterlaws-Whiteside & Hartmann, 2017).

El manejo temprano de los gatitos no solo es beneficioso para mejorar las relaciones sociales entre éstos y los humanos, sino que también conduce a un desarrollo físico y del sistema nervioso central más rápido. Así, se ha visto que coger a los con las manos y acariciarlos suavemente a diario durante las primeras semanas de vida se correlaciona con una apertura de los ojos e inicio de la conducta de exploración más temprana así como con mostrar menos miedo de los humanos (Meier, 1961).

2.3. Periodo de transición

El periodo de transición comienza más o menos a los 12 días de edad y termina sobre los 21días (de los 14 a los 21 en gatitos). Se dice que se inicia con la apertura de los ojos y finaliza con la apertura de los conductos auditivos. Se trata de un periodo en el que se produce un desarrollo sensorial y motor muy rápido. Los cachorros y gatitos comienzan a caminar en vez de reptar lo que facilita que ya se comiencen a explorar el entorno y a jugar conducta de juego. En estudios realizados con animales se ha visto que un ambiente que proporciona poca estimulación sensorial puede provocar una capacidad sensorial reducida (Bateson, 1979).

También empiezan a mover la cola, tienen sueño de ondas REM y ondas lentas, la defecación y la micción dejan de ser reflejas y comienzan a orinar y defecar lejos del nido. Además, al día 15, los cachorros comienzan a mostrar respuestas al condicionamiento operante. No obstante, se pueden encontrar diferencias entre razas e individuos de cara al desarrollo en estos periodos (Scott & Fuller, 1965). Durante este periodo, la madre comienza a hacer menos caso a los cachorros lo que favorece que comiencen a interactuar más con otros individuos.

2.4. Periodo de socialización

El periodo de socialización abarca de los 21 días a las 12 o 14 semanas en cachorros (Scott & Fuller, 1965; J. Scott, 1958), aunque puede haber una gran variación entre razas e individuos. En gatitos comienza con la 3ª semana de vida y termina entre la 7ª o 9ª semana. Coincide un importante despertar sensorial y motor, lo que ayuda a los cachorros y gatitos a explorar el mundo que los rodea. Los cachorros comienzan a percibir bien las imágenes sobre las 4-5 semanas, reaccionan a los sonidos más o menos a las 3 semanas, y hay una gran mejoría en la coordinación motora. Lo dientes de leche erupcionan, de forma que comienzan a introducir en su dieta diversos alimentos y se destetan. A la 9ª semana ya orinan y defecan en sitios determinados.

En el caso de los gatitos a las 4 semanas de edad, la audición, la visión, la regulación de la temperatura y la movilidad son suficientes para que comiencen a alejarse del nido y a desarrollar relaciones sociales con las personas y otros animales en su entorno. A esta edad, el aprendizaje puede lograrse únicamente mediante señales visuales. La capacidad de enderezar el cuerpo está completamente desarrollada alrededor de las 6 semanas de edad. Comienzan a correr en la 5ª semana y la mayor parte de la locomoción adulta se desarrolla a las 7 semanas de edad. Las habilidades motoras complejas pueden no estar completamente desarrolladas hasta las 10 semanas o más. Los dientes comienzan a erupcionar alrededor de las 2 semanas de edad. A las 4 semanas, los gatitos comienzan a comer algunos alimentos sólidos y comienza el destete. Entre las 4 y 5 semanas de edad, en un entorno de vida libre, la madre puede comenzar a traer presas al gatito. La dentición decidua está completamente desarrollada alrededor de las 5 semanas de edad, y los gatitos pueden comenzar a cazar ratones en este momento si tienen acceso a ellos. Hacia las 5–6 semanas de edad, el gatito tiene control voluntario total de la eliminación, y pueden comenzar a excavar y cubrir en tierra suelta. A las 7 semanas de edad, la mayoría de los gatitos están destetados, aunque la lactancia puede continuar de forma intermitente durante varias semanas más.

El comportamiento de los cachorros durante el período de socialización temprana se caracteriza por una disposición a acercarse a objetos nuevos y, en particular, a estímulos en movimiento. Se vuelve evidente el comportamiento exploratorio, y los cachorros comienzan a investigar lejos del área del nido. Aparecen conductas de seguimiento social y los primeros signos de comportamiento afiliativo. Durante este período, se observa un marcado aumento en la interacción con los compañeros de camada, la madre y el entorno. Gradualmente, a medida que la madre pasa menos tiempo con los cachorros, se fortalece la interacción y la relación entre los compañeros de camada. Comienzan a manifestarse señales sociales que disminuyen o aumentan la distancia. (Landsberg et al., 2024).

El período de socialización es un momento crucial para el desarrollo de los cachorros y de los gatitos, y su importancia no puede subestimarse. Las experiencias y la familiaridad social de los cachorros y gatitos durante este período establecen el patrón general que afectará casi todas las respuestas sociales o situacionales a lo largo de su vida. De hecho, los perros y gatitos que no son bien socializados durante su etapa de cachorro tienen más probabilidades de mostrar miedo y/o agresividad a personas o individuos de su especie.

Durante este periodo los cachorros y gatitos aprenden y realizan los comportamientos que la sociedad espera de ellos. Aprenden a mostrar una conducta social normal hacia personas, hacia los miembros de su especie y hacia las especies con las que convivan durante este pequeño espacio de tiempo. Se trata de una etapa especialmente importante para el desarrollo emocional y de la personalidad del animal, en el cual se desarrolla también la familiaridad hacia los ambientes en el que vive, urbano o rural. Cuanto más interacciona el animal con su ambiente y aprende de estímulos relevantes, las conexiones entre las sinapsis neuronales se hacen más fuertes y los circuitos neurales más estables (Knudsen, 2004). Después de ésto, solo las sinapsis que se han estimulado sobrevivirán. La estabilización de las sinapsis, así como la eficiencia de la capacidad de discriminación de los sistemas sensoriales, dependen de las condiciones ambientales y llevan a una individualización de las características estructurales y funcionales del sistema nervioso. De manera que la exposición a estímulos y experiencias sociales en este periodo tiene proporcionalmente un efecto mayor en la formación de estructuras neurales, en el temperamento y en el comportamiento, que en otras fases posteriores de la vida de los animales (Pierantoni et al., 2022). Se puede decir, de una forma simple, que durante este periodo todo lo que vea el cachorro o gatito lo considerará normal en un futuro, y si no, le tendrá miedo. Es decir, que, si un cachorro pasa su periodo de socialización en el rural y, después, se va a vivir al ambiente urbano, puede sentir miedo al salir a la calle. Si un cachorro o un gatito, no ve humanos hasta que finaliza el periodo de socialización, les tendrá miedo y posiblemente mostrará agresividad (Freedman, et al.,1961; Scott & Fuller, 1965). Además de problemas de miedo y agresividad, los perros que han sufrido una mala socialización pueden mostrar hiperactividad, alteraciones del comportamiento social, problemas de aprendizaje y puede disminuir su conducta exploratoria (Freedman, DG; King, JA; Elliot, 1961; Scott, John Paul; Fuller, 1965). De la misma forma, los gatitos que carecen de una adecuada socialización tienen más probabilidades de mostrar miedo hacia las personas y, por lo tanto, son más propensos a exhibir agresividad inducida por miedo cuando una persona se le acerca o los manipula (Lowe & Bradshaw, 2001).

Se recomienda que cachorros y gatitos tengan la posibilidad de exponerse a una gran variedad de estímulos ambientales y sociales. Es necesario que vean personas de todo tipo y edades, que estén en contacto con sus congéneres y con las especies con las que se espera que convivan en un futuro y que disfruten de distintos ambientes, tanto rurales como urbanos. Además, parece que los programas que ofrecen con una socialización "extra" tienen efectos positivos en el comportamiento de los perros un año después (González-Martínez et al., 2019; Vaterlaws-Whiteside & Hartmann, 2017). No obstante, la exposición a estímulos durante el periodo de socialización debe ser gradual, dado que una sobreexposición puede ser también perjudicial, especialmente si se da antes de las 7 semanas de edad, así como las experiencias adversas pueden resultar más traumáticas en un periodo tan sensible como éste, que cuando son adultos (Sterleman; Serpell & Duffy 2016). Por otra parte, generalmente el periodo de socialización termina antes de que se complete la pauta vacunal infantil. Las recomendaciones, para que el perro se pueda socializar de una forma segura, suelen ser que salga a la calle una semana después de la primera vacunación, pero que evite los parques de perros y que solo esté en contacto con perros de estado sanitario conocido (GEMCA, 2024; Landsberg et al., 2024).

El juego social se incrementa en gran medida durante este periodo. Además de ayudarles a los cachorros y gatitos en su coordinación y en el aprendizaje de los comportamientos sociales de la especie, incluyendo la comunicación, predación y conductas sexuales, les ayuda a inhibir el mordisco y a aprender a jugar de una forma amable, dado que, si juegan demasiado brusco, la madre o los hermanos pararán el juego y este terminará. Esta es una de las razones por las que se recomienda que tanto gatitos como cachorros permanezcan con su madre y hermanos hasta los 2 meses de edad.

Se dice que el periodo de socialización termina cuando el cerebro del cachorro o del gatito ha madurado lo suficiente como para que se produzca la primera respuesta de miedo intensa (a las 7-8 semanas en gatitos, 12-14 semanas en cachorros). Si un cachorro mayor de 14 a 16 semanas presenta miedo, agresión o ansiedad, el veterinario debe considerar que este paciente tiene un problema de comportamiento, el cual continuará o empeorará con el tiempo si no se trata.

2.5. Periodo juvenil

El periodo juvenil comienza con el fin del periodo de socialización, y finaliza al alcanzar la madurez sexual.

La socialización sigue siendo posible una vez finalizado el periodo sensible, no obstante, la propia respuesta de miedo hace que sea lenta y difícil. En cualquier caso, la necesidad de tener contacto social con congéneres y personas se mantiene durante este periodo. Se sospecha que entre los 4 y los 11 meses de edad se presentan uno o más períodos en los que el miedo tiene mayor probabilidad de desarrollarse y alterar la conducta adulta del perro. La exposición estructurada a estímulos ambientales durante este período puede tener beneficios preventivos (Scott, 1958). No obstante, también se ha visto que experiencias adversas con personas o con perros puede favorecer que los cachorros desarrollen miedo a perros y/o personas desconocidas (Serpell & Duffy, 2016). Es un periodo en el que hay que seguir buscando buenas experiencias para los cachorros y evitar las situaciones adversas.

2.6. Adolescencia

El período de la adolescencia comienza con la pubertad y termina con la madurez social, que se produce alrededor de los 2 o 3 años de edad, dependiendo de la raza e incluso de los individuos

Se trata probablemente del periodo peor estudiado hasta el momento en perros (y nada en gatos), no obstante, recientemente han salido publicados unos artículos científicos muy interesantes que señalan la importancia de la adolescencia en el desarrollo de los perros.

Al igual que en humanos, se trata de un periodo difícil en su vida. Se ha visto recientemente que durante la adolescencia aumentan los conflictos entre el perro y su tutor, de hecho, responden peor a los comandos que éste les da y es más difícil enseñarle. Ésto es especialmente evidente cuando el vínculo entre ambos ya no era bueno (Asher et al., 2020). Por otra parte, también se ha visto que las experiencias adversas en esta época pueden ser determinantes para la presentación de problemas de comportamiento en edad adulta. Así, en un estudio realizado en la Universidad de Pennsylvania se encontró que a los perros que en la adolescencia les habían atacados otros perros mostraban más miedo a perros desconocidos de adultos y los perros que durante la adolescencia habían sufrido eventos traumáticos con personas desconocidas, al llegar a la madurez les tenían más miedo a las personas desconocidas que los que no habían sufrido esas experiencias (Serpell & Duffy, 2016).

La parte buena es que parece que las experiencias positivas en esta fase del desarrollo canino influyen en la prevención de problemas de comportamiento cuando los perros son adultos. Así, parece que el hecho de convivir con tutores experimentados en el cuidado y cría de perros y convivir con otros compañeros de su especie, tiene efectos positivos en el comportamiento futuro del animal.

III. IMPORTANCIA DE LAS CLASES DE CACHORROS

Las clases de cachorros (CC) son una serie de sesiones en las que, de una forma segura, los cachorros viven experiencias positivas con personas y otros perros, y donde comienzan su educación en positivo. Además, los tutores de los perros reciben información sobre el comportamiento de la especie, cómo educarlos y cómo prevenir problemas de comportamiento (tabla 2). Se ha comprobado que los perros que acuden a las CC tienen menos probabilidades de ser abandonados.

Existen varios protocolos de clases de cachorros, que suelen incluir entre 4 y 6 sesiones, realizando una por semana. Estas deben ser guiadas por profesionales con conocimientos en comportamiento canino y con experiencia en el desarrollo de CC, bien sean veterinarios, ATVs o educadores caninos. Generalmente, la proporción más adecuada es de un guía por cada 4 cachorros.

Figura 1. *Clases de juveniles en el HVU Rof Codina*

En cuanto a los grupos, se recomienda que no haya más de 5-6 cachorros por grupo y que sean homogéneos en cuanto a edad y tamaño. Generalmente, las edades a las que suelen empezar las CC oscilan entre 8 y las 14 semanas. No obstante, se ha visto que las clases de juveniles (figura 1), en las que solo se admiten individuos de más de 12 semanas, también tienen beneficios a largo plazo en el comportamiento de los animales. Estos beneficios incluyen:

- Los perros que acuden a clases de cachorros o juveniles son más fáciles de entrenar o de educar (González-Martínez et al., 2019; Kutsumi et al., 2013; Seksel et al., 1999).
- Menos problemas de miedo (González-Martínez et al., 2019; Kutsumi et al., 2013).
- Menos problemas de agresividad (Blackwell et al., 2008; Casey et al., 2014; González-Martínez et al., 2019).
- Menos problemas de sensibilidad a ser tocados (González-Martínez et al., 2019).
- Los perros que acuden con menos de tres meses a las CC son menos excitables cuando crecen (González-Martínez et al., 2019).

Tabla 2. *Temario de las Clases de Cachorros* **(González-Martínez et al., 2019)**

Temario para divulgar en las Clases de Cachorros	
Temas teóricos	**Temas prácticos**
Importancia del periodo de socialización y exposición gradual a estímulos	"Sienta"
Importancia de la educación en positivo	"Tumba"
Cómo enseñar al perro a eliminar en el lugar apropiado	"Quieto"
Cómo enseñarle al perro a que no destroce	"Ven"
Necesidades sociales y ambientales caninas	"No tirar de la correa"
Comunicación canina	Otros: "mira", "soltar objetos", "sortear obstáculos"...
Aspectos sanitarios: desparasitaciones, vacunaciones, higiene, alimentación	

IV. EDAD DE ADOPCIÓN IDEAL DE CACHORROS Y GATITOS

La edad de adopción ideal de un cachorro sería la de unos 2 meses, puesto le permitiría estar el tiempo suficiente con su madre y hermanos y luego poder socializarse adecuadamente al ambiente al que vaya a vivir. En el caso de que el criador haga una socialización adecuada, daría igual la edad de adopción siempre que sea posterior a los 2 meses de edad. En gatos, habitualmente se recomendaba también la adopción sobre los 2 meses, no obstante, un nuevo estudio encontró que parecen beneficiosas adopciones más tardías, sobre las 14 semanas de edad, pues los gatitos adoptados sobre esa edad parecen tener menos tendencia a mostrar menos probabilidad de trastornos compulsivos que los adoptados con 12 semanas (Ahola et al., 2017).

Se ha visto que perros adoptados antes de los 2 meses de edad tienen mayor tendencia a mostrar diversos tipos de problemas de comportamiento como agresividad, miedo, destrozos y ladridos excesivos, problemas relacionados con la separación e hiperactividad y déficit de atención (Fox & Stelzner, 1967; Pierantoni et al., 2011). De una forma similar, los gatitos que son separados precozmente de sus madres tienen más tendencia a mostrar comportamientos de miedo, ansiosos y aprenden más lentamente (Seitz, 1959).

V. EL PAPEL DE LAS MADRES EN EL DESARROLLO DE LOS CACHORROS Y GATITOS

La relación con las madres suele ser fundamental en el desarrollo de las crías de especies altriciales, como los perros y gatos, donde las crías son incapaces de cuidarse por sí mismas al nacer, y los efectos del cuidado materno sobre la gestión del estrés pueden ser particularmente marcados. Un alto nivel de cuidado y sensibilidad materna promueve una respuesta al estrés menos reactiva y una mejora en la resiliencia individual (Gunnar & Quevedo, 2007). Por el contrario, niveles bajos de cuidado maternal pueden conducir a un aumento en la actividad del eje HPA, lo que afecta negativamente el desarrollo neuronal, resultando en una respuesta al estrés más pronunciada y un mayor riesgo de enfermedades a largo plazo en el animal adulto (De Kloet et al., 2005). Así, en perros se ha visto que los cachorros que tienen cuidados maternales de mejor calidad, en el sentido del tiempo que pasa la hembra con la camada y los acicala, tienen menos tendencia a tener problemas de ansiedad (Tiira & Lohi, 2015). Además, parece que madres experimentadas ayudan a su descendencia a gestionar mejor el estrés (Foyer et al., 2013). En cambio, separar a los cachorros prematuramente de la madre, antes de los 2 meses de edad, aumenta la probabilidad de que padezcan diversos problemas de comportamiento como miedo, agresividad, conductas de demanda de atención excesivas, destrozos, ladridos excesivos (González-Martínez et al., 2019; Pierantoni et al., 2011). De una forma similar, los gatitos que son separados precozmente de sus madres, tienen más tendencia a mostrar comportamientos de miedo, ansiosos y aprenden más lentamente (Seitz, 1959). Además, los gatitos criados a biberón son capaces de desarrollar vínculos con otros gatos, pero lo hacen más lentamente (Mellen, 1992).

VI. CONCLUSIONES

El ambiente influye en gran medida en el comportamiento de perros y gatos y ésta influencia es especialmente importante durante las fases sensibles de su desarrollo, teniendo un efecto aún más marcado durante el periodo de socialización. Conocer las etapas del desarrollo de los animales, ofrecer programas de socialización adecuados a cada una de ellas, evitar experiencias adversas y respetar el tiempo que las crías deben permanecer con sus madres, son puntos clave en el bienestar futuro de perros y gatos.

BIBLIOGRAFÍA

Ahola, M.K. , Katariina Vapalahti, K., Lohi, H. (2017). Early weaning increases aggression and stereotypic behaviour in cats. *Scientific Reports*, 7(1), 10412. https://doi.org/10.1038/S41598-017-11173-5.

Asher, L., England, G. C. W., Sommerville, R., & Harvey, N. D. (2020). Teenage dogs? Evidence for adolescent-phase conflict behaviour and an association between attachment to humans and pubertal timing in the domestic dog. *Biology Letters*, *16*(5). https://doi.org/10.1098/rsbl.2020.0097.

Bateson, P. (1979). How do sensitive periods arise and what are they for? *Animal Behaviour*, *27*(PART 2), 470–486. https://doi.org/10.1016/0003-3472(79)90184-2.

Battaglia, C. L. (2009). Periods of Early Development and the Effects of Stimulation and Social Experiences in the Canine. *Journal of Veterinary Behavior: Clinical Applications and Research, 4*(5), 203–210. https://doi.org/10.1016/j.jveb.2009.03.003.

Beydoun, H., & Saftlas, A. F. (2008). Physical and mental health outcomes of prenatal maternal stress in human and animal studies: A review of recent evidence. *Paediatric and Perinatal Epidemiology, 22*(5), 438–466. https://doi.org/10.1111/j.1365-3016.2008.00951.x.

Blackwell, E. J., Twells, C., Seawright, A., & Casey, R. A. (2008). The relationship between training methods and the occurrence of behavior problems, as reported by owners, in a population of domestic dogs. *Journal of Veterinary Behavior: Clinical Applications and Research, 3*(5), 207–217. https://doi.org/10.1016/j.jveb.2007.10.008.

Braastad, B. O. (1998). Effects of prenatal stress on behaviour of offspring of laboratory and farmed mammals. *Applied Animal Behaviour Science, 61*(2), 159–180. https://doi.org/10.1016/S0168-1591(98)00188-9.

Casey, R. A., Loftus, B., Bolster, C., Richards, G. J., & Blackwell, E. J. (2014). Human directed aggression in domestic dogs (Canis familiaris): Occurrence in different contexts and risk factors. *Applied Animal Behaviour Science, 152*, 52–63. https://doi.org/10.1016/j.applanim.2013.12.003.

De Kloet, E. R., Joëls, M., & Holsboer, F. (2005). Stress and the brain: From adaptation to disease. *Nature Reviews Neuroscience, 6*(6), 463–475. https://doi.org/10.1038/nrn1683.

Fox, M.W.; Stelzner, D. (1967). The effects of early experience on the development of inter and intraspecies social relationships in the dog. *Animal Behaviour, 15*(2–3), 377–386. https://doi.org/10.1016/0003-3472(67)90024-3.

Foyer, P., Bjällerhag, N., Wilsson, E., & Jensen, P. (n.d.). *Behaviour and experiences of dogs during the first year of life predict the outcome in a later temperament test.* https://doi.org/10.1016/j.applanim.2014.03.006.

Foyer, P., Wilsson, E., Wright, D., & Jensen, P. (2013). Early experiences modulate stress coping in a population of German shepherd dogs. *Applied Animal Behaviour Science, 146*(1–4), 79–87. https://doi.org/10.1016/j.applanim.2013.03.013.

Freedman, DG; King, JA; Elliot, O. (1961). Critical Period in the Social Development of Dogs. *Science, 133*(3457), 1016–1017.

García-Belenguer, S.; Rosado, B.; Palacio, J.; Luño, I.; González-Martínez, A. (2022). *Manual de medicina del comportamiento.* Consulta de difusión veterinaria.

Gazzano, A., Mariti, C., Notari, L., Sighieri, C., & McBride, E. A. (2008). Effects of early gentling and early environment on emotional development of puppies. *Applied Animal Behaviour Science, 110*(3–4), 294–304. https://doi.org/10.1016/j.applanim.2007.05.007.

GEMCA. (2024). *Posicionamiento del GEMCA sobre la socialización en el perro (actualizado febrero '24).*

González-Martínez, Á., Martínez, M. F., Rosado, B., Luño, I., Santamarina, G., Suárez, M. L., Camino, F., de la Cruz, L. F., & Diéguez, F. J. (2019). Association between puppy classes and adulthood behavior of the dog. *Journal of Veterinary Behavior, 32,* 36–41. https://doi.org/10.1016/j.jvcb.2019.04.011.

Gunnar, M., & Quevedo, K. (2007). The neurobiology of stress and development. *Annual Review of Psychology, 58,* 145–173. https://doi.org/10.1146/annurev.psych.58.110405.085605.

Haq, S. U., Bhat, U. A., & Kumar, A. (2021). Prenatal stress effects on offspring brain and behavior: Mediators, alterations and dysregulated epigenetic mechanisms. *Journal of Biosciences, 46*(2), 1–16. https://doi.org/10.1007/s12038-021-00153-7.

Huizink, A. C., Mulder, E. J. H., & Buitelaar, J. K. (2004). Prenatal Stress and Risk for Psychopathology: Specific Effects or Induction of General Susceptibility? *Psychological Bulletin, 130*(1), 115–142. https://doi.org/10.1037/0033-2909.130.1.115.

Knudsen, E. I. (2004). Sensitive periods in the development of the brain and behavior. *Journal of Cognitive Neuroscience, 16*(8), 1412–1425. https://doi.org/10.1162/0898929042304796.

Kutsumi, A., Nagasawa, M., Ohta, M., & Ohtani, N. (2013). Importance of puppy training for future behavior of the dog. *Journal of Veterinary Medical Science, 75*(2), 141–149. https://doi.org/10.1292/jvms.12-0008.

Landsberg, G.; Radosta, L.; Ackerman, L. (2024). *Behavior problems of the dog and cat* (4th ed.). Elsevier Inc.

Lowe, S. E., & Bradshaw, J. W. S. (2001). Ontogeny of individuality in the domestic cat in the home environment. *Animal Behaviour, 61*(1), 231–237. https://doi.org/10.1006/anbe.2000.1545.

Manteca, X. (2009). *Etología Veterinaria.* Multimédica Ediciones Veterinarias.

McMillan, F. D. (2017). Behavioral and psychological outcomes for dogs sold as puppies through pet stores and/or born in commercial breeding establishments: Current knowledge and putative causes. *Journal of Veterinary Behavior: Clinical Applications and Research, 19,* 14–26. https://doi.org/10.1016/j.jveb.2017.01.001.

Meier, G. W. (1961). Infantile handling and development in Siamese kittens. *Journal of Comparative and Physiological Psychology, 54*(3), 284–286. https://doi.org/10.1037/h0045008.

Mellen, J. D. (1992). Effects of early rearing experience on subsequent adult sexual behavior using domestic cats (Felis catus) as a model for exotic small felids. *Zoo Biology, 11*(1), 17–32. https://doi.org/10.1002/zoo.1430110104.

Pierantoni, L., Albertini, M., & Pirrone, F. (2011). Prevalence of owner-reported behaviours in dogs separated from the litter at two different ages. *Veterinary Record, 169*(18), 468–468. https://doi.org/10.1136/vr.d4967.

Pierantoni, Ludovica, Amadei, E., & Pirrone, F. (2022). Factors to Consider when Selecting Puppies and Preventing Later Behavioral Problems. *Advances in Small Animal Care, 3*(1), 1–11. https://doi.org/10.1016/j.yasa.2022.05.001.

Pirrone, F., Pierantoni, L., Mazzola, S. M., Vigo, D., & Albertini, M. (2015). Owner and animal factors predict the incidence of, and owner reaction toward, problematic behaviors in companion dogs. *Journal of Veterinary Behavior, 10*(4), 295–301. https://doi.org/10.1016/j.jveb.2015.03.004.

Scott, John Paul; Fuller, J. (1965). *Genetics and the social behaviour of the dog.* (The University of Chicago (ed.); First).

Scott, J. (1958). Critical periods in the development of social behavior in puppies. *Psychosomatic Medicine, 20*(1), 42–54. https://doi.org/10.1097/00006842-195801000-00005.

Scott, J. P., & Fuller, J. L. (2019). Genetics and the Social Behaviour of the Dog. In *Genetics and the Social Behaviour of the Dog.* https://doi.org/10.7208/chicago/9780226190822.001.0001.

Seitz, P. (1959). Infantile Experience and Adult Behavior in Animal Subjects: II. Age of Separation from the Mother and Adult Behavior in the Cat. *Psychosomatic Medicine, 21*(5), 353–378.

Seksel, K., Mazurski, E. J., & Taylor, A. (1999). Puppy socialisation programs: Short and long term behavioural effects. *Applied Animal Behaviour Science, 62*(4), 335–349. https://doi.org/10.1016/S0168-1591(98)00232-9.

Serpell, J. A. (1995). Early experience and the development of behaviour. In *The domestic dog* (pp. 80–102). Cambridge University Press. https://books.google.es/books?hl=es&lr=&id=I8HU_3ycrrEC&oi=fnd&pg=PA79&dq=Serpell,+J.,+Jagoe,+J.A.,+1995.+Early+experience+and+the+development+of+behavior.+In:+Serpell,+J.+(Ed.),+The+Domestic+Dog:+Its+Evolution,+Behaviour+and+Interactions+with+People.+Cam.

Serpell, J. A., & Duffy, D. L. (2016). Aspects of juvenile and adolescent environment predict aggression and fear in 12-month-old guide dogs. *Frontiers in Veterinary Science, 3*(JUN), 1–8. https://doi.org/10.3389/fvets.2016.00049.

St-Pierre, J., Laurent, L., King, S., & Vaillancourt, C. (2016). Effects of prenatal maternal stress on serotonin and fetal development. *Placenta, 48,* S66–S71. https://doi.org/10.1016/j.placenta.2015.11.013.

Tiira, K., & Lohi, H. (2015). Early life experiences and exercise associate with canine anxieties. *PLoS ONE, 10*(11), 1–16. https://doi.org/10.1371/journal.pone.0141907.

Vaterlaws-Whiteside, H., & Hartmann, A. (2017). Improving puppy behavior using a new standardized socialization program. *Applied Animal Behaviour Science, 197*(August), 55–61. https://doi.org/10.1016/j.applanim.2017.08.003.

Weinstock, M. (2017). Prenatal stressors in rodents: Effects on behavior. *Neurobiology of Stress, 6,* 3–13. https://doi.org/10.1016/j.ynstr.2016.08.004.

Zooeyia: los beneficios positivos de la tenencia de los animales para nuestra salud

JUAN ALBERTO CORBERA SÁNCHEZ
PTU, Acreditado a Catedrático en Medicina y Cirugía Animal.
Universidad de Las Palmas de Gran Canaria.

I. INTRODUCCIÓN

La literatura científica ha evidenciado los múltiples beneficios que la tenencia de animales de compañía conlleva para la salud de sus tutores o responsables (Allen, 2003; Cutt et al., 2007; Hui Gan et al., 2020; Krittanawong et al., 2020; Martins et al., 2023; Matchock, 2015; McNicholas et al., 2005; Mueller et al., 2018; Müllersdorf et al., 2010). Estos beneficios están estrechamente vinculados con una amplia gama de factores que influyen en el bienestar físico y mental de las personas.

Históricamente, se ha mantenido la percepción de que los animales son potenciales transmisores de enfermedades (termino conocido como Zoonosis), especialmente aquellas propagadas por vectores. No obstante, debemos aclarar que no existen evidencias científicas contundentes que indiquen que el tener mascotas implique un aumento significativo del riesgo de enfermedades en los humanos (McNicholas et al., 2005). De hecho, las investigaciones sugieren que la convivencia con animales de compañía puede promover mejoras significativas en la salud de quienes los cuidan. En otro capítulo de este libro encontrará información sobre los riesgos derivados de las enfermedades que pueden transmitir los animales; pero en este capítulo nos centraremos exclusivamente en los beneficios que su tenencia aporta a la salud de las personas que conviven con ellos.

Para conceptualizar el efecto beneficioso de la posesión de animales sobre la salud humana, hemos creado el término "zooeyia". Este término deriva de las raíces griegas para animal (zoion) y salud (Hygeia, la diosa griega de la salud, también origen de la palabra "higiene"). Zooeyia puede considerarse como el contrapunto positivo de zoonosis, y que se forma a partir de las mismas raíces "zoion" y "nosos", que significa enfermedad (Darling & Hodgson, 2011) .

Según los estudios consultados, solo la tenencia de animales genera un beneficio para la salud. La relación entre la tenencia de mascotas y la satisfacción general con la vida ha sido estudiada en profundidad y se ha demostrado que las personas responsables de mascotas expresan un mayor grado de satisfacción en comparación con los que no tienen mascotas a su cargo. Además, aquellos que tienen múltiples perros y gatos son los que muestran mayores puntuaciones de satisfacción, aunque tener una sola mascota también se asoció con significativos niveles de satisfacción (Kim & Chun, 2021).

Adoptar un estilo de vida saludable, es decir, integrar hábitos dietético-nutricionales equilibrados, evitar el consumo de alcohol, realizar ejercicio físico de manera regular, evitar el tabaquismo y asegurar patrones de sueño y descanso adecuados, son prácticas que contribuyen de forma efectiva a la prevención, control y reducción de diversas enfermedades. Además, en las últimas décadas se ha investigado cómo la relación entre humanos y animales puede mejorar la salud y la calidad de vida de las personas que los cuidan (Martins et al., 2023).

En términos generales, las mascotas proporcionan de manera significativa un apoyo emocional y compañía a muchas personas; asimismo, influyen positivamente en ciertas respuestas cardiovasculares debido a la conexión que existe entre las actividades que favorecen la salud, como la disminución del estrés y el bienestar cardiovascular. Por todo ello, tener una mascota contribuye a mejorar la salud de algunas personas (Wilson, 1991).

La iniciativa mundial "One Health" o "Una sola salud" se dedica a mejorar la salud de todas las especies -humana y animal- mediante la integración de la atención sanitaria humana y la medicina veterinaria. La medicina veterinaria incluye la práctica de la iniciativa "One Health", tanto la prevención de Zoonosis como la promoción de la Zooeyia (Darling & Hodgson, 2011).

II. BENEFICIOS DE LA TENENCIA DE MASCOTAS DERIVADOS DE LA ACTIVIDAD FÍSICA

La falta de ejercicio o la reducción de la actividad física se considera uno de los principales riesgos para la salud pública (Christian et al., 2013; Gualdi-Russo & Zaccagni, 2021; Matchock, 2015; Oka & Shibata, 2009). Según el Eurobarómetro difundido por la Comisión Europea en 2022, el 47% de los españoles no realiza actividad física, y el 11% lo hace solo ocasionalmente.

En la literatura científica existe un consenso creciente sobre la importancia de implementar estrategias que fomenten la actividad física y reduzcan el comportamiento sedentario en diferentes etapas de la vida, abarcando adolescentes, adultos y personas mayores (Cutt et al., 2007; Feng et al., 2014; Pajaujiene & Petrigna, 2024; Raina et al., 1999; Westgarth et al., 2019). La evidencia es clara y contundente: el ejercicio regular no solo es beneficioso, sino esencial para mantener y mejorar la salud general. Sin embargo, a pesar del conocimiento existente sobre sus ventajas, todavía es necesario motivar a los individuos a integrar la actividad física en su rutina diaria. Los estudios han demostrado que la promoción de la actividad física conlleva mejoras significativas en la salud mental y física, incluyendo la reducción del riesgo de enfermedades crónicas como la obesidad (Bartges et al., 2017), la diabetes tipo 2 (Aiba et al., 2012) y las enfermedades cardiovasculares (W. P. Anderson et al., 1992; Kingwell et al., 2001; Krittanawong et al., 2020; Mubanga et al., 2019; Parslow & Jorm, 2003). Además, contribuye a mejorar el estado de ánimo, aumentar la energía y mejorar la calidad de vida. Sin embargo, la creciente prevalencia del sedentarismo en nuestras sociedades plantea un desafío importante que requiere una atención urgente y coordinada (Dall et al., 2017; Gualdi-Russo & Zaccagni, 2021).

Diversos estudios indican que los responsables de animales, especialmente perros, tienden a caminar más y a realizar más actividad física que quienes no tienen mascotas, aunque no todos los propietarios llevan a sus perros a caminar regularmente (Martins et al., 2023). La Asociación Mundial Veterinaria de Pequeños Animales (WSAVA) destacó en 2010 el impacto significativo de las mascotas en el bienestar humano, subrayando que la interacción entre humanos y animales no solo mejora el bienestar psicológico, físico y fisiológico de ambos, sino que también promueve la actividad física entre los propietarios, alineándose con los objetivos de la iniciativa *One Health* (Martins et al., 2024).

Un estudio transversal en Japón encontró que los ancianos con perros caminan más y exhiben una mejor capacidad motora, y que tanto los propietarios de perros como de gatos muestran una interacción social superior en comparación con quienes no tienen mascotas, sugiriendo que estas podrían ser una estrategia efectiva para promover la actividad física y la interacción social en adultos mayores (Taniguchi et al., 2018).

Además, la tenencia de perros no solo fomenta hábitos más saludables y una mayor actividad física en los propietarios, sino que también puede tener repercusiones positivas para la salud pública al reducir potencialmente los costos de atención médica y las enfermedades no transmisibles (Martins et al., 2024). Para promover el paseo con perros, es esencial fortalecer el vínculo humano-animal y diseñar espacios atractivos, además de investigar cómo las características del dueño y del perro, la interacción social durante los paseos, y las políticas culturales relativas a la posesión de perros afectan esta práctica (Westgarth et al., 2014).

III. BENEFICIOS DE LA TENENCIA DE MASCOTAS PARA LA POBLACIÓN INFANTIL Y ADOLESCENTE

Las mascotas, particularmente los perros, afectan el bienestar cuando se establece un vínculo emocional sólido. No obstante, la naturaleza y magnitud de este efecto no están completamente definidos, aunque es necesario continuar investigando para desentrañar los detalles del apoyo social y emocional que diversos animales brindan a niños y adolescentes dentro de un contexto relacional, evolutivo y familiar. Las investigaciones actuales indican que, en términos generales, tener animales de compañía puede ser beneficioso para el desarrollo emocional, cognitivo, conductual, educativo y social de los niños y adolescentes (AlShatti & Ziyab, 2020; Black, 2012; Endo et al., 2020; Mathers et al., 2010; Mueller et al., 2021; Muldoon et al., 2019; Purewal et al., 2017). Aunque se reconoce la influencia positiva de las mascotas en el desarrollo infantil, hay una carencia de estudios que expliquen los mecanismos que están detrás de esta relación. Investigaciones futuras deberían centrarse en los distintos efectos de cada tipo de mascota, ya que se sabe poco sobre cómo diferentes animales pueden impactar en aspectos psicológicos, conductuales y sociales específicos en los niños (Purewal et al., 2017).

La presencia de un perro en la vida de un adolescente se asocia con un incremento significativo en la actividad física semanal y ofrece beneficios psicológicos y sociales; esto sugiere la necesidad de políticas que integren mascotas para combatir la reducción de actividad física desde edades tempranas (Pajaujiene & Petrigna, 2024). Pero la posesión de perros y gatos influye de manera dispar en el bienestar de los adolescentes. En un estudio realizado en 2010, se determinó que a pesar de que un gran número de adolescentes posee animales de compañía, se observó una interacción limitada entre ellos. Los resultados indicaron que tener una mascota y el tiempo invertido en su cuidado o juego no están claramente vinculados con la salud o el bienestar de los adolescentes (Mathers et al., 2010). En otros estudios sí que se concluyen que la tenencia de perros se asocia con un aumento en el bienestar de los adolescentes en comparación con aquellos que no los poseían. Por el contrario, la tenencia de gatos se relacionó con una disminución en el bienestar en comparación con los adolescentes que no tenían gatos. Además, el bienestar de los adolescentes propietarios de perros permaneció estable a lo largo de la adolescencia, mientras que el bienestar de los propietarios de gatos mostró una tendencia a la disminución (Endo et al., 2020).

IV. BENEFICIOS DE LA TENENCIA DE MASCOTAS PARA LA POBLACIÓN DE EDAD AVANZADA

En un metaanálisis reciente sobre cuáles son los elementos claves para un envejecimiento saludable, se han identificado al menos cuatro: Evitar la discapacidad y la enfermedad, mantener una capacidad física/cognitiva/mental en alto funcionamiento, mantenerse activo y ser capaz de adaptarse psicológicamente a las etapas finales de la vida. Estos estudios sugieren que la dimensión psicológica y social pueden ser tan importantes para la salud como la función física y la cognitiva. Por ello, un determinante social de la salud como la interacción humano-animal, puede ser un elemento potencial del éxito de un envejecimiento saludable y, por ende, una mayor esperanza de vida (Robb & Stegman, 1983; Siegel, 1990; Taniguchi et al., 2018).

La tenencia de animales de compañía es uno de los factores que más beneficia a la salud de las personas de edad avanzada, entendiendo por ello que superan los 65 años. Este hecho está motivado no sólo porque aportan compañía a estas personas, que en muchas ocasiones viven solos en sus hogares, sino que son un soporte social que mantienen la salud emocional y física en estos individuos. Esta evidencia científica está demostrada por los estudios de la interacción humano-animal realizados para determinar el contexto social que afecta a la salud de las personas. Estos estudios caracterizan la relación entre el propietario de animales de compañía y su estado de salud, e incluyen el efecto de los vecinos o la vecindad, el nivel educativo y el estatus socioeconómico de las personas y cómo pueden estar influenciados por distintos factores protectores, incluyendo el soporte social a este colectivo. Las personas de edad avanzada se ven beneficiadas en su estado físico y de salud emocional cuando tienen bajo su cuidado un animal de compañía y, vinculado a ese, el soporte emocional (Hui Gan et al., 2020).

Por otro lado, existen estudios que alertan del riesgo de la tenencia de animales en personas de edad avanzada; por ejemplo, por el incremento en el riesgo de caídas. Se requieren estudios más amplios para determinar los beneficios y los inconvenientes que tiene la tenencia de animales de compañía en personas de edad avanzada. Estos estudios podrían generar resultados interesantes y de gran utilidad que podrían cambiar las políticas de tenencia de animales de compañía en las residencias y centros de mayores, que normalmente no permiten que los residentes sean acompañados por sus mascotas. Éstas no sólo aportan un beneficio psicológico al servir de soporte emocional, sino que es un estímulo a la práctica de actividades saludables, como son el incremento de la actividad física derivada de las necesidades de actividad física de las mascotas.

V. BENEFICIOS DE LA TENENCIA DE MASCOTAS EN LAS FAMILIAS QUE CONVIVEN CON EL AUTISMO

La incorporación de un perro como mascota podría estar relacionada con mejoras en la dinámica familiar y la reducción de la ansiedad en niños. Los resultados publicados concluyen que, comparado con el grupo de familias que no tienen perro, las mediciones de ansiedad en las familias con perro experimentan una disminución más significativa, particularmente en los Trastornos Obsesivo Compulsivo (una reducción adicional del 26%), Ataques de Pánico y Agorafobia (24%), Fobia Social (22%) y Ansiedad por Separación (22%). Los resultados publicados destacan el considerable potencial de los perros como mascotas para fomentar el bienestar de familias que conviven con el autismo. Es necesario realizar más investigaciones para evaluar la magnitud y extensión general de estos efectos y mejorar nuestra comprensión sobre una estrategia potencial para mejorar la calidad de vida en familias con un niño autista. Estos hallazgos subrayan el potencial de los perros de compañía para mejorar tanto el funcionamiento familiar como la ansiedad infantil (Wright et al., 2015).

VI. BENEFICIOS DE LA TENENCIA DE MASCOTAS SOBRE EL BIENESTAR MENTAL

Tener un perro o un gato puede atenuar los impactos del estrés elevado y el aislamiento social. Los animales de compañía desempeñan un papel crucial en mitigar los sentimientos de depresión, ansiedad, aislamiento y soledad en la mayoría de los responsables de mascotas. Los animales contribuyen a mejorar las experiencias de autocompasión de los cuidadores, su capacidad para mantener una rutina diaria, y fomentar un sentido de propósito y significado, así como para enfrentar la incertidumbre. Este efecto se observó durante la pandemia de

COVID-19 y con mayor significación entre mujeres menores de 40 años que tenían un fuerte vínculo con su mascota (Kogan et al., 2021). Los propietarios de mascotas pueden experimentar mayores niveles de apoyo social, satisfacción vital, felicidad, buen humor y autorregulación, además de sentir menos soledad comparado con los no propietarios de mascotas (Martins et al., 2023).

En una investigación llevada a cabo en Alemania se analizó si existen diferencias significativas en síntomas de depresión, sentimientos de soledad y niveles de aislamiento social entre adultos mayores de 65 años que viven sin pareja, con respecto a la tenencia de mascotas: propietarios de gatos, propietarios de perros o individuos sin animales de compañía. Los análisis de regresión indicaron una correlación entre la posesión de un perro y el aislamiento social (en la muestra total y específicamente en mujeres), así como con la soledad en mujeres. No se encontraron vínculos significativos entre la tenencia de mascotas y la presencia de síntomas depresivos (Hajek & König, 2020).

Numerosos estudios confirman la percepción negativa asociada a la experiencia de pérdida de una mascota y subrayan la tendencia de los dueños a antropomorfizar a sus animales de compañía. Los propietarios de perros no distinguen significativamente entre humanos y animales en términos de emociones, necesidades y derechos legales. Es necesario incrementar las investigaciones para contribuir al desarrollo de estrategias para promover el bienestar, la resiliencia y la calidad de vida de las personas que enfrentan el duelo por la pérdida de sus mascotas (Uccheddu et al., 2019).

VII. BENEFICIOS DE LA TENENCIA DE MASCOTAS SOBRE LA SALUD CARDIOVASCULAR

Diversas investigaciones han examinado la conexión entre poseer mascotas (especialmente perros o gatos) y las enfermedades cardiovasculares. Las personas consideran muy importantes a sus mascotas que les brindan apoyo en sus vidas, y esta percepción se vincula con notables beneficios tanto cardiovasculares como conductuales. Se han publicado muchos estudios sobre los efectos positivos, tales como un incremento en la actividad física, perfiles lipídicos más saludables, reducción de la presión arterial sistólica, mejoría en el tono autonómico, disminución de las respuestas simpáticas al estrés y una mayor supervivencia después de sufrir un síndrome coronario agudo (Allen et al., 2002; Friedmann et al., 2013; Levine et al., 2013).

A principio de los años 2000, Allen et al., (2001) demostraron que la tenencia de animales de compañía juega un papel importante en la respuesta fisiológica a factores psicológicos estresantes. Estudios posteriores demostraron que la tenencia de un perro puede contribuir a reducir el riesgo de enfermedad cardiovascular. Sin embargo, hay cierta controversia sobre los efectos en la esperanza de vida de personas cardiópatas y la tenencia de animales de compañía, por lo que se necesitan más estudios a este respecto.

En 2013, la Asociación Americana del Corazón sugirió una relación entre la posesión de mascotas y el riesgo cardiovascular. Concretamente, concluyó que la tenencia de animales de compañía, especialmente perros, parece estar vinculada a una reducción del riesgo de padecer enfermedades cardiovasculares. Posteriormente, un extenso estudio realizado entre la población de Estados Unidos concluyó que la tenencia de mascotas se asocia con una menor incidencia de hipertensión arterial sistémica (Krittanawong et al., 2020). Este estudio sugiere que poseer una mascota ofrece respaldo emocional, lo cual podría disminuir la presión arterial al incrementar la actividad del sistema nervioso parasimpático y reducir la del simpático. Además, la literatura existente sugiere que la presencia de animales de compañía podría aportar beneficios en la función autonómica durante situaciones de estrés psicológico. Un estudio adicional concluyó que la tenencia de un perro puede mitigar la respuesta al estrés y facilitar una recuperación más acelerada de la presión arterial después de una situación estresante (Allen et al., 2002). No obstante, diversas investigaciones indican que la posesión de un gato en lugar de un perro se relaciona de manera significativa con una disminución en el riesgo de mortalidad por enfermedades cardiovasculares, especialmente en el caso de accidentes cerebrovasculares. La protección brindada por las mascotas podría no estar vinculada a actividades físicas, sino potencialmente a las características de la personalidad de los propietarios o a los efectos de reducción del estrés asociados a la compañía animal (Ogechi et al., 2016). También se ha vinculado la menor incidencia del síndrome metabólico y la obesidad en individuos con enfermedades cardiovasculares en quienes poseen mascotas, siendo asociado la composición de microbiota intestinal (Arenas-Montes et al., 2021), aunque se requieren más estudios al respecto para confirmar esa relación.

Según investigaciones recientes, poseer un perro está vinculado a una reducción de la presión arterial, una mejora en el perfil lipídico y una disminución en la respuesta simpática al estrés (Arenas-Montes et al., 2021; Pérez-Martínez et al., 2017). No obstante, la relación entre la tenencia de perros y una mayor supervivencia sigue siendo incierta, ya que otros estudios han ofrecido resultados contradictorios. Con el fin de esclarecer esta relación, se llevó a cabo una revisión sistemática y un metaanálisis para examinar la asociación entre tener un perro y la mortalidad por todas las causas, tanto en individuos con antecedentes de enfermedad cardiovascular como en aquellos sin ellos, así como la mortalidad cardiovascular (Kramer et al., 2019). Los resultados de este estudio indican que tener un perro está asociado con un menor riesgo de mortalidad a largo plazo, y que podría atribuirse a una disminución en la tasa de muertes por causas cardiovasculares. Estos resultados también se replican en una investigación a nivel nacional en Suecia, basada en un seguimiento de 12 años, donde se concluye que la posesión de perros está vinculada con un riesgo reducido de enfermedad cardiovascular en hogares unipersonales, así como con un riesgo menor de mortalidad cardiovascular y por cualquier causa en la población general (Mubanga et al., 2017). En otro estudio posterior, estos mismos investigadores concluyen que hay pruebas de una asociación entre la tenencia de perros y un mejor resultado tras un accidente cardiovascular grave (Mubanga et al., 2019).

La investigación en veteranos militares sugiere que tener perros como mascotas se relaciona con una reducción en el riesgo de cardiopatías, hipertensión y colesterol alto. En comparación con aquellos que no poseen mascotas, los dueños de perros tienden a ser más joviales, más activos y tienen una mayor prevalencia de trastorno de estrés postraumático (TEPT) y depresión mayor. Ajustando por diversas variables, se encontró que la tenencia de perros sigue vinculada a menores probabilidades de hipertensión y colesterol alto. Además, la combinación de tener un perro y realizar ejercicio físico se asocia con una disminución del riesgo de enfermedades cardíacas y mitiga el impacto de la carga traumática sobre la hipertensión. Sin embargo, entre los veteranos mayores, la propiedad de perros estuvo relacionada con un mayor riesgo de diabetes e ictus, y el elevado consumo de nicotina puede atenuar algunos beneficios cardiovasculares. La tenencia de perros podría proporcionar una estrategia complementaria y no farmacológica para prevenir enfermedades cardiometabólicas asociadas al TEPT en veteranos militares, aunque se requiere más investigación para determinar cuándo podría ser desaconsejable (Woodward et al., 2023).

VIII. BENEFICIOS DE LA TENENCIA DE MASCOTAS Y EL INCREMENTO DE LA INTERACCIÓN SOCIAL

En una investigación internacional que examinó el rol de las mascotas en la promoción de diversas formas de interacción social, se identificó que poseer mascotas constituye un elemento significativo para facilitar la interacción social y el establecimiento de amistades en entornos vecinales. Para los propietarios de mascotas, esto también se traduce en el acceso a nuevas fuentes de apoyo social, que abarcan tanto aspectos prácticos como soporte emocional. Considerando que las redes de amistad y el apoyo social están asociados con la salud mental y el bienestar de las comunidades, fomentar la tenencia de mascotas podría representar un canal subestimado para mejorar el bienestar individual y colectivo (Wood et al., 2015).

Las personas que tienen mascotas manifestaron percepciones más positivas respecto a su entorno vecinal, en comparación con quienes no tienen mascotas. Los propietarios de perros tienden a mantener una perspectiva más favorable sobre su vecindario, realizan más actividad física y tienen mayor facilidad para conciliar el sueño que las personas sin perros. Estos hallazgos indican que los dueños de perros podrían estar más inclinados a ejercitarse al pasear a sus mascotas, lo cual podría resultar en un mayor conocimiento y apreciación de los alrededores por los que transitan (Mein & Grant, 2018).

IX. EFECTOS DE LA TENENCIA DE MASCOTAS SOBRE LAS ALERGIAS Y EL ASMA

La sensibilización a los alérgenos de gatos y perros es un fenómeno ampliamente observado, afectando a cerca del 12% de la población general. Entre los niños que sufren de asma persistente, este porcentaje varía entre el 25% y el 65%. La exposición a alérgenos provenientes de mascotas ha sido asociada con un agravamiento de los síntomas asmáticos tanto en adultos como en niños que presentan sensibilización a estos alérgenos específicos (Ahluwalia & Matsui, 2018).

Fel d 1 y Can f 1, los alérgenos predominantes en gatos y perros respectivamente se localizan en la saliva, la epidermis y los folículos capilares de estos animales. Es frecuente la consulta sobre la adquisición de razas de perros denominadas "hipoalergénicas" si se presentan alergias a estos animales. Sin embargo, no existen evidencias que sustenten la afirmación de que alguna raza de perro sea verdaderamente "hipoalergénica". Un estudio que evaluó los niveles de Can f 1 tanto en el pelaje como en las viviendas con diversas razas de perros no encontró diferencias significativas en los niveles de Can f 1 aéreo entre hogares con razas "hipoalergénicas" y otras. De hecho, las razas consideradas "hipoalergénicas" exhibieron concentraciones más elevadas de Can f 1 en muestras de cabello y pelaje en comparación con razas "no hipoalergénicas". Así, no hay pruebas que indiquen que los perros "hipoalergénicos" ofrezcan ventajas para aquellos pacientes sensibilizados a los alérgenos caninos (Ahluwalia & Matsui, 2018).

Behniafard et al., (2023) describe una relación entre la posesión de mascotas como gatos, aves o perros y la aparición de síntomas relacionados con el asma, tales como sibilancias, tos seca nocturna y sibilancias inducidas por el ejercicio. Además, se observó una relación notable entre la convivencia con gatos y el asma grave. En este estudio las aves se asociaron como un factor de riesgo para el asma grave y la aparición de síntomas de asma. Por consiguiente, es crucial que los profesionales de la salud comuniquen esta información a las familias como una recomendación importante para la salud. Se requieren investigaciones inmunológicas adicionales para examinar de manera precisa la relación entre los antígenos de las mascotas y los síntomas de asma.

Por otro lado, en un estudio amplio desarrollado en China, concluyen que la posesión de mascotas se vinculaba con una mayor probabilidad de desarrollar asma y síntomas asociados en niños, particularmente en aquellos que convivían con gatos, aves de corral como mascotas y dormían cerca o con estos animales. Además, los niños que estaban expuestos tanto a la presencia de gatos como al moho mostraron tasas más altas de asma diagnosticada clínicamente en comparación con aquellos que solo estaban expuestos a gatos o al moho. En términos generales, es crucial llevar a cabo más investigaciones sobre las interacciones entre los distintos factores de riesgo del asma y los síntomas relacionados para comprender mejor su desarrollo (Zhang et al., 2021).

La convivencia con mascotas mostró una correlación positiva con la manifestación de síntomas asociados a enfermedades alérgicas. En el contexto kuwaití, las aves se destacaron como las mascotas más prevalentes en los hogares con niños, seguidas por los gatos y los conejos. La interacción con estas especies se vinculó con la aparición de síntomas de asma, rinitis y eccema en adolescentes. A pesar de que los conejos ganan popularidad como animales de compañía, la literatura actual ofrece escasos estudios sobre su impacto en el desarrollo de enfermedades alérgicas. Los hallazgos de este estudio indican que tener conejos se relaciona con una variedad de síntomas específicos de asma y eccema, una observación que requiere de investigaciones adicionales para su confirmación y análisis profundos (AlShatti & Ziyab, 2020).

El asma representa la afección crónica más común en la infancia y contribuye significativamente a la morbilidad y a los costos asociados con la atención sanitaria. Las interacciones con el entorno durante los primeros años de vida parecen tener un rol crucial en el desarrollo del asma en los niños (Fall et al., 2015; O'Connor et al., 2018), sin embargo, se requiere de más estudios para identificar con precisión cuáles de estas exposiciones podrían modificarse para prevenir la aparición del asma. La enfermedad asmática en la población infantil está vinculada a la sensibilización hacia alérgenos que se inhalan, aunque el impacto de la exposición temprana a estos alérgenos o a las fuentes de los mismos en relación con el riesgo de desarrollar asma no está bien establecido y podría variar según el tipo de alérgeno. Existe evidencia que sugiere que los infantes en contacto con animales de granja durante la etapa postnatal presentan un menor riesgo de desarrollar alergias y asma (AlShatti & Ziyab, 2020; Apelberg et al., 2001; Behniafard et al., 2023; Brunekreef et al., 2012; Fall et al., 2015; Hugg et al., 2008; Luo et al., 2018; Milligan et al., 2016; Zhang et al., 2021). Las estrategias de prevención primaria para el asma infantil en comunidades urbanas no deberían centrarse en la reducción de alérgenos en el hogar ya que la exposición a una amplia variedad de proteínas en los primeros años de vida podría tener beneficios para la salud con respecto al asma (O'Connor et al., 2018). Sin embargo, para individuos con asma alérgica y sensibilización confirmada a alérgenos de animales peludos, la eliminación o reubicación de dichos animales del entorno doméstico continúa siendo la estrategia más efectiva para la reducción a largo plazo de los alérgenos asociados a mascotas en el hogar. (Ahluwalia & Matsui, 2018).

X. BENEFICIOS DE LA TENENCIA DE AVES COMO MASCOTAS

Los propietarios de aves domésticas, especialmente loros, desarrollan vínculos afectivos profundos, considerándolos miembros de la familia. Estas mascotas proporcionan significativos beneficios en apoyo emocional, alegría y rutina, con algunos cuidadores percibiéndolos como más significativos que las relaciones con gatos y perros. Sin embargo, cuidar adecuadamente de los loros presenta retos particulares debido a sus necesidades específicas y longevidad. En algunos casos, esto puede llevar a una proyección inapropiada de comportamiento humano o a tratar al ave como un objeto. Pese a los desafíos, las interacciones humano-ave ofrecen numerosas ventajas para el bienestar emocional y psicológico, destacando la necesidad de más investigaciones en este ámbito, un campo que permanece poco explorado, pero con un gran potencial para revelar beneficios significativos de la tenencia de mascotas (P. K. Anderson, 2014).

BIBLIOGRAFÍA

Ahluwalia, S. K., & Matsui, E. C. (2018). Indoor Environmental Interventions for Furry Pet Allergens, Pest Allergens, and Mold: Looking to the Future. *Journal of Allergy and Clinical Immunology: In Practice, 6*(1), 9–19. https://doi.org/10.1016/J.JAIP.2017.10.009.

Aiba, N., Hotta, K., Yokoyama, M., Wang, G., Tabata, M., Kamiya, K., Shimizu, R., Kamekawa, D., Hoshi, K., Yamaoka-Tojo, M., & Masuda, T. (2012). Usefulness of pet ownership as a modulator of cardiac autonomic imbalance in patients with diabetes mellitus, hypertension, and/or hyperlipidemia. *American Journal of Cardiology, 109*(8), 1164–1170. https://doi.org/10.1016/J.AMJCARD.2011.11.055

Allen, K. (2003). Are Pets a Healthy Pleasure? The Influence of Pets on Blood Pressure. *Current Directions in Psychological Science, 12*(6), 236–239. https://doi.org/10.1046/J.0963-7214.2003.01269.X.

Allen, K., Blascovich, J., & Mendes, W. B. (2002). Cardiovascular reactivity and the presence of pets, friends, and spouses: The truth about cats and dogs. *Psychosomatic Medicine, 64*(5), 727–739. https://doi.org/10.1097/01.PSY.0000024236.11538.41.

Allen, K., Shykoff, B. E., & Izzo, J. L. (2001). Pet ownership, but not ACE inhibitor therapy, blunts home blood pressure responses to mental stress. *Hypertension, 38*(4), 815–820. https://doi.org/10.1161/HYP.38.4.815.

AlShatti, K. A., & Ziyab, A. H. (2020). Pet-Keeping in Relation to Asthma, Rhinitis, and Eczema Symptoms Among Adolescents in Kuwait: A Cross-Sectional Study. *Frontiers in Pediatrics, 8*. https://doi.org/10.3389/FPED.2020.00331.

Anderson, P. K. (2014). Social dimensions of the human–avian bond: Parrots and their persons. *Anthrozoos, 27*(3), 371–387. https://doi.org/10.2752/175303714X13903827488006.

Anderson, W. P., Reid, C. M., & Jennings, G. L. (1992). Pet ownership and risk factors for cardiovascular disease. *Medical Journal of Australia, 157*(5), 298–301. https://doi.org/10.5694/J.1326-5377.1992.TB137178.X.

Apelberg, B. J., Aoki, Y., & Jaakkola, J. J. K. (2001). Systematic review: Exposure to pets and risk of asthma and asthma-like symptoms. *Journal of Allergy and Clinical Immunology, 107*(3), 455–460. https://doi.org/10.1067/MAI.2001.113240.

Arenas-Montes, J., Perez-Martinez, P., Vals-Delgado, C., Romero-Cabrera, J. L., Cardelo, M. P., Leon-Acuña, A., Quintana-Navarro, G. M., Alcala-Diaz, J. F., Lopez-Miranda, J., Camargo, A., & Perez-Jimenez, F. (2021). Owning a pet is associated with changes in the composition of gut microbiota and could influence the risk of metabolic disorders in humans. *Animals, 11*(8), 2347. https://doi.org/10.3390/ani11082347.

Bartges, J., Kushner, R. F., Michel, K. E., Sallis, R., & Day, M. J. (2017). One Health Solutions to Obesity in People and Their Pets. *Journal of Comparative Pathology, 156*(4), 326–333. https://doi.org/10.1016/J.JCPA.2017.03.008.

Behniafard, N., Modarresi, S. Z., Nafei, Z., & Vakili, M. (2023). Association Between Pet Keeping and Current Asthma Among Adolescents Living in Yazd; Evidence from Global Asthma Network (GAN) 2020 Cross-sectional Study. *Archives of Iranian Medicine, 26*(12), 695–700. https://doi.org/10.34172/aim.2023.102.

Black, K. (2012). The Relationship Between Companion Animals and Loneliness Among Rural Adolescents. *Journal of Pediatric Nursing, 27*(2), 103–112. https://doi.org/10.1016/J.PEDN.2010.11.009.

Brunekreef, B., Von Mutius, E., Wong, G., Odhiambo, J., García-Marcos, L., & Foliaki, S. (2012). Exposure to cats and dogs, and symptoms of asthma, rhinoconjunctivitis, and eczema. *Epidemiology, 23*(5), 742–750. https://doi.org/10.1097/EDE.0B013E318261F040.

Christian, H. E., Westgarth, C., Bauman, A., Richards, E. A., Rhodes, R. E., Evenson, K. R., Mayer, J. A., & Thorpe, R. J. (2013). Dog ownership and physical activity: A review of the evidence. *Journal of Physical Activity and Health, 10*(5), 750–759. https://doi.org/10.1123/JPAH.10.5.750.

Cutt, H., Giles-Corti, B., Knuiman, M., & Burke, V. (2007). Dog ownership, health and physical activity: A critical review of the literature. *Health and Place, 13*(1), 261–272. https://doi.org/10.1016/J.HEALTHPLACE.2006.01.003.

Dall, P. M., Ellis, S. L. H., Ellis, B. M., Grant, P. M., Colyer, A., Gee, N. R., Granat, M. H., & Mills, D. S. (2017). The influence of dog ownership on objective measures of free-living physical activity and sedentary behaviour in community-dwelling older adults: A longitudinal case-controlled study. *BMC Public Health, 17*(1). https://doi.org/10.1186/S12889-017-4422-5.

Darling, M., & Hodgson, K. (2011). Zooeyia: An essential component of 'One Health' Special Report Rapport spécial Zooeyia: An essential component of 'One Health'. In *CVJ* (Vol. 52). https://www.researchgate.net/publication/51089023.

Endo, K., Yamasaki, S., Ando, S., Kikusui, T., Mogi, K., Nagasawa, M., Kamimura, I., Ishihara, J., Nakanishi, M., Usami, S., Hiraiwa-Hasegawa, M., Kasai, K., & Nishida, A. (2020). Dog and cat ownership predicts adolescents' mental well-being: A population-based longitudinal study. *International Journal of Environmental Research and Public Health, 17*(3). https://doi.org/10.3390/IJERPH17030884.

Fall, T., Lundholm, C., Örtqvist, A. K., Fall, K., Fang, F., Hedhammar, Å., Kämpe, O., Ingelsson, E., & Almqvist, C. (2015). Early exposure to dogs and farm animals and the risk of childhood asthma. *JAMA Pediatrics, 169*(11), e153219. https://doi.org/10.1001/JAMAPEDIATRICS.2015.3219.

Feng, Z., Dibben, C., Witham, M. D., Donnan, P. T., Vadiveloo, T., Sniehotta, F., Crombie, I. K., & McMurdo, M. E. T. (2014). Dog ownership and physical activity in later life: A cross-sectional observational study. *Preventive Medicine, 66*, 101–106. https://doi.org/10.1016/J.YPMED.2014.06.004.

Friedmann, E., Thomas, S. A., Son, H., Chapa, D., & McCune, S. (2013). Pet's presence and owner's blood pressures during the daily lives of pet owners with pre- to mild hypertension. *Anthrozoos, 26*(4), 535–550. https://doi.org/10.2752/175303713X13795775536138.

Gualdi-Russo, E., & Zaccagni, L. (2021). Physical activity for health and wellness. *International Journal of Environmental Research and Public Health, 18*(15). https://doi.org/10.3390/IJERPH18157823.

Hajek, A., & König, H. H. (2020). How do cat owners, dog owners and individuals without pets differ in terms of psychosocial outcomes among individuals in old age without a partner? *Aging and Mental Health, 24*(10), 1613–1619. https://doi.org/10.1080/13607863.2019.1647137.

Hugg, T. T., Jaakkola, M. S., Ruotsalainen, R., Pushkarev, V., & Jaakkola, J. J. K. (2008). Exposure to animals and the risk of allergic asthma: A population-based cross-sectional study in Finnish and Russian children. *Environmental Health: A Global Access Science Source, 7*. https://doi.org/10.1186/1476-069X-7-28.

Hui Gan, G. Z., Hill, A. M., Yeung, P., Keesing, S., & Netto, J. A. (2020). Pet ownership and its influence on mental health in older adults. *Aging and Mental Health, 24*(10), 1605–1612. https://doi.org/10.1080/13607863.2019.1633620.

Kim, J., & Chun, B. C. (2021). Association between companion animal ownership and overall life satisfaction in Seoul, Korea. *PLoS ONE, 16*(9 September). https://doi.org/10.1371/JOURNAL.PONE.0258034.

Kingwell, B. A., Lomdahl, A., & Anderson, W. P. (2001). Presence of a pet dogand human cardiovascular responses to mild mental stress. *Clinical Autonomic Research, 11*(5), 313–317. https://doi.org/10.1007/BF02332977.

Kogan, L. R., Currin-Mcculloch, J., Bussolari, C., Packman, W., & Erdman, P. (2021). The psychosocial influence of companion animals on positive and negative affect during the covid-19 pandemic. *Animals, 11*(7). https://doi.org/10.3390/ANI11072084.

Kramer, C. K., Mehmood, S., & Suen, R. S. (2019). Dog ownership and survival: A systematic review and meta-analysis. *Circulation: Cardiovascular Quality and Outcomes, 12*(10). https://doi.org/10.1161/CIRCOUTCOMES.119.005554.

Krittanawong, C., Kumar, A., Wang, Z., Jneid, H., Virani, S. S., & Levine, G. N. (2020). Pet Ownership and Cardiovascular Health in the US General Population. *American Journal of Cardiology, 125*(8), 1158–1161. https://doi.org/10.1016/j.amjcard.2020.01.030.

Levine, G. N., Allen, K., Braun, L. T., Christian, H. E., Friedmann, E., Taubert, K. A., Thomas, S. A., Wells, D. L., & Lange, R. A. (2013). Pet ownership and cardiovascular risk: A scientific statement from the American Heart Association. *Circulation, 127*(23), 2353–2363. https://doi.org/10.1161/CIR.0B013E31829201E1.

Luo, S., Sun, Y., Hou, J., Kong, X., Wang, P., Zhang, Q., & Sundell, J. (2018). Pet keeping in childhood and asthma and allergy among children in tianjin area, China. *PLoS ONE, 13*(5). https://doi.org/10.1371/JOURNAL.PONE.0197274.

Martins, C. F., Silva, L., Soares, J., Pinto, G. S., Abrantes, C., Cardoso, L., Pires, M. A., Sousa, H., & Mota, M. P. (2024). Walk or be walked by the dog? The attachment role. *BMC Public Health, 24*(1), 684. https://doi.org/10.1186/s12889-024-18037-4.

Martins, C. F., Soares, J. P., Cortinhas, A., Silva, L., Cardoso, L., Pires, M. A., & Mota, M. P. (2023). Pet's influence on humans' daily physical activity and mental health: a meta-analysis. *Frontiers in Public Health, 11*, 1196199. https://doi.org/10.3389/fpubh.2023.1196199.

Matchock, R. L. (2015). Pet ownership and physical health. *Current Opinion in Psychiatry, 28*(5), 386–392. https://doi.org/10.1097/YCO.0000000000000183.

Mathers, M., Canterford, L., Olds, T., Waters, E., & Wake, M. (2010). Pet ownership and adolescent health: Cross-sectional population study. *Journal of Paediatrics and Child Health, 46*(12), 729–735. https://doi.org/10.1111/J.1440-1754.2010.01830.X.

McNicholas, J., Gilbey, A., Rennie, A., Ahmedzai, S., Dono, J. A., & Ormerod, E. (2005). Pet ownership and human health: A brief review of evidence and issues. *British Medical Journal, 331*(7527), 1252–1254. https://doi.org/10.1136/BMJ.331.7527.1252.

McNicholas, J., Gilbey, A., Rennie, A., Ahmedzai, S., Dono, J.-A., & Ormerod, E. (2005). Pet ownership and human health: a brief review of evidence and issues. *BMJ, 331*(7527), 1252–1254. https://doi.org/10.1136/bmj.331.7527.1252.

Mein, G., & Grant, R. (2018). A cross-sectional exploratory analysis between pet ownership, sleep, exercise, health and neighbourhood perceptions: The Whitehall II cohort study. *BMC Geriatrics, 18*(1). https://doi.org/10.1186/S12877-018-0867-3.

Milligan, K. L., Matsui, E., & Sharma, H. (2016). Asthma in Urban Children: Epidemiology, Environmental Risk Factors, and the Public Health Domain. *Current Allergy and Asthma Reports, 16*(4). https://doi.org/10.1007/S11882-016-0609-6.

Mubanga, M., Byberg, L., Egenvall, A., Ingelsson, E., & Fall, T. (2019). Dog ownership and survival after a major cardiovascular event: A register-based prospective study. *Circulation: Cardiovascular Quality and Outcomes, 12*(10). https://doi.org/10.1161/CIRCOUTCOMES.118.005342.

Mubanga, M., Byberg, L., Nowak, C., Egenvall, A., Magnusson, P. K., Ingelsson, E., & Fall, T. (2017). Dog ownership and the risk of cardiovascular disease and death - A nationwide cohort study. *Scientific Reports, 7*(1). https://doi.org/10.1038/S41598-017-16118-6.

Mueller, M. K., Gee, N. R., & Bures, R. M. (2018). Human-animal interaction as a social determinant of health: Descriptive findings from the health and retirement study. *BMC Public Health, 18*(1). https://doi.org/10.1186/S12889-018-5188-0.

Mueller, M. K., Richer, A. M., Callina, K. S., & Charmaraman, L. (2021). Companion animal relationships and adolescent loneliness during covid-19. *Animals, 11*(3), 1–14. https://doi.org/10.3390/ANI11030885.

Muldoon, J. C., Williams, J. M., Lawrence, A., & Currie, C. (2019). The Nature and Psychological Impact of Child/Adolescent Attachment to Dogs Compared with Other Companion Animals. *Society & Animals, 27*(1), 55–74. https://doi.org/10.1163/15685306-12341579.

Müllersdorf, M., Granström, F., Sahlqvist, L., & Tillgren, P. (2010). Aspects of health, physical/leisure activities, work and socio-demographics associated with pet ownership in Sweden. *Scandinavian Journal of Public Health, 38*(1), 53–63. https://doi.org/10.1177/1403494809344358.

O'Connor, G. T., Lynch, S. V., Bloomberg, G. R., Kattan, M., Wood, R. A., Gergen, P. J., Jaffee, K. F., Calatroni, A., Bacharier, L. B., Beigelman, A., Sandel, M. T., Johnson, C. C., Faruqi, A., Santee, C., Fujimura, K. E., Fadrosh, D., Boushey, H., Visness, C. M., & Gern, J. E. (2018). Early-life home environment and risk of asthma among inner-city children. *Journal of Allergy and Clinical Immunology, 141*(4), 1468–1475. https://doi.org/10.1016/J.JACI.2017.06.040.

Ogechi, I., Snook, K., Davis, B. M., Hansen, A. R., Liu, F., & Zhang, J. (2016). Pet Ownership and the Risk of Dying from Cardiovascular Disease Among Adults Without Major Chronic Medical Conditions. *High Blood Pressure and Cardiovascular Prevention, 23*(3), 245–253. https://doi.org/10.1007/S40292-016-0156-1.

Oka, K., & Shibata, A. (2009). Dog ownership and health-related physical activity among japanese adults. *Journal of Physical Activity and Health, 6*(4), 412–418. https://doi.org/10.1123/JPAH.6.4.412.

Pajaujiene, S., & Petrigna, L. (2024). Walking and Playing with the Dog to Improve the Physical Activity Level of Adolescents: A Scoping Review. *Healthcare (Switzerland), 12*(6), 631. https://doi.org/10.3390/healthcare12060631.

Parslow, R. A., & Jorm, A. F. (2003). Pet ownership and risk factors for cardiovascular disease: Another look. *Medical Journal of Australia, 179*(9), 466–468. https://doi.org/10.5694/J.1326-5377.2003.TB05649.X.

Pérez-Martínez, P., Mikhailidis, D. P., Athyros, V. G., Bullo, M., Couture, P., Covas, M. I., de Koning, L., Delgado-Lista, J., Díaz-López, A., Drevon, C. A., Estruch, R., Esposito, K., Fitó, M., Garaulet, M., Giugliano, D., García-Ríos, A., Katsiki, N., Kolovou, G., Lamarche, B., … López-Miranda, J. (2017). Lifestyle recommendations for the prevention and management of metabolic syndrome: An international panel recommendation. *Nutrition Reviews, 75*(5), 307–326. https://doi.org/10.1093/NUTRIT/NUX014.

Purewal, R., Christley, R., Kordas, K., Joinson, C., Meints, K., Gee, N., & Westgarth, C. (2017). Companion animals and child/adolescent development: A systematic review of the evidence. *International Journal of Environmental Research and Public Health, 14*(3). https://doi.org/10.3390/IJERPH14030234.

Raina, P., Waltner-Toews, D., Bonnett, B., Woodward, C., & Abernathy, T. (1999). Influence of companion animals on the physical and psychological health of older people: An analysis of a one-year longitudinal study. *Journal of the American Geriatrics Society, 47*(3), 323–329. https://doi.org/10.1111/J.1532-5415.1999.TB02996.X.

Robb, S. S., & Stegman, C. E. (1983). Companion animals and elderly people: A challenge for evaluators of social support. *Gerontologist, 23*(3), 277–282. https://doi.org/10.1093/GERONT/23.3.277.

Siegel, J. M. (1990). Stressful Life Events and Use of Physician Services Among the Elderly: The Moderating Role of Pet Ownership. *Journal of Personality and Social Psychology, 58*(6), 1081–1086. https://doi.org/10.1037/0022-3514.58.6.1081.

Taniguchi, Y., Seino, S., Nishi, M., Tomine, Y., Tanaka, I., Yokoyama, Y., Amano, H., Kitamura, A., & Shinkai, S. (2018). Physical, social, and psychological characteristics of community-dwelling elderly Japanese dog and cat owners. *PLoS ONE, 13*(11). https://doi.org/10.1371/JOURNAL.PONE.0206399.

Uccheddu, S., De Cataldo, L., Albertini, M., Coren, S., Da Graça Pereira, G., Haverbeke, A., Mills, D. S., Pierantoni, L., Riemer, S., Ronconi, L., Testoni, I., & Pirrone, F. (2019). Pet humanisation and related grief: Development and validation of a structured questionnaire instrument to evaluate grief in people who have lost a companion dog. *Animals, 9*(11). https://doi.org/10.3390/ANI9110933.

Westgarth, C., Christley, R. M., & Christian, H. E. (2014). How might we increase physical activity through dog walking?: A comprehensive review of dog walking correlates. *International Journal of Behavioral Nutrition and Physical Activity, 11*(1). https://doi.org/10.1186/1479-5868-11-83.

Westgarth, C., Christley, R. M., Jewell, C., German, A. J., Boddy, L. M., & Christian, H. E. (2019). Dog owners are more likely to meet physical activity guidelines than people without a dog: An investigation of the association between dog ownership and physical activity levels in a UK community. *Scientific Reports, 9*(1). https://doi.org/10.1038/S41598-019-41254-6.

Wilson, Cindy. (1991). The Pet as an Anxiolytic Intervention. *The Journal of Nervous and Mental Disease, 179*(8), 482–489. https://doi.org/10.1097/00005053-199108000-00006.

Wood, L., Martin, K., Christian, H., Nathan, A., Lauritsen, C., Houghton, S., Kawachi, I., & McCune, S. (2015). The pet factor - Companion animals as a conduit for getting to know people, friendship formation and social support. *PLoS ONE, 10*(4). https://doi.org/10.1371/JOURNAL.PONE.0122085.

Woodward, S. H., Baldassarri, S. R., & Pietrzak, R. H. (2023). Dog ownership may promote cardiometabolic health in U.S. military veterans. *Scientific Reports, 13*(1), 11075. https://doi.org/10.1038/s41598-023-38038-4.

Wright, H., Hall, S., Hames, A., Hardiman, J., Mills, R., & Mills, D. (2015). Pet dogs improve family functioning and reduce anxiety in children with Autism Spectrum Disorder. *Anthrozoos, 28*(4), 611–624. https://doi.org/10.1080/08927936.2015.1070003.

Zhang, H. ling, Wang, B. yuan, Luo, Y., Li, Y., Cai, C. sheng, Huang, L. L., He, B. hong, Cai, J., Li, Z. ying, Mai, A. die, & Guo, Y. (2021). Association of pet-keeping in home with self-reported asthma and asthma-related symptoms in 11611 school children from China. *Journal of Asthma, 58*(12), 1555–1564. https://doi.org/10.1080/02770903.2020.1818772.

El alojamiento y transporte de los animales. Necesidades fisiológicas y etológicas

JOSÉ RODRÍGUEZ TORRES
Funcionario en excedencia del Cuerpo Nacional Veterinario.
Docente e Investigador Postdoctoral.
Universidad de Las Palmas de Gran Canaria.

I. ALOJAMIENTO Y TRANSPORTE: DIMENSIONES CLAVE DEL BIENESTAR ANIMAL

Desde las primeras civilizaciones, proporcionar refugio y un entorno controlado fue clave para integrar a los animales en la vida humana, fomentando una relación de dependencia y cercanía (Vigne, 2011).

En la actualidad, el alojamiento de animales de compañía, como perros y gatos, no solo brinda protección física, sino que también satisface necesidades fisiológicas y emocionales, promoviendo su equilibrio. Sin embargo, si no se satisfacen sus comportamientos naturales, pueden surgir frustraciones que se manifiesten en estereotipias(Prescott et al., 2004) o agresividad, siendo el entorno doméstico el escenario de la mayoría de las agresiones (AEPED, 2023; Loder, 2019; Westgarth & Tulloch, 2023).

El alojamiento, como elemento de estabilidad, contrasta con los desafíos del movimiento de animales, donde factores como la carga, descarga y acceso a recursos básicos afectan su bienestar. Un entorno adecuado, que garantice la ausencia de malestar, miedo y estrés, es fundamental para cumplir con las cinco libertades (University of Edinburgh, 2023) y el Modelo de los Cinco Dominios (Mellor, 2016).

Los animales de compañía comienzan su vida en un criadero y se trasladan luego a su hogar definitivo. Durante su vida, también realizarán desplazamientos con su familia o por actividades específicas, que deben ser gestionados como alojamientos temporales, priorizando su bienestar. En todos los casos, el alojamiento debe respetar su condición de seres vivos sensibles, tal como establece el Código Civil (art. 333 bis).

II. PROBLEMÁTICA ACTUAL DE BIENESTAR ANIMAL EN ANIMALES DE COMPAÑÍA

En los últimos años, la presencia de animales de compañía en los hogares españoles ha aumentado considerablemente. Según datos de la Asociación Nacional de Fabricantes de Alimentos para Animales de Compañía, en 2021 había en nuestro país unos 30 millones de mascotas distribuidos en algo más de 9 millones de perros, unos 7 millones de peces de acuario, unos 6 millones de gatos, 5 millones de pájaros, media millón de reptiles y otro medio millón de pequeños mamíferos (conejos, roedores, etc.) (ANFAAC, 2023).

En la Unión Europea hay 72.7 millones de perros y 83.6 millones de gatos y el 44% de los ciudadanos tiene al menos una mascota (Comisión Europea, 2023c) mientas que, a nivel mundial, las estadísticas de la Federación Cinológica Internacional reportan una estimación para el año 2023 de 188 millones de perros, independientemente de su raza (FCI, 2023).

Todas estas cifras reflejan la importancia que las familias, a nivel global, otorgan a la convivencia con mascotas.

Sin embargo, esta alta demanda de animales de compañía ha tenido consecuencias negativas. Así, la cría y el comercio de perros y gatos en la UE, un negocio valorado en 1.300 millones de euros anuales parece haber servido de incentivo perverso a mafias organizadas dedicadas a la cría y el comercio ilegal de perros y gatos (Comisión Europea, 2023c).

Entre 2022 y 2023, la Comisión Europea coordinó una Acción Conjunta contra el comercio ilegal de perros y gatos, en colaboración con autoridades veterinarias y aduaneras de los Estados Miembros. El objetivo fue detectar irregularidades en documentos oficiales (pasaportes, certificados de salud) y ventas no declaradas mediante controles reforzados en las fronteras y dentro de la UE.

Como resultado, durante 2023 hubo más de 400 notificaciones de posible fraude relacionadas con estas prácticas ilegales a través de la Red de Alerta Rápida de Alimentos y Piensos (RASFF) entre los diferentes participantes en esta investigación, los cuales dieron lugar finalmente a la incoación de casi 50 procedimientos judiciales (Comisión Europea, 2023b).

Hablamos de prácticas que, además de atentar contra la salud pública debido al mayor riesgo de transmisión de enfermedades zoonóticas como la Rabia, atentan contra el bienestar animal al someter a los cachorros y gatitos a largos trayectos por carretera entre Europa del Este y Central hacia Alemania, Eslovenia y Letonia, así como en transporte aéreo desde Turquía a Países Bajos y Austria (Comisión Europea, 2023b).

Además, estos animales a menudo no provienen de establecimientos registrados que cumplan con estándares de bienestar animal ni con buenas prácticas de cría. Esto da lugar a prácticas extremas de reproducción enfocadas en lograr fenotipos como la braquicefalia, los cuales comprometen el bienestar de los animales a lo largo de toda su vida (Eurogroup for Animals, 2023).

En España, se registraron 1.389 delitos por maltrato a animales domésticos y 256 sentencias condenatorias en 2023(FGE, 2023), con el abandono de animales de compañía constituyendo el principal problema de bienestar animal en nuestro país con 286.682 perros y gatos abandonados (Fundación Affinity, 2023).

Finalmente, las situaciones de falta de bienestar animal pueden no ser intencionadas sino producto de la ignorancia de los propietarios respecto a las necesidades de sus animales.

Así, según un estudio de Anicura sobre bienestar animal en los hogares españoles, cuatro de cada diez propietarios no se informaron sobre nada antes de adoptar a su mascota (Anicura, 2022).

III. EL MARCO LEGAL

Por lo anterior, es imprescindible contar con un marco legal sólido y concreto que establezca obligaciones y prohibiciones claras en materia de protección animal, así como un esquema adecuado de infracciones y sanciones. En este contexto, a nivel europeo, se están desarrollando dos propuestas de reglamentos comunitarios: uno relacionado con la protección de los animales durante el transporte con fines comerciales (Comisión Europea, 2023e) y otro enfocado en la trazabilidad de perros y gatos (Comisión Europea, 2023d).

En cuanto a la propuesta de nuevo Reglamento de Transporte, en sus anexos (Comisión Europea, 2023a) se prohíbe transportar perros y gatos con menos de 12 semanas de edad, así como conejos con menos de 48 horas de vida y se establecen medidas específicas para minimizar el estrés térmico durante el transporte, que deberán ajustarse para razas braquicéfalas o animales con características de pelaje extremo, como razas de pelo grueso o sin pelo. Además, se exige la monitorización continua de dichos parámetros mediante el uso de sensores.

Por su parte, la propuesta de Reglamento de trazabilidad regula los requisitos de establecimientos de cría, tiendas de mascotas y centros de acogida de animales (refugios) estableciendo en primer lugar principios generales para garantizar el bienestar de perros y gatos (artículo 5), muy en línea con el modelo de los Cinco Dominios de Bienestar Animal (University of Edinburgh, 2023), a saber: (1). Nutrición e hidratación suficiente, (2). Entorno físico adecuado, (3). Salud y seguridad, (4). Expresión de comportamientos naturales y sociales, así como relaciones positivas con los seres humanos, y (5). Estado mental positivo.

Así mismo, también se establecen especificaciones de temperatura en función de la especie y edad, así como superficies mínimas, humedad relativa e iluminación, horas de luz para respetar los patrones de descanso y dimensiones mínimas según el peso y número de animales, con superficies accesibles tanto interiores como exteriores (Comisión Europea, 2023a).

A nivel nacional, el nuevo marco legal lo encabeza la Ley 7/2023, de 20 de marzo, de protección de los derechos y el bienestar de los animales.

Respecto al a ley 7/2023 y a la importancia dada al alojamiento de los animales, la propia definición de animal de compañía hace referencia al hecho de que estos han de ser mantenidos en el hogar, e integrados en el núcleo familiar, siempre que las condiciones permitan una adaptación de los animales al cautiverio sin merma de su bienestar. En especial, hace referencia la ley a los requerimientos etológicos, especificando la necesidad de enriquecimiento ambiental, especialmente para aquellos que vivan de forma permanente en jaulas (pájaros), acuarios (peces), terrarios (reptiles) u otros habitáculos similares, y teniendo en consideración el carácter gregario de algunas especies que pueden ser muy sensibles a vivir sin la compañía de otros congéneres animales (conejos).

Establece la Ley que los animales no deben quedar sin supervisión durante más de 3 días consecutivos salvo los perros que deben tener supervisión diaria ni mantenerlos habitualmente en terrazas, balcones, azoteas, sótanos o vehículos, especialmente en vehículos cerrados bajo condiciones que puedan propiciar un golpe de calor. Finalmente, cuando no estén bajo supervisión, los animales no deberán quedar atados.

Otro aspecto importante de la Ley 7/2023 es la obligación de que las personas responsables de animales superen una formación en tenencia responsable que deberá ser específica en función de la especie animal de la que se trate. Esto es especialmente importante en animales como las aves (Peng & Broom, 2021), reptiles (Azevedo et al., 2021) y peces, donde cada especie tiene características biológicas, etológicas y ambientales muy particulares que deben ser comprendidas para garantizar su bienestar.

La Ley 7/2023 regula de manera exhaustiva la cría, venta y transporte de animales de compañía, armonizándose con los futuros Reglamentos comunitarios en estas áreas. En el caso de la venta de animales, establece que los establecimientos deben contar con separaciones físicas que limiten el acceso del público a las instalaciones donde se encuentran los animales, una medida orientada a garantizar su bienestar y reducir el estrés.

Finalmente, la Ley extiende los requisitos de confort térmico previstos para el transporte comercial al transporte en vehículos particulares, asegurando condiciones adecuadas de temperatura y ventilación durante los desplazamientos.

En su conjunto, estas disposiciones refuerzan un marco normativo integral que busca garantizar el bienestar de los animales en todas las etapas de su cría, venta, traslado y alojamiento definitivo. Sin embargo, ninguna de estas normas aporta especificaciones técnicas precisas sobre los diferentes requisitos de bienestar para cada especie animal en términos de alojamiento y manejo, las cuales quedan pendientes de desarrollo reglamentario.

IV. EL BIENESTAR ANIMAL. CONCEPTO Y BREVE RESEÑA HISTÓRICA

4.1. Bienestar animal. El concepto

Históricamente se han identificado 3 visiones diferentes, pero no excluyentes, del bienestar animal. Una visión basada en el estado afectivo del animal, determinado por todos aquellos estados emocionales (dolor, el estrés, el placer, sufrimiento…) y sensaciones (estados fisiológicos) como el hambre y la sed que los animales experimentan como positivos o negativos, una visión basada en la posibilidad de que los animales sean capaces de desarrollar sus comportamientos naturales, aquellos comportamientos que perduran en las especies domésticas a pesar de la domesticación, tales como el comportamiento de forrajear de los conejos (Scottish Government, 2018), de cazar de los gatos (Ellis et al., 2013), o de marcaje en los perros (Pal, 2003), y por último, una visión de corte más produccionista basada en la ausencia de enfermedades y en el suministro de agua, comida y refugio que maximice la salud y con ello el potencial productivo de los animales (Ladewig, 2008).

Es evidente que estos tres estados son complementarios y que por tanto un análisis que pretenda maximizar el bienestar animal en una situación concreta deberá considerarlos en su conjunto.

4.2. Las cinco libertades

En los años 60 en Reino Unido, un libro titulado *Animal Machines* (1964) (Fraser, 2008) puso por primera vez de manifiesto la necesidad de atender al bienestar de los animales de producción invitando a la reflexión ética de la producción animal con preguntas como: *¿Hasta qué punto tenemos derecho a ejercer nuestra dominación sobre el mundo animal? ¿Tenemos derecho* *a privarlos de todo placer en la vida simplemente para ganar más dinero más rápidamente a partir de sus cadáveres?*

Tan solo un año después, un comité de expertos publicaba el llamado *Informe Brambell* en donde se recogían las denominadas "*Libertades Brambell*": *Los animales debían tener la libertad de 1) ponerse de pie, 2) acostarse, 3) darse la vuelta, 4) acicalarse y 5) estirar sus extremidades*" (Brambell et al., 1965) y, a lo largo de las siguientes décadas, la evolución de esos trabajos terminó dando lugar a las 5 libertades de bienestar animal (FAWC, 1979) que actualmente figuran redactadas de la forma siguiente en el Código Sanitario de los Animales Terrestres de la Organización Mundial de la Sanidad Animal (OMSA, 2016): 1. Libertad de hambre, sed y desnutrición, 2. Libertad de miedo y estrés, 3. Libertad de malestar físico y térmico, 4. Libertad de dolor, lesiones y enfermedad y 5. Libertad para expresar patrones naturales de comportamiento.

4.3. El Modelo de los Cinco Dominios

En 1994 se presentó por primera vez el Modelo de los Cinco Dominios (M5D), desarrollado a partir de las Cinco Libertades, como un marco conceptual para evaluar el bienestar animal (Mellor & Reid, 1994). Así, mientras que las Cinco Libertades se centraban principalmente en prevenir el sufrimiento, el modelo de los Cinco Dominios (Tabla 1) expandió la perspectiva para incluir tanto los estados negativos como los positivos del bienestar animal reconociendo interacciones dinámicas entre los dominios físicos o internos (nutrición, entorno y salud) y situacionales o externos (interacción social), que dan como resultado un estado mental o afectivo (5° dominio) favorable o desfavorable para el animal (Mellor, 2016; University of Edinburgh, 2023).

Tabla 1. *El modelo de los 5 Dominios.* **Adaptación de la Figura 1 del artículo** *Updating Animal Welfare Thinking: Moving beyond the "Five Freedoms" towards "A Life Worth Living"***(Mellor, 2016).**

Dominio	Experiencias Negativas	Experiencias Positivas
1. Nutrición	Hambre, sed, desnutrición; alimentos de mala calidad	Satisfacción alimentaria, hidratación adecuada; dieta variada y balanceada
2. Entorno	Exposición a temperaturas extremas (frío/calor), falta de refugio, espacio insuficiente, superficies incómodas.	Confort térmico, acceso a refugio seguro, espacio amplio y limpio, entorno físico estimulante y adaptado.
3. Salud	Dolor, lesiones, enfermedades, fatiga, disfunción física, falta de acceso a atención veterinaria cuando se necesita	Sensación de bienestar físico, ausencia de dolor, recuperación tras enfermedad, acceso a cuidados veterinarios.
4. Comportamiento	Restricción de movimiento, aislamiento social, ausencia de estímulos, comportamientos naturales bloqueados.	Expresión de comportamientos naturales, interacción social positiva, exploración, juego, enriquecimiento ambiental.
5. Estado Mental	Ansiedad, miedo, frustración, estrés crónico, tristeza, experiencias dolorosas.	Alegría, relajación, seguridad emocional, curiosidad, vínculos afectivos positivos con humanos y otros animales.

El modelo de los 5 Dominios ha servido de base para establecer los principios generales de bienestar en la legislación (como en la propuesta de nuevo Reglamento comunitario de trazabilidad explicado anteriormente) así como la para la creación de herramientas específicas para valorar el bienestar animal de los animales de producción como son los protocolos emanadas del Proyecto Welfare Quality (Comisión Europea, 2024; Welfare Quality Network, n.d.).

V. ALOJAMIENTO Y BIENESTAR ANIMAL. CONSIDERACIONES ESPECÍFICAS

A continuación, se desarrollarán los requerimientos de bienestar animal de las diferentes especies de animales de compañía, en relación con el principio de buen alojamiento. No obstante, debido a las limitaciones de espacio y al enfoque general de este capítulo, no será posible abordar en profundidad todos los aspectos relacionados con esta temática. Para quienes deseen ampliar información, se recomienda consultar las referencias citadas, seleccionadas cuidadosamente de revistas científicas, libros avalados por expertos, boletines y páginas web de organismos oficiales y organizaciones especializadas.

5.1. Enriquecimiento ambiental

El enriquecimiento ambiental es un proceso esencial en el cuidado de animales en cautiverio que busca mejorar su calidad de vida mediante la modificación del entorno físico, social y sensorial para promover comportamientos naturales y reducir el estrés.

Existen diferentes tipos de enriquecimiento, como el social, que fomenta la interacción con otros animales o humanos; el cognitivo, que introduce estímulos mentales mediante juegos o tareas; el físico, que incluye espacios diseñados para explorar o refugiarse; y el sensorial, que emplea estímulos visuales, auditivos o táctiles. Además, el enriquecimiento nutricional se utiliza para simular los retos asociados con la obtención de alimento en la naturaleza (Young, 2004).

Para que el enriquecimiento sea efectivo, es fundamental adaptarlo a las características específicas de cada especie y animal, teniendo en cuenta sus necesidades individuales y comportamientos naturales (Young, 2004).

5.2. Generalidades

Todo animal, incluidos nosotros mismos, necesita descansar adecuadamente, tanto en cantidad como en calidad, tener un adecuado confort térmico (no pasar ni excesivo frío, ni excesivo calor) y libertad para moverse (recordemos el confinamiento por la pandemia de COVID-19, cuando las restricciones de movilidad afectaron directamente al bienestar físico y mental de las personas (Sang et al., 2021).

En este sentido, es necesario que los alojamientos que se provean a los animales cuenten con zonas seguras separadas para descansar, moverse y llevar a cabo las conductas sus conductas de eliminación (orinar y defecar) ya que a ningún animal le resulta placentero realizar sus necesidades cerca de la zona en donde descansa o se mueve.

La mayoría de los animales que se tienen como mascota realizan tareas de marcado con feromonas propias confiriendo al entorno una zona de seguridad donde se sientes seguros y eliminar dichas marcas olfativas mediante limpieza exhaustiva puede generar inseguridad a los animales. Se deberá esto tener en cuenta a la hora aplicar medidas de limpieza y desinfección para llegar a un equilibrio entre zonas marcadas y requerimientos higiosanitarios del entorno.

Igualmente, los animales con oídos muy sensibles (perros) así como aquellos que suelan estar en estado constante de alerta por ser animales presa (conejos y aves) tendrán una alta sensibilidad a la contaminación acústica, lo que tendrá que tenerse en cuenta a la hora de establecer las zonas de descanso.

Por otra parte, el confort térmico de cada especie animal estará condicionada por las respectivas estrategias de termorregulación: la poiquilotermia y la homeotermia. Los poiquilotermos (mayoría de los peces, anfibios y reptiles), también conocidos como ectotermos, carecen de los mecanismos fisiológicos necesarios para generar calor interno (de ahí que comúnmente se les denomine "de sangre fría") por lo que su temperatura corporal tiende a ajustarse a la del ambiente salvo que los animales adopten determinados comportamientos, como ponerse al sol, (de ahí el concepto de termorregulación conductual) para adaptarla a sus necesidades en cada momento (Akin, 2011).

Por su parte, los homeotermos (mamíferos y aves), también conocidos como endotermos, cuentan con adaptaciones fisiológicas que les permiten regular su temperatura corporal, manteniéndola relativamente constante en un rango entre 36 y 42 °C, independientemente de las variaciones en el ambiente (Akin, 2011).

El estrés térmico por calor es un riesgo crítico en vehículos cerrados dado que la temperatura interior del vehículo puede aumentar rápidamente debido al efecto invernadero: el calor solar entra a través de las ventanas y queda atrapado, elevando la temperatura mucho más allá de la del ambiente exterior en minutos.

Generalidades aparte, las diferentes especies animales, bien por su mayor o menor habituación al entorno humano o bien por su propia fisiología, tendrán requerimientos más o menos específicos en función de su especie. Por ejemplo, gatos, reptiles, conejos y peces necesitarán que sus alojamientos cuenten con lugares en donde esconderse, uno de sus comportamientos naturales, lo cual no será tan necesario en el caso de un perro.

Los animales necesitan tener control sobre su entorno y por eso agradecerán poder tener zonas descanso a cierta distancia del suelo, en forma de percha en el caso de los pájaros o gatos o en caso de plataforma sobre el suelo en el caso de los perros.

En cuanto al comportamiento gregario, éste será más o menos relevante según las especies. Por ejemplo, en el caso de los conejos y ciertas especies de aves, como el loro gris africano (Aydinonat et al., 2014), el convivir con algún congénere es algo fundamental mientras que no lo será tanto para un perro, un gato o un reptil (en mayor o menor medida según la especie). En todo caso, la convivencia de animales, tanto de la misma especie como de especies diferentes, deberá siempre supervisarse cuidadosamente en los primeros momentos y, en todo caso, cada animal deberá tener acceso individual a recursos tales como comida, zonas de luz o descanso, para evitar el estrés relacionado con la competencia.

Finalmente, como se ha comentado anteriormente, todos los animales se beneficiarán de entornos enriquecidos, que les permitan desarrollar sus comportamientos naturales específicos.

5.3. Perros (Mertin, 2020b; Prescott et al., 2004; Serpell & Barrett, 2017)

Los perros han co-evolucionado con el humano desde hace unos 10000 años (Schiffman & Breen, 2015) y sus requerimientos de buen alojamiento son bastante similares a los de sus dueños, si bien, por ejemplo en lo referido al confort térmico, la variabilidad racial hace que determinados individuos estén mejor acondicionados para temperaturas bajas y otros para temperaturas más altas, de ahí que sea necesario atender a los comportamientos que puedan expresar malestar relacionado con las temperaturas extremas. Los perros no sudan y únicamente pueden enfriarse por medio del jadeo, así como maximizando el contacto de su superficie corporal con el suelo fresco.

Los perros son animales sociales y disfrutan de la compañía de sus congéneres, si bien su estrecha relación con los humanos hace que la necesidad de convivir con otros perros no sea una necesidad tan crucial como podría serlo para animales más gregarios como los conejos o los peces. De hecho, la larga relación evolutiva entre perros y humanos ha llevado al perro a tener al humano como su principal figura de apego y a desarrollar problemas de comportamiento, como la ansiedad por separación, cuando no está en compañía de este.

5.4. Gatos (Ellis et al., 2013; Mertin, 2020a)

Los gatos tienen un fuerte instinto depredador, incluso estando alimentados, y la falta de oportunidades para expresar dichos comportamientos pueden conducir a comportamientos estereotípicos como el sobreacicalamiento (Lason, 2017). Por lo tanto, es importante proveer enriquecimiento a los animales (alimento o juguetes) para imitar y estimular la secuencia depredadora natural, como localizar, acechar, cazar, capturar y consumir.

Los gatos necesitan escondites individuales con fácil acceso y con un techo que les proteja de amenazas percibidas, así como perchas elevadas desde donde pueda ver el exterior y sentirse seguros y que sean lo suficientemente amplias para permitirles estirarse completamente. Idealmente, deberían tener acceso al exterior de forma segura y controlada (protegidas de otros depredadores) para poder esconderse, ejercitarse y jugar.

En cuanto a los recursos, al margen de las zonas anteriormente comentadas para descanso, esparcimiento y hacer sus necesidades, los gatos requieren una zona donde rascar un tronco o una cuerda de sisal. El rascado es un comportamiento natural mediante el cual los gatos afilan sus uñas y liberan feromonas para marcar su territorio.

En el mundo felino, el sentido del olfato tiene mucha importancia. Los gatos depositan olores a través de marcajes faciales, corporales, rascado y orina, los cuales son esenciales para que se sientan seguros en su territorio. Por este motivo, la limpieza en los entornos de los gatos debe equilibrarse con su necesidad de mantener un perfil olfativo que les brinda seguridad siendo recomendable la limpieza rotativa de áreas, camas y juguetes, evitando alterar zonas marcadas por los gatos, y usar productos no tóxicos y sin fragancias que puedan causarles estrés (Mertin, 2020a).

5.5. Conejos (Espinosa García San Román, 2024; Mayer, 2021; Scottish Government, 2018)

Los conejos son animales crepusculares, más activos durante las primeras horas de la mañana y al anochecer (en un entorno silvestre bajo tierra en sus madrigueras evitando la luz sola directa y a los depredadores).

Los conejos precisan de un espacio amplio y enriquecido para ejercitarse y estimularse mentalmente cavando (como cuando cavan sus madrigueras) y buscando comida (forrajeo) que idealmente debería estar conectado con un refugio con áreas diferenciadas para dormir, comer, relajarse y moverse libremente, asegurando confort térmico y espacio suficiente para que puedan estirarse, saltar y desplazarse. Idealmente, cada conejo debería tener al menos un escondite propio.

Como animales que sirven de presa, los conejos son extremadamente sensibles al peligro y están en constante estado de alerta. Por todo ello, es imperativo proporcionarles un entorno tranquilo, que imite su entorno natural, con zonas oscuras y seguras que les permitan refugiarse y sentirse protegidos y libres de ruidos repentinos, luces brillantes y movimientos inesperados.

Los conejos son animales gregarios que viven en grupos estables de 2 a 10 individuos, donde las relaciones sociales estrechas les aportan seguridad y aumentan sus posibilidades de supervivencia.

Al igual que perros y gatos, los conejos marcan su territorio con marcas de olor, frotando su barbilla sobre objetos u otros conejos y con depósitos de heces y orina, que también usan para delimitar su territorio.

5.6. Aves (Northern Territory Government, n.d.; Peng & Broom, 2021; RSPCA, n.d.-a)

Por norma general, la autonomía de las aves que son capturadas, criadas en cautiverio y mantenidas como mascotas es extremadamente limitada.

Las aves silvestres experimentan un miedo extremo al ser confinadas o estar cerca de depredadores percibidos, como los humanos y los perros y gatos, el cual, combinado con su sensibilidad extrema al distrés respiratorio y la ausencia de lugares en donde esconderse (comportamiento natural), genera un estrés significativo durante el manejo y transporte, con tasas de mortalidad considerablemente superiores a las de otros animales manipulados por el hombre.

Muchas especies de aves son gregarias y necesitan interactuar con individuos de su propia especie y, aunque la compañía humana puede aportar ciertos beneficios, no sustituye la interacción con otros miembros de su especie. De hecho, en el caso de los loros grises africanos, la cría a mano por humanos puede tener consecuencias negativas ya que estos loros tienden a formar un vínculo con un humano al que perciben como pareja, lo que genera frustración, ya que dichas relaciones no satisfacen completamente sus necesidades sociales.

Las aves requieren espacio adecuado en cautiverio para llevar a cabo comportamientos naturales de limpieza, como el acicalamiento, esencial para mantener sus plumas en buen estado. Es buena práctica rociarlas suavemente con agua a temperatura ambiente cada pocos días, así como enriquecer el entorno con baños de arena para el caso de las gallinas.

En cambio, la limpieza regular del alojamiento debe hacerse con precaución para evitar eliminar las señales olfativas que brindan seguridad a las aves.

Y, por último, pero no por ello menos importante, ¡las aves también necesitan volar como parte esencial de su bienestar!

Lo ideal sería un aviario grande al aire libre con suficiente espacio para moverse, pero, si esto es inviable, habría que habilitar un espacio interior amplio y seguro para volar, así como enriquecer el entorno con elementos que les permitan trepar, forrajear, posarse y esconderse de manera segura.

5.7. Reptiles (Azevedo et al., 2021; Warwick et al., 2013, 2023; Whitehead, 2016)

La idea de la domesticación en reptiles es ampliamente malinterpretada, asociándose erróneamente con animales que han sido criados en cautiverio durante varias generaciones como los perros y los gatos. De hecho, en herpetología está descrito el "síndrome de mala adaptación" que describe condiciones degenerativas y enfermedades no específicas atribuidas a fallos en los mecanismos de adaptación de los reptiles en cautiverio. A mayor abundamiento, parece haber cierta normalización de comportamientos que indican malestar en los animales, tal y como observó un reciente estudio portugués en el que algunos dueños consideraban "normales" comportamientos que indican un bienestar deficiente, como golpear el cristal del recinto, lo que se conoce como interacción con barreras transparentes.

La interacción con barreras transparentes (ITB, por sus siglas en inglés) es un comportamiento común y problemático en reptiles mantenidos en cautiverio que se da cuando los reptiles intentan repetidamente empujar o trepar contra barreras transparentes, como paredes de vidrio, en un intento frustrado de escapar. A diferencia de aves y mamíferos, que rápidamente aprenden que estas barreras son impenetrables, los reptiles no las reconocen debido a la falta de experiencias equivalentes en su hábitat natural considerándolas barreras invisibles o inexistentes lo que desencadena intentos persistentes de atravesarlas que pueden llegar a generar lesiones físicas, como fricciones en el rostro, y un estrés psicológico significativo.

En relación con el comportamiento social, investigaciones recientes han revelado que los reptiles tienen comportamientos sociales más complejos y diversos de lo que se pensaba. No obstante, el carácter social en reptiles es muy variado y en cautiverio, la mayoría de los reptiles no forman grupos sociales, ya sea porque su especie no es gregaria o porque las condiciones cautivas no lo permiten como consecuencia de espacios territoriales reducidos, falta de sitios de percha, refugios, barreras visuales o acceso independiente a fuentes de calor y alimento.

En relación con la termorregulación, es fundamental considerar las preferencias térmicas específicas de cada especie, ya que esta está estrechamente vinculada a actividades esenciales como la alimentación y la reproducción. Asimismo, respecto a los requisitos específicos de alojamiento (como temperatura, humedad, dimensiones y sustratos) y las medidas de enriquecimiento recomendadas, se anima al lector a consultar las referencias citadas en el capítulo para obtener información más detallada.

5.8. Peces (MDS Manual Veterinary Manual, n.d.; RSPCA, n.d.-b)

A diferencia de animales terrestres y aves, el entorno acuático de los peces es una variable crucial que los propietarios deben controlar para evitar problemas de bienestar.

Es fundamental elegir un tanque adecuado, preferiblemente grande, ya que los volúmenes mayores proporcionan mayor estabilidad en las condiciones del agua y la temperatura y tener en consideración el tamaño que alcanzarán los peces en su edad adulta para evitar la sobrepoblación.

El mantenimiento regular es clave para un acuario saludable lo cual implica cambios de agua, limpieza del filtros y control de la calidad del agua mediante kits de prueba para detectar niveles seguros de amoníaco y nitrito, así como la ubicación del acuario, que deberá estar lejos de fuentes de calor, luz solar directa y contaminantes en el aire.

Los peces de acuario incluyen diferentes tipos según su ubicación preferida en el tanque, según si son de aguas frías o tropicales o si son de carácter gregario o más solitario. Será esencial proveer un enriquecimiento específico tanto en lo relacionado con el entorno físico adecuado (sustrato adecuado, plantas que proporcionen sombra y oxígeno, y refugios como ramas o rocas para esconderse) como en lo relacionado a la presencia de congéneres con los cuales interaccionar de forma óptima.

VI. VIAJANDO CON TU MASCOTA

6.1. Viajar en avión

En un avión, los animales pueden viajar en cabina o en la bodega del avión.

Si el animal está dentro de los límites establecidos por la aerolínea para viajar en cabina, el problema de bienestar se minimiza considerablemente ya que podremos llevar al animal con nosotros. Por ejemplo, la aerolínea Iberia (IBERIA, n.d.) acepta perros, gatos, peces, tortugas y aves en cabina siempre y cuando no superan los 8 Kg. (incluyendo su bolsa de transporte) mientras que Air Europa(Air Europa, n.d.) sólo admite perros y gatos y un peso límite de 10 Kg. Otras como Ryan Air(Ryanair DAC, n.d.), no transportan animales de ningún tipo.

El viaje en bodega es bastante más estresante ya que los animales se exponen a la incertidumbre mientras los llevan en su transportín desde la terminal de carga hasta el avión, pasando por zona aire y exponiéndose a los ruidos de los aviones aterrizando y despegando. De hecho, en previsión de que el estrés del transporte pueda ser especialmente problemático para determinados animales, las aerolíneas suelen prohibir que los animales braquicéfalos viajen en bodega por el mayor riesgo de sufrir golpes de calor y trastornos respiratorios cuando se exponen situaciones estresantes (Air Europa, n.d.; IBERIA, n.d.).

Hay países como Reino Unido a donde los animales han de volar siempre manifestados como carga y por tanto en bodega (UK Government, n. d.-a) ya sea un Mastín o de un Chihuahua. Además, han de seguir una de las rutas aprobadas de tal forma que no todas las aerolíneas pueden transportar animales a cualquier aeropuerto (UK Government, n.d.-b).

Aunque viajar en bodega puede ser estresante, millones de animales lo hacen cada año sin problemas, especialmente en Estados Unidos, donde se transportan hasta 2 millones de mascotas anualmente, y el doble a nivel mundial. La mayoría de los incidentes reportados están relacionados con condiciones de salud preexistentes (IPATA, n.d.). Por ello, es fundamental visitar al veterinario antes del viaje para asegurarse de que el animal esté apto para volar y recibir recomendaciones sobre el uso de medicamentos para el estrés, los cuales generalmente se deben evitar.

Desde un punto de vista práctico, es importante familiarizar a los animales con el transportín antes de viajar. Una estrategia efectiva es introducir el transportín en casa y permitir que el animal pase tiempo dentro, comenzando con la base abierta, luego añadiendo el techo sin la puerta, y finalmente cerrando la puerta. Este proceso gradual ayuda a que el transportín sea percibido como un refugio seguro, reduciendo el estrés el día del viaje.

En todo caso, al viajar en avión con mascotas, es fundamental elegir una aerolínea que cumpla con las normas de la Asociación de Transporte Aéreo Internacional (IATA) sobre animales vivos web (IATA, n.d.-b) o. Estas regulaciones especifican los requisitos para los transportines, que deben ser resistentes, a prueba de fugas, bien ventilados y del tamaño adecuado para que el animal pueda estar cómodo. También establecen estándares para el manejo cuidadoso de los transportines en aeropuertos, evitando movimientos bruscos, temperaturas extremas y garantizando el acceso al agua. Además, los contenedores deben estar etiquetados claramente con indicaciones como "Animales Vivos," información sobre la especie e instrucciones para su manejo seguro (Emirates Sky Cargo, n.d.; IATA, n.d.-c, n.d.-a).

6.2. Viajando en coche

Según datos de la DGT, más de la mitad de los conductores han experimentado situaciones de riesgo debido a mascotas mal sujetas en el vehículo por lo que es importante seguir las recomendaciones de seguridad y evitar comportamientos tales como llevar a los animales vayan sueltos y sacando la cabeza por la ventanilla (DGT, 2022).

Deberemos tener un sistema de retención adecuado y una adecuada temperatura en el habitáculo (especialmente si tenemos un perro o gato braquicéfalo) y, en caso de viajes largos, programar paradas cada dos horas para salir del coche, estirar las patas, hacer pis, beber agua, etc.

BIBLIOGRAFÍA

Air Europa. (n.d.). *¿Viajas con tu mascota?* Retrieved November 24, 2024, from https://www.aireuropa.com/es/es/aea/informacion-para-volar/pasajeros/mascotas.html

Akin, J. (2011). *Homeostatic Processes for Thermoregulation.* https://www.nature.com/scitable/knowledge/library/homeostatic-processes-for-thermoregulation-23592046/

ANFAAC. (2023). *Datos sectoriales. Censo de mascotas.* https://www.anfaac.org/datos-sectoriales/

Anicura. (2022). *Encuesta a propietarios de mascotas sobre el bienestar animal en los hogares españoles.* https://www.anicura.es/globalassets/es/sostenibilidad/spain-animal-wellbeing-survey.pdf

AEPED. (2023). *Las mordeduras y los arañazos de un animal, incluso los de menor importancia, a veces pueden conllevar complicaciones.* https://enfamilia.aeped.es/prevencion/mordeduras-perro

Aydinonat, D., Penn, D. J., Smith, S., Moodley, Y., Hoelzl, F., Knauer, F., & Schwarzenberger, F. (2014). Social isolation shortens telomeres in African Grey parrots (Psittacus erithacus erithacus). *PLoS ONE, 9*(4). https://doi.org/10.1371/journal.pone.0093839

Azevedo, A., Guimarães, L., Ferraz, J., Whiting, M., & Magalhães sant'ana, M. (2021). Pet reptiles—Are we meeting their needs? *Animals, 11*(10). https://doi.org/10.3390/ani11102964

Brambell, F. W. R., Barbour, D. S., Barneti, Lady, Professor, J. P., Ewer, T. K., Smith, W. R., The, T., Honourable, R., & Ross, W. (1965). *Report of the Technical Committee to Enquire into the Welfare of Animals kept under Intensive Livestock Husbandry Systems. Retrieved November 24, 2024, from https://ia804502.us.archive.org/29/items/b3217276x/b3217276x.pdf.*

Comisión Europea. (2023a). *Anexos de la Propuesta de Reglamento Europeo y del Consejo relativo al bienestar de los perros y los gatos y a su trazabilidad.* https://op.europa.eu/es/publication-detail/-/publication/3415684b-9504-11ee-b164-01aa75ed71a1

Comisión Europea. (2023b). *Illegal trade of cats & dogs EU enforcement action.* https://doi.org/10.2875/236344

Comisión Europea. (2023c). *Preguntas y respuestas sobre el bienestar de perros y gatos.* https://ec.europa.eu/commission/presscorner/detail/es/qanda_23_6253

Comisión Europea. (2023e). *Propuesta de Reglamento del Parlamento Europeo y del Consejo relativo al bienestar de los perros y los gatos y a su trazabilidad.* https://eur-lex.europa.eu/legal-content/ES/TXT/?uri=celex:52023PC0769

DGT. (2022, November). *Con tu mascota.* https://www.dgt.es/muevete-con-seguridad/viaja-seguro/con-tu-mascota/

Ellis, S. L. H., Rodan, I., Carney, H. C., Heath, S., Rochlitz, I., Shearburn, L. D., Sundahl, E., & Westropp, J. L. (2013). AAFP and ISFM Feline Environmental Needs Guidelines. *Journal of Feline Medicine and Surgery, 15*(3), 219–230. https://doi.org/10.1177/1098612X13477537

Emirates Sky Cargo. (n.d.). *Container requirements applicable to raptors and birds of prey.* Retrieved November 24, 2024, from https://www.skycargo.com/media/0krbq5pm/liveanimalsregulations_pdf.pdf

Espinosa García San Román, J. (2024). *Patologías y causas de la muerte en conejos (Oryctolagus cuniculus) mantenidos como mascotas en Gran Canaria*

(2011-2022) [University of Las Palmas de Gran Canaria]. https://accedacris.ulpgc.es/bitstream/10553/134618/1/patologias_causas_muerte.pdf

Eurogroup for Animals. (2023). Extreme breeding in Europe - Mapping of legislation welfare. In *Animals* (Vol. 10, Issue 10). MDPI AG. https://www.eurogroupforanimals.org/files/eurogroupforanimals/2023-11/2023_11_30_Extreme%20breeding%20in%20Europe%20-%20Mapping%20of%20legislation%20FINAL.pdf

FAWC. (1979). *1979. Five Freedoms. Farm Animal Welfare Council. Brambell Comittee.* https://ia600401.us.archive.org/20/items/1979.-five-freedoms.-farm-animal-welfare-council.-brambell-comittee/1979.%20Five%20Freedoms.%20Farm%20Animal%20Welfare%20Council.%20Brambell%20Comittee.pdf

FCI. (2023). *Statistics: FCI.* https://www.fci.be/en/statistics/fci.aspx

FGE. (2023). *Memoria elevada al Gobierno de S.M. 2024.* https://www.fiscal.es/memorias/memoria2024/FISCALIA_SITE/capitulo_III/cap_III_3_5.html

Fraser, D. (2008, August 19). *The role of the veterinarian in animal welfare. Animal welfare: too much or too little? The 21st Symposium of the Nordic Committee for Veterinary Scientific Cooperation (NKVet).* https://actavetscand.biomedcentral.com/articles/10.1186/1751-0147-50-S1-S1

Fundación Affinity. (2023). *Él nunca lo haría de la Fundación Affinity sobre el abandono, la pérdida y la adopción de animales de compañía en España 2023: interpretación de los resultados.* https://static.fundacion-affinity.org/cdn/farfuture/B2NkLYrE3PO5U7V_o8zsDP67WuJqvssaF_xGDZL7sjc/mtime:1686214884/sites/default/files/white-paper-abandono-2023.pdf

IATA. (n.d.-a). *Container Requirements.* Retrieved November 24, 2024, from https://www.iata.org/contentassets/b0016da92c86449f850fe9560827bbea/pet-container-requirements.pdf

IATA. (n.d.-b). *Current Airline Members. Retrieved November 24, 2024, from https://www.iata.org/en/about/members/airline-list/.*

IATA. (n.d.-c). *Guidance for Passengers Traveling with their Dog or Cat in the Cabin.* Retrieved November 24, 2024, from https://www.iata.org/contentassets/b0016da92c86449f850fe9560827bbea/guidance_for_passengers_traveling_with_their_dog_or_cat_in_the_cabin_final.pdf

IBERIA, L. A. de E. S. A. (n.d.). *Animales domésticos.* Retrieved November 24, 2024, from https://www.iberia.com/es/preguntas-frecuentes/transporte-de-animales-domesticos/

IPATA. (n.d.). *Pet Travel Experts Share Tips for Responsible Pet Owners Month.* Retrieved November 24, 2024, from https://www.ipata.org/pet-travel-experts-share-tips-for-responsible-pet-owners-month

Ladewig, J. (2008). The role of the veterinarian in animal welfare. *Acta Veterinaria Scandinavica, 50*(SUPPL. 1). https://doi.org/10.1186/1751-0147-50-S1-S5

Lason, K. E. (2017). Early weaning increases aggression and stereotypic behaviour in cats. *Praktische Tierarzt, 98*(12), 1260. https://doi.org/10.1038/S41598-017-11173-5

Loder, R. T. (2019). *The demographics of dog bites in the United States.* https://doi.org/10.1016/j.heliyon.2019

Mayer, J. (2021). *Alojamientos de conejos.* https://www.msdvetmanual.com/es/animales-ex%C3%B3ticos-y-de-laboratorio/conejos/alojamientos-de-conejos

MDS Manual Veterinary Manual. (n.d.). *Introduction to Fish.* Retrieved November 27, 2024, from https://www.msdvetmanual.com/all-other-pets/fish/introduction-to-fish

Mellor, D. J. (2016). Updating animalwelfare thinking: Moving beyond the "five freedoms" towards "A lifeworth living." *Animals, 6*(3). https://doi.org/10.3390/ani6030021

Mellor, D. J., & Reid, C. S. W. (1994). *Concepts of animal well-being and predicting the impact of procedures on experimental animals.* https://www.wellbeingintlstudiesrepository.org/exprawel/7/

Mertin, I. (2020a). *Responsible Cat Breeding Guidelines.* https://food.ec.europa.eu/system/files/2020-11/aw_platform_plat-conc_guide_cat-breeding.pdf

Mertin, I. (2020b). *Responsible Dog Breeding Guidelines.* https://food.ec.europa.eu/system/files/2020-11/aw_platform_plat-conc_guide_dog-breeding.pdf

Northern Territory Government. (n.d.). *Guidelines for the care and welfar of caged birds.* Retrieved November 27, 2024, from https://www.cdu.edu.au/files/2024-08/Guidelines%20for%20the%20Care%20and%20Welfare%20of%20Caged%20Birds.pdf

OMSA. (2016). Introduction to the recommendations for animal welfare. In *Terrestrial Animal Health Code.* https://www.woah.org/fileadmin/Home/eng/Health_standards/tahc/2016/en_chapitre_aw_introduction.htm

Pal, S. K. (2003). Urine marking by free-ranging dogs. *Applied Animal Behaviour Science, 80,* 45–59. https://doi.org/10.1016/S0168-1591(02)00178-8

Peng, S., & Broom, D. M. (2021). The sustainability of keeping birds as pets: Should any be kept? In *Animals* (Vol. 11, Issue 2, pp. 1–14). MDPI AG. https://doi.org/10.3390/ani11020582

Prescott, M. J., Morton, D. B., Anderson, D., Buckwell, A., Heath, S., Hubrecht, R., Jennings, M., Robb, D., Ruane, B., Swallow, J., & Thompson, P. (2004). Refining dog husbandry and care. *Laboratory Animals, 38*(1_suppl), 1. https://doi.org/10.1258/002367704323145733

RSPCA. (n.d.-a). *How to care for your pet bird.* Retrieved November 27, 2024, from https://www.rspca.org.uk/adviceandwelfare/pets/birds

RSPCA. (n.d.-b). *Keeping freshwater fish as pets.* Retrieved November 27, 2024, from https://www.rspca.org.uk/adviceandwelfare/pets/fish

Ryanair DAC. (n.d.). *¿Se pueden llevar animales en los vuelos de Ryanair?* Retrieved November 24, 2024, from https://help.ryanair.com/hc/es-es/articles/12890968181521–Se-pueden-llevar-animales-en-los-vuelos-de-Ryanair

Sang, X., Menhas, R., Saqib, Z. A., Mahmood, S., Weng, Y., Khurshid, S., Iqbal, W., & Shahzad, B. (2021). The Psychological Impacts of COVID-19 Home Confinement and Physical Activity: A Structural Equation Model Analysis. *Frontiers in Psychology, 11.* https://doi.org/10.3389/fpsyg.2020.614770

Schiffman, J. D., & Breen, M. (2015). Comparative oncology: What dogs and other species can teach us about humans with cancer. In *Philosophical Transactions of the Royal Society B: Biological Sciences* (Vol. 370, Issue 1673). Royal Society of London. https://doi.org/10.1098/rstb.2014.0231

Scottish Government, T. (2018). *Pet Rabbit Welfare Guidance. Retrieved November 24, 2024, from https://www.gov.scot/publications/pet-rabbit-welfare-guidance/documents/*

Serpell, James., & Barrett, Priscilla. (2017). *The domestic dog: its evolution, behavior and interactions with people.* Cambridge University Press.

UK Government. (n.d.-a). *Bringing your pet dog, cat or ferret to Great Britain.* Retrieved November 24, 2024, from https://www.gov.uk/bring-pet-to-great-britain/travel-routes-pets

UK Government. (n.d.-b). *Pet travel: airlines and airports you can use.* Retrieved November 24, 2024, from https://www.gov.uk/government/

publications/pet-travel-approved-air-sea-rail-and-charter-routes-for-the-movement-of-pets/approved-air-routes-for-pet-travel

University of Edinburgh. (2023). *Understanding the Five Domains model of Animal Welfare.* https://www.ed.ac.uk/sites/default/files/atoms/files/jmicawe_understanding5domains.pdf

Vigne, J. D. (2011). The origins of animal domestication and husbandry: A major change in the history of humanity and the biosphere. In *Comptes Rendus - Biologies* (Vol. 334, Issue 3, pp. 171–181). Elsevier Masson SAS. https://doi.org/10.1016/j.crvi.2010.12.009

Warwick, C., Arena, P. C., & Burghardt Editors, G. M. (2023). *Health and Welfare of Captive Reptiles Second Edition.*

Warwick, C., Arena, P., Lindley, S., Jessop, M., & Steedman, C. (2013). Assessing reptile welfare using behavioural criteria. *In Practice, 35*(3), 123–131. https://doi.org/10.1136/inp.f1197

Welfare Quality Network. (n.d.). *Protocolos Welfare Quality® de evaluación del Bienestar Animal.* Retrieved November 24, 2024, from https://www.welfarequalitynetwork.net/en-us/reports/assessment-protocols/

Westgarth, C., & Tulloch, J. (2023). *Dog attacks on adults are rising – but science shows it's wrong to blame breeds. Retrieved November 24, 2024, from https://news.liverpool.ac.uk/2023/08/15/dog-attacks-on-adults-are-rising-but-science-shows-its-wrong-to-blame-breeds/?.*

Whitehead, M. (2016). *Welfare of pet reptiles. Retrieved November 24, 2024, from https://www.bsavalibrary.com/content/journals/10.22233/20412495.0116.26.*

Young, R. J. (2004). *Environmental Enrichment for Captive Animals.* https://onlinelibrary.wiley.com/doi/book/10.1002/9780470751046

Referencias normativas

Comisión Europea. (2023e). *Propuesta de Reglamento del Parlamento Europeo y del Consejo relativo a la protección de los animales durante el transporte y las operaciones conexas, por el que se modifica el Reglamento (CE) n.º 1255/97 del Consejo y se deroga el Reglamento (CE) n.º 1/2005 del Consejo.* https://eur-lex.europa.eu/legal-content/ES/ALL/?uri=CELEX:52023PC0770

Comisión Europea. (2024). *Integration of animal welfare in the food quality chain: from public concern to improved welfare and transparent quality.* https://cordis.europa.eu/project/id/506508/factsheet/es

Colonias felinas. El método CER

OCTAVIO PÉREZ LUZARDO[1]
MARÍA DEL MAR TRAVIESO AJA[2]
MANUEL LUIS ZUMBADO PEÑA[3]
BEATRIZ MARTÍN CRUZ[4]

I. INTRODUCCIÓN

En España, el abandono de animales de compañía constituye el principal problema de bienestar para perros y gatos, como lo refleja el hecho de que más de 286.000 animales fueron recogidos por refugios en 2023, incluyendo 115.970 gatos (Fundación Affinity, 2024). Este fenómeno está estrechamente vinculado a la reproducción no controlada, ya que más del 50% de los gatos que ingresan en refugios son cachorros provenientes de camadas no deseadas (Fundación Affinity, 2024). A esta problemática se suman factores como la falta de identificación de los animales, el escaso acceso a la esterilización y

1 Catedrático de Universidad. Área de Toxicología, Veterinaria Legal y Deontología, Departamento de Ciencias Clínicas, Facultad de Veterinaria. Universidad de Las Palmas de Gran Canaria

2 Profesora Contratada Doctora. Área de Radiología y Medicina Física, Departamento de Ciencias Clínicas, Facultad de Ciencias de la Salud, Universidad de Las Palmas de Gran Canaria

3 Profesor Titular de Universidad. Área de Toxicología, Veterinaria Legal y Deontología, Departamento de Ciencias Clínicas, Facultad de Veterinaria. Universidad de Las Palmas de Gran Canaria

4 Personal Investigador en Formación. Área de Toxicología, Veterinaria Legal y Deontología, Departamento de Ciencias Clínicas, Facultad de Veterinaria. Universidad de Las Palmas de Gran Canaria.

una percepción limitada de las responsabilidades asociadas a la tenencia de animales de compañía.

El crecimiento incontrolado de las colonias felinas en entornos urbanos y rurales genera conflictos de diversa índole (Luzardo et al., 2021, 2023). La falta de gestión de esta inmensa cantidad de gatos hace que, en el ámbito social, las colonias sean vistas como una molestia por algunos sectores debido a ruidos, olores y posibles riesgos para la salud pública. Desde el punto de vista ambiental, la depredación de gatos sobre especies protegidas en ecosistemas vulnerables ha suscitado preocupaciones legítimas, especialmente en áreas protegidas (Doherty et al., 2015; Ferreira et al., 2011).

Ante este panorama, el método de Captura, Esterilización y Retorno (CER) ha emergido como la herramienta más ética y efectiva para el manejo de colonias felinas (Boone et al., 2019; Gunther et al., 2023; Miller et al., 2014). Este enfoque permite controlar el crecimiento poblacional de manera sostenible, minimizando los conflictos sociales y protegiendo tanto el bienestar animal como los ecosistemas. El CER no solo busca estabilizar las colonias, sino que fomenta una colaboración activa entre la administración pública, las organizaciones de protección animal y las comunidades locales (Leong et al., 2024; Mameno et al., 2017).

La Ley 7/2023 de Protección de los Derechos y el Bienestar de los Animales ha representado un hito en la gestión de las colonias felinas en España, reconociendo a los gatos comunitarios como una categoría específica dentro del marco legislativo (BOE, 2023). La ley establece el método CER como estándar para el control de estas poblaciones, garantizando así una aproximación no letal alineada con los principios éticos de protección animal y sostenibilidad ambiental. Además, promueve la cooperación entre distintos niveles de gobierno y la sociedad civil para implementar programas de manejo efectivos.

Este capítulo examina el método CER como un modelo de gestión integral, enfatizando su importancia en el contexto de la Ley 7/2023. Se abordarán los fundamentos del método, sus beneficios frente a alternativas menos éticas y los desafíos que plantea su implementación. Asimismo, se analizarán experiencias prácticas y casos de éxito que ilustran su aplicabilidad y eficacia, ofreciendo una guía para su adopción en diversos contextos. El objetivo final es destacar cómo el CER puede convertirse en una herramienta clave para reducir el abandono, controlar las colonias felinas y mejorar la convivencia entre humanos y animales, avanzando hacia un modelo de gestión más responsable y sostenible.

II. MARCO LEGAL Y NORMATIVO

La Ley 7/2023 de Protección de los Derechos y el Bienestar de los Animales representa un hito en el ordenamiento jurídico español al establecer un marco normativo integral para la gestión de los gatos comunitarios y reforzar la protección de los animales de compañía. Esta ley parte del reconocimiento del gato como animal de compañía en toda circunstancia, independientemente de su lugar de residencia, su origen o su grado de socialización con humanos u otros animales. Este principio garantiza que tanto los gatos comunitarios como los gatos con propietario estén amparados por las mismas disposiciones fundamentales en cuanto a bienestar, protección y manejo ético (BOE, 2023).

El concepto de "gato comunitario" ha sido acuñado internacionalmente (Neal & Wolf, 2023), y aparece definido explícitamente en la Ley 7/2023 como "*aquel individuo de la especie Felis catus, que vive en libertad, pero vinculado a un territorio y que no puede ser abordado o mantenido con facilidad por los seres humanos debido a su bajo o nulo grado de socialización, pero que desarrolla su vida en torno a estos para su subsistencia*" (BOE, 2023). Este reconocimiento legal se traduce en la necesidad de adoptar enfoques de gestión específicos para estos animales, diferenciados de los aplicables a gatos con propietario o extraviados, considerando sus particularidades etológicas y territoriales.

Dentro de la categoría de gatos comunitarios, la ley reconoce una variedad de perfiles que requieren estrategias diferenciadas:

a) Gatos plenamente comunitarios: aquellos que carecen de socialización con humanos, dependen del entorno para su subsistencia y no son adoptables.

b) Gatos parcialmente socializados: individuos que interactúan de forma ocasional con humanos y pueden ser adoptables bajo ciertas condiciones.

c) Camadas de gatos nacidas en colonias: cachorros que pueden ser socializados y reubicados mediante programas de adopción.

d) Gatos abandonados o extraviados: individuos que pueden ser identificados y reintegrados con sus propietarios si están debidamente registrados.

El Capítulo VI del Título II de la Ley 7/2023 se centra en la gestión de las colonias felinas mediante el método CER (Captura, Esterilización y Retorno), definido como el procedimiento estándar para controlar la población de gatos comunitarios. Este método, que implica la captura de gatos para su esterilización, identificación y retorno al territorio de origen, se alinea con los principios de bienestar animal al evitar métodos letales y garantizar la estabilización poblacional a largo plazo. La ley exige que las administraciones locales implementen programas de gestión de colonias felinas, incorporando censos, monitoreo continuo, protocolos sanitarios y colaboración activa con personas cuidadoras y entidades de protección animal.

Además de abordar la situación de los gatos comunitarios, la Ley 7/2023 establece disposiciones específicas para los gatos con propietario, con el objetivo de prevenir el abandono y evitar que contribuyan al crecimiento descontrolado de las colonias. Entre las obligaciones para los propietarios destacan:

a) *Identificación obligatoria mediante microchip*, que permite rastrear la procedencia del animal y, en caso de extravío, facilitar su recuperación.

b) *Esterilización obligatoria* para los gatos mayores de 6 meses con acceso al exterior, salvo que pertenezcan a programas de cría debidamente registrados.

c) *Prohibición de abandono*, estableciendo sanciones claras y firmes en caso de incumplimiento.

La Directriz Técnica de la Dirección General de Derechos de los Animales complementa estas disposiciones legales proporcionando guías prácticas para que las entidades locales puedan diseñar e implementar programas de gestión efectivos (Spanish Directorate of Animal Rights, 2024). Este documento enfatiza la importancia de alcanzar umbrales de esterilización superiores al 80% en cada colonia para garantizar la estabilización poblacional, así como de desarrollar sistemas de censo y geolocalización de las colonias y los individuos que las conforman. También se destacan las estrategias para minimizar conflictos sociales y proteger la biodiversidad en zonas sensibles, incluyendo protocolos para el manejo de gatos en áreas periurbanas o naturales protegidas.

Sin embargo, la implementación de este marco legal ha planteado desafíos en su relación con otras normativas. La Ley 42/2007 del Patrimonio Natural y de la Biodiversidad (BOE, 2007) y el Real Decreto 630/2013, que regula el Catálogo Español de Especies Exóticas Invasoras (BOE, 2013), facultan a las administraciones públicas para adoptar medidas de erradicación de especies que puedan afectar negativamente a la biodiversidad. Estas normativas, que contemplan la posibilidad de considerar a los animales domésticos asilvestrados como exóticos invasores, parecen entrar en contradicción con la Ley 7/2023 en lo que respecta a los gatos comunitarios. Sin embargo, esta contradicción aparente se resuelve mediante los principios de jerarquía normativa y especialidad. La Ley 7/2023, como norma específica y posterior, prevalece sobre disposiciones más generales como el RD 630/2013. Además, el propio Real Decreto establece, en su disposición adicional segunda, que sus disposiciones deben interpretarse "*sin perjuicio de lo establecido en la legislación de protección y bienestar de animales de compañía*" (BOE, 2013), introduciendo así una cláusula de salvaguarda que subraya que cualquier acción debe respetar el marco de bienestar animal. Por lo tanto, las medidas de control o erradicación en el contexto de la biodiversidad deben ser compatibles con las disposiciones protectoras de la Ley 7/2023. En la práctica, esto significa que acciones como la captura y reubicación de gatos en áreas protegidas deben cumplir estrictos requisitos legales, asegurando su bienestar y evitando interpretaciones que contravengan las protecciones específicas de los animales de compañía. Este equilibrio normativo exige una implementación cuidadosa y proporcional de las políticas públicas, que debe integrar la conservación de la biodiversidad con la garantía de los derechos y el bienestar de los gatos.

III. COLONIAS FELINAS: CONCEPTOS CLAVE

Las colonias felinas, definidas explícitamente en la Ley 7/2023, se componen de grupos de gatos de la especie *Felis catus* que viven en estado de libertad o semilibertad. Estos animales, debido a su bajo o nulo grado de socialización, no pueden ser fácilmente abordados o mantenidos por los humanos. Sin embargo, su vida depende significativamente de los recursos que, de manera voluntaria o involuntaria, les proporcionan las personas. Este vínculo con el entorno humano configura una relación de comensalismo en la que los gatos obtienen alimentos y refugio en los espacios habitados (Animais de Rua, 2024; ASPCA, 2016).

3.1. Dinámica poblacional y formación de colonias

La formación de colonias felinas es el resultado de factores humanos y biológicos que interactúan en un ciclo perpetuo. Muchos gatos que integran estas colonias provienen de animales abandonados o perdidos, que han regresado a un estado de escasa o nula socialización. Asimismo, las camadas nacidas en la calle, tanto de gatos comunitarios como de gatas con propietario que deambulan sin esterilizar, contribuyen al crecimiento de estas poblaciones (Boone, 2015).

El éxito reproductivo de una colonia está estrechamente ligado a la disponibilidad de recursos, particularmente alimentos. En contextos donde hay una sobreabundancia de estos recursos, como sucede en entornos urbanos con acceso a basura, restos de comida o alimento proporcionado por cuidadores, el crecimiento poblacional puede acelerarse si no se implementan medidas efectivas de control, como la esterilización (Boone, 2015). La falta de políticas adecuadas de control poblacional y sensibilización sobre la tenencia responsable de gatos agrava este fenómeno.

3.2. Conflictos asociados a las colinas felinas

Las colonias felinas pueden generar conflictos en diversos ámbitos:

a. Percepción Social: La presencia de colonias felinas en zonas urbanas o rurales a menudo divide opiniones. Mientras que algunos ciudadanos consideran que los gatos aportan beneficios, como el control de plagas, otros los perciben como una molestia por los ruidos, olores o marcas territoriales. Esta división puede derivar en tensiones sociales, afectando también a las personas que los cuidan (De Ruyver et al., 2021; Leong et al., 2024; Vasileva & McCulloch, 2023).

b. Impacto en la Biodiversidad: En determinados contextos, especialmente en áreas naturales protegidas o espacios de la Red Natura 2000, los gatos pueden representar una amenaza para especies silvestres vulnerables, como aves o pequeños mamíferos. Aunque su impacto varía según el entorno, la presencia de gatos no gestionados en estos espacios puede comprometer los objetivos de conservación (Ferreira et al., 2011; Trouwborst et al., 2020).

c. Riesgos para la Salud Pública: Las colonias no gestionadas adecuadamente pueden convertirse en vectores de zoonosis o enfermedades transmisibles, tanto entre los propios gatos como hacia otras especies, incluyendo a los humanos. La falta de vacunación, desparasitación y control sanitario en colonias felinas exacerba estos riesgos (Taetzsch et al., 2018).

3.3. Protección y gestión ética

La Ley 7/2023 y las directrices técnicas asociadas enfatizan que las colonias felinas deben ser gestionadas de manera ética y sostenible, garantizando tanto su bienestar como la convivencia con el entorno y las sensibilidades de la sociedad española actual. El método CER (Captura, Esterilización y Retorno) se presenta como la herramienta más eficaz para estabilizar y reducir progresivamente las poblaciones felinas, a la vez que se minimizan los conflictos asociados (Boone, 2015; Gunther et al., 2023). Este enfoque debe complementarse con campañas de concienciación pública, programas de adopción, identificación obligatoria y la colaboración activa de cuidadores autorizados (BOE, 2023).

Las personas cuidadoras, reconocidas oficialmente en la Ley 7/2023, desempeñan un papel fundamental en la gestión de las colonias. Además de alimentar y vigilar el estado de salud de los gatos, colaboran en la implementación del método CER y actúan como mediadoras en conflictos vecinales. La protección de estas figuras es esencial para garantizar el éxito de las políticas públicas de gestión de colonias.

IV. EL MÉTODO DE CAPTURA-ESTERILIZACIÓN-RETORNO (CER): UN ENFOQUE DE GESTIÓN INTEGRAL

4.1. El Método CER

El método CER consiste en capturar a los gatos comunitarios de una colonia, esterilizarlos, identificarlos (usualmente mediante el corte de la punta de una oreja como marca universal), vacunarlos y devolverlos al lugar de captura (Animais de Rua, 2024; ASPCA, 2016; Bushby, 2020). Esta estrategia estabiliza las poblaciones felinas al interrumpir su reproducción, reduciendo comportamientos asociados al apareamiento, como el marcaje territorial, los maullidos y las peleas (Finkler et al., 2011). Además, permite un seguimiento continuo por parte de cuidadores autorizados, quienes supervisan el estado sanitario y la dinámica de las colonias.

El éxito del CER depende de una planificación rigurosa que incluya censos poblacionales previos, coordinación con veterinarios especializados y colaboración activa de las comunidades locales. Implementado de manera intensiva y continua en áreas geográficamente delimitadas, este método ha demostrado ser altamente eficaz para reducir la población de gatos comunitarios (Gunther et al., 2023).

Más allá de su eficacia en el control poblacional, el CER ofrece beneficios significativos en bienestar animal, convivencia social y conservación ambiental. Al evitar métodos letales, respeta la naturaleza sintiente de los gatos y mejora su calidad de vida, al mismo tiempo que garantiza cuidados veterinarios básicos, como vacunaciones y desparasitaciones, esenciales para mantener la salud de los individuos y la población general (ASPCA, 2016). En el ámbito social, contribuye a reducir problemas como el ruido, el marcaje y la percepción de insalubridad, favoreciendo la aceptación comunitaria de las colonias gestionadas. En contextos ecológicos sensibles, el CER permite adoptar medidas específicas de control y seguimiento, minimizando el impacto de los gatos en especies vulnerables. Las directrices técnicas recomiendan, en casos particulares, protocolos como confinamiento temporal o reubicación estratégica para garantizar un equilibrio entre la protección de la biodiversidad y el bienestar de los gatos (Spanish Directorate of Animal Rights, 2024).

4.2. Ventajas del CER frente a otras estrategias de control poblacional de gatos

El método CER destaca por su eficacia y ética frente a otras estrategias de manejo de poblaciones felinas:

a. Control Letal: Aunque históricamente se han utilizado métodos letales como el sacrificio para controlar las poblaciones de gatos, estos han demostrado ser ineficaces a largo plazo debido a los efectos compensatorios, como el aumento de la reproducción y la migración de nuevos individuos, aparte de extraordinariamente caros y de no ser aceptables actualmente para una buena parte de la población (De Ruyver et al., 2021; Luzardo et al., 2021; Oliveira et al., 2023; Scotney et al., 2023).

b. Reubicación: La reubicación de colonias felinas suele presentar limitaciones logísticas y éticas, además de no ser una solución real al problema de la sobrepoblación felina. Debe ser considerado únicamente un método complementario al CER y reservado para casos muy específicos, adecuadamente documentados, y como tal está recogido en las directrices sobre la aplicación de la Ley 7/2023. En caso de ser necesaria, la reubicación de gatos debe realizarse siempre bajo estrictos protocolos que garanticen la supervivencia y adaptación de los gatos en el nuevo entorno (Spanish Directorate of Animal Rights, 2024).

c. No Intervención: Desafortunadamente, la no intervención ha sido, y aún es, la principal forma de actuación en buena parte de los municipios de España. Esta inacción no solo perpetúa los problemas asociados a la superpoblación felina, sino que también agrava los conflictos sociales y el impacto ambiental, especialmente en áreas sensibles (Miller et al., 2014).

4.3. Enfoque Integral del CER

El método CER, para ser realmente efectivo, debe enmarcarse en un enfoque integral que vaya más allá de las acciones directas de captura, esterilización y retorno. Este enfoque reconoce la necesidad de combinar medidas técnicas con estrategias sociales, educativas y de colaboración interinstitucional. La educación y sensibilización ciudadana son elementos esenciales para fomentar la tenencia responsable de animales y reducir los abandonos, que constituyen una de las principales causas del crecimiento descontrolado de colonias felinas. Sin un cambio en la percepción pública sobre el cuidado y manejo ético de los gatos, cualquier intervención queda limitada en su impacto a largo plazo (Leong et al., 2024; Mameno et al., 2017).

En áreas de alta biodiversidad, como espacios naturales protegidos, el CER debe adaptarse a las especificidades del entorno. Esto implica la implementación de protocolos que minimicen la interacción de los gatos con especies vulnerables, atrayéndolos hacia zonas de alimentación creadas artificialemente en la que poderlos capturar, esterilizar y sanear (desplazamiento), y además requieren una monitorización intensiva y la eventual reubicación estratégica en casos excepcionales. Estas adaptaciones requieren no solo recursos técnicos, sino también un sólido respaldo jurídico, con armonización de las diferentes normas legales (BOE, 2007, 2013, 2023) y una coordinación eficaz entre las administraciones locales y regionales, que son responsables de la gestión de estos territorios.

La coordinación interinstitucional es otro pilar fundamental del enfoque integral. La colaboración entre departamentos municipales, entidades de protección animal, comunidades científicas y ciudadanía permite maximizar recursos, garantizar la sostenibilidad de los programas y promover la aceptación social de las intervenciones. Además, la monitorización a largo plazo de las colonias, basada en indicadores claros como la reducción de la población felina y la disminución de conflictos sociales, asegura que las estrategias implementadas sean ajustadas según las necesidades emergentes.

V. DIRECTRICES TÉCNICAS PARA LA IMPLEMENTACIÓN DEL MÉTODO CER EN ESPAÑA

La Directriz Técnica de la Dirección General de Derechos de los Animales, publicada en agosto de 2024, se presenta como un documento clave para orientar a las entidades locales y autonómicas en la implementación de programas efectivos de gestión de colonias felinas, como estipula la Ley 7/2023 (Spanish Directorate of Animal Rights, 2024). Aunque no es vinculante, este documento busca ofrecer un marco técnico unificado que facilite una aplicación coherente de la normativa en todo el país, adaptándose a las particularidades de cada territorio.

Un censo preciso de colonias constituye la base fundamental para una gestión eficaz, ya que permite identificar y geolocalizar las áreas de intervención, registrar el número de individuos presentes y clasificar las colonias en función de su impacto ambiental y social. Este análisis inicial resulta esencial para priorizar acciones en las zonas más sensibles, ya sean urbanas, periurbanas o rurales, maximizando así la eficiencia en el uso de los recursos disponibles. Además, se resalta la importancia de la participación activa del voluntariado, cuya colaboración ha demostrado ser casi imprescindible para la realización y mantenimiento continuo de estos censos, como se ha evidenciado en numerosos programas exitosos a nivel internacional (McDonald & Hodgson, 2021; Roetman et al., 2018; Spehar & Wolf, 2018).

El éxito de los programas también depende de una coordinación transversal que involucre a diversos departamentos municipales, desde sanidad y limpieza hasta urbanismo. La directriz subraya la necesidad de establecer protocolos claros que regulen la interacción con cuidadores locales, quienes desempeñan un papel crucial al garantizar buenas prácticas en alimentación y monitoreo de colonias.

Además, el método CER se perfila como la estrategia principal de control poblacional. La directriz detalla que este debe ser aplicado de manera intensiva, asegurando tasas de esterilización superiores al 80% en cada colonia antes de proceder a nuevas intervenciones (Gunther et al., 2023). También se proponen protocolos adicionales para casos específicos, como reubicación de colonias o confinamiento temporal, siempre bajo criterios éticos y técnicos.

Por último, se establece la importancia de indicadores de éxito que permitan evaluar y ajustar los programas a largo plazo. Estos incluyen la reducción del número de gatos, la disminución de conflictos ciudadanos y el impacto positivo en la biodiversidad. Este monitoreo continuo es fundamental para asegurar la sostenibilidad y efectividad del método CER, promoviendo una convivencia equilibrada entre las colonias felinas y su entorno humano y natural.

VI. CASOS DE ÉXITO Y EXPERIENCIAS PRÁCTICAS EN ESPAÑA

A pesar de que la Ley 7/2023 sólo lleva 14 meses de vigencia a la fecha de la redacción de este capítulo, el método CER ha demostrado ser una estrategia versátil y eficaz en diversos contextos, desde entornos urbanos densamente poblados hasta áreas naturales protegidas de alta sensibilidad ecológica, en todo el mundo, y también en España. Este apartado presenta dos ejemplos representativos en España: Córdoba, como modelo urbano, y La Graciosa, como caso de implementación en un espacio natural protegido. Ambos casos ofrecen lecciones valiosas sobre cómo adaptar y escalar esta metodología.

6.1. Un modelo de gestión urbana: Córdoba

La ciudad de Córdoba en España (322.000 habitantes) se ha convertido en un referente indiscutible a nivel nacional en la implementación del método CER en contextos urbanos. Este éxito radica en un enfoque metódico y escalable que ha evolucionado notablemente desde sus inicios hace cuatro años y medio. Lo que comenzó con un modesto censo de 36 colonias felinas dentro del núcleo urbano se ha transformado en un proyecto integral que abarca prácticamente todas las colonias urbanas y una gran parte de las periurbanas de la ciudad. Este crecimiento ha sido acompañado de resultados tangibles y estrategias innovadoras que han marcado la diferencia en la gestión de las colonias felinas (FdCATS, 2023).

Actualmente, el proyecto gestiona 141 colonias urbanas, donde el impacto del CER es evidente. En 77 de estas colonias, la población de gatos está en descenso gracias a porcentajes de esterilización cercanos al 100%. Otras 18 colonias han alcanzado una estabilidad poblacional con el umbral crítico del 80% de esterilización. En las colonias restantes, donde los porcentajes rondan el 60%, se concentran los esfuerzos actuales para alcanzar niveles más altos de control. Además, el programa ha ampliado su alcance a las áreas periurbanas, censando 120 colonias adicionales, incluyendo núcleos industriales, donde las acciones CER están en pleno desarrollo.

El éxito de Córdoba también se explica por su enfoque en la educación y la colaboración, tal y como recomiendan diversos autores para garantizar la implicación de la sociedad en la aceptación y gestión del problema de la sobrepoblación felina (Leong et al., 2024). Talleres de formación para cuidadores, campañas de sensibilización pública y una comunicación fluida con la ciudadanía han sido claves para lograr un alto grado de aceptación social. Esta colaboración activa entre instituciones, asociaciones y la comunidad ha permitido no solo estabilizar y reducir la población felina, sino también minimizar conflictos vecinales.

Córdoba demuestra que un enfoque integral, que combine planificación técnica rigurosa, cooperación interinstitucional y participación comunitaria, puede convertir al método CER en una herramienta efectiva y replicable para otros municipios. Este modelo de gestión no solo controla de manera ética y sostenible las poblaciones felinas, sino que también promueve la convivencia entre humanos y gatos, reafirmando su lugar como ejemplo de buenas prácticas en España.

6.2. Un modelo pionero en la gestión ética de gatos en áreas protegidas: La Graciosa

La Graciosa, enclavada dentro de la Red Natura 2000, plantea desafíos únicos para la gestión de gatos comunitarios debido a su biodiversidad vulnerable y su estatus de área protegida (BOE, 1987). En julio de 2024, se llevó a cabo una campaña de esterilización intensiva que marcó un hito en la adaptación del método CER a contextos ecológicamente sensibles. Durante esta intervención, se logró esterilizar al 81.4% de los gatos de las áreas urbanas, principalmente en Caleta de Sebo, gracias a una estrecha colaboración con la comunidad local, que fue clave para la identificación, captura y manejo de los animales. No obstante, las restricciones administrativas impidieron extender las acciones a las zonas periurbanas, limitando la tasa global de esterilización al 69.3% al cabo de tres meses (Luzardo et al., 2024).

El contexto en el que se desarrolló este proyecto no estuvo exento de tensiones. Por un lado, las normativas de conservación que priorizan la protección de especies autóctonas (BOE, 2007, 2013) chocaron con la Ley 7/2023, que promueve una gestión ética de los gatos comunitarios. Este conflicto normativo, sumado a la oposición mediática de algunos grupos ecologistas, llevó a la interrupción prematura del proyecto, evidenciando la necesidad de un marco regulador integrado que contemple tanto la biodiversidad como el bienestar animal.

Pese a estas dificultades, el caso de La Graciosa demuestra que el método CER puede ser eficaz incluso en entornos altamente regulados y sensibles, siempre que se combinen estrategias adaptativas, una monitorización continua y la participación activa de las comunidades locales. Las lecciones aprendidas en este pequeño territorio ofrecen valiosas perspectivas para diseñar intervenciones en otros espacios naturales protegidos, donde la coexistencia entre la conservación de la biodiversidad y el manejo ético de gatos comunitarios requiere un delicado equilibrio.

6.3. Claves del éxito y aprendizajes para el futuro

Córdoba y La Graciosa representan dos enfoques ejemplares en la aplicación del método CER, adaptados a contextos tan distintos como un entorno urbano densamente poblado y un espacio natural protegido con una biodiversidad altamente sensible. Estos casos dejan claras varias claves fundamentales para el éxito de esta estrategia, así como aprendizajes que pueden guiar futuras intervenciones en otros territorios.

La planificación estratégica y la escalabilidad emergen como pilares esenciales. En Córdoba, el proyecto evolucionó de un censo inicial de 36 colonias a un sistema integral que abarca la práctica totalidad de las colonias urbanas y parte de las periurbanas. Este crecimiento sostenido demostró que un enfoque gradual, respaldado por datos actualizados y objetivos claros, permite optimizar recursos y maximizar resultados.

La participación comunitaria se perfila como otro factor crítico. Tanto en Córdoba como en La Graciosa, la implicación de la ciudadanía fue clave para garantizar el éxito de las intervenciones. Desde la colaboración activa de cuidadores en la captura y monitoreo de gatos hasta las campañas de sensibilización y formación, el compromiso social contribuyó significativamente a la aceptación y sostenibilidad de los programas.

La flexibilidad y la capacidad de adaptación también son imprescindibles. En La Graciosa, la implementación del CER tuvo que ajustarse a un entorno regulado por estrictas normativas de conservación. Este caso evidenció que, para equilibrar la protección de la biodiversidad con el bienestar animal, es crucial diseñar estrategias adaptadas a las particularidades legales y ecológicas de cada territorio.

Por último, la monitorización continua y la evaluación de resultados son elementos determinantes para medir el impacto y ajustar las intervenciones. Ambos casos ilustran la importancia de establecer indicadores claros, como tasas de esterilización, reducción poblacional y disminución de conflictos sociales, para guiar decisiones informadas y mantener la efectividad a largo plazo.

VII. RETOS Y OPORTUNIDADES

El método CER, aunque ampliamente reconocido como la estrategia más ética y efectiva para gestionar colonias felinas, en España se enfrenta a retos significativos que requieren soluciones innovadoras y colaborativas. Desde las limitaciones logísticas hasta la resistencia social, cada desafío es también una oportunidad para fortalecer políticas públicas, explorar nuevas estrategias y fomentar alianzas clave.

7.1. Dificultades en la implementación del método CER

La implementación del CER no es homogénea y su éxito depende de diversos factores. Uno de los principales retos radica en la falta de recursos económicos y humanos en muchas administraciones locales, lo que limita la capacidad de realizar campañas intensivas de esterilización. Además, las normativas locales y autonómicas a menudo presentan inconsistencias que complican la armonización con leyes nacionales como la Ley 7/2023. Estas dificultades se amplifican en contextos donde las colonias están dispersas o en áreas protegidas, donde las normativas de conservación pueden entrar en conflicto con el bienestar animal.

A esto se suma la resistencia social, a menudo alimentada por percepciones negativas hacia las colonias felinas. La falta de comprensión sobre los beneficios del CER, tanto para las comunidades como para los ecosistemas, puede frenar su aceptación y limitar su efectividad. Por último, la ausencia de sistemas de monitorización sólidos dificulta la evaluación del impacto a largo plazo, un elemento crucial para justificar y mantener la inversión en estos programas.

7.2. Adaptaciones específicas para contextos complejos

En áreas periurbanas, donde convergen zonas urbanas, rurales e industriales, el CER se enfrenta a retos particulares. La dispersión de colonias y el acceso restringido a propiedades privadas requieren estrategias innovadoras, como el uso de geolocalización para mapear colonias y la colaboración con empresas locales para facilitar el acceso a polígonos industriales.

Por otro lado, en ecosistemas naturales protegidos, la necesidad de equilibrar el bienestar animal con la conservación de la biodiversidad es crítica. Aquí, adaptaciones como el confinamiento temporal, la reubicación ética y el monitoreo específico de la depredación mediante técnicas avanzadas como la genética molecular para la identificación de individuos susceptibles de reubicación pueden ofrecer soluciones efectivas (Manning et al., 2022; Plimpton et al., 2021). Estos esfuerzos deben integrarse con un marco de colaboración entre conservacionistas, veterinarios y comunidades locales (Luzardo et al., 2023).

7.3. Oportunidades para fortalecer el método CER

A pesar de estos retos, el método CER presenta una oportunidad única para avanzar hacia una gestión más integrada y efectiva. La cooperación intersectorial, que incluya administraciones públicas, asociaciones, universidades y empresas, puede generar proyectos piloto que sirvan de modelo en otros contextos. Iniciativas público-privadas también pueden facilitar la financiación y logística en entornos con recursos limitados.

En términos de políticas públicas, los aprendizajes derivados de experiencias como Córdoba y La Graciosa ofrecen una base sólida para desarrollar marcos normativos más coherentes y efectivos. Simplificar y armonizar regulaciones locales y autonómicas, así como crear incentivos para la participación de empresas y comunidades, son pasos esenciales para consolidar el CER como una herramienta estándar en la gestión de colonias.

Finalmente, la educación y la sensibilización son elementos clave para garantizar el éxito a largo plazo. Programas escolares, campañas dirigidas a la ciudadanía y la inclusión del CER en estrategias de conservación pueden transformar la percepción pública y fomentar una mayor adopción del método. Además, el fortalecimiento de la monitorización y la investigación, utilizando tecnologías avanzadas como la inteligencia artificial, puede ofrecer datos valiosos para ajustar estrategias y demostrar el impacto positivo del CER en la convivencia social y la sostenibilidad ambiental.

VIII. CONCLUSIONES Y RECOMENDACIONES

El método CER (Captura, Esterilización y Retorno) representa un cambio paradigmático en la gestión de colonias felinas en España, posicionándose como una herramienta ética y eficaz para abordar el problema de la sobrepoblación felina. Respaldado por la Ley 7/2023, este enfoque aborda tanto el bienestar de los gatos como los conflictos sociales y ambientales derivados de su presencia en entornos urbanos, periurbanos y naturales protegidos. A continuación, se presentan las principales conclusiones derivadas de su implementación, así como recomendaciones estratégicas para maximizar su impacto.

8.1. Conclusiones

El método CER ha demostrado ser una solución práctica y ética para gestionar las colonias felinas, destacando por sus múltiples beneficios. Entre las principales conclusiones destacan:

a. Efectividad en el control poblacional: El CER permite interrumpir el ciclo reproductivo de las colonias felinas, estabilizando e incluso reduciendo progresivamente sus poblaciones. Esto ha sido demostrado en contextos como el caso urbano de Córdoba y el espacio natural protegido de La Graciosa.

b. Mitigación de conflictos sociales: Al reducir comportamientos como el marcaje territorial, los maullidos y las peleas, el CER fomenta una mayor aceptación social de las colonias gestionadas, minimizando tensiones vecinales y mejorando la convivencia.

c. Compatibilidad con la conservación de la biodiversidad: Aunque no está exento de retos en espacios naturales sensibles, el CER ofrece alternativas para reducir el impacto de los gatos en especies protegidas, estabilizando y reduciendo su número mediante la esterilización, posibilitando el desplazamiento de los gatos hacia zonas menos sensibles, e incluso, en casos excepcionales mediante la reubicación ética o el confinamiento temporal.

d. Avances en el bienestar animal: Al evitar métodos letales, el CER respeta la naturaleza sintiente de los gatos y mejora su calidad de vida, incorporando cuidados básicos como vacunaciones, desparasitaciones y una monitorización continua.

e. Fortalecimiento del marco normativo: La Ley 7/2023 consolida el CER como estándar para la gestión de gatos comunitarios, alineándolo con los principios de sostenibilidad ambiental y bienestar animal. No obstante, su implementación aún enfrenta desafíos relacionados con la armonización de normativas locales y nacionales.

8.2. Recomendaciones

Para consolidar el método CER como una estrategia clave en la gestión de colonias felinas en España, es necesario abordar los retos existentes mediante acciones concretas y sostenibles. Se proponen las siguientes recomendaciones:

a. Protocolos estandarizados y adaptables: Es fundamental mantener una actualización constante de las directrices, a medida que se vayan detectando problemas no previstos, aportando soluciones y protocolos claros y unificados que sirvan como referencia para todo el territorio nacional, pero que al mismo tiempo permitan ajustes específicos según las características de cada contexto, como áreas periurbanas o espacios naturales protegidos.

b. Financiación sostenible: Garantizar recursos adecuados es esencial para la implementación exitosa del CER. Esto puede lograrse mediante fondos públicos específicos, subvenciones locales y autonómicas, y la promoción de colaboraciones público-privadas que aseguren la continuidad de los programas.

c. Armonización normativa: Se requiere una mayor coherencia entre las distintas normativas autonómicas y nacionales, especialmente en lo que respecta a la interacción entre la Ley 7/2023 y las regulaciones de conservación de biodiversidad, como la Ley 42/2007.

d. Educación y sensibilización: Las campañas dirigidas a la ciudadanía deben destacar los beneficios del CER para las comunidades y el medio ambiente, fomentando una mayor aceptación social y la participación activa en programas de gestión ética. Asimismo, incluir contenidos sobre bienestar animal en la educación escolar puede generar un cambio cultural a largo plazo.

e. Colaboración intersectorial: La creación de redes de cooperación entre administraciones públicas, entidades de protección animal, universidades y empresas es clave para maximizar recursos, compartir buenas prácticas y garantizar la sostenibilidad de los programas.

f. Innovación en monitorización e investigación: Incorporar tecnologías avanzadas, como sistemas de geolocalización, inteligencia artificial y análisis genético, puede mejorar la planificación y evaluación de las intervenciones. Además, es imprescindible establecer indicadores claros para medir el impacto a largo plazo, como tasas de esterilización, reducción de conflictos sociales y efectos sobre la biodiversidad.

BIBLIOGRAFÍA

Animais de Rua. (2024). *Trap-Neuter-Return (TNR) Manual.* Animais de Rua, Lisbon, Portugal. Disponible en: https://www.eurogroupforanimals.org/files/eurogroupforanimals/2023-08/2023-08-08-Animais%20de%20Rua%20-%20TNR%20Manual.pdf.

ASPCA. (2016). *Guide to Trap-Neuter-Return and Colony Care.* Alley Cat Allies, American Society for the Prevention of Cruelty to Animals (ASPCA), and Mayor's Alliance for NYC's Animals. Disponible en: https://aspcapro.org/sites/default/files/TNR_workshop_handbook.3.pdf.

Boone, J. D. (2015). Better trap–neuter–return for free-roaming cats: Using models and monitoring to improve population management. *Journal of Feline Medicine and Surgery* (Vol. 17, Issue 9, pp. 800–807). SAGE Publications Ltd. https://doi.org/10.1177/1098612X15594995.

Boone, J. D., Miller, P. S., Briggs, J. R., Benka, V. A. W., Lawler, D. F., Slater, M., Levy, J. K., & Zawistowski, S. (2019). A Long-Term Lens: Cumulative Impacts of Free-Roaming Cat Management Strategy and

Intensity on Preventable Cat Mortalities. *Frontiers in Veterinary Science, 6.* https://doi.org/10.3389/fvets.2019.00238.

Bushby, P. A. (2020). High-quality, high-volume spay–neuter: Access to care and the challenge to private practitioners. *Journal of Feline Medicine and Surgery* (Vol. 22, Issue 3). https://doi.org/10.1177/1098612X20903600.

De Ruyver, C., Abatih, E., Villa, P. D., Peeters, E. H. K. A., Clements, J., Dufau, A., & Moons, C. P. H. (2021). Public opinions on seven different stray cat population management scenarios in Flanders, Belgium. *Research in Veterinary Science, 136.* https://doi.org/10.1016/j.rvsc.2021.02.025.

Doherty, T. S., Bengsen, A. J., & Davis, R. A. (2015). A critical review of habitat use by feral cats and key directions for future research and management. *Wildlife Research, 41*(5), 435–446. https://doi.org/10.1071/WR14159.

FdCATS. (2023, August). *Los pilares del éxito del método CER en Córdoba.* Disponible en: https://www.fdcats.com/los-pilares-del-exito-del-metodo-cer-en-cordoba/.

Ferreira, J. P., Leitão, I., Santos-Reis, M., & Revilla, E. (2011). Human-related factors regulate the spatial ecology of domestic cats in sensitive areas for conservation. *PLoS ONE, 6*(10). https://doi.org/10.1371/journal.pone.0025970.

Finkler, H., Gunther, I., & Terkel, J. (2011). Behavioral differences between urban feeding groups of neutered and sexually intact free-roaming cats following a trap-neuter-return procedure. *Journal of the American Veterinary Medical Association, 238*(9). https://doi.org/10.2460/javma.238.9.1141.

Fundación Affinity. (2024). *Estudio Él nunca lo haría de la Fundación Affinity sobre el abandono, la pérdida y la adopción de animales de compañía en España 2023.* Disponible en: https://static.fundacion-affinity.org/cdn/farfuture/Yy4fGT4TV-fJUGY9fCJKWGqvB0yRmMqCPlYCTcEvVcI/mtime:1718631992/sites/default/files/whitepaper-abandono-2024.pdf.

Gunther, I., Hawlena, H., Azriel, L., Gibor, D., Berke, O., & Klement, E. (2023). *Reduction of free-roaming cat population requires high-intensity neutering in spatial contiguity to mitigate compensatory effects.* https://doi.org/10.1073/pnas.

Leong, K. M., Gramza, A. R., Duberstein, J. N., Bryson, C., & Amlin, A. (2024). Using applied social science disciplines to implement creative outdoor cat management solutions and avoid the trap of one-size-fits-all policies. *Conservation Biology*, e14321. https://doi.org/10.1111/COBI.14321.

Luzardo, O. P., Cecchetti, M., Martín-Cruz, B., Macías-Montes, A., & Travieso-Aja, M. M. (2024). Integrating conservation and community engagement in feral cat management: a case study from a Natura 2000 protected area. *Ecology and Society, (in press).*

Luzardo, O. P., Enrique Zaldívar, J., Travieso Aja, M. D. M., & Zumbado Peña, M. (2021). Control Efectivo De Poblaciones De Gatos En Libertad. Parte 1: Perspectiva Veterinaria. *Journal of Animal Law & Interdisciplinary Animal Welfare Studies., 7.*

Luzardo, O. P., Zaldívar-Laguía, J. E., Zumbado, M., & Travieso-Aja, M. del M. (2023). The Role of Veterinarians in Managing Community Cats: A Contextualized, Comprehensive Approach for Biodiversity, Public Health, and Animal Welfare. In *Animals* (Vol. 13, Issue 10). https://doi.org/10.3390/ani13101586.

Mameno, K., Kubo, T., & Suzuki, M. (2017). Social challenges of spatial planning for outdoor cat management in Amami Oshima Island, Japan. *Global Ecology and Conservation, 10.* https://doi.org/10.1016/j.gecco.2017.03.007.

Manning, J. A., Edwards, T., Clemons, J., Leavitt, D. J., Goldberg, C. S., & Culver, M. (2022). Scat as a source of DNA for population monitoring. *Ecology and Evolution, 12*(11). https://doi.org/10.1002/ece3.9415.

McDonald, J. L., & Hodgson, D. (2021). Counting Cats: The integration of expert and citizen science data for unbiased inference of population abundance. *Ecology and Evolution, 11*(9). https://doi.org/10.1002/ece3.7330.

Miller, P. S., Boone, J. D., Briggs, J. R., Lawler, D. F., Levy, J. K., Nutter, F. B., Slater, M., & Zawistowski, S. (2014). Simulating Free-Roaming Cat Population Management Options in Open Demographic Environments. *PLOS ONE, 9*(11), e113553. https://doi.org/10.1371/JOURNAL.PONE.0113553.

Neal, S. M., & Wolf, P. J. (2023). A Cat Is a Cat: Attachment to Community Cats Transcends Ownership Status. *Journal of Shelter Medicine and Community Animal Health, 2*(1). https://doi.org/10.56771/jsmcah.v2.62.

Oliveira, I. de A., Viana-Junior, A. B., & de Azevedo, C. S. (2023). Indoor and outdoor management for cats: inferences about the welfare and cat-caretaker relationship. *Journal of Veterinary Behavior, 60.* https://doi.org/10.1016/j.jveb.2022.12.010.

Plimpton, L. D., Henger, C. S., Munshi-South, J., Tufts, D., Kross, S., Diuk-Wasser, M., & Plimpton, L. D. (2021). Use of molecular scatology to assess the diet of feral cats living in urban colonies. *Journal of Urban Ecology*, 7(1). https://doi.org/10.1093/jue/juab022.

Roetman, P., Tindle, H., & Litchfield, C. (2018). Management of pet cats: The impact of the cat tracker citizen science project in South Australia. *Animals, 8*(11). https://doi.org/10.3390/ani8110190.

Scotney, R., Rand, J., Rohlf, V., Hayward, A., & Bennett, P. (2023). The Impact of Lethal, Enforcement-Centred Cat Management on Human Wellbeing: Exploring Lived Experiences of Cat Carers Affected by Cat Culling at the Port of Newcastle. *Animals, 13*(2). https://doi.org/10.3390/ani13020271.

Spanish Directorate of Animal Rights. (2024, August 2). *Directriz técnica de la dirección general de derechos de los animales sobre gestión de poblaciones felinas.* Spanish Ministry of Social Rights and 2030 Agenda. Disponible en: https://www.agenda2030.gob.es/derechos-animales/colonias-felinas/docs/DGDA.pdf.

Spehar, D. D., & Wolf, P. J. (2018). A case study in citizen science: The effectiveness of a trap-neuter-return program in a chicago neighborhood. *Animals, 8*(1). https://doi.org/10.3390/ani8010014.

Taetzsch, S. J., Bertke, A. S., & Gruszynski, K. R. (2018). Zoonotic disease transmission associated with feral cats in a metropolitan area: A geospatial analysis. *Zoonoses and Public Health, 65*(4), 412–419. https://doi.org/10.1111/ZPH.12449.

Trouwborst, A., McCormack, P. C., & Martínez Camacho, E. (2020). Domestic cats and their impacts on biodiversity: A blind spot in the application of nature conservation law. *People and Nature, 2*(1). https://doi.org/10.1002/pan3.10073.

Vasileva, I., & McCulloch, S. P. (2023). Attitudes and Behaviours Towards Cats and Barriers to Stray Cat Management in Bulgaria. *Journal of Applied Animal Welfare Science.* https://doi.org/10.1080/10888705.2023.2186787.

Referencias normativas

BOE. (1987). Ley 12/1987, de 19 de junio, de declaración de Espacios Naturales de Canarias. *Boletín Oficial Del Estado, de 11 de Noviembre,* Art. 270.

BOE. (2007). Ley 42/2007, del Patrimonio Natural y de la Biodiversidad. *Boletín Oficial Del Estado, de 13 de Noviembre.* https://www.boe.es/eli/es/l/2007/12/13/42/con.

BOE. (2013). Real Decreto 630/2013, por el que se regula el Catálogo español de especies exóticas invasoras. *Boletín Oficial Del Estado, de 2 de Agosto.* https://www.boe.es/eli/es/rd/2013/08/02/630/con.

BOE. (2023). Ley 7/2023, de protección de los derechos y el bienestar de los animales. *Boletín Oficial Del Estado, de 8 de Marzo.* https://www.boe.es/eli/es/l/2023/03/28/7.

Los perros de trabajo: consideraciones especiales

CARLOS ALFONSO LÓPEZ GARCÍA
EDUCAN

I. CONSIDERACIONES GENERALES PREVIAS

1.1. La coyuntura actual: el perro de compañía como estándar

Aunque la cría y presencia de perros de trabajo y utilidad ha sido muy relevante durante buena parte de la historia común de personas y perros, en los últimos aproximadamente ciento cincuenta años los perros han ido incorporándose cada vez más a nuestros hogares con el rol principal, cuando no exclusivo, de compañeros amigables: eso que se define legalmente como *animal de compañía*. En consecuencia, una parte mayoritaria de la cría y selección canina actual se hace atendiendo principalmente a criterios morfológicos, el aspecto, y, a nivel de carácter, buscando perros amigables, muy dóciles, adaptables y relativamente tranquilos, buscando hacer fácil su manejo y la convivencia cotidiana con personas.

Conocer, definir y diferenciar a los perros de trabajo como población es importante, pues actualmente se piensa, escribe y legisla en buena medida sobre los perros en base al perfil medio de los perros de compañía, en parte porque son los que tienen más presencia y actividad en los entornos humanos que todos compartimos, los que más se han integrado en nuestro día a día. Pero, además, sucede que el compromiso y cariño profundo que sienten hacia los perros de compañía un gran número de personas les coloca fácilmente como la imagen misma de lo que es un perro, dejando fuera de foco a los que no lo son o a los que, siéndolo, tienen características y/u ocupaciones muy diferenciadas y que requieren atención específica para garantizar su bienestar y buen desempeño entre nosotros.

1.2. Los perros de trabajo

Pese al auge mayoritario del perro como animal de compañía, se ha mantenido siempre una población muy abundante y estable de (1) perros que realizan labores de ayuda y colaboran en diferentes actividades con y para las personas, actividades que ni mucho menos están recogidas por completo en la legislación, así como de (2) perros que se crían principalmente por sus capacidades para trabajar, lo que puede implicar características comportamentales complejas de gestionar y que no tienen existencia legislativa diferenciada de los criados como animales de compañía.

Estos dos grupos -perros que trabajan y perros criados para el trabajo- no son estrictamente la misma población, aunque haya superposiciones y un gran número de sujetos forme parte de ambos. Siempre habrá perros criados por sus capacidades para trabajar que no lo hagan finalmente y otros que, sin provenir de la cría especializada, realicen alguna de estas tareas, siendo la suma de estos dos grupos la que determina la población real de perros de trabajo que necesitaría de consideraciones especiales a nivel normativo. Máxime cuando también son potenciales animales de compañía, que se moverán con y entre nosotros, por nuestras ciudades, parques y otros espacios públicos: porque todos los perros de trabajo pueden ser perros de compañía, pero no todos los perros de compañía tienen las características o cumplen las labores de los perros de trabajo.

1.3. Cómo se ha regulado a los perros de trabajo

En el momento de redactarse este texto (y, de hecho, es la causa de su existencia) existe una gran efervescencia legislativa respecto a los animales y muy concretamente a las especies que más cercanas viven al hombre, encabezadas por los perros. La necesidad de incorporar nuevas sensibilidades y formas de entender a los animales, la evolución en nuestra relación con ellos y los diferentes roles que toman en nuestras vidas así lo demandan.

Los perros son complejos de legislar, para darse cuenta de eso no hace falta ser un especialista: su dimorfismo que nos lleva de perros desde menos de cinco kilos hasta otros que superan el peso de un hombre, la necesidad de que transiten y usen espacios públicos de manera regular, compartiéndolos con las personas de una forma impensable para cualquier otra especie doméstica, la diversidad de caracteres que hemos seleccionado, no menor que la física les convierten en una población mucho menos homogénea y mucho más interactiva con nuestra sociedad que la del resto de animales de compañía.

Los perros de trabajo constituyen una realidad consolidada que requiere atención legislativa específica por diferentes motivos. Por un lado, en muchos casos estos perros se mueven, circulan y están en los espacios privados y comunes de una forma muy diferente que el resto de la población canina y podrían tener tendencia a interactuar con las personas o con otros animales de una forma particular. Por otro lado, los perros criados y seleccionados para algunas tareas pueden mostrar características comportamentales complejas de gestionar y potencialmente problemáticas para determinados entornos cotidianos.

Una complejidad añadida viene del hecho que los perros de trabajo son destinados a múltiples labores utilitarias sin que un gran número de ellos pierdan su condición de animales de compañía para las personas que les emplean en estas actividades. Es decir: los perros de trabajo no son animales de producción. La población de perros de trabajo, realmente muy abundante y diversa, corre un riesgo serio de quedar en una "tierra de nadie" entre legislaciones pensadas para animales exclusivamente de compañía y otras dedicadas a los animales de producción.

La regulación actual surge desde dos vías: la primera a través de algunas normativas *ad hoc* para alguna subpoblación de perros de trabajo, desarrollada al legislarse la realidad en la que se insertan, como sucede con los perros de asistencia, que deben acompañar a sus usuarios para realizar su tarea, y que se han incluido en diferentes legislaciones de accesibilidad, o con los perros de caza, a los que se atiende en las diferentes regulaciones de esta actividad. Esto también ha sucedido con otras subpoblaciones específicas, pero siguen siendo muchísimas las labores de ayuda y colaboración de los perros de trabajo con las personas que no tiene normativa oficial de ningún tipo.

La otra vía ha implicado contemplar la singularidad del perro de trabajo cuando se legisla al conjunto de los perros. Este camino es más complejo y, a su vez, se subdivide en otras dos posibilidades. Se pueden detallar condiciones especiales para algunas subpoblaciones de perros de trabajo o se pueden excluir a otras de la legislación general. Así ha sucedido en España, donde la primera ley nacional de protección de los derechos y el bienestar de los animales ha incluido consideraciones especiales para perros de seguridad, guarda del ganado y otros, pero también ha excluido a perros de caza y deporte de su ámbito de aplicación, remitiéndoles a normativas específicas del primer tipo. De resultas, tenemos un afrontamiento legal del perro de trabajo demasiado inespecífico, que deja fuera a gran cantidad de subpoblaciones, pues el legislador sólo conoce la existencia y necesidades especiales de aquellas que tienen una representación con la fuerza, habilidad o suerte de exponer su caso concreto y ser escuchadas.

1.4. Conocer para regular

Legislar un fenómeno de manera colateral o como excepciones a una norma general es una vía muerta si se aspira a gestionarlo y responder a su realidad de manera eficaz y amplia. Quien regula debe conocer suficientemente lo regulado. Legislar parcialmente ahonda en una perspectiva incompleta y sesgada de la realidad y necesidades de los perros de trabajo, generando incluso la falsa sensación de estar regulándolos con eficacia. Es la aspiración expresa de este trabajo ofrecer herramientas y un marco conceptual suficiente para conocer a los perros de trabajo y su coyuntura general.

Para empezar, es necesario definirlos correctamente para acotar su población, necesidades y problemática, una vez definidos los clasificaremos en subtipos que nos permitan perfilarlos efectiva y sencillamente. Tras esto aún no sabremos lo suficiente sobre ellos, hemos de estudiar algunos de los aspectos determinantes y diferenciales de los perros de trabajo y su coyuntura: el (1) ámbito de su cría y selección, sus (2) características físicas, cognitivas, emocionales y sociales específicas, aquellas que no son comunes con los perros que se crían como animales de compañía, las (3) pruebas y herramientas de evaluación para sus capacidades diferenciales, así como (4) las entidades que organizan y regulan estas pruebas. Estas coordenadas permiten analizar y encuadrar muy exactamente qué es un perro de trabajo, cuál es la realidad de su encaje en nuestro mundo actual y qué cosas podemos hacer para trazar, mejorar y -en caso de ser necesario- controlar dicha realidad.

II. ¿SABEMOS QUÉ ES UN PERRO DE TRABAJO? DEFINIR PARA EMPEZAR

Los términos “perro de trabajo”, “perro de utilidad” e incluso “perro de deporte” son intuitivamente conocidos o inferidos con facilidad por la mayoría de personas que tienen un mínimo de relación con el mundo canino, incluso por muchos neófitos. Sin embargo, si pedimos una definición exacta, operativa y que tenga utilidad como herramienta de clasificación objetiva veremos que incluso los profesionales y expertos más cualificados tienen dudas a la hora de dárnosla.

Los perros de trabajo deben ser definidos con objetividad y exactitud si queremos conocerlos como población diferenciada de cara a legislar sobre ellos, regular sus condiciones de vida y lo que es aceptable o no pedirles durante sus labores, ofrecer pautas de convivencia, tenencia y educación específicas, recomendar determinadas actividades como saludables y generadoras de bienestar o ser precavidos con otras que pudieran generarles problemas más adelante a ellos, otros animales, o a nosotros, las personas.

Definir al perro de trabajo y conocer los aspectos concretos que lo diferencian del resto de los perros no es un tema menor o de interés puramente académico: es necesario para que cualquier medida, estudio o propuesta de trabajo resulte eficaz y pueda llegar a la práctica totalidad de esta población canina en particular.

Cualquier intento de ofrecer una definición -y hacer propuestas consecuentes- debe considerarse como exitoso en base a dos criterios: (1) su utilidad como herramienta que nos permita saber de forma objetiva cuándo un perro debe ser considerado de trabajo y (2) la operatividad que tenga el concepto para ser aplicado por quienes lo necesiten. Si cumple estos dos parámetros, la definición que manejemos será buena, esto no quiere decir "definitiva", "irrechazable" ni "inmejorable". De hecho, cualquier definición de calidad puede ser tomada como punto de partida a partir del cual realizar un proceso de afinado y mejora constante. Pero, sobre todo, ha de ser útil para trabajar, publicar y debatir sobre los perros de trabajo, sus necesidades y su realidad. Proponemos la siguiente:

Son perros de trabajo por una parte (1) todos aquellos -se hayan seleccionado y criado para ello o no- que realizan alguna labor de ayuda o complemento para alguna actividad humana que tiene una finalidad práctica objetiva más allá de la mera relación entre el perro y algún sujeto. También son perros de trabajo (2) todos aquellos que se han criado y seleccionado única o principalmente por sus cualidades para desempeñar cualquiera de las labores de ayuda o complemento antes mencionadas -las lleven a cabo o no- y cuyo carácter típico implica tendencias y necesidades comportamentales específicas que son diferentes de las de un perro de compañía, pudiendo generarse problemas de encaje o relación con su entorno de no ser atendidas adecuadamente.

Esta definición cubre a toda la población de perros de trabajo que requieren atención diferenciada, pues implica a todos los que trabajan y por tanto deben ser cuidados en todo lo relacionado con el desempeño de su tarea, pero de los criados para el trabajo que pudieran no trabajar, excluye a aquellos cuyo carácter y forma de estar en el mundo no es sustancialmente diferente de la de los perros de compañía. Así, un perro seleccionado para la guarda que no ejerciera esta labor podría ser complicado de tener como animal de compañía por su tendencia a rechazar a personas extrañas y deberíamos incluirle en la población de perros de trabajo, sin embargo un Golden Retriever criado con el objetivo de ser perro de asistencia para personas en situación de discapacidad, pero que no ejerce esta tarea, no tiene un carácter ni necesidades comportamentales diferentes a las de un perro de compañía, quedaría excluido de la población de perros de trabajo de acuerdo con esta definición, evitando caer en sobrerregulaciones.

III. ¿QUÉ TIPOS DE PERROS DE TRABAJO EXISTEN? CLASIFICAR PARA OPERATIVIZAR

Definir es necesario, pero insuficiente para mapear al perro de trabajo. Hemos de clasificarlos en tipos diferenciados, con distintas necesidades, casuística y encaje en nuestra sociedad, con esto podremos ubicar al total de nuestra población de interés.

La clasificación más obvia sería aquella que hace una lista de todas y cada una de las tareas que llevan a cabo los perros de trabajo, esto resultaría en una clasificación demasiado extensa y que probablemente no sería exhaustiva. Ni siquiera los especialistas en perros podríamos conocer todas y cada una de las actividades para las que se les emplea, y surgen nuevas de manera continua. Creo que la mejor clasificación es la que pueda caracterizar las diferencias sustanciales de los perros de trabajo con el menor número de divisiones en categorías. Yo propongo una con tres categorías.

He elegido, bastante libremente, los términos: *perro de servicio, perro de utilidad* y *perro de deporte* para nombrar a los tres tipos de perros de trabajo que podemos encontrar, el primero *perro de servicio* es el que puede resultar más chocante a algunos lectores, pues se ha usado en muchas ocasiones como sinónimo de *perro de asistencia*: un perro que ayuda a una persona con alguna discapacidad. Aquí lo he usado con su sentido más amplio de perro que trabaja y/o ha sido seleccionado para ofrecer cualquier tipo de servicio a la persona que le guía y a la que acompaña durante la realización de su labor.

Serían perros de servicio *todos aquellos que realizan alguna (1) labor de ayuda o complemento a alguna actividad humana que (2) requiere de cualidades físicas y comportamentales específicas, llevando a cabo dicha labor (3) de forma coordinada y subordinada a su guía. También todos los perros criados y seleccionados para estas labores cuando su perfil comportamental se aleja sustancialmente del de un perro de compañía.*

Por tanto, entrarían en esta definición desde los perros de asistencia a los de búsqueda de drogas, pasando por los de caza o pastoreo: todos los que trabajan al lado de una persona y bajo su dirección e indicaciones. Pero también razas y/o líneas de cría como los pastores belgas malinois, los border collies de trabajo, una gran cantidad de razas seleccionadas para la guarda y otras razas o cruces con temperamentos específicos para su labor y muy alejados del de un perro de compañía.

Perro de utilidad por su parte suele usarse como sinónimo de perro de trabajo, aquí lo he empleado para referirme a los perros que llevan a cabo su labor sin necesidad de la presencia y guía de las personas que pueden aprovechar su tarea. Por ejemplo, perros de guarda de propiedades, perros ratoneros en instalaciones, perros de guarda del ganado

Serían perros de utilidad *todos aquellos que realizan alguna (1) labor de ayuda o complemento a alguna actividad humana que (2) requiere de cualidades físicas y comportamentales específicas, llevando a cabo dicha labor (3) de forma autónoma respecto a las personas que se benefician de ella, sin requerir ni siquiera su presencia. También todos los perros criados y seleccionados para estas labores cuando su perfil comportamental se aleja sustancialmente del de un perro de compañía.*

Perro de deporte es la última de las categorías en las que he dividido el concepto general de perros de trabajo, pues los deportes cinófilos son una actividad popular, en crecimiento, que pone a los perros en situaciones muy exigentes que deberían ser vigiladas y, además, estos deportes tienen una relación directa y profunda con la selección y cría de perros de servicio.

Serían perros de deporte *todos aquellos que practican, (1) bajo la dirección de una persona que le guía y dirige, algún (2) reglamento deportivo cinófilo que (3) prima y potencia un carácter, físico y temperamento que les permiten disfrutar y realizar eficientemente los ejercicios recogidos en dicho reglamento. También todos los perros criados y seleccionados para alguno de estos deportes cuando su perfil comportamental se aleja sustancialmente del de un perro de compañía.*

Luego veremos que, aunque a nivel operativo el perro de servicio y el de deporte tienen un perfil comportamental común, debemos diferenciarlos porque los de deporte viven mayoritariamente como animales de compañía, mientras que muchos de los de servicio viven en instalaciones profesionales. Además, no es lo mismo hacer excepciones legales para un perro que está realizando un servicio de ayuda en la vía pública que para un perro que únicamente compite en un deporte, en un lugar específico para ello y no en espacios públicos, no teniendo dicha actividad un fin posterior de ayuda para las personas.

IV. LAS COORDENADAS QUE ENCUADRAN A LOS PERROS DE TRABAJO

4.1. La cría selectiva: un poco de historia

Desde hace miles de años, el ser humano ha encontrado que los perros eran ayudantes eficaces en diferentes tareas, desde vigilar por las noches mientras dormíamos, hasta colaborar en la caza. Estas situaciones en las que la conducta canina nos era útil probablemente surgieron de manera espontánea: los perros que dormían cerca de nosotros porque les alimentábamos con nuestras sobras, al tener el sueño más ligero que el nuestro, se despertaban y ladraban rápidamente ante cualquier intrusión, alertándonos, pero el interés de dichas conductas para nuestro beneficio nos ha llevado a ir ampliándolas y potenciándolas conscientemente.

Empezamos a criar perros seleccionando, tanto a nivel físico como temperamental, aquellos que mostrasen las mejores características para realizar cada uno de los trabajos de ayuda a los que serían destinados: perros especialistas en mostrar la caza, en cobrarla en agua, en introducirse en madrigueras para perseguir allí a diferentes animales, perros de guarda, de pastoreo, de rescate, de búsqueda de sustancias...

Esta es la primera de las coordenadas que debemos considerar en el perro de trabajo, y la que lleva a incluir en su definición y categorías a perros que se han criado para el trabajo, pero no lo ejercen, pues muchos perros de ellos mostrarán tendencias comportamentales derivadas de su selección que pueden alterar su forma de relacionarse, transitar y vivir con las personas respecto a la media del perro seleccionado únicamente por su morfología y un carácter óptimo para ser un animal de compañía, que es el que se toma muchas veces como patrón.

Debe entenderse que las cualidades que hacen óptimo a un perro para una labor concreta pueden dificultarle gestionar determinados ambientes o situaciones, o, como mínimo, requerir un proceso de entrenamiento y educación específico para hacerlo: algunos perros seleccionados para la guarda pueden ser menos amigables con personas desconocidas, otros seleccionados para la caza ser más difíciles de manejar en el campo. Sin embargo, otras cualidades buscadas y seleccionada en otros perros de trabajo, como ser muy sociables, cuidadosos y estables emocionalmente, cosas que deben caracterizar al perro de asistencia, no solo no suponen problemas cuando no trabajan, sino que les hacen más aptos como perros de compañía. A nivel legislativo no tendría sentido incluir a este tipo de perros como "de trabajo", salvo que realmente trabajaran.

Los fuertes innatismos de los perros de trabajo suponen una realidad que no puede ser desatendida en una sociedad donde muchos convivirán con nosotros y compartirán nuestro entorno, dándose la situación de que bastantes de ellos nunca llegarán a desempeñar aquella labor para la que se seleccionaron, no encontrando un marco donde desplegar estos innatismos que hemos potenciado y seleccionado, lo que se ha vinculado en determinados casos con problemas de convivencia (hiperpredación, rechazo activo a personas o animales ajenas al núcleo familiar), problemas que podrían llegar a ser graves. Es por esto por lo que resulta central abordar el concepto de perro de trabajo incluyendo su cría y no limitarnos a intentar cubrir a aquellos perros que trabajan efectivamente.

4.2. El perfil físico, emocional, cognitivo y social de los perros de trabajo

La selección, potenciación y fijación de características especiales para realizar determinados trabajos tiene implicaciones más allá de mejorar los resultados en la labor deseada, y definirá su perfil de características físicas, cognitivas, emocionales y sociales.

Porque no seleccionamos únicamente las características más especializadas que hacen a un perro eficiente en un trabajo concreto: que proteja la propiedad, que su olfato se afine, que tenga temperamento para enfrentarse a un delincuente..., sino un gran número de cualidades adicionales que le hacen susceptible de ser entrenado y aprovechado en la labor para la que deseamos dedicarle. Estas cualidades son más genéricas, resultando comunes para la mayoría de los perros de servicio y deporte por un lado y de utilidad por otro.

Los perros de servicio y deporte -aquellos que realizan su labor de manera coordinada con una persona- normalmente muestran un nivel muy alto de energía que les permitirá mantenerse operativos con conductas intensas durante el tiempo necesario para realizar su trabajo. También suelen mostrar la necesidad, el deseo, de afrontar y resolver problemas exigentes, lo que les hará más eficaces ante las diferentes situaciones que puedan encontrar. Además, suelen tener un gran entusiasmo por la comida y los juguetes que usaremos para entrenarles, esto les pueda hacer más impetuosos o posesivos cuando aparecen en escena estos elementos.

Respecto a su relación con las personas, se ha observado que los perros de servicio tienen más tendencia a mirar y buscar apoyo e información de su guía frente a labores concretas que otros perros, suelen ser más demandantes de atención, mostrando un gran apego y deseo de hacer cosas en conjunto con sus personas de referencia. La selección les cambia, también en el plano social, y estos cambios determinan las características y tendencias de la población.

A nivel emocional, existe evidencia de que muchas razas de servicio y deporte son más activas e impulsivas que otras razas. Esto no es secundario, pues se ha propuesto que la impulsividad está relacionada con potenciales respuestas agresivas, de miedo y con comportamientos compulsivos. Y, puesto que una gran cantidad de perros de trabajo son grandes y fuertes, esto se vuelve aún más relevante. De hecho, este tipo de perros parece lesionarse más que la población general canina, si bien es difícil afirmar si es por esta impulsividad y gran energía o por el entrenamiento y desempeño de sus tareas. En todo caso, sea una u otra cosa, es algo a tener en consideración al legislarlos.

Lo anterior da lugar a que muchos perros de servicio y deporte sean muy enérgicos, resultando bastante excitables cuando no se les dan cosas que hacer, pudiendo adaptarse mal a un estilo de vida sedentario, llegando incluso a mostrar problemas de comportamiento o encaje social cuando no se cubren sus necesidades de actividad. Tanto es así, que ha comprobado que, incluso dentro de una misma raza, las líneas criadas para servicio/deporte y las criadas en base a su morfología tienen diferencias comportamentales significativas, siendo más impulsivas y activas las de trabajo y que pueden ser más similares a nivel comportamental dos razas diferentes, seleccionadas en base a morfología que dos líneas de perros dentro de la misma raza, una seleccionada por morfología y otra por sus cualidades de trabajo.

Por su parte, los perros criados para trabajar de manera autónoma, los que hemos llamado *de utilidad*, suelen ser independientes, tienden a evaluar y resolver las situaciones por sí mismos. También mantienen su atención en la tarea de manera continuada, frente a los perros de trabajo y deporte, a quienes les indicamos cuándo empiezan a trabajar y cuándo han terminado, los perros de utilidad están siempre pendientes de aquellas cosas que puedan señalarles que deben actuar. Como la mayoría de estos perros hacen labores de guarda o control de plagas, su labor tiene que ver con conductas que serían inaceptables de dirigirse a las personas o animales inadecuados, por lo que estos innatismos se deben controlar y gestionar cuando viven con -y entre- nosotros como animales de compañía o, simplemente, han de moverse y estar con frecuencia en espacios públicos. No suele ser complejo lograrlo, pero es un elemento que ha de considerarse al planificar su educación y, quizá, regular su tenencia. Además, las razas de guarda se han seleccionado a nivel morfológico para que sean perros realmente muy grandes y fuertes, con poderosas mandíbulas, lo que añade riesgo a cualquier problema de agresión.

4.3. Los reglamentos, las pruebas de trabajo y los deportes cinófilos: un medio que se ha convertido en un fin (y en un remedio)

La cría selectiva de los perros de trabajo, en especial la de los perros de servicio, ha requerido la creación de mecanismos para evaluar sus capacidades, objetivizando y controlando la calidad de los reproductores. Los principales de entre estos mecanismos son los reglamentos y pruebas de trabajo, que plantean ejercicios que el perro debe hacer bajo la guía de una persona para comprobar fehacientemente la existencia y la calidad de las cualidades necesarias para cada tipo de trabajo.

Las pruebas de trabajo han ido ganando popularidad, hasta haberse vuelto hoy día muy competitivas, siendo para muchas -la mayoría- de las personas que participan en ellas un fin en sí mismas y no únicamente un medio de selección, dando lugar a que los diferentes reglamentos se hayan convertido en deportes con perro, donde se compite para alcanzar los primeros puestos.

La popularización de las pruebas de trabajo tiene consecuencias, por un lado, sirven a su fin inicial: perpetúan y potencian una cría que selecciona perros aptos para diferentes tareas, logrando con su popularidad que se disponga de una cabaña suficiente y con gran diversidad genética para cubrir la demanda que podamos tener: cuerpos del estado, rescatistas, detección de plagas, localización de especies invasoras o en recuperación se nutren de perros que han sido seleccionados a través de estos reglamentos.

Por otro lado, los perros muy activos, aquellos que demandan hacer cosas junto a su familia humana, los que necesitan desplegar sus innatismos más intensos para mantenerse equilibrados, encuentran en estas pruebas una forma de enfocar su energía coordinándose con su persona de referencia y, muy importante, dejándose dirigir y guiar por ella mientras lo hace. Esto permite que perros que podrían ser difíciles de manejar o generar problemas de comportamiento, encuentren en las diversas pruebas de trabajo una actividad divertida, educativa y saludable, resultando en una actividad interespecies que las personas pueden practicar con sus perros. Tanto es así que existen publicaciones, si bien aún no muy consistentes, que reflejan un nivel significativamente más alto de bienestar en los perros de razas de trabajo que practican alguno de estos reglamentos frente a aquellos que no lo hacen.

La práctica de estos reglamentos es un factor que puede reducir e incluso eliminar los problemas de comportamiento asociados a la impulsividad y a los altos niveles de energía en los perros -seleccionados y criados para el trabajo o no- además de mejorar su manejabilidad y el control que se tiene sobre ellos, resultándoles divertidos y satisfactorios, lo que los convierte en una herramienta óptima de cuidado, salud y seguridad pública.

4.4. Las entidades que tutelan a los perros de trabajo

Uno de los problemas de legislar a los perros de trabajo es que hoy día ¡¡realizan muchísimas tareas diferentes!! Es prácticamente imposible aspirar a una regulación detallada para cada una de ellas, por eso en este texto hemos buscado clasificarlos de manera sencilla, de forma que se abarque a toda la población con una estructura de análisis genérica, pero suficientemente adaptada a sus diferentes tipos. Esto sería adecuado y correcto, pero podemos afinar mucho más a través de un agente intermedio: las entidades que seleccionan, evalúan, certifican y tutelan a los perros de trabajo.

La práctica totalidad de perros de trabajo y deporte tienen por detrás entidades que vigilan su cría, la evaluación objetiva de su calidad, la seguridad de su entrenamiento y su certificación como perros de trabajo o deporte operativos y en activo. Como hemos mencionado al hablar de los reglamentos de trabajo, estas entidades tienen normativas internas para regular estos aspectos: exigencias de pruebas de salud y temperamento para poder criar o participar en estas actividades, reglamentos para comprobar la calidad del ejemplar adulto, normativas de bienestar para su cuidado, entrenamiento y tenencia, certificados del nivel de trabajo alcanzado Ya sean entidades públicas, como las Fuerzas y Cuerpos de Seguridad del Estado, o privadas, como las asociaciones de criadores, los clubes de raza, las entidades de trabajo deportivo con perro o, incluso, las asociaciones de usuarios de cada diferente tipo de perro de trabajo, todas ellas tienen normativas respecto al tipo o tipos de perro o perros que tutelan.

Es cierto que muchas de estas normativas son antiguas, que algunas de ellas pueden objetualizar al perro y plantear mínimos de cuidado por debajo del nivel de bienestar que la legislación y el sentir popular demanda, pero es un valioso punto de partida sobre el que trabajar, de forma que aprovechemos esta labor previa de las entidades para lograr un último nivel de detalle, ajustándonos a cada especialidad desde su propia normativa.

Las entidades tutelares de los perros de trabajo son un actor necesario para llegar a todos ellos, esto se puede lograr imponiendo una regulación general suficiente y dejando que cada entidad se adapte como pueda o luche por ser considerada una excepción con la fuerza que cada una de ellas pueda tener, o bien ofreciéndoles una serie de pautas y guías para adaptar su normativa interna a la legislación general.

Tengo la convicción de que, aunque esta forma de proceder implica algo más de trabajo inicial para el legislador, merece la pena, porque estas entidades pueden mostrar ante sus socios o responsables que son parte del proceso y que tendrán la posibilidad de terminar de reajustar las pautas generales a sus casos particulares, convirtiéndose en colaboradores expertos que ayudarán a que el resultado no solo sea más ajustado, sino que se acepten e implementen los cambios de manera mucho más rápida y proactiva por parte de los tenedores de perros de trabajo. El tiempo que se ahorra evitando que estas entidades —algunas de ellas muy relevantes y con gran capacidad de movilización— busquen el choque frontal con el legislador junto a la calidad, finura, aceptación y éxito de la regulación si son parte del proceso, justifican sobradamente el esfuerzo inicial de crear guías de adecuación, que más que un gasto de tiempo deberán considerarse una rentable inversión que en el medio plazo supondrá ahorro de tiempo y mejora de resultados.

V. LEGISLAR LOS PERROS DE TRABAJO

Con lo visto hasta ahora conocemos las posibilidades de lo que puede ser entendido como un perro de trabajo, abarcando a toda la población y su casuística de forma completa, suficiente y eficaz para pensar en cómo regularla.

Resumiendo mucho, para empezar a pensar en qué y cómo legislar esta población de manera realista e integral tenemos que considerar a los perros de trabajo como (1) todos aquellos que se han seleccionado para tareas concretas de servicio/deporte y utilidad, las realicen o no, cuando dicha selección haga que sus tendencias comportamentales sean muy diferentes a la de los perros de compañía, y también a (2) todos aquellos que se destinan a labores de trabajo, utilidad y deportes cinófilos, se hayan seleccionado y sean aptos para dichas labores o no.

Para legislar al perro de trabajo en conjunto, es necesario considerar un mínimo de cuatro ejes, dos muy específicos y evidentes y otros dos que serían transversales a todos los perros, pero que adquieren una significación propia y una mayor relevancia en esta población concreta.

5.1. Condiciones de desempeño de su actividad

En primer lugar y como elemento más urgente hemos de considerar cómo se garantizan la seguridad y el bienestar de los perros de trabajo (se hayan seleccionado o no para lo que hacen) durante y donde realizan estas actividades.

Tanto el ámbito del trabajo como la parte del deporte más competitiva son espacios proclives al abuso y al resultadismo, a poner a los sujetos exclusiva o principalmente en función de su producción y logros, esto pasa incluso con nuestra especie, con más facilidad sucederá con los perros. Además, no se debe olvidar que quienes les representamos como expertos tenemos intereses implicados, los sesgos son inevitables, por muy inconscientes que sean y por buena que sea nuestra voluntad.

Este es el aspecto aparentemente más complejo, por las múltiples tareas y deportes que se realizan con perros en entornos y con condiciones muy diferentes. Legislar cada uno de ellos sería extenuante y poco práctico, máxime cuando las entidades que realizan estas actividades suelen tener legislaciones internas específicas y afinadas, pues conocen mejor que nadie las necesidades y riesgos que implica cada especialidad.

Lo más viable es poner el foco legal en los tres tipos de actividad que hemos descrito, lo que nos daría dos categorías diferenciadas:

a. Perros de servicio y deporte, que acompañan a su guía durante su labor, por lo que están vigilados y no viven en el lugar donde trabajan, sino que van allí de manera ambulatoria. En esta categoría, debemos vigilar la edad a la que se les incorpora al trabajo y la de su retirada, la calidad de su transporte, el equipamiento necesario para el desempeño seguro de su labor, los tiempos de trabajo y la atención mínima que han de recibir durante su jornada (hidratación, pausas). En el caso de los perros de servicio tendríamos que añadir sus necesidades de acceso y libertad de acción en lugares normalmente vedados a perros de compañía. Habría un punto adicional que es interesante señalar: las condiciones límite donde pueden ser empleados (desde temperatura hasta condiciones del terreno), que es demasiado específico de cada tipo de trabajo como para ser afrontado de manera general y nos debe remitir a ofrecer guías de adecuación de las normativas internas de cada entidad al objetivo legislativo general, por ejemplo: puede ser una buena idea obligar a la inclusión de una definición objetiva de dichas condiciones límite en los reglamentos y normativas que rijan cada especialidad.
b. Perros de utilidad, al desempeñar su labor de manera autónoma y, en muchos casos, vivir en el lugar donde lo hacen, los perros de utilidad requieren más atención en este punto y, en algunos aspectos, encontraremos fronteras difusas ¿a qué edad empieza a trabajar o se jubila un mastín que se cría desde cachorro con las ovejas y vive siempre con ellas en el lugar donde ejercerá

su tarea? Al hablar de perros de utilidad es imperativo garantizar no solo la seguridad del perro, sino de terceros: personas, otros perros u otros animales. Son necesarias vallas y límites físicos de calidad con pautas de mantenimiento suficientes para evitar su deterioro, pero, por la situación de permanencia en el lugar de trabajo, se hace necesario también asegurar lugares adecuados de descanso, alimentación y agua fresca para el perro, así como revisiones veterinarias específicas para detectar problemas relacionados con la tarea del perro (un perro que caza ratones podría tener parásitos, uno de guarda dañarse al acometer a extraños contra la valla de la propiedad). Aunque en este punto no existe tanta variabilidad en las condiciones de trabajo como en el anterior, una vez detectadas estas necesidades genéricas, se debería ofrecer a las diferentes entidades que representan a los usuarios de perros de utilidad una herramienta de ajuste de sus normativas internas a estos parámetros, logrando un entorno adecuado específico para cada tarea.

5.2. Trazabilidad de perros en activo y de perros seleccionados para el trabajo que no están en activo

La trazabilidad de los perros de trabajo tiene una doble vertiente, el seguimiento de los perros en activo, sean de trabajo, deporte o utilidad, conociéndose cambios de titularidad y nuevas condiciones de su labor en caso de que cambien, y el seguimiento de los perros seleccionados para el trabajo, lo realicen o no, cuyo carácter difiera mucho del de los perros de compañía y requiera atención.

En el caso de los perros en activo se debería garantizar, muy en especial con los de utilidad que suelen vivir donde trabajan, su idoneidad para la labor que desempeñan. Esto es complejo y probablemente requiera cambios estructurales y de mentalidad, pues muchos perros de utilidad estan vinculados con sectores que entienden al perro de una forma más tradicional y utilitarista, no teniendo como referencia al animal de compañía y siendo menos sensibles a los enfoques centrados en el bienestar de los perros. Además, esta es una población compleja de censar y seguir. No obstante, señalar las dificultades coyunturales y prácticas de evaluar la idoneidad de los perros de utilidad no cambia la realidad de que son perros cuya vida está completamente condicionada por su tarea, por lo que sería necesario garantizar legalmente que será una vida disfrutada y con bienestar suficiente.

También existe una subpoblación de perros seleccionados para el trabajo que, al no estar en activo, no son considerados como tales y no se les traza como perros de trabajo. Sin embargo, algunas de sus características pueden ser complejas e incluso problemáticas cuando no realizan tarea alguna o no reciben una educación que las tiene en cuenta. Trazar a todos los perros seleccionados para el trabajo, lleguen a estar en activo o no, seleccionados con estas tendencias comportamentales, nos permitiría tener datos fiables del comportamiento real de esta población, pudiéndose recomendar pautas convenientes para evitar la aparición de los antedichos problemas y facilitando que sean perros felices y seguros en su convivencia entre nosotros. Obviamente, este es un punto que se vería facilitado enormemente por la colaboración con las diferentes entidades que tutelan a los perros de trabajo, pues muchas de ellas no solo trazan al perro desde su nacimiento, sino que conocen perfectamente los momentos y lugares donde se trabaja con ellos.

5.3. Condiciones de convivencia y tenencia

Esto ya está abordado en los perros de utilidad, que viven en el espacio donde trabajan, pero los perros de servicio y deporte no lo hacen. Muchos de ellos viven como animales de compañía durante su tiempo no laboral, y se les debe aplicar la legislación correspondiente. Otro gran grupo, sobre todo de perros de utilidad, vive en instalaciones específicas, que deben cumplir con la legislación de núcleos zoológicos que les corresponda que, sin embargo, podría no ser suficiente para garantizar su bienestar. Las patologías comportamentales, como estereotipias, automutilaciones u otros desarreglos emocionales que sufren los perros de trabajo alojados en perreras son bien conocidos por todos los profesionales del sector y, pese a los nuevos conocimientos que se han ido incorporando al entrenamiento, no se han conseguido desterrar.

Los diseños de las habitaciones caninas, con mayor aislamiento de estímulos excitantes, los programas de enriquecimiento ambiental y, en general, la adopción de medidas de cuidado para los perros de trabajo que se alojan en perreras deben ser objeto de interés legislativo si queremos garantizarles un mínimo nivel de bienestar, pues son una población abundante con problemas frecuentes. Como al hablar de los perros de utilidad, reconocer las dificultades para regular estas condiciones de tenencia no debe implicar barrerlo bajo la alfombra, este es otro punto en el que se puede ofrecer una estructura de base a las entidades que tutelan a los diferentes subconjuntos del perro de trabajo. En todo caso es un punto complicado, pues la modificación o sustitución de instalaciones es algo complejo, caro y difícil de llevar a cabo y es legalmente complicado, incluso al hablar de nuevas instalaciones, pues resulta espinoso plantear reajustes específicos que no estén recogidos en las normativas de Núcleos Zoológicos o en otras generales. Nuevamente: que algo sea complejo, incluso que deba ser pospuesto a un momento más adecuado, no es lo mismo que no reconocer su existencia e importancia, máxime en un trabajo teórico como este.

5.4. Condiciones de cría y educación

Existen regulaciones muy actualizadas para la población de perros en general a este respecto, pero parten del enfoque del perro como animal de compañía. Quizá sea de interés, una vez hemos definido y acotado la población de perros de trabajo, generar, en cooperación con las entidades especialistas en cada uno de ello, especificaciones propias para sus diferentes caracteres.

En este caso las entidades especializadas no solo son quienes mejor conocen su realidad, son también las que pueden llegar con más facilidad e influencia a los tutores de los perros de trabajo desde que estos son cachorros. Las recomendaciones educativas y de actividad para muchos perros de trabajo son algo más demandantes que las destinadas a la población de perro de compañía, siendo particularmente importante que se implementen pautas de socialización suficientes y adecuadas, así como que se les provea de una educación consistente desde temprana edad. Tanto es así que incluso se han desarrollado adaptaciones especializadas para los perros de trabajo de los test de carácter más usados y fiables, de forma que se recojan los aspectos propios de su temperamento.

VI. PARA TERMINAR

La realidad de los perros de trabajo se ha hecho compleja en el largo tiempo que llevamos relacionándonos con ellos y empleándoles para diversas tareas, se ha entretejido con la presencia cada vez mayor y más protagónica de los perros en nuestros hogares y espacios públicos, con la centralidad de su rol como animales de compañía. Es necesario definir y conocer la población de perros de trabajo, pues, tanto al desarrollar sus actividades, como por las características comportamentales que hemos seleccionado en ellos, podemos tener problemas de encaje en legislaciones y formas de entender a los perros que sean demasiado amplias y genéricas, limitando su bienestar o implicando riesgos para terceros.

Debemos considerar como perros de trabajo tanto a todos aquellos que ejercen alguna tarea para las personas, como a los que se han criado para ejercerla, aunque no lo hagan, y en los que hemos seleccionado características especiales que les alejan sustancialmente de los perros de compañía a nivel comportamental. Dentro de los perros de trabajo tenemos los de servicio y deporte, que trabajan dirigidos por una persona y los de utilidad, que realizan su labor sin necesidad de persona alguna. Cada uno de estos subgrupos requiere un enfoque propio.

Aunque los ejes de regulación mínimos son claros -condiciones de desempeño de su tarea, trazabilidad, condiciones para la convivencia y tenencias, así como condiciones para su cría y educación- para responder a la gran diversidad que tienen los perros de trabajo y mejorar la calidad, rapidez y penetración de cualquier iniciativa legal sería muy conveniente contar con las diferentes entidades que hasta ahora les han tutelado, ofreciéndoles guía de adecuación para adaptar sus normas internas al espíritu general de cualquier legislación al respecto.

Por último, se debe asumir que existen aspectos que debieran regularse dentro del perro de trabajo, pero son muy complejos de afrontar y que probablemente deban diferirse un tiempo, esto no implica que no seamos conscientes de su importancia y, en consecuencia, vayamos preparando el terreno para que puedan ser afrontados y resueltos lo antes posible.

ALGUNA BIBLIOGRAFÍA SOBRE LA MATERIA

Bray, E. E., Otto, C. M., Udell, M. A. R., Hall, N. J., Johnston, A. M., & MacLean, E. L. (2021). Enhancing the Selection and Performance of Working Dogs. *Frontiers in veterinary science, 8,* 644431. https://doi.org/10.3389/fvets.2021.644431.

Bray, E. E., Sammel, M. D., Seyfarth, R. M., Serpell, J. A., & Cheney, D. L. (2017). Temperament and problem solving in a population of adolescent guide dogs. *Animal cognition, 20*(5), 923–939. https://doi.org/10.1007/s10071-017-1112-8.

Cobb, M., Branson, N., McGreevy, P., Lill, A. & Bennett, P. (2015). The advent of canine performance science: Offering a sustainable future for working dogs, *Behavioural Processes* 110, 96-104. https://doi.org/10.1016/j.beproc.2014.10.012.

Fadel, F., Driscoll, P., Pilot, M. *et al.* (2016) Differences in Trait Impulsivity Indicate Diversification of Dog Breeds into Working and Show Lines. *Sci Rep* 6, 22162. https://doi.org/10.1038/srep22162.

Goleman, M., Kaszycka, K., Krupa, W. & Czyzowski, P., (2024) The influence of selected factors on the welfare of sporting dogs–a survey study. *Folia Pomeranae Universitatis Technologiae Stetinensis Agricultura Alimentaria Piscaria et Zootechnica.* https://doi.org/10.21005/AAPZ2024.69.1.3.

Hare, B., & Ferrans, M. (2021). Is cognition the secret to working dog success?. *Animal cognition, 24*(2), 231–237. https://doi.org/10.1007/s10071-021-01491-7.

Hare, E., Essler, J. L., Otto, C. M., Ebbecke, D., & Serpell, J. A. (2024). Development of a modified C-BARQ for evaluating behavior in working dogs. *Frontiers in veterinary science, 11,* 1371630. https://doi.org/10.3389/fvets.2024.1371630.

Mehrkam, L. R., & Wynne, C. D.L. (2014). Behavioral differences among breeds of domestic dogs (*canis lupus familiaris*): Current status of the science. *Applied Animal Behaviour Science, 155,* 12–27. https://doi.org/10.1016/j.applanim.2014.03.005.

Pongracz, P. et al. (2005). The pet dog's ability for learning from a human demonstrator in a detour task is independent from the breed and age. *Applied Animal Behaviour Science* 90 (3-4), 309-323.

Spinella, G.; Valentini, S.; Lopedote, M. (2023) Internet-Based Survey on Physical Activity and Incidence of Injury in Active Working Dogs. *Animals 13,* 1647. https://doi.org/10.3390/ani13101647.

Sulkama, S., Puurunen, J., Salonen, M. *et al.* (2021) Canine hyperactivity, impulsivity, and inattention share similar demographic risk factors and behavioural comorbidities with human ADHD. *Transl Psychiatry* 11, 501. https://doi.org/10.1038/s41398-021-01626-x.

Las razas caninas y la clasificación de animales potencialmente peligrosos

CARLOS ALFONSO LÓPEZ GARCÍA
EDUCAN

I. INTRODUCCIÓN

1.1. De qué va este capítulo

Este texto pretende desglosar y exponer los posibles problemas de uso, encaje, eficacia y validez conceptual de las clasificaciones raciales caninas dentro de las leyes sobre animales potencialmente peligrosos.

Aunque el abordaje pretende ser amplio, de forma que los planteamientos y conclusiones sean aprovechables para cualquier legislador o especialista que se acerque al tema desde cualquier país del mundo, usaré como ejemplo recurrente la ley 50/1999 del Estado Español, sobre el Régimen Jurídico de la Tenencia de Animales Potencialmente Peligrosos, así como el Real Decreto 287/2002 que la desarrolla, pues ambos textos legales dan un papel prominente a las razas (aunque luego veremos que se usa este término de manera poco afinada), siendo muy controvertidos desde su aparición y durante su largo tiempo de implantación. Analizaremos su filosofía subyacente y su valor como herramienta para mejorar aquello que regula.

Además, dicha ley, con su reglamento, por ser la vigente en el Estado Español, y el debate sobre ella, son parte de la génesis misma de este libro, que tiene el objeto expreso de plantearse y plantear al lector el desafío normativo que supone la regulación de los animales al ser considerados sujetos cuyos derechos y bienestar deben protegerse en el desarrollo de cualquier legislación que les ataña en cualquier sentido. Obviamente, las leyes sobre su peligrosidad son un punto especialmente problemático, pues necesariamente confrontarán en algún momento los derechos y la seguridad de las personas con los derechos y el cuidado del bienestar de los animales. Es inevitable mirar cómo la legislación actual encaja con las nuevas realidades legales y la creciente búsqueda del bienestar de nuestros perros. Que los animales sean, al menos en cierta medida, sujetos de derecho, puede cambiar la forma en la que se ha de legislar sobre su peligrosidad.

Es importante decir ahora que, hasta llegar a analizar concepto de raza como variable clasificatoria de peligrosidad, necesitamos exponer y aclarar algunas cosas, pues sin hacerlo estaríamos cayendo (y perpetuando) en algunos errores y sesgos que es necesario conocer para no generar errores conceptuales que puedan lastrar cualquier iniciativa legislativa cuando se introducen en el sistema normativo.

1.2. Los perros, nosotros y las leyes

La situación de las personas respecto a los animales es complicada: por un lado los consideramos/tratamos como elementos -cosas- que nos sirven para proveernos en diferentes aspectos, pero por otro, hasta la persona menos sensible les reconoce una forma de existencia que va más allá de ser objetos. Una forma de existencia que implica consideraciones especiales al respecto, morales, pero también legislativas. No es ajena a estas dificultades la circunstancia de que la sensibilidad de la sociedad con los animales no es estática, sino particularmente dinámica y avanza en el sentido de aumentar la preocupación y el interés por el cuidado de su bienestar. En España y en otros países se han aprobado recientemente legislaciones que buscan cuidar el bienestar de los animales y reconocerles algunos derechos, que, en consecuencia, han de ser respetados por todas las regulaciones que se les apliquen.

Esta complejidad se vuelve crítica con los perros, con quienes convivimos en nuestras casas de manera cercana e íntima. Nuestra relación con los perros es principalmente afectiva, siendo su rol principal (con la excepción de los perros de trabajo) exactamente ese: relacionarse con las personas, es para lo que les hemos seleccionado y empleado desde hace mucho, mucho tiempo. Esto conlleva la necesidad de regularles de manera particularmente afinada, tanto por su cercanía e integración en nuestro día a día, como por el vínculo que tenemos con ellos.

Si además nos referimos a legislar su peligrosidad potencial nos metemos en un terreno muy farragoso, donde es fácil perder pie a nivel tanto conceptual como técnico.

Ahora el lector (y, más probablemente, los coordinadores de esta obra colectiva) se podría preguntar ¿por qué hablar de las dificultades generales de legislar a los animales?, ¿por qué aludir a las posibles colisiones con sus derechos y su bienestar?, ¿no son estos temas genéricos que vemos en otras partes de este libro y reiterarlos aquí una redundancia innecesaria y molesta? Pues no, porque es de estos aspectos generales de donde derivan directa y proporcionalmente casi todos los problemas, errores y sesgos que aparecen al elegir y usar clasificaciones raciales para legislar la peligrosidad de los perros.

II. PROBLEMAS CONCEPTUALES AL LEGISLAR LA PELIGROSIDAD CANINA

2.1. ¿Peligroso o agresivo?

Al hablar y legislar de animales peligrosos, por su particular condición de seres vivos, de sujetos activos, se confunde el término peligroso con el término agresivo, de hecho, con frecuencia se usan como sinónimos. Esto sucede especialmente con los perros, por su cercanía y la profunda relación afectiva que establecen con nosotros, que nos hace sentir hacia ellos como individuos y no, desde luego, como objetos. Y eso es independiente de su condición legal.

De manera intuitiva, asociamos la peligrosidad de los individuos a su potencial de agresión, mientras que con los objetos o las interacciones comerciales entendemos que la peligrosidad no necesariamente tiene que ver con la agresión sino con otras formas de daño. Así, si decimos que una persona (o un perro) es peligrosa, de manera natural pensaremos en ella como violenta y agresiva, mientras que si nos dicen que un coche es peligroso asumiremos que es poco seguro y puede accidentarse, también, si nos dicen que comer en un sitio es peligroso, es más fácil que sospechemos de trastornos intestinales que de la posibilidad de que un camarero nos agreda. Al ver, aún de manera inconsciente, a los perros en buena medida como individuos, individuos con los que interactuamos y nos relacionamos, les aplicamos este sesgo. De hecho, la ley 50/1999, vigente en España a la redacción de este texto, incurre en él de manera flagrante, pues en su exposición de motivos plantea:

> *"...Por otra parte, diversos ataques a personas, protagonizados por perros, han generado un clima de inquietud social y obligan a establecer una regulación que permita controlar y delimitar el régimen de tenencia de perros potencialmente peligrosos.*

> *Se considera que la peligrosidad canina depende tanto de factores ambientales como de factores genéticos, de la selección que se haga de ciertos individuos, independientemente de la raza o del mestizaje, y también de que sean específicamente seleccionados y adiestrados para el ataque, la pelea y para inferir daños a terceros.*
>
> *Así, perros de razas que de forma subjetiva se podrían catalogar como "peligrosos" son perfectamente aptos para la pacífica convivencia entre las personas y los demás animales, incluidos sus congéneres, siempre que se les hayan inculcado adecuadas pautas de comportamiento y que la selección practicada en su crianza haya tenido por objeto la minimización de su comportamiento agresivo.*
>
> *Partiendo de esta premisa, el concepto de perro potencialmente peligroso expresado en la presente Ley no se refiere a los que pertenecen a una raza determinada, sino a los ejemplares caninos incluidos dentro de una tipología racial concreta y que por sus características morfológicas, su agresividad y su acometida, son empleados para el ataque o la pelea, así como los animales nacidos de cruces interraciales entre cualquiera de éstos y con cualquiera de otros perros..."* (Ley 50/1999, de 23 de diciembre, sobre el Régimen Jurídico de la Tenencia de Animales Potencialmente Peligrosos).

Obviamente en la exposición de motivos de esta ley se considera que la peligrosidad de los perros depende exclusivamente de su potencial de agresión, pero la peligrosidad no es esto. Lo peligroso es lo que implica algún tipo de riesgo o puede ocasionar daños, de hecho, la lista de elementos y situaciones que nos encontramos en la vida, que pueden resultar peligrosos y que se legislan es larga: un médico que actuase con negligencia y nos causara daños sería perseguido por la ley, también una administración que abusara de su poder y nos impidiera realizar algo lícito, así como, por supuesto, un coche cuyo frenos no funcionaran por culpa del fabricante o un bar que sirviera comida en mal estado. Todos ellos son objeto de reclamación legal por su peligrosidad.

Aunque el potencial de agresión de los animales está relacionado con su peligrosidad potencial, no siempre es su factor principal, pudiendo suceder incluso que un animal con alto potencial de agresión, por sus características y forma de vida, tenga una peligrosidad potencial ínfima, mientras que otro animal amigable y sin rastro de agresividad pueda tener un alto potencial de peligrosidad (como pasaría con un toro bravo que viviera encerrado en una finca rústica versus un perro pequeño que se asusta y se escapa con frecuencia, corriendo sin control por una zona de mucho tránsito de coches). Lo sorprendente es que la ley 50/1999, más adelante recoge este concepto de peligrosidad como elemento autónomo de la agresión y define a un animal potencialmente peligroso mediante dos puntos, el segundo de ellos referido al potencial de agresión, pero diciendo expresamente en el primero -contradiciendo su exposición de motivos- que la peligrosidad es independiente de la agresividad. Así, en el punto uno de su artículo *2. Definición.*, dice:

> *"1. Con carácter genérico, se consideran animales potencialmente peligrosos todos los que, perteneciendo a la fauna salvaje, siendo utilizados como animales domésticos, o de compañía, con independencia de su agresividad, pertenecen a especies o razas que tengan capacidad de causar la muerte o lesiones a las personas o a otros animales y daños a las cosas."* (Ley 50/1999, de 23 de diciembre, sobre el Régimen Jurídico de la Tenencia de Animales Potencialmente Peligrosos).

Sin embargo, todo el resto del texto de la ley, así como el reglamento que la desarrolla (Real Decreto 287/2002, de 22 de marzo, por el que se desarrolla la Ley 50/1999, de 23 de diciembre, sobre el régimen jurídico de la tenencia de animales potencialmente peligrosos), sigue tomando como única medida de peligrosidad de los animales su potencial de agresión:

> *" limitar, asimismo, las prácticas inapropiadas de adiestramiento para la pelea, o el ataque y otras actividades dirigidas al fomento de su agresividad."* (Exposición de motivos).

> *"1 Queda prohibido el adiestramiento de animales dirigido exclusivamente a acrecentar y reforzar su agresividad para las peleas, y ataque en contra de lo dispuesto en esta Ley.*
>
> *2. El adiestramiento para guarda y defensa deberá efectuarse por adiestradores que estén en posesión de un certificado de capacitación expedido u homologado por la autoridad administrativa competente."* (Artículo 7. Adiestramiento)
>
> *"1. Los clubes de razas y asociaciones de criadores oficialmente reconocidas para llevar los libros genealógicos deberán exigir, en el marco de sus reglamentos, las pruebas de socialización correspondientes a cada raza, con el fin de que solamente se admitan para la reproducción aquellos animales que superen esas pruebas satisfactoriamente, en el sentido de no manifestar agresividad y, por el contrario, demostrar unas cualidades adecuadas para su óptima convivencia en la sociedad.*
>
> ...
>
> *2. En las exposiciones de razas caninas quedarán excluidos de participar aquellos animales que demuestren actitudes agresivas o peligrosas".* (Artículo 12. Clubes de raza y asociaciones de criadores) (Real Decreto 287/2002, de 22 de marzo, por el que se desarrolla la Ley 50/1999, de 23 de diciembre, sobre el régimen jurídico de la tenencia de animales potencialmente peligrosos).

En el caso de los perros, al intentar determinar su potencial peligrosidad se está intentando establecer, en realidad, su potencial de agresión, dándose el sesgo antes mencionado. Pero es que las formas de hablar de esa potencial peligrosidad son inconsistentes, basadas en lugares comunes con pocos fundamentos a nivel de evidencia objetiva y prácticamente imposibles de medir objetivamente en algunos casos.

En realidad, la peligrosidad potencial de un perro, cuando la entendemos como el riesgo de causar daños a las personas o a las propiedades, es un valor que depende de la interacción de muchas variables: (1) la educación, entendida como el aprendizaje de capacidades sociales y relacionales adecuadas, porque un gran perro amigable podría causar daños a personas u otros animales saltando sobre ellos para jugar con rudeza, muchos accidentes caninos con niños vienen porque los perros les derriban bruscamente, (2) el adiestramiento, entendido como la enseñanza de conductas adecuadas para afrontar las situaciones cotidianas, que se le puedan requerir al perro cuando sea conveniente durante su día a día, así un perro que no acuda a la llamada y se escape puede causar graves accidentes de tráfico al cruzar las calles tras, por ejemplo, un gato. Y esta variable podemos ver que está claramente relacionada con (3) el entorno vital del perro, si vive y pasea por el centro de la ciudad el adiestramiento puede ser central para determinar su peligrosidad, mientras que su importancia baja drásticamente si vive en una finca agrícola que esté cerrada. También la (4) calidad de tutela que ejerzan las personas con quienes vive el perro, sabiendo cuándo (y cuándo no) y cómo soltarle o dejarle jugar con otras personas y animales influye fuertemente en la relevancia de las dos primeras variables que hemos listado aquí. Por supuesto, (5) las posibles zoonosis, una variable que debería ser central -y ni siquiera se menciona en la ley española- por la extrema cercanía de los perros con las personas. Fijémonos que, aunque he hablado de educación y adiestramiento, no lo he hecho en relación con mejorar la agresión potencial (algo relevante, obviamente) sino para reducir otros riesgos de daño potenciales tan graves como los causados por ataques caninos.

Aunque el objeto de este texto es hablar de las razas caninas como variable de previsión de la peligrosidad potencial de los perros, y no revisar el concepto mismo de peligrosidad, vemos que es inviable hacerlo sin determinar si estamos hablando de potencial de agresión, como da a entender en su conjunto la ley española y el reglamento que la desarrolla, o de peligrosidad en el sentido más amplio y realista, que se menciona en la ley, pero no se encuentra en su espíritu y articulado, del potencial de dañar a personas, otros animales o propiedades.

2.2. Cómo se determina el potencial de agresión (que no de peligrosidad) de un perro al legislar

Hemos visto que, aunque se hable de peligrosidad en la legislación española, en realidad se usa el término como eufemismo de agresividad, que es lo que se intenta valorar en los perros. No en vano esta ley surge "en caliente" tras una serie de trágicas agresiones de perros hacia personas con gran impacto mediático.

Las legislaciones tienen dos posibles abordajes para regular las potenciales agresiones de perros hacia personas, el enfoque categorial, que trabaja buscando subpoblaciones homogéneas con mayor incidencia de agresión que la media, típicamente algunas razas, para plantear restricciones o una serie de precauciones adicionales para la tenencia de ejemplares pertenecientes a dichas subpoblaciones, y el enfoque individual, en la que se evalúan las capacidades de cada individuo a través de pruebas objetivadas, de forma que se pueda determinar su capacidad para desenvolverse de manera segura por el entorno humano en el que vivirá, así como las tendencias agresivas de cada sujeto. Aunque la legislación española podría parecer que intenta usar ambos abordajes, al incluir un listado de características además del de razas, en realidad, como iremos exponiendo, solo emplea el abordaje categorial a través de considerar que los perros de determinadas razas o tipos raciales son los únicos potencialmente agresivos. Veremos cómo los demás atributos a los que se asignan riesgos son derivados del enfoque categorial basado en razas.

Y es que, aunque se mencionan varios factores a la hora de determinar la peligrosidad de un perro, el que más se señala y reitera en esta y otras muchas es el de su raza, tipo o ascendencia raciales. También se señalan en la ley 50/1999, y es conveniente echarles un vistazo, otras dos formas de determinar la potencial peligrosidad: la fuerza de la mordida (potencia de mandíbula en la ley, art. 2. Definición, punto2) y una serie de características, morfológicas principalmente, pero también de carácter.

Antes de entrar en el tema de la raza, debemos abordar estas dos maneras de etiquetar a un perro como potencialmente peligroso, porque, en realidad, son factores también vinculados a la clasificación racial, de hecho, son el mínimo común denominador que se ha "extraído" de las razas que se consideran potencialmente agresivas para aplicarlo como mínimos a todos los demás perros. Podríamos decir que se ha tomado la potencia de mordida y la conformación morfológica de las razas consideradas por la ley como peligrosas como los factores que harían peligroso a cualquier perro, aunque no fuera de estas razas. Basta con que comparta potencia de mordida o aspecto físico con las razas etiquetadas como peligrosas para serlo a su vez.

2.3. Morder fuerte: la variable fantasma (e irrelevante)

La potencia de mandíbula es una de esas características que se han mitificado entre algunos aficionados a los perros, ante buena parte del público en general y, quizá, también en algunos legisladores se recoge esta tendencia. Todo promovido por grupos activos personas que sienten atracción por los perros fuertes y por su potencial físico, y han dedicado tiempo a publicar y debatir sobre listas -y videos- de los perros que tiene mayor potencia de mordida.

Lo cierto es que la potencia de mordida es, de primeras, poco relevante, puesto que casi cualquier perro con un tamaño mediado puede causar lesiones serias a una persona, y su uso como variable para determinar la peligrosidad al morder debería hacerse por exclusión de los perros que, por tamaño o conformación, tuvieran una potencia de mordida muy, muy baja (e incluso estos pueden causar lesiones serias en la cara de llegar a morderla), y no por inclusión de los que son los Top Ten de la presión al morder. Es cierto que habrá perros con mayor potencia que, en una agresión equivalente, harán más daño, pero la abrumadora mayoría de perros hará mucho daño.

Aceptando la potencia de mordida como variable, nos encontramos con que disponemos de datos insuficientes para ofrecer perfiles comparativos. La mordida se mide con un gnatodinamómetro, que para los perros debe adaptarse, lo que se ha hecho, en ocasiones, acoplándolo a una manga de mordida, de las usadas en entrenamientos de protección. El herpetólogo y personalidad televisiva Brady Barr hizo mediciones de la mordida de diferentes animales para National Geographic en 2005, entre los que estaban varias razas de perros. De estas mediciones han derivado casi la totalidad de las listas y referencias sobre la potencia de mordida de las diferentes razas de perros, pero son mediciones (-1) realizadas sobre una población insuficiente para sacar ninguna estadística fiable: un individuo por raza, además (-2) este proceso de medición tiene unas limitaciones obvias: no es fácil lograr que cualquier perro decida morder con todas sus fuerzas lo que se le ofrece, y, por ello, son más similares a observaciones anecdóticas que a trabajos científicos. Por último, la mayoría de los perros tienen mecanismo de regulación de la mordida cuando muerden a otro sujeto, mecanismos de ritualización que llevan a que, pese a una gran potencia de mordida, las que realice durante una agresión sean mucho más débiles y controladas que las que podamos medir al ofrecerle un objeto diseñado para promover la mejor y más poderosa de sus mordidas. Es cuando estos mecanismos de regulación de la mordida fallan cuando se dan las agresiones más graves, independientemente de la potencia máxima de mordida de cada ejemplar.

Lo cierto es que la presión de mordida, a efectos de usarla como base legal, es (-1) inconsistente, pues aunque de manera empírica es evidente que existirán razas con más potencia de mordida que otras no existe evidencia consistente que las clasifique u ordene, ni tampoco se ha estudiado objetivamente el umbral de daños en relación con la mayor o menor potencia de mordida, es intuitivo el que a más potencia más daño, pero no sabemos a partir de qué potencia suceden qué daños concretos y, además, la variable relevante sería (-2) el fallo en los mecanismos de regulación de la mordida. Pero, no solo es inconsistente para establecer un listado, la potencia de mordida es también (-3) inoperable para evaluar a los individuos concretos, ya sea de manera preventiva, ya sea tras un evento agresivo, porque a la gran mayoría de los perros no se les puede hacer morder a voluntad sobre una herramienta de medición con máxima potencia.

La cosa es simple: la presión de mordida, siendo influyente en el potencial de daño al agredir, no es una variable adecuada para determinar legalmente la peligrosidad de los perros, ni a anteriori ni a posteriori.

2.4. Las características que hacen a un perro potencialmente peligroso, según la ley española: desglosar la racialización

Listar características, ítems, que interrelacionan para aumentar la potencial peligrosidad parece una mejor estrategia que hablar de razas o dar prevalencia a una característica concreta, como la presión de mordida. Incluso cuando la peligrosidad se usa como eufemismo de agresión, todos los expertos coincidirían en que definir rasgos comportamentales y físicos mensurables es una aproximación adecuada.

Sin embargo, en el Real Decreto 287/2002, anexo II, cuando se listan las características que harán o no que un perro sea considerado potencialmente peligroso hace un mal uso de esta forma de operar. En primer lugar, únicamente hay un ítem comportamental entre los ocho que se listan en la ley: marcado carácter y gran valor. Esta es una característica (-1) vaga (¿qué es y cómo se reconoce un "marcado carácter"?) y muy (-2) discutible, pues la mayoría de agresiones hacia personas las realizan los perros con miedo (y existe mucha literatura sobre ello, como el análisis de Galac y Knol en 2013 o el de Stellato y sus colaboradores en 202, que muestra la relación directa entre el miedo y la agresión en uno de los lugares donde más mordeduras aparecen: las clínicas veterinarias), inseguridad u otros trastornos emocionales y algunas de las razas más valerosas -entendiendo valor como ausencia de miedo y alta proactividad para entrar en situaciones desconocidas- del mundo son también de las más sociables y con menor potencial de agresión, como los labradores retriever. Entonces ¿por qué ponerla? Por lo mismo que los otros siete ítems, porque son características genéricas de las razas que se han marcado como potencialmente peligrosas en la ley.

Si tomamos las ocho características de forma aislada, veremos que algunas pueden parecer razonables, como el peso superior a veinte kilogramos, otras absurdas, como el pelo corto, y otras simplemente extrañas, como que las extremidades anteriores sea paralelas, rectas y robustas y las extremidades posteriores muy musculosas, con patas relativamente largas formando un ángulo moderado (¿qué relación existe -y dónde se ha comprobado- entre las extremidades anteriores paralelas, la angulación de las posteriores moderada y la agresión?).

Este aparente sinsentido de las características que se usan para determinar el potencial de agresión solo lo es si nos limitamos a buscar en la lista factores que realmente influyan en la agresión, pero si la vemos con una perspectiva más amplia es fácil entenderla: son características físicas y comportamentales compartidas por las razas que se han marcado como potencialmente peligrosas en el punto anterior (anexo I) del Real Decreto 287/2002. Las características corresponden a una descripción racial, no comportamental. Parece pretenderse evitar cualquier fraude que pudiera pasar por alto a un perro de alguna de las razas señaladas como potencialmente peligrosas o sus cruces, sin que estas características evalúen de ningún modo el potencial de agresión, únicamente intentan determinar el tipo racial del perro a evaluar. Esto nos hace sospechar que también cuando en la ley se habla de la potencia de mandíbula se está mirando por el rabillo del ojo más a la raza que a otra cosa, pues estos listados -por dudosos que sean- de razas con gran potencia de mordida siempre están encabezados por razas de las que el anexo I del reglamento marca como potencialmente peligrosas.

La conclusión es sencilla: tanto al hablar en la ley de potencia de mandíbula, como al listar características físicas y comportamentales se mantiene en el legislador la idea de asociar la agresividad con la raza. Toda la ley española y su reglamento están diseñados para intentar identificar determinados tipos raciales y no características mensurables que puedan influir objetivamente en la agresividad. La ley española y su reglamento igualan el potencial de agresión a la pertenencia a determinadas razas o tipos raciales, por ello, y ahora sí, es necesario preguntarse cuál es la influencia real de la raza en el potencial de agresión de un perro, dado que toda la legislación española sobre perros potencialmente peligrosos que ha estado en vigencia desde hace más de veinte años -y sigue estándolo en el momento de redactar este trabajo- se ha basado principal y casi exclusivamente en este parámetro: la raza.

III. LAS RAZAS CANINAS COMO CATEGORÍA CLASIFICATORIA

3.1. ¿Qué es una raza canina?

Los perros pertenecen todos a una misma especie, el *canis familiares*, desde el pequeño terrier de Yorkshire hasta el mastodóntico San Bernardo, pero dentro de esta especie existen razas consolidadas, que son subpoblaciones que comparten una serie de rasgos -tanto en lo morfológico, como en lo comportamental- diferenciables y característicos, que son reconocibles en la apariencia y forma de actuar de cada sujeto (es decir: que conforman su fenotipo) y que son transmitidos genéticamente (es decir: constituyen su genotipo), siendo estables en dicha subpoblación.

Las diferencias en las tendencias comportamentales de las razas y en su aspecto físico son tan notables que se ha llegado a sugerir que las diferentes razas podrían llegar a entenderse taxonómicamente como subespecies del perro. Además, varios estudios sobre capacidades y habilidades caninas han mostrado diferencias entre razas, e incluso entre líneas diferentes dentro de las mismas razas[1]. Parece razonable que cuando queramos hacer estudios de previsibilidad comportamental pensemos en usar la raza como herramienta, sea para evaluar el potencial agresivo (o de peligrosidad, pues tendencias como las mencionadas de escaparse o asustarse también podrían ser reconocibles), sea para elegir el compañero canino que más se adapte a nuestra forma de vida.

Sin embargo, la cosa es -como suele suceder en ciencia- algo más compleja de lo que parece, que lleva a que su aprovechamiento para clasificar a un animal como potencialmente agresivo resulte más árido de operativizar y deban evitarse una serie de errores comunes, que han cometido la mayoría de las legislaciones al emplear la raza como elemento de clasificación.

3.2. Lo que las razas son y nos permiten saber y lo que no

En primer lugar, lo que aporta la raza con seguridad es la aparición del conjunto de características que la diferencian en el conjunto de los perros de una misma raza, no de cada una de ellas en cada uno de los individuos. Esto puede parecer difuso, pero se aclara enseguida: yo tengo dos pastores belgas malinois, la hembra es menos sensible y mucho más serena de lo que lo son la mayoría de los individuos de su raza, el macho sí es sensible y nervioso, pero su estructura física es mucho más poderosa, por anchura y volumen muscular, de lo que marca el estándar de su raza. ¿Eso quiere decir que no son o no parecen alguno de ellos malinois? En absoluto, porque ambos muestran el conjunto de características de la raza, aunque en alguna puntual sean divergentes, el total hace que ambos sean reconociblemente malinois, tanto en el carácter como en su aspecto físico. Casi ningún individuo muestra el total de características propias de la raza, sino un porcentaje de ellas muy alto, que le hace reconocible como miembro de ella. Por tanto, la raza es un holismo que emerge de la suma de las características que muestra cada individuo, no de la reiteración en cada individuo de todos y cada uno de los elementos diferenciales propios de esa raza.

Cuando se usa la clasificación racial para igualar a todos las miembros de cada raza, comportamental o físicamente, se comete un error muy grave, una simplificación que pervierte el concepto y nos da una falsa conclusión de igualdad entre individuos. Cualquier lógica que nos lleve a igualar a todos los perros de una misma raza no solo es errónea, sino gravemente perjudicial para el análisis comportamental. Podríamos decir que todos los perros de una raza son miembros reconocibles de ella, pero manteniendo diferencias individuales significativas, como sabe cualquiera que haya convivido con dos perros de la misma raza. Es por tanto erróneo suponer que todos los perros de una raza compartirán siempre una característica comportamental concreta. La raza determina la tendencia poblacional, no el carácter individual y mucho menos las conductas concretas que llevará a cabo al relacionarse con otros sujetos.

3.3. La raza NO es el fenotipo físico

Ya hemos señalado que no hay estadísticas fiables relacionando agresiones con razas, porque en los datos que se toman por parte de entidades públicas y privadas la atribución de raza a los perros participantes en agresiones se hace en base a su (muy lejana) semejanza con el fenotipo morfológico de alguna raza, no a la pertenencia real de los sujetos a una u otra raza. Así, cuando los perros son similares (o lo son a los ojos inexpertos de quienes los califican) a un Pastor Alemán se catalogan como tales, incluso cuando esa similitud es escasa o dudosa se etiquetan como "cruce de Pastor Alemán", pero lo cierto es que la gran mayoría de los perros que se señalan como pertenecientes a una raza determinada o como cruces de una raza determinada no lo son en absoluto, pues existen fenotipos morfológicos que se imponen con facilidad en perros sin ascendencia cercana de perros de raza, como el aspecto lupoide o los colores negro y fuego. Para que estos datos fueran fiables se debería comprobar la pertenencia efectiva del individuo a una u otra raza, y no hacerse por una vaga semejanza a ojos inexpertos. Puesto que es una costumbre -que todos tenemos- el identificar a la práctica totalidad de perros que se cruzan en nuestras vidas utilizando su parecido, por pequeño que sea, con alguna raza concreta ("era pequeño, tipo Bichón", "muy delgado, como un cruce de Galgo", "un Samoyedo, blanco y con el rabo hacia arriba"), para así trasmitir a nuestro interlocutor una imagen aproximada, deberíamos ser conscientes de la inutilidad de este sistema para cartografiar la realidad estadística de las agresiones: puesto que siempre se atribuye una semejanza racial a los perros a nivel morfológico al intentar hablar de ellos, siempre se encontrará en la descripción de las agresiones un sesgo de este tipo, que invalida por completo la imagen estadística que se muestra.

3.4. Qué es el tipo racial y qué NO es

Este sesgo fenotípico (recordemos que solo hablamos de fenotipo morfológico) se perpetúa y agrava al atribuir a los perros físicamente similares a las razas catalogadas como peligrosas un mismo tipo racial y deducir que se comportarán de una manera similar a las razas a las que a simple vista se asemejan, y que ese comportamiento será homogéneo y previsible a nivel poblacional. Lo cierto es que un cruce puede tener una apariencia similar a la de una raza y un comportamiento completamente opuesto.

En las razas, por la selección del tipo comportamental junto al físico y la heredabilidad de estas características el carácter tiene una tendencia común, en los mestizos, por más que su aspecto haya resultado casualmente similar al de un perro de raza, no existe ninguna relación consistente entre aspecto y carácter. Por eso, al hablar del tipo racial y dar una lista de ocho características, de las cuales deben cumplirse la mayoría (o sea cinco) en el reglamento que regula la ley española, no puede lograrse el objetivo implícito de localizar los tipos raciales similares a los de los perros de las razas listadas, pues únicamente una de estas características alude al carácter y no se considera como necesaria, sino únicamente como un atributo más, que podría no aparecer si se cumplen otros cinco del listado.

El tipo racial, en sentido técnico, se refiere al conjunto de las características físicas y comportamentales de una raza heredables que se manifiestan en los individuos de dicha raza, haciéndoles identificables como pertenecientes a ella. El tipo racial no es, como parece interpretar la ley española, una semejanza suficiente con alguna raza, sino que es la homogeneidad global de los sujetos que pertenecen a dicha raza. El tipo es el nivel de identificación de cada sujeto con el que sería el individuo ideal de su raza, algo que muestra que un perro es clara e inequívocamente miembro de su raza, no pudiendo confundirse con ninguna otra. En la cría selectiva se considera que el tipo es el valor más importante que puede mostrar un perro, considerarlo como un parecido razonable con alguna raza es desconocer el concepto y pervertirlo.

A nivel conceptual lo que parece buscar la ley española y su reglamento al hablar de tipo racial es algo similar a los grupos étnicos caninos: poblaciones de perros que comparten rasgos físicos y comportamentales fijados por el tiempo (en la denominación de la RSCE, además, se requiere la condición de que compartan área geográfica), esto tendría un cierto sentido para localizar a perros que no se inscriben en libros de registro oficiales de raza, pero sí se crían en base a la búsqueda y selección de unas características funcionales comunes: así los perros seleccionados para peleas, por ejemplo, no podrían pasar por debajo del radar por no inscribirse en ningún sitio como perros de raza. Sin embargo, tal como se describe y operativiza en nuestra ley y reglamento, no tiene ninguna utilidad.

3.5. Las razas y la agresividad: lo que sabemos y lo que deducimos de lo que sabemos

Los estudios y pruebas más consistentes que hay sobre el comportamiento diferenciado por raza no se refieren a las agresiones con mordeduras como tal, sino a capacidades, como el autocontrol, habilidades, como la gestión de una situación compleja y disposiciones conductuales, como la impulsividad o la reactividad ante estímulos, es decir no evalúan el potencial de mordedura, sino que miden una serie de variables que podrían hacerla más probable. En todo caso, es una herramienta válida para explorar el camino de la clasificación por razas y así se ha hecho, por ejemplo, al comparar los resultados más relacionados con la agresión del popular C-BARQ a diferentes razas, como han hecho, por ejemplo, van den Berg y sus colaboradores con Golden Retriever, Labrador Retriever y Pastor Alemán.

Debe señalarse que sí existen estudios que estudian directamente la agresión en relación con la raza, en algunos casos centrándose en una raza concreta, como los muy conocidos y exhaustivos análisis que se han hecho de la agresión en la raza Shiba Inu (como los de Takeuchi, Kaneko, Mori y otros de 2009 y 2013). También podríamos mencionar los trabajos de Liimano y sus colaboradores en 2007 sobre las variaciones genéticas con incidencia en los Golden Retriever o los relacionados con la heredabilidad de algunas conductas agresivas en los Cocker Spaniel de Pérez-Guisado y sus colaboradores en 2006. Si nos fijamos, un punto común es que ninguna de las tres razas estudiadas en estos trabajos está en ninguno de los listados de razas potencialmente agresivas de ninguna de las legislaciones de las que el autor tiene conocimiento, dos de ellas, además, son significativamente pequeñas y pasarían bajo el radar de la evaluación de sus características morfológicas en la ley española. También hay trabajos comparando diferentes razas, como el de Duffy y sus colaboradores en 2008, comparando la incidencia de la agresividad ocho razas muy habituales en nuestras casas: Teckel, Springer Spaniel, Golden Retriever, Labrador Retriever, Caniche, Rottweiler, Shetland Sheepdog y Siberian Husky, pero ninguno de ellos compara las razas frente a los perros mestizos que, muy probablemente, son los que protagonizan la abrumadora mayoría de las mordeduras, pero a los que se racializa a través del proceso antes mencionado. Es obvio que estudiando y comparando solo razas, siempre tendremos un resultado respecto a ¡razas!, no extrapolable a la población canina en general.

Sin embargo, se comete un error grave al interpretar los estudios y el concepto de la peligrosidad potencial de una raza: se aplican datos que son ciertos a nivel de las poblaciones estudiadas a cada individuo concreto, considerado dentro de la totalidad de los perros que habitan el estado que legisla, lo que pervierte el significado de toda la investigación, impidiendo la aplicabilidad potencial de los conocimientos en los que pretende basarse. Este problema, al contrario que los anteriores, no se reconoce fácilmente de manera intuitiva, para aclararlo es necesario explicarlo un poco más.

Cuando se habla de que una raza muestra una mayor incidencia de eventos agresivos lo que se hace es comparar el porcentaje de perros de esa raza con las otras razas de la muestra. No se compara con el porcentaje medio del total de los perros que agreden. Así, tendríamos que si, en un país o zona, el total de agresiones de perros es del 1% (cero uno por mil), una raza sería más peligrosa que la media cuando evaluando los datos de agresión de esa raza fueran superiores a ese porcentaje. Por ejemplo, si la raza X mostrase un total de agresiones del 3% (tres por mil) tendríamos que dicha raza triplica la peligrosidad media de los perros en esa zona, por tanto, podríamos hablar a nivel conceptual de una raza potencialmente peligrosa, aunque, en realidad, lo que sabríamos con esas estadísticas es que novecientos noventa y siete de cada mil individuos no agreden jamás (y estas cifras que uso de ejemplo son mucho más altas que las reales). Pero es que no tenemos ese dato comparativo con el total, tenemos datos que comparan muestras de razas con otras razas o que estudian la agresión más característica de una raza, no son datos que se puedan utilizar para suponer que cada sujeto de esa raza es potencialmente agresivo y tratarle como tal resulta un abuso abrumador de la evidencia. Quizá incluso las razas más agresivas de esas comparativas puedan mostrar un nivel de agresión menor que la media de agresiones caninas en su país. Que algo esté estudiado en un ámbito muy concreto y acotado no permite hacer extrapolaciones con otras poblaciones mucho mayores y que no se han estudiado de la misma manera (o no se han estudiado en absoluto).

Y no olvidemos que estos trabajos, o bien están realizados con muestras muy pequeñas de sujetos, o bien, los que ofrecen unas muestras más amplias, suelen caer en el sesgo de atribución de raza en base a semejanzas en el fenotipo.

Sabemos que, en todos los casos y razas, el número de agresiones resulta muy bajo respecto al total de individuos de la raza y que ignoramos la comparativa con el total de la población, plantear restricciones globales al total de la raza en estas circunstancias puede resultar en una injusticia similar a la que cometeríamos si decidimos regular los coches en base a los que tienen un mayor índice de accidentes que la media, independientemente de lo bajo que sean ese índice y esa media ¡¡lo importante es que todos sean lo suficientemente seguros, no establecer una jerarquía de seguridad en la que siempre habrá un perdedor y que terminaría eliminando todas las marcas y modelos excepto el más seguro!! De hecho, si elimináramos a todos los perros de nuestras vidas el número de agresiones también bajaría a cero, la alarma social no debe nublar la responsabilidad del legislador de encontrar las maneras más útiles de reducir y regular los riesgos de aquellas cosas que sí tendremos en nuestras vidas y cuya peligrosidad es globalmente muy baja. Y podría suceder que, pese a tener estudios sobre agresividad en los que una raza muestra una mayor incidencia que otras, sería posible que en comparación con el porcentaje de agresiones de perros en su estado fuera menor, dándose la paradoja de aplicar restricciones a un subconjunto de la población que muestra menos agresiones de la media. No podemos integrar lo estudiado con lo no estudiado de esta manera.

3.6. Aprovechar lo que sabemos de las razas para prevenir las agresiones caninas y la peligrosidad de los perros en general

Como se ha mencionado, hay dos acercamientos: buscar categorías de subpoblaciones caninas con mayor riesgo de agredir, como son las razas, o enfocarse en evaluar de alguna forma a cada perro.

Obviamente, el primer enfoque tendría una serie de beneficios evidentes de ser viable: economía de recursos, así como facilidad y rapidez de aplicación. Lo anterior, junto a la falta de estadísticas fiables que relacionen mordeduras con razas, lleva a que determinar la peligrosidad por la estadística racial resulte no solo ineficaz, sino incluso contraproducente, puesto que las restricciones aplicadas a razas enteras tienen como consecuencia reducir o, al menos, complicar las posibilidades de socializar y educar adecuadamente a estos perros, lo que podría aumentar el número de agresiones que realizan por falta de un proceso educativo y socializador adecuado, convirtiendo la etiqueta de peligrosidad potencial en una profecía autocumplida y, obviamente, logrando el efecto contrario al deseado.

Los cierto es que existe un amplio acuerdo respecto a que la educación es determinante para la incidencia de muchos problemas comportamentales en los perros, entre ellos la agresión, particularmente en las razas que pudieran tener determinadas características temperamentales. Las medidas respecto a las razas debieran ser más enfocadas a ofrecer pautas educativas concordantes con el tipo comportamental de cada raza más que a la aplicación de restricciones a los perros de determinadas razas, lo que puede provocar un aumento de su potencial de agresión en lugar de rebajarlo.

Ofrecer directrices educativas concordantes con el tipo comportamental de las diferentes razas. Con esto, no solo podríamos disminuir las agresiones, sino también otras formas de peligrosidad: razas con tendencia a que aparezcan ejemplares inseguros o fuguistas podrían tener propuestas educativas *ad hoc*, reduciendo los riesgos consecuentes. De esta forma podemos dirigir una acción eficaz y eficiente a subpoblaciones caninas concretas.

Cuando se opta por la evaluación individual de los perros para determinar su potencial agresivo logramos un doble objetivo: la evaluación en sí misma e inculcar en los tutores de perros la necesidad de educarles para superar esta prueba. Este es, sin duda, el procedimiento óptimo, porque genera una inercia educacional de cara a superar las pruebas que implica una toma de consciencia sobre la necesidad de educar y socializar a los perros. Sin embargo, es un proceso más complejo y caro, lo que puede limitar y encarecer su implantación.

Las restricciones por raza no son eficaces y pueden empeorar el problema, pero las recomendaciones por raza sí pueden ser de ayuda, pues no se refieren a un comportamiento concreto y aislado, sino a las capacidades y habilidades que equilibrarán a cada perro. Es un afrontamiento que está correctamente enfocado en los tipos comportamentales característicos de la raza, no en la posibilidad de que aparezca una conducta de agresión, que puede deberse a múltiples factores y no es algo típico del perfil comportamental de ninguna raza, sino un evento que puede aparecer por diferentes causas.

Por supuesto, muchos perros que no son de raza no podrán aprovecharse de estas propuestas educativas específicas, pero se cubriría eficazmente una parte significativa de la población canina. Además de mostrarse una comprensión real de lo que significa, a nivel de conducta, el que un perro sea de una raza determinada.

3.7. Las razas como herramienta de clasificación por peligrosidad, el bienestar animal y el cuidado de sus derechos

Hasta aquí hemos estado analizando y exponiendo conceptos utilitarios respecto al uso de las razas como herramienta para valorar la agresividad potencial de los perros, y no parece ser la forma más afinada de lograr resultados, pero, siendo operativizada con sentido podría llegar a tener una cierta utilidad.

La cosa cambia sustancialmente si dejamos de pensar únicamente en cómo nos afecta a las personas el clasificar a los perros en base a su raza y empezamos a pensar en cómo afecta al bienestar de los perros. Y es que las clasificaciones raciales y el respeto a los derechos de los sujetos clasificados siempre es un tema chirriante.

Porque todas las objeciones e imprecisiones, todos los matices y los riesgos de una interpretación equivocada o excesiva sobre la peligrosidad de las razas, todos los "peros" que los técnicos y expertos hemos puesto se han barrido bajo la alfombra con la justificación de que, finalmente, el concepto era válido porque más vale prevenir que curar, y que un exceso de celo era adecuado (aunque, en realidad los expertos señalábamos la clasificación racial no funciona, aunque haya diferencias comportamentales estables entre las razas, no que fuera excesivo). Si consideramos cómo afecta la clasificación como potencialmente agresivo a los perros que se etiquetan de este modo y a las personas implicadas con ellos la matemática debe incorporar otros operadores.

En el Estado Español está ahora vigente la Ley 7/2023, de 28 de marzo, de protección de los derechos y el bienestar de los animales, que en su texto dice: *"Se entiende por derechos de los animales su derecho al buen trato, respeto y protección, inherentes y derivados de su naturaleza de seres sintientes, y con las obligaciones que el ordenamiento jurídico impone a las personas, en particular a aquéllas que mantienen contacto o relación con ellos".*

Cuando sabemos que el porcentaje de agresiones de perros hacia personas, incluso las realizadas por las razas catalogadas como más agresivas, es minúsculo respecto al número de sujetos y cuando sabemos (entre sabemos e inferimos, pues la falta de datos fiables es abrumadora), además, que la gran mayoría de agresiones se cometen por parte de perros sin raza, a los que se les podría estar atribuyendo raza por semejanzas mínimas, dejaría de poder justificarse este uso categorial si se sometiera a un grave perjuicio -que vulnerase sus derechos- a los perros de las razas marcadas como potencialmente agresivas (spoiler: la mayoría de la gente no lee el "potencialmente"), así como a todas las personas con una relación e implicación de calado con dichas razas.

Lo cierto es que sabemos que la clasificación racial de perros potencialmente peligrosos implica restricciones y limitaciones que dificultan y empobrecen las posibilidades de estos perros para recibir una socialización adecuada y tener un desarrollo emocional y educativo óptimo. Esto es particularmente grave al aplicarse estas restricciones desde que el perro es cachorro, durante sus periodos sensibles de desarrollo, y en una etapa en la que el potencial de agresión es muy, muy reducido, generando desprotección y vulnerando claramente su derecho al buen trato.

A esto se suma el estigma que se les impone, haciendo que sean socialmente peor aceptados (ya existen negocios, incluso negocios caninos, como algunas residencias que no aceptan a los perros etiquetados como potencialmente peligrosos), mirados y tratados con recelo, reduciendo sus posibilidades de adopción al llegar a un centro de acogida y facilitando que sean maltratados por su "naturaleza agresiva". Y este estigma se extiende a criadores, tutores y, en general, todas las personas vinculadas directamente con estas razas.

La clasificación racial de la peligrosidad no solo es poco eficaz a nivel práctico y operativo, sino que causa perjuicios reales y vulnera los derechos de los perros de estas razas o de apariencia similar a ellas, por lo que debería evitarse. Esto no implica, por supuesto, que no se puedan ofrecer directrices educativas específicas a perros de diferentes razas, así como otras medidas que sí sean concordantes con los conocimientos actuales.

IV. ALGUNOS HECHOS Y ALGUNAS CONCLUSIONES

Al determinar legislativamente el potencial de peligrosidad de los perros normalmente se iguala, erróneamente, peligrosidad con agresión. Por tanto, lo que se intenta regular es el potencial agresivo de los perros.

Las agresiones de perros hacia personas son un problema de salud pública, pues aunque sean estadísticamente bajas, la alta población canina -que el Instituto Nacional de Estadística calcula en casi nueve millones y medio en el Estado Español- lleva a que el número total de estas agresiones sea significativo y resulte lógico legislar para reducirlas al máximo posible.

Las posibilidades legislativas son, principalmente, plantear restricciones y condiciones especiales a subpoblaciones que se consideren significativamente más agresivas que la media o evaluar a cada individuo mediante alguna prueba. La primera opción tiene la ventaja de ser más rápida y económica de implementar, aunque la segunda es la más afinada y eficaz.

Existe una tendencia legislativa hacia usar las razas caninas como categorías de subpoblaciones caninas con mayor potencial de agresión, basándose en el fenotipo comportamental y morfológico de las razas, que es homogéneo. Aunque esto pueda parecer una forma eficaz de clasificación no lo es, en las razas se han comprobado tendencias comunes de carácter y conjuntos de capacidades y habilidades similares, pero no conductas comunes de agresión.

Además, la clasificación racial que se atribuye a los perros participantes en las agresiones no es real, basándose en lejanos parecidos y en la tendencia colectiva a identificar a cualquier perro como de alguna raza conocida o como cruce reconocible de alguna raza conocida, las (pocas) estadísticas oficiales sufren masivamente de este sesgo, que las descalifica. Por último, los estudios que tenemos sobre razas y agresión se realizan sin comparar la incidencia de agresiones dentro de la raza con la media de agresiones del país donde viven estos perros, por lo que no son datos válidos para determinar que tengan o no un potencial de agresión mayor que esta media.

Clasificar la potencial agresividad en base a la identificación racial, además de poco eficaz y engañoso, genera problemas y vulnera los derechos de la totalidad de los perros de estas razas, que ven limitadas sus posibilidades de educación y desarrollo saludable, generándose una antipatía y una serie de actitudes de rechazo hacia ellas. También quienes tienen, crían o cuidan de alguna manera a las razas marcadas como agresivas sufren de este rechazo y ven dificultada su tenencia responsable.

Es posible hacer un uso responsable de las clasificaciones por razas para prevenir y erradicar los problemas de agresión y, ahora sí, de cualquier otra forma de peligrosidad potencial. La manera de lograrlo es a través de recomendaciones educativas que se adecúen a los diferentes perfiles comportamentales de cada raza o grupo de razas, trabajando sobre su tipo comportamental y perfil genérico de capacidades y habilidades de manera que se desarrolle de manera saludable, equilibrada y con las máximas aptitudes para vivir en sociedad.

ALGUNA BIBLIOGRAFÍA SOBRE LA MATERIA

Barr, B. (2005, August 18). *Dangerous Encounters: Bite Force* [Television broadcast]. National Geographic Channel.

Duffy, D. L., Hsu, Y., & Serpell, J. A. (2008). Breed differences in canine aggression. Applied *Animal Behaviour Science,* 114(3–4), 441–460. https://doi.org/10.1016/j.applanim.2008.04.006

Galac, S., & Knol, B. W. (2013). Fear-motivated aggression in dogs: Patient characteristics, diagnosis and therapy. *Animal Welfare,* 6(1). https://doi.org/10.1017/S0962728600019357

Kaneko, F., Arata, S., Takeuchi, Y., & Mori, Y. (2013). Analysis of associations between behavioral traits and four types of aggression in Shiba Inu. *Journal of Veterinary Medical Science.* https://doi.org/10.1292/jvms.13-0082

Liinamo, A.-E., van den Berg, L., Leegwater, P. A. J., Schilder, M. B. H., van Arendonk, J. A. M., & van Oost, B. A. (2007). Genetic variation in aggression-related traits in Golden Retriever dogs. *Applied Animal Behaviour Science,* 104(1–2), 95–106.

Pérez-Guisado, J., Lopez-Rodríguez, R., & Muñoz-Serrano, A. (2006). Heritability of dominant–aggressive behaviour in English Cocker Spaniels. *Applied Animal Behaviour Science,* 100(3–4), 219–227. https://doi.org/10.1016/j.applanim.2005.11.005

Stellato, A. C., Flint, H. E., Dewey, C. E., Widowski, T. M., & Niel, L. (2021). Risk-factors associated with veterinary-related fear and aggression in owned domestic dogs. *Applied Animal Behaviour Science,* 241, 105374. https://doi.org/10.1016/j.applanim.2021.105374

Takeuchi, Y., Kaneko, F., Hashizume, C., Masuda, K., Ogata, N., Maki, T., Inoue-Murayama, M., Hart, B. L., & Mori, Y. (2009). Association analysis between canine behavioural traits and genetic polymorphisms in the Shiba Inu breed. *Animal Genetics.* https://doi.org/10.1111/j.1365-2052.2009.01888.x

van den Berg, S. M., Heuven, H. C. M., van den Berg, L., Duffy, D. L., & Serpell, J. A. (2010). Evaluation of the C-BARQ as a measure of stranger-directed aggression in three common dog breeds. *Applied Animal Behaviour Science,* 124(3–4), 136–141. https://doi.org/10.1016/j.applanim.2010.02.005

Referencias normativas

Ley 50/1999, de 23 de diciembre, sobre el Régimen Jurídico de la Tenencia de Animales Potencialmente Peligrosos. BOE núm. 307, de 24 de diciembre de 1999.

Real Decreto 287/2002, de 22 de marzo, por el que se desarrolla la Ley 50/1999, de 23 de diciembre, sobre el régimen jurídico de la tenencia de animales potencialmente peligrosos. BOE núm. 74, de 27 de marzo de 2002, páginas 12290 a 12292.

CAPÍTULO TERCERO

CUESTIONES DE DERECHO PRIVADO EN LA PROTECCIÓN Y EL BIENESTAR ANIMAL

Cría, venta y comercialización de animales de compañía. Transmisión de la titularidad[1]

ROSALÍA ESTUPIÑÁN CÁCERES
Profesora Titular de Derecho Mercantil.
Universidad de Las Palmas de Gran Canaria

I. CONSIDERACIONES PREVIAS

La relación entre los seres humanos y los animales de compañía, sobre todo en las últimas décadas, ha evolucionado significativamente. En concreto, dentro de estos, perros, gatos y otros pequeños mamíferos han pasado de ser meros guardianes o cazadores a convertirse en miembros integrales de las familias. Este cambio, ha generado una mayor conciencia sobre la necesidad de garantizar su bienestar y protección y de optar por un marco común mínimo (Ipsos, 2022).

Es preciso partir de que el llamado por algún autor[2] como "Nuevo Derecho para los animales" (Cerdeira Bravo de Mansilla, 2023) o, por otros, "Derecho animal" (Chible Villadangos, 2016; Waisman, 2014,) no solo engloba a animales de compañía sino a muchos otros (como silvestres, domésticos destinados al consumo, etc.) y permea diversas disciplinas e institu-

---

1 El presente trabajo se ha realizado en el marco del encargo recibido como miembro del Grupo de Investigación Reconocido (GIR) de la ULPGC "La empresa y el mercado globalizado" (EyMG).

2 Se advierte que, a lo largo de este estudio, por razones de simplificación, se utiliza el masculino en sentido genérico incluyendo en este, por tanto, cualquier género.

ciones jurídicas, tales como el Derecho civil (responsabilidad contractual, extracontractual, ...), mercantil, penal, medioambiental y administrativo. En cualquier caso, nos centraremos en este estudio exclusivamente en los animales de compañía.

El Derecho animal presenta las siguientes características: i) Es nuevo; ii) Es autónomo, distinto del derecho tradicional; iii) Está compuesto por normas tanto de Derecho Privado como de Derecho Público; iv) Posee como objetivo principal el amparar y proteger al animal en su relación con el ser humano, protección manifestada en sus distintas formas y áreas; v) Es universal, pues sus principios generales son los mismos en todo el orbe, existiendo directrices tanto internacionales como nacionales (Chible Villadangos, 2016, p. 3).

La cría, la comercialización de los animales de compañía y, en particular, la venta son actividades que, si no se regulan adecuadamente, pueden dar lugar a prácticas abusivas y perjudiciales para los animales, además de quedar afectada también la sostenibilidad. La proliferación de criaderos ilegales, las condiciones inadecuadas de transporte y la falta de información sobre los derechos y responsabilidades de los propietarios son solo algunos de los problemas que se han ido detectando en este ámbito.

El objetivo principal de este capítulo es identificar y analizar el marco normativo estatal que regula la cría, la venta y la comercialización de animales de compañía, con un enfoque particular en la transmisión de la titularidad. Es preciso que advirtamos y reiteremos que el estudio queda constreñido en exclusiva a los aspectos mencionados de aquellos animales que entren en la categoría citada, cuya definición se contiene en el artículo 3 a) de la Ley 7/2023 (sobre la que volveremos en detalle más adelante). Así, cuando nos referimos a un animal de compañía, hemos de comprender desde un punto de vista terminológico que se trata de:

animal doméstico o silvestre en cautividad, mantenido por el ser humano, principalmente en el hogar, siempre que se pueda tener en buenas condiciones de bienestar que respeten sus necesidades etológicas, pueda adaptarse a la cautividad y que su tenencia no tenga como destino su consumo o el aprovechamiento de sus producciones o cualquier uso industrial o cualquier otro fin comercial o lucrativo y que, en el caso de los animales silvestres su especie esté incluida en el listado positivo de animales de compañía. En todo caso perros, gatos y hurones, independientemente del fin al que se destinen o del lugar en el que habiten o del que procedan, serán considerados animales de compañía. Los animales de producción sólo se considerarán animales de compañía en el supuesto de que, perdiendo su fin productivo, el propietario decidiera inscribirlo como animal de compañía en el Registro de Animales de Compañía.

Puede consultarse un comentario de esta definición en el capítulo de esta obra colectiva que se ocupa de la clasificación de los animales de conformidad con la Ley 7/2023 de 28 de marzo, de protección de los derechos y el bienestar de los animales. De manera resumida podemos decir que entran en la categoría de animales de compañía: los perros, gatos y hurones; los animales domésticos que se incluyan en el listado que elaborará el Ministerio de Derechos Sociales y Agenda 2030; los animales de producción que se inscriban como animales de compañía por decisión de su titular; las aves de cetrería; los animales de acuariofilia no incluidos en el catálogo de especies exóticas invasoras ni de especies silvestres protegidas; animales pertenecientes a especies silvestres que se incluyan en el listado positivo, que aprobará el Ministerio.

Y es que hay un especial interés en la normativa en proteger sobre todo a los animales de compañía por la recíproca relación entre estos y las personas (Albiez Dohrmann, 2022). A tales efectos, en las líneas siguientes identificaremos y examinaremos el marco normativo vigente en España, prestando atención especial a la referida Ley 7/2023 y a los actos jurídicos de la UE, e internacionales de los que traen causa (epígrafe II). Seguidamente, pondremos el foco en la cría (epígrafe III), examinado los requisitos que deben reunir los criadores y sus obligaciones. A continuación, nos centraremos en la regulación de la comercialización y venta, tanto en tiendas físicas como virtuales, incidiendo en el contrato de compraventa y, al propio tiempo, examinaremos las medidas previstas para proteger el bienestar del animal en la comercialización (epígrafe IV). Otro aspecto crucial de nuestro estudio reside en los procedimientos o vías para que tenga lugar la trasmisión de la titularidad del animal de compañía (epígrafe V). A la identificación y examen de los retos que se presentan todavía en la materia objeto de nuestro estudio destinamos el epígrafe VI. Y, para finalizar, presentaremos las conclusiones que esta investigación nos permite extraer (epígrafe VII).

A nuestro juicio, una regulación adecuada de la cría, la venta y la comercialización de animales de compañía resulta crucial para garantizar su bienestar y protegerles como merecen en una sociedad que va transitando en la dirección adecuada a tales fines (García Rubio, 2020) prescindiendo del antropocentrismo exacerbado o rancio en su regulación (Peñalva Ribera, 2022; Vivas Tesón, 2022). La existencia de un marco normativo claro y efectivo no solo previene el maltrato y las prácticas abusivas, sino que también proporciona seguridad, transparencia y responsabilidad en todas las etapas del proceso, desde la cría hasta la transmisión de la titularidad.

Téngase en cuenta que "la cría y el comercio de perros y gatos dentro de la UE es un sector económico rentable, valorado en más de 1.300 millones de euros al año" (European Commission, 2023).

En síntesis, nuestro trabajo -dentro de los estrechos márgenes espaciales de los que disponemos en el marco de esta obra colectiva- pretende ofrecer una visión comprensiva y clara de los aspectos legales relacionados con la cría, venta, comercialización y vías de transmisión de la titularidad de animales de compañía en España, subrayando la importancia de contar no solo con una regulación robusta para el bienestar animal, sino también con medios para hacerla cumplir.

II. MARCO NORMATIVO

En España, el bienestar animal está sujeto a un marco normativo o régimen jurídico en cierto modo complejo, en tanto que incluye normas de carácter estatal, autonómico, local, europeo e internacional.

Quizás sea cierta la frase de que cierto grado de civilización de un pueblo se mide por el trato que éste dispensa a sus animales, entre otros parámetros o elementos de juicio. En ese sentido, el avance de los pueblos de España ha sido más que notable. (De Rojas Martínez-Parets, 2005, p. 23).

A continuación, se relacionan solo las principales normativas aplicables:

2.1. Legislación nacional y autonómica

España, al amparo de nuestra Carta magna, está estructurada territorialmente en comunidades autónomas. En materia de animales existen competencias compartidas entre el Estado español y sus comunidades autónomas.

2.1.1. Normativa nacional

En el contexto estatal, en relación con el objeto de este capítulo, se resaltan las normas que a continuación se exponen:

- El Código civil (C.c.) reformado por la Ley 17/2021, de 15 de diciembre, de modificación del Código civil, la Ley Hipotecaria y la Ley de Enjuiciamiento civil, sobre el régimen jurídico de los animales. Dicho texto en su artículo 333 no clasifica los animales ni como muebles, ni como inmuebles, aunque reconoce que pueden ser objeto de apropiación, *con las limitaciones que se establezcan en las leyes.* Por su parte el artículo 333 bis destaca que *los animales son seres vivos dotados de sensibilidad. Solo les será aplicable el régimen jurídico de los bienes y de las cosas en la medida en que sea compatible con su naturaleza o con las disposiciones destinadas a su protección.* Y añade que *el propietario, poseedor o titular de cualquier otro derecho sobre un animal debe ejercer sus derechos sobre él y sus deberes de cuidado respetando su cualidad de ser sintiente, asegurando su bienestar conforme a las características de cada especie y respetando las limitaciones establecidas en ésta y las demás normas vigentes.* En suma, reconoce que los animales de compañía son seres vivos dotados de sensibilidad, los cuales son apropiables y objeto de comercio, pero solo en la medida en que sea compatible con su naturaleza y con las disposiciones destinadas a su protección. La normativa también prohíbe que los animales de compañía sean objeto de prenda, lo que implica una restricción en su comercio y cría, asegurando que su bienestar y protección sean prioritarios en cualquier relación jurídica que los involucre.

- La Ley 7/2023, de 28 de marzo, de Protección de los derechos y el bienestar de los animales, cuyo artículo 3 k) define bienestar animal de la siguiente manera: *estado físico y mental de un animal en relación con las condiciones en que vive y muere, en los términos definidos por la Organización Mundial de Sanidad Animal.* Esta Ley establece un marco común en todo el territorio español para la protección de los animales, incluyendo los de compañía. El principal objetivo de esta ley, según manifiesta su Preámbulo, *no es tanto el garantizar el bienestar de los animales evaluando las condiciones que se les ofrecen, sino el regular el reconoci-*

miento y la protección de la dignidad de los animales por parte de la sociedad. Por tanto, no regula a los animales como un elemento más dentro de nuestra actividad económica a los que se deban unas condiciones por su capacidad de sentir, sino que regula nuestro comportamiento hacia ellos como seres vivos dentro de nuestro entorno de convivencia. Entre sus disposiciones más relevantes se encuentran: la obligatoriedad de identificar y registrar a los animales de compañía mediante microchip; una regulación estricta de la cría y comercio, incluyendo la inscripción en el Registro de criadores de animales de compañía; normas específicas para garantizar el bienestar de los animales durante la cría, transporte y comercialización; el establecimiento de sanciones por incumplimiento de las normas de bienestar animal. Es precisamente esta Ley, junto a algunos aspectos del C.c., la que será objeto de nuestro análisis al contener un título dedicado a la cría, la venta, la comercialización y la transmisión de titularidad de animales de compañía.

2.1.2. Normativas autonómicas

Todas las comunidades autónomas en España, esto es, las diecisiete, y las dos ciudades autonómicas cuentan con normativa administrativa sobre protección de animales que, en determinados aspectos, complementa la normativa nacional. A su vez, los ayuntamientos también cuentan con normativa administrativa. Así, a título informativo, como más reciente en el ámbito autonómico destaca la Ley 2/2023, de 13 de marzo, de Protección, bienestar y tenencia de animales de compañía de la Comunidad de Valencia.

2.2. Normativa y directrices de la Unión Europea

La legislación de la UE sobre bienestar animal se ha desarrollado desde 1974, con el objetivo de mejorar el bienestar animal y garantizar el buen funcionamiento del mercado interior. En lo que ahora importa merece destacarse:

- El Tratado de Funcionamiento de la Unión Europea (TFUE) que, en su artículo 13, reconoce a los animales como seres sensibles y establece que la Unión y los Estados miembros deben tener en cuenta el bienestar de los animales al formular y aplicar políticas en áreas como la agricultura, la pesca, el transporte y el mercado interior.
- La Resolución del Parlamento europeo de 12 de febrero de 2020, [2019/2814(RSP)] que aborda la protección del mercado interior y los derechos de los consumidores frente a las consecuencias negativas del comercio ilegal de animales de compañía. Entre sus recomendaciones se incluyen: la implementación de un sistema obligatorio para el registro de perros y gatos en la UE; el endurecimiento de las sanciones por maltrato animal; el fomento y promoción de la adopción frente a la compra de animales de compañía.
- La propuesta de Reglamento del Parlamento Europeo y del Consejo sobre el bienestar de perros y gatos y su trazabilidad, de 7 de diciembre de 2023 [COM (2023) 769 final]. Esta propuesta busca mejorar el bienestar de perros y gatos y su trazabilidad. Establece normas mínimas para su cría, mantenimiento y comercialización, incluyendo la identificación obligatoria con microchip y el registro en bases de datos nacionales. También aborda el comercio ilegal y las malas prácticas, promoviendo la competencia justa y la protección del consumidor.

2.3. Tratados Internacionales

En la esfera de los tratados internacionales y en relación con animales de compañías es preciso destacar el Convenio europeo para la Protección de los animales de compañía, de 15/11/1987, ratificado por España veinte años más tarde, esto es, en el BOE de 11 de octubre de 2017. Es importante aclarar que es un tratado del Consejo de Europa, no de la UE. Este Convenio establece normas para la protección de los animales de compañía y promueve la adopción de medidas para evitar su sufrimiento innecesario.

Dentro de este ámbito internacional resulta oportuno mencionar dos documentos que, aunque no tengan carácter vinculante, se han tenido muy en cuenta y han inspirado distintas normativas (López Teruel, 2020). Por un lado, está la llamada Declaración universal de los derechos del animal que, proclamada el 15 de octubre de 1978 por la Liga Internacional, las Ligas Nacionales y las personas físicas asociadas a ellas, si bien nunca ha sido aprobada por la UNESCO, ni por la ONU (Capacete González, 2018). Por otro lado, están las cinco libertades de bienestar animal, que tienen los animales terrestres que se encuentran bajo el control del ser humano, publicadas en 1965, por la Organización Mundial de Sanidad Animal (OMSA, 2024; López Teruel, 2020). Tales libertades son: libre de hambre, sed y desnutrición; libre de miedos y angustias; libre de incomodidades físicas o térmicas; libre de dolor, lesiones o enfermedades; libre para expresar las pautas propias de comportamiento.

En suma, para concluir este epígrafe, como hemos podido comprobar, el marco normativo es extenso, complejo y abarca diversos niveles normativos, pero por lo que respecta a la cría, venta y comercialización de animales de compañía nos ceñiremos prácticamente a la Ley 7/2023, que es la normativa estatal vigente para garantizar el bienestar de los animales de compañía. Sin embargo, la implementación efectiva de esta y otras normativas requiere una colaboración estrecha entre las autoridades nacionales, autonómicas y locales (esto es, ayuntamientos), así como una concienciación y responsabilidad por parte de la ciudadanía. En el momento en que se entrega este trabajo solo podemos avanzar que el necesario desarrollo reglamentario de la Ley referida, crucial para su plena aplicación, aún está en borrador.

III. CRÍA DE ANIMALES DE COMPAÑÍA

La cría de animales de compañía es una actividad regulada por diversas normativas que buscan garantizar el bienestar animal y la responsabilidad de los criadores. La Ley 7/2023 en su artículo 3 o) solo contempla la cría por parte de un criador registrado, a quien define como *persona responsable de la actividad de la cría e inscrita en el Registro de Criadores de Animales de Compañía*. Siendo importante destacar que es requisito ineludible para poder inscribirse no encontrarse inhabilitado, penal o administrativamente, para el ejercicio de profesión, oficio o comercio relacionado con animales, así como para su tenencia.

La Ley 7/2023 dedica, dentro de su título III, algunas disposiciones a la cría en el seno del capítulo I, pero también hay otras fuera de dicho capítulo que aluden a esta actividad, persiguiendo que la cría se haga de forma responsable y moderada. Entre todas estas disposiciones es preciso destacar:

i) La obligatoriedad de un registro de criadores, de competencia autonómica en su ejecución, a fin de tener constancia de las personas que se dedican a la cría, por lo que se incluirán los datos identificativos de la persona criadora y de sus ejemplares reproductores. Se trata de uno de los registros que integran el Sistema Central de Registros para la Protección Animal, creado por esta Ley y cuyo ámbito se extiende a todo el territorio estatal. Este último constituye un sistema de información único, cuyo objetivo fundamental es servir de apoyo a las diferentes administraciones públicas en el ejercicio de sus competencias en materia de protección y derechos de los animales. Con todo, es importante mencionar que, en su disposición final quinta, la Ley 7/2023 exigió al Gobierno que antes del 29 de septiembre de 2023, dictara las disposiciones reglamentarias oportunas relativas a la organización del Sistema Central de Registros de Protección Animal, así como el régimen de inscripción y cancelación de sus asientos y el acceso a la información contenida en aquél. Asimismo, dispuso que la inscripción en el Sistema Central de Registros de Protección Animal por parte de entidades de protección animal, profesionales del comportamiento animal y personas responsables de la actividad de la cría y venta de animales de compañía, no sería obligatoria hasta transcurridos doce meses desde que se llevara a cabo aquel desarrollo reglamentario. Sin embargo, a día de hoy tal desarrollo reglamentario no se ha producido. Aclarado este extremo, se establece claramente en el artículo 53.1 que solo los criadores registrados, personas físicas o jurídicas, pueden llevar a cabo esta actividad. Aunque algún precepto, como el artículo 27 k), al prohibir la cría comercial de animales de compañía por criadores no inscritos en el Registro de Criadores de Animales de Compañía, pudiera llevarnos a sostener, en una interpretación aislada, que cabe una cría no comercial por criador no inscrito, lo cierto es que una interpretación contextual nos lleva a afirmar lo contrario. En consecuencia, solo cabe la cría por criador inscrito.

Tales criadores deben cumplir con requisitos específicos de formación y condiciones de sus instalaciones. Con todo, se trata de una actividad, tanto se trate de una cría comercial como de una no comercial o puntual, que requiere aún mucho desarrollo reglamentario. Estas exigencias permiten un control más efectivo sobre la cría.

ii) La identificación y trazabilidad de todos los animales de compañía, pues estas exigencias permiten un seguimiento de cualquier animal desde su nacimiento hasta su venta, cambio de titularidad o abandono en cualquier punto del territorio español. A tales efectos es obligatoria la inscripción de estos animales en el Registro de animales de compañía, junto con los datos de la identidad de su titular o responsable. Debemos aclarar que la identificación inicial de los animales de compañía solo puede realizarse por mandato legal, artículo 51.1 de la Ley 7/2023, a nombre de una persona criadora registrada, entidad de protección animal o Administración pública autorizados. Este registro también forma parte del Sistema Central de Registros para la Protección Animal, por lo que damos por reproducido cuanto hemos manifestado en el apartado anterior a este respecto.

iii) La cría, desde luego, está sometida a exigencias estrictas sobre el espacio, la alimentación y el cuidado veterinario de los animales. Y es que la cría responsable implica no solo cumplir con la normativa del núcleo zoológico sino también adoptar prácticas que aseguren el bienestar de los animales, tales como: a) Los animales deben tener suficiente espacio, acceso a luz natural y condiciones higiénicas adecuadas; b) Es obligatorio realizar controles veterinarios periódicos y mantener un registro de la salud de cada animal; c) Los criadores deben evitar la reproducción excesiva y garantizar periodos de descanso adecuados entre camadas.

La cría de animales de compañía tiene un impacto significativo en la sociedad, pues, por un lado, si se realiza de forma responsable puede ayudar a preservar razas y especies en peligro. Y, por otro, la desarrollada irresponsablemente puede contribuir al problema del abandono de animales, por lo que es esencial, como con acierto se reconoce en abundante doctrina e informes, promover la adopción y la tenencia responsable.

En España, pese a que la identificación por microchips es obligatoria para perros y gatos, pues así se establece tanto en las normativas autonómicas como en la Ley 7/2023 (aunque esta entró en vigor el 30 de septiembre de 2023), lo cierto es que no todos lo tienen. Así, durante el año 2023 entre los animales que llegaron a las protectoras (Ruiz, 2024), solo el 27 % de los perros y el 4 % de los gatos estaban identificados con microchip. Y el 15% de las causas de abandono vienen representadas por camadas indeseadas.

En síntesis, la cría de animales de compañía es una actividad que debe realizarse con responsabilidad y en el marco del cumplimiento de la normativa para asegurar el bienestar de los animales y la sostenibilidad de la práctica. La Ley 7/2023 implementa mecanismos de control y sanciones para garantizar el cumplimiento de la normativa, pero a la vista de estos datos es dable concluir que hace falta que haya voluntad y medios para sean efectivos.

IV. VENTA Y COMERCIALIZACIÓN DE ANIMALES DE COMPAÑÍA

4.1. La comercialización como género y la venta como especie

Quizás convenga comenzar por recordar que la comercialización o el comercio es una expresión más amplia que la venta. La comercialización abarca un conjunto amplio de actividades relacionadas con el mercado de animales de compañía. Incluye todas las acciones necesarias para llevar, en nuestro caso, un animal de compañía desde el criador comercial- único que puede vender, hasta el comprador, esto es, su nuevo titular. La comercialización pues, integra o puede integrar diversas acciones, tales como: a) estrategias para dar a conocer los animales disponibles para la venta, incluyendo campañas de marketing y anuncios; b) distribución, esto es, los canales utilizados para hacer llegar los animales a los puntos de venta o directamente a los compradores; c) la venta; d) la posventa. Siendo preciso advertir la obligatoriedad de que todas ellas se realicen cumpliendo la normativa y, por tanto, los estándares de bienestar animal.

Siendo esto así, se comprenderá que la venta constituye una parte específica del proceso de comercialización. Se refiere al acto concreto de transferir la titularidad de un animal de compañía de un vendedor a un comprador a cambio de un precio. De conformidad con nuestra normativa la venta conlleva: a) el contrato de compraventa en el que se contienen las condiciones de esta transacción, incluyendo precio, garantías y responsabilidades de ambas partes contratantes; b) el intercambio de dinero por el animal; y c) la transferencia física del animal al nuevo titular, que en la Ley 7/2023, como se ha adelantado, se evita llamarle "propietario" y en su lugar se habla de "titular", lo que es más acorde con la naturaleza de los animales y su dignidad. Así, hay dos definiciones que deben tenerse presente, la de "persona responsable" y "persona titular". La primera *es aquella persona física o jurídica que sin ser titular se encuentre, de forma circunstancial o permanente, al cuidado, guarda o custodia del animal.* La segunda *es la que figure como tal en los registros oficiales constituidos para las distintas especies.* Definición esta última que no podría entenderse sino en relación con la anterior.

La venta y comercialización de animales de compañía están sujetas a la Ley 7/2023 y a otras leyes de nuestro ordenamiento jurídico, como es el C.c. En la actualidad todas estas normas buscan garantizar tanto el bienestar de los animales como la transparencia y su legalidad, partiendo de su consideración como seres sintientes, con la finalidad de promover una tenencia y convivencia responsable, así como luchar contra el maltrato y el abandono. Es importante destacar que está prohibido la utilización de animales como reclamo publicitario, excepto para las actividades relacionadas con ellos.

Como con acierto manifiesta Albiez Dorhmann (2022) en el ámbito privado y teóricamente podría darse una venta entre particulares, entre empresarios y consumidores y entre empresarios, pero como se ha anticipado entre particulares está prohibida la venta de animales de compañía y solo cabe, como habremos de señalar más adelante, la cesión gratuita.

4.2. El contrato de compraventa y la regulación de la comercialización y venta en tiendas y online

De conformidad con el artículo 1445 de nuestro C.c., podemos decir que el contrato de compraventa es aquel acuerdo por el que una parte, el vendedor, se obliga a transferir la propiedad (mejor la titularidad) del animal de compañía a la otra parte, el comprador, quien a su vez se obliga a pagar un precio. Igualmente conviene destacar que el actual artículo 114. 2 a) del TRLGDCU excluye del ámbito de aplicación del título IV (garantías y servicios posventa) a los animales vivos. Exclusión esta que es objeto de crítica por un sector doctrinal (Albiez. Dorhmann, 2022).

La Ley 7/2023 contempla requisitos específicos no solo para la cría de animales de compañía, como expusimos en el epígrafe anterior, sino igualmente para su venta, lo que contribuye a evitar el maltrato y la explotación de estos seres. Es preciso destacar que el comercio ilegal de animales de compañía continúa siendo una triste realidad en la Unión Europea, como así lo revelan distintos estudios (Parlamento europeo, 2020; Ortolá, 2020; FAADA, 2024).

A continuación, se detallan los aspectos más relevantes que sobre la venta y comercialización contiene la Ley 7/2023, advirtiendo que, dentro de los animales de compañía, los perros, gatos y hurones reciben una protección reforzada:

i) Está prohibida la venta directa de cualquier tipo de animal de compañía a través de internet, portales web o cualquier medio o aplicación telemáticos, lo que garantiza que la venta se realice de manera responsable y ética.

ii) Está prohibida la comercialización de perros, gatos y hurones en tiendas de animales, así como su exhibición al público con tales fines. Además, la venta de estos en particular solo puede realizarla directamente la persona criadora comercial registrada, sin la intervención de intermediarios. Para el resto de animales de compañía, la venta en tiendas de animales impone a estas una serie de exigencias de espacios separados fuera del acceso público, que se aplican desde el 29 de septiembre de 2024.

iii) El anuncio de animales a través de medios de comunicación, revistas, publicaciones asimilables y demás sistemas de difusión, como internet, deberá incluir obligatoriamente el número de registro de criador o el núcleo zoológico del establecimiento de venta, así como el número de identificación del animal en su caso. Debiendo advertirse que se impone a las plataformas verificar la veracidad de los datos consignados por el vendedor.

iv) Se establece la obligatoriedad por parte de la persona responsable de la venta de proporcionar al comprador una información, previa a la venta, precontractual, por tanto, de todas las características del animal transmitido, necesidades para el cuidado, incluida la atención veterinaria y responsabilidades que asume el comprador. Será preciso documentar por escrito o por cualquier otro medio equivalente que se ha facilitado toda esta información en la medida que la Ley exige al vendedor conservarla durante 3 años.

v) El contrato de compraventa de cualquier animal de compañía debe realizarse por escrito y con unas cláusulas mínimas, que aún están pendientes de establecerse. Por lo que, por razones justificadas de velar por el bienestar animal, se rompe el principio espiritualista imperante en nuestro Ordenamiento Jurídico (OJ), exigiendo este contrato de compraventa la forma escrita y un contenido mínimo como requisito de validez. Tales imposiciones son bastante elocuentes del recorte que conllevan para la autonomía de la voluntad. La venta debe comunicarse al Registro de animales de compañía en los tres días hábiles posteriores a la misma. Al margen de la responsabilidad administrativa que su incumplimiento acreditado conlleva para los infractores, es preciso indagar de forma pausada sobre el carácter meramente informativo o constitutivo de tal comunicación.

vi) Se impone una edad mínima para que los perros y gatos puedan ser vendidos, en función de si lo hacen desde núcleo zoológico declarado como lugar de nacimiento o no.

vii) No está permitida la venta de animales no identificados conforme a la normativa vigente.

viii) Se imponen exigencias a cumplir por los responsables de la venta a la entrega de los animales de compañía, en cuanto que deben estar en buen estado sanitario y con todos los tratamientos obligatorios.

ix) Tras la venta, el vendedor tiene la obligación de responder por los vicios o defectos ocultos de conformidad con los artículos 1484 y siguientes del C.c. que son certeramente comentados por Vivas Tesón (2022).

También la Ley 7/2023 regula las exigencias que se imponen al transmitente de animales de compañía que haya de transportarlos hasta el adquirente, en concreto nos referimos al transporte de animales, con reglas específicas respecto a los animales de compañía. En particular, tales reglas se recogen en los artículos 59, 60 y 61 de la Ley 7/2023, que son objeto de estudio en otro capítulo de esta obra colectiva, a cuya lectura y conocimiento nos remitimos.

Asimismo, el contrato de compraventa, además de cumplir con lo dispuesto en la Ley 7/2023, y que acabamos de sintetizar, habrá de someterse, en su caso, a lo establecido en el Código civil, en el Código de comercio o en el Texto Refundido de Ley General de Defensa de los Consumidores y Usuarios (TRLGDCU), según su naturaleza. Ahora bien, a nuestro juicio procede interpretar que, cualquiera que sea la naturaleza del contrato, lo cierto es que por vicios ocultos se aplicará siempre el régimen previsto en los artículos 1484 y siguientes del Código civil. Y ello es así porque es lo que se desprende de lo dispuesto en el artículo 54.3 de la Ley 7/2023 junto a la exclusión de los animales del régimen de garantía y posventa contenido en el TRLGDCU. Esta cuestión en particular nos plantea una pregunta: ¿este mandato del artículo 54.3 de la Ley 7/2023, implica acabar con el carácter dispositivo de este régimen de saneamiento, reconocido en el artículo 1845.2 del Código civil.? Y la respuesta a nuestro entender debe ser afirmativa en línea con la restricción de la autonomía de la voluntad impuesta por la Ley 7/2023 a este contrato.

En suma, la venta y comercialización de animales de compañía son actividades que deben realizarse con responsabilidad y bajo el estricto cumplimiento normativo para asegurar el bienestar de los animales, la transparencia de las transacciones, evitando ventas indiscriminadas y con ello previniendo el abandono. En las transmisiones no solo se trata de proteger al adquirente sino en particular al animal (Albiez Dorhmann, 2022).

El incumplimiento de cuantas exigencias y prohibiciones impone la Ley 7/2023 implica incurrir en las infracciones y sanciones administrativas que la misma contempla en su título VI, sin perjuicio de las responsabilidades, en su caso, que pudieran corresponder en el ámbito civil y penal (Garnelo Fernández-Trigales, 2024). En la esfera de la contratación privada destacan consecuencias o sanciones civiles, tales como nulidad, anulabilidad, inexistencia, indemnización que para su incumplimiento o cumplimiento defectuoso contienen las pertinentes normas contractuales que resulten aplicables dentro de nuestro OJ privado.

V. TRANSMISIÓN DE LA TITULARIDAD

La transmisión de la titularidad de animales de compañía es un proceso que debe realizarse conforme a la normativa vigente para asegurar la legalidad y el bienestar de los animales. A continuación, analizaremos los aspectos más relevantes que contiene la Ley 7/2023 para tal a transferencia.

Para comenzar es necesario destacar que únicamente se prevén tres vías para la trasmisión *intervivos* de un animal de compañía: la cesión, la adopción y la venta. De la venta ya nos hemos ocupado en el epígrafe anterior. A continuación, abordaremos la cesión y la adopción.

Con todo, antes conviene al menos mencionar que en lo atinente a la transmisión *mortis causa* de animales de compañía, el único precepto que se ocupa de esta cuestión es el artículo 914 bis del C.c. Y lo hace en concreto, poniendo el foco en el bienestar del animal de compañía, para establecer qué ha de hacerse a falta de disposición testamentaria del causante (Martos Calabrús, 2022; García Goldar, 2022).

5.1. Cesión gratuita

La palabra cesión viene definida en el Diccionario de la Lengua Española como "renuncia de algo, posesión, acción o derecho, que alguien hace a favor de otra persona" (Real Academia Española, 2014, definición 1). La expresión cesión utilizada por la Ley 7/2023 hace referencia a un contrato por el que, de forma gratuita por imperativo legal, el titular del animal, cedente, transfiere su titularidad al cesionario. Solo es posible efectuarla sobre animales identificados. En el caso de perros, gatos y hurones, estos solo pueden ser objeto del contrato de cesión cuando cuenten con más de 8 semanas de edad. La Ley 7/2023 exige que se declare en el contrato que es gratuito, por lo que no puede mediar precio, tratándose de un contrato traslativo de la propiedad.

El C.c., en su artículo 333 bis, manifiesta que los animales son seres vivos dotados de sensibilidad, a los que solo *les será aplicable el régimen jurídico de los bienes y de las cosas en la medida en que sea compatible con su naturaleza o con las disposiciones destinadas a su protección.* Siendo esto así, y a al ser tan parca la regulación de esta vía de transmisión de titularidad, no cuestionamos si, caso de ser necesario, cabría aplicar supletoriamente las normas sobre la adopción o sobre de la venta. En nuestra opinión, sería razonable que fueran las de la adopción, proceso con el que mantiene analogía. De ahí que, a diferencia del contrato de venta, no habría impedimento en que el ofrecimiento en cesión o adopción de los animales de compañía se haga en internet, portales web o cualquier medio o aplicación telemáticos.

5.2. Adopción

Por lo que atañe a la adopción de animales de compañía nos encontramos también con un contrato mediante el cual los centros públicos de protección animal o entidades de protección animal registradas, únicos autorizados, transfieren la titularidad del animal abandonado, desamparado o decomisado a favor de un tercero, esto es, del otro contratante. Es preciso destacar que las cláusulas mínimas de este contrato están aún pendientes de desarrollo reglamentario. La adopción no podrá ser objeto de transacción comercial, sólo se podrá solicitar la compensación de los gastos veterinarios básicos.

La adopción se llevará a cabo con la entrega al nuevo titular del animal y de toda la información de que se disponga respecto al origen del mismo, de sus características y de un certificado emitido por el veterinario o la veterinaria responsable del centro en que se describan los tratamientos, pautas y cuidados que deberá recibir el animal, así como las responsabilidades que adquiere el adoptante.

Las diferencias entre adopción y cesión, dado los términos contemplados en esta Ley 7/2023, a nuestro juicio, residen en los aspectos siguientes: a) en la persona o entidad que transfiere la titularidad del animal, particular en la cesión gratuita, y centro de protección en la adopción; b) en el animal sobre el que recae el contrato, abandonado, decomisado o desamparado en la adopción; c) en las mayores exigencias de información exhaustivas que se exige a quienes entregan al animal en adopción; d) en que los animales objeto de adopción deben haber recibido los tratamientos preventivos o curativos preceptivos y estar esterilizados o con compromiso de esterilización en un plazo determinado; e) en una regulación más exhaustiva de la adopción cuando esta se haga con la intermediación de establecimientos comerciales o con acuerdos de colaboración de tiendas de animales, en cuestiones de pernoctación. Pues en estos casos se somete la pernoctación a ciertas condiciones y además se prohíbe a las tiendas recibir pago ni por la adopción ni por la estancia de los animales.

Por otro lado, es necesario destacar que cualquiera que se la vía de transmisión de la titularidad, esta debe ser inscrita en el Registro de Animales de Compañía dentro de los tres días hábiles posteriores a la transacción. El nuevo propietario es el que debe registrar al animal a su nombre en el registro mencionado.

Es fundamental que la transmisión de la titularidad se realice de manera ética y responsable, evitando la transferencia de animales a personas que no puedan garantizar su bienestar, como aquellas con antecedentes de maltrato animal.

VI. RETOS Y PERSPECTIVAS FUTURAS

La cría y comercialización de animales de compañía enfrenta varios desafíos y oportunidades tanto actuales como en el futuro. A continuación, se detallan algunos de los principales retos y perspectivas:

A pesar de las normativas existentes a todos los niveles, como se ha mencionado, garantizar el bienestar animal sigue siendo un desafío. La implementación efectiva de las leyes y la supervisión constante son esenciales para asegurar que los animales sean tratados con dignidad y respeto.

El comercio ilegal de animales de compañía sigue siendo un problema significativo. Este comercio no solo pone en riesgo el bienestar de los animales, sino que también dificulta la regulación y el control de la cría y venta de animales (Ruiz, 2024).

Existe aún una necesidad continua de educar al público sobre la tenencia responsable de animales de compañía. La falta de conocimiento puede llevar a prácticas irresponsables, como el abandono de animales.

La tecnología aún puede jugar un papel crucial en mejorar la cría y comercialización de animales de compañía. Por ejemplo, la mejora en el uso de sistemas de monitoreo avanzados puede ayudar a asegurar el bienestar animal y mejorar la trazabilidad.

Se espera que las regulaciones sobre la cría y comercialización de animales de compañía se vuelvan más estrictas en el futuro, incluida en la Unión Europea (Comisión Europea,

2023). Esto incluirá mayores requisitos para los criadores y comerciantes, así como sanciones más severas para aquellos que no cumplan con las normativas.

Las regulaciones buscan asegurar que los animales sean tratados como seres sintientes y no como meros bienes comerciales, pero aún son insuficientes (Paez, 2022). De ahí que, en el ámbito del Derecho privado, lo deseable de *lege ferenda* es que el régimen protector de los animales (distinto del régimen de los bienes) vaya extendiéndose progresivamente a los distintos ámbitos en que intervienen los animales y se vaya restringiendo con ello la aplicación supletoria del régimen jurídico de las cosas (Preámbulo de la Ley 17/2021, sección II, párrafo tercero *in fine*).

La sostenibilidad es una tendencia creciente en todos los sectores, incluida la cría de animales de compañía. Se espera que las prácticas sostenibles, como el uso de recursos renovables y la reducción de la huella de carbono, se vuelvan más comunes.

La colaboración entre países puede ayudar a combatir el comercio ilegal de animales y promover prácticas de cría responsables. Las organizaciones internacionales juegan un papel clave en la promoción de estándares globales de bienestar animal.

VII. CONCLUSIONES

Las reformas legislativas recientes en España reflejan un cambio significativo en la percepción y tratamiento jurídico de los animales de compañía. La Ley 7/2023 y la Ley 17/2021 establecen un marco robusto para la protección de estos animales, regulando de manera específica su cría, comercio, venta y transmisión de titularidad, aspectos indirectamente o directamente cruciales del Derecho privado. Estas normativas no solo buscan garantizar el bienestar animal, sino también proporcionar seguridad jurídica a los titulares y criadores. Estas actividades requieren un equilibrio entre el bienestar animal, la legalidad y la responsabilidad social. A lo largo de este capítulo, hemos examinado las disposiciones normativas referidas a las actividades citadas, cuyo conocimiento es fundamental para entenderlas, respetarlas y mejorarlas. A continuación, se presentan las conclusiones más relevantes:

(I) El marco normativo se rige como una pieza esencial para regular la cría, la comercialización y venta de animales de compañía. La Ley 7/2023, de 28 de marzo, de protección de los derechos y el bienestar de los animales, complementa en determinados aspectos el Código civil, tras la reforma operada por la Ley 17/2021, proporcionando una base legal sólida a nivel estatal para asegurar que la comercialización, venta y trasmisión de titularidad se realicen de manera ética y responsable con el foco en el bienestar de los animales de compañía, como seres sintientes. Es por ello que establece límites en el contrato de compraventa, en la comercialización y en la cría, así como restricciones en las formas de transmisión.

(II) A pesar de la normativa existente, su desarrollo, aun no completado, e implementación efectiva siguen siendo un desafío. La falta de recursos y la necesidad de una mayor supervisión y control por parte de las autoridades, entre otras razones, son obstáculos significativos. Además, el comercio ilegal y la cría irresponsable continúan siendo problemas que requieren atención urgente.

(III) El bienestar animal debe ser la prioridad y el principio a seguir en todas las etapas de la cría y comercialización. Esto incluye asegurar condiciones adecuadas de alojamiento, alimentación y atención veterinaria, así como evitar prácticas que puedan causar sufrimiento innecesario.

(IV) La educación y concienciación del público sobre la tenencia y transmisión responsable de animales de compañía también son fundamentales para mejorar el bienestar animal.

(V) El futuro de la cría y comercialización de animales de compañía presenta tanto desafíos como oportunidades. La adopción de innovaciones tecnológicas, como sistemas de monitoreo avanzados, puede mejorar la trazabilidad y el bienestar animal. Además, se espera que las regulaciones se vuelvan más estrictas, lo que podría ayudar a combatir el comercio ilegal y promover prácticas más sostenibles.

(VI) La colaboración internacional es clave para abordar problemas globales como el comercio ilegal de animales. Las organizaciones internacionales y la cooperación entre países pueden ayudar a establecer estándares globales de bienestar animal y promover prácticas de cría responsables.

BIBLIOGRAFÍA

Albiez Dohrmann, K.J. (2022). Una nueva lectura de la compraventa de animales de compañía. *Indret* (4), 1-42.

Animal`s Health. (2024). El Gobierno comparte con las comunidades autónomas el borrador del Real Decreto que desarrolla la Ley de Bienestar Animal, 1-3. https://www.animalshealth.es/politica/gobierno-comparte-con-comunidades-autonomas-borrador-real-decreto-desarrolla-ley-bienestar-animal.

Chible Villadangos. M.J. (2016). "Introducción al Derecho Animal. Elementos y perspectivas en el desarrollo de una nueva área del Derecho", *Ius et Praxis,* vol. 22 (2), 1-33. http://dx.doi.org/10.4067/S0718-00122016000200012.

Comisión Europea. (2023). La Comisión propone nuevas normas para mejorar el bienestar de los animales. 1-3. https://ec.europa.eu/commission/presscorner/detail/es/ip_23_6251.

European Commission. (2023). *Illegal trade of cats & dogs. EU enforcement action.* Luxembourg: Publications Office of the European Union.

De Rojas Martínez-Parets, F. (2005). La protección de los animales domésticos y en cautividad en las normativas autonómicas. *Revista Aranzadi de Derecho Ambiental,* (8), 1-24.

Domínguez Luelmo, A. (2022). El nuevo régimen de tenencia y adquisición de los animales según la Ley 17/2021 sobre el régimen jurídico de los animales. *Revista General de Derecho Animal y Estudios Interdisciplinares,* (10), 1-42.

Fundación para el Asesoramiento y Acción en Defensa de los Animales (FAADA (2024). Nueva investigación desvela la magnitud del tráfico de cachorros en Europa. https://faada.org/nuestra-accion-1990-nueva-investigacion-desvela-la-magnitud-del-trafico-de-cachorros-en-europa.

García Goldar, M. (2020). El impacto en materia de sucesiones de la Ley 17/2021 sobre el régimen jurídico de los animales. *Revista General de Derecho Animal y Estudios Interdisciplinares,* (10), 1-26.

García Rubio., M.P. (2020). Presentación del número monográfico. *Revista General de Derecho Animal y Estudios Interdisciplinares,* (10), 1-10.

Garnelo Fernández-Trigales, A. (2024). Infracciones y sanciones en materia de bienestar animal.1-4. https://www.abogacia.es/publicaciones/blogs/blog-de-derecho-de-los-animales/infracciones-y-sanciones-en-materia-de-bienestar-animal/.

Ibsos. (2022). Sensibilización de la Sociedad española respecto de los derechos de los animales. Informe de resultados 22019255INO, 1-36. https://www.mdsocialesa2030.gob.es/derechos-animales/estudios/docs/estudio-ley-encuesta.pdf..

López Teruel, R. (2020). Los derechos de los animales. *Deanimals.com.*1-13. https://www.deanimals.com/legislacion-derecho-animal/los-derechos-de-los-animales/.

Martos Calabrús, M.A. (2022). Sucesión mortis causa y animales de compañía. A propósito del nuevo artículo 914 bis del Código Civil. *Revista de Derecho Civil,* vol. IX (3), 289-314.

Ortolá, M. (2020). El tráfico internacional. Europa del Este primer importador de mascotas. 1-3. https://catedraanimalesysociedad.org/animales-de-compania-cria-abandono-economia-sumergida-y-venta-fuera-de-control-final/.

Organización Mundial de Sanidad Animal (OMSA). (2024). Bienestar animal: un bien vital para un mundo más sostenible. Paris, 1-8. https://doi.org/10.20506/woah.3445.

Paez, E. (2022) Sintientes, pero sin derechos. Análisis ético de la Ley 17/2021, sobre el régimen jurídico de los animales, y propuestas de reforma. *Revista General de Derecho Animal y Estudios Interdisciplinares,* (10), 1-31.

Parlamento Europeo. (2020). Comercio ilegal de mascotas, 1-3. https://www.europarl.europa.eu/topics/es/article/20200117STO70506/comercio-ilegal-de-mascotas-medidas-contra-los-infractores.

Peñalva Ribera, M. T. (2022). La superación de la dualidad de personas y cosas y las normas posesorias de los animales. *Revista General de Derecho Animal y Estudios Interdisciplinares,* (10), 1-21.

Real Academia Española. (2014). *Diccionario de la Lengua Española,* 23.ª ed., Madrid.

Ruiz, J. (2024). Informe Affinity 2024 – Análisis sobre abandono y adopción de animales. 1-5. https://www.dogventura.com/affinity-2024-abandono-adopcion-animales/.

Vivas Tesón, I. (2022). La incidencia de la reforma del Código civil sobre el régimen jurídico de los animales en la contratación privada. *Revista General de Derecho Animal y Estudios Interdisciplinares,* (10), 1-34.

Waisman, S., et al. (2014): *Animal Law. Cases and Materials,* 5ª, Carolina Academic Press.

Referencias normativas

Ley 2/2023, de 13 de marzo, de Protección, bienestar y tenencia de animales de compañía de la Comunidad de Valencia. BOE núm. 69, de 22 de marzo de 2023, páginas 42739 a 42789.

Ley 7/2023, de 28 de marzo, de protección de los derechos y el bienestar de los animales. BOE núm. 75, de 29 de marzo de 2023, páginas 45618 a 45671.

Real Decreto Legislativo 1/2007, de 16 de noviembre, por el que se aprueba el texto refundido de la Ley General para la Defensa de los Consumidores y Usuarios y otras leyes complementarias. BOE, núm. 287, de 30 de noviembre de 2007, texto consolidado, páginas 1 a 102.

Real Decreto de 24 de julio de 1889 por el que se publica el Código Civil. Gaceta de Madrid, núm. 206, de 25de julio de1889. Texto consolidado, páginas 1-282.

Titularidad y custodia de animales de compañía en situaciones de separación, divorcio y nulidad

MIGUEL GÓMEZ PERALS
Profesor Titular de Derecho Civil. Universidad de la Laguna

El Dios Nagaicho creó el mundo y todos los animales, excepto el perro. Y es que cuando Nagaicho se fue a pasear, ya llevaba un perro con él: la idea de que alguien fuese paseando sin un perro era impensable: el perro siempre había estado ahí

(Leyenda de los indios norteamericanos citada por la Sentencia 1ª Instancia Badajoz. Sección 2, de 7/10/2010, Fto 3º).

I. INTRODUCCIÓN

Es evidente que entre los profundos cambios que está experimentando el Derecho de familia es creciente la tendencia a la disminución de la natalidad y al aumento de la tenencia de animales de compañía. En cualquier caso, en las situaciones de crisis matrimonial (en especial, separación y divorcio) llega a plantearse un paralelismo entre las medidas adoptables respecto de hijos menores y estos animales tan próximos a la vida familiar (custodia, visitas, gastos de manutención y cuidado, ...).

En los últimos años varias leyes han incidido en la nueva consideración de los animales como seres dotados de sensibilidad (ex art. 333 bis Cc) y su relación con los seres humanos, con la consiguiente reforma del Código civil y de materias conexas (vg., procesal, hipotecaria). En este nuestro trabajo nos referiremos a los preceptos relativos a las crisis matrimoniales y sus efectos (en especial, arts. 90 y concordantes del Cc).

La doctrina, la legislación y la jurisprudencia (especialmente menor) abordan este tema y sus implicaciones con diferentes ritmos y matices.

II. UNA CUESTIÓN TERMINOLÓGICA Y UNA NUEVA CONSIDERACIÓN DE LA MASCOTA

Previamente es preciso abordar una cuestión terminológica: la consideración de mascota y términos afines (v.g. animal doméstico) y otros relacionados (vg., propietario, titular, poseedor, …) (Casas Díaz &Camps i Videlli, 2019, pp. 79 y ss). . La citada Ley 7/2023, de 28 de marzo, de protección de los derechos y el bienestar de los animales define el animal de compañía como "*el animal doméstico o silvestre en cautividad, mantenido por el ser humano, principalmente en el hogar, siempre que se pueda tener en buenas condiciones de bienestar que respeten sus necesidades etológicas, … En todo caso perros, gatos y hurones*".

Esta normativa contiene previsiones legales que deberán observarse también por los tenedores en las situaciones de crisis matrimoniales (arts 26 a 30 de la citada Ley). En cuanto a las obligaciones, el deber general de protección se concreta, dentro de lo posible, según su especie, en el de mantenerlos integrados en el núcleo familiar, lo que conlleva su buen estado de salud e higiene, controles y tratamientos veterinarios (también para evitar la reproducción incontrolada y en su caso proceder a la esterilización quirúrgica).

En definitiva, a efectos del Derecho de familia, "mascota" será todo aquel animal que goce de tal consideración por la familia, dada la especialidad de la materia y los efectos *inter partes* que la sentencias de separación o divorcio producen. En cualquier caso, su regulación normativa no es muy precisa lo que deja un amplio arbitrio judicial a la cuestión relacionada con las mascotas (Velilla Antolín, 2023).

A pesar del tenor actual del art. 348.1 Cc ("La propiedad es el derecho de gozar y disponer de una cosa o de un animal, sin más limitaciones que las establecidas en las leyes") cabe plantearse la corrección del término "propietario" con sus implicaciones patrimoniales, siendo conveniente adoptar otras expresiones tales como titular, cuidador o responsable, mucho más concordantes con la naturaleza más afectiva que patrimonial de esta relación de cuidado entre personas y sus mascotas. A efectos probatorios de dicha titularidad es frecuente la referencia a la *cartilla veterinaria* de animal, documento en el que constan sus datos identificativos, pero con frecuencia ello no es realmente significativo, sino meramente formal (SAP de Lleida, de 13 de julio de 2016 (JUR\2016\215258). Respecto al gusto por los animales, su compañía, beneficios psicológicos (apego emocional), fisiológicos (paseos y ejercicio), incluso sociales (prestigio e identidad social respecto de ciertas especies y razas), los autores son unánimes (Sáez Olmos, Caravaca Llamas & Cano, 2022, pp. 5 y 6).

Todo ello ha derivado en una especial consideración de la mascota en la familia.

En efecto, por el interés que cobra como objeto de conflicto y dada su naturaleza como ser sintiente muy diferente a las simples cosas u objetos materiales, se ha llegado a valorar estos animales como un miembro más de la familia (Vázquez Muiña, 2022). Al parecer este supuesto encajaría, dentro la multiplicidad de formas de familia, en la denominada por algún autor como familia *mutiespecie* o *interespecie*, hasta el punto de que podría considerarse un cierto tipo de familia a una persona y su mascota (Clavijo Suntura, 2024, p. 3).

En cualquier caso, el creciente interés social de esta cuestión y su reciente respaldo normativo, incluso en las crisis matrimoniales, llega a los tribunales.

Por tanto, así como se protege el interés del menor en los procesos matrimoniales para evitarles, entre otros, un menoscabo emocional, parece necesario que, para los animales, se apliquen disposiciones similares que aseguren que dichas crisis matrimoniales no les supondrán afectación en su bienestar.

Esta naturaleza sintiente del animal valdrá como criterio de interpretación normativa en las dos dimensiones que más nos interesan: los pactos entre cónyuges y las decisiones judiciales respecto a la separación o divorcio matrimonial, en aras de "concretar el régimen de convivencia y cuidado de los animales de compañía", según el Preámbulo II de la Ley 17/2021.

No debe incurrirse, por el peligro que implica, en que el debido respeto y el natural afecto a estos seres vivos degeneren en la atribución de personalidad jurídica a animales no humanos, a lo que todavía se resiste afortunadamente la mayoría de los autores (Sillero Crovetto, 2019 y Velilla Antolín, 2023). Sin embargo, la intensidad de este vínculo ha llevado a un parte de la doctrina a afirmar que existe un verdadero derecho subjetivo a tener y convivir con las mascotas, como elemento necesario para el ejercicio pleno del derecho fundamental a la intimidad personal y familiar (art. 18.1 CE) y al libre desarrollo de la personalidad (art. 10.1 CE) (Fuentes-Lojo Rius, 2022, p. 4).

El bienestar del animal debe coordinarse con los demás intereses en juego en las crisis familiares, vg., el denominado *interés familiar más necesitado de protección* (vg., el de uno de los cónyuges respecto al uso de la vivienda familiar y su ajuar), el *beneficio del menor*, o el de la *persona con discapacidad* (ex art. 94 Cc): la prueba es que el art. 94 bis Cc ya los yuxtapone cuando alude al "interés de los miembros de la familia y al bienestar del animal".

III. LA PREVISIÓN EN PACTOS ENTRE LOS MIEMBROS DE LA PAREJA

Consideramos que el mecanismo básico para la regulación de esta cuestión son los convenios y acuerdos entre cónyuges ante estas situaciones de crisis matrimonial, aunque no se excluya en principio su utilidad para parejas de hecho. Incluso se plantea esta vía entre convivientes que no constituyen pareja, cuando interrumpen su cohabitación.

Así, para supuestos de mutuo acuerdo se prevé (art. 90.1 Cc, que subrayamos con cursiva), entre los extremos que el convenio regulador (a que se refieren los artículos 81, 82, 83, 86 y 87) deberá contener, *al menos y siempre que fueran aplicables* y tras las previsiones respecto de la custodia y visita de hijos comunes, *el destino de los animales de compañía, en caso de que existan, teniendo en cuenta el interés de los miembros de la familia y el bienestar del animal; el reparto de los tiempos de convivencia y cuidado si fuere necesario, así como las cargas asociadas al cuidado del animal"* (letra b. bis).

Una vez redactado el convenio regulador, se presentará en el Juzgado y previa aprobación del Ministerio Fiscal, y se señalará día y hora para su ratificación judicial quedando desde ese momento homologado.

El paulatino avance de la jurisprudencia en esta materia, incluso antes de la reforma legislativa, se observa, entre otras, en la SAP Valencia de 25 de septiembre de 2020 (JUR\2020\356014) que aplica criterios que no son estrictamente de derecho vigente en el momento de dictarse, como prueba de que las normas han de interpretarse conforme a la realidad social (que afirma reflejada en la voluntad de todos los grupos parlamentarios de reformar el Código Civil a través de la Proposición que daría lugar a la Ley 17/2021), y que ya aparece plasmada en otras normas estatales y autonómicas tendentes a la protección de los animales de compañía, su bienestar y el de la familia con la que conviven, de igual forma que se ha hecho en otros países de nuestro entorno.

Sin embargo, con mayor frecuencia la jurisprudencia menor rechazaba en un primer momento la elaboración (al menos, su denominación) de un *plan de parentalidad* respecto de la mascota familiar, tal como es tradicional referirlo a los hijos menores. Así, la SAP de Barcelona de 10 de julio de 2014 (JUR\2014\238233), afirma que no cabe una aplicación analógica a los animales de compañía de un régimen de visitas como los que se acuerdan respecto de los hijos menores. En consecuencia, la Audiencia recomienda acudir a un procedimiento declarativo dado que la mascota es (en definitiva) un bien mueble que se encuentra en el domicilio familiar y susceptible de ser reclamado en concepto de propiedad o de que se solicite respecto de él un uso alternativo.

El interés de este fallo es el voto particular (parcial, del magistrado Joaquín Bayo Delgado) que insiste en que la tenencia y cuidado de la mascota familiar merece tutela judicial en este mismo procedimiento, pues hay base suficiente en nuestro Derecho (se refiere al catalán) para no excluir ese pronunciamiento del presente pleito y, en consecuencia, no remitir a las partes a otro proceso declarativo, en aras de reducir tiempo y coste para ellas.

Progresivamente los jueces *a quo* (los de Primera Instancia) fueron admitiendo la posibilidad de constituir regímenes de visitas para animales de compañía y que éstos se hallaran contenidos en el convenio regulador dentro de un proceso de separación o divorcio. Pero las Audiencias Provinciales (a modo de segunda instancia) aunque reconocían la creciente frecuencia de estos pactos y sus efectos *inter partes*, denegaban la tutela judicial de estos acuerdos por considerar que no era aconsejable presentar litigios de esta índole ante la autoridad judicial por *ausencia de interés jurídico* (SAP de León, de 25 de noviembre de 201 (JUR/2011/427786).

En el mismo sentido, se pronuncian la SAP de Barcelona, de 5 de abril de 2006 (JUR\2006\171630), la SAP de Pontevedra, de 9 de diciembre de 2014 (JUR\2015\59265) y la SAP de Segovia, de 24 de marzo de 2015 (JUR\2015\113490) que limitan sus efectos a la adopción de las medidas a las que se refiere el art. 91 Cc (en la redacción vigente en esa fecha que todavía no alude a estos animales). En realidad, se considera un "esfuerzo desperdiciado" dada la mayor importancia de otros problemas patrimoniales y personales presentes en estos procesos. Este fallo ha sido comentado con su aguda ironía por Yzquierdo Tolsada (2017).

Otra vía de escape fue la de remitir la solución a la liquidación de la sociedad de gananciales, integrando al animal en el activo de la misma (Del Campo Álvarez, 2018, p. 5 y 6, y García Presas, 2018, p. 130).

En esta materia no han faltado las anécdotas. Un caso curioso es el resuelto por la SAP de Valencia, de 25 de septiembre de 2020 (JUR\2020\356014). El demandante reclama el cumplimiento de un "convenio regulador con custodia compartida" de su perro *Chato* que la demandada considera nulo por simulación (*iocandi causa*) dadas las circunstancias en las que se redactó (suscrito por ambos el mismo día de la boda, entre amigos, denominándose ficticiamente ellos mismos "progenitores" y "perhijo" a su mascota, con la única pretensión de pasar un rato agradable) y en consecuencia un completo absurdo, del que no esperaban eficacia alguna, por tratarse de personas legas en derecho. Y en efecto, pareció lógico que la sentencia de instancia apreciase su nulidad. Sin embargo, la Audiencia provincial estimó la validez del convenio, partiendo de varios presupuestos: las personas pueden crear vínculos afectivos con las mascotas, el acuerdo consta de sus elementos básicos (ex art. 1261 Cc: consentimiento, objeto y causa), opera en el ámbito de la autonomía de la voluntad (ex 1255 Cc) y, además, para invalidarlo se requiere concurrencia de prueba suficiente.

IV. LA ATRIBUCIÓN CONJUNTA O EXCLUSIVA DEL ANIMAL A UNO U OTRO (EX)CÓNYUGE

En la exposición de este epígrafe es necesario el recurso a una abundante casuística, que trataremos de sistematizar. En primer lugar, veremos cómo incide en estos conflictos la correlación entre propiedad y posesión del animal (Sillero Crovetto, 2019; Peguero Carrero, 2022; Olivera Oliva, 2022).

En el supuesto planteado en la sentencia 51/2013, de 12 de marzo, del Juzgado de Primera Instancia, nº 40 de Madrid, el debate entre las ex convivientes se centraba en la atribución de propiedad del animal (el perro *Cachas*) y las respectivas pruebas (donación a una de ellas por un familiar; cuidado del animal y fotografías, por la otra parte) proponiendo que la que resulte titular brinde una compensación dineraria (250 euros, mitad del valor [*sic*] precio) a la no titular, y solo subsidiariamente se solicitaba que se establecieran periodos alternos de disfrute del animal para ambas partes, haciéndose cargo del animal de forma personal, no delegando su cuidado a terceras personas. En definitiva, cuando existen dos o más mascotas los litigantes suelen alcanzar un pacto para su reparto, pero las reclamaciones se recrudecen si los cónyuges no tienen descendencia.

La SAP de Málaga de 24 de noviembre de 2016 (JUR\2017\95430) resuelve un supuesto en que ya el auto de medidas provisionales y después la propia sentencia de divorcio (en 1ª Instancia) habían establecido que las partes podrán disfrutar por períodos trimestrales de la compañía del animal raza cocker, pero el recurrente pretendió que la perra permaneciera en su exclusiva posesión lo que fundamentaba en que la esposa abandonó también al animal cuando abandonó el domicilio. La SAP de esta misma Audiencia, de 14 de mayo de 2018 (JUR \2020\230523), con independencia de la titularidad del animal, acuerda la tenencia compartida del perro raza Pomerania, por periodos iguales de convivencia de seis meses cada litigante, pues la apelante (no propietaria) ha venido manteniendo con el mismo una relación afectiva, intensa no solo durante la convivencia sino continuada tras la ruptura sentimental, ocupándose posteriormente de los cuidados del animal.

En el ámbito de la posesión, en la SAP de Las Palmas de Gran Canaria, de 14 de febrero de 2017 (JUR\2017\80595) se discute la tenencia de *Birras* (perro de raza "Maltés") que ostenta la demandada pero que es propiedad del actor. En el correspondiente juicio verbal (ex art. 250.1.4°) que no versa sobre la propiedad, se rechaza la tutela sumaria de la posesión por haber transcurrido el plazo de un año a contar desde el acto de la perturbación o el despojo (art. 439.1, ambos de la Lec). Se aborda la custodia del perro como si de un objeto se tratara, sin perjuicio de que se recogen datos que reflejan ya cierta sensibilidad ("al principio el perro estaba enfermo, ansioso y le faltaba pelo").

En definitiva, se observa cómo en la jurisprudencia menor la eventual propiedad exclusiva de la mascota no se considera esencial y no excluye en absoluto su disfrute alterno. Y es que al estimarse las mascotas como semovientes, ya sean objeto de propiedad exclusiva de una parte o copropiedad de ambas partes, éstas pueden acordar la compañía alterna del bien común, y en su defecto, será el juez, a instancia de cualquiera de ellas, quien fije un régimen similar (ex art 398 Cc). En este sentido es ilustrativa la SAP de Oviedo, de 21 de junio de 2017 (JUR\2017\196604).

Según Cerdeira Bravo de Mansilla (2020) y Oró Martínez (2012) la atribución de la tenencia exclusiva o compartida depende de una serie de factores que configuran la relación entre la expareja y el animal.

En cualquier caso, antes de entrar en su análisis específico, resulta decisivo en este contexto conflictivo que, en virtud de la consideración (supuesta) que les merece el animal a ambas partes, éstas cedan en sus pretensiones personales con la finalidad de procurar el bienestar de la mascota, lo que en definitiva depende del nivel de calidad o deterioro de la relación en la expareja (Clavijo Suntura, 2024, p. 7). En este sentido, la SAP de Segovia, de 24 de marzo de 2015 (JUR\2015\113490) y la SAP de Barcelona, de 19 de febrero de 2021 (JUR\2021\99835) recomiendan a las partes consensuar sobre el destino de los animales de compañía, en virtud del vínculo afectivo que les une a ellos.

Entre estos factores es un presupuesto que el régimen y horario laboral de los adjudicatarios de la tenencia ha de ser compatible con las necesidades de la mascota en cuestión (vg., ciertos animales de compañía han de salir al aire libre cada cierto tiempo).

También el domicilio futuro de cada tenedor ha de ser apto para el alojamiento de animales de compañía, no solo en extensión y distribución de la vivienda sino en cuanto a la permisión o no de su tenencia por la Comunidad de Propietarios (o de la propiedad, en caso de alquiler), como resulta de la SAP de Barcelona de 19 de febrero de 2021 (JUR\2021\99835). De ahí la necesidad de acondicionar la residencia del animal para su bienestar, incluso para que el miembro de la pareja que acuda a ver al animal pueda hacer efectivo su derecho de visita sin invasión alguna del espacio privado e íntimo del otro cónyuge. Así mismo ocurre respecto al régimen de visitas del animal en el caso la cohabitación ocasional de la pareja, incluso bajo el mismo techo.

El acuerdo debe referirse también al lugar y momento de recogida y entrega del animal, indicando en su caso, si se asemeja o difiere del correspondiente a los hijos comunes (vg. respecto de los periodos de vacaciones), si los hubiese, con la particularidad de que tales tránsitos del animal se realizarán, vg., en la anterior vivienda familiar, a diferencia respecto a los hijos menores, en que las recogidas y entregas se pueden referir también al centro escolar.

Una cuestión estrechamente vinculada con la tenencia de la mascota en cada momento es la de la responsabilidad civil derivada de los daños causados por el animal a terceros (ex art. 1905 Cc). La SAP de Guadalajara, de 28 de junio de 2024 (JUR/2024/367058) estimó que el término *poseedor* del animal empleado por dicho precepto debe entenderse en sentido amplio (no solo el propietario) sino incluyendo cualquier persona del núcleo familiar. La inclusión en la cobertura a juicio de aseguradora presupone que las codemandadas convivieran y que la poseedora del animal dependiera económicamente de la propietaria. Pero ¿*quid* en los casos de separación o divorcio? En cualquier caso, la obligación de contratar un seguro está prevista en el art. 30 de la Ley 7/2023, respecto de la tenencia de perros, aunque extensible a otras especies (Iberley, 2024).

Diferentes son los riesgos sufridos para el propio animal (como los derivados de los contactos con otros perros). En definitiva, según Yzquierdo Tolsada (2017) la realización de la visita no excluye necesariamente la vigilancia del dueño durante su desarrollo y modo de ejercicio (paseos, viajes) dependiendo del grado de confianza entre el visitador y el propietario.

Velilla Antolín (2023) se plantea cuál es el mejor régimen de visitas. La dificultad de precisión se acrecienta porque, a diferencia de lo que sucede con los hijos menores de edad, el juez no cuenta con peritos judiciales a estos efectos. Esta falta de peritos en etología animal (a modo de Equipo Técnico de Asesoramiento) la comenta también Olivera Oliva (2022, p. 185).

Además, de la existencia de distintas especies (y dentro de ellas, de diferentes razas) se deriva que no todos los animales han de ser tratados de la misma manera; algunos experimentan una mayor adhesión a los humanos y un consecuente estrés de separación que otros que son más adaptables o tienen diferentes hábitos naturales (vg., perros y gatos).

Para Casas Díaz & Camps i Videlle (2019), los gastos y alimentos (incluyendo suplementos vitamínicos) del animal son fácilmente cuantificables por su coste. Al respecto de los gastos de manutención, Velilla Antolín (2023) observa cómo la jurisprudencia (menor) va estableciendo algunos criterios. Habrá que diferenciar entre los gastos ordinarios de cuidado del animal (incluidos los veterinarios necesarios, vg., vacunación antirrábica, desparasitación) que normalmente son sufragados por mitad entre ambos tenedores y los gastos extraordinarios, no periódicos ni previsibles (vg., intervención quirúrgica o los gastos del óbito de la mascota) abonables por sus poseedores en la proporción que determinen y a falta de previsión, será fijada por el juez conforme a la capacidad económica de cada uno. En cambio, cualquier gasto extraordinario no necesario deberá ser acometido con el consentimiento de ambos dueños, a riesgo de no poder repercutir el coste en el contrario.

Según Clavijo Suntura (2024, p. 12), asumiendo ambas partes las cargas que genera su crianza se protege a los animales que se encuentran en el centro de la disputa para que no puedan ser utilizados como un instrumento económico. Así resulta de la sentencia del Juzgado de Primera Instancia (núm. 7) de Vilanova y la Geltrú, de 6 de noviembre de 2019. Por su parte, según la SAP de Santa Cruz de Tenerife, de 24 de junio de 2021 (JUR\2021\324704) los costes de las mascotas de los hijos del matrimonio deben ser sufragados por ambos progenitores, como una carga más de su custodia, al margen de quien aparezca como propietario.

En definitiva, el propietario o tenedor que, en cada momento, se encuentre en compañía del animal deberá mantenerlo en buenas condiciones higiénico-sanitarias, de bienestar y de seguridad; y en coherencia con ello, sufragar los costes correspondientes, criterio confirmado por la SAP de Navarra, de 9 de octubre de 2013 (JUR\2014\37008).

Como el régimen de propiedad es cada vez menos significativo para atribuir su custodia y gastos correspondientes, la doctrina ha elaborado algunos expedientes para determinarla, sustituyendo la clásica titularidad dominical por figuras contractuales y derechos reales en cosa ajena, quizá más flexibles para resolver estos conflictos.

Así, Cerdeira Bravo de Mansilla (2020, pp. 17 a 20) distingue según la naturaleza de la relación jurídica que se constituya sobre el animal a estos efectos, con aplicación en lo posible de su respectiva normativa civil (vg., comodato, arts. 1741 y ss del Cc, respecto de gastos ordinarios y extraordinarios). De forma paralela es posible la constitución de un derecho real de uso sobre la mascota, con aplicación *mutatis mutandi,* de algunos preceptos (vg., 525 y ss del Cc). Ello sin perjuicio de que revelándose la necesidad de un gasto extraordinario durante el turno del comodatario, éste lo ponga previamente en conocimiento del comodante, salvo cuando fuere tan urgente que no pueda esperarse el resultado del aviso sin peligro (art. 1751 CC), o paralelamente respecto del derecho de uso, por analogía (ex. art. 501 Cc).

Otra cuestión es la del posible derecho de adquisición preferente en caso de venta (u otro género de transmisión del animal objeto del comodato o del uso), que podría ostentar el comodatario o usuario sobre el mismo; en caso de copropiedad puede acudirse al retracto de comuneros (ex arts. 1521 a 1525 Cc).

V. LAS MEDIDAS JUDICIALES

5.1. Las medidas provisionales tras la admisión de la demanda

A falta de acuerdo entre los cónyuges, el Juez adoptará incluso el mismo día, si la urgencia del caso lo aconseja, las medidas que considere procedentes en relación, entre otros aspectos, a la convivencia y necesidades de los animales de compañía (art. 771.2 pfo. 2 Lec, comentado por Fructuoso González, 2020, pp. 92 a 96).

Entre las medidas provisionales, admitida la demanda, el art. 103.1ª bis prevé que el Juez, a falta de acuerdo de ambos cónyuges aprobado judicialmente, adoptará, con audiencia de éstos… *atendiendo al interés de los miembros de la familia y al bienestar del animal, si los animales de compañía se confían a uno o a ambos cónyuges, la forma en que el cónyuge al que no se hayan confiado podrá tenerlos en su compañía, así como también las medidas cautelares convenientes para conservar el derecho de cada uno.*

Otra novedad es que los malos tratos a animales, o la amenaza de causarlos, como medio para controlar o victimizar al otro cónyuge o a los hijos convivientes, pueden estimarse indicios fundados de violencia doméstica o de género, a efectos de denegar la guarda conjunta (92.7 *in fine*). Así lo destaca Sáez Olmos, Caravaca Llamas & Cano (2022), tanto en sentido directo como indirecto contra el animal.

Respecto a los criterios de atribución judicial de la custodia de la mascota el art. 94 bis Cc establece en términos semejantes: *La autoridad judicial confiará para su cuidado a los animales de compañía a uno o ambos cónyuges, y determinará, en su caso, la forma en la que el cónyuge al que no se le hayan confiado podrá tenerlos en su compañía, así como el reparto de las cargas asociadas al cuidado del animal, todo ello atendiendo al interés de los miembros de la familia y al bienestar del animal, con independencia de la titularidad dominical de este y de a quién le haya sido confiado para su cuidado. Esta circunstancia se hará constar en el correspondiente registro de identificación de animales.* Registro, se entiende, de cada Comunidad Autónoma. Según Clavijo Suntura (2024, p. 12), aunque el período de mutación normativa no ha concluido, es positivo que se haga abstracción de su titularidad pues este término implica propiedad sobre una cosa, que no debería ser el caso tratándose de un animal como ser sintiente; hasta podría asimilarse –*mutatis mutandi*– dicho registro de identificación animal, con el registro civil, en garantía del propio animal.

De la jurisprudencia menor, Torremocha (2024) extrae algunos criterios más concretos que el Juez tendrá en cuenta para esta atribución del cuidado, prescindiendo del de su propiedad: quién sea cuidador real de la mascota (hasta ese momento), quién tenga mayor disponibilidad de tiempo y condiciones personales y materiales de habitabilidad en su domicilio para prestarle con calidad y oportunidad las atenciones precisas al animal, etc.…

Entre estos criterios ocupa un lugar preferente el interés de los hijos menores, por el beneficio psicológico que les suele suponer el contacto con estos animales que conocen desde muy corta edad, durante su desarrollo infantil y adolescente, razón por la cual es frecuente establecer un régimen paralelo y concurrente entre la custodia del menor y la mascota, como hemos visto, entre otras en la SAP de Navarra, de 9 de octubre de 2013 (JUR\2014\37008) citada. Es claro que la preceptiva audiencia a los menores en estos procesos (ex art. 92.6 Cc) debe extenderse a la vinculación afectiva entre éstos y su mascota. Según Velilla Antolín (2023), tal es así que incluso si el animal es adquirido con posterioridad al cese de la convivencia de la pareja (por tanto, no constituyendo en este caso propiamente una mascota de la "familia", sino del progenitor adquirente), podrían determinarse visitas y estancias de la mascota en beneficio de los menores.

Según Velilla Antolín (2023), tampoco se establece con la necesaria precisión cómo han de adoptarse las decisiones relacionadas con el lugar de residencia, adiestramiento o tratamientos sanitarios de las mascotas, al no asimilarse totalmente su cuidado al contenido propio de la patria potestad. Es evidente que la concreción de estas y otras cuestiones en los acuerdos será muy conveniente para evitar litigiosidad, pues el juez no puede entrar en ellas con el mismo nivel de detalle que sus tenedores en cada caso particular. Están en auge los hoteles para perros y gatos, las secciones de *gourmet* alimentario en supermercados para esta clientela, o cementerios para ilustres finados de este género animal", según la SAP Barcelona de 2006, JUR\2006\171630). ¿Quién nos dice que un futuro no serán previsiones en estos acuerdos, al menos para tenedores de alto *standing*?

Con carácter general los acuerdos de los cónyuges adoptados para regular las consecuencias de la nulidad, separación y divorcio presentados ante el órgano judicial serán aprobados por el juez y con cierta disociación (medidas-convenio) a nuestros efectos el art. 90.2, pfo 2° Cc continúa: *Si fueran gravemente perjudiciales para el bienestar de los animales de compañía, la autoridad judicial ordenará las medidas a adoptar, sin perjuicio del convenio aprobado.*

Esta preocupación del legislador respecto al cuidado de las mascotas se expresa también en los pfos. 4 y 5° de este apdo 2 (del art. 90.2) al establecer: *Cuando los cónyuges formalizasen los acuerdos ante el letrado de la Administración de Justicia o notario y éstos considerasen que, a su juicio, alguno de ellos pudiera ser dañoso o gravemente perjudicial para uno de los cónyuges o para los hijos mayores o menores emancipados afectados, o gravemente perjudiciales para el bienestar de los animales de compañía, lo advertirán a los otorgantes y darán por terminado el expediente. En este caso, los cónyuges sólo podrán acudir ante el juez para la aprobación de la propuesta de convenio regulador.*

Desde la aprobación del convenio regulador o el otorgamiento de la escritura pública, podrán hacerse efectivos los acuerdos por la vía de apremio.

El art. 90.3, de forma paralela a las nuevas necesidades de los hijos o al cambio de las circunstancias de los cónyuges (pfo 1), prevé específicamente respecto a nuestro tema: *Asimismo, podrá modificarse el convenio o solicitarse modificación de las medidas sobre los animales de compañía si se hubieran alterado gravemente sus circunstancias.* En concreto, puede interponerse una demanda de modificación de medidas basada en el bienestar del animal para provocar un cambio de atribución de la posesión o una modificación del régimen de estancias, como en el supuesto de la SAP de Málaga, de 24 de noviembre de 2016 citada.

Es de esperar la progresiva concreción en cada caso de este concepto indeterminado (*grave lesividad*) cuya falta de precisión denuncia también Olivera Oliva (2022, p.185). En un intento de gradación conviene distinguir entre alteración motivada por circunstancias directas y otras indirectas que afectan al bienestar del animal. Según Clavijo Suntura (2024, p. 7), las directas tienen relación con la edad y salud del animal de compañía (vg. probable enfermedad degenerativa que requiera un cuidado especial), debiéndose valorar no solo la disponibilidad económica de las partes sino las de tiempo y ocupación, lo que habrá de reflejarse en la modalidad de custodia inicialmente determinada (con posible alteración: de unilateral a conjunta o viceversa). Las circunstancias indirectas afectan a las partes (vg. un cambio de residencia si aumenta la distancia entre sus domicilios que dificulte la custodia compartida o las visitas correlativas) o a los hijos (vg. alcanzan la mayoría, nuevos estudios y destinos, …).

Finalmente, según el art. 90.4 Cc. *el juez o las partes podrán establecer las garantías reales o personales que requiera el cumplimiento del convenio.* La virtualidad de esta previsión normativa queda pendiente de aplicación por la jurisprudencia menor, lo que no es descartable dado el creciente interés de esta materia y potencial conflictividad (Casas Díaz& Camps i Videlle, 2019, p. 82).

En definitiva, tanto en el convenio regulador como en estas medidas judiciales (en diversos momentos del procedimiento) pueden adoptarse las previsiones respecto de las mascotas.

5.2. Las medidas en la sentencia

Ya en el ámbito de las sentencias de nulidad, separación o divorcio, o en su ejecución, la autoridad judicial, en defecto de acuerdo de los cónyuges o en caso de no aprobación del mismo, determinará las medidas que hayan de sustituir a las ya adoptadas con anterioridad en relación con (entre otras cuestiones ya clásicas en estos procesos), el destino de los animales de compañía,... y las cautelas o garantías respectivas, estableciendo las que procedan si para alguno de estos conceptos no se hubiera adoptado ninguna... (art. 91.1 Cc en relación con el art. 774.4 LEC).

Y continúa el precepto: *Estas medidas podrán ser modificadas cuando se alteren sustancialmente las circunstancias* (art. 91 Cc).

Para Velilla Antolín (2023), dichas medidas de custodia, visita y alimentos de las mascotas, tendrán naturaleza de derecho necesario, no dispositivo, pues suponen el ejercicio de la potestad judicial para modificar un convenio libremente adoptado entre los cónyuges, si tales medidas resultan gravemente perjudiciales para el bienestar de tales animales. Sin embargo, considera que la intervención del Ministerio Fiscal en la defensa del bienestar animal está excluida, en principio, puesto que la ley no ha modificado el art. 749 LEC que reserva la intervención del fiscal a los procedimientos de familia en los que haya menores de edad o personas con discapacidad y a las medidas que les afecten.

En el contexto del Título I del Libro IV de la Lec (*De los procesos sobre provisión de medidas judiciales de apoyo a las personas con discapacidad, filiación, matrimonio y menores*) y de lo preceptuado por el art. 752 Lec (respecto de la prueba) no se excluye que una parte pueda presentar *prueba anticipada que se considere pertinente y útil al objeto del procedimiento* (en nuestro caso, un informe veterinario respecto a la mascota). Ello es coherente con el nº 4: *Respecto de las pretensiones que se formulen en los procesos a que se refieren este título y que tengan por objeto materias sobre las que las partes pueden disponer libremente según la legislación civil aplicable, no serán de aplicación las especialidades contenidas en los apartados anteriores.* ¿En qué medida las pretensiones de las partes respecto a las mascotas tienen o no tal carácter dispositivo?

Respecto a la ejecución de pactos de carácter económico, al contenerse su cumplimiento en un título judicial, podrá ser exigido procesalmente mediante el correspondiente procedimiento de ejecución (Peguero Carrero, 2022 p. 11); el art. 776 LEC podrá aplicarse en su regla 1ª referida a las obligaciones de pago de cantidad, pero no así la regla 4ª relativa a visitas de menores.

Sin embargo, la ejecución de las medidas de entrega de la tenencia del animal pueden suspenderse si se prueba que son perjudiciales cambios bruscos y posiblemente revocables, vg,. al separarlo de la cuidadora durante los últimos años. En ese sentido se pronuncia el Auto del Juzgado Primera Instancia nº11 Oviedo, de 13 de enero de 2022, comentado por Consejo General de la Abogacía Española (2022), dado su interés al ser de las primeras resoluciones dictadas tras la entrada en vigor de la Ley 17/2021.

VI. OTRAS CONSIDERACIONES

6.1. La mediación

Frente a la vía contenciosa, la mediación puede ser especialmente útil para la resolución de conflictos; en nuestro caso la mediación familiar. Junto a sus ventajas generales (voluntariedad, confidencialidad, orientación a las partes para formular acuerdos creativos y más duraderos) esta figura ofrece beneficios adicionales. Es el caso de que el mediador valore realmente los intereses, necesidades, expectativas, gustos, preferencias y posiciones de las partes en esta materia de alta sensibilidad (por su fondo sentimental y afectivo) con base en el consenso y la corresponsabilidad de las partes. Y es que la propia función del mediador facilita la confianza, la expresión de sentimientos, la empatía y mutua comprensión entre las partes, en un ambiente de sinceridad y comunicación eficaz poco común en el ámbito judicial, como resaltan Sáez Olmos, Caravaca Llamas & Cano (2022, pp. 5 y 6).

No muy diferente ha de ser la actitud de la abogacía, que recomienda que los acuerdos respecto de su mascota sean, en todo caso, muy precisos, claros y delimitadores de la voluntad real de las partes de repartir la tenencia o la responsabilidad de sus cuidados, puesto que su formulación imprecisa equivale en la práctica a las declaraciones de intenciones sin exigibilidad recíproca, o supone una fuente de conflictividad (vg., *a su entera libertad, cuando estime oportuno,..*).

6.2. Las parejas de hecho

Como es evidente, el lazo afectivo que se forma entre los seres humanos y los animales no difiere por el hecho de que sus poseedores hayan contraído matrimonio o constituido una unión de hecho (Clavijo Suntura, 2024, p. 3).

Respecto a la aplicación a las parejas de hecho de estos convenios y medidas judiciales derivadas de los procesos matrimoniales y de menores, puede apreciarse una distinción. Si la pareja de hecho no tiene hijos o son mayores de edad, habrá de estarse al régimen general del artículo 333 bis CC y seguir el juicio declarativo para decidir la propiedad y posesión del animal (sus estancias y comunicaciones con el no custodio, así como los gastos de manutención) conforme al régimen de la comunidad de bienes.

Así parece desprenderse de la nueva redacción del art. 404 Cc más expresiva que la anterior respecto al bienestar del animal y el interés de los condueños, reparto de los tiempos de disfrute y cuidado del animal si fuere necesario, así como las cargas asociadas a su cuidado

Sin embargo, si la pareja tiene hijos menores de edad y acude a un procedimiento verbal para su guarda, custodia y alimentos, la regulación de las mascotas sí tiene encaje procesal, al quedar afectada por el resto de medidas (vivienda, pensiones,...). Y en efecto, paradójicamente en muchas ocasiones la intervención respecto de las mascotas resulta más intensa que respecto de los hijos menores de edad.

Los autores se inclinan al menos por una aplicación sociológica de dichas normas de comunidad de bienes (Vázquez Muiña, 2022, p. 2623) y consideran discriminatorio un trato diferente para los animales de compañía de las parejas de hecho, con respecto a las de matrimonios y mantienen como más coherente la aplicación analógica de los preceptos del Código civil (López Tur, 2021, y Bastante Granell, 2022, p. 9).

No obstante, Clavijo Suntura (2024, p. 7) reconoce que a este criterio analógico entre matrimonio y parejas de hecho se opone en general la jurisprudencia (vg., por todas, la STS de 15 de enero de 2018, RJ\2018\76) por lo que sería necesaria la dicción expresa por la ley en este sentido, en tema de mascotas y parejas de hecho.

VII. CONCLUSIONES

Pareciera exagerado pero, para valorar realmente el significado de los efectos de estos procesos en relación a las mascotas, es necesario su consideración como un miembro más de la familia, cuyo bienestar es un principio más, integrado en el interés de la familia, junto al de los cónyuges e hijos, a ponderar en los convenios reguladores y en la medidas judiciales que se adopten en las distintas fases de estos procedimientos, previendo el destino de los animales de compañía, el reparto de los tiempos de convivencia, su cuidado y las cargas correspondientes, sin perjuicio de su modificación en caso de que una alteración de las circunstancias fuera gravemente perjudiciales para su bienestar.

Aunque las sentencias de Primera Instancia rechazaron inicialmente un "plan de parentalidad" respecto de las mascotas, ha acabado imponiéndose en las Audiencias la aplicación analógica de los preceptos relativos a menores, con apoyo en la reciente normativa que así lo reconoce.

La propiedad del animal fue perdiendo preferencia como criterio de determinación de las visitas, predominando ahora una tenencia compartida y disfrute alternativo, dependiendo del régimen laboral, condiciones de disponibilidad personal y del domicilio de las partes y estableciéndose la contribución paritaria a los gastos ordinarios y extraordinarios de su mantenimiento.

La abogacía recomienda la previsión de conflictos mediante la precisión de los acuerdos y la mediación resulta especialmente conveniente en esta materia de alta sensibilidad (por su fondo sentimental y afectivo) con base en el consenso y confianza entre las partes.

Es dudosa la extensión de la normativa estudiada a las uniones de hecho en situaciones de ruptura. Podría admitirse por razones de analogía, y en definitiva por la indiferencia del vínculo jurídico o no entre los poseedores, respecto de la relación afectiva que se crea entre ellos y su mascota, pero quizá bastase con la aplicación del régimen de comunidad de bienes. En definitiva, la reforma, aunque inconclusa, es positiva ya que promueve la seguridad jurídica en los tribunales y la protección animal en contextos matrimoniales conflictivos.

BIBLIOGRAFÍA

Bastante Granell, V. (2022). Parejas de hecho y animales de compañía. En G., Cerdeira Bravo de Mansilla (dir.): *Un nuevo Derecho Civil para los animales. Comentarios a la Ley 17/2021, de 15 de diciembre*, Reus, Madrid.

Casas Díaz, L., Camps i Videlle, X. (2019). Las crisis matrimoniales y los animales de compañía: una aproximación práctica desde el ejercicio de la abogacía, *dA. Derecho Animal (Forum of Animal Law Studies)*, 10/1 (2019 - DOI https://doi.org/10.5565/rev/da.397.

Cerdeira Bravo de Mansilla, G. (2020). Crisis de pareja y animales domésticos, en caso de acuerdo: algunos consejos prácticos para su redacción y homologación, *Actualidad Civil*, nº 6, 1-23.

Clavijo Suntura, J.H. (2024). Las parejas de hecho y la custodia de los animales de compañía, *Actualidad Civil*, nº 3, 1-17.

Del Campo Álvarez, B. (2018). El nuevo estatus jurídico de los animales y su incidencia en los casos de separación y divorcio, *Diario La Ley*, nº 9207, Mayo, Editorial Wolters Kluwer, 1-11.

Fructuoso Gónzalez, I. (2020). *Animales y medidas coercitivas de carácter procesal*, (tesis doctoral dirigida por Dra. Giménez-Candela), Universitat Autónoma, Barcelona.

Fuentes-Lojo Rius, A. (2022), Un nuevo estatuto jurídico para las mascotas: Familienmitglied, *Revista Actualidad Civil*, núm., 2.

García Presas, I. (2018). El nuevo tratamiento jurídico de los animales de compañía en los divorcios, *Actualidad Jurídica Iberoamericana*, IDIBE, núm. 8, *bis* (extraordinario), 124-139.

Olivera Oliva, M. (2022). *Los animales de compañía en las crisis de pareja* (tesis doctoral dirigida por Dra. Giménez-Candela) Universitat Autónoma, Barcelona.

Oró Martínez, C. (2012). El interés jurídico de las pretensiones relativas a la tenencia o al régimen de visitas de los animales domésticos, *Revista dA. Derecho Animal (Forum of Animal Law Studies)*, nº 3/1, Barcelona, 121-124.

Peguero Carrero, B. (2022). Los animales de compañía en los procesos de crisis matrimoniales tras la entrada en vigor de la Ley 17/2021 de 15 de diciembre de 2021, *Diario La Ley*, nº 10177, noviembre, 1-18.

Pittalis, M. (2019). Cessation of non-marital cohabitation and shared custody of pets, *Revista dA. Derecho Animal (Forum of Animal Law Studies)*, nº 10/1, Barcelona, 201-215.

Sáez Olmos, J., Caravaca Llamas, C. & Cano, J. (2022). La custodia de las mascotas: nuevo escenario en la mediación familiar. *Revista Complutense de Educación*, 21, e 79478.

Sillero Crovetto, B. (2019). Animales de compañía y crisis matrimoniales: marco normativo y decisiones judiciales», *Diario La Ley*, núm., 9532, 1-18.

Torremocha, C. (2024). Custodia de las mascotas en caso de separación o divorcio [mensaje de blog]. Recuperado en: *https://carolinatorremocha.com/blog/custodia-mascotas.*

Velilla Antolín, N. (8 de noviembre de 2023). Las mascotas y los divorcios: un nuevo reto procesal [mensaje de blog]. Recuperado en: https://www.hayderecho.com/2023/11/08/las-mascotas-y-los-divorcios-un-nuevo-reto-procesal/.

Vázquez Muiña, T. (2022). Parejas de hecho y animales de compañía tras la Ley 17/2021, de 15 de diciembre, *Actualidad Jurídica Iberoamericana,* nº 17 bis, 2608-2631.

Yzquierdo Tolsada, M. (2017). Perros y gatos inembargables, peces y cacatúas intransferibles, caballos e iguanas indivisibles [mensaje de blog]. Recuperado en: https://www.hayderecho.com/2017/02/28/perros-y-gatos-inembargables-peces-y-cacatuas-intransferibles-caballos-e-iguanas-indivisibles/.

López Tur, T. (2021). La guarda y custodia de los animales de compañía. *Revista de Derecho, Empresa y Sociedad (REDS)*, nº 18-19.

Otras fuentes

Consejo General de la Abogacía Española, (2022). Un juzgado de Oviedo pionero al tener en cuenta el "bienestar" de un animal [mensaje de blog]. Recuperado en: https://www.abogacia.es/actualidad/noticias/un-juzgado-de-oviedo-pionero-al-tener-en-cuenta-el- bienestar-de-un-animal/.

Iberley Editorial (2024). Estimado parcialmente el recurso de una aseguradora por el ataque de un perro que no estaba con su dueña [mensaje de blog]. Recuperado en:

https://www.iberley.es/noticias/estimado-parcialmente-recurso-una-aseguradora-ataque-un-perro-que-no-estaba-su-duena-34014.

ANEXO

Convenio para el cuidado y convivencia con animal de compañía realizado por los copropietarios

En la ciudad/localidad de , provincia de , a

REUNIDOS

De una parte D./Dª , mayor de edad, vecino/a de , con domicilio en la localidad/ciudad de , provincia de , provisto/a del N.I.F. número .

Y de otra parte D./Dª , mayor de edad, vecino/a de , con domicilio en la localidad/ciudad de , provincia de provisto/a del N.I.F. .

MANIFIESTAN

Que intervienen en su propio nombre y se reconocen mutua y plena capacidad legal de obrar y de obligarse para este acto, otorgando de forma libre y espontánea y a su tenor el presente CONVENIO PARA EL CUIDADO Y CONVIVENCIA con el animal de compañía de titularidad común, asumiendo la responsabilidad que corresponda en función de la veracidad de sus manifestaciones, y, de mutuo acuerdo,

EXPONEN

I. Que ambas partes son copropietarios por mitad del perro llamado , de raza , el cual fue adquirido por ambos en el año , quien hasta el momento ha estado conviviendo indistintamente con ambos titulares.

II.- Que, debido a circunstancias sobrevenidas, ambas partes consideran que es necesario convenir una distribución de los tiempos de convivencia con el perro , en aras a su bienestar y en interés de ambos titulares por el vínculo afectivo que les une al animal.

III. Que estando ambas partes interesadas en distribuir los tiempos de convivencia y cuidado, así como de las cargas asociadas al cuidado del animal, convienen dicha distribución con sujeción a las siguientes.

CLÁUSULAS

PRIMERA.- PERIODOS DE CONVIVENCIA CON EL ANIMAL DE CADA TITULAR

Ambas partes, como titulares del perro llamado , de raza , expresan su acuerdo en distribuir el tiempo de convivencia y cuidado con el animal por mitad, por considerar que es lo más idóneo en interés de ambos y para el bienestar del animal de compañía.

En consecuencia, ambas partes acuerdan el destino compartido del perro , con periodos de convivencia alterna con cada uno de los cotitulares por meses completos, desde el 1 hasta el último día de cada mes, conviviendo con cada titular de forma alterna, empezando el turno por D/Dª en el mes corriente.

Al finalizar cada mes, el cotitular conviviente entregará la mascota en el domicilio del otro cotitular con quien vaya a pasar el siguiente mes, debiendo realizarse la entrega antes de las 20.00 horas del último día del mes.

SEGUNDA.- DISTRIBUCIÓN DE GASTOS DE CUIDADO DEL ANIMAL

Durante cada periodo de convivencia, el titular que conviva con el perro se encargará de la atención, cuidado y alimentación del mismo, asumiendo los gastos ordinarios derivados de su manutención y cuidado.

Los gastos no ordinarios, tales como revisiones veterinarias, vacunas o intervenciones quirúrgicas, serán sufragados al 50% por cada una de las partes.

TERCERA.- VISITAS DEL TITULAR NO CONVIVIENTE

En el periodo de convivencia, el titular no conviviente podrá tener en su compañía al perro dos veces cada semana, los martes y los jueves, en la franja horaria de las 19.00 a las 21.00 horas.

En las visitas se recogerá y reintegrará el perro en el domicilio del titular conviviente.

CUARTA.- INDIVISIBILIDAD DE LAS CLÁUSULAS

Las estipulaciones pactadas regulan de forma unitaria la distribución de los tiempos de cuidado y convivencia con el perro, así como la asunción de las cargas derivadas por ambos titulares, de modo que ambas partes se comprometen a cumplir el régimen convenido en su integridad.

Y en prueba de conformidad de cuanto antecede, las partes firman y rubrican el presente contrato, a un solo efecto y por duplicado ejemplar, en todas sus hojas, en el lugar y fecha del encabezamiento.

Fdo.: Don/Doña Fdo.: Don/Doña

Adopciones reponsables

ARANCHA SANZ DE MADRID[1]
MATILDE CUBILLO GARCÍA[2]

I. INTRODUCCIÓN

El abandono de animales, un problema que refleja la irresponsabilidad con la que tratamos a muchos de los animales con los que convivimos. España no es precisamente uno de los países con menor tasa de abandono de animales en el marco europeo, todo lo contrario, es uno de los países con mayor número de abandonos y casos de maltrato animal. No solo los perros y gatos lo sufren, muchas otras especies como roedores, reptiles o equinos entre otros, sufren la misma crueldad, aunque no aparezcan en las estadísticas, siguen siendo víctimas invisibles, atrapadas en las sombras de la indiferencia. Por ello, desde hace unos años, se constituyeron asociaciones exclusivamente para el rescate de estos animales. Gracias a esta ayuda se ha evitado la muerte de miles de especies y se han podido entregar en adopción.

Miedo, hambre, sed, frío e incluso la muerte... El abandono conlleva un sufrimiento profundo para miles de animales, condenados a enfrentar situaciones extremadamente dolorosas. Las ONG dedicadas a la protección animal llevan décadas

---

1 Abogada de la Sociedad Protectora de Animales y Plantas de Madrid y de la Federación de Asociaciones Protectoras y de Defensa Animal de la Comunidad Autónoma de Madrid

2 Presidenta de la Asociación Justicia Animal y de la Federación de Asociaciones Protectoras y de Defensa Animal de la Comunidad Autónoma de Madrid

rescatando a estos seres vivos, muchos otros no han tenido esa suerte y han quedado en el camino muriendo tras intentar sobrevivir enfermos, siendo maltratados cruelmente o atropellados. Además, muchos de estos animales son recogidos por perreras municipales donde su bienestar no siempre está asegurado, o por empresas que las gestionan que en ocasiones solo buscan lucrarse con el sufrimiento de estos seres desamparados. En muchos casos, en este tipo de centros, el sufrimiento persiste incluso después del rescate del animal.

Las protectoras y centros de protección animal deben ser siempre un lugar de paso, no el destino final de estos animales. La única alternativa viable para estos animales radica en la adopción responsable: una nueva oportunidad en familias capaces de ofrecerles estabilidad, cuidados veterinarios y, sobre todo, cariño incondicional. Y es que adoptar de manera consciente es mucho más que darles un nuevo hogar físico a esos animales, la adopción responsable va mucho más allá y requiere siempre de amor, cuidado y respeto.

Al considerar adoptar, no solo le das al animal una segunda oportunidad tras la crueldad del abandono que han vivido: te conviertes en su protector. Adoptar significa proteger, amparar, ayudar e implica un compromiso no sólo legal, sino social y moral. Pero antes de tomar la decisión de manera impulsiva, se deben considerar previamente muchos otros aspectos, como los recursos de tiempo, económicos para costear la atención veterinaria necesaria, alimentación adecuada, situaciones familiares y requiere estar preparado para muchas otras situaciones imprevistas.

Por eso es esencial que al buscar nuevas familias para ellos las protectoras de animales tienen un deber crucial: deben garantizar la máxima diligencia en la selección de esos adoptantes. Muchos han sufrido no solo el abandono más extremo, sino también malos tratos, y necesitan una familia que los adopte de manera seria y meditada. No pueden permitir que caigan en manos de personas irresponsables que los devuelvan al poco tiempo de llevárselos adoptados. Por ello, las entrevistas previas a la adopción son imprescindibles para asegurar que estos animales encuentren un hogar seguro de por vida.

II. EL PROBLEMA DEL ABANDONO EN ESPAÑA

Arnold era un Pitbull cuyo destino parecía sellado aquella fatídica noche en la que lo encontraron tirado en una solitaria calle de un pequeño pueblo de Madrid. Su cuerpo presentaba múltiples heridas abiertas, estaba cubierto de sangre; la vida se le escapaba entre las mordeduras que lo habían marcado de forma brutal. Cuando lo trasladaron de urgencia al hospital veterinario, apenas respiraba, como si el último hilo de esperanza pendiera de un frágil susurro. Los veterinarios no tenían muchas palabras de consuelo: su estado era crítico, las siguientes 24 horas serían una lucha contra la muerte.

Pero Arnold tenía algo más que dolor en su cuerpo maltratado; Tenía una fuerza invisible, una chispa que, aunque tenue, seguía ardiendo. Contra todo pronóstico, luchó y sobrevivió. Su recuperación fue un proceso largo y tortuoso, una batalla día tras día. Las heridas físicas empezaron a cerrarse, pero en lo profundo de su ser, quedaba el terror: un miedo antiguo y arraigado hacia los humanos. Arnold no era solo una víctima; había sido explotado en la violencia despiadada de las peleas clandestinas de perros. Cuando ya no pudo servir para el cruel espectáculo, lo desecharon sin piedad, como si su vida no tuviera valor, como si el latido de su corazón no significara nada. Pero el destino, que lo había arrastrado hasta ese abismo de sufrimiento, aún tenía esperanza.

No todo estaba perdido para Arnold. La esperanza regresó de la mano de FAPAM que, al verlo, no vio un perro roto, sino un ser que merecía vivir. Y gracias a su incansable lucha, y al milagro de una familia que lo acogió sin reparar en sus miedos ni en su raza, Arnold encontró una segunda oportunidad.

Adoptar no es solo un acto de compasión; es la promesa de una vida nueva para miles de animales que, como Arnold, esperan tras las rejas de perreras y centros de protección animal en España. Ojalá que cada persona que desee compartir su vida con un animal considere dar esa segunda oportunidad, la oportunidad que cambió el destino de Arnold.

El abandono de animales en España es un fenómeno que ha tomado dimensiones alarmantes, convirtiéndose en una preocupación para la sociedad que cada vez es más sensible al sufrimiento y bienestar de los animales. Más de 286.000 perros y gatos se abandonan a su suerte cada año, de acuerdo con los informes entregados por diferentes asociaciones y recogidos por la Fundación Affinity. Pero, esta cantidad podría crecer exponencialmente si se contemplan los datos que se registran en los centros y perreras municipales, animales fallecidos en las carreteras de inanición, congelación o deshidratación, entre otros terribles supuestos, rescatados por particulares o por pequeñas asociaciones cuyas cifras hasta ahora se mantienen al margen de esas estadísticas no oficiales y que podrían duplicar esos datos e incluso triplicarlos. Roedores, reptiles y équidos son las otras víctimas silenciosas de un abandono que permanece invisibilizado ante la mirada de la sociedad pero que conlleva la muerte de miles animales.

Y es que cuando hablamos de abandono, nos viene a la cabeza la época de vacaciones y los regalos impulsivos de Navidad. Sin embargo, la realidad es mucho más cruda: los animales son abandonados durante todo el año. Después de la temporada de caza, tan pronto como los cazadores los ven ya como poco útiles, están mayores, enfermos o no les sirven, cuando hay cambio de residencia, o en cualquier otro momento en que las circunstancias de vida humana cambian y el animal ya no encaja con ellos. Para aquellos que llegan a dejar a su compañero tirado en mitad del campo o al lado de una carretera concurrida, cualquier excusa se convierte en un motivo para deshacerse de una vida que una vez les brindó compañía y amor sincero.

Según el estudio de la Fundación Affinity (infra), los principales motivos de abandono de perros y gatos el año pasado en España volvieron a ser las camadas no deseadas (15,3%), seguido por el fin de la temporada de caza (12,6), el comportamiento problemático del animal (10,8%), factores económicos (10,7%), la pérdida de interés por el animal (9,8%) y los cambios de domicilio (8,9%). Algunas publicaciones que intentan realizar cálculos aproximados de los animales que son abandonados anualmente en España, se habla de un abandono cada tres minutos, de un abandono cada cinco minutos, de tres abandonos cada cinco minutos, en definitiva, de cifras que, aunque dispares, son altamente preocupantes.

Mientras que, entre los motivos menos frecuentes de abandono, se encuentran las alergias de algún miembro de la familia (4,4%), el nacimiento de un hijo (3,9%), el ingreso en hospital o la defunción del propietario (6,0%), las vacaciones (1,2%) o el miedo a contraer la toxoplasmosis durante el embarazo (0,5%).

Muchas personas adquieren animales sin detenerse a reflexionar sobre la gran responsabilidad que conlleva su cuidado a lo largo del tiempo. No solo se trata de los gastos rutinarios, como la alimentación, las vacunas o las desparasitaciones; un animal puede enfermar o sufrir un accidente, y de un momento a otro, esos gastos pueden multiplicarse, desbordando las previsiones iniciales.

En España, adquirir un animal de compañía es extremadamente fácil. Las camadas de animales de particulares deseadas o indeseadas, los criaderos ilegales que venden cachorros a precios reducidos y los animales que aparecen abandonados por las calles son las formas más comunes de tener un animal de manera fácil y rápida. La realidad es que muchos de estos animales acabarán siendo abandonados y como han sido adquiridos de manera ilegal, no cumplen con la legislación vigente en materia de protección y bienestar animal, al no estar identificados con microchip, lo que facilita aún más que les abandonen. Muchos de ellos en el mejor de los casos acabarán en protectoras de animales, perreras o recogidos por un particular, y en el peor de los casos morirán en la calle sin ninguna oportunidad. Este "ciclo repetitivo" perpetúa el problema porque no se soluciona el origen de los abandonos ni se fomenta una tenencia responsable, de modo que aumenta la cantidad de animales sin hogar y, a la vez, la carga de trabajo y recursos que deben gestionar las protectoras.

La realidad es que en nuestro país no hay suficientes familias para todos los animales que son abandonados lo que hace que muchos de ellos sean condenados a vivir enjaulados el resto de su vida. Si a eso añadimos las pocas posibilidades que tienen muchos animales por su edad, estética o tamaño, es imprescindible fomentar de una manera más intensa la adopción de esos animales más "invisibles".

Para que la adopción de animales sea realmente responsable y exitosa, no basta con promoverla de manera puntual y aislada (por ejemplo, con campañas puntuales, colaboraciones con empresas etc), se requiere un cambio más amplio en la mentalidad y los valores de la sociedad, de modo que se fomente y valore la protección y el cuidado hacia los animales como parte de la cultura colectiva. Es necesario que se impulse el respeto, la empatía, la solidaridad y la comprensión de las necesidades de cada ser vivo. Solo en ese contexto cultural de protección y cuidado se podrá lograr que la adopción de un animal sea verdaderamente responsable, sostenible y beneficiosa tanto para el adoptante como para el animal. Y para eso es necesario que se creen e implementen campañas de concienciación y adopción, no solo por parte de las asociaciones protectoras de animales, sino que también es esencial que las administraciones se involucren de manera activa. Campañas para la infancia y juventud de concienciación en centros educativos, campañas de fomento de la adopción, campañas de fomento de la esterilización, entre otras actividades de interés a las que es esencial destinar recursos humanos y materiales, al igual que a otros temas de protección animal para la concienciación ciudadana y la atención de animales cuyos titulares están enfermos o en riesgo de exclusión social. La cruda realidad de este problema es que muchas administraciones públicas no sólo no destinan los medios que deberían para solucionar este problema porque se lo exige la Ley, sino que, además, pretenden mirar hacia otro lado centrándose en cifras y estudios que no engloban la totalidad de los supuestos.

Es la propia ciudadanía la que impulsa el cambio de paradigma en cuanto al respeto y la defensa de los animales. Es cada vez mayor el clamor social que se postula en este sentido y consigue lentamente algunas mejoras legales e institucionales. Y esto se plasma también en el creciente número de personas que cuando deciden de forma responsable compartir su vida, su tiempo y su hogar con un animal no humano optan por adoptar.

No es éticamente aceptable que se vendan miles de cachorros, muchos de ellos víctimas del tráfico de cachorros de los países del este o de criaderos ilegales de nuestro país, y por otra parte miles de animales malvivan en centros municipales y en entidades de protección animal.

Desde la sociedad española se ha luchado durante décadas y se ha conseguido recientemente que no se sacrifiquen animales por el mero hecho de haber sido abandonados, instaurándose el sacrificio cero, primero en algunas Comunidades Autónomas y, en 2023, en toda España con la aprobación de la Ley 7/2023 de Protección de los Derechos y el Bienestar de los Animales.

III. LA IMPORTANCIA DE LA EDUCACIÓN TEMPRANA DE LOS CACHORROS PARA PREVENIR EL ABANDONO

El abandono de animales es una realidad devastadora en nuestro país, y entre las principales causas se encuentra la falta de educación y socialización adecuada desde las primeras etapas de la vida del perro y en la ausencia de una educación adecuada, tanto para fomentar una convivencia armónica en el hogar como para garantizar un comportamiento responsable al pasear por la calle.

Muchos problemas de comportamiento que llevan al abandono de un cachorro son evitables si se proporciona una formación y atención adecuadas desde el inicio.

Educar a un cachorro no solo implica enseñarlo a no hacer sus necesidades fisiológicas en casa o a no morder muebles u objetos. La educación temprana es clave para establecer una relación sólida entre el animal y su familia humana, enseñando reglas básicas de convivencia y asegurando que el perro crezca en un entorno que favorezca su equilibrio emocional y social.

Los cachorros necesitan socialización temprana para aprender a interactuar correctamente con otros perros, personas y su entorno. Los comportamientos inadecuados, como el miedo excesivo, la agresividad o la ansiedad por separación, a menudo son resultado de una falta de socialización y pueden evitarse si el cachorro recibe una educación adecuada en las primeras etapas de su vida.

El compromiso de educar a un cachorro también es un acto de responsabilidad por parte de los tutores. Un perro equilibrado y bien educado tiene más probabilidades de permanecer con su familia a lo largo de su vida, lo que reduce significativamente el riesgo de ser abandonado. Al mismo tiempo, fomenta una convivencia más feliz y armoniosa, donde tanto el perro como su familia disfrutan de una relación enriquecedora.

IV. EL PROCESO DE ADOPCIÓN

La adopción de animales de compañía, como perros, gatos, hurones, aves, roedores, peces, entre otros, es un acto de solidaridad que tiene como finalidad dar una segunda oportunidad al animal tras su abandono, maltrato o pérdida de su familia.

Como se ha expuesto en capítulos anteriores, las cifras de abandono en España nos colocan tristemente a la cabeza de los países europeos, con un número muy elevado de animales afectados que lo sufren. Resulta imposible calcular con exactitud la cantidad real de animales que se abandonan al año en nuestro país ya que no existe estudios reales ni un sistema capaz de determinarlo.

El proceso de adopción debe asegurar que los adoptantes estén realmente preparados para asumir la responsabilidad de cuidar a un animal y que el animal adoptado encaje con el estilo de vida de la persona adoptante. Este capítulo analiza detalladamente cada fase en el proceso de adopción, basándose en estudios y normativa de protección animal, para ofrecer una guía no exhaustiva sobre el proceso, los requisitos legales y las buenas prácticas para la elección y posterior adaptación de los animales adoptados en sus nuevos hogares.

4.1. Requisitos y pasos para la adopción de un animal

4.1.1. Cuestionario y evaluación preliminar

El proceso de adopción generalmente comienza con un cuestionario o una entrevista personal que cada centro de recogida (ya sea municipal o asociaciones de protección animal) elabora, cuyo objetivo es evaluar la idoneidad del solicitante. Esta evaluación previa explora aspectos como la experiencia previa del adoptante con animales, su disponibilidad de tiempo, entorno doméstico, expectativas de convivencia y compromiso hacia el animal. Estudios en protección animal han demostrado que estas entrevistas o cuestionarios antes de la adopción ayudan a reducir el riesgo de abandono o devoluciones, garantizando una mejor compatibilidad entre el animal y sus adoptantes.

Se valoran cuestiones tan importantes como:

- Condiciones de vida. Se evalúa si el adoptante tiene un espacio en condiciones para el animal o elementos de seguridad en balcones y ventanas en la casa o recursos económicos para poder dar las atenciones que necesita el animal, entre otros.
- Expectativas de comportamiento. Algunas preguntas buscan comprender si el adoptante tiene una idea realista de las necesidades y comportamientos del animal, lo que es esencial para prevenir problemas en el futuro.
- Disponibilidad de tiempo. Aspecto que resulta de especial relevancia en el caso de los perros y que tiene en cuenta el tiempo que el adoptante tiene disponible para el animal, ya sea para paseos, cuidados y socialización. Esto es crucial para asegurar el bienestar del animal.
- Estilo de vida del adoptante. Es importante saber si el adoptante es una persona deportista; si viaja a menudo; su horario de trabajo; qué hará con el animal en periodos de vacaciones; si viaja con él, si se desplazará en coche o transporte público; etcétera. Esta información es primordial para aconsejarle qué tipo de animal encaja bien con su estilo de vida.

Estudios de comportamiento animal han revelado que las adopciones que incluyen un análisis exhaustivo de la compatibilidad son más exitosas a largo plazo.

4.1.2. Entrevista y visita al hogar

Además de las entrevistas o cuestionarios, algunos centros de protección animal también pueden llegar a realizar visitas al hogar donde va a vivir el animal, lo que permite obtener una información más detallada del entorno en el que vivirá. Durante estas visitas, los representantes de la protectora evalúan aspectos como la seguridad del hogar (ventanas protegidas, ausencia de objetos peligrosos, etcétera), la relación de los miembros de la familia con los animales, el acceso a espacios exteriores seguros, como patios o jardines, entre otros aspectos de interés. Este paso es particularmente relevante en el caso de los gatos, animales con necesidades especiales o que necesitan una adaptación progresiva a su nuevo entorno o que incluso en ocasiones intentan escapar si se asustan.

Según investigaciones en etología, la transición de un centro de protección animal a un hogar es menos estresante para el animal cuando cuenta con un espacio seguro y adaptado correctamente a sus necesidades específicas.

4.1.3. El contrato de adopción: obligaciones y derechos

El contrato de adopción es un documento legal que regula las obligaciones y derechos del adoptante y del centro de adopción. Este contrato formaliza el acuerdo entre ambas partes y es fundamental para proteger al animal y asegurar su bienestar presente y futuro. Entre los elementos esenciales del contrato de adopción se encuentran:

- Cuidado, alimentación y atención veterinaria. El adoptante se compromete a proporcionar al animal una alimentación adecuada, agua, cuidados y atención veterinaria. Este punto es de especial importancia, ya que la falta de cuidados veterinarios es una de las causas más comunes de deterioro en la salud de los animales adoptados.

- Esterilización. La esterilización es una medida clave en los contratos de adopción, ya que contribuye a evitar camadas no deseadas y reduce el riesgo de problemas de salud como infecciones y tumores de mama en las hembras y prostatitis y tumores de próstata en los machos. Numerosos estudios (infra) respaldan que la esterilización reduce problemas de comportamiento en perros y gatos y mejora su calidad de vida. Los animales adoptados, según la normativa vigente (entre otras, arts. 23.1a, 44 c y 58.8 Ley 7/2023, de 28 de marzo) cuando son adultos, se entregarán esterilizados al adoptante, excepto si fueran cachorros o concurriera algún motivo de salud que lo impidiera. En estos últimos casos, habrá que cumplir con la obligación de esterilizar en el momento que sea conveniente para el animal adoptado, según indicación del veterinario. Existen especies de animales que no se esterilizan como los peces o las aves.
- Prohibición de abandono y cesión a terceros. La mayoría de los contratos de adopción prohíben la cesión del animal a otras personas o su abandono. Si el adoptante se ve en la imposibilidad de seguir cuidando al animal, el contrato establece que éste debe ser devuelto a la protectora, la cual se compromete a buscar una nueva familia para el animal. Esta cláusula busca reducir la tasa de abandono, ofreciendo al animal un respaldo permanente en caso de problemas.
- Seguimiento post-adopción. Algunos centros de recogida incluyen en el contrato una cláusula de seguimiento, en la que se comprometen a contactar con el adoptante cada cierto tiempo para verificar el estado del animal. Esta práctica, basada en recomendaciones de protec-

ción animal, permite identificar problemas tempranos y apoyar al adoptante en caso de dificultades.

4.1.4. Entrega del animal y preparativos en el nuevo hogar

Tras completar los trámites legales y administrativos, se organiza la entrega del animal al adoptante. En esta fase, los centros de adopción suelen proporcionar información detallada sobre los cuidados y el historial veterinario del animal adoptado, y ofrecen recomendaciones para el transporte seguro hasta llegar al hogar. Durante los primeros días, es esencial que el adoptante observe al animal en busca de signos de estrés o comportamientos inusuales, y que siga las recomendaciones que le han dado para reducir el impacto del cambio de ambiente.

4.2. Consejos para una mejor adaptación del animal al hogar

El proceso de adopción constituye un compromiso a largo plazo que requiere tiempo, recursos y dedicación. Los estudios en comportamiento animal y bienestar han demostrado que los adoptantes que se informan y preparan adecuadamente tienen una relación más positiva y satisfactoria con el animal, lo que se traduce en una mejor calidad de vida para ambos.

La adopción responsable es una acción positiva que contribuye a la reducción de animales abandonados y a la construcción de una sociedad más compasiva y responsable.

4.2.1. Preparación del espacio

Es fundamental crear un espacio seguro y adecuado para el animal en el hogar. Este espacio debe contar con una cama, agua y comida en una zona tranquila de la casa. Además, es importante incluir en la estructura del nuevo entorno áreas para el juego y la actividad física y, en el caso de algunas especies, zonas de refugio o escondites. En el caso de los gatos, es recomendable que dispongan de rascadores altos para facilitarles que realicen ejercicio, descansen y tengan una zona para rascar adecuada. Para los perros, los paseos regulares son esenciales para canalizar su energía y socializar. Para otros animales como hurones, aves, roedores, o peces existen también accesorios y artículos para cubrir lo más ampliamente posible sus necesidades etológicas.

La literatura en protección animal sostiene que la presencia de un área propia facilita la adaptación y disminuye el estrés.

4.2.2. Visita al veterinario y cuidados médicos

Una de las primeras recomendaciones tras la adopción y cuando ya esté algo adaptado, es llevar al animal a su veterinario de confianza para que le realice una revisión general, donde se verifique su estado de salud, se revise su cartilla veterinaria o pasaporte europeo para comprobar que sus vacunas y desparasitaciones están correctas y abrirle ficha en la clínica. Y es que la salud del animal puede verse afectada por el cambio de entorno y el estrés que esto a veces supone, por lo que es crucial que el adoptante esté atento a posibles síntomas o enfermedades y consulte con un veterinario en caso de duda.

La atención veterinaria y la vigilancia durante las primeras semanas son esenciales para asegurar una adaptación óptima.

4.2.3. Establecimiento de normas y rutinas en el hogar

Los perros, y en general, la mayoría de los animales de compañía necesitan límites y rutinas claras para adaptarse de manera adecuada a su nuevo entorno. Desde el primer día, es importante que en la familia se establezcan normas que todos los miembros de la familia respeten, como los horarios de comida, las zonas restringidas o el tiempo de juego.

Según estudios en comportamiento animal, las rutinas estables y la coherencia en el trato son factores clave para reducir el estrés, lo cual facilita una convivencia armoniosa y reduce la probabilidad de problemas de comportamiento.

4.2.4. Socialización y juego

La socialización adecuada, en particular durante los primeros meses, es clave para el desarrollo emocional y social del animal. Para los gatos, el juego con varitas con plumas, pelotitas o juguetes interactivos es fundamental para liberar energía y reducir el estrés. En el caso de los perros, las sesiones de juego deben incluir poco a poco acciones y ejercicios básicos que ayuden a reforzar el vínculo con el adoptante.

4.2.5. Seguridad y protección en el hogar

Es fundamental asegurar que el hogar sea un lugar seguro para el animal, especialmente en el caso de gatos y perros jóvenes o recién adoptados. Los gatos son conocidos por su curiosidad, por lo que es importante instalar mallas de seguridad o cualquier otro sistema de protección en ventanas y balcones. Los perros, sobre todo aquellos que son activos, pueden verse tentados a morder objetos peligrosos para ellos, por lo que es crucial mantener los cables, productos de limpieza, bolsas de basura y otros objetos que puedan suponer riesgo para el animal fuera de su alcance. Lo mismo ocurre con otros animales como los roedores.

4.3. Implicaciones legales y responsabilidad en la adopción

Adoptar un animal implica una serie de obligaciones legales. En España, la adopción de animales estaba regulada por las legislaciones autonómicas de protección animal y, desde septiembre de 2023, lo está por la Ley 7/2023 de ámbito estatal, que establece los requisitos que deben cumplir tanto los adoptantes y como los centros de recogida municipales o las asociaciones de protección animal. Entre las obligaciones más importantes se encuentran:

- Identificación mediante microchip. La ley establece la obligatoriedad de identificar a los animales de compañía con un microchip, lo que permite la localización del titular del animal en caso de pérdida o abandono. Además, cualquier cambio de dirección o de titular debe ser actualizado en el sistema de identificación.
- Vacunación y desparasitación. Es obligatorio que los adoptantes mantengan el esquema de vacunación y desparasitación del animal, ya que estas medidas son fundamentales para la salud del animal y la prevención de enfermedades.
- Prohibición del maltrato y el abandono. La legislación sanciona el maltrato y abandono de animales, y los contratos de adopción incluyen cláusulas que prohíben expresamente estas prácticas. Los centros de recogida tienen el derecho de recuperar la custodia del animal, si se demuestra que éste no está recibiendo el cuidado adecuado.
- Contrato de adopción. La ley exige que los animales en adopción provengan de centros de protección o entidades registradas, lo que permite un mayor control sobre el proceso y ayuda a prevenir el abandono. Además, los animales deben entregarse con un contrato de adopción que incluye el compromiso de cuidados veterina-

rios, como se ha comentado anteriormente. En el caso de los animales que no puedan ser esterilizados de inmediato, el adoptante debe firmar un compromiso de esterilización futura.

- Seguro. Los titulares de perros deben contratar un seguro de responsabilidad civil por posibles daños a terceros.
- Curso. La ley establece la obligación de superar la formación en tenencia responsable reglamentada para cada especie de animal de compañía. Y establece también que las personas que opten a ser titulares de perros deberán acreditar la realización de un curso de formación para la tenencia de perros. Dicho curso tendrá validez indefinida, será gratuito y su contenido se determinará reglamentariamente.

El incumplimiento de un contrato de adopción en España puede conllevar una serie de consecuencias legales. Este contrato, que actúa como un documento legal entre la entidad de adopción y el adoptante, establece las obligaciones y responsabilidades del adoptante en cuanto al cuidado y bienestar del animal. Al incumplir alguna de sus cláusulas, el adoptante podría enfrentar sanciones, indemnizaciones e incluso la revocación de la adopción.

4.4. Consecuencias legales del incumplimiento del contrato de adopción

a. Revocación de la adopción. Si se incumplen los términos del contrato, como el compromiso de esterilización, el mantenimiento en un ambiente adecuado o el registro del animal, la entidad de adopción puede proceder legalmente a recuperar el animal. Esto se aplica especialmente en casos de maltrato o negligencia comprobada.

b. Multas y sanciones económicas. La Ley de Bienestar Animal establece multas significativas para infracciones relacionadas con el incumplimiento de los cuidados requeridos para el animal adoptado. Las sanciones económicas pueden variar según la gravedad del incumplimiento, y en casos graves de maltrato, pueden superar los miles de euros.

c. Posibles procesos judiciales. En casos donde el incumplimiento resulte en daños a terceros o al propio animal, el adoptante podría enfrentar acciones judiciales. Las demandas o denuncias pueden incluir compensaciones económicas para la entidad de adopción o para cubrir los costos de rehabilitación del animal, especialmente en situaciones de maltrato.

d. Prohibiciones futuras para adoptar. En casos graves se puede solicitar al órgano sancionador (tanto en vía administrativa como en vía penal) la inhabilitación para la tenencia de animales. Esto se realiza para proteger a otros animales y asegurar que solo personas responsables puedan acceder a las adopciones.

4.5. Beneficios de convivir con un animal de compañía adoptado

Adoptar un animal de compañía que ha sufrido el abandono, y en muchos casos ha sido víctima de malos maltratos físicos y psicológicos, es un acto de bondad. Dar una segunda oportunidad a un animal desamparado no solo es beneficioso para al animal, también lo es para la persona que decide que un nuevo miembro forme parte de su familia, enriquece sus vidas emocionalmente, es muy gratificante pero también aporta múltiples beneficios físicos y psicológicos, como han demostrado numerosos estudios científicos (infra):

a. Reduce el estrés y la ansiedad. Investigadores del Centro Médico de la Universidad de Michigan y de la Universidad de Florida, han demostrado que la interacción con animales disminuye los niveles de cortisol (una hormona relacionada con el estrés), disminuye la presión arterial y aumentar la producción de oxitocina, promoviendo una sensación de calma y bienestar. Otro estudio publicado en Frontiers in Psychology destaca que estas interacciones con los animales mejoran los niveles de estrés y ansiedad en personas de todas las edades.

b. Mejora de la salud cardiovascular. Según investigaciones, las personas que tienen mascotas, especialmente perros, tienden a ser más activas principalmente debido a los paseos regulares. Esto no solo fortalece el sistema cardiovascular, sino que también ayuda a mantener un peso saludable y reducir la presión arterial. Además, la interacción con animales de compañía puede disminuir los niveles de colesterol y triglicéridos en sangre, factores clave para una buena salud cardíaca.

c. Fomento de hábitos saludables. Los animales promueven rutinas diarias, como alimentarlos, sacarlos a pasear y jugar con ellos. Estas actividades no solo ayudan a estructurar el día, sino que también pueden incrementar la actividad física y el tiempo al aire libre, lo cual es tanto beneficioso para la salud física como mental.

d. Fomenta el desarrollo socioemocional de los niños. Para los niños, convivir con un animal puede enseñarles responsabilidad, empatía y mejorar sus relaciones sociales. Los estudios muestran que los niños que interactúan regularmente con animales desarrollan mejor inteligencia emocional y relaciones más sólidas con otras personas.

Tener un nuevo compañero puede mejorar la salud mental y física, fomentando la responsabilidad y la empatía. Los animales ofrecen compañía, reducen el estrés, aumentan los niveles de actividad física mediante paseos y juegos, y facilitan la interacción con otras personas, mitigando así la soledad. Es habitual ver grupos de vecinos que hacen quedadas para pasear a sus perros; un momento beneficioso para el animal ya que sociabiliza y juega con otros perros, pero muy importante también para las personas después de una dura jornada de trabajo.

Estos beneficios han llevado a una mayor promoción de programas y políticas que fomentan la adopción de mascotas, especialmente en contextos terapéuticos y de apoyo emocional. Los expertos recomiendan que cualquier decisión de tener un animal de compañía sea bien meditada, dado el compromiso y responsabilidad que conlleva, asegurando así un impacto positivo tanto para las personas como para las mascotas (cfr. infra Mayo Clinic y la investigación del *Human-Animal Bond Research Institute*).

V. ANIMALES QUE AYUDAN A LAS PERSONAS

Los animales pueden servir como fuente de consuelo y apoyo. Los perros de terapia o intervenciones asistidas son el claro ejemplo de esto. Mediante programas especialmente creados van a visitar hospitales o residencias para ayudar a reducir el estrés y la ansiedad de los pacientes.

5.1. Beneficio de visitas con animales en residencias de mayores

Existen múltiples iniciativas de entidades de protección animal que acuden a residencias de mayores con perros para aportar momentos de alegría y romper la monotonía de la estancia en los centros de estas personas. Como ya hemos explicado, los animales aportan múltiples beneficios, tanto físicos como emocionales, cuando se convive con ellos. En el caso de las personas mayores es aún más importante aportarles momentos de felicidad y poder acariciar y dar cariño a los animales. Los juegos con animales atraen la atención de los mayores y estimulan su mente para mantener el cerebro activo.

Hay que tener en cuenta un factor muy importante; muchas de estas personas convivían con animales a los que consideraban miembros de su familia, pero que tuvieron que dejar atrás al entrar en la residencia. En muchos casos, las familias no se hacen cargo de los animales, y terminan en albergues de asociaciones, o mucho peor, en perreras municipales. La pena de estas personas al dejar a sus animales es tan grande, a la par que injusta, que poder volver a acariciar y abraza a un animal, es tan satisfactorio, que solo les puede aportar beneficios. Y, por otra parte, están las personas que nunca han tenido contacto en su vida con animales, y que descubren el cariño y amor, desinteresado, que aportan a las personas.

5.1.1. Beneficios emocionales

- Reducción de la soledad y la depresión. El contacto con perros proporciona una compañía constante, ayudando a disminuir sentimientos de aislamiento y soledad, que son comunes en personas mayores. Interactuar con perros puede liberar oxitocina, una hormona vinculada a la felicidad y la relajación.
- Mejoría en el estado de ánimo. Las visitas regulares de perros pueden fomentar emociones positivas y aumentar la motivación para participar en actividades grupales.
- Estímulo cognitivo. Las interacciones con animales pueden estimular recuerdos y conversaciones, especialmente en pacientes con demencia o Alzheimer.
- Reducción del estrés. Acariciar o estar cerca de un perro puede reducir los niveles de cortisol (hormona del estrés) y disminuir la presión arterial.

5.1.2. Beneficios físicos

Las interacciones con perros también tienen efectos fisiológicos medibles, como la reducción de la presión arterial y del cortisol (hormona del estrés). Estas actividades no solo promueven la relajación, sino que también pueden estimular la actividad física en personas mayores que aún conservan la movilidad, mejorando su salud cardiovascular.

5.1.3. Beneficios sociales y cognitivos

Los perros actúan como mediadores sociales, facilitando interacciones entre los residentes y el personal de las residencias. Asimismo, estas actividades pueden estimular recuerdos y conversaciones en pacientes con demencia, ayudando a mejorar su estado cognitivo y reforzando su autoestima.

Hace algunos años, la entrada de animales en las residencias de mayores estaba estrictamente prohibida, un reflejo de una visión más restrictiva en el cuidado geriátrico. Sin embargo, con el tiempo, esta postura ha evolucionado de manera notable. En la actualidad, casi todos los centros cuentan con programas colaborativos junto a protectoras de animales y organizaciones dedicadas a la terapia asistida con mascotas. Estas iniciativas permiten planificar visitas periódicas donde animales y personas mayores pueden interactuar.

Estas interacciones no solo ofrecen momentos de alegría y compañía, sino que también han demostrado beneficios terapéuticos significativos. A través de estas conexiones, se mitiga la soledad, se promueve la relajación y se generan recuerdos compartidos que humanizan el entorno residencial. Sin duda, esta transformación en las políticas de las residencias representa un gran paso hacia un cuidado más integral de los mayores.

En conclusión, la incorporación de perros en residencias de ancianos no solo humaniza el cuidado, sino que también proporciona momentos de alegría y tranquilidad, mejorando significativamente el bienestar de los residentes. Aunque se necesitan más estudios para consolidar estas evidencias, los testimonios y resultados actuales avalan su implementación como una práctica enriquecedora.

5.2. Beneficio de la convivencia de personas mayores con animales en el hogar

Cuando las personas mayores viven solas y tienen la suerte de convivir con un animal como único compañero, los beneficios son palpables y profundamente significativos. Ya sea un perro, un gato, o incluso un pequeño periquito, estas presencias vivas tienen el poder de transformar la rutina diaria en una experiencia llena de propósito y calidez.

Varios estudios demuestran que la compañía de un animal puede mitigar considerablemente la soledad y reducir los síntomas de la depresión. Para aquellos que ya no tienen a quién cuidar, hijos y nietos que han crecido y tomado sus propios caminos, la responsabilidad de atender a un ser vivo se convierte en una esperanza. Este acto cotidiano de cuidado, simple pero profundamente significativo, renueva el deseo de vivir y nutre una conexión que trasciende las palabras, ofreciendo compañía incondicional en los momentos más silenciosos de la vida.

En un estudio de casi 8.000 adultos mayores, publicado en JAMA Network Open, los investigadores descubrieron que entre aquellos que viven solos, tener una mascota se asociaba con un ritmo más lento de deterioro cognitivo (específicamente, cognición verbal compuesta, memoria y fluidez verbales). El estudio utilizó datos del Estudio Longitudinal Inglés sobre el Envejecimiento, un estudio en curso, durante un período de ocho años.

Fomentan emociones positivas mediante la liberación de oxitocina, una hormona asociada con el bienestar y la relajación. Según un estudio australiano, la presencia de un perro residente en una residencia redujo los niveles de ansiedad, confusión y fatiga, con efectos que perduraron incluso después de retirar al animal.

Pero, sin duda, estos programas deben fomentarse desde las administraciones pública como apoyo a las personas mayores que convivan con animales, muchas de ellas no disponen de los medios económicos para una correcta atención de sus animales, que muchas veces son a su vez muy mayores y necesitan cuidados especiales. Programas como "MejoresAmigos" de la Dirección General de los Derechos de los Animales, proporcionan asistencia veterinaria para aquellas personas responsables de animales y en situación de vulnerabilidad y garantizar la salud física y emocional de los mismos.

5.3. Beneficios para niños hospitalizados al recibir la visita de sus animales de compañía

El Hospital Universitario Rey Juan Carlos de Móstoles, en la Comunidad de Madrid, cuenta con un proyecto innovador que permite a los niños hospitalizados recibir la visita de sus perros.

El programa está enfocado para niños entre 1 y 15 años que estén ingresados y que poseen un perro como animal de compañía. Las visitas se llevan a cabo una vez por semana, los martes de 17:00 a 18:00 horas, y están sujetas a ciertos requisitos: los perros no deben estar clasificados como potencialmente peligrosos, deben estar con sus vacunas al día y en buen estado higiénico antes de su entrada al hospital. Durante la visita, el perro debe estar acompañado por la responsable del animal.

Este tipo de iniciativas tiene como finalidad aliviar el estrés y la ansiedad que puede generar el entorno hospitalario en los niños, mejorar su ánimo e incluso contribuir a una recuperación más rápida. Según los responsables del proyecto, el contacto con sus mascotas ayuda a reducir la sensación de aislamiento, aumentando la conexión emocional y la sensación de normalidad para los pequeños.

El doctor Pablo Bello Gutiérrez del Servicio de Pediatría del Hospital Universitario Rey Juan Carlos explica que "el ingreso hospitalario es una circunstancia hostil para los niños porque supone que queden alejados temporalmente de su entorno habitual. Sin embargo, podemos humanizar la asistencia que prestamos a la infancia en los hospitales gracias a que dejamos que les traigan comida de su casa y sus juguetes a la sala de juegos, que usen su pijama… y ahora también que su perro esté con ellos, al menos, un rato. Con ello conseguimos una mejora de su estado anímico y general, que redundará en un cambio en el tedio que suponen las largas horas en el centro, así como una hospitalización más corta".

Por último, Eva Ochoa Moratinos, responsable del Servicio de Información y Atención al Paciente del Hospital Rey Juan Carlos, explica que "el principal propósito de esta iniciativa es el de atenuar el impacto que para la mayoría de los niños supone la estancia hospitalaria y conseguir arrancarles una sonrisa en un momento tan delicado. Estamos convencidos de que la experiencia será bien acogida por los niños, ayudándoles a que la ilusión por el reencuentro suponga un estímulo que ayude a la pronta recuperación».

5.4. Perros que ayudan a niños víctimas de violencia a declarar en los juzgados

Este proyecto de intervenciones asistidas con perros en los juzgados tiene como propósito ofrecer apoyo a niños víctimas de violencia o abusos, así como a aquellos que han sido testigos de situaciones traumáticas en el hogar, ayudándolos a declarar en un entorno judicial reduciendo significativamente su estrés y ansiedad. Desde 2014, la presencia de estos animales ha cambiado el modo en que los menores se enfrentan a estas situaciones.

Un ejemplo emblemático de esta labor lo encarnan los perros del equipo multidisciplinar de Dogtor Animal. El éxito de este programa radica en cómo estos perros, con su carácter sereno y empático, logran establecer un vínculo único con los niños, convirtiéndose en un puente que facilita la comunicación y contribuye a un proceso judicial más humano, creando un entorno más relajado y seguro.

ALGUNA BIBLIOGRAFÍA SOBRE LA MATERIA

Acosta, J.; Pérez, R. (2021). *Bienestar animal y adopción responsable: Guía práctica para nuevos adoptantes.* Editorial Animales Unidos.

Agencia Sueca para la Evaluación de Tecnologías Sanitarias y Evaluación de Servicios Sociales SBU: *https://www.sbu.se/en/publications/responses-from-the-sbu-enquiry-service/dog-assisted-interventions-in-the-care-of-the-elderly-in-nursing-homes/*

Agingcare. Disponible en: *https://www.agingcare.com/articles/benefits-of-elderly-owning-pets-113294.htm*

American Veterinary Medical Association (AVMA). (2019). *Pet adoption and rehoming best practices.* Recuperado de: https://www.avma.org.

Amigos del Perro: *https://amigosdelperro.org/colabora/proyecto-senior/*

Asociación Nacional para la Protección de los Animales (ANPA) (2022). "Protocolos de adopción responsable: La importancia de las evaluaciones previas y el seguimiento. Boletín ANPA, 45(2), pp. 12-16.

Dogtor Animal: *https://dogtoranimal.es/perros-de-apoyo-en-juzgados*

European Commission. (2020). *Animal Welfare in the EU: Legal framework and best practices.* Disponible en: https://ec.europa.eu.

Fundación Affinity: *https://www.fundacion-affinity.org/observatorio/infografia-el-nunca-lo-haria-abandono-adopcion-perros-gatos-espana-2024*

González, M., & López, T. (2020). "Impacto del entorno en la adaptación de perros adoptados: Un estudio longitudinal". *Revista de Bienestar Animal,* 34(3), pp. 243-256.

Hospital Universitario Rey Juan Carlos: *https://www.hospitalreyjuancarlos.es/es/sala-prensa/actualidad/hospital-universitario-rey-juan-carlos-pone-marcha-pr-33b20*

Human-Animal Bond: *https://habri.org/pressroom/20240523*

Jama Network Open: *https://jamanetwork.com/journals/jamanetworkopen/fullarticle/2813138*

Mayo Clinic (2019). Disponibles en: https://newsnetwork.mayoclinic.org/es/2019/08/23/el-mejor-amigo-del-corazon-tener-un-perro-se-relaciona-con-mejor-salud-cardiovascular/

Mejores Amigos. Diponible en: *https://www.mdsocialesa2030.gob.es/derechos-animales/programa-mejores-amigos.htm*

Ochoa Moratinos, E. (2018). Entrevista. Disponible en: https://www.tucanaldesalud.com/es/tusaludaldia/articulos/ninos-pueden-recibir-perros-hospital

Organización Mundial de la Salud Animal (OIE). (2022). *Guía para el bienestar animal y la adopción ética.* Disponible en: https://www.oie.int.

Sociedad Protectora de Animales de España (SPAE). (2021). *Informe anual sobre adopción y bienestar animal en España.* Recuperado de: https://www.spae.org.

Therapy Dogs of Vermont: *https://therapydogs.org/news-articles/benefits-therapy-dogs/therapy-dogs-long-term-health-care-environment/*

Apéndice normativo

Ley 7/2023, de 28 de marzo, de protección de los derechos y el bienestar de los animales. BOE núm. 75, de 29 de marzo de 2023, páginas 45618 a 45671 (54 págs.)

Decreto 28/2020, de 6 de mayo, del Consejo de Gobierno, por el que se establece la organización y funcionamiento de la Red de Oficinas de Asistencia a las Víctimas del Delito de la Comunidad de Madrid. Boletín Oficial de la Comunidad de Madrid, de 11 de mayo de 2020, páginas 6 a 11.

Real Decreto 920/2020, de 16 de octubre, sobre la identificación y registro de animales de compañía en España. Boletín Oficial del Estado, nº 278, pp. 98765-98780.

CAPÍTULO CUARTO
LA PROFESIÓN VETERINARIA EN LA PROTECCIÓN DEL BIENESTAR ANIMAL Y LA SALUD PÚBLICA

Homologación de títulos para trabajar con animales

MANUEL LUIS ZUMBADO PEÑA[1]
BEATRIZ MARTÍN CRUZ[2]
OCTAVIO PÉREZ LUZARDO[3]
MARÍA DEL MAR TRAVIESO AJA[4]

I. INTRODUCCIÓN: CATEGORÍAS EN EL TRABAJO CON ANIMALES

Dentro de las posibles categorías en cuanto al trabajo con animales, en función de su regulación normativa, encontraríamos tres principalmente, animales de compañía (bien para posesión, adiestramiento o intervención asistida para terapias), animales de producción (trabajo en granjas principalmente) y animales de experimentación (quizás el apartado más profundamente regulado por su trascendencia cara a la sociedad).

---

1 Profesor Titular de Universidad. Área de Toxicología, Veterinaria Legal y Deontología, Departamento de Ciencias Clínicas, Facultad de Veterinaria. Universidad de Las Palmas de Gran Canaria.

2 Personal Investigador en Formación. Área de Toxicología, Veterinaria Legal y Deontología, Departamento de Ciencias Clínicas, Facultad de Veterinaria. Universidad de Las Palmas de Gran Canaria.

3 Catedrático de Universidad. Área de Toxicología, Veterinaria Legal y Deontología, Departamento de Ciencias Clínicas, Facultad de Veterinaria. Universidad de Las Palmas de Gran Canaria.

4 Profesora Contratada Doctora. Área de Radiología y Medicina Física, Departamento de Ciencias Clínicas, Facultad de Ciencias de la Salud, Universidad de Las Palmas de Gran Canaria.

Algunos de estos apartados mencionados anteriormente tienen un recorrido normativo reciente, por cuanto se desarrollan en la mayoría de los casos a partir de directrices europeas, donde se ha tenido en cuenta que el hecho de trabajar con animales no es un mero trabajo mecánico, sino que implica el interactuar con seres vivos o "*seres sintientes*" tal cual es la denominación mayoritariamente aceptada hoy en día.

De todos ellos, el tema de la experimentación animal sea quizás el más completamente regulado, aún con discrepancias serias actualmente, por lo que también ha sido el que presenta normativas más antiguas en cuanto a la acreditación del personal que trabaja en este campo.

Poco a poco se han ido uniendo otras normas y adaptando a los cambios en la sociedad, que exige un trato más humanitario a aquellos seres vivos de los que nos servimos de una u otra manera (llámese alimentación o trabajo), y nos encontramos que a día de hoy se exige formación para la realización de trabajos que en su momento era impensable más allá de tener unas buenas manos (forma física) para desarrollar los cometidos laborales.

Pero sin más preámbulos pasamos a detallar la normativa más relevante en los distintos capítulos ya mencionados.

II. TRABAJAR CON ANIMALES EN LA NORMATIVA LEGAL

2.1. Normativa relativa a la acreditación de la posesión o para trabajar con animales de compañía

2.1.1. Nacional

Haciendo un recorrido por la normativa nacional, sin duda lo más destacable dentro de este apartado, es la existencia de un cuadro de cualificaciones profesionales recogidas en distintas normas que acreditan sobre todo a aquellas personas capacitadas para trabajar con animales desde un plano profesional. También habría que destacar lo reseñado en la *Ley 7/2023* sobre la formación a realizar por los tutores de los animales de compañía, con el fin de concienciar de manera previa a aquellos que quieren adquirir o adoptar uno.

Llama la atención la falta de regulación europea en este sentido, remitiéndose en todos los casos cuando ha habido alguna interpelación a las autoridades de la UE, al ordenamiento jurídico de los países miembros, por lo que todo lo que vamos a encontrar será a nivel nacional con alguna pincelada a nivel autonómico.

El primer apartado es, sin duda, lo recogido en la *Ley 7/2023 de protección de los derechos y el bienestar de los animales*, que de manera novedosa en su Artículo 30 (Tenencia de perros) habla de la obligatoriedad de realizar un curso de formación para la tenencia de los mismos. Esta no es la única directriz que menciona la ley en cuanto a formación, ya que indica que cualquier actividad con animales (adiestramiento, fuerzas de seguridad, rescate, etc....) necesitará una acreditación de la formación, aunque en algunos casos no defina claramente quien es el responsable de acreditar dicha formación y cómo se llevará a cabo la misma. Esperemos que con el desarrollo reglamentario de la ley que debe estar próximo a llegar, se aclaren estas dudas que se tienen por los actores implicados.

En cuanto a las acreditaciones para trabajar con animales de compañía desde un plano profesional, tenemos lo recogido en el *Real Decreto 705/2017 por el que se modifican el Real Decreto 140/2011 por el que se complementa el Catálogo Nacional de Cualificaciones Profesionales, mediante el establecimiento de cuatro cualificaciones profesionales de la Familia profesional Sanidad, y el Real Decreto 1551/2011 por el que se complementa el Catálogo Nacional de Cualificaciones Profesionales, mediante el establecimiento de cinco cualificaciones profesionales correspondientes a la familia profesional Agraria*, en relación a los Ayudantes Técnicos Veterinarios, que curiosamente pasan de la familia sanitaria (*Real Decreto 140/2011*, Código SAN488_3) a la agraria en una decisión cuanto menos controvertida (Código AGA488_3). La descripción de una formación completa y multidisciplinar facilita de manera clara los requisitos para una acreditación objetiva.

Un aspecto importante y de gran importancia, por el uso que se da y la posibilidad de intervenir en distintos procedimientos (judiciales, por ejemplo), es la acreditación para adiestradores caninos. Su formación reglada está recogida en el *Real Decreto 1037/2011* como parte del catálogo nacional de Cualificaciones Profesionales, tanto en lo definido como "*Adiestramiento de base y educación canina*" (Código SEA531_2) como en el apartado "*Instrucción canina en operaciones de seguridad y protección civil*" (Código SEA537_3). Curiosamente estas cualificaciones forman parte de la familia de Seguridad y Medio Ambiente, cosa que refleja una dispersión normativa que muchas veces es complicada de entender, aunque se relacionen en parte de su formación, ya que en el fondo sigue siendo una interacción con los animales.

Por último y dentro de este apartado, haremos mención a un contexto relacionado en mayor o menor medida con actividades deportivas o lúdicas, que engloba principalmente las actividades ecuestres. Estos aspectos se recogen principalmente en el *Real Decreto 108/2008* donde encontramos las cualificaciones profesionales de "*Doma del caballo*" (Código AGA344_2) o "*Herrado de equinos*" (Código AGA349_3), modificado mediante la *Orden PRE/1634/2015* y la *Orden PRE/1240/2016*, o implementado con el *Real Decreto 652/2017* donde se detalla el título de "*Técnico en actividades ecuestres*" que incluiría por completo o parte de las cualificaciones anteriores, actualizando y simplificando de alguna manera una cualificación profesional con bastante demanda actualmente.

Todo lo descrito anteriormente forma un complejo sistema legal, que si bien pretende promover que todos aquellos que en mayor o menor medida trabajan con animales estén correctamente formados, haciendo hincapié en el bienestar animal, no es menos cierto que la dispersión de los distintos documentos podría desalentar a los destinatarios de dichas normativas.

2.1.2. Autonómicas

A nivel de autonomías, solo destacaremos como planteamiento más adecuado, lo recogido en el *Decreto 239/2008* de Aragón, donde se recogen las actuaciones necesarias para establecer los requisitos de formación de adiestradores, aunque también incluye otros aspectos como la formación de poseedores de animales potencialmente peligrosos, cosa que ninguna otra normativa ha tenido en cuenta más allá de los requisitos administrativos para su tenencia.

2.2. Normativa sobre la acreditación para trabajar con animales de granja

2.2.1. Europea

Desde hace mucho tiempo, las autoridades europeas han sido conscientes de que la sociedad había cambiado con relación a lo que se estilaba en la producción animal. Ya en el año 1978 se produce la primera aportación a lo que hoy conocemos como bienestar animal, en concreto se publica el *Convenio Europeo sobre Protección de los Animales en las Granjas,* donde se sientan las bases para una producción animal con el máximo respeto y la adecuación de los sistemas de producción a lo que luego ha derivado en la promulgación de las 5 Libertades en bienestar animal.

Todo esto ha dado pie a que poco a poco se han implementado medidas que incluyen como apartado fundamental, la formación de aquellos operarios que trabajan en este sector productivo y así se comienza por implementar la *Directiva 98/58/CE relativa a la protección de los animales en las explotaciones ganaderas,* que va a dar las principales consignas a seguir en la consecución de una producción ganadera con unos estándares acordes a los tiempos modernos.

A esta regulación inicial se le van uniendo con el tiempo, otras como la *Directiva 1999/74/CE* por la que se establecen las normas mínimas de protección de las gallinas ponedoras, la *Directiva 2008/119/CE* relativa a las normas mínimas para la protección de terneros o la *Directiva 2008/120/CE* relativa a las normas mínimas para la protección de cerdos, las cuales junto a otras que no nombraremos aquí como las relacionadas con transporte o sacrificio, van a requerir que los estados miembros realicen planes de formación que hagan que esta transformación sea un hecho constatable.

Creado este objetivo inicial pasamos a describir lo que se ha hecho en nuestro país para cumplir con los objetivos marcados por Europa.

2.2.2. Nacional

En un momento concreto, digamos que con buen criterio, desde la administración se decidió que más que la impartición de una serie de cursos adaptados en mayor o menor medida a la función a realizar, en el campo de los animales de granja (o de producción si hablamos más acertadamente), deberían haber una serie de estudios reglados donde se formaran trabajadores con unas bases sólidas en relación con este desempeño, por lo que se adoptaron medidas encaminadas a que formaran parte de lo recogido en los estudios de Formación Profesional, así aparece por primera vez en el año 1996, *el Real Decreto 1717/1996 por el que se establece el título de Técnico en Explotaciones Ganaderas*, que incluía como objetivo a conseguir el: "*Realizar adecuadamente el manejo individual y colectivo, en las diferentes fases productivas, de las distintas especies ganaderas y las practicas clínicas que se le indiquen*". Comentar que esta norma, también incluía entre los objetivos de aprendizaje, la posibilidad de trabajar con animales de experimentación. Dicha legislación fue derogada por sucesivas disposiciones como el *Real Decreto 1634/2009 por el que se establece el título de Técnico en Producción Agropecuaria*, con la competencia de: "*Realizar operaciones de manejo y producción animal en explotaciones ganaderas asegurando la rentabilidad, calidad, trazabilidad y bienestar animal*", el *Real Decreto 1585/2012 por el que se establece el título de Técnico Superior en Ganadería y Asistencia en Sanidad Animal*, que define que: "*La competencia general de este título consiste en gestionar la producción ganadera y realizar trabajos especializados de apoyo a equipos veterinarios, programando y organizando los recursos materiales y humanos disponibles, y aplicando los planes de producción, calidad, sanidad y bienestar animal, prevención de riesgos laborales y protección ambiental, de acuerdo con la legislación vigente*", y, por último el *Real Decreto 356/2014* donde se recoge el *Título de Técnico Básico en Actividades Agropecuarias*, donde nos encontramos que: "*La competencia general de este título consiste en realizar operaciones auxiliares en explotaciones agrícola-ganaderas, relacionadas, entre otras cosas, con cultivos agrícolas; con el manejo del ganado y con el envasado y distribución de productos agroalimentarios, siguiendo instrucciones de superiores o plan de trabajo, operando con la calidad indicada, observando las normas de prevención de riesgos laborales y protección medioambiental correspondientes, las de bienestar animal, las de seguridad alimentaria y de buenas prácticas ganaderas*".

Todo lo dicho anteriormente sirve de base para dar apoyo a toda la legislación sobre producción ganadera, en la que, volvemos a insistir en lo mismo, prima las condiciones en que deben estar los animales en las distintas fases de su ciclo productivo.

Como legislación complementaria relacionada, encontramos el *Real Decreto 1135/2002* (explotaciones porcinas) donde se detalla en su Artículo 5 la "*Formación del personal*", el *Real Decreto 692/2010* (explotaciones avícolas y bovinas) que habla en su Artículo 6 de "*Formación y orientación del personal a cargo del cuidado de los po*llos", el *Real Decreto 306/2020* (explotaciones porcinas) que en su Artículo 4, punto 4 habla que: "*El titular de la explotación se asegurará de que todas las personas que trabajan con ganado porcino en la explotación tengan una formación adecuada y suficiente....*", el *Real Decreto 637/2021* (explotaciones avícolas) que recoge en su Artículo 4, punto 2 un texto idéntico (salvo en la especie de destino) al anterior: "*El titular de la explotación se asegurará de que todas las personas que trabajan con las aves tengan una formación adecuada y suficiente*" y, por último el *Real Decreto 1053/2022* (explotaciones bovinas) que concluye en su Artículo 4, punto 3. que: "*El titular de la explotación o, en el caso de las explotaciones tipo pasto, el titular de los animales se asegurará de que todas las personas que trabajan con ganado bovino en la explotación tengan una formación adecuada y suficiente*".

Resaltar que las cualificaciones profesionales detalladas al principio de este apartado cumplen con creces dicha formación y aparecen en estas normas como titulaciones básicas para el cumplimiento de dichos objetivos.

2.2.3. Autonómicas

En este último apartado repasaremos las normas más destacadas a nivel autonómico, aunque hay que aclarar que todas tienen su base en los contenidos desarrollados previamente.

Destacaremos principalmente, por orden alfabético, las normativas de Andalucía, Aragón, Cantabria, Catalunya, Galicia y la Comunidad Valenciana.

En cuanto a la primera, en su *Decreto 80/2011 por el que se regula la formación en bienestar animal*, se sientan las bases no solo de la formación en el trabajo con animales de granja, sino que también incluye a transportistas de animales vivos, personal de mataderos y aquellos que trabajan con animales de experimentación. Para todos ellos propone programas específicos de formación que, si bien no alcanzan el grado de complejidad de los programas de cualificación nacionales, sí da la opción de tener una base inicial de conocimientos teórico-prácticos mínimos para desempeñar correctamente las habilidades que se requieren en este campo.

Para la comunidad de Aragón nos encontramos con una norma ya conocida, el *Decreto 239/2008*, que incluía tanto a adiestradores como a operarios de granjas.

En la comunidad de Cantabria nos encontramos la *Orden ECD/68/2015*, que aplica lo desarrollado en el *Real Decreto 1585/2012*, siendo una mera transposición del mismo con algún pequeño añadido.

Llegamos a Catalunya y aquí debemos destacar, que quizás sea la autonomía con mayor desarrollo normativo, empezando por el *Decreto 253/2008 por el que se regulan los cursos de formación en bienestar animal*, como escalón previo a la publicación del *Decreto 233/2013 por el que se establece el currículo del ciclo formativo de grado medio de producción agropecuaria*, donde se detalla claramente que el bienestar animal es una consideración de primer orden en la producción ganadera. Todo esto se acompaña "*a posteriori*" de una serie de medidas en relación a la formación de los operarios como las adoptadas en la *Orden AAM/155/2014* (mataderos), la *Orden ACC/181/2021* (explotaciones porcinas), la *Orden ACC/242/2022* (explotaciones avícolas) o la *Orden ACC/127/2023* (explotaciones bovinas), un cuadro casi tan completo como la normativa nacional.

Con referencia a Galicia, tenemos el *Decreto 60/2007*, que, aunque es anterior a mucha de la normativa nacional, sienta las bases en la comunidad gallega de la formación necesaria tanto de personal de granjas como de transportistas.

Por último, en relación a la Comunidad de Valencia, solamente encontramos la *Resolución de 20 de junio de 2022*, donde se habla de la formación del personal en granjas avícolas, en términos muy similares a los detallados para todo el territorio nacional con pequeñas particularidades sin mayor importancia normativa.

2.3. Normativa sobre acreditación para trabajar con animales de experimentación

2.3.1. Europea

La creciente demanda social sobre cómo se realizaban los experimentos con animales, llevó a la entonces Comunidad Económica Europea a adoptar la primera normativa en relación a los animales de experimentación, en concreto fue la *Directiva 86/609/CEE relativa a la aproximación de las disposiciones legales, reglamentarias y administrativas de los Estados miembros respecto a la protección de los animales utilizados para experimentación y otros fines científicos,* quien puso las primeras normas en este campo. En lo que respecta al tema que tratamos, comentar que solo un escueto Artículo 14, hablaba sobre la formación de aquellas personas implicadas en los procedimientos, en el mismo se decía: "*Las personas que lleven a cabo experimentos o tomen parte en ellos y las personas que estén al cuidado de animales utilizados en experimentos, incluyendo las tareas de supervisión, deberán tener la preparación y formación apropiadas. En particular, las personas que lleven a cabo o supervisen la realización de experimentos deberán haber recibido formación en una disciplina científica relacionada con el trabajo experimental que se realice y deberán ser capaces de tratar y estar al cuidado de animales de laboratorio; deberán también certificar que han alcanzado un nivel suficiente de formación para llevar a cabo dichas tareas.*"

Esta norma estuvo vigente hasta el año 2010, con la consiguiente adaptación de las normativas nacionales a la misma, donde se sustituye por la *Directiva 2010/63/UE relativa a la protección de los animales utilizados para fines científicos,* que amplía el concepto de formación mediante desarrollo en sus Artículos 23 (Capacitación del personal) y 24 (Requisitos específicos para el personal) y, sobre todo, da las bases sobre las diferentes categorías en que se va a dividir el personal que trabaje con los animales en función de su capacitación, hecho que luego será recogido en la legislación nacional sobre el tema. Habla la Directiva de capacitación para realizar procedimientos en animales, diseñar procedimientos y proyectos, ocuparse de animales o sacrificar animales, lo que dará lugar a las distintas categorías que comentaremos más adelante.

Esta última legislación presenta la ventaja de su versatilidad y dinamismo, de hecho ha sido revisada y corregida en varias ocasiones desde distintos puntos de vista (alojamiento, datos a suministrar, métodos de eutanasia, etc.) aunque no ha habido variaciones en el tema que nos concierne en este capítulo. A día de hoy se siguen realizando reuniones periódicas en función de la información científica que va apareciendo y adoptándose recomendaciones para la actualización de las normativas nacionales.

2.3.2. Nacional

Como hemos comentado en el apartado anterior, la legislación estatal española, surge a partir de la europea, por la adopción de dichas medidas una vez se produce la entrada en el espacio europeo del Estado Español. Como consecuencia de ello y al amparo de la normativa comunitaria, se publica el *Real Decreto 223/1988 sobre protección de los animales utilizados para experimentación y otros fines científicos,* Dicha norma contempla en su Artículo 3 la figura de "*Persona Competente*" con varias versiones como cuidador, experimentador y responsable o especialista, donde se comenta que deben tener formación sin ir más allá en cuanto a qué incluiría esta formación y dónde o cómo se adquiriría.

Es posteriormente, bastantes años después, a decir verdad, cuando la aparición del *Real Decreto 1201/2005 sobre protección de los animales utilizados para experimentación y otros fines científicos,* sí recoge más específicamente las funciones y la formación que deben acreditar aquellos que trabajan en el campo de la investigación con animales. El Artículo 3 vuelve a nombrar a la "*Persona Competente*" mientras que el Artículo 9 recoge en el título "*Personal de los centros*" la obligatoriedad de estos en tener la formación adecuada según el trabajo a realizar en las distintas categorías, cosa que se apunta en la Disposición transitoria tercera (procedimiento de homologación de competencias) y se describe claramente en el Anexo I, donde se nombran 5 categorías (A, B, C, D1 y D2) en función de su capacitación y se recogen las funciones que pueden ejercer, habiendo solo un caso de exclusividad en lo referente a la categoría D2 para la profesión veterinaria. Este avance incluye las materias básicas que deberían incluirse en la formación de nuevo personal que quiera trabajar en este campo.

Esta norma actualiza de alguna manera a todos los investigadores hasta dicho momento, pero la entrada en vigor de la *Directiva 2010/63/UE* hace que la legislación nacional tenga que adaptarse a la misma y entonces nos encontramos con el *Real Decreto 53/2013 por el que se establecen las normas básicas aplicables para la protección de los animales utilizados en experimentación y otros fines científicos, incluyendo la docencia,* término este último novedoso y que cambia algunos aspectos de acciones que se venían realizando sin control alguno.

La legislación vigente, a día de hoy, realiza cambios sustanciales como la desaparición de las categorías mencionadas en el antiguo *Real Decreto 1201/2005* y la adopción de una serie de competencias desvinculadas de cualquier clasificación y que pueden ser adquiridas de manera independiente. En concreto, en el Artículo 15 (Requisitos aplicables al personal) se detallan las competencias sobre este apartado, un total de seis, donde se habla de cuidado de los animales, eutanasia, realización de los procedimientos, diseño de los proyectos y procedimientos, responsabilidad de la supervisión *in situ* del bienestar y cuidados de los animales y funciones de veterinario designado, solo estando restringido a la profesión veterinaria este último apartado igual que sucedía en la normativa precedente. En dicho artículo se conmina a las autoridades responsables a establecer e implantar los medios necesarios para alcanzar la cualificación según los distintos objetivos, dando un plazo de tiempo para su realización, realizando una segunda homologación en función de la capacitación alcanzada en la legislación anterior y anotando en el Anexo VII, las materias básicas a desarrollar en dicha formación.

Una vez planteado todo lo anterior, no es hasta dos años después (cuando el propio Real Decreto establecía un plazo máximo de un año), cuando aparece la *Orden ECC/566/2015 por la que se establecen los requisitos de capacitación que debe cumplir el personal que maneje animales utilizados, criados o suministrados con fines de experimentación y otros fines científicos, incluyendo la docencia,* documento donde se detalla claramente todo lo relacionado con la capacitación y formación del personal, así como las materias a impartir para los cursos que deban realizarse para obtener la capacitación necesaria. Esta Orden ha sufrido una modificación posterior por medio de la *Orden CNU/120/2025,* que apuntala si cabe más, los requisitos de capacitación en esta materia. Resaltar que esta última modificación se realiza en virtud de lo publicado en el *Real Decreto 1386/2018* por el que se modificaba en algunos aspectos el *Real Decreto 53/2013,* siendo uno de estos la revisión por distintos ministerios implicados de lo contenido en la orden nombrada al principio de este párrafo.

Otro punto que está desarrollado normativamente, fuera de lo ya reseñado, es el de las competencias profesionales (Código AGA530_3) señaladas en normas ya descritas como son el *Real Decreto 1555/2011* y su posterior modificación por el *Real Decreto 705/2017,* donde se detallan a nivel curricular todos aquellos aspectos fundamentales para el personal de asistencia en centros de investigación, hecho que va más allá de realizar una serie de cursos y que desarrolla de manera reglada todo lo que debe de manejar aquella persona que se dedique a esta misión tan importante en un moderno animalario.

2.3.3. Autonómicas

En este apartado hay poco que vayamos a ampliar en los conceptos generales, ya que las normas, salvo contadas excepciones reflejan en muchos casos al pie de la letra, lo recogido en la normativa nacional.

Por destacar algunas comentaremos lo descrito en las autonomías de Andalucía, Aragón y Catalunya, que presentan normativa relativamente propia que pueda diferir o completar la detallada en el apartado de nacional.

Con respecto a Andalucía, aunque incluye dicha información en un paquete amplio, el *Decreto 80/2011 por el que se regula la formación en bienestar animal*, da las pautas para regular una formación específica, aunque ligada fundamentalmente al concepto de bienestar animal, es en el Apartado 7 de su Anexo donde se recogen los principales requisitos para dicha formación. En el caso de Aragón nos encontramos con una norma específica para la homologación del personal (*Orden de 20 de abril de 2006*), pero queda obsoleta al referirse al Real Decreto 1201/2005, aunque el desarrollo de un procedimiento reglado es un intento a destacar positivamente. En cuanto a Catalunya, su *Decreto 214/1997 por el que se regula la utilización de animales para experimentación y para otras finalidades científicas*, se adelanta en el tiempo a la norma nacional y en sus Artículos 1, 17 y 18 así como en sus Anexos 1 a 4, detalla claramente todo lo básico en formación del personal que va a trabajar con estos animales. A pesar de que está vigente, la aparición de la normativa nacional hace que sea una legislación complementaria y válida solo a efectos del territorio catalán.

Como punto final, decir que gran parte de las menciones a este apartado en la legislación autonómica restante, aparecen principalmente en las normativas de protección animal, muchas veces como simples apéndices que repiten lo descrito en la legislación nacional como ya hemos comentado.

2.4. Normativa para acreditación para trabajo con fauna salvaje en zoológicos y otros centros

En este apartado, solo recogeremos dos normas que describen algo sobre la materia, a nivel europeo la *Directiva 1999/22/*

CE relativa al mantenimiento de animales salvajes en parques zoológicos y a nivel nacional la *Ley 31/2003 de conservación de la fauna silvestre en los parques zoológicos.* Mientras la primera no detalla claramente los principios que deben regir en la formación del personal, en la norma nacional si encontramos que en su Artículo 5, habla de "*Personal especializado y medios materiales*" para referirse a la cualificación necesaria, dándose el caso de que la formación recibida en las cualificaciones profesionales para animales de producción, en concreto la cualificación profesional recogida en el *Real Decreto 1551/2011* con el Código AGA624_2, podría servir de base en estas acreditaciones con las puntualizaciones necesarias para cada tipo de instalación que se recogen en la normativa desarrollada al respecto en nuestro país.

III. CONCLUSIÓN

La conclusión final es que, a día de hoy, la regulación sobre la acreditación para trabajar con animales, aunque a veces un poco dispersa, es lo suficientemente válida para que aquellos que trabajan con ellos puedan formarse de manera completa y realizar dichas labores eficazmente y, sobre todo, con el máximo respeto hacia los seres vivos con los que se interactúa.

REFERENCIAS NORMATIVAS

Comunidad Autónoma de Andalucía (2011) *Decreto 80/2011, de 12 de abril, por el que se regula la formación en bienestar animal.* BOJA nº 82, de 28 de abril de 2011, páginas 53 a 57.

Comunidad Autónoma de Andalucía (2012) *Decreto 65/2012, de 13 de marzo, por el que se regulan las condiciones de sanidad y zootécnicas de los animales.* BOJA nº 60, de 27 de marzo de 2012, páginas 41 a 55.

Comunidad Autónoma de Aragón (2006) *Orden de 20 de abril de 2006, del Departamento de Agricultura y Alimentación, por la que se convoca el proceso de homologación para el ejercicio profesional en los centros de experimentación animal y otros fines científicos.* BOA nº 49, de 3 de mayo de 2006, páginas 5886 a 5890.

Comunidad Autónoma de Aragón (2008) *Decreto 239/2008, de 16 de diciembre, del Gobierno de Aragón, por el que se establecen las normas de homologación de los cursos de formación y las de acreditación de las entidades de formación, de los cuidadores y manipuladores de animales, de los adiestradores de los animales de compañía y de los animales potencialmente peligrosos.* BOA nº 218, de 24 de diciembre de 2008, páginas 26733 a 26750.

Comunidad Autónoma de Cantabria (2015) *Orden ECD/68/2015, de 19 de mayo, que establece el currículo del ciclo formativo de Grado Superior correspondiente al título de Técnico Superior en Ganadería y Asistencia en Sanidad Animal en la Comunidad Autónoma de Cantabria.* BOC nº 100, de 28 de mayo de 2015, páginas 16194 a 16261.

Comunidad Autónoma de Cataluña (1997) *Decreto 214/1997, de 30 de julio, por el que se regula la utilización de animales para experimentación y para otras finalidades científicas.* DOGC nº 2450, de 7 de agosto de 1997, páginas 9167 a 9175.

Comunidad Autónoma de Cataluña (2008) *Decreto 253/2008, de 16 de diciembre, por el que se regulan los cursos de formación en bienestar animal.* DOGC nº 5282, de 19 de diciembre de 2008, páginas 92893 a 92900.

Comunidad Autónoma de Cataluña (2013) *Decreto 233/2013, de 15 de octubre, por el que se establece el currículo del ciclo formativo de grado medio de producción agropecuaria.* DOGC nº 6483, de 18 de octubre de 2013, páginas 1 a 120.

Comunidad Autónoma de Cataluña (2014) *Orden AAM/155/2014, de 19 de mayo, por la que se modifica el anexo del Decreto 253/2008, de 16 de diciembre, por el que se regulan los cursos de formación de bienestar animal, con relación a los cursos de bienestar animal durante el sacrificio.* DOGC nº 6629, de 23 de mayo de 2014, páginas 1 a 5.

Comunidad Autónoma de Cataluña (2021) *Orden ACC/181/2021, de 23 de septiembre, por la que se regula la formación del personal que trabaja en las granjas porcinas.* DOGC nº 8512, de 29 de septiembre de 2021, páginas 1 a 6.

Comunidad Autónoma de Cataluña (2022) *Orden ACC/242/2022, de 11 de noviembre, por la que se regula la formación del personal que trabaja en las granjas avícolas.* DOGC nº 8794, de 16 de noviembre de 2022, páginas 1 a 6.

Comunidad Autónoma de Cataluña (2023) *Orden ACC/127/2023, de 22 de mayo, por la que se regula la formación del personal que trabaja en las granjas bovinas.* DOGC nº 8922, de 24 de mayo de 2023, páginas 1 a 6.

Comunidad Autónoma de Galicia (2007) *Decreto 60/2007, de 22 de marzo, por el que se regulan los cursos de formación en materia de bienestar animal, se establece el procedimiento de autorización de las entidades de formación y se crea el registro de éstas.* DOG nº 67, de 4 de abril de 2007, páginas 5371 a 5378.

Comunidad Valenciana (2022) *Resolución de 20 de junio de 2022, de la Dirección General de Agricultura, Ganadería y Pesca, de medidas de formación exigidas en el Real decreto 637/2021, de 27 de julio, por el que se establecen las normas básicas de ordenación de las granjas avícolas, y por la que se anula la Resolución de 13 de mayo de 2022, de la Dirección General de Agricultura, Ganadería y Pesca, de medidas de formación exigidas en el Real decreto 637/2021, de 27 de julio, por el que se establecen las normas básicas de ordenación de las granjas avícolas.* DOGV nº 9375, de 5 de julio de 2022, páginas 34916 a 34918.

Comisión Europea (2024) *Commission Staff Working Document: Union overview on the implementation of Directive 2010/63/EU on the protection of animals used for scientific purposes in the Member States of the European Union in 2018-2022.* SWD (2024) 183 final, páginas 32 a 39.

Consejo de las Comunidades Europeas (1986) *Directiva del Consejo 86/609/CEE, de 24 de noviembre de 1986, relativa a la aproximación de las disposiciones legales, reglamentarias y administrativas de los Estados miembros respecto a la protección de los animales utilizados para experimentación y otros fines científicos.* DOCE nº L358, de 18 de diciembre de 1986, página 4. Derogada.

Consejo de la Unión Europea (1978) *Convenio Europeo sobre Protección de los Animales en las Ganaderías.* DOCE nº L323, de 17 de noviembre de 1978, páginas 14 a 22.

Consejo de la Unión Europea (1998) *Directiva 98/58/CE, de 20 de julio de 1998, relativa a la protección de los animales en las explotaciones ganaderas.* DOCE nº L221, de 8 de agosto de 1998, páginas 23 a 27.

Consejo de la Unión Europea (1999) *Directiva 2008/120/CE del Consejo, de 29 de marzo de 1999, s relativa al mantenimiento de animales salvajes en parques zoológicos.* DOCE nº L94, de 9 de abril de 1999, páginas 24 a 26.

Consejo de la Unión Europea (1999) *Directiva 1999/74/CE del Consejo, de 19 de julio de 1999, por la que se establecen las normas mínimas de protec-*

ción de las gallinas ponedoras. DOCE nº L203, de 3 de agosto de 1999, páginas 53 a 57.

Consejo de la Unión Europea (2008) *Directiva 2008/119/CE del Consejo, de 18 de diciembre de 2008, relativa a las normas mínimas para la protección de terneros.* DOCE nº L10, de 15 de enero de 2008, páginas 7 a 13.

Consejo de la Unión Europea (2009) *Directiva 2008/120/CE del Consejo, de 18 de diciembre de 2008, relativa a las normas mínimas para la protección de cerdos.* DOCE nº L47, de 18 de febrero de 2009, páginas 5 a 13.

Jefatura del Estado (2003) *Ley 31/2003, de 27 de octubre, de conservación de la fauna silvestre en los parques zoológicos.* BOE núm. 258, de 28 de octubre de 2003, páginas 38298 a 38302.

Jefatura del Estado (2023) *Ley 7/2023, de 28 de marzo, de protección de los derechos y el bienestar de los animales.* BOE núm. 75, de 29 de marzo de 2023, páginas 45618 a 45671.

Ministerio de Agricultura, Pesca y Alimentación (1988) Real Decreto 223/1988, de 14 de marzo, sobre protección de los animales utilizados para experimentación y otros fines científicos. BOE núm. 68, de 18 de marzo de 1988, páginas 8509 a 8512. Derogado.

Ministerio de Agricultura, Pesca y Alimentación (2002) *Real Decreto 1135/2002, de 31 de octubre, relativo a las normas mínimas para la protección de cerdos.* BOE núm. 278, de 20 de noviembre de 2002, páginas 40830 a 40833.

Ministerio de Economía y Competitividad (2015) *Orden ECC/566/2015, de 20 de marzo, por la que se establecen los requisitos de capacitación que debe cumplir el personal que maneje animales utilizados, criados o suministrados con fines de experimentación y otros fines científicos, incluyendo la docencia.* BOE núm. 261, de 31 de octubre de 2015, páginas 27940 a 27973.

Ministerio de Economía y Competitividad (2025) *Orden CNU/120/2025, de 3 de febrero, por la que se modifica la Orden ECC/566/2015, de 20 de marzo, por la que se establecen los requisitos de capacitación que debe cumplir el personal que maneje animales utilizados, criados o suministrados con fines de experimentación y otros fines científicos, incluyendo la docencia.* BOE núm. 35, de 10 de febrero de 2025, páginas 17949 a 17953.

Ministerio de Educación (2009) *Real Decreto 1634/2009, de 30 de octubre, por el que se establece el título de Técnico en Producción Agropecuaria y se fijan sus enseñanzas mínimas.* BOE nº 289, de 1 de diciembre de 2009, páginas 102151 a 102213.

Ministerio de Educación y Cultura (1996) *Real Decreto 1717/1996, de 12 de julio, por el que se establece el título de Técnico en Explotaciones Ganaderas y las correspondientes enseñanzas mínimas.* BOE nº 228, de 20 de septiembre de 1996, páginas 28302 a 28340. Derogada.

Ministerio de Educación, Cultura y Deportes (2013) *Real Decreto 1585/2012, de 23 de noviembre, por el que se establece el título de Técnico Superior en Ganadería y Asistencia en Sanidad Animal y se fijan sus enseñanzas mínimas.* BOE nº 5, de 5 de enero de 2014, páginas 702 a 763.

Ministerio de Educación, Cultura y Deportes (2014) *Real Decreto 356/2014, de 16 de mayo, por el que se establecen siete títulos de Formación Profesional Básica del catálogo de títulos de las enseñanzas de Formación Profesional.* BOE nº 130, de 29 de mayo de 2014, páginas 40516 a 40592.

Ministerio de Educación, Cultura y Deportes (2017) *Real Decreto 652/2017, de 23 de junio, por el que se establece el título de Técnico en actividades ecuestres y se fijan los aspectos básicos del currículo.* BOE núm. 162, de 8 de julio de 2017, páginas 58569 a 58642.

Ministerio de la Presidencia (2005) *Real Decreto 1201/2005, de 10 de octubre, sobre protección de los animales utilizados para experimentación y otros fines científicos.* BOE núm. 252, de 21 de octubre de 2005, páginas 34367 a 34391. Derogado.

Ministerio de la Presidencia (2008) *Real Decreto 108/2008, de 1 de febrero, por el que se complementa el catálogo nacional de cualificaciones profesionales, mediante el establecimiento de siete cualificaciones profesionales de la Familia profesional agraria.* BOE núm. 44, de 20 de febrero de 2008, páginas 9516 a 9600.

Ministerio de la Presidencia (2010) *Real Decreto 692/2010, de 20 de mayo, por el que se establecen las normas mínimas para la protección de los pollos destinados a la producción de carne y se modifica el Real Decreto 1047/1994, de 20 de mayo, relativo a las normas mínimas para la protección de terneros.* BOE nº 135, de 3 de junio de 2010, páginas 47986 a 47995.

Ministerio de la Presidencia (2011) *Real Decreto 140/2011, de 4 de febrero, por el que se complementa el Catálogo Nacional de Cualificaciones Profesionales, mediante el establecimiento de cuatro cualificaciones profesionales de la Familia profesional Sanidad.* BOE núm. 41, de 17 de febrero de 2011, páginas 17234 a 17269.

Ministerio de la Presidencia (2011) *Real Decreto 1037/2011, de 15 de julio, por el que se complementa el Catálogo Nacional de Cualificaciones Profesionales, mediante el establecimiento de siete cualificaciones profesionales de la familia profesional Seguridad y Medio Ambiente.* BOE núm. 209, de 31 de agosto de 2011, páginas 94492 a 94513.

Ministerio de la Presidencia (2011) *Real Decreto 1551/2011, de 31 de octubre, por el que se complementa el Catálogo Nacional de Cualificaciones Profesionales, mediante el establecimiento de cinco cualificaciones profesionales correspondientes a la familia profesional Agraria.* BOE núm. 276, de 16 de noviembre de 2011, páginas 118328 a 118489.

Ministerio de la Presidencia (2013) *Real Decreto 53/2013, de 1 de febrero, por el que se establecen las normas básicas aplicables para la protección de los animales utilizados en experimentación y otros fines científicos, incluyendo la docencia.* BOE núm. 34, de 8 de febrero de 2013, páginas 11370 a 11421.

Ministerio de la Presidencia (2015) *Orden PRE/1634/2015, de 23 de julio, por la que se actualizan ocho cualificaciones profesionales de la familia profesional Agraria, recogidas en el Catálogo Nacional de Cualificaciones Profesionales, establecidas por Real Decreto 295/2004, de 20 de febrero, Real Decreto 1228/2006, de 27 de octubre, y Real Decreto 665/2007, de 25 de mayo; y se modifican parcialmente determinados anexos establecidos por Real Decreto 1087/2005, de 16 de septiembre, Real Decreto 1521/2007, de 16 de noviembre, Real Decreto 108/2008, de 1 de febrero, Real Decreto 715/2010, de 28 de mayo, Real Decreto 146/2011, de 4 de febrero, y Real Decreto 1035/2011, de 15 de julio.* BOE núm. 185, de 4 de agosto de 2015, páginas 69088 a 69285.

Ministerio de la Presidencia (2016) *Orden PRE/1340/2016, de 29 de julio, por la que se actualizan seis cualificaciones profesionales de la familia profesional Actividades Físicas y Deportivas, recogidas en el Catálogo Nacional de Cualificaciones Profesionales y establecidas por Real Decreto 1087/2005, de 16 de septiembre y Real Decreto 1521/2007, de 16 de noviembre; y se modifican parcialmente determinados anexos establecidos por Real Decreto 295/2004, de 20 de febrero, Real Decreto 1087/2005, de 16 de septiembre, Real Decreto 1521/2007, de 16 de noviembre, Real Decreto 108/2008, de 1 de febrero, Real Decreto 1222/2010, de 1 de octubre, Real Decreto 141/2011, de 4 de febrero, Real decreto 146/2011, de 4 de febrero, Real Decreto 1031/2011, de 15 de julio, Real Decreto 1034/2011, de 15 de julio, Real decreto 1037/2011, de 15 de julio, Real Decreto 1038/2011, de 15 de julio, Real Decreto 1552/2011, de 31 de octubre, y Real Decreto 1788/2011, de 16 de diciembre.* BOE núm. 187, de 4 de agosto de 2016, páginas 55111 a 55503.

Ministerio de la Presidencia y para las Administraciones Territoriales (2017) *Real Decreto 705/2017, de 7 de julio, por el que se modifican el Real Decreto 140/2011, de 4 de febrero, por el que se complementa el Catálogo Nacional de Cualificaciones Profesionales, mediante el establecimiento de cuatro cualificaciones profesionales de la Familia profesional Sanidad, y el Real Decreto 1551/2011, de 31 de octubre, por el que se complementa el Catálogo Nacional de Cualificaciones Profesionales, mediante el establecimiento de cinco cualificaciones profesionales correspondientes a la familia profesional Agraria.* BOE núm. 168, de 15 de julio de 2017, páginas 62095 a 62132.

Ministerio de la Presidencia, Relaciones con las Cortes y Memoria Democrática (2018) *Real Decreto 1386/2018, de 19 de noviembre, por el que se modifica el Real Decreto 53/2013, Real Decreto 53/2013, de 1 de febrero, por el que se establecen las normas básicas aplicables para la protección de los animales utilizados en experimentación y otros fines científicos, incluyendo la docencia.* BOE núm. 280, de 20 de noviembre de 2018, página 112805.

Ministerio de la Presidencia, Relaciones con las Cortes y Memoria Democrática (2020) *Real Decreto 306/2020, de 11 de febrero, por el que se establecen normas básicas de ordenación de las granjas porcinas intensivas, y se modifica la normativa básica de ordenación de las explotaciones de ganado porcino extensivo.* BOE núm. 38, de 13 de febrero de 2020, páginas 13761 a 13791.

Ministerio de la Presidencia, Relaciones con las Cortes y Memoria Democrática (2021) *Real Decreto 637/2021, de 27 de julio, por el que se establecen las normas básicas de ordenación de las granjas avícolas.* BOE núm. 179, de 28 de julio de 2021, páginas 90724 a 90759.

Ministerio de la Presidencia, Relaciones con las Cortes y Memoria Democrática (2022) *Real Decreto 1053/2022, de 27 de diciembre, por el que se establecen normas básicas de ordenación de las granjas bovinas.* BOE núm. 312, de 29 de diciembre de 2022, páginas 188917 a 188945.

Parlamento Europeo y Consejo de la Unión Europea (2010) *Directiva 2010/63/UE, de 22 de septiembre de 2010, relativa a la protección de los animales utilizados para fines científicos.* DOCE nº L276, de 20 de octubre de 2010, páginas 43 a 44.

Implicaciones de la normativa en el ejercicio de la profesión de veterinario

BEATRIZ MARTÍN CRUZ[1]
MANUEL LUIS ZUMBADO PEÑA[2]
MARÍA DEL MAR TRAVIESO AJA[3]
OCTAVIO PÉREZ LUZARD[4]

I. INTRODUCCIÓN

1.1. La legislación en la profesión veterinaria

Es un hecho contrastado, quizás por una deformación profesional derivada de una formación incompleta, que la profesión veterinaria en general, sobre todo en determinados campos (p.e. la clínica de pequeños animales), piensa que la legislación salvo casos muy concretos queda fuera o bordea

---

1 Personal Investigador en Formación. Área de Toxicología, Veterinaria Legal y Deontología, Departamento de Ciencias Clínicas, Facultad de Veterinaria. Universidad de Las Palmas de Gran Canaria

2 Profesor Titular de Universidad. Área de Toxicología, Veterinaria Legal y Deontología, Departamento de Ciencias Clínicas, Facultad de Veterinaria. Universidad de Las Palmas de Gran Canaria

3 Profesora Contratada Doctora. Área de Radiología y Medicina Física, Departamento de Ciencias Clínicas, Facultad de Ciencias de la Salud, Universidad de Las Palmas de Gran Canaria

4 Catedrático de Universidad. Área de Toxicología, Veterinaria Legal y Deontología, Departamento de Ciencias Clínicas, Facultad de Veterinaria. Universidad de Las Palmas de Gran Canaria

su devenir profesional. Esto, que podría parecer arriesgado destacarlo, es un hecho constatable, empezando por el desconocimiento de muchos/as profesionales de la normativa más cercanas como puede ser la relacionada con la deontología profesional.

Por ello, en este capítulo intentaremos dar una serie de pinceladas para dejar constancia de la importancia de la legislación en todos los campos de actuación de la profesión veterinaria.

1.2. Normativa más destacada en el campo veterinario

La profesión veterinaria tiene campo de actuación en distintos apartados, fundamentalmente de carácter sanitario tal y como define la *Ley 44/2003, de Ordenación de las Profesiones Sanitarias,* desempeño que engloba campos tan dispares como la sanidad animal (de todas las especies que conviven o no con el hombre), la producción animal, la seguridad alimentaria (higiene e inspección de los alimentos) o el bienestar animal que ha visto incrementada su importancia a medida que ha evolucionado la sociedad. Hay que destacar también, que el/la veterinario/a interviene, en la mayoría de los casos como representante de la administración (con lo cual estaría sometido/a a la normativa para los empleados/as públicos/as), en aquellos acontecimientos tanto deportivos como culturales donde se encuentran involucrados los animales.

A partir de aquí podemos dividir en varios apartados la legislación más significativa para el ejercicio de la profesión veterinaria en:

- Legislación Administrativa
- Legislación Sanitaria
- Legislación Agropecuaria

• Legislación Profesional

Todas y cada una de las normas son igual de importantes a la hora de ejercer la profesión, teniendo en cuenta que, si bien vamos a nombrar las principales en importancia, estas van acompañadas la mayoría de las veces, por no decir todas, de legislación que acompaña y desarrolla los textos principales, que evidentemente no vamos a detallar ya que sería un ingente número de documentos los que habría que anotar, cosa que el espacio, así como el fin de este libro no permite.

1.2.1. Legislación administrativa

En este apartado, y teniendo en cuenta la vinculación del/ la profesional con la función pública, tenemos dos normas bien explicitadas. Por un lado, el *Real Decreto Legislativo 5/2015 por el que se aprueba el texto refundido de la Ley del Estatuto Básico del Empleado Público*, pilar fundamental para aquellos/as profesionales que ejercen en la administración (tanto estatal como autonómica), y por otro, la *Ley 39/2015 del Procedimiento Administrativo Común de las Administraciones Públicas*, norma que engloba todos los procedimientos de actuación en los que se puede ver incurso un/a profesional de la veterinaria.

Estos/as profesionales también tienen que manejar en el día a día parte, o todas, de las normas que veremos en los siguientes apartados.

1.2.2. Legislación sanitaria

En este apartado, tendríamos como premisa fundamental la *Ley 14/1986 General de Sanidad*, que en su *Artículo ocho, Apartado 2* recoge: "*Asimismo, se considera actividad básica del sistema sanitario la que pueda incidir sobre el ámbito propio de la Veterinaria de Salud Pública en relación con el control de higiene, la tecnología y la investigación alimentarias, así como la prevención y lucha contra la zoonosis y las técnicas necesarias para la evitación de riesgos en el hombre debidos a la vida animal o a sus enfermedades*". Como vemos se hace referencia expresa a la interrelación de salud humana y animal (lo que hoy se conoce mundialmente como "*Una Sola Salud*" o "*One Health*"), incluyendo también una mención al apartado de fármacos por su trascendencia en seguridad alimentaria (residuos).

Resaltar que, en el capítulo anterior, ya se comentaron las normas relacionadas con el sacrificio de los animales (*Reglamento CE 1099/2009*; *Real Decreto 37/2014*), que aparece en la legislación anterior reseñada, en relación a la obtención de alimento, que junto a normas de bienestar también refleja la necesidad de una correcta inspección veterinaria.

Alrededor de este aspecto, giran multitud de normas que garantizan tanto la salud de la población desde el punto de vista de control de zoonosis como de la inocuidad de los alimentos, donde el ejercicio veterinario es ineludible y fundamental.

En referencia al apartado de los residuos, y más concretamente a los fármacos, aunque bien podría formar parte del siguiente grupo (agropecuario) por su interconexión, encontraríamos dos normas básicas para el desempeño clínico. Principalmente, el *Real Decreto Legislativo 1/2015 por el que se aprueba el texto refundido de la Ley de garantías y uso racional de los medicamentos y productos sanitarios*, comúnmente llamado ley del medicamento, actualizado y complementado siguiendo directrices comunitarias por el *Real Decreto 666/2023 por el que se regula la distribución, prescripción, dispensación y uso de medicamentos veterinarios*, con conceptos fundamentales para la salud pública (tanto a nivel humano como animal) como la prescripción (receta veterinaria) y dispensación de los productos farmacológicos de uso veterinario.

Llama curiosamente la atención que después de lo descrito anteriormente, la *Ley 33/2011 General de Salud Pública*, haga una escueta mención de la intervención veterinaria, producto quizás de un desconocimiento por parte del legislador de los campos que abarca esta disciplina. De igual manera, poco pone en valor el trabajo veterinario la *Ley 12/2013 de medidas para mejorar el funcionamiento de la cadena alimentaria*, donde se hace mínimas menciones a este aspecto, siendo uno de los pilares en su correcto funcionamiento.

En este apartado podríamos incluir también, como mencionamos antes, muchas normas relacionadas pero que haría interminable y farragoso el capítulo.

1.2.3. Legislación agropecuaria

Es en este campo donde el/la veterinario/a tiene la mayor parte de la normativa que rige el día a día de su desempeño profesional. Comenzamos por la que es quizás más determinante, si bien todas las nombradas hasta ahora lo son, como el la *Ley 8/2003 de Sanidad Animal*, donde la figura del veterinario lo copa por completo, incidiendo en todos los temas relacionados con los animales desde su salud, pasando por bienestar, inspecciones, medicamentos, comercios, aduanas, etc...

Es fundamental que el/la profesional conozca en profundidad esta norma, así como la variedad de legislación adyacente de la misma donde podemos incluir todo lo relacionado con bienestar animal (producción, transporte, sacrificio, etc...). Al hilo de este último apartado podemos recordar la *Ley 32/2007 para el cuidado de los animales, en su explotación, transporte, experimentación y sacrificio*, que pretendió en su momento, o eso quiso hacerse entender, pasar por una supuesta ley de protección animal, cosa que no conseguía ni llegaba a plantear de una manera reseñable.

Como decimos, a partir de estas "*normas generales*" se desarrolla una variada y completa serie de normas de menor rango, pero no por ello carentes de importancia, por lo que es obligación del/la profesional estar al día de estas, de ahí la importancia de la formación previa para un buen desarrollo profesional.

En resumen, la legislación agropecuaria, y más concretamente la ganadera, es indispensable para un buen trabajo veterinario, pero no debemos quedarnos aquí ya que, a pesar de estar menos regulada, la clínica de pequeños animales también tiene aspectos regulados, aunque quizás más importantes desde el punto de vista de la legislación profesional que de la normativa general a distintos niveles (europea, estatal y autonómica). En relación a esta última parte, ya hemos comentado en el capítulo anterior sobre la eutanasia la *Ley 7/2023* (cuya interrelación con la *Ley Orgánica 3/2023* en cuestiones de maltrato es básica), así como normas europeas o autonómicas relacionadas, pero podríamos incluir aquí por la trascendencia que ha llegado a tener la *Ley 50/1999 sobre el Régimen Jurídico de la Tenencia de Animales Potencialmente Peligrosos*, donde una evaluación veterinaria es imprescindible para determinar que animales entran o no en la consideración de "*peligrosos*".

Por último, decir que en base a lo aludido en el inicio del capítulo, se debería tener en cuenta por parte del/la profesional normas relacionadas con medio ambiente, caza, pesca, etc...., pues siempre hay aspectos de las mismas que inciden en la profesión y que puede requerir la intervención veterinaria como especialistas.

1.2.4. Legislación profesional

Llegamos a este último apartado, donde volveremos a recordar las normas profesionales específicas, unas emanadas de la legislación general y otras, en este caso dos fundamentalmente, desde la propia profesión, si bien apoyadas por las nombradas al principio.

Destacamos inicialmente tanto el *Real Decreto 126/2013* como el *Real Decreto 50/2024*, donde se recogen los Estatutos

Generales de la Organización Colegial Veterinaria como garantes y normas vertebradoras de la profesión veterinaria en el Estado español, describiendo todos aquellos aspectos fundamentales para el ejercicio profesional en nuestro país. Y dentro de las mismas, se da carta de naturaleza normativa a un documento emanado de la propia institución, el *Código Deontológico para el Ejercicio de la Profesión Veterinaria*, pilar fundamental de una actuación acorde a lo que se exige a un profesional en los tiempos en los que estamos, tanto en su relación con su organización, clientes, pacientes o administraciones, tal es la variada interrelación de la profesión.

Este código, incluso está recogido dentro de una Sentencia del Tribunal Supremo (*STS 1299-2002*) donde se dice que:

> *"... esta Sala considera que la redacción de un Código Deontológico no equivale a establecer unas normas directamente aplicables en el ejercicio de una competencia normativa incompatible con la de otros órganos o entes, sino que comporta establecer unos principios éticos de ejercicio de la profesión, interpretando el común sentir de los profesionales y de la sociedad a la que va dirigido su trabajo, los cuales constituyen un elemento para que cada profesional ajuste su conducta a su conciencia ético-profesional y los órganos encargados de exigir la responsabilidad civil, penal o disciplinaria tengan elementos de ponderación suficientes para aquellos supuestos en que la norma reguladora implícita o explícitamente se remita a conceptos éticos en el ejercicio de la profesión o exigen en su interpretación la aplicación de test o criterios apreciativos relacionados con la adecuada conducta profesional".*

Por tanto queda claro que dicho código es la base primordial de la actuación de tipo general en la profesión veterinaria y si miramos en su *Artículo 6, Punto 2*: "*En el ejercicio de su actividad profesional, todo veterinario está llamado a conocer y cumplir con los deberes que le vengan impuestos por las leyes y reglamentos en general, y por la legislación relevante para su actividad profesional, en particular*", lo que confiere una importancia grande a otra de las grandes normas profesionales de la que dispone la Organización Colegial Veterinaria, para regular quizás el campo más importante dentro de sus competencias por número de integrantes, la clínica de pequeños animales, mediante el *Reglamento Para el Ejercicio Profesional en Clínica de Animales de Compañía* (2015), donde se intentan armonizar conceptos para evitar que la prestación a las mascotas no sea un terreno en el que impere el desorden.

Por último, hay que recordar que como profesión también estamos sometidos a la responsabilidad profesional sea vía civil o penal, por lo que ambos cuerpos jurídicos doctrinales también tendrían su influencia a la hora de afrontar posibles reclamaciones por una "*mala praxis*". Esto es cada vez mayor por el cambio en la sensibilidad de la sociedad incluyendo la transformación del concepto animal como "*ser sintiente*" (*Artículo 333bis, Ley 17/2021*) y, por tanto, adquiriendo un estatus de mayor importancia a nivel jurídico.

II. CONCLUSIONES

Como conclusiones finales podríamos resaltar dos principalmente, la primera de ellas es que la profesión veterinaria está completamente regulada con distintas normativas que van desde la sanidad animal como punto principal, pasando por la seguridad alimentaria, el bienestar animal, etc…, hasta llegar a campos tan dispares en principio, según se mire, como el medio ambiente en todos sus componentes (contaminación, ecosistemas, etc....).

La segunda conclusión es que se debe incidir de manera importante, en la formación básica legal del veterinario, haciendo que a lo largo de sus estudios se vayan asociando sus habilidades técnicas en los distintos campos, con la legislación asociada que los regulan, resaltando (aunque a día de hoy se integra en el currículo) de manera especial, la normativa emanada de la propia profesión, eje primordial de un buen desempeño profesional, así como baremo por el que la sociedad va a medir la aportación de la veterinaria a la misma.

REFERENCIAS NORMATIVAS

Reglamento (CE) Nº 1099/2009 del Consejo de 24 de septiembre de 2009 relativo a la protección de los animales en el momento de la matanza. DOCE nº L303, de 18 de noviembre de 2009.

Instrumento de ratificación del Convenio Europeo sobre protección de animales de compañía, hecho en Estrasburgo el 13 de noviembre de 1987. BOE núm. 245, de 11 de octubre de 2017, página 98975.

Ley 14/1986, de 25 de abril, General de Sanidad. BOE núm. 102, de 29 de abril de 1986, páginas 15207 a 15224.

Ley 50/1999, de 23 de diciembre, sobre el Régimen Jurídico de la Tenencia de Animales Potencialmente Peligrosos. BOE núm. 307, de 24 de diciembre de 1999, páginas 45306 a 45310.

Ley 8/2003, de 24 de abril, de sanidad animal. BOE núm. 99, de 25 de abril de 2003, páginas 16006 a 16031.

Ley 44/2003, de 21 de noviembre, de ordenación de las profesiones sanitarias. BOE núm. 280, de 22 de noviembre de 2003, páginas 41442 a 41458.

Ley 32/2007, de 7 de noviembre, para el cuidado de los animales, en su explotación, transporte, experimentación y sacrificio. BOE núm. 268, de 8 de noviembre de 2007, páginas 45914 a 45920.

Ley 12/2013, de 2 de agosto, de medidas para mejorar el funcionamiento de la cadena alimentaria. BOE núm. 185, de 3 de agosto de 2013, páginas 56551 a 56581.

Ley 33/2011, de 4 de octubre, General de Salud Pública. BOE núm. 240, de 5 de octubre de 2015, páginas 104593 a 104626.

Ley 39/2015, de 1 de octubre, del Procedimiento Administrativo Común de las Administraciones Públicas. BOE núm. 236, de 2 de octubre de 2015, páginas 89343 a 89410.

Ley 17/2021, de 15 de diciembre, de modificación del Código Civil, la Ley Hipotecaria y la Ley de Enjuiciamiento Civil, sobre el régimen jurídico de los animales. BOE núm. 300, de 16 de diciembre de 2021, página 154138.

Ley Orgánica 3/2023, de 28 de marzo, de modificación de la Ley Orgánica 10/1995, de 23 de noviembre, del Código Penal, en materia de maltrato animal. BOE núm. 75, de 29 de marzo de 2023, páginas 45611 a 45617.

Ley 7/2023, de 28 de marzo, de protección de los derechos y el bienestar de los animales. BOE núm. 75, de 29 de marzo de 2023, páginas 45618 a 45671.

Real Decreto 126/2013, de 22 de febrero, por el que se aprueban los Estatutos Generales de la Organización Colegial Veterinaria Española. BOE núm. 59, de 9 de marzo de 2013, páginas 18842 a18859.

Real Decreto 50/2024, de 16 de enero, por el que se modifican los Estatutos Generales de la Organización Colegial Veterinaria Española, aprobados por Real Decreto 126/2013, de 22 de febrero. BOE núm. 30, de 3 de febrero de 2024, página 13734.

Real Decreto Legislativo 5/2015, de 30 de octubre, por el que se aprueba el texto refundido de la Ley del Estatuto Básico del Empleado Público. BOE núm. 261, de 31 de octubre de 2015, páginas 103105 a 103159.

Real Decreto 37/2014, de 24 de enero, por el que se regulan aspectos relativos a la protección de los animales en el momento de la matanza. BOE núm. 28, de 1 de febrero de 2014, páginas 7178 a 7183.

Real Decreto Legislativo 1/2015, de 24 de julio, por el que se aprueba el texto refundido de la Ley de garantías y uso racional de los medicamentos y productos sanitarios. BOE núm. 177, de 25 de julio de 2015, páginas 62935 a 63030.

Real Decreto 666/2023, de 18 de julio, por el que se regula la distribución, prescripción, dispensación y uso de medicamentos veterinarios. BOE núm. 172, de 20 de julio de 2023, páginas 104689 a 104735.

Otras referencias

Consejo General de Colegios Veterinarios de España. *Reglamento para el Ejercicio Profesional en Clínica de Animales de Compañía, de 11 de julio de 2015.*

Consejo General de Colegios Veterinarios de España. *Código Deontológico para el Ejercicio de la Profesión Veterinaria, de 15 de diciembre de 2018.*

La esterilización de los animales de compañía: implicaciones en su comportamiento y en su salud

MIGUEL BATISTA ARTEAGA[1]
RAQUEL RODRÍGUEZ TRUJILLO[2]
DESIRÉE ÁLAMO SANTANA[3]
Área de Medicina y Cirugía Animal
Universidad de Las Palmas de Gran Canaria

I. INTRODUCCIÓN

La gonadectomía es una técnica quirúrgica que en muchas ocasiones se recomienda como método de promover la salud de los animales (Romagnoli et al, 2024). Distintos estudios han evaluado el incremento de la longevidad, así como de la salud de los perros castrados frente a los intactos, siendo estos últimos más propensos de tener patologías reproductivas como piometras, patologías prostáticas no tumorales, tumores mamarios y reproductivos, alteraciones relacionadas con la gestación o problemas hormonales asociados a hormonas (Benka et al, 2023; Holmqvist, 2024). Sin embargo, muchos otros estudios y más recientes han identificado otras complicaciones asociadas a la gonadectomía (Hart et al, 2020).

---

1 Catedrático de Universidad

2 Personal Investigador colaborador

3 Personal Investigador colaborador

Aquí es importante tener en cuenta que no todos los animales alcanzan la pubertad a la misma edad, variando entre perros y gatos y además entre los perros dependiendo del tamaño (razas pequeñas y razas gigantes). Por ello, la edad ideal de esterilización estará influenciada dependiendo de distintos factores como: especie, raza, sexo, tamaño de la raza, patologías comunes de la raza, etc. (Hart, 2020; Romagnoli et al, 2024; Joonè et al, 2023).

II. BENEFICIOS DE LA GONADECTOMÍA

2.1. Control de la población

Los perros y los gatos son especies multíparas con tiempos de gestación corto, siendo capaces de tener numerosas camadas a edades tempranas, dado que muchos alcanzan la madurez sexual con tan solo 6 meses de edad. Una de las soluciones más viables para el control de este problema y prevenir la reproducción descontrolada es la gonadectomía (Romagnoli et al, 2024, Vendramini et al, 2020).

2.2. Tumores mamarios

La esterilización temprana ha sido comúnmente reconocida como un método preventivo contra la aparición de neoplasias mamarias (Holmqvist, 2020). A pesar de que la literatura científica no ha confirmado esto de manera definitiva, múltiples estudios sugieren que la esterilización realizada antes de los dos a cinco años puede reducir significativamente el riesgo de tumores malignos. Este riesgo se minimiza aún más si la esterilización ocurre antes del primer celo (Benka et al, 2023; Moxon et al 2023).

Los tumores mamarios representan la neoplasia más común en perras no esterilizadas, con aproximadamente el 50% de estos tumores siendo malignos. Sin embargo, el grado de malignidad varía según la raza y tamaño del animal. Sin embargo, se ha observado que los tumores mamarios al igual que otros tipos de tumores presentan una clara predisposición genética, por lo que la incidencia será mayor en ciertas razas como por ejemplo el Bóxer o el Yorkshire; mientras que otras razas como el San Bernardo a penas se observa (Hart et al, 2020; Moxon et al, 2023). Esto es importante tenerlo en cuenta, dado que a la hora de valorar cuando esterilizar una hembra, será más beneficioso especialmente en aquellas razas más predispuestas.

Un estudio específico que incluyó a 242 hembras de la raza Rottweiler mostró que el riesgo de desarrollar piometra y tumores mamarios está positivamente correlacionado con una mayor exposición a hormonas ováricas (más de 4.3 años); sin embargo, estas hembras también mostraron una mayor longevidad, viviendo en promedio 17 meses más que aquellas con menor exposición hormonal (Joonè et al, 2023). Este hallazgo ha generado debate sobre si la ovariohisterectomía debiera ser promovida como una intervención que aumenta la longevidad, especialmente cuando las enfermedades prevenidas por esta intervención, como el carcinoma mamario y la piometra, presentan un riesgo moderado y bajo de mortalidad tardía, respectivamente. Cabe destacar que este estudio se centró exclusivamente en hembras de la raza Rottweiler, lo que subraya la importancia de la predisposición genética en el desarrollo de ciertas patologías (Joonè et al, 2023).

En gatas, los tumores mamarios también son frecuentes en individuos no castrados, con una incidencia del 50%, siendo el 85-93% de estos tumores son malignos. Además, el 80% de estos casos presentan metástasis al momento del diagnóstico. Sin embargo, se ha observado que la castración antes del primer año de vida puede disminuir el riesgo de desarrollo de tumores mamarios en un 86% en comparación con las hembras que permanecen intactas (Reichler I.M, 2009; Mariana et al, 2023).

2.3. Otros tumores

La castración en machos ayuda a disminuir la aparición de neoplasias testiculares, aunque se estima que menos del 1% de los perros intactos mueren por neoplasias de este tipo. En los gatos ocurre algo similar, siendo raro el desarrollo de neoplasias testiculares y patologías prostáticas. Sin embargo, debido a la baja incidencia de estos tumores, al carácter benigno que suelen presentar y a la baja probabilidad de metástasis, la orquiectomía en edad avanzada puede ser una buena opción terapéutica para estos animales (Oliveira-Martins et al, 2023; Rafalko et al, 2023, Romagnoli et al, 2024).

En general, la aparición de tumores en el tracto genital de perros y gatos castrados es rara. Sin embargo, el leiomioma es el tumor vaginal más frecuente en perras y gatas, especialmente en aquellas intactas, dado que este tipo de tumores son hormono-dependientes. Los tumores vaginales y vulvares representan entre el 2,4% y el 3% de este tipo de tumores (Moxon et al, 2023; Reichler I.M, 2009, Vendramini et al, 2020) .

Por otro lado, los tumores prostáticos, incluido el carcinoma, son más comunes en machos castrados, dado que, aunque no están directamente relacionados con el desarrollo de dicho tumor, sí favorecen la progresión del mismo. Sin embargo, la aparición de este tipo de tumores es del 0,6% en los animales de compañía. Las neoplasias prostáticas, como el adenocarcinoma o el carcinoma de células transicionales, se han observado entre 2,4 y 4,3 veces más frecuentemente en machos castrados que en machos intactos. En gatos, a pesar de ser prácticamente infrecuente la aparición de neoplasias prostáticas, en un estudio de 8 gatos con neoplasia prostática, se observó que 7 de ellos estaban castrados. Hasta el momento, no se ha reportado predisposición genética, por lo que la causa y el motivo de su aparición no están del todo claros (Kustritz R., 2012, Vendramini et al, 2020).

Actualmente, existen otros tratamientos no quirúrgicos muy efectivos, como los implantes, para los machos. Sin embargo, en perros se ha observado que la castración disminuye significativamente la presencia de tumores perianales, dado que estos suelen tener una importante correlación con la presencia de testosterona (Romagnoli et al, 2024).

2.4. Patologías reproductivas

La gonadectomía es un método eficaz para prevenir patologías ováricas y uterinas tanto en perras como en gatas. Ayuda a prevenir la pseudogestación y gestaciones no deseadas, además de patologías como la fibroadenomatosis, galactorrea o mastitis.

La fibroadenomatosis, o hiperplasia mamaria fibroepitelial, afecta principalmente a las gatas y está principalmente influenciada por hormonas, en concreto, los estrógenos. Esto conlleva el desarrollo de tejido mamario no canceroso, pero que suele extenderse, provocando dolor intenso en el animal. La castración disminuye los niveles hormonales y, por tanto, previene la aparición de dicha patología. Las castraciones tempranas (antes del primer celo) se han descrito como beneficiosas para evitar el desarrollo de esta enfermedad (Kustritz R., 2012; Holmqvist, 2024; Oliveira-Martins et al, 2023).

La piometra es una patología común en perras no castradas que consiste en una infección grave del útero, con una prevalencia de aparición del 24-25% en perras de más de 10 años. Aunque también puede darse en gatas, en ellas es menos común debido a su patrón diferente de ovulación. Esta patología representa el 0-17% de la mortalidad en perras y el 8% en gatas (Kustritz R., 2012; Hart et al, 2020).

Otra posible consecuencia son los tumores vaginales, que suelen aparecer por influencia hormonal. Entre ellos, el más común es el uteroleiomioma, un tipo de tumor benigno, pero que puede complicarse debido a su localización o tamaño. Estos tumores son principalmente de origen hormonal, por lo que la castración es el tratamiento de elección (Kustritz R., 2012).

La influencia de las hormonas sexuales, como la progesterona, en la fisiología de las perras es un aspecto importante, especialmente en lo que se refiere al metabolismo de la glucosa y la regulación de la insulina. Durante el embarazo o ciertas fases del ciclo sexual de la perra, la progesterona puede causar alteraciones significativas en estos procesos metabólicos, lo que puede provocar la aparición de patologías como la diabetes mellitus (Kustritz R., 2012).

En cuanto a los machos, las neoplasias testiculares son comunes, representando el 0,9%. Sin embargo, estas neoplasias (neoplasias de Leydig, neoplasias de Sertoli y seminomas) suelen responder bien a la castración. En los gatos machos, no son frecuentes (Kustritz R., 2012).

2.5. Comportamiento

La influencia hormonal puede estar relacionada con modificaciones en la conducta. Por ejemplo, los gatos machos suelen presentar conductas agresivas o de marcaje urinario, lo que puede hacerlos incompatibles para convivir con otros animales o en hogares. Por otro lado, los perros machos tienden a exhibir conductas de monta o dominancia hacia otros animales, personas u objetos inanimados, así como marcaje urinario (Kustritz R., 2012; Oliveira-Martins et al, 2023; Reichler I.M, 2009).

En cuanto a las hembras, tanto en gatas como en perras, la alteración del comportamiento suele estar asociada a la etapa del estro, incluyendo conductas agresivas anormales. Además, en las perras es común la pseudogestación, que conlleva comportamientos maternales, galactorrea, y la adopción de objetos como si fueran crías (Moxon et al, 2023).

III. RIESGOS DE LA GONADECTOMÍA

3.1. Neoplasias

Estudios han identificado y cuantificado un mayor riesgo de desarrollo de ciertos tumores, como linfomas y hemangiosarcomas, en animales castrados en comparación con los animales intactos, tanto en hembras como en machos. Por ejemplo, se ha observado que en razas como el Pastor Australiano, la incidencia de linfomas es más alta en perros castrados. Esto podría estar relacionado con el incremento de la hormona luteinizante (LH) tras la gonadectomía (Hart et al, 2020; Oliveira-Martins et al, 2024; Rafalko et al, 2023).

En perras, el riesgo de desarrollar hemangiosarcoma esplénico aumenta 2.2 veces después de la gonadectomía; mientras que los hemangiosarcomas cardiacos son hasta 5 veces más frecuentes tras la esterilización. En machos, el riesgo de estos tumores se incrementa 2.4 veces después de la castración (Hart et al, 2020; Oliveira-Martins et al, 2024; Rafalko et al, 2023; Vendramini et al, 2020). En gatos, actualmente no se ha reportado un aumento en el riesgo; sin embargo, se han identificado razas con mayor predisposición a desarrollar estas condiciones, incluyendo el Setter inglés, pastor alemán, Golden Retriever, Gran Danés, Labrador Retriever, Pointer y Husky Siberiano (Hart et al, 2024).

La edad en la que se realiza la gonadectomía también se ha asociado con el riesgo de aparición de neoplasias. Se ha observado que animales castrados antes de los 6 meses, entre 7-12 meses o después de 12 meses, presentan distintos grados de desarrollo de ciertas neoplasias, como mastocitomas o linfomas. Las hembras esterilizadas antes de los 12 meses muestran un riesgo mayor de desarrollar tumores, como los hemangiosarcomas mencionados anteriormente, en comparación con aquellas esterilizadas más tarde (Hart et al, 2020; Oliveira-Martins et al, 2024; Rafalko et al, 2023).

3.2. Sistema inmune y endocrino

Algunos órganos como el timo, los linfonodos y el bazo poseen receptores para hormonas esteroideas. La ablación del timo, el órgano donde maduran los linfocitos T, interrumpe el desarrollo de las gónadas y reduce la producción de esteroides. Un estudio reciente en perros ha asociado la castración con compromisos en el sistema inmunitario. Los autores señalan que patologías como hipoadrenocorticismo, anemia hemolítica inmunomediada, dermatitis atópica, hipotiroidismo, enfermedad intestinal inflamatoria y trombocitopenia tienen una mayor prevalencia en perros castrados. Sin embargo, esta relación también debe considerar la obesidad adquirida después de la castración (Kustritz R., 2012; Reichler I.M, 2009, Vendramini et al, 2020).

Las patologías endocrinas, como la diabetes mellitus, también han sido objeto de estudio. En gatos castrados, se ha observado un riesgo de 2 a 9 veces mayor de desarrollar diabetes mellitus, siendo especialmente sensibles los gatos Birmanos. Se sospecha una relación con la disminución de la sensibilidad a la insulina, aunque la obesidad es también un factor que puede reducir esta sensibilidad (Kustritz R., 2012; Reichler I.M, 2009).

Por otro lado, el hipotiroidismo se ha reportado en perros castrados, ya que la gonadectomía se asocia con un incremento persistente de la concentración sanguínea de gonadotropinas.

Estas comparten configuración molecular con la TSH tanto en la cadena proteica como en procesos de glicólisis (Kustritz R., 2012; Reichler, 2009).

Aunque se requieren más estudios, también se ha observado que la castración afecta la respuesta inmunitaria a las vacunas. Esto se debe a la reducción de los niveles de estrógenos y testosterona, que normalmente regulan la inmunidad activa (Kustritz R., 2012; Reichler I.M, 2009, Vendramini et al, 2020).

3.3. Otras patologías (dermatológicas y reproductivas)

La incidencia de la vulva retraída, la dermatitis perivulvar y la vaginitis es mayor en perras castradas que en intactas, siendo incluso mayor cuando la esterilización se realiza en edades jóvenes (Kustritz R., 2012).

En relación con la hipoplasia o retracción vulvar, se ha observado que la esterilización de perras a edades muy tempranas, es decir, antes de alcanzar la madurez sexual, puede contribuir a un desarrollo incompleto de la vulva. Esta condición puede, a su vez, favorecer la aparición de vaginitis y dermatitis perivulvar, ya que la vulva ofrece menor protección y queda más expuesta a irritantes y patógenos (Rota et al, 2020; Golińska et al, 2021).

En cuanto a la vaginitis, los estrógenos desempeñan un papel crucial en el mantenimiento de la salud y la integridad del tracto reproductivo de las perras. Estas hormonas promueven la maduración de las células epiteliales, contribuyendo así a formar una barrera protectora contra infecciones. Además, los estrógenos son responsables de mantener el pH vaginal naturalmente ligeramente ácido, lo cual ayuda a prevenir el crecimiento excesivo de bacterias y levaduras patógenas. Sin embargo, tras la esterilización se produce una reducción significativa de las hormonas sexuales, incluidos los estrógenos, lo que contribuye al desarrollo de vaginitis. Esto se debe a una disminución en el espesor del epitelio vaginal, resultando en un tejido más delgado y menos resistente que facilita la colonización de patógenos. Además, la alteración del pH vaginal hacia una mayor alcalinidad favorece el crecimiento de bacterias y levaduras, alterando así la flora microbiológica normal (Rota et al, 2020; Golińska et al, 2021).

La dermatitis perivulvar, que implica la inflamación de la piel alrededor de la vulva, puede ser otra consecuencia de la esterilización en perras. La disminución de estrógenos provoca que la piel se vuelva más fina, frágil y menos elástica, haciéndola más susceptible a irritaciones y lesiones. Además, los cambios anatómicos como la retracción vulvar crean pliegues o arrugas que favorecen la acumulación de humedad y oscuridad, condiciones ideales para la proliferación de bacterias y hongos. Otros factores, como la alteración de la flora bacteriana y la predisposición a la incontinencia urinaria, pueden complicar aún más este cuadro clínico (Kustritz R., 2020; Palerme et al, 2021).

Se ha observado también un incremento de los mastocitos cutáneos en hembras castradas, aunque se desconoce la causa y la relación con la influencia hormonal (Kustritz R., 2012).

3.4. Patologías del sistema esquelético

En el ámbito del sistema esquelético, se ha notado una prevalencia más alta de osteosarcomas en razas de tamaño grande o gigante, donde la disrupción en la maduración de los osteoblastos puede ser un factor contribuyente. Aunque la incidencia general es del 0,2%, tras la gonadectomía, el riesgo aumenta al 1,3-2%. Esta predisposición es notable en animales esterilizados de razas como el Pastor Alemán, Pastor Australiano, Dobermann, Gran Danés, San Bernardo e Irish Wolfhound (Vendramini et al, 2020; Reichler, 2009).

En particular, en la raza Rottweiler, el riesgo de desarrollar este tipo de neoplasias es 1,4 veces mayor en machos y 1,9 veces en hembras, especialmente si la esterilización ocurre antes del primer celo. Otras razas afectadas incluyen el Basset Hound, Galgo Afgano, Borzoi y Bloodhound, aunque en estos casos, solo se observó una relación en hembras, no en machos. Se cree que esto podría estar relacionado con la influencia de los estrógenos en la diferenciación normal de los osteoblastos (Reichler, 2009; Kustritz, 2012; Low, 2024; Kerchaert, 2024).

Por otro lado, el desarrollo del esqueleto está regulado por hormonas esteroideas, responsables del cierre de las líneas de crecimiento, especialmente en los huesos largos. La esterilización antes del cierre de estas líneas puede favorecer problemas en el crecimiento de estos huesos y contribuir a patologías articulares. Estudios indican que la gonadectomía temprana puede estar relacionada con la rotura del ligamento cruzado craneal, debido a una proliferación excesiva de células óseas y el consecuente elongamiento anormal del hueso (Low, 2024; Hart et al, 2020). Esto es particularmente común en perras esterilizadas antes del año, aunque en machos la correlación no es tan evidente. En razas como el pastor alemán, se observa que problemas articulares son frecuentes independientemente del estado reproductivo, pero son más pronunciados en aquellos castrados tempranamente (Kerckaert, 2024).

En cuanto a la displasia de cadera, se ha observado un riesgo aumentado en perros castrados comparado con perros intactos. En razas como el boxer, la probabilidad de desarrollar displasia de cadera tras la castración es 1,5 veces mayor. Razas propensas a esta condición incluyen el English setter, pastor alemán, Golden retriever, labrador retriever, Samoyedo y San Bernardo. Se sugiere que la activación continua de receptores de LH en estas articulaciones puede incrementar la laxitud articular, favoreciendo la inestabilidad (Reichler I.M, 2009; Kerckaert, 2024).

En razas de tamaño pequeño, como el teckel, se ha observado una predisposición a la enfermedad del disco intervertebral en machos castrados, aunque la luxación patelar no parece estar correlacionada con la castración en ninguna de las dos sexos (Doeven et al, 2024).

Es importante destacar que la obesidad, más común en animales castrados que en intactos, contribuye significativamente a la rotura de ligamentos y a la displasia de cadera (Benka et al, 2023).

3.5. Comportamiento

Otro aspecto importante es la influencia de la esterilización en el comportamiento animal, especialmente en comportamientos sexualmente dismórficos como la agresividad. Es común observar en hembras, durante el estro, un incremento de la agresión hacia otras hembras o machos que cohabitan en el mismo espacio (Moxon et al, 2023; Kustritz R., 2012).

Estudios sobre las agresiones han asociado las hormonas con cambios en el comportamiento, destacando que los animales castrados pueden presentar una mayor agresividad en comparación con los no castrados, siendo este fenómeno particularmente notable en ciertas razas. Se ha observado que, en perros castrados entre los 7 y 12 meses de edad, aproximadamente el 26% muestra comportamientos agresivos hacia personas desconocidas (Kustritz R., 2012; Reichler M.A, 2009; Vendramini et al, 2020).

Además de la agresividad, la gonadectomía prepuberal también se ha relacionado con otros problemas de comportamiento como la ansiedad por separación, desconfianza, miedo a tormentas, miedo a ruidos fuertes, timidez, excitabilidad, orina por sumisión y reactividad ofensiva. En particular, en hembras esterilizadas antes de los 6 meses de edad, se ha observado una intensificación de estos comportamientos (Lucas D.X, 2021).

3.6. Obesidad

La gonadectomía se ha asociado con un aumento en la ganancia de peso y la incidencia de obesidad en animales. Diversos estudios han demostrado que, tras la gonadectomía, existe un incremento en la ingesta de alimentos y, consecuentemente, en el peso corporal. Los andrógenos, siendo hormonas anabólicas, pueden provocar un aumento en la ingesta de alimentos y en la acumulación de tejido magro, mientras que los estrógenos, hormonas catabólicas, tienden a reducir la ingesta de alimentos y limitar la ganancia de peso. Se ha observado que las perras no castradas alimentadas ad libitum consumen menos comida durante el estro, lo cual sugiere una influencia directa del ciclo estral y los efectos del estradiol (Kustritz R., 2012; Reichler M.A, 2009; Vendramini et al, 2020; Oliveira-Martins et al, 2023) .

Posterior a la esterilización, se ha registrado que las perras tienen 1.6 veces más riesgo de desarrollar obesidad y 1.2 veces más probabilidad de sobrepeso en comparación con las perras no esterilizadas. Sin embargo, la asociación entre la ganancia de peso y la esterilización es más notable en los machos que en las hembras (Hart et al, 2020; Kustritz R. , 2012; Vendramini et al, 2020). Aunque en las hembras la probabilidad de ganar peso aumenta con la edad, independientemente de su estado de castración, en los machos se ha identificado una correlación clara entre los niveles reducidos de testosterona y una disminución del índice metabólico. En los gatos, por otro lado, se ha observado un aumento notable en la ingesta de alimentos post-gonadectomía (Hart et al, 2020).

El incremento en la ingesta de alimentos ocurre de manera rápida, iniciando tan solo tres días después de la gonadectomía, debido a la eliminación de las hormonas reproductivas. Aún no se ha determinado cómo varía la concentración de estas hormonas en el plasma ni cómo estas modificaciones influyen en el comportamiento alimenticio (Hart et al, 2020; Kustritz R., 2012;

Reichler I.M, 2009). Es importante destacar que esta tendencia no es uniforme en todas las razas y edades, y puede verse afectada por factores como la actividad física, la dieta, etc.

3.7. Incontinencia urinaria

Existe una incontinencia urinaria asociada a hormonas que puede suceder desde 3 a 10 años después de la cirugía, cuya etiopatogenia aún se desconoce. Se sospecha que está relacionada con los cambios hormonales que afectan al tono muscular del esfínter uretral. Al disminuir los estrógenos, la capacidad del esfínter para retener la orina es menor; por lo tanto, esta hormona juega un papel importante en el mantenimiento de la tonicidad y la función del esfínter uretral (Pegram et al, 2024). La probabilidad de aparición es mayor en hembras esterilizadas que en machos, lo que podría estar relacionado con los efectos de la ausencia de estrógenos y el incremento de la LH, efectos normales tras la castración (Reichler I.M, 2009; Kustritz R., 2012).

Se ha observado que este problema es mayor cuando la esterilización se realiza a una edad temprana, especialmente antes de los 3 meses o, en general, antes del primer celo. La incidencia es del 0.3% en hembras no castradas; mientras que en hembras esterilizadas, aumenta a entre el 3% y el 20%. Además, se ha observado predisposición racial, con mayor incidencia en razas como Schnauzer, Boxer, Rottweiler, Pastor Alemán, Dóberman y Bobtail; también se ha notado una influencia en función del peso del animal, siendo el riesgo mayor en hembras con un peso igual o superior a 15 kg (Romagnoli et al, 2024; Kustritz R., 2012; Reichler, 2009).

Por otro lado, la obesidad puede también favorecer este problema, dado que el exceso de peso ejerce presión sobre la vejiga y los órganos circundantes, lo que incrementa la incontinencia (Benka et al, 2023; Hart et al, 2020).

3.8. Alteraciones neurológicas

La castración puede influir en el desarrollo y progresión del síndrome de disfunción cognitiva, un trastorno neurodegenerativo que se observa en perros senior, afectando especialmente a las hembras castradas. Se sabe que uno de los efectos de las hormonas esteroideas incluye impactos genómicos que pueden afectar la producción de proteínas cruciales para el mantenimiento y la función neuronal; y efectos no genómicos que interactúan con receptores en las membranas celulares encargados de activar cascadas de señalización intracelular. Estas señales pueden provocar alteraciones rápidas de la función neuronal, afectando la excitabilidad neuronal y la liberación de neurotransmisores (Lucas D.X, 2021).

Por otro lado, se relaciona a los estrógenos con un efecto protector a nivel cerebral, especialmente en relación con el envejecimiento y las enfermedades neurodegenerativas. Entre otros efectos, se encuentra la protección neuronal, que incluye el aumento en la supervivencia de las neuronas y el crecimiento de las dendritas y los axones, lo cual ayuda a mantener la función cognitiva a medida que el animal envejece. Por ello, hay estudios que indican que los estrógenos pueden tener un efecto protector en el desarrollo del síndrome de disfunción cognitiva. Sin embargo, se necesitan más investigaciones al respecto (Kutzler M.A, 2020).

En cuanto a la epilepsia, los esteroides sexuales están implicados en la modulación de los umbrales de las convulsiones, pero actualmente no se define una relación directa. Algunos estudios describen que la castración mejora la duración y frecuencia de los episodios, aunque otros apuntan lo contrario. Se sospecha que las variaciones hormonales, especialmente de los estrógenos, podrían aumentar la excitabilidad neuronal y potenciar la aparición de convulsiones (Lucas D.X, 2021; Kutzler M.A, 2020).

A pesar de que existen estudios que han observado cómo afectan estas hormonas al sistema neurológico, se requieren más líneas de investigación para conocer todos los efectos de las hormonas en este sistema (Lucas D.X, 2021).

3.9. Patologías del tracto urinario inferior

Numerosos estudios han descrito una correlación entre la castración y la disminución del diámetro uretral, lo cual favorece la aparición de obstrucciones en el tracto urinario, especialmente en gatos machos (Kustritz R., 2012).

El balanoprepucio es una membrana que conecta el pene con la mucosa prepucial durante el desarrollo embrionario, cuya formación depende de los andrógenos. Esta membrana desaparece progresivamente a medida que aumentan los niveles de testosterona, un proceso que en el gato macho suele ocurrir entre los 12 y 22 meses de edad. La castración temprana (por ejemplo, antes de los 7 meses) puede dificultar la exteriorización del pene, ya que el desarrollo de la uretra también se ve afectado, presentando un diámetro menor y, por tanto, más estrecho, lo que incrementa la probabilidad de obstrucción. Además, tras la castración es común observar cambios en la composición de la orina, lo que podría favorecer la formación de cristales o cálculos urinarios (Kustritz R., 2012).

En cuanto a los perros, se ha observado que aquellos castrados antes de los 7 meses de edad presentan un menor diámetro del pene, una reducción del tamaño testicular y una menor radiodensidad ósea. Además, el desarrollo del prepucio es inmaduro en comparación con aquellos castrados después de los 7 meses. Esto también podría influir en la aparición de obstrucciones, aunque no está tan documentado como en los gatos machos (Kustritz R., 2012).

III. CONCLUSIONES

La decisión sobre la gonadectomía debe tomarse con precaución, evaluando siempre de forma individual cada animal, atendiendo a su raza, peso, edad, etc. Para aquellos propietarios responsables, la recomendación sería mantener a los machos intactos, especialmente en aquellas razas donde existe un mayor riesgo de patologías postquirúrgicas.

Sin embargo, es importante educar a los propietarios sobre la realización de controles regulares, especialmente en aquellos animales no castrados. En estos controles se deben realizar exámenes de las cadenas mamarias para descartar la presencia de tumores, ecografías uterinas a cierta edad para controlar posibles piometras, y ecografías prostáticas y testiculares.

Se debería evitar la castración en animales pediátricos, tanto hembras como machos, dado que puede favorecer la aparición de patologías como las descritas. Actualmente, existen países donde la castración quirúrgica ha sido prohibida, utilizándose alternativas como los implantes de GnRH como métodos de castración no quirúrgica. Otra opción puede ser la vasectomía en lugar de la orquiectomía, como alternativa para tutores responsables que realicen exámenes anuales y así prevengan la aparición de patologías.

La decisión de castrar o esterilizar debe basarse siempre de manera individual para cada animal, valorando tanto la salud de este como las preferencias del tutor. El veterinario juega un papel crucial en esta decisión y debe asesorar a los tutores, informando sobre los beneficios y los riesgos asociados con la gonadectomía.

BIBLIOGRAFÍA

Benka, V. A., Scarlett, J. M., Sahrmann, J., Rieke, K., Briggs, J. R., Ruple, A., ... & Romagnoli, S. (2023). Age at gonadectomy, sex, and breed size affect risk of canine overweight and obese outcomes: a retrospective cohort study using data from United States primary care veterinary clinics. Journal of the American Veterinary Medical Association, 261(9), 1316-1325.

DeForge, T. L., Momen, M., Conidi, G., Muir, P., & Sample, S. J. (2024). Age of neutering contributes to risk of cruciate ligament rupture in Labrador Retrievers. Journal of the American Veterinary Medical Association, 1(aop), 1-5.

Doeven, L., Cardy, T., & Crawford, A. H. (2024). Investigation of neutering status and age of neutering in female Dachshunds with thoracolumbar intervertebral disc extrusion. Journal of Small Animal Practice.

Golińska, E., Sowińska, N., Tomusiak-Plebanek, A., Szydło, M., Witka, N., Lenarczyk, J., & Strus, M. (2021). The vaginal microflora changes in various stages of the estrous cycle of healthy female dogs and the ones with genital tract infections. BMC veterinary research, 17, 1-8.

Hart, B. L., Hart, L. A., Thigpen, A. P., & Willits, N. H. (2020). Assisting decision-making on age of neutering for 35 breeds of dogs: associated joint disorders, cancers, and urinary incontinence. Frontiers in Veterinary Science, 7, 548304

Hart, B. L., Hart, L. A., Thigpen, A. P., & Willits, N. H. (2020). Assisting decision-making on age of neutering for mixed breed dogs of five weight categories: associated joint disorders and cancers. Frontiers in veterinary science, 7, 548924.

Holmqvist, H. (2024). Retrospective study of risk factors and prognostic markers in canine mammary gland tumours.

Kerckaert, N. (2024). Gonadectomy as a risk factor for the development of orthopedic disorders in female dogs (Doctoral dissertation, Ghent University).

Kustritz, R. (2012). Effects of surgical sterilization on canine and feline health and on society. Reproduction in domestic animals= Zuchthygiene, 47, 214-222.

Low, D. (2024). Does early gonadectomy increase the risk of cranial cruciate ligament disease in female dogs? Veterinary Evidence, 9(2).

Lucas, D. X. (2021) ReproNEWS. Diponible en: https://vet-es.virbac.com/files/live/sites/virbac-b2b-es/files/recursos-material-promocional/Folletos%20AC/Repronews%20num%2004.pdf

Moxon, R., Freeman, S. L., Payne, R., Corr, S., & England, G. C. (2023). Effect of neutering timing in relation to puberty on female dog behaviour—A scoping review. Veterinary Record, 193(1), no-no.

Moxon, R., Freeman, S. L., Payne, R., Godfrey-Hunt, J., Corr, S., & England, G. C. (2023). A Prospective Cohort Study Investigating the Impact of Neutering Bitches Prepubertally or Post-Pubertally on Physical Development. Animals, 13(9), 1431.

Oliveira-Martins, M., Portugal, M., Cardoso, L., & Martins-Bessa, A. (2023). The Impact of Pediatric Neutering in Dogs and Cats—A Retrospective Study. Animals, 13(15), 2487

Palerme, J. S., Zellner, E., Leonard, S., Viall, A. K., & Berger, D. J. (2021). Characterization of recessed vulvas in dogs. Journal of the American Veterinary Medical Association, 259(7), 744-748.

Pegram, C., Diaz-Ordaz, K., Brodbelt, D. C., Chang, Y. M., Hall, J. L., Church, D. B., & O'Neill, D. G. (2024). Later-age neutering causes lower risk of early-onset urinary incontinence than early neutering–a VetCompass target trial emulation study. Plos one, 19(7), e0305526.

Joonè, C. J., & Konovalov, D. A. (2023). The effect of neuter status on longevity in the Rottweiler dog. Scientific Reports, 13(1), 17845.

Rafalko, J. M., Kruglyak, K. M., McCleary-Wheeler, A. L., Goyal, V., Phelps-Dunn, A., Wong, L. K., ... & Flory, A. (2023). Age at cancer diagnosis by breed, weight, sex, and cancer type in a cohort of more than 3,000 dogs: Determining the optimal age to initiate cancer screening in canine patients. PLoS One, 18(2), e0280795.

Reichler, I. M. (2009). Gonadectomy in cats and dogs: a review of risks and benefits. Reproduction in Domestic Animals, 44, 29-35.

Romagnoli, S., Krekeler, N., de Cramer, K., Kutzler, M., McCarthy, R., & Schaefer-Somi, S. (2024). WSAVA guidelines for the control of reproduction in dogs and cats. The Journal of Small Animal Practice.

Rota, A., Corrò, M., Patuzzi, I., Milani, C., Masia, S., Mastrorilli, E., ... & Losasso, C. (2020). Effect of sterilization on the canine vaginal microbiota: a pilot study. BMC veterinary research, 16, 1-10.

Vendramini, T. H., Amaral, A. R., Pedrinelli, V., Zafalon, R. V., Rodrigues, R. B., & Brunetto, M. A. (2020). Neutering in dogs and cats: current scientific evidence and importance of adequate nutritional management. *Nutrition research reviews, 33*(1), 134-144.

La eutanasia: cómo y cuándo aplicarla con dignidad

MANUEL LUIS ZUMBADO PEÑA[1]
BEATRIZ MARTÍN CRUZ[2]
OCTAVIO PÉREZ LUZARDO[3]
MARÍA DEL MAR TRAVIESO AJA[4]

I. INTRODUCCIÓN

1.1. Definición del término eutanasia en animales

El término "*Eutanasia*" es una palabra que tiene su origen en la palabra latina "*euthanasia*" que a su vez deriva de la griega "*εὐθανασία*" resultado de la conjunción de las palabras "*ευ*" (*eu*) y "*Θάνατος*" (*thanatos*) y cuyo significado literal sería "*buena muerte*".

1 Profesor Titular de Universidad. Área de Toxicología, Veterinaria Legal y Deontología, Departamento de Ciencias Clínicas, Facultad de Veterinaria. Universidad de Las Palmas de Gran Canaria

2 Personal Investigador en Formación. Área de Toxicología, Veterinaria Legal y Deontología, Departamento de Ciencias Clínicas, Facultad de Veterinaria. Universidad de Las Palmas de Gran Canaria

3 Catedrático de Universidad. Área de Toxicología, Veterinaria Legal y Deontología, Departamento de Ciencias Clínicas, Facultad de Veterinaria. Universidad de Las Palmas de Gran Canaria

4 Profesora Contratada Doctora. Área de Radiología y Medicina Física, Departamento de Ciencias Clínicas, Facultad de Ciencias de la Salud, Universidad de Las Palmas de Gran Canaria

En este contexto, sus objetivos se cumplirían cuando la muerte se induce sin causar dolor o angustia al animal. Pero la aplicación de este término tiene su controversia cuando se trata de animales, debido a las connotaciones éticas y morales que conlleva, así como la discusión de si por estas controversias debiera seguir llamándose a este hecho con el término "*sacrificio*" tal y como se ha empleado hasta fechas recientes.

En cuanto al primer apartado, la *Ley Orgánica 3/2021* de regulación de la eutanasia describe esta como "*el acto deliberado de dar fin a la vida de una persona, producido por voluntad expresa de la propia persona y con el objeto de evitar un sufrimiento*" (*Ley Orgánica 3/2021, p. 34037*), cosa que chocaría frontalmente con su consideración en la medicina veterinaria.

En concreto, la Asociación de Veterinarios Especialistas en Pequeños Animales (AVEPA) nos indica, desde el punto de vista veterinario, que la eutanasia es el hecho de realizar "*un acto clínico, efectuado por personal especializado, consistente en provocar la muerte del animal de la mejor forma posible, es decir, sin dolor ni angustia, en aras de evitarle un sufrimiento grande que de forma segura le espera si se alarga su vida*" (*AVEPA, 2004, p. 7*), indicando que "*Muchos argumentarán además, y no sin falta de razón, que el término "eutanasia", que significa buena muerte en griego, supone una contradicción en sus términos cuando se aplica a un animal, dado que el bien es un objeto de deseo de una voluntad (si un bien moral es impuesto, ni es bien ni mucho menos moral), y no existe tal libertad de querer en el caso del animal*" (*AVEPA, 2004, p. 6*).

Por tanto, estaríamos ante una doble concepción del fin buscado donde la voluntad solo prima en el caso de los humanos y no en el de los animales, donde la eutanasia sería fundamentalmente activa (directa) y no voluntaria (*Catinelli y Muggia, 2016*). El hecho de definirla así da lugar a la necesidad de definir eutanasia pasiva (no adopción de tratamientos tendentes a prolongar la vida y la interrupción de los ya instaurados conforme a la *lex artis*), o las que pudieran considerarse como eutanasia activa indirecta (utilización de fármacos o medios terapéuticos que alivian el sufrimiento físico o psíquico aunque aceleren la muerte del paciente - cuidados paliativos -) (*Ley Orgánica 3/2021, p. 34038*), forma esta última también descrita en veterinaria como "*desistimiento terapéutico*" (*Catinelli y Muggia, 2016*). Sería interesante una discusión sobre estos últimos apartados, pero excedería con mucho lo que se pretende describir en este capítulo.

Siguiendo con la terminología, el concepto de eutanasia, de hecho, ni siquiera es recogido por la normativa europea en vigor relacionada directamente con el sacrificio de animales (*Reglamento (CE) nº 1099/2009 del Consejo*), fundamentalmente de producción, donde habla genéricamente de "*Matanza*" para definir "*todo proceso inducido deliberadamente que cause la muerte de un animal*" definiendo de forma diferenciada el término "*Sacrificio*" como "*matanza de animales destinada al consumo humano*".

Sin embargo, el término eutanasia aparece en una publicación oficial donde se describe como "*matanza aplicando los métodos autorizados en el anexo 1 del Reglamento (CE) nº 1099/2009, de 24 de septiembre, relativo a la protección de los animales en el momento de la matanza, de un animal herido o afectado por una enfermedad que conlleve un intenso dolor o sufrimiento cuando no exista otra posibilidad práctica de aliviarlos, o represente un problema para la sanidad animal o salud pública*" (*Ministerio de Agricultura, Pesca y Alimentación, 2020, p. 5*), definición que casaría realmente con la denominada "*Matanza de urgencia*" que aparece en la nombrada normativa europea.

Al hilo de esta discusión sobre términos, hay un aspecto importante a destacar y es que mientras que en la realización de la eutanasia siempre se vislumbra la presencia veterinaria, en el caso del sacrificio según normativa vigente (*R1099/2009*) solo se necesita personal competente para los distintos procesos. Es por ello que nos adherimos a la opinión: "*Rechazamos pues la palabra sacrificar porque ésta no conlleva la mediación de un técnico.*

La eutanasia la tiene que efectuar un veterinario precisamente porque sólo él, dados sus conocimientos, puede garantizar lo que es prioritario siempre, el bienestar animal, también en el proceso de morir, por paradójico que pueda parecer. El mero hecho de sacrificar al animal no garantiza que la muerte provocada haya sido, en el proceso de morir, apacible, buena, indolora, tranquila" (*AVEPA, 2004, p. 6*).

1.2. El profesional veterinario frente a la eutanasia

Si bien el profesional debería aplicar la ley sin ningún tipo de miramientos, es verdad que el tema que tratamos suscita muchas veces conflictos éticos y morales que no son sencillos de dilucidar. Mientras que en la medicina humana el espacio a la duda se restringe bastante y las decisiones se toman de forma colegiada y tras distintos pasos bien detallados (*Ley Orgánica 3/2021*), en la práctica veterinaria, el facultativo se encuentra muchas veces en una situación donde debe decidir en soledad, contando solo con la presencia del propietario que a veces sirve de ayuda pero muchas veces deja la decisión en manos del profesional (aunque su aquiescencia es obligatoria), lo que provoca en el mismo un contrasentido claro a la hora de preguntarse si la muerte del animal es beneficiosa o no para el mismo.

Esto último se puede entender si observamos lo descrito por distintos autores entre los que destacamos: Morgan y McDonald (2007), Ashall (2018), Kipperman *et al.* (2018) o Bubeck (2023), en relación al dilema ético que plantea la eutanasia, incluyendo la justificación propia del profesional, y su relación con el cliente; Shaw y Lagoni (2007) o Deelen et *al.* (2023) sobre cómo tomar decisiones o comunicar las malas noticias; mientras que Conney (2020) nos ofrece una perspectiva histórica sobre cómo ha evolucionado el tema desde el punto de vista profesional.

Cabe destacar que según Rollin (2006), un 20% de los supuestos de realización de una eutanasia que se encuentra el profesional, se dan por motivos de conveniencia mientras que un 10% de los clientes se niegan a su realización, aunque esté aconsejada por el técnico.

Todo ello hace que entender la eutanasia animal solo desde un punto de vista normativo, plantee muchas veces situaciones que son complicadas de resolver por parte del profesional.

II. LA EUTANASIA EN LA NORMATIVA LEGAL

2.1. Antecedentes en la normativa nacional y comunitaria

Haciendo un recorrido por la normativa nacional, no encontramos ninguna referencia al tema hasta 1976, cuando el Ministerio de la Gobernación emite la Orden del 14 de julio de dicho año, donde se habla del sacrificio de perros recogidos por los servicios municipales tras un periodo de espera de 3 días sin que aparezca su posible dueño.

Vemos que se habla de sacrificio, pero no se mencionan ni los métodos a utilizar ni quién sería el encargado de realizarlo.

No es hasta el año 1987, en que el *Convenio Europeo sobre protección de animales de compañía*, recoge en su *Artículo 11* un apartado dedicado al sacrificio, donde se detallan brevemente los aspectos más importantes de la realización de este, así como las técnicas prohibidas. Es de resaltar la frase "*Todo sacrificio deberá efectuarse con los menores sufrimientos físicos y psíquicos posibles, habida cuenta de las circunstancias*", lo que da un punto de partida para posteriores desarrollos normativos.

Siguiendo en el tiempo, no es hasta un año después en que aparece reflejado en una norma el hecho del sacrificio, en concreto en el *Real Decreto 223/1988*, donde en relación a los animales de experimentación en el *Artículo 3 l)* se habla de "*Sacrificio por métodos humanitarios*", no concretando ni métodos ni otras consideraciones.

A partir de este momento encontramos una cascada de normativas tanto a nivel nacional (incluyendo autonómicas) como europeas, donde se tratan con mayor o menor amplitud el tema que nos ocupa, tratando en este apartado aquellas que a día de hoy no están en vigor, pero aportaron aspectos que merecen ser comentados.

Las referencias más antiguas de las que disponemos y que abordan el tema de manera concreta son la *Ley 7/1990 de Castilla y La Mancha* y la *Ley 10/1990 de Murcia.* La primera de ellas recoge en los *Artículos 2.3 y 6* las condiciones para el sacrificio de animales domésticos no haciendo inicialmente distinciones entre los de producción y compañía. En cuanto a la segunda habla de ello en sus *Artículos 8.3 y 19,* incluyendo como dato a tener en cuenta la obligatoriedad de ser un veterinario el que lo realice y también deja abierta una puerta a que la autoridad administrativa regule los métodos a utilizar.

De igual forma, aunque sin tanta concreción, la *Ley 6/1993 del País Vasco* y la *Ley 4/1994 de la Comunidad Valenciana,* tratan sobre el tema del sacrificio (en la primera de ellas no distingue al igual que *Castilla y La Mancha* entre producción y compañía) donde lo más destacable es la obligatoriedad de la figura del veterinario como garante del procedimiento, así como, en el caso de la segunda, con "*un método que garantice la ausencia de sufrimiento para el animal*". Es de destacar que ambas hablan de un desarrollo reglamentario sobre los métodos a utilizar, cosa que veremos si se ha producido cuando estudiemos las normativas actuales de dichos territorios.

Resumiendo, pocas normas trataban de la eutanasia como tal y como veremos en adelante, la mayoría de las vigentes en muchos casos no dejan claro en qué momentos y circunstancias se pueden aplicar ni cuáles serían los métodos más "*humanitarios*" así como aquellos que están prohibidos.

2.2. Normativa legal en vigor

2.2.1. Nacional

En este apartado claramente destaca la *Ley 7/2023 de 28 de marzo, de protección de los derechos y el bienestar de los animales,* de reciente implantación. La misma habla de la eutanasia en el *Artículo 3 z),* dando la definición de: "*muerte provocada a un animal por medio de valoración e intervención veterinaria y métodos clínicos no crueles e indoloros, con el objetivo de evitarle un sufrimiento inútil que es consecuencia de un padecimiento severo y continuado sin posibilidad de cura, certificado por veterinarios*", donde deja claro el cómo, cuándo y por quién debe aplicarse la misma.

Abunda en el tema en el *Artículo 27 a),* en su párrafo segundo donde refiere que: "*La eutanasia solamente estará justificada bajo criterio y control veterinario con el único fin de evitar el sufrimiento por causas no recuperables que comprometa seriamente la calidad de vida del animal y que como tal ha de ser acreditado y certificado por profesional veterinario colegiado. El procedimiento de eutanasia se realizará por personal veterinario colegiado o perteneciente a alguna Administración Pública con métodos que garanticen la condición humanitaria, admitidos por las disposiciones legales aplicables*". Esto último, quedaría a criterio de la normativa autonómica si la hubiera o bien a la espera del desarrollo reglamentario correspondiente, que a día de hoy está en desarrollo y elaboración.

Aquí la norma es precisa, y delega prácticamente en el profesional la posibilidad de practicar la eutanasia, según su criterio profesional y evitando en todo momento la posibilidad de realizar la misma por otras razones espurias.

Sin embargo, en una respuesta dada con fecha 02/10/2023 por la *Dirección General de Derechos de los Animales* a una pregunta de la *Organización Colegial Veterinaria,* se dice en el escrito que a la hora de certificar un informe veterinario de eutanasia: "*En segundo lugar, el supuesto quizás más complejo que se refiere a aquellas situaciones en las que el animal sufre una enfermedad con posibilidad de tratamiento desde un punto de vista sanitario, pero sin que los dueños tengan posibilidad de tratarla o accedan a ello, de tal forma que ello comprometa seriamente su calidad de vida y que aboque al animal a un sufrimiento prolongado en el tiempo incompatible con la dignidad que debe tener todo ser sintiente. En este caso, sugeriríamos hacer constar en la certificación por parte del profesional que: 'el animal presenta una patología que compromete gravemente su calidad de vida, en ausencia de disponibilidad de los medios necesarios (tales como los económicos, la naturaleza no manejable del animal, la incapacidad física del titular para atender las necesidades del animal, distancias geográficas incompatibles con tratamientos crónicos, etc.) para su control por parte de su titular, abocando al animal a un sufrimiento prolongado incompatible con la dignidad que se debe procurar en nuestra convivencia con cualquier ser sintiente'*", cosa que ha merecido la reprobación por escrito de la organización de abogados INTERcids por considerarla "*contra legem*" a lo recogido en el *Artículo 27 a)* de dicha normativa (*González Lacabex, 2023*).

Dentro de la normativa nacional, en un apartado distinto, nos encontramos con el *Real Decreto 53/2013,* transposición más o menos fidedigna de la *Directiva 63/2010 (modificada por la Directiva Delegada 2024/1262),* sobre la protección de los animales de experimentación. En el RD, en concreto en sus *Artículos 3 d), 7, 15 y 28,* así como en el *Anexo III,* se habla de lo que se entiende por eutanasia, los métodos (que se desarrollan en el anexo mencionado con los aceptables según la especie), así como la capacitación del personal o cuándo se debe de realizar. Esto hace que en estos casos sea un aspecto muy regulado y por tanto con suficientes argumentos para realizar el procedimiento en condiciones dignas para los animales.

2.2.2. Autonómicas

En este apartado, hay que resaltar que a día de hoy conviven normas, sobre todo de protección animal, de las llamadas de 1ª Generación junto a otras que han sido actualizadas recientemente y que por tanto presentan más información sobre el tema que nos atañe.

En cuanto a las primeras y por orden de "*antigüedad*" podemos nombrar las que todavía están vigentes del pasado siglo XX como la *Ley 8/1991 de Canarias*, la *Ley 3/1992 de Cantabria*, la *Ley 1/1992 de las Islas Baleares* (modificada en algunos apartados por la *Ley 9/2017*), o la *Ley 5/1997 de Castilla y León*.

Estas 4 normativas hablan de sacrificio (la normativa canaria alude en un punto a sacrificio eutanásico), dando por entendido o anotándolo en algunos casos que se debe realizar por métodos indoloros (ninguno los cita y solo en algún caso habla de desarrollo de nueva normativa para este aspecto) y por personal especializado (algunas citan a los veterinarios, pero otras no).

Como vemos casi no se producen avances significativos, sobre todo porque no se detallan condiciones para realizar un acto médico-veterinario tan delicado.

A este grupo de normativas iniciales, le sigue un lote entre las que se encontrarían la *Ley 5/2002 de Extremadura*, la *Ley 13/2002 de Asturias*, la *Ley 11/2003 de Aragón*, la *Ley 11/2003 de Andalucía* y el *Decreto Legislativo 2/2008 de Cataluña*. Aquí ya encontramos diferencias significativas que comentamos a continuación.

En casi todas se sigue utilizando el término sacrificio, salvo una anotación muy breve como "*sacrificar eutanásicamente*" encontrada en la normativa aragonesa, si bien en una normativa anexa de *Cataluña* (*Decreto 254/2000*) sí se detalla con claridad el término eutanasia: "*acto por el cual se provoca la muerte de una manera plácida, sin dolor, temor ni ansiedad*", aunque es curioso que en el Decreto Legislativo que regula la protección en dicho territorio, posterior a dicho decreto, aparece de nuevo el término sacrificio. Coincidiendo con esto tanto la normativa andaluza como la aragonesa recogen cuestiones específicas relacionadas con la realización del sacrificio, recogiendo la primera en un documento aparte (*Orden de 19/04/2003*) una serie de normas prácticamente idénticas a las recogidas en *Cataluña* (situaciones, medios permitidos y prohibidos, información, etc...) mientras que en *Aragón* solo se nombran los métodos prohibidos en animales de compañía.

En lo que sí coinciden prácticamente todas es en la premisa principal de una muerte indolora hecha, o supervisada en algunos casos, por un profesional y llama la atención que aparezca la prohibición del sacrificio de animales en albergues sin motivo alguno (en la legislación de *Cataluña*, cosa que se ha denostado ampliamente cuando lo recoge la normativa nacional) o también la introducción de la posible recuperación de aquellos animales que pudieran ser sacrificados por motivos de comportamiento (*Extremadura*).

Al llegar hasta aquí, vemos que, a pesar de los avances, todavía no hay, salvo casos concretos que hemos mencionado, una regulación estricta y que ayude de alguna manera a los profesionales veterinarios a actuar correctamente.

Para finalizar el capítulo, nos encontramos un lote de normas, denominadas de 2ª generación, entre las que se incluyen la *Ley 4/2016 de Madrid*, la *Ley 4/2017 de Galicia*, la *Ley 6/2017 de Murcia*, la *Ley 6/2018 de La Rioja* (*derogada recientemente*), la *Ley Foral 19/2019 de Navarra*, la *Ley 7/2020 de Castilla-La Mancha*, la *Ley 9/2022 de Euskadi* y la *Ley 2/2023 de la Comunidad Valenciana*, la última que ha visto la luz a día de hoy. Aquí podemos incluir también el Reglamento 2/2015 de Ceuta (como variante en las denominaciones se habla aquí de sacrificio eutanásico) o el Decreto 1120/2022 de Melilla.

En estas normativas, sí que nos encontramos la distinción clara entre sacrificio (principalmente en referencia a animales de producción) y eutanasia (fundamentalmente animales de compañía), salvo en el caso de la derogada norma de La Rioja donde no se apreciaba este hecho.

El caso es que las coincidencias en cuanto al tema en todas estas nuevas normas son bastante significativas, definiendo el modo de realizar el procedimiento incluyendo la sedación previa, la prohibición de realizar una eutanasia a la carta (salvo casos excepcionales), así como la absoluta responsabilidad del veterinario en el procedimiento.

Llama la atención, que algunos de los postulados que fueron ampliamente criticados en la redacción de la ley nacional, formaban parte de este último grupo de leyes, como sería la prohibición inmediata o futura del sacrificio en albergues o instalaciones similares, las cuales fueron promulgadas en alguno de los casos con siete años de antelación a la norma descrita.

Este grupo de leyes, si bien presenta los avances que comentamos, todavía tiene una de las carencias que hemos destacado en las comentadas con anterioridad, fundamentalmente la falta de un protocolo sobre cómo llevar a cabo el procedimiento (la de la Comunidad Valenciana apunta algo pero consideramos que es insuficiente), ya sea por la no descripción de los métodos permitidos (farmacológicos principalmente) como de los prohibidos, dejando a criterio del profesional en la mayoría de los territorios cómo llevar a cabo el mismo.

Está claro que llegados a este punto se constata un claro avance, pero creemos que el legislador podría haber definido más claramente los términos y condiciones del hecho estudiado para así evitar posibles interpretaciones sesgadas o erróneas que pudieran darse y que podrían perjudicar la labor del profesional, optando estos en muchos casos por practicar un "*medicina defensiva*" para evitarse contratiempos legales.

2.2.3. Otras normas que afectan a la realización de la eutanasia

En este apartado describiremos brevemente, que la Deontología Profesional Veterinaria, lleva tiempo tratando el tema de la eutanasia (en concreto desde 2018), teniendo puntos coincidentes tanto con la normativa nacional como de aquellas autonómicas más avanzadas.

En concreto el Código Deontológico para el Ejercicio de la Profesión Veterinaria (OCV, 2018), recoge en su *Artículo 22* (*Eutanasia y medidas paliativas*) una serie de 5 puntos, donde se detallan tanto la actuación del profesional para con el paciente y el cliente en estos supuestos, así como los casos en que se puede o no llevar a cabo fuera de lo estrictamente contemplado como eutanasia médica propiamente dicha.

Esto cobra enorme valor, porque dicho código está sujeto a lo recogido en los Estatutos Generales de la Organización Colegial Veterinaria (*Real Decreto 126/2013 modificado por Real Decreto 50/2024*), donde una infracción deontológica conllevaría sanción disciplinaria, que según su gravedad incluso podría suponer la expulsión de la profesión.

Esto deja claro el papel que, incluso desde dentro de la propia estructura profesional, juega el veterinario en todo el proceso.

III. CONCLUSIONES

La conclusión o conclusiones final/es estaría/n en consonancia con el título de este capítulo, aunque se inviertan los términos en que se plantearía, primero cuándo y luego cómo.

Con relación al "*cuándo*", las distintas normas son claras en un aspecto que solo se diferencia en las mismas en la redacción más o menos completa de este: "*La eutanasia solamente estará justificada bajo criterio y control veterinario con el único fin de evitar el sufrimiento por causas no recuperables que comprometa seriamente la calidad de vida del animal y que como tal ha de ser acreditado y certificado por profesional veterinario colegiado. El procedimiento de eutanasia se realizará por personal veterinario colegiado o perteneciente a alguna Administración Pública con métodos que garanticen la condición humanitaria, admitidos por las disposiciones legales aplicables*" (*Ley 7/2023, página 45640*).

En cuanto a otras posibles causas, es difícil dar una razón contundente porque pueden haber distintas interpretaciones del párrafo contenido en el *Artículo 25, Apartado a)* de la ley imperante: "*Su sacrificio, salvo por motivos de seguridad de las personas o animales o de existencia de riesgo para la salud pública debidamente justificado por la autoridad competente*" (*Ley 7/2023, página 45639*), quizás más detallado en lo que recoge el Código Deontológico para el Ejercicio de la Profesión Veterinaria en su *Artículo 22, Apartado 4,* donde se dice: "*El veterinario no deberá eutanasiar a animales salvo (i) por enfermedad física que comprometa su vida y/o alteración del comportamiento que ponga en peligro la integridad física de sus propietarios, de otros animales o de la ciudadanía; (ii) porque entrañen riesgo para la sanidad y bienestar animal, la salud pública o el orden público; o (iii) por razones de diagnóstico de colectividades o por orden de la autoridad competente*" (*OCV, 2018, página 22*).

Lo que sí queda claro, es que la intervención del profesional veterinario es decisiva tanto a la hora de evaluar el estado del animal como de informar de la posibilidad de la realización del procedimiento eutanásico, quedándole siempre la posibilidad en caso de contradicción, p.e. con la autoridad competente, de recurrir a la objeción de conciencia regulada en los *Artículos 10 y 11* de dicho código (*OCV, 2018, páginas 15-16*).

Por último, en relación al "*cómo*" no debe haber ninguna discusión, ya que se trataría de un tema técnico y, por tanto, sujeto a una exquisita actuación profesional, más cuidada si cabe por la trascendencia del hecho en sí, muerte del animal, y las connotaciones afectivas que implican en la gran mayoría de los casos por parte de los tutores/as.

Como ejemplo de una actuación profesional según "*lex artis*" tendríamos una guía bastante adecuada en lo recogido tanto en el *Decreto 254/2000 de la Comunidad Autónoma de Cataluña* o en la *Orden del 19 de abril de 2010 de la Comunidad Autónoma de Andalucía*, donde la sedación previa es condición indispensable para la realización del procedimiento, ya que esto facilita la ausencia de dolor, temor y ansiedad en el animal. A continuación, el resto de la actuación dependerá de los fármacos autorizados en las distintas normativas, siendo los barbitúricos los compuestos más comúnmente aceptados y autorizados por su simplicidad en uso y efectividad. Para profundizar en este último aspecto recomendamos la lectura del artículo de Guillén Labat (2008), sobre los aspectos técnicos de la eutanasia.

El resumen, un tema complejo sobre todo por sus connotaciones de distinto tipo pero que hay que afrontar profesionalmente de la manera más objetiva posible para conseguir un bien supremo en aras del bienestar animal.

BIBLIOGRAFÍA

Ashall, V. (2018) Ethical dilemmas encountered by small animal veterinarians: challenging the status quo?. *Veterinary Records*, 182 (19), 546-547. https://doi.org/10.1136/vr.k2039.

Asociación de Veterinarios Españoles Especialistas en Pequeños Animales - AVEPA (2004) *Veterinarios y el final de la vida. Eutanasia: Un acto clínico complejo.* AVEPA (Ed.), Barcelona.

Bubeck M.J. (2023) Justifying Euthanasia: A Qualitative Study of Veterinarians' Ethical Boundary Work of "Good" Killing. *Animals* 13, 2515. https://doi.org/10.3390/ani13152515.

Cattinelli, S., Muggia, D. (2016) *Mano con pata hasta el final. Acompañamiento empático y cuidados paliativos para los animales al final de la vida.* Páginas 83-84, BlossomingBooks, Edizioni Amrita srl, Turín (Italia).

Cooney, K. (2020) Historical Perspective of Euthanasia in Veterinary Medicine. *Veterinary Clinics Small Animal Practice,* 50, 489-502. https://doi.org/10.1016/j.cvsm.2019.12.001.

Deelen E., Meijboom F.L.B., Tobias T.J., Koster F, Hesselink J.W., Rodenburg T.B. (2023) Handling End-of-Life Situations in Small Animal Practice: What Strategies do Veterinarians Contemplate During their Decision-Making Process?. *Journal of Applied Animal Welfare Science* 1–14. https://doi.org/10.1080/10888705.2023.2268516.

González Lacabex M. (2023) Matar animales por falta de medios. Interpretación *contra legem* del artículo 27.a) de la Ley estatal de protección de los animales. *Boletín INTERcids de Derecho Animal* AOL-23-G5, Septiembre-Octubre, páginas 1-10.

Guillén Labat D (2008) Aspectos técnicos de la eutanasia. *Argos* 103: 56-57.

Kipperman B., Morris P., Rollin B. (2018) Ethical dilemmas encountered by small animal veterinarians: characterisation, responses, consequences and beliefs regarding euthanasia. *Veterinary Records* 182 (19): 548. https://doi:10.1136/vr.104619

Morgan C., McDonald M. (2007) Ethical Dilemmas in Veterinary Medicine. *Veterinary Clinics Small Animal Practice* 37: 165-79. https://doi:10.1016/j.cvsm.2006.09.008

Rollin B.E. (2006) *Introducción a la ética médica veterinaria: Teoría y casos.* Editorial Acribia S.A., Zaragoza.

Shaw J.R., Lagoni L. (2007) End-of-Life Communication in Veterinary Medicine: Delivering Bad News and Euthanasia Decision Making. *Veterinary Clinics Small Animal Practice* 37: 95-108. https://doi:10.1016/j.cvsm.2006.09.010

Referencias normativas

Normativa europea

Reglamento (CE) Nº 1099/2009 del Consejo de 24 de septiembre de 2009 relativo a la protección de los animales en el momento de la matanza. DOCE nº L303, de 18 de noviembre de 2009.

Directiva Delegada (UE) 2024/1262 de la Comisión de 13 de marzo de 2024 por la que se modifica la Directiva 2010/63/UE del Parlamento Europeo y del Consejo con respecto a los requisitos relativos a los establecimientos y al aloja-

miento y al cuidado de los animales, y con respecto a los métodos de sacrificio de animales. DOL de 15.5.2024.

Directiva 2010/63/UE del Parlamento Europeo y del Consejo de 22 de septiembre de 2010 relativa a la protección de los animales utilizados para fines científicos. DO L 276 de 20.10.2010

Normativa estatal

Instrumento de ratificación del Convenio Europeo sobre protección de animales de compañía, hecho en Estrasburgo el 13 de noviembre de 1987 (BOE núm. 245, de 11 de octubre de 2017, páginas 98971 a 98982).

Ley Orgánica 3/2021, de 24 de marzo, de regulación de la eutanasia. BOE núm.72, de 25 de marzo de 2021, página 34037.

Ley Orgánica 3/2021, de 24 de marzo, de regulación de la eutanasia. BOE núm.72, de 25 de marzo de 2021, página 34037.

Ley Orgánica 3/2023, de 28 de marzo, de modificación de la Ley Orgánica 10/1995, de 23 de noviembre, del Código Penal, en materia de maltrato animal. BOE núm. 75, de 29 de marzo de 2023, páginas 45611 a 45617.

Ley 7/2023, de 28 de marzo, de protección de los derechos y el bienestar de los animales. BOE núm. 75, de 29 de marzo de 2023, páginas 45618 a 45671.

Real Decreto 223/1988, de 14 de marzo, sobre protección de los animales utilizados para experimentación y otros fines científicos. BOE núm. 67, de 18 de marzo de 1988, página 8510 (derogada).

Real Decreto 126/2013, de 22 de febrero, por el que se aprueban los Estatutos Generales de la Organización Colegial Veterinaria Española. BOE núm. 59, de 9 de marzo de 2013, páginas 18842 a18859.

Real Decreto 50/2024, de 16 de enero, por el que se modifican los Estatutos Generales de la Organización Colegial Veterinaria Española, aprobados por Real Decreto 126/2013, de 22 de febrero. BOE núm. 30, de 3 de febrero de 2024.

Real Decreto 37/2014, de 24 de enero, por el que se regulan aspectos relativos a la protección de los animales en el momento de la matanza. BOE núm. 28, de 1 de febrero de 2014, páginas 7178 a 7183.

Real Decreto 53/2013, de 1 de febrero, por el que se establecen las normas básicas aplicables para la protección de los animales utilizados en experimentación y otros fines científicos, incluyendo la docencia. BOE núm. 34, de 8 de febrero de 2013, páginas 11370 a 11421.

Orden de 14 de junio de 1976 por la que se dictan normas sobre medidas higiénico-sanitarias en perros y gatos de convivencia humana. BOE núm. 168, de 14 de julio de 1976.

Normativa autonómica

Comunidad Autónoma de Andalucía (2003) *Ley 11/2003, de 24 de noviembre, de protección de los animales.* BOJA núm. 237, de 10 de diciembre de 2003, páginas 25824 a 25832.

Comunidad Autónoma de Andalucía (2003) *Orden de 19 de abril de 2010, por la que se establecen los tratamientos obligatorios de los animales de compañía, los datos para su identificación en la venta y los métodos de sacrificio de los mismos en la Comunidad Autónoma de Andalucía.* BOJA núm. 81, de 28 de abril de 2010, páginas 15 a 34.

Comunidad Autónoma de Aragón (2003) *Ley 11/2003, de 19 de marzo, de Protección Animal en la Comunidad Autónoma de Aragón.* BOA núm. 35, de 26 de marzo de 2003, páginas 3956 a 3972.

Comunidad Autónoma de Canarias (1991) *Ley 8/1991, de 30 de abril, de protección de los animales.* BOC núm. 62, de 13 de mayo de 1981, páginas 2642 a 2649.

Comunidad Autónoma de Cantabria (1992) *Ley 3/1992, de 18 de marzo, de Protección de los Animales.* BOCT núm. 63, de 27 de marzo de 1992.

Comunidad Autónoma de Castilla-La Mancha (1990) *Ley 7/1990, de 28 de diciembre, de protección de los animales domésticos.* DOCM núm. 1, de 02 de enero de 1991 (*derogada*).

Comunidad Autónoma de Castilla-La Mancha (2020) *Ley 7/2020, de 31 de agosto, de Bienestar, Protección y Defensa de los Animales de Castilla-La Mancha.* DOCM núm. 180, de 07 de septiembre de 2020, páginas 34640 a 34660.

Comunidad Autónoma de Castilla y León (1997) *Ley 5/1997, de 24 de abril, de protección de los animales de compañía.* BOCL núm. 81, de 30 de abril de 1997, páginas 3385 a 3390.

Comunidad Autónoma de Cataluña (2008) *Decreto Legislativo 2/2008, de 15 de abril, por el que se aprueba el Texto refundido de la Ley de protección de los animales.* DOGC núm. 5113, de 17 de abril de 2008, páginas 29665 a 29697.

Comunidad Autónoma de Cataluña (2000) *Decreto 254/2000, de 24 de julio, por el que se establecen los métodos de eutanasia para los animales de compañía que se tienen que sacrificar.* DOGC núm. 3197, de 3 de agosto de 2000, páginas 10074 a 10075.

Comunidad Autónoma de Extremadura (2002) *Ley 5/2002, de 23 de mayo, de Protección de los Animales en la Comunidad Autónoma de Extremadura.* DOE núm. 83, de 18 de julio de 2002, páginas 9198 a 9208.

Comunidad Autónoma de Galicia (2017) *Ley 4/2017, de 3 de octubre, de protección y bienestar de los animales de compañía en Galicia.* DOG núm. 194, de 11 de octubre de 2017, páginas 47713 a 47759.

Comunidad Autónoma de La Rioja (2018) Ley 6/2018, de 26 de noviembre, de protección de los animales en la Comunidad Autónoma de La Rioja. BOR núm. 141, de 30 de noviembre de 2018 (*derogada*).

Comunidad Autónoma de las Islas Baleares (1992) *Ley 1/1992, de 8 de abril, de Protección de los Animales que viven en el entorno humano.* BOCAIB núm. 58, de 14 de mayo de 1992, páginas 3815 a 3820.

Comunidad Autónoma de las Islas Baleares (2017) *Ley 9/2017, de 3 de agosto, de regulación de las corridas de toros y de protección de los animales en las Illes Balears.* BOIB núm. 98, de 10 de agosto de 2017, páginas 26206 a 26213.

Comunidad Autónoma del País Vasco (1993) *Ley 6/1993, de 29 de octubre, de Protección de los Animales.* BOPV núm. 220, de 15 de noviembre de 1993 (*derogada*).

Comunidad Autónoma del País Vasco (2022) *Ley 9/2022, de 30 de junio, de protección de los animales domésticos.* BOPV núm. 157, de 17 de agosto de 2022, 3616, páginas 1 a 39.

Comunidad Autónoma del Principado de Asturias (2002) *Ley 13/2002, de 23 de diciembre, de tenencia, protección y derechos de los animales.* BOPA núm. 301, de 31 de diciembre de 2002, páginas 16610 a 16618.

Comunidad Autónoma de la Región de Murcia (1990) *Ley 10/1990, de 27 de agosto, de Protección y Defensa de los Animales de Compañía.* BORM núm. 225, de 29 de septiembre de 1990 (*derogada*).

Comunidad Autónoma de la Región de Murcia (2017) *Ley 6/2017, de 8 de noviembre, de protección y defensa de los animales de compañía de la Región de Murcia.* BORM núm. 271, de 23 de noviembre de 2017, páginas 32228 a 32257.

Comunidad de Madrid (2016) *Ley 4/2016, de 22 de julio, de Protección de los Animales de Compañía de la Comunidad de Madrid.* BOCM núm. 190, de 10 de agosto de 2016, páginas 41 a 59.

Comunidad Foral de Navarra (2019) *Ley Foral 19/2019, de 4 de abril, de protección de los animales de compañía en Navarra.* BON núm. 71, de 11 de abril de 2019, páginas 4650 a 4660.

Comunidad Valenciana (1994) *Ley 4/1994, de 8 de julio, sobre Protección de los Animales de Compañía.* DOGV núm. 2307, de 11 de julio de 1994 (*derogada*).

Comunidad Valenciana (2023) *Ley 2/2023, de 13 de marzo, de Protección, Bienestar y Tenencia de animales de compañía y otras medidas de bienestar animal.* DOGV núm. 9553, de 14 de marzo de 2023, páginas 1-43.

Ciudad Autónoma de Ceuta *(2015) Reglamento 2/15, de 23 de marzo, de tenencia, protección y bienestar de animales de compañía de la Ciudad Autónoma de Ceuta.* BOCCE núm. 5.464, de 28 de abril de 2015

Ciudad Autónoma de Melilla (2022) *Decreto 1120 de aprobación Reglamento Regulador de la Sanidad Animal de la Ciudad Autónoma de Melilla.* BOME núm. 6024, de 9 de diciembre de 2022, páginas 3658 a 3690.

Otros documentos

Ministerio de Agricultura, Pesca y Alimentación (2020) *Guía para la eutanasia de los animales en las explotaciones porcinas.* Subdirección General de Productos Ganaderos, Dirección General de Producciones y Mercados Agrarios. Gobierno de España.

Ministerio de Derechos Sociales y Agenda 2030 (2023) *Respuesta a la propuesta de contenido en los certificados de eutanasia de animales de compañía presentada por la Organización Colegial Veterinaria.* Dirección General de Derechos de los Animales. Gobierno de España.

Consejo General de Colegios Veterinarios de España. *Código Deontológico para el Ejercicio de la Profesión Veterinaria, de 15 de diciembre de 2018.*

Riesgos para la salud pública y el medio ambiente originados por animales de compañía

MARÍA DEL MAR TRAVIESO AJA[1]
OCTAVIO PÉREZ LUZARDO[2]
BEATRIZ MARTÍN CRUZ[3]
MANUEL LUIS ZUMBADO PEÑA[4]

I. INTRODUCCIÓN

El manejo ético y eficiente de los animales de compañía que viven o deambulan en libertad, particularmente gatos y perros, representa un desafío crítico en la intersección entre la conservación de la biodiversidad y la protección de la salud pública. Estas problemáticas no solo involucran aspectos ecológicos y sanitarios, sino también cuestiones sociales, culturales

1 Profesora Contratada Doctora. Área de Radiología y Medicina Física, Departamento de Ciencias Clínicas, Facultad de Ciencias de la Salud, Universidad de Las Palmas de Gran Canaria..

2 Catedrático de Universidad. Área de Toxicología, Veterinaria Legal y Deontología, Departamento de Ciencias Clínicas, Facultad de Veterinaria. Universidad de Las Palmas de Gran Canaria.

3 Personal Investigador en Formación. Área de Toxicología, Veterinaria Legal y Deontología, Departamento de Ciencias Clínicas, Facultad de Veterinaria. Universidad de Las Palmas de Gran Canaria.

4 Profesor Titular de Universidad. Área de Toxicología, Veterinaria Legal y Deontología, Departamento de Ciencias Clínicas, Facultad de Veterinaria. Universidad de Las Palmas de Gran Canaria.

y jurídicas que exigen estrategias basadas en evidencia científica y adaptadas a las realidades locales. En España, el contexto es particularmente relevante debido al continuo problema del abandono de animales, que afecta directamente a espacios urbanos y naturales. En 2023, se registraron cerca de 280.000 abandonos de perros y gatos, generando presiones tanto sobre los ecosistemas como sobre los sistemas de gestión animal (Fundación Affinity, 2024).

Los perros, especialmente aquellos empleados en actividades como la caza, tienen un impacto considerable debido al manejo inadecuado y al abandono masivo que ocurre al finalizar la temporada cinegética, estimado en más de 50.000 casos anuales (Fundación Affinity, 2024). Por otro lado, los gatos presentan una problemática distinta, con poblaciones semilibres vinculadas a colonias urbanas y entornos naturales, que se ven incrementadas por unos 120.000 nuevos abandonos cada año en España. Aunque ambas especies suscitan respuestas variadas en la sociedad, resulta esencial gestionar su manejo bajo un enfoque integral que combine el bienestar animal con la protección de la salud pública y la conservación de la biodiversidad.

En este capítulo se abordan los principales impactos asociados a estas especies, centrándonos en su influencia sobre la biodiversidad y los riesgos para la salud pública.

II. IMPACTO EN LA BIODIVERSIDAD: REALIDADES, ESPECULACIONES Y CONTEXTOS

Los gatos y perros que viven fuera de entornos domésticos ejercen un impacto diverso sobre los ecosistemas naturales. Si bien los gatos suelen estar en el centro de la polémica debido a sus hábitos de caza y su elevado número en estado comunitario, los perros, aunque menos numerosos en estas condiciones, también generan preocupaciones, especialmente en contextos como la caza o el acceso descontrolado a espacios protegidos. Esta sección aborda los efectos que ambas especies tienen sobre la biodiversidad, enfatizando la necesidad de un enfoque diferenciado y basado en evidencia científica para evaluar y mitigar estos impactos.

2.1. Los gatos y su efecto sobre la biodiversidad

El papel de los gatos como depredadores altamente eficaces (Crowley et al., 2019) es una de las características menos discutidas de esta especie, lo que les confiere la capacidad de amenazar directamente a ciertas especies en ecosistemas frágiles y vulnerables (Loss et al., 2013). En este sentido, numerosos conservacionistas, ecólogos y biólogos han señalado que los gatos podrían constituir la principal amenaza para la biodiversidad global (Loss et al., 2013). Sin embargo, esta visión no está exenta de controversia, ya que un amplio sector de la comunidad científica argumenta que el impacto de los gatos sobre la fauna silvestre no es equiparable a otras presiones de origen humano, como la urbanización, la sobreexplotación de recursos naturales, el uso de químicos tóxicos, o la destrucción sistemática de hábitats (Cooke et al., n.d.; Hunter, 2007; Matthews et al., 2024; Merz et al., 2023; Rendall et al., 2021; Stewart et al., 2022). Esto sugiere que no existe una única interpretación universal del impacto de los gatos, siendo más adecuado analizar la presión que ejercen en función de cada región específica y sus condiciones ecológicas.

En ciertas áreas, el impacto de los gatos puede ser tan devastador que su simple presencia resulta incompatible con la conservación de especies críticas. Un caso emblemático es el del kăkăpo (*Strigops habroptilus*) en Nueva Zelanda, una especie de loro nocturno y no volador cuya conducta lo hace extremadamente vulnerable a los depredadores introducidos, incluidos los gatos. Para garantizar su supervivencia, los pocos ejemplares restantes de esta especie fueron trasladados a islas como Codfish/Whenua Hou y Anchor, donde se llevó a cabo la eliminación total de predadores invasores, incluyendo los gatos, y se implementaron estrictas prohibiciones sobre su introducción (Karl & Best, 1982).

En otros contextos, el impacto de los gatos se amplifica debido a su papel como transmisores de enfermedades que afectan a especies clave. Por ejemplo, la toxoplasmosis, cuyo agente causal se disemina a través de las deposiciones de los gatos, ha sido identificada como una de las principales causas de mortalidad en la nutria marina del sur de California (*Enhydra lutris nereis*). Las deposiciones de gatos que llegan al océano a través del alcantarillado representan una amenaza significativa para esta especie, especialmente porque los pocos individuos restantes no han desarrollado inmunidad frente a esta patología (Shapiro et al., 2019).

No obstante, en muchas regiones, el impacto de los gatos sigue siendo ambiguo y difícil de cuantificar. Las estimaciones globales a menudo se basan en análisis indirectos y metodologías que no tienen en cuenta las particularidades ambientales o los datos locales (Loss et al., 2013). En algunas áreas, la mortalidad atribuida a los gatos puede ser insignificante cuando se compara con otras amenazas antropogénicas (Lawler et al., 2006). Por ello, es esencial realizar evaluaciones específicas de cada región para determinar si su presencia en espacios naturales constituye un problema real o si su impacto es, en realidad, marginal en comparación con otras presiones ecológicas.

En las Islas Canarias, aunque históricamente la población de gatos en parajes naturales y los daños asociados no han sido objeto de cuantificaciones sistemáticas, estudios recientes han comenzado a abordar este problema desde diferentes perspectivas. En La Graciosa, por ejemplo, se ha implementado un enfoque integral dentro del marco de la Red Natura 2000 que incluye censos poblacionales, análisis de viabilidad y estrategias de manejo humanitario como campañas de esterilización masiva (Luzardo et al., 2024). Por otro lado, en Tenerife, un trabajo reciente sobre la ecología trófica de los gatos asilvestrados (Gómez-Alceste & Rando, 2024) ha intentado estimar el impacto de esta especie sobre la biodiversidad a través de extrapolaciones basadas en el análisis de dieta y modelos simplificados de consumo anual. Si bien sus hallazgos destacan el consumo significativo de reptiles y aves nativas, especialmente tras la disminución de conejos como presa principal, la metodología utilizada presenta serias limitaciones. El trabajo depende exclusivamente de reglas de tres simples y extrapolaciones lineales para inferir impactos poblacionales, sin considerar factores clave como la densidad real de gatos, la disponibilidad estacional de presas o la capacidad de recuperación de las especies afectadas. Este enfoque, aunque útil como aproximación preliminar, resulta insuficiente para cuantificar de forma rigurosa los efectos reales sobre las poblaciones de especies nativas. Además, las conclusiones del estudio parecen sobredimensionar el papel de los gatos como amenaza ecológica al ignorar otras presiones antropogénicas más relevantes, como la fragmentación de hábitats, el cambio climático o la introducción de patógenos. Esto contrasta con estudios previos que han abogado por análisis más holísticos que incluyan múltiples factores ambientales y sociales (Medina & Nogales, 2009), ya que, como bien señalaron los autores, esta metodología no es adecuada para valorar impactos poblacionales, ya que solo evidencia que los gatos pueden depredar sobre determinadas especies, sin permitir cuantificar la magnitud ni la frecuencia de dicha depredación.

De hecho, en general, las estimaciones de mortalidad de aves y reptiles debidas a la depredación por gatos son especulativas y no están basadas en datos científicos rigurosos (Loss et al., 2013). Es más, la relación entre el tamaño de la población de gatos en el medio natural y los daños potenciales en sus poblaciones amenazadas podría estar sobreestimada, ignorándose la variación temporal y espacial de las condiciones ambientales y la variación de la densidad de otras especies, como las ratas u otros depredadores (Courchamp et al., 1999; Medina & Nogales, 2009). Por lo tanto, se hace necesario valorar adecuadamente cuál es el impacto real que están teniendo las poblaciones de gatos en un determinado paraje natural, antes de plantear que es necesario acometer planes de erradicación. Es importante subrayar, también, que los planes de erradicación de gatos podrían, incluso, tener un efecto adverso sobre la conservación de la biodiversidad, ya que no hay que olvidar que los gatos depredan en determinados lugares sobre otras especies invasoras, como ratones, ratas y conejos, que también representan una amenaza para la biodiversidad. Estas especies llegan a representar hasta el 85-90% de la dieta de los gatos en libertad, por lo que ejercen un control efectivo sobre sus poblaciones (Medina & Nogales, 2009; Plantinga et al., 2011; Rendall et al., 2021).

En términos biológicos, el gato es considerado una especie comensal del ser humano, es decir, un organismo que obtiene alimentos o protección gracias al ser humano, sin causarle daño ni beneficio directo (Hu et al., 2014). Esta relación de comensalismo hace que el tamaño de sus poblaciones esté estrechamente ligado a la densidad humana. Aunque los gatos se han adaptado a una gran variedad de ecosistemas (Doherty et al., 2015), su hábitat predilecto son las zonas urbanas y periurbanas, donde encuentran abundantes recursos de manera directa o indirecta (Doherty et al., 2015; Slater & Shain, 2005). Por ello, los esfuerzos de control poblacional suelen ser más efectivos cuando se concentran en estos entornos (Hulme-Beaman et al., 2016). A menudo se argumenta que alimentar a las colonias felinas incrementa la población y, con ello, el impacto sobre la biodiversidad (Rando et al., 2020). Sin embargo, hay estudios que muestran resultados contrarios. Aunque los gatos bien alimentados no pierden completamente sus hábitos de caza (Slater & Shain, 2005), el tiempo que dedican a cazar se reduce notablemente. Por ejemplo, se ha demostrado que en colonias gestionadas con el método CER, los gatos pasan un promedio de solo 13 minutos al día cazando (Hernandez et al., 2018). Además, proporcionar alimentos con alto contenido proteico disminuye significativamente la depredación de fauna silvestre (Cecchetti et al., 2021). Asimismo, las hembras esterilizadas ya no necesitan capturar presas para alimentar a sus crías, reduciendo aún más el impacto sobre las poblaciones de fauna local (Cecchetti et al., 2021; Hernandez et al., 2018).

La clasificación del gato como especie invasora también es motivo de debate. Si bien algunos autores destacan su impacto en ciertos ecosistemas sensibles (IUCN, 2015), otros subrayan que su dependencia de los recursos humanos lo aleja del concepto clásico de especie invasora, que implica la capacidad de saturar hábitats naturales y desplazar a las especies nativas (Crowley et al., 2020; Hulme-Beaman et al., 2016). Incluso la Unión Internacional para la Conservación de la Naturaleza (IUCN) reconoce las dificultades para encontrar pruebas inequívocas de que los gatos causen disminuciones directas en poblaciones de presas, dado que otros factores ambientales suelen estar implicados (IUCN, 2015). Además, su impacto positivo al controlar especies introducidas como ratas y ratones plantea un dilema sobre su manejo en determinados entornos (IUCN, 2015).

La interacción entre gatos y humanos tiene una historia de más de 9.500 años (Hu et al., 2014), lo que dificulta separar el impacto ecológico del gato de su relación evolutiva con las actividades humanas. En lugar de encasillar sus efectos como exclusivamente negativos, numerosos autores abogan por evaluar caso por caso y región por región (Hulme-Beaman et al., 2016). Aunque en algunas circunstancias los gatos pueden amenazar la conservación de especies concretas, su manejo requiere estrategias adaptativas basadas en el contexto local, considerando tanto aspectos ecológicos como sociales (Leong et al., 2024). En el marco jurídico de las políticas públicas de conservación y uso sostenible de la biodiversidad, ya existen mecanismos para evaluar científicamente estos impactos (Spanish Directorate of Animal Rights, 2024). Es fundamental que estas evaluaciones sean realizadas por equipos multidisciplinarios, donde la perspectiva biológica se complemente con la experiencia de expertos en bienestar animal, especialmente en el manejo de gatos que viven en libertad.

2.2. Los perros y su impacto en los ecosistemas naturales

Aunque menos estudiados que los gatos, los perros también tienen un impacto significativo y a menudo subestimado en la biodiversidad. En España, gracias a sistemas efectivos de recogida y control, los perros callejeros son prácticamente inexistentes. Sin embargo, la problemática radica en aquellos perros que deambulan libremente por espacios naturales, ya sea por descuido de sus propietarios o debido a su uso en actividades humanas como la caza. Estos animales pueden perseguir, acosar o depredar directamente sobre especies silvestres, alterando sus ciclos reproductivos y modificando comportamientos esenciales para la supervivencia de estas poblaciones (Doherty et al., 2017; Gompper, 2015).

Un punto particularmente crítico es el impacto de los perros en la avifauna, especialmente en zonas donde anidan aves terrestres o costeras. Incluso si los perros no atacan directamente, el simple hecho de perseguir o acosar a estas especies puede causar estrés severo, reduciendo su éxito reproductivo e incrementando su vulnerabilidad a otros depredadores. Por ejemplo, se ha demostrado que la actividad humana asociada a los perros puede modificar los patrones de actividad de grandes mamíferos y aves, desplazándolos de sus hábitats naturales o alterando sus ciclos normales (Gompper, 2015; Lenth et al., 2008). Este problema es especialmente grave en espacios protegidos, como los de la red Natura 2000, donde cualquier alteración puede comprometer el equilibrio ecológico (Luzardo et al., 2024; Schüttler & Jiménez, 2022).

Además, los perros de caza representan un desafío adicional. Estos animales, muchas veces entrenados para localizar y perseguir presas, operan en áreas naturales sensibles, aumentando la presión sobre especies endémicas o amenazadas que no están adaptadas a la presencia de un depredador tan activo. En algunos casos, se han reportado ataques directos a animales en peligro de extinción, como mamíferos terrestres, reptiles o aves protegidas, cuya supervivencia depende de entornos libres de perturbaciones externas (Doherty et al., 2017; Gompper, 2015). En el contexto de la caza, la interacción entre perros y especies silvestres puede generar conflictos directos con las normativas de conservación, amplificando las amenazas para estas especies en riesgo.

Por otro lado, los perros pueden ser transmisores de epizootías, es decir, enfermedades que afectan a poblaciones animales y pueden propagarse rápidamente en un ecosistema, con consecuencias graves para la fauna silvestre. Un ejemplo recurrente es la sarna sarcóptica, que puede diezmar poblaciones de mamíferos vulnerables, como zorros o ungulados, en áreas naturales protegidas (Doherty et al., 2017). Además, en ciertas regiones, la interacción entre perros y fauna silvestre ha facilitado la propagación de enfermedades como el moquillo canino, que afecta tanto a cánidos domésticos como silvestres (George & Crooks, 2006). Estas dinámicas epidemiológicas resaltan la necesidad de gestionar adecuadamente las interacciones entre perros y especies silvestres, minimizando los riesgos asociados a la transmisión de patógenos en entornos naturales sensibles.

Finalmente, el impacto cultural y social de los perros no debe pasarse por alto. En muchos casos, la estrecha relación de los perros como animales de compañía de los humanos dificulta la implementación de políticas estrictas para su control en espacios naturales (Schüttler & Jiménez, 2022). Sin embargo, es imprescindible adoptar estrategias de manejo responsables que incluyan campañas de concienciación, refuerzo de las normativas sobre perros sueltos y mayor supervisión en actividades cinegéticas. De este modo, será posible mitigar los efectos negativos sobre la biodiversidad sin comprometer el bienestar animal ni los intereses legítimos de los propietarios.

III. IMPACTOS EN LA SALUD PÚBLICA ATRIBUIBLES A GATOS Y PERROS: REALIDAD FRENTE A PERCEPCIÓN

Los gatos y perros que viven o deambulan en libertad suelen ser percibidos como un riesgo para la salud pública debido a su potencial para transmitir enfermedades zoonóticas. Sin embargo, las investigaciones demuestran que la prevalencia de estas enfermedades varía según la ubicación y la población. Para evaluar con precisión los riesgos para la salud pública, es fundamental consultar fuentes oficiales y considerar el contexto. Como médicos y veterinarios, los autores de este capítulo somos plenamente competentes para tratar zoonosis y debemos remitirnos a fuentes oficiales para obtener información sobre las enfermedades que estos animales pueden transmitir en el contexto de nuestro país (MAPA, 2023). A continuación, se presenta un resumen conciso de las principales enfermedades zoonóticas identificadas en países europeos y su relación con perros y gatos, con especial atención a España.

3.1. Anquilostomiasis

La anquilostomiasis es una enfermedad parasitaria que afecta principalmente a países en desarrollo y cursa con trastornos gastrointestinales de leves a moderados, siendo su mayor complicación en humanos el desarrollo de ferropenia en infestaciones de larga duración sin tratamiento (Quinnell et al., 2004). Esta enfermedad es causada por nematodos del género *Ancylostoma*, que afectan tanto a animales como a humanos. En Europa, y particularmente en España, la incidencia de esta enfermedad es extremadamente baja, reflejo del avanzado sistema de salud pública y las condiciones higiénico-sanitarias predominantes en la región (MAPA, 2023).

A pesar de que los parásitos zoonóticos como *Ancylostoma tubaeforme* en gatos y *Ancylostoma caninum* en perros están presentes en sus huéspedes animales, el riesgo de transmisión a humanos en Europa es considerado bajo (Symeonidou et al., 2018; Taetzsch et al., 2018). En España, ni el informe de zoonosis del Ministerio de Agricultura, Pesca y Alimentación (MAPA, 2023) ni el último informe disponible de la Vigilancia Epidemiológica de Enfermedades Transmisibles (MICINN, 2021) registran datos oficiales sobre esta enfermedad. Esto se debe en parte a que la anquilostomiasis no es de declaración obligatoria y a que los casos reportados están mayormente asociados con inmigrantes provenientes de países con condiciones sanitarias deficientes (Iborra et al., 2018).

En algunos estudios se ha detectado una prevalencia de *Ancylostoma tubaeforme* en gatos de vida libre y gatos caseros de hasta el 18% (Symeonidou et al., 2018). Sin embargo, estos resultados no deben ser considerados como alarmantes en términos de riesgo zoonótico. En contextos como el español, es necesario que se den múltiples circunstancias concomitantes –asociadas a condiciones higiénico-sanitarias extremadamente deficientes– para que ocurra transmisión zoonótica desde gatos a humanos, por lo que, en términos prácticos la contribución de los gatos como fuente de infección zoonótica es prácticamente irrelevante según los estudios más recientes (Quinnell et al., 2004; Sanchez-Thevenet et al., 2019).

Cuando se analiza el impacto zoonótico de los anquilostomas, los perros, y en particular los perros de caza desempeñan un papel más relevante. *Ancylostoma caninum*, que afecta principalmente a perros, está mejor documentado en la literatura médica como causa principal de anquilostomiasis zoonótica en Europa y otros países desarrollados, y en contextos rurales donde existe contacto estrecho entre perros infectados y personas, especialmente en actividades cinegéticas, sí se han reportado algunos casos de transmisión a humanos (Sanchez-Thevenet et al., 2019; Shepherd et al., 2018).

Por lo tanto, aunque la anquilostomiasis tiene una presencia significativa en animales, especialmente en gatos comunitarios y perros rurales, su relevancia como zoonosis en España es extremadamente baja debido a la infraestructura sanitaria y las prácticas de manejo animal. En cualquier caso, para minimizar riesgos, es fundamental seguir promoviendo estrategias de desparasitación periódica tanto en gatos como en perros, especialmente en aquellos que tienen acceso al exterior o participan en actividades de riesgo, como la caza.

3.2. Ascariasis

La ascariasis, una parasitosis intestinal de distribución global, se presenta mayoritariamente en áreas tropicales y subtropicales donde el saneamiento es deficiente. En humanos, esta enfermedad es causada principalmente por el parásito exclusivo de nuestra especie *Ascaris lumbricoides*. Sin embargo, una pequeña proporción de los casos puede ser de origen zoonótico, atribuible en su mayoría a *Toxocara canis*, un parásito propio de los perros, y en menor medida a *Toxocara cati*, *Toxocara malaysiensis* y *Toxocara leonina*, que afectan principalmente a los gatos. Estos parásitos zoonóticos son responsables de enfermedades intestinales y, en los casos más graves, del síndrome de Larva Migrans Visceral, una afección en la que las larvas migran a otros órganos del cuerpo humano, causando daño inflamatorio (Turrientes et al., 2011).

A pesar de que los perros y gatos pueden ser portadores de *Toxocara spp.*, la incidencia de esta enfermedad en humanos en países desarrollados como España es extremadamente baja. Los programas avanzados de control sanitario, desparasitación y manejo de animales han reducido drásticamente el riesgo de transmisión. Los informes más recientes no registran casos de ascariasis ni de Larva Migrans Visceral asociados a *Toxocara spp.* en humanos en España (MAPA, 2023). Cuando se han detectado casos, estos suelen estar vinculados a condiciones de extrema precariedad sanitaria, como ocurre en inmigrantes irregulares provenientes de países en vías de desarrollo, particularmente del continente africano (Turrientes et al., 2011).

Los estudios indican que la prevalencia de *Toxocara canis* y *Toxocara cati* en perros y gatos de países desarrollados es de apenas un 2-3%, en contraste con el 90-100% registrado en países en desarrollo (Ma et al., 2018). En colonias de gatos no controladas, la prevalencia de este parásito puede alcanzar el 11% (Montoya et al., 2018). Sin embargo, esta cifra desciende significativamente en gatos de colonias gestionadas y sometidas a desparasitaciones regulares por cuidadores y servicios veterinarios, que es a lo que obliga la vigente ley de protección de los derechos y del bienestar de los animales en España (BOE, 2023). Por su parte, los perros, especialmente los de caza y aquellos que no reciben atención veterinaria adecuada, representan un riesgo mayor en la transmisión de *Toxocara canis.* Con todo, en España, este riesgo sigue siendo bajo debido a los estrictos controles sanitarios y la alta cobertura de tratamientos antiparasitarios en la población canina.

3.3. Leptospirosis

La leptospirosis es una zoonosis bacteriana causada por bacterias del género *Leptospira,* que afecta tanto a animales como a humanos. Se transmite principalmente a través del contacto con la orina de animales infectados o con agua y suelos contaminados, especialmente en ambientes húmedos y con aguas estancadas (Rajapakse, 2022).

En humanos, la enfermedad puede variar desde cuadros asintomáticos hasta formas graves, como la enfermedad de Weil, que puede causar insuficiencia renal, ictericia y hemorragias. Aunque en España la incidencia es baja, con 49 casos confirmados en 2022, sigue siendo una enfermedad de declaración obligatoria debido a su potencial gravedad y su asociación con actividades rurales o recreativas (MICINN, 2021).

En perros, la leptospirosis puede manifestarse con síntomas como fiebre, vómitos, letargo y fallo renal o hepático, pero la vacunación regular ha sido fundamental para controlar su incidencia y limitar su papel como fuente de contagio a humanos (Sykes et al., 2023). Los roedores y otros animales silvestres también son reservorios importantes, complicando la erradicación en ciertos entornos. La prevención se basa en la vacunación periódica de perros y en la promoción de buenas prácticas higiénicas, como evitar el contacto con aguas estancadas. Aunque la leptospirosis tiene una incidencia limitada en España, estas medidas son esenciales para reducir riesgos y proteger la salud pública y veterinaria (MAPA, 2023).

3.4. Rabia

La rabia es una enfermedad zoonótica viral que afecta a todos los mamíferos, incluida la especie humana. Es causada por diversos virus del género *Lyssavirus*, con reservorios principales en animales como murciélagos, zorros y cánidos. Su transmisión ocurre principalmente a través de mordeduras o contacto directo entre la saliva infectada y heridas o mucosas. Con una mortalidad cercana al 100% tras la aparición de los síntomas clínicos, la rabia sigue siendo un desafío de salud pública en muchas regiones del mundo.

A nivel global, los perros domésticos no vacunados son responsables de la mayoría de los casos humanos, especialmente en regiones de África, Asia y América Latina (WHO, 2018). En Europa, sin embargo, la rabia está controlada en gran medida gracias a estrictas políticas de vacunación y control sanitario. En España, el último caso autóctono en animales domésticos ocurrió en 1978, consolidando al país como libre de rabia, salvo en Ceuta y Melilla, donde la proximidad al norte de África y el flujo de animales favorecen la reintroducción del virus (MAPA, 2023; Sandonis et al., 2017).

Recientemente cabe destacar el hallazgo de 5 murciélagos positivos al *Lyssavirus* en 2022 de un total de 127 analizados, evidenciando el papel de estas especies como reservorios naturales del virus en entornos silvestres. Los programas de vigilancia y vacunación obligatoria en perros en nuestro país son la clave para que España sea un país libre de rabia desde el año 1978, a pesar de estar rodeados de países en los que esta enfermedad se erige como un problema de salud pública (MAPA, 2023; Sandonis et al., 2017). No quiere esto decir que en España no hayan sido detectados algunos casos de esta enfermedad en humanos, pero todos ellos han sido casos importados en las últimas décadas.

La vacunación antirrábica, tanto preventiva como post-exposición, sigue siendo la estrategia más eficaz para combatir la enfermedad. Además, en las colonias de animales comunitarios, como gatos y perros, las campañas de vacunación son esenciales para prevenir posibles brotes en áreas urbanas y periurbanas.

3.5. Leishmaniosis

La leishmaniosis es una enfermedad parasitaria causada por el protozoo *Leishmania infantum*, transmitido por la picadura de flebótomos (mosquitos). Es una zoonosis de alta relevancia en el Mediterráneo, con una prevalencia significativa en perros, que actúan como reservorio principal (Medha, 2015). En España, la enfermedad es endémica, especialmente en áreas mediterráneas, como Madrid, Andalucía, Comunidad Valenciana y Cataluña, aunque también se han identificado casos en zonas no tradicionales, lo que refleja un posible desplazamiento de las áreas de transmisión debido al cambio climático y factores ambientales (MAPA, 2023).

En humanos, los casos son menos comunes y suelen asociarse con formas cutáneas y viscerales. Los más afectados son personas inmunodeprimidas, como pacientes con VIH o receptores de trasplantes, quienes presentan mayor susceptibilidad a desarrollar formas graves de la enfermedad. Según los datos recientes, en 2022 se notificaron casos aislados en humanos en varias comunidades autónomas, pero con una incidencia estable en comparación con años anteriores (MAPA, 2023; MICINN, 2021).

En perros, la prevalencia de *Leishmania infantum* sigue siendo alta, especialmente en animales que no reciben medidas preventivas. Las estrategias de control más eficaces incluyen el uso de collares repelentes, pipetas con insecticidas y vacunas específicas, las cuales, combinadas, han demostrado reducir significativamente la incidencia de la enfermedad. Sin embargo, la vacunación no confiere inmunidad completa, por lo que las medidas preventivas deben mantenerse de manera continua (Silveira et al., 2021). El control efectivo de la leishmaniosis requiere un enfoque integrado que considere la vigilancia de las poblaciones caninas, la educación a los propietarios de mascotas y las intervenciones ambientales para reducir las poblaciones de flebótomos (MAPA, 2023).

3.6. Bartonelosis

La bartonelosis, conocida como "enfermedad del arañazo de gato", es causada por la bacteria *Bartonella henselae*, transmitida principalmente por los gatos o las pulgas que los infestan (Álvarez-Fernández et al., 2018). Aunque no hay datos oficiales sobre su incidencia en Europa, ya que no se considera una enfermedad de declaración obligatoria, los estudios han mostrado una seroprevalencia de aproximadamente el 27% en gatos (Valtierra et al., 2016). En humanos, la tasa de incidencia en España es de 0,07 casos por cada 100.000 habitantes, con aproximadamente 30-35 casos anuales (MICINN, 2021). Es considerada de baja incidencia y no representa una gran preocupación para la salud pública en países desarrollados, ya que los casos suelen ser leves y manejables con atención médica básica.

3.7. Criptosporidiosis

La criptosporidiosis es una parasitosis intestinal de declaración obligatoria, lo que ha permitido recopilar datos oficiales sobre su incidencia. En 2018 (no hay datos más recientes), se notificaron 1.515 casos en España, incluyendo solo 10 en las Islas Canarias (MICINN, 2021). Aunque las tasas de mortalidad son bajas, con el último fallecimiento registrado en 1999, la enfermedad sigue representando una preocupación, especialmente en niños pequeños, donde se concentra la mayoría de los casos. En este grupo, el contagio suele estar relacionado con aguas recreativas contaminadas, como las de piscinas comunitarias, y no con animales de compañía. Se ha establecido que la principal vía de transmisión de la criptosporidiosis en humanos es de persona a persona, asociada principalmente a la especie *Cryptosporidium hominis* (Cacciò & Chalmers, 2016). Sin embargo, también existen infecciones de origen zoonótico causadas por *Cryptosporidium parvum*, una especie habitual en ganado vacuno juvenil, que es la principal fuente zoonótica de esta enfermedad en Europa. Los brotes relacionados con *C. parvum* suelen vincularse al consumo de agua o alimentos contaminados en contextos ganaderos, más que al contacto directo con animales domésticos.

En cuanto a los gatos y los perros, su papel en la transmisión de esta enfermedad es mínimo. Aunque los gatos pueden albergar *Cryptosporidium felis* y los perros *Cryptosporidium canis*, la evidencia epidemiológica muestra que estas especies no desempeñan un rol significativo ni preocupante en el contexto de la criptosporidiosis en Europa, ni mucho menos en España (Cacciò & Chalmers, 2016; Lucio-Forster et al., 2010). Esto se debe, en gran parte, a los avanzados sistemas de control veterinario y sanitario, que incluyen programas de desparasitación y revisiones periódicas.

Es decir que, aunque la criptosporidiosis es una enfermedad relevante desde el punto de vista de la salud pública, su relación con los animales de compañía es marginal. Los casos de transmisión zoonótica en España están dominados por infecciones vinculadas al ganado vacuno, mientras que los perros y gatos, en particular aquellos bajo supervisión veterinaria, representan un riesgo insignificante.

3.8. Dermatofitosis

La dermatofitosis, comúnmente conocida como tiña, es una infección cutánea causada por hongos del género *Microsporum y Trichophyton*. En particular, *Microsporum canis* es el dermatofito más frecuente asociado a esta afección en humanos y animales (Ginter-Hanselmayer et al., 2007). Los gatos y los perros pueden actuar como portadores y transmitir la infección a los humanos, especialmente a través del contacto directo o manipulación frecuente de animales infectados, particularmente cachorros o animales jóvenes. En humanos, la infección se manifiesta como lesiones circulares, escamosas y pruriginosas en la piel, lo que la hace fácilmente reconocible y tratable con antimicóticos tópicos o sistémicos en casos más graves.

Es importante destacar que la mayoría de los casos de transmisión humana están asociados a *Microsporum canis* en gatos, mientras que, en perros, las especies responsables son generalmente *Trichophyton mentagrophytes* y *Trichophyton verrucosum.* La transmisión entre animales y humanos ocurre con mayor frecuencia en contextos de contacto estrecho, especialmente en individuos inmunocomprometidos, donde las infecciones pueden ser más persistentes. Sin embargo, la transmisión directa entre humanos es la forma más común de propagación de la dermatofitosis en el contexto europeo (Cafarchia et al., 2004; Segal & Elad, 2021).

3.9. Giardiasis

La giardiasis es una enfermedad diarreica causada por el protozoo *Giardia intestinalis*, ampliamente distribuido en humanos y animales. En 2019, en la Unión Europea se notificaron 18.004 casos confirmados, con una incidencia mayor en niños de 1 a 4 años, a una tasa de 5,2 casos por cada 100.000 habitantes (EFSA & ECDC, 2022). Los brotes suelen estar relacionados con la ingestión de agua o alimentos contaminados debido a prácticas de manejo inadecuadas, como un tratamiento deficiente del agua potable o condiciones higiénicas precarias en su manipulación (EFSA & ECDC, 2022).

Aunque los perros y gatos pueden ser portadores de *Giardia intestinalis*, su papel en la transmisión de la enfermedad a humanos es limitado en el contexto de países desarrollados como España. Los casos zoonóticos son raros y generalmente están asociados a situaciones donde no se siguen las normas de higiene básicas, como el contacto directo con heces contaminadas o animales infectados sin desparasitación previa (Cai et al., 2021). En la mayoría de los brotes, las fuentes principales son humanos infectados y animales de producción (ganado), que contribuyen a la contaminación de fuentes de agua (Cai et al., 2021). En el caso de los animales de compañía, los protocolos de manejo adecuados, como la desparasitación regular y la supervisión veterinaria, han minimizado su papel en la epidemiología de la enfermedad (ECDC, 2022b). Es decir que, aunque *Giardia intestinalis* es un patógeno relevante desde el punto de vista de la salud pública, su relación con los animales de compañía es irrelevante en términos de salud pública en España.

3.10. Toxoplasmosis

Finalmente, de todas las zoonosis relacionadas con los animales de compañía, la más conocida es la toxoplasmosis, y se relaciona directamente con los gatos. También podemos decir que es una de las más controvertidas. Decimos esto porque esta enfermedad es una causa frecuente de consultas veterinarias y, lamentablemente, de numerosos abandonos de gatos, especialmente cuando las mujeres se quedan embarazadas, debido al miedo al contagio (GEMFE - AVEPA, 2017). El gato, como huésped definitivo más cercano al humano del parásito *Toxoplasma gondii*, es a menudo señalado como el principal responsable de la transmisión de la enfermedad. Sin embargo, los gatos infectados eliminan ooquistes en sus heces solo durante unas pocas semanas tras su primera exposición al parásito, y no vuelven a hacerlo tras nuevas infecciones (Saadatnia & Golkar, 2012).

Aunque el gato puede jugar un papel importante en la transmisión de la epizootia a otras especies animales, como en el caso de la nutria marina en California (Jessup, 2004), su papel en la transmisión directa al humano es significativamente menor. La toxoplasmosis es una de las infecciones parasitarias más prevalentes en el ser humano, y se estima que un tercio de la población mundial está infectada con *Toxoplasma gondii*

(Saadatnia & Golkar, 2012). Sin embargo, la única forma de enfermedad clínica realmente grave que produce esta parasitosis, la toxoplasmosis congénita, que puede afectar gravemente al feto, tiene una incidencia extremadamente baja en España, con solo dos casos reportados en 2018 (ECDC, 2022a; MICINN, 2021), los últimos datos disponibles hasta la fecha. Además, el riesgo de contagio directo por contacto con gatos es prácticamente nulo en condiciones higiénicas normales, ya que los ooquistes requieren un periodo de maduración de al menos 48 horas fuera del cuerpo del gato y una manipulación directa para infectar a un humano (GEMFE - AVEPA, 2017). Por otro lado, algunos estudios han sugerido una posible relación entre la toxoplasmosis y alteraciones neurocognitivas o psiquiátricas en humanos, como esquizofrenia o cambios de personalidad (Halonen & Weiss, 2013). Sin embargo, un estudio de 2016 en una cohorte de cerca de 1.000 individuos no encontró evidencia que respalde estas teorías, y los investigadores consideraron infundadas las afirmaciones populares que vinculaban a los gatos con tales trastornos (Sugden et al., 2016).

Las revisiones científicas confirman que asumir que el gato es la principal fuente de infección es erróneo. Un estudio europeo reciente identificó como principales factores de riesgo el consumo de carne poco cocinada, el contacto con tierra contaminada y los viajes fuera de Europa y América del Norte, mientras que el contacto con gatos no presentó riesgo significativo, incluso para mujeres embarazadas (Cook et al., 2000). Es decir que, aunque la toxoplasmosis es una enfermedad parasitaria relevante, el papel del gato en su transmisión al ser humano es menor de lo que comúnmente se cree, siendo esencial basarse en datos científicos rigurosos para evitar estigmatizar a esta especie.

BIBLIOGRAFÍA

Álvarez-Fernández, A., Breitschwerdt, E. B., & Solano-Gallego, L. (2018). Bartonella infections in cats and dogs including zoonotic aspects. *Parasites and Vectors, 11*(1), 1–21. https://doi.org/10.1186/s13071-018-3152-6

Cacciò, S. M., & Chalmers, R. M. (2016). Human cryptosporidiosis in Europe. *Clinical Microbiology and Infection, 22*(6), 471–480. https://doi.org/10.1016/j.cmi.2016.04.021

Cafarchia, C., Romito, D., Sasanelli, M., Lia, R., Capelli, G., & Otranto, D. (2004). The epidemiology of canine and feline dermatophytoses in southern Italy. *Mycoses, 47*(11–12), 508–513. https://doi.org/10.1111/j.1439-0507.2004.01055.x

Cai, W., Ryan, U., Xiao, L., & Feng, Y. (2021). Zoonotic giardiasis: an update. In *Parasitology Research* (Vol. 120, Issue 12, pp. 4199–4218). https://doi.org/10.1007/s00436-021-07325-2

Cecchetti, M., Crowley, S. L., Goodwin, C. E. D., Cole, H., McDonald, J., Bearhop, S., & McDonald, R. A. (2021). Contributions of wild and provisioned foods to the diets of domestic cats that depredate wild animals. *Ecosphere, 12*(9). https://doi.org/10.1002/ecs2.3737

Cook, A. J. C., Gilbert, R. E., Buffolano, W., Zufferey, J., Petersen, E., Jenum, P. A., Foulon, W., Semprini, A. E., & Dunn, D. T. (2000). Sources of toxoplasma infection in pregnant women: European multicentre case-control study. *British Medical Journal, 321*(7254), 142–147.

Cooke, R., Whiteley, P., Death, C., Weston, M. A., Carter, N., Scammell, K., Yokochi, K., Nguyen, H., & White, J. G. (n.d.). Silent killers? The widespread exposure of predatory nocturnal birds to anticoagulant rodenticides. *Science of the Total Environment, 904*, 166293. https://doi.org/10.1016/j.scitotenv.2023.166293

Courchamp, F., Langlais, M., & Sugihara, G. (1999). Cats protecting birds: Modelling the mesopredator release effect. *Journal of Animal Ecology, 68*(2). https://doi.org/10.1046/j.1365-2656.1999.00285.x

Crowley, S. L., Cecchetti, M., & McDonald, R. A. (2019). Hunting behaviour in domestic cats: An exploratory study of risk and responsibility among cat owners. *People and Nature, 1*(1), 18–30. https://doi.org/10.1002/PAN3.6/SUPPINFO

Crowley, S. L., Cecchetti, M., & McDonald, R. A. (2020). Our Wild Companions: Domestic cats in the Anthropocene. In *Trends in Ecology and*

Evolution (Vol. 35, Issue 6, pp. 477–483). Elsevier Ltd. https://doi.org/10.1016/j.tree.2020.01.008

Doherty, T. S., Bengsen, A. J., & Davis, R. A. (2015). A critical review of habitat use by feral cats and key directions for future research and management. *Wildlife Research, 41*(5), 435–446. https://doi.org/10.1071/WR14159

Doherty, T. S., Dickman, C. R., Glen, A. S., Newsome, T. M., Nimmo, D. G., Ritchie, E. G., Vanak, A. T., & Wirsing, A. J. (2017). The global impacts of domestic dogs on threatened vertebrates. *Biological Conservation, 210.* https://doi.org/10.1016/j.biocon.2017.04.007

ECDC. (2022a). European Centre for Disease Prevention and Control. Congenital toxoplasmosis. In *Annual epidemiological report for 2019* (Issue January).

ECDC. (2022b). European Centre for Disease Prevention and Control. Giardiasis (lambliasis). In *Annual Epidemiological Report for 2019* (Issue October, pp. 1–7).

EFSA, & ECDC. (2022). The European Union One Health 2021 Zoonoses Report. *EFSA Journal, 20*(7666), 1–272.

Fundación Affinity. (2024). *Estudio Él nunca lo haría de la Fundación Affinity sobre el abandono, la pérdida y la adopción de animales de compañía en España 2023.* https://static.fundacion-affinity.org/cdn/farfuture/Yy4fGT4TV-fJUGY9fCJKWGqvB0yRmMqCPlYCTcEvVcI/mtime:1718631992/sites/default/files/whitepaper-abandono-2024.pdf

GEMFE - AVEPA. (2017). *Toxoplasmosis, Gatos Y Embarazo.* Avepa. https://www.avepa.org/pdf/Posicionamiento_Toxoplasmosis_GEMFE.pdf

George, S. L., & Crooks, K. R. (2006). Recreation and large mammal activity in an urban nature reserve. *Biological Conservation, 133*(1). https://doi.org/10.1016/j.biocon.2006.05.024

Ginter-Hanselmayer, G., Weger, W., Ilkit, M., & Smolle, J. (2007). Epidemiology of tinea capitis in Europe: Current state and changing patterns. *Mycoses, 50*(SUPPL. 2), 6–13. https://doi.org/10.1111/j.1439-0507.2007.01424.x

IUCN. (2015). *IUCN invasive species (cat).*

Gómez-Alceste, M., & Rando, J. C. (2024). Shifts in the trophic ecology of feral cats in the alpine ecosystem of an oceanic island: implications for the conservation of native biodiversity. *Mammal Research, 69*(1). https://doi.org/10.1007/s13364-023-00728-9

Gompper, M. E. (2015). Free-ranging dogs and wildlife conservation. *Free-Ranging Dogs and Wildlife Conservation*, 1–336. https://doi.org/10.1093/ACPROF:OSOBL/9780199663217.001.0001

Halonen, S. K., & Weiss, L. M. (2013). Toxoplasmosis. In *Handbook of Clinical Neurology* (Vol. 114, pp. 125–144). https://doi.org/10.1016/B978-0-444-53490-3.00008-X

Hernandez, S. M., Loyd, K. A. T., Newton, A. N., Gallagher, M. C., Carswell, B. L., & Abernathy, K. J. (2018). Activity patterns and interspecific interactions of free-roaming, domestic cats in managed Trap-Neuter-Return colonies. *Applied Animal Behaviour Science, 202*. https://doi.org/10.1016/j.applanim.2018.01.014

Hu, Y., Hu, S., Wang, W., Wu, X., Marshall, F. B., Chen, X., Hou, L., & Wang, C. (2014). Earliest evidence for commensal processes of cat domestication. *Proceedings of the National Academy of Sciences of the United States of America, 111*(1), 116–120. https://doi.org/10.1073/PNAS.1311439110/SUPPL_FILE/PNAS.201311439SI.PDF

Hulme-Beaman, A., Dobney, K., Cucchi, T., & Searle, J. B. (2016). An Ecological and Evolutionary Framework for Commensalism in Anthropogenic Environments. *Trends in Ecology & Evolution, 31*(8), 633–645. https://doi.org/10.1016/J.TREE.2016.05.001

Hunter, P. (2007). The human impact on biological diversity. How species adapt to urban challenges sheds light on evolution and provides clues about conservation. *EMBO Reports, 8*(4), 316–318. https://doi.org/10.1038/SJ.EMBOR.7400951

Iborra, M. A., Carrillero, B., & Segovia, M. (2018). Anquilostomiasis: una causa para considerar en anemias ferropénicas de pacientes procedentes de zonas endémicas. *Enferm Infecc Microbiol Clin, 27*, 425–434.

Jessup, D. A. (2004). The welfare of feral cats and wildlife. In *JAVMA* (Vol. 225, Issue 9).

Karl, B. J., & Best, H. A. (1982). Feral cats on stewart island; their foods, and their effects on kakapo. *New Zealand Journal of Zoology, 9*(2). https://doi.org/10.1080/03014223.1982.10423857

Lawler, J. J., Aukema, J. E., Grant, J. B., Halpern, B. S., Kareiva, P., Nelson, C. R., Ohleth, K., Olden, J. D., Schlaepfer, M. A., Silliman, B. R., & Zaradic, P. (2006). Conservation science: a 20-year report card. *Frontiers in Ecology and the Environment, 4*(9), 473–480. https://www.academia.edu/12070009/Conservation_science_a_20_year_report_card

Lenth, B. E., Knight, R. L., & Brennan, M. E. (2008). The effects of dogs on wildlife communities. *Natural Areas Journal, 28*(3). https://doi.org/10.3375/0885-8608(2008)28[218:TEODOW]2.0.CO;2

Leong, K. M., Gramza, A. R., Duberstein, J. N., Bryson, C., & Amlin, A. (2024). Using applied social science disciplines to implement creative outdoor cat management solutions and avoid the trap of one-size-fits-all policies. *Conservation Biology,* e14321. https://doi.org/10.1111/COBI.14321

Loss, S. R., Will, T., & Marra, P. P. (2013). The impact of free-ranging domestic cats on wildlife of the United States. *Nature Communications 2013 4:1, 4*(1), 1–8. https://doi.org/10.1038/ncomms2380

Lucio-Forster, A., Griffiths, J. K., Cama, V. A., Xiao, L., & Bowman, D. D. (2010). Minimal zoonotic risk of cryptosporidiosis from pet dogs and cats. *Trends in Parasitology, 26*(4), 174–179. https://doi.org/10.1016/j.pt.2010.01.004

Luzardo, O. P., Cecchetti, M., Martín-Cruz, B., Macías-Montes, A., & Travieso-Aja, M. M. (2024). Integrating conservation and community engagement in feral cat management: a case study from a Natura 2000 protected area. *Ecology and Society, (in press).*

Ma, G., Holland, C. V., Wang, T., Hofmann, A., Fan, C. K., Maizels, R. M., Hotez, P. J., & Gasser, R. B. (2018). Human toxocariasis. *The Lancet Infectious Diseases, 18*(1), e14–e24. https://doi.org/10.1016/S1473-3099(17)30331-6

MAPA. (2023). *Informe de zoonosis "una sola salud" 2022.* Ministerio de Agricultura, Pesca y Alimentación. Gobierno de España.

Matthews, T. J., Triantis, K. A., Wayman, J. P., Martin, T. E., Hume, J. P., Cardoso, P., Faurby, S., Mendenhall, C. D., Dufour, P., Rigal, F., Cooke, R., Whittaker, R. J., Pigot, A. L., Thébaud, C., Jørgensen, M. W., Benavides, E., Soares, F. C., Ulrich, W., Kubota, Y., Sayol, F. (2024). The global loss of avian functional and phylogenetic diversity from anthropogenic extinctions. *Science (New York, N.Y.), 386*(6717), 55–60. https://doi.org/10.1126/SCIENCE.ADK7898

Medha, S. (2015). Leishmaniasis disease: causes, types & symptoms, diagnosis and current treatment. *International Journal of Pharmacy and Life Sciences, 6.*

Medina, F. M., & Nogales, M. (2009). A review on the impacts of feral cats (Felis silvestris catus) in the Canary Islands: Implications for the conservation of its endangered fauna. *Biodiversity and Conservation, 18*(4), 829–846. https://doi.org/10.1007/S10531-008-9503-4/TABLES/2

Merz, J. J., Barnard, P., Rees, W. E., Smith, D., Maroni, M., Rhodes, C. J., Dederer, J. H., Bajaj, N., Joy, M. K., Wiedmann, T., & Sutherland, R. (2023). World scientists' warning: The behavioural crisis driving ecological overshoot. In *Science Progress* (Vol. 106, Issue 3). https://doi.org/10.1177/00368504231201372

MICINN. (2021). *Resultados de la Vigilancia Epidemiológica de las enfermedades transmisibles. Informe Anual. Años 2017-2018.* https://www.isciii.es/QueHacemos/Servicios/VigilanciaSaludPublicaRENAVE/EnfermedadesTransmisibles/Documents/INFORMES/INFORMES%20RENAVE/RENAVE_Informe_anual__2017-2018.pdf

Montoya, A., García, M., Gálvez, R., Checa, R., Marino, V., Sarquis, J., Barrera, J. P., Rupérez, C., Caballero, L., Chicharro, C., Cruz, I., & Miro, G. (2018). Implications of zoonotic and vector-borne parasites to free-roaming cats in central Spain. *Vet Parasitol, 251,* 125–130.

Plantinga, E. A., Bosch, G., & Hendriks, W. H. (2011). Estimation of the dietary nutrient profile of free-roaming feral cats: possible implications for nutrition of domestic cats. In *The British journal of nutrition: Vol. 106 Suppl 1.* https://doi.org/10.1017/s0007114511002285

Quinnell, R. J., Bethony, J., & Pritchard, D. I. (2004). The immunoepidemiology of human hookworm infection. *Parasite Immunology, 26*(11–12), 443–454. https://doi.org/10.1111/J.0141-9838.2004.00727.X

Rajapakse, S. (2022). Leptospirosis: Clinical aspects. In *Clinical Medicine, Journal of the Royal College of Physicians of London* (Vol. 22, Issue 1). https://doi.org/10.7861/clinmed.2021-0784

Rando, J. C., Medina, M., Luis Rodríguez, J., Nogales, M., & Martín, A. (2020). *Impactos ambientales y riesgos para la salud pública de los gatos Propuestas para una gestión coherente (versión 1).*

Rendall, A. R., Sutherland, D. R., Baker, C. M., Raymond, B., Cooke, R., & White, J. G. (2021). Managing ecosystems in a sea of uncertainty: invasive species management and assisted colonizations. *Ecological Applications, 31*(4). https://doi.org/10.1002/eap.2306

Saadatnia, G., & Golkar, M. (2012). A review on human toxoplasmosis. *Scandinavian Journal of Infectious Diseases, 44*(11), 805–814. https://doi.org/10.3109/00365548.2012.693197

Sanchez-Thevenet, P., Carmena, D., Adell-Aledón, M., Dacal, E., Arias, E., Saugar, J. M., Rodríguez, E., & Dea-Ayuela, M. A. (2019). High Prevalence and Diversity of Zoonotic and Other Intestinal Parasites in Dogs from Eastern Spain. *Vector-Borne and Zoonotic Diseases, 19*(12). https://doi.org/10.1089/vbz.2019.2468

Sandonis, V., Vázquez-Morón, S., & Juste, J. (2017). *Rabies in Spain. A peculiarity in Eurasia.* http://www.who.

Schüttler, E., & Jiménez, J. E. (2022). Are Tourists Facilitators of the Movement of Free-Ranging Dogs? *Animals, 12*(24). https://doi.org/10.3390/ani12243564

Segal, E., & Elad, D. (2021). Human and Zoonotic Dermatophytoses: Epidemiological Aspects. In *Frontiers in Microbiology* (Vol. 12). https://doi.org/10.3389/fmicb.2021.713532

Shapiro, K., VanWormer, E., Packham, A., Dodd, E., Conrad, P. A., & Miller, M. (2019). Type X strains of toxoplasma gondii are virulent for southern sea otters (Enhydra lutris nereis) and present in felids from nearby watersheds. *Proceedings of the Royal Society B: Biological Sciences, 286*(1909). https://doi.org/10.1098/rspb.2019.1334

Silveira, N. S. D., Mendes, E. M., Pereira, M. L., Tavela, A. D. O., Veiga, A. P. M., & Zimermann, F. C. (2021). Visceral leishmaniasis in dogs. *Acta Scientiae Veterinariae, 49.* https://doi.org/10.22456/1679-9216.106853

Slater, M. R., & Shain, S. (2005). *Feral cats: an overview* (D. J. Salem & A. N. Rowan, Eds.). Humane Society Press. www.alleycat.org

Spanish Directorate of Animal Rights. (2024, August 2). *Directriz técnica de la dirección general de derechos de los animales sobre gestión de poblaciones felinas.* Spanish Ministry of Social Rights and 2030 Agenda. https://www.agenda2030.gob.es/derechos-animales/colonias-felinas/docs/DGDA.pdf

Stewart, P. S., Voskamp, A., Santini, L., Biber, M. F., Devenish, A. J. M., Hof, C., Willis, S. G., & Tobias, J. A. (2022). Global impacts of climate change on avian functional diversity. In *Ecology Letters* (Vol. 25, Issue 3). https://doi.org/10.1111/ele.13830

Sugden, K., Moffitt, T. E., Pinto, L., Poulton, R., Williams, B. S., & Caspi, A. (2016). Is Toxoplasma Gondii Infection related to brain and behavior impairments in humans? Evidence from a population-representative birth cohort. *PLoS ONE, 11*(2), e0148435. https://doi.org/10.1371/journal.pone.0148435

Sykes, J. E., Francey, T., Schuller, S., Stoddard, R. A., Cowgill, L. D., & Moore, G. E. (2023). Updated ACVIM consensus statement on leptospirosis in dogs. *Journal of Veterinary Internal Medicine, 37*(6). https://doi.org/10.1111/jvim.16903

Symeonidou, I., Gelasakis, A. I., Arsenopoulos, K., Angelou, A., Beugnet, F., & Papadopoulos, E. (2018). Feline gastrointestinal parasitism in

Greece: Emergent zoonotic species and associated risk factors. *Parasites and Vectors, 11*(1), 1–13. https://doi.org/10.1186/S13071-018-2812-X/TABLES/8

Taetzsch, S. J., Bertke, A. S., & Gruszynski, K. R. (2018). Zoonotic disease transmission associated with feral cats in a metropolitan area: A geospatial analysis. *Zoonoses and Public Health, 65*(4), 412–419. https://doi.org/10.1111/ZPH.12449

Turrientes, M. C., de Ayala, A. P., Norman, F., Navarro, M., Pérez-Molina, J. A., Rodriquez-Ferrer, M., Gárate, T., & López-Vélez, R. (2011). Visceral larva migrans in immigrants from Latin America. *Emerging Infectious Diseases, 17*(7). https://doi.org/10.3201/eid1707.101204

Valtierra, M. A., Valencia, C. S., Negro, H. F., Galarza, A. U., Somarriba, B. F., & Kassab, N. H. (2016). Epidemiología molecular de bartonella henselae en gatos callejeros y de albergue en Zaragoza, España. *Revista Espanola de Salud Publica, 90*, e1–e11.

WHO. (2018). *Expert Consultation on rabies, third report.* World Health Organization Technical Report Series. https://apps.who.int/iris/handle/10665/272364

CAPÍTULO QUINTO
LA PROTECCIÓN JURÍDICO ADMINISTRATIVA Y PENAL DE LOS ANIMALES

La protección y el bienestar animal como términos jurídicos. Conceptos de animal de compañía, animales silvestres, protección y bienestar animal

RUTH MANZANARES FERNÁNDEZ
Dirección General de Derechos de los Animales, Ministerio de Derechos Sociales y Agenda 2030
Consejo Asesor de la Sección de Derecho Animal del Ilustre Colegio de la Abogacía de Madrid

I. INTRODUCCIÓN

El Derecho Animal es una disciplina emergente que ha cobrado gran relevancia en los últimos años debido al cambio en la percepción social y jurídica de los animales. Tradicionalmente considerados como simples bienes o recursos al servicio de los seres humanos, los animales han pasado a ser reconocidos como seres sintientes, capaces de experimentar emociones y sufrimiento. Este cambio de paradigma ha generado un movimiento jurídico que busca establecer un marco normativo más acorde con los principios de protección, bienestar y reconocimiento de derechos para los animales, alejándose de la visión meramente utilitaria que los ha caracterizado durante siglos.

Uno de los hitos fundamentales en esta evolución jurídica en España ha sido el reconocimiento legal de la sensibilidad de los animales en diversos sistemas normativos. La Ley 17/2021, de 15 de diciembre, ha marcado un antes y un después al modificar el Código Civil, la Ley Hipotecaria y la Ley de Enjuiciamiento Civil, estableciendo que los animales no pueden ser considerados simples cosas, sino que son seres vivos dotados de sensibilidad. En consecuencia, el régimen de las cosas solo se les aplicará en tanto en cuanto no afecte a su bienestar. Esta modificación ha impactado directamente en múltiples ámbitos del derecho, incluyendo la propiedad, la custodia en casos de divorcio y la responsabilidad por daños. Específicamente, en situaciones de separación o divorcio, se reconoce la posibilidad de establecer custodias compartidas en función del bienestar del animal, algo inédito hasta hace pocos años.

Este cambio normativo responde a una demanda social ampliamente consolidada en España. Según los datos del estudio "Percepciones de la naturaleza y los animales", publicado por la Fundación BBVA en febrero de 2025, cerca de la mitad de la población percibe un alto nivel de cercanía entre animales y humanos, un 47% se sitúa en una posición intermedia y solo un 7% percibe un nivel de cercanía bajo. Estos resultados reflejan una visión mayoritaria de los animales como seres sintientes con derechos que deben ser protegidos por el ordenamiento jurídico.

Pero el avance del Derecho Animal no solo responde a una creciente sensibilización social, sino también al reconocimiento de principios éticos y descubrimientos científicos que avalan la necesidad de un trato más justo hacia los animales. La investigación en etología ha demostrado que muchas especies poseen capacidades cognitivas avanzadas, emociones complejas y una organización social sofisticada. Por ejemplo, estudios en primates, cetáceos y algunos mamíferos terrestres han evidenciado que son capaces de planificar acciones futuras, resolver problemas y mostrar conductas de empatía y colaboración. Estos descubrimientos han servido de base para que el derecho incorpore criterios de protección, estableciendo límites a ciertas prácticas que antes eran aceptadas sin cuestionamiento, como la experimentación sin control, la explotación intensiva en la industria alimentaria o el uso de animales en espectáculos y entretenimiento.

En definitiva, el Derecho Animal está evolucionando hacia un modelo que reconoce a los animales como sujetos de protección jurídica, respondiendo a un cambio de mentalidad social y a un nuevo conocimiento científico. Esta transformación refleja el creciente consenso sobre la necesidad de un trato más ético y equitativo hacia los animales, en sintonía con una sociedad que cada vez valora más la protección de su bienestar y derechos.

II. LA MODIFICACIÓN DEL ESTATUTO JURÍDICO DE LOS ANIMALES: LEY 7/2021, DE 15 DE DICIEMBRE

2.1. Antecedentes: Derecho de la Unión Europea

El Tratado de Funcionamiento de la Unión Europea (TFUE) ha sido una pieza clave en la evolución jurídica de la protección animal en España y en toda la Unión Europea. Uno de los antecedentes más relevantes de la reforma del Código Civil español en esta materia es el artículo 13 del TFUE, que reconoce a los animales como seres sensibles y establece la obligación de los Estados miembros de tener en cuenta su bienestar al formular y aplicar políticas en sectores clave como la agricultura, la pesca, el transporte y la investigación (Alonso García, 2011).

Este reconocimiento en el TFUE no surgió de manera aislada, sino como resultado de un proceso legislativo y jurisprudencial de largo recorrido en el ámbito europeo. Antes de su incorporación al TFUE, la consideración de los animales como seres sintientes se encontraba en el Protocolo n.º 33 del Tratado de Ámsterdam de 1997, aunque con menor fuerza normativa. Posteriormente, el Tratado de Lisboa de 2007 integró esta disposición dentro del cuerpo principal del TFUE, reforzando su impacto y dándole mayor rango normativo. Con este cambio, el bienestar animal pasó a ser un principio transversal que debía ser respetado en la legislación europea (Alonso García, 2011).

En el caso de España, la influencia del TFUE se hizo evidente en la Ley 17/2021, que reformó el Código Civil para reconocer a los animales como seres sintientes. Esta reforma estableció principios esenciales sobre la tenencia, el bienestar y la protección de los animales, suprimiendo su tratamiento como objetos de propiedad y alineando la normativa española con el Derecho de la Unión Europea (BOE, 2021).

Desde un punto de vista jurídico, la reforma del Código Civil español responde a una tendencia de armonización legislativa con la normativa europea, consolidando un marco normativo que prohíbe el maltrato, refuerza la responsabilidad de los propietarios y establece medidas concretas para garantizar el bienestar de los animales en distintos ámbitos, como el familiar, el comercial y el administrativo. Además, la jurisprudencia reciente en España ha comenzado a aplicar estos principios en la interpretación y resolución de conflictos legales relacionados con el bienestar animal, reforzando la eficacia de la reforma.

En definitiva, la evolución del estatuto jurídico de los animales en el Código Civil español no puede entenderse sin considerar los antecedentes en el TFUE y su influencia en la consolidación de un marco legal que reconoce a los animales como sujetos de protección especial. La transformación normativa impulsada por el Derecho de la Unión Europea ha sido un factor determinante en la reforma del derecho civil español, promoviendo una visión más ética y acorde con los avances científicos y sociales en la materia.

Así, la exposición de motivos de la Ley, en la que se menciona el artículo 13 del TFUE como argumento central de la reforma, recoge el aspecto fundamental de esta:

De este modo, los animales están sometidos solo parcialmente al régimen jurídico de los bienes o cosas, en la medida en que no existan normas destinadas especialmente a regular las relaciones jurídicas en las que puedan estar implicados animales, y siempre que dicho régimen jurídico de los bienes sea compatible con su naturaleza de ser vivo dotado de sensibilidad y con el conjunto de disposiciones destinadas a su protección (España, 2021, Exposición de Motivos)

El término "ser sintiente", introducido en el Código Civil español mediante la Ley 17/2021, constituye un hito en la evolución de la concepción jurídica de los animales. La reforma del artículo 333 bis del Código Civil establece que los animales son seres vivos dotados de sensibilidad, lo que implica su exclusión del régimen jurídico de los bienes materiales y su consideración bajo una normativa específica que garantice su protección y bienestar. Esta modificación se alinea con el Derecho de la Unión Europea, especialmente con el artículo 13 del Tratado de Funcionamiento de la Unión Europea (TFUE), que reconoce a los animales como seres sensibles (sentient beings en la terminología anglosajona), obligando a los Estados miembros a tener en cuenta su bienestar en la formulación e implementación de políticas públicas.

La elección del término "sintiente" en el Código Civil español responde a la necesidad de otorgar un reconocimiento jurídico explícito a la capacidad de los animales para experimentar sensaciones, emociones y sufrimiento, estableciendo con ello una diferenciación fundamental con respecto a los objetos inanimados. A nivel comparado, legislaciones como la francesa y la alemana han adoptado enfoques similares. En Francia, la reforma de 2015 del Código Civil introdujo la expresión "ê*tres vivants doués de sensibilité*" (seres vivos dotados de sensibilidad), mientras que, en Alemania, el Bürgerliches Gesetzbuch (BGB) dispone que los animales "no son cosas", aunque sigan sujetos, en ciertos aspectos, al régimen de los bienes. Estas modificaciones evidencian un cambio de paradigma en la regulación jurídica de los animales en Europa, impulsado por la creciente conciencia social y científica sobre su naturaleza sintiente.

En el ordenamiento jurídico español, la introducción del término "ser sintiente" conlleva repercusiones directas en diversos ámbitos del Derecho Civil. La reforma ha incidido en aspectos fundamentales como la custodia de animales en casos de separación o divorcio, la responsabilidad por daños causados a o por animales, así como la prohibición de su embargo dentro de procedimientos de ejecución patrimonial. Con ello, la normativa no solo redefine la percepción legal de los animales, sino que también impone nuevas obligaciones a sus propietarios, quienes deben garantizar su bienestar y evitarles cualquier sufrimiento innecesario.

Desde una perspectiva doctrinal, el reconocimiento de los animales como seres sintientes en el Código Civil es visto como un paso intermedio hacia un marco jurídico que, en el futuro, podría evolucionar hacia el reconocimiento de derechos propios para los animales. Actualmente, si bien la legislación española no los considera sujetos de derecho con capacidad jurídica autónoma, la introducción de este concepto supone un avance en la consolidación de un marco normativo más coherente con los principios de ética animal, el bienestar animal y los hallazgos científicos en etología y neurociencia.

2.2. *Breve análisis del alcance de las modificaciones del estatuto jurídico de los animales*

Tras la entrada en vigor de la Ley 17/2021, de 15 de diciembre, que modificó el Código Civil, la Ley Hipotecaria y la Ley de Enjuiciamiento Civil, estableciendo que los animales son *seres sintientes* y eliminando su consideración previa como bienes muebles, se han introducido cambios importantes en el ordenamiento jurídico.

El principal cambio introducido por esta ley es la modificación del artículo 333 bis del Código Civil, en el cual se estipula que los animales son seres vivos dotados de sensibilidad y que solo se les aplicará el régimen jurídico de los bienes en la medida en que sea compatible con su naturaleza y las disposiciones de protección existentes (Domínguez Luelmo, 2022). Este avance normativo representa la superación de la tradicional dicotomía entre personas y cosas, cuestión que había sido objeto de debate en la doctrina civilista (Peñalva Ribera, 2022). Además, la reforma establece nuevas reglas sobre la adquisición y pérdida de la posesión de los animales, particularmente en casos de hallazgo y abandono, y reconoce el derecho a indemnización por daños morales cuando un animal de compañía sufre lesiones graves o muere como consecuencia de actos de terceros (Domínguez Luelmo, 2022).

La modificación del régimen jurídico de los animales ha tenido un impacto significativo en el derecho de familia, especialmente en lo relativo a la custodia compartida de animales de compañía en casos de separación o divorcio. En la actualidad, los jueces deben determinar la atribución del animal considerando su bienestar, permitiendo incluso la adopción de regímenes de convivencia alternos (Moro Almaraz, 2022). Asimismo, la normativa incorpora el maltrato animal como criterio para la denegación de la custodia de menores, una disposición contenida en el artículo 92.7 del Código Civil. Este cambio responde a estudios que han evidenciado una correlación entre la violencia doméstica y el maltrato animal, considerando que el daño a los animales puede ser un indicador de riesgo para los menores en el hogar (González Lacabex, 2022).

Desde una perspectiva ética y filosófica, algunos autores han señalado que, si bien la reforma supone un avance en la protección de los animales, aún persiste la carencia de un reconocimiento jurídico de sus derechos propios. La normativa se limita a regular los deberes de las personas hacia ellos, sin dotarlos de un estatus jurídico independiente (Paez, 2022). En este sentido, se ha argumentado que la concepción de los animales como seres sintientes debería ir acompañada de una mayor protección, evitando su instrumentalización en actividades económicas y recreativas que impliquen sufrimiento.

Sin embargo, desde un enfoque más pragmático, otros autores consideran que la reforma ha permitido la armonización de la legislación española con el Tratado de Funcionamiento de la Unión Europea (TFUE, art. 13), el cual, como se ha comentado anteriormente, obliga a los Estados miembros a considerar el bienestar animal en sus políticas (Fernández Vázquez et al., 2022).

Otro aspecto relevante de la reforma se vincula con la tenencia de animales en viviendas arrendadas y en comunidades de propietarios. En el ámbito del arrendamiento, el ordenamiento jurídico español no prohíbe de manera general la tenencia de animales de compañía en las viviendas alquiladas. No obstante, los contratos pueden incluir cláusulas que restrinjan dicha tenencia, lo que ha generado un intenso debate doctrinal (Domínguez Luelmo, 2022). Algunos expertos han planteado que estas restricciones podrían entrar en conflicto con los principios del derecho a la vivienda y al desarrollo personal (Moro Almaraz, 2022). En el marco de la propiedad horizontal, también se ha discutido la posibilidad de que los estatutos de una comunidad prohíban la tenencia de animales en pisos privados. La jurisprudencia ha señalado que tales prohibiciones solo serían admisibles si están justificadas por razones de convivencia o higiene, pero no de forma general (Peñalva Ribera, 2022).

En lo que respecta a la adquisición y pérdida de la propiedad de los animales, la Ley 17/2021 introduce modificaciones al artículo 610 del Código Civil, estableciendo que los animales carentes de dueño pueden ser objeto de ocupación, salvo en los casos en los que exista normativa que limite su apropiación. Asimismo, la regulación sobre el hallazgo de animales perdidos ha sido reformulada. En la actualidad, si una persona encuentra un animal cuya propiedad es identificable, debe proceder a su devolución, salvo que existan indicios de maltrato o abandono. En tales casos, el hallador debe informar inmediatamente a las autoridades competentes, evitando la restitución automática del animal a su propietario (Domínguez Luelmo, 2022). Esta normativa busca proporcionar mayores garantías en la protección de los animales extraviados y prevenir situaciones de negligencia.

2.3. El impacto de la reforma del Código Civil en la protección jurídica de los animales: análisis de la sentencia sobre el "Toro de Júbilo" en Medinaceli

La reforma del Código Civil operada mediante la Ley 17/2021, de 21 de diciembre, que reconoce a los animales como seres sintientes ha implicado una redefinición de su estatus legal, obligando a su protección y bienestar en todas las esferas del derecho. Un ejemplo reciente de la aplicación de estos principios lo constituye la sentencia del Juzgado de lo Contencioso-Administrativo n.º 1 de Soria, que declaró la ilegalidad de la autorización municipal para la celebración del festejo del "Toro de Júbilo" en Medinaceli.

El fallo es categórico al establecer que la regulación contenida en la Ordenanza Municipal reguladora del desarrollo de los festejos taurinos tradicionales de Medinaceli contraviene la legislación estatal, en particular la Ley 17/2021. El artículo 333 bis del Código Civil reconoce a los animales como seres vivos dotados de sensibilidad, lo que impone el deber de garantizar su bienestar y evitar cualquier forma de maltrato. El juez argumenta que este principio no se limita a los animales de compañía, sino que debe aplicarse a todas las especies, incluidas aquellas utilizadas en espectáculos taurinos (Mulà Arribas, 2024).

Además, la sentencia se apoya en el artículo 3.1 del Código Civil, que establece que las normas deben interpretarse de acuerdo con la realidad social del momento en que han de ser aplicadas. En este sentido, el juez subraya que el reconocimiento de la sintiencia animal no puede ser considerado un mero principio abstracto, sino que debe traducirse en la prohibición efectiva de prácticas que generen sufrimiento innecesario. En el caso concreto del "Toro de Júbilo", el magistrado concluye que el espectáculo causa un sufrimiento extremo al animal, lo que resulta incompatible con el marco normativo vigente.

En términos de seguridad jurídica y coherencia normativa, el fallo destaca la necesidad de interpretar las disposiciones del Código Civil en consonancia con el resto del ordenamiento jurídico. En este sentido, la sentencia enfatiza que la evolución del derecho animal en España ha llevado a una armonización de las normativas estatal y autonómica, de modo que ninguna disposición administrativa puede vulnerar el régimen protector de los animales establecido en la legislación estatal (Mulà Arribas, 2024).

Por último, el fallo reafirma que el reconocimiento de la sintiencia de los animales tiene implicaciones que trascienden el derecho privado y afectan a todas las esferas del derecho. Así, la sentencia de Medinaceli constituye un precedente significativo en la interpretación y aplicación del Código Civil en materia de bienestar animal, consolidando la primacía de la protección de los animales sobre prácticas culturales o tradicionales que impliquen su sufrimiento.

Esta resolución judicial representa un avance en la consolidación de un marco normativo que garantiza la protección efectiva de los animales en España. La aplicación del artículo 333 bis del Código Civil en este contexto refuerza la idea de que el derecho no puede permanecer ajeno a la evolución de la sensibilidad social y a los avances científicos que han demostrado la capacidad de los animales para experimentar dolor y sufrimiento. Con ello, se confirma que el reconocimiento jurídico de la sintiencia animal no puede quedar en una mera declaración de principios, sino que debe traducirse en la efectiva protección de los animales frente a cualquier forma de maltrato.

III. DERECHOS DE LOS ANIMALES, PROTECCIÓN Y BIENESTAR COMO TÉRMINOS JURÍDICOS

El concepto de protección de los animales en el ámbito jurídico ha evolucionado desde una visión puramente antropocéntrica hasta un enfoque que reconoce a los animales como seres sintientes con intereses protegibles. La protección animal implica el desarrollo de normas y principios jurídicos destinados a prevenir el maltrato, garantizar condiciones de vida dignas y establecer responsabilidades sobre su tenencia y uso (Medina Martín, 2020). Este reconocimiento ha sido incorporado en distintos sistemas normativos a nivel internacional, influido por el avance de la ética animal y la consolidación de principios de bienestar y derechos.

El bienestar animal hace referencia a las condiciones que garantizan la integridad física y emocional de los animales, evitando sufrimientos innecesarios y asegurando un trato respetuoso acorde con su naturaleza (García, 2020). Por su parte, el concepto de derechos de los animales plantea la necesidad de reconocerlos como sujetos de protección jurídica, estableciendo límites claros a su uso y explotación en función de sus necesidades y características biológicas (Rodríguez, 2019). Estos tres conceptos—protección, bienestar y derechos—constituyen la base sobre la cual se han desarrollado los marcos normativos modernos.

3.1. Derechos de los animales, el debate

El concepto de derechos de los animales ha sido uno de los más debatidos dentro del derecho animal, ya que su reconocimiento implica una transformación profunda en la relación jurídica entre humanos y animales. En algunos países, como Alemania y Suiza, se han reformado las constituciones y códigos civiles para otorgar a los animales un estatus de sujetos de protección especial, mientras que en otros sistemas jurídicos siguen siendo considerados bienes muebles, con regulaciones específicas para garantizar su bienestar sin reconocerles personalidad jurídica (Mulá, 2024). En el caso de España, la reforma del Código Civil mediante la Ley 17/2021 representó un avance significativo al establecer que los animales no pueden ser considerados meras "cosas" y que su bienestar debe ser un factor determinante.

La Ley 7/2023, de 28 de marzo, de protección de los derechos y el bienestar de los animales establece en su artículo 1.2 la definición de los derechos de los animales en normativa básica estatal.

Se entiende por derechos de los animales su derecho al buen trato, respeto y protección, inherentes y derivados de su naturaleza de seres sintientes, y con las obligaciones que el ordenamiento jurídico impone a las personas, en particular a aquéllas que mantienen contacto o relación con ellos. (BOE, 2023a).

Esta definición, pionera en el ordenamiento jurídico estatal, se recoge de forma genérica en el texto normativo, con más de 40 referencias plasmadas en una serie de obligaciones para con los animales de su ámbito de aplicación. Sin embargo, la resistencia a interiorizar el concepto de derechos de los animales ha sido y es, patente en las numerosas referencias a la ley como "ley de bienestar animal", reduciendo su significación notablemente.

Desde una perspectiva teórica y jurídica, el debate sobre los derechos de los animales se enmarca en la concepción de los derechos como construcciones normativas creadas por las sociedades humanas, más que realidades preexistentes en la naturaleza.

Según Jesús Mosterín (2015, p.55), los derechos no son entidades objetivas que simplemente se descubren, sino intenciones jurídicas que generan obligaciones. De esta manera, el reconocimiento de derechos depende de acuerdos legislativos y del consenso social sobre lo que se considera justo o necesario proteger. Esta visión explica por qué los derechos solo existen dentro de una sociedad organizada políticamente y dotada de ordenamiento jurídico, ya que fuera de este marco carecerían de eficacia real.

Desde este enfoque, la posesión de derechos implica la existencia de correlativas obligaciones. Que un sujeto sea titular de un derecho supone que existen terceros que tienen deberes específicos respecto a él. Esto también permite entender por qué los niños y los animales no humanos pueden ser titulares de derechos sin necesidad de poseer obligaciones (Mosterín, 2015, p.54). No es requisito que un sujeto pueda ejercer o exigir activamente sus derechos para que estos sean reconocidos; basta con que el ordenamiento jurídico establezca la necesidad de proteger sus intereses.

A lo largo de la historia, el pensamiento predominante en la tradición judeocristiana e islámica ha sido antropocéntrico, es decir, centrado en la supremacía del ser humano sobre los demás seres vivos. Estas tradiciones han considerado únicamente a los seres humanos como sujetos morales, relegando a los animales al estatus de objetos o recursos al servicio de las personas (Mosterín, 2014, p.77). Esta visión ha influido en la filosofía y el derecho occidental, consolidando la idea de que los animales y la naturaleza solo tienen valor en función de su utilidad para los humanos.

Con la llegada de la Ilustración, sin embargo, se produjo un cambio en la percepción de los animales. El avance del conocimiento científico y el estudio de la fisiología animal llevaron al reconocimiento de similitudes entre humanos y animales, lo que impulsó una mayor reflexión sobre su capacidad de sufrimiento. Filósofos como Voltaire y Rousseau comenzaron a cuestionar la moralidad de la explotación animal, argumentando que la capacidad de sentir debía ser la base de su protección (Castro, 2019, p.29).

En particular, Rousseau defendió que la sensibilidad es el criterio fundamental para justificar la protección de los animales. Aunque los animales no puedan reconocer ni exigir derechos por sí mismos, su capacidad de experimentar dolor debería concederles, al menos, el derecho a no ser maltratados innecesariamente. En su obra, Rousseau afirmaba:

"Es claro que, desprovistos (los animales) de luces y de la libertad, no pueden reconocer tal ley; pero, perteneciendo de algún modo a nuestra misma naturaleza por la sensibilidad de que están dotados, se pensará que deben participar también en el derecho natural y que el hombre está sometido a algún tipo de deberes respecto a ellos. En efecto, parece que, si estoy obligado a no hacer ningún daño a mi semejante, no es tanto porque sea un ser racional sino porque es un ser sensible, cualidad que, siendo común al hombre y a la bestia, debe dar cuando menos a ésta el derecho a no ser inútilmente maltratada por aquél" (Rousseau, 2005, p.115).

Siguiendo esta línea de pensamiento, Jeremy Bentham fue el primer filósofo en formular una defensa sistemática de los derechos de los animales. Bentham sostenía que lo verdaderamente relevante no es la inteligencia ni la capacidad de comunicación de los animales, sino su capacidad de experimentar dolor y placer. En este sentido, el sufrimiento se convierte en el criterio moral central para reconocer derechos y establecer deberes humanos hacia los animales.

A partir de la segunda mitad del siglo XX, especialmente en la década de los setenta, la filosofía moral y política comenzó a explorar con mayor profundidad los lazos éticos entre humanos y animales. Peter Singer, en su influyente obra *Animal Liberation,* defendió la necesidad de extender la comunidad moral humana a los animales, basándose en el principio de igual consideración de intereses. Su argumento central es que no hay justificación racional para discriminar entre seres sensibles en función de su especie, dado que todos experimentan sufrimiento.

Este movimiento culminó en 1978 con la Declaración Universal de los Derechos de los Animales, presentada por la Liga Internacional de los Derechos del Animal ante la UNESCO. Aunque esta declaración carece de valor jurídico vinculante, representó un hito en la evolución del reconocimiento legal de los animales, estableciendo principios de protección y obligaciones humanas hacia ellos (López de la Osa, 2012, p.24).

El reconocimiento de los derechos de los animales continúa siendo un tema en evolución dentro del derecho internacional y nacional. Mientras que algunos sistemas jurídicos han avanzado en la consolidación de un estatus de protección especial, otros aún mantienen a los animales dentro de la categoría de bienes con regulaciones de bienestar. Sin embargo, el progreso normativo en la Unión Europea, junto con la evolución de la conciencia social y científica, indica que el estatus jurídico de los animales seguirá transformándose en las próximas décadas, avanzando hacia un modelo más equitativo y respetuoso con su naturaleza como seres sintientes.

3.2. El concepto de protección animal

La protección animal es un concepto jurídico que abarca el conjunto de normas, principios y mecanismos legales diseñados para garantizar el bienestar de los animales y evitar su sufrimiento innecesario. Este concepto ha evolucionado significativamente en las últimas décadas, pasando de una visión antropocéntrica y utilitaria, en la que los animales eran considerados meros bienes de propiedad humana, a un enfoque que reconoce su sintiencia y la necesidad de su protección como un deber legal del Estado y de los ciudadanos.

Desde el punto de vista del derecho comparado, la protección animal ha sido regulada de manera diversa en los distintos ordenamientos jurídicos. En algunos países, como Alemania y Suiza, se han llevado a cabo reformas constitucionales para incluir la protección de los animales como un principio fundamental. En otros, como Francia y España, se han modificado los códigos civiles para reconocer a los animales como seres sintientes, diferenciándolos de los bienes materiales y estableciendo un régimen jurídico especial para su tutela.

Desde una perspectiva doctrinal, la protección animal se fundamenta en el reconocimiento de que los animales tienen intereses protegibles jurídicamente, aunque no sean considerados sujetos de derecho en el mismo sentido que los seres humanos. En este sentido, la protección animal no otorga a los animales personalidad jurídica, pero sí impone deberes y responsabilidades a los seres humanos en relación con su trato.

El Derecho Administrativo también ha reforzado la protección de los animales a través de leyes que regulan su tenencia, comercialización, transporte y uso en distintas actividades. La legislación vigente establece normas sobre la tenencia responsable, la prohibición de prácticas crueles y la regulación de sectores como la ganadería, el comercio y la experimentación científica. Sin embargo, la eficacia de estas disposiciones depende en gran medida de su implementación y supervisión efectiva, así como de la armonización con otras normas de rango superior, como el Código Civil y el Derecho Comunitario.

En el ámbito del Derecho Penal, la protección de los animales se ha fortalecido con la tipificación de conductas lesivas en los artículos 337 y 337 bis del Código Penal, que sancionan el maltrato y el abandono con penas de prisión y multas. La reciente reforma penal ha incrementado las penas en los casos de maltrato con resultado de muerte y ha introducido la posibilidad de inhabilitación para la tenencia de animales. Este enfoque refuerza la idea de que la protección animal no es solo un principio ético, sino una obligación legal con consecuencias sancionadoras para quienes infrinjan las normas establecidas (BOE, 2023b).

Así, la protección animal como concepto jurídico se fundamenta en la obligación de los Estados y los ciudadanos de garantizar los derechos y el bienestar de los animales, evitando su sufrimiento y promoviendo condiciones de vida dignas. A través de reformas normativas, jurisprudencia y regulaciones administrativas, se ha consolidado un marco legal que limita la autonomía de los propietarios y establece la intervención del Estado en la tutela y bienestar de los animales. Este proceso refleja el avance de la conciencia social y científica sobre la importancia de reconocer y proteger los intereses de los animales dentro del ordenamiento jurídico.

3.3. Bienestar animal como concepto científico y jurídico

El bienestar animal se define como el conjunto de condiciones que garantizan que los animales puedan vivir libres de sufrimiento innecesario, con acceso a recursos esenciales como alimento, agua, atención veterinaria y un entorno adecuado. Este concepto implica no solo la ausencia de maltrato, sino también la posibilidad de que los animales puedan expresar comportamientos propios de su especie y mantener un estado emocional equilibrado. La Organización Mundial de Sanidad Animal (WOAH) considera que un animal se encuentra en un estado satisfactorio de bienestar cuando está sano, confortable, bien alimentado, puede expresar su comportamiento natural y no sufre dolor, miedo o distrés (WOAH, 2008).

Estos elementos han servido de base para la formulación de normativas nacionales e internacionales que buscan mejorar las condiciones de los animales en ámbitos como la ganadería, la experimentación y el comercio.

A nivel normativo, el bienestar animal ha sido reconocido como un principio jurídico fundamental a proteger en distintos ordenamientos legales. En el contexto europeo, el artículo 13 del Tratado de Funcionamiento de la Unión Europea (TFUE) establece que los animales son seres sintientes (*sentient beings*) y que sus necesidades deben ser consideradas en la formulación e implementación de políticas públicas en sectores como la agricultura, la pesca, el transporte y la investigación científica (Unión Europea, 2009). No obstante, la efectividad de este principio se ha visto limitada cuando entra en conflicto con prácticas culturales, religiosas o económicas, lo que ha generado debates sobre la verdadera protección que brindan las normativas en la Unión Europea (Medina Martín, 2020).

Así, desde un punto de vista doctrinal, el bienestar animal es un bien jurídico a proteger, por el que se imponen obligaciones legales a los seres humanos en cuanto a su cuidado. Es decir, si bien los animales no son sujetos de derecho en sentido estricto, su bienestar es un interés jurídicamente protegido que limita la autonomía de las personas y exige la intervención del Estado para garantizar el cumplimiento de las normas de protección. Este enfoque normativo refuerza la idea de que el bienestar animal no solo es un principio ético o científico, sino un criterio vinculante en la interpretación y aplicación de la legislación vigente.

Así, el bienestar animal se ha consolidado como un estándar normativo que guía las políticas públicas y las regulaciones sobre el trato de los animales. Su reconocimiento en el ámbito jurídico responde a un cambio de paradigma que deja atrás la visión de los animales como simples objetos de propiedad y avanza hacia un marco legal más coherente con la sensibilidad social y los descubrimientos científicos sobre la sintiencia animal.

IV. CLASIFICACIÓN DE LOS ANIMALES

El concepto de clasificación de los animales en el marco jurídico español ha experimentado modificaciones significativas con la aprobación y entrada en vigor de la Ley 7/2023, de 28 de marzo, de protección de los derechos y el bienestar de los animales. Esta normativa básica estatal ha introducido cambios en la categorización de los animales, particularmente en lo que respecta a los animales de compañía. No obstante, su integración en el conjunto de la legislación vigente se ha realizado en gran medida siguiendo la estructura preexistente en otras normativas, en especial la Ley 8/2003, de 24 de abril, de sanidad animal.

La clasificación de los animales en el derecho español se basa fundamentalmente en su uso, aunque este no es el único criterio determinante. En este sentido, se distinguen tres grandes categorías: animales silvestres, animales de producción y animales de compañía, cada una con un régimen jurídico particular.

4.1. Animales silvestres

En el marco de la Ley 7/2023, los animales silvestres se definen como aquellos cuyo genotipo y fenotipo no han sido significativamente alterados por la selección humana, con independencia de su origen y de si se encuentran en libertad o en cautividad. Esta definición presenta una diferencia notable respecto a otras normativas estatales que regulan la fauna silvestre. La clasificación de un animal como silvestre también tiene implicaciones en su tratamiento legal, ya que estos pueden estar sujetos a distintos regímenes: pueden ser explotados en actividades cinegéticas, protegidos bajo normativas de biodiversidad en el caso de determinadas especies o incluso sometidos a control poblacional si están catalogados como especies exóticas invasoras.

En este contexto, aunque el uso sigue siendo un criterio predominante en la clasificación, la especie también es un factor determinante. De esta manera, un animal silvestre puede mantenerse en cautividad, lo que altera el marco normativo aplicable sin modificar su naturaleza de animal silvestre. Esto ocurre, por ejemplo, en casos donde especies silvestres son utilizadas en la producción animal.

4.2. Animales de producción

Los animales de producción incluyen aquellas especies empleadas en la producción de alimentos, experimentación, peletería y actividades cinegéticas, estando reguladas en gran medida por normativas sanitarias. La Ley 7/2023 introduce una novedad importante al permitir que determinados animales de producción puedan ser reclasificados como animales de compañía por decisión de su titular, siempre que mantengan su estatus sanitario. Este cambio normativo amplía la posibilidad de considerar legalmente como animales de compañía a especies tradicionalmente vinculadas a la producción, modificando así su régimen de protección.

4.3. Animales de compañía

La reforma establecida en la Ley 7/2023 introduce una redefinición de los animales de compañía, incorporando un criterio diferenciador que establece que perros, gatos y hurones serán considerados animales de compañía independientemente del uso que se les otorgue, su lugar de procedencia o el fin al que sean destinados (BOE, 2023a). Este cambio representa un elemento disruptivo en el ordenamiento jurídico, ya que afecta normativas relacionadas con la experimentación animal y otras regulaciones específicas que hasta ahora no los contemplaban bajo esta clasificación.

Además, la Ley 7/2023 incluye en la categoría de animales de compañía a las aves de cetrería y los animales de acuariofilia, con la condición de que no formen parte del Catálogo Español de Especies Exóticas Invasoras, ni de listas de especies protegidas a nivel estatal, autonómico o internacional. Sin embargo, la referencia a las aves de cetrería ha quedado sin efectos jurídicos, ya que fueron excluidas del ámbito de aplicación de la Ley mediante la enmienda incorporada en el artículo 1.3.e) durante su tramitación parlamentaria. Como resultado, los únicos animales adicionales de compañía reconocidos en la normativa son los de acuariofilia, cuyo listado específico aún está por definir.

Por otro lado, los animales domésticos constituyen un subgrupo dentro de los animales de compañía. La Ley 7/2023 establece que serán considerados domésticos aquellos animales que figuren en el Listado Positivo de Animales de Compañía contenido en el artículo 34 de la norma. Asimismo, la normativa contempla la posibilidad de que determinados animales silvestres en cautividad puedan ser considerados animales de compañía, siempre que su especie se encuentre dentro del listado y se mantengan como tales en el hogar.

V. CONCLUSIONES

El nuevo régimen jurídico de los animales en España representa un avance significativo en su protección legal, alineándose con las tendencias normativas de otros países europeos y con la creciente sensibilidad social sobre el bienestar animal.

No obstante, persisten desafíos en su implementación, particularmente en la aplicación de las disposiciones relativas al derecho de familia, la propiedad y la ética jurídica. Algunos autores han señalado la necesidad de reformas adicionales que refuercen la protección efectiva de los animales y eviten su utilización con fines comerciales o recreativos (Paez, 2022). Asimismo, se ha subrayado la importancia de una mayor armonización con la normativa autonómica y municipal, dado que en España existen diferencias significativas entre comunidades en materia de bienestar animal (Fernández Vázquez et al., 2022).

La reforma introducida por la Ley 17/2021 ha supuesto un cambio paradigmático en el Derecho Animal en España, estableciendo un marco jurídico que reconoce la especial naturaleza de los animales dentro del ordenamiento y sentando las bases para su protección. No obstante, aún quedan aspectos pendientes de desarrollo, especialmente en lo concerniente a su aplicación práctica y su integración con las diversas normativas sectoriales. La consolidación de un sistema jurídico que garantice plenamente la protección de los animales requerirá no solo de futuras reformas legislativas, sino también de un cambio progresivo en la conciencia social y en la interpretación judicial de estas nuevas disposiciones.

Protección, derechos y bienestar de los animales son conceptos jurídicos que, frecuentemente, no se interpretan correctamente. Mientras que el bienestar animal es un concepto tangible y cuantificable científicamente, que determina que están cubiertas sus necesidades básicas y la protección es el conjunto de normas que se dan para ello, los derechos de los animales son la obligación moral y jurídica que tiene el ser humano para con los animales derivados de su naturaleza de seres sintientes.

La Ley 7/2023 ha supuesto un avance en la clasificación de los animales en el derecho español, introduciendo criterios más específicos para diferenciar entre animales silvestres, de producción y de compañía. Si bien el uso sigue siendo el principal criterio diferenciador, la reforma ha incorporado nuevos factores determinantes, como la especie y su estatus sanitario. En particular, la inclusión de perros, gatos y hurones como animales de compañía sin importar su finalidad o lugar de procedencia establece un cambio de paradigma en la normativa de protección animal. Esta inclusión, que también modifica la definición de animal de compañía de la Ley 8/2003, de 24 de abril, es transversal a toda la normativa básica estatal y no está afectada por las exclusiones del artículo 1.3 de la Ley 7/2023. No obstante, la necesidad de ajustar ciertas disposiciones y armonizar la nueva legislación con otras normativas sectoriales sigue siendo un desafío para la coherencia del marco normativo español.

A juzgar por la evolución de la sensibilidad de la población, probablemente seguiremos asistiendo a cambios normativos en las próximas décadas, en los que la definición de los conceptos y clasificaciones de los animales seguirán evolucionando para llevarnos más cerca del respeto debido a los seres con los que compartimos el planeta.

BIBLIOGRAFÍA

Alonso García, E. (2018). *El bienestar de los animales como seres sensibles-sentientes: su valor como principio general, de rango constitucional, en el derecho español.* La Ley Digital, 1120/2011.

Castro Álvarez, C. (2019). *Los animales y su estatuto jurídico. Protección y utilización de los animales en el derecho.* Cizur Menor: Thomson Reuters Aranzadi.

Domínguez Luelmo, A. (2022). *El nuevo régimen de tenencia y adquisición de los animales según la Ley 17/2021 sobre el régimen jurídico de los animales.* Revista General de Derecho Animal y Estudios Interdisciplinares de Bienestar Animal.

Fernández Vázquez, I., Gil González, I., Pérez Vicente, A., Ramos Milla, D., & Tabernero Sandoval, A. (2022). *Introduction to the text of the new*

Spanish Act 17/2021 that enshrined in private law the principle that animals are sentient beings.

Fundación BBVA. (2025). *Percepciones de la naturaleza y los animales.* Fundación BBVA.

García, J. (2020). *Protección y bienestar animal: un análisis normativo y ético.* Revista de Estudios Jurídicos y Sociales, 15(2), 45-72.

González Lacabex, M. (2022). *Maltrato animal y custodia de menores en el artículo 92.7 del Código Civil español.* Revista General de Derecho Animal y Estudios Interdisciplinares de Bienestar Animal.

López de la Osa Escribano, P. (2012). *El Derecho del Bienestar Animal en Europa y Estados Unidos.* Cizur Menor: Thomson Reuters Aranzadi.

Medina Martín, E. M. (2020). *Regulación jurídica de las políticas públicas de protección, bienestar o "derechos" de los animales.* Revista General de Derecho Animal y Estudios Interdisciplinares de Bienestar Animal, 6, 1-42.

Moro Almaraz, M. J. (2022). *Las modificaciones en materia de derecho de familia por la Ley 17/2021 sobre el régimen jurídico de los animales.*

Mosterín, J. (2014). *El triunfo de la compasión.* Alianza Ensayo.

Mosterín, J. (2015). *Los derechos de los animales.* En B. Basilio (Coord.), *El Derecho de los Animales* (pp. xx-xx). Barcelona: Marcial Pons.

Mulá, A. (2024). *Derecho animal y bienestar: Análisis de la evolución normativa en España y Europa.* Revista de Derecho y Bienestar Animal, 24(5), 35-67.

Paez, E. (2022). *Sintientes, pero sin derechos. Análisis ético de la Ley 17/2021 sobre el régimen jurídico de los animales, y propuestas de reforma.* Revista General de Derecho Animal y Estudios Interdisciplinares de Bienestar Animal.

Peñalva Ribera, M. T. (2022). *La superación de la dualidad de personas y cosas y las normas posesorias de los animales.* Revista General de Derecho Animal y Estudios Interdisciplinares de Bienestar Animal.

Rodríguez, L. (2019). *Derechos de los animales en la legislación comparada: avances y desafíos.* Revista Internacional de Legislación y Derecho Animal, 12(4), 98-121.

Rousseau, J. J. (2005). *Discurso sobre el origen y los fundamentos de la desigualdad entre los hombres y otros escritos.* Madrid: Tecnos.

Sentencia Medinaceli. (2024). *Juzgado de lo Contencioso-Administrativo n.º 1 de Soria. España.*

World Organization of Animal Health. (2008). *Introduction to the recommendations for animal welfare.* Terrestrial Animal Health Code, 235-236.

Referencias normativas:

BOE (2003). *Ley 8/2003, de 24 de abril, de sanidad animal.* Boletín Oficial del Estado, España.

BOE. (2021). *Ley 17/2021, de 15 de diciembre, de modificación del Código Civil, la Ley Hipotecaria y la Ley de Enjuiciamiento Civil, sobre el régimen jurídico de los animales.* Boletín Oficial del Estado, España.

BOE. (2023a). *Ley 7/2023, de Protección de los Derechos y el Bienestar de los Animales.* Boletín Oficial del Estado, España.

BOE. (2023b). *Reforma del Código Penal sobre delitos de maltrato animal.* Boletín Oficial del Estado, España.

CITES. (2020). *Convención sobre el Comercio Internacional de Especies Amenazadas de Fauna y Flora Silvestres.*

Consejo de Europa. (1987). *Convenio Europeo sobre Protección de los Animales de Compañía.*

Consejo de la Unión Europea. (1978). *Decisión 78/923/CEE, de 19 de junio de 1978.* Diario Oficial de las Comunidades Europeas (DOCE), L 323, 17.11.1978, 47-54.

Consejo de la Unión Europea. (1992). *Tratado de la Unión Europea, Maastricht, 7 de febrero de 1992.* Diario Oficial de las Comunidades Europeas (DOCE), L191, 29.7.1992, 1-115.

Consejo de la Unión Europea. (1997). *Tratado de Ámsterdam, por el que se modifican el Tratado de la Unión Europea, los Tratados Constitutivos de las Comunidades Europeas y determinados actos conexos.* Boletín Oficial del Estado (BOE, núm. 109, 7 de mayo de 1999, 17146-17202).

Consejo de la Unión Europea. (2007). *Tratado por el que se modifican el Tratado de la Unión Europea y el Tratado Constitutivo de la Comunidad Europea, Lisboa, 13 de diciembre de 2007.* Diario Oficial de las Comunidades Europeas (DOCE), L83, 30.3.2010, 47-199.

TFUE. (2012). *Tratado de Funcionamiento de la Unión Europea.* Diario Oficial de la Unión Europea.

Los animales en el Código Penal: una visión panorámica

MIGUEL DÍAZ Y GARCÍA CONLLEDO[1]
LUIS MIGUEL RAMOS MARTÍNEZ[2]

I. INTRODUCCIÓN[3]

La posición de los animales —no humanos, es decir, el resto de seres vivos que integran el reino animal— dentro del Dere-

---

1 Catedrático de Derecho Penal, Universidad de León.

2 Ayudante de Derecho Penal, Universidad de León.

3 Este trabajo se ha realizado en el marco del proyecto de investigación «Reforma y evolución del Derecho penal: límites, garantías y respuestas. Especial atención a sectores caracterizados por la vulnerabilidad de sujetos o la complejidad organizativa (REDPENAL)» cofinanciado por la UE y la AEI (PID2023-148510NB-I00), del que son IP los Profesores Miguel Díaz y García Conlledo y María A. Trapero Barreales, y en las tareas de investigación de la UIC 166 CyL y del GI DPULE, dirigidos ambos por el primero de aquellos. Abreviaciones utilizadas: AEI [Agencia Estatal de Investigación], (S)AP [(Sentencia de la) Audiencia Provincial de], art(s). [artículo(s)], BOE [Boletín Oficial del Estado], CC [Código Civil], CE [Constitución Española], coord(s). [coordinador(es)/a(s)], CP [Código Penal], CyL [Castilla y León], dir(s). [director(es)/a(s)], DPULE [Derecho Penal de la Universidad de León], ECLI [European Case Law Identifier], ed. [edición], etc. [etcétera], GI [Grupo de Investigación], IP [investigador(es)/a(s) principal(es)], L(O) [Ley (Orgánica)], LOPSC [Ley Orgánica de protección de la seguridad ciudadana], LPDBA [Ley de protección de los derechos y el bienestar de los animales], p(p). [página(s)], RAE [Real Academia Española], RD [Real Decreto], RDPC [Revista de Derecho Penal y Criminología], RECPC [Revista Electrónica de Ciencia Penal y Criminología],

cho, creación humana reguladora de las relaciones entre humanos y con nuestro entorno, ha ido variando a lo largo de la historia. Que los animales son seres dotados de sensibilidad es una realidad —Aparicio de Lázaro (2024) cita y enlaza a la *Cambridge Declaration on Consciousness* (2012) y a *The New York Declaration on Animal Consciousness* (2024)— reconocida jurídicamente hace pocos años; que algunos animales puedan tener derechos o ser titulares de bienes jurídicos dignos de protección penal, una convención humana.

Esos cambios tienen su reflejo en el Derecho penal, último recurso sancionador del Estado, reservado, al menos formalmente, a la «protección de los bienes jurídicos más preciados contra los ataques a los mismos más intolerables» (Luzón Peña, 2025, p. 20). Al ser una rama del ordenamiento jurídico sancionadora —no constitutiva—, matices aparte, puede decirse que los bienes jurídicos que debe proteger le vienen dados por otras ramas (Zaffaroni, 2011). Por ello, para entender el cambio de concepción que sobre los animales ha tenido lugar recientemente en nuestro ordenamiento y que ha conllevado modificaciones en algunos delitos, hay que considerar tres normas estrechamente relacionadas: la Ley 17/2021, de 15 de diciembre, de modificación del Código Civil, la Ley Hipotecaria y la Ley de Enjuiciamiento Civil, sobre el régimen jurídico de los animales; la Ley 7/2023, de 28 de marzo, de protección de los derechos y el bienestar de los animales; y la Ley Orgánica 3/2023, de 28 de marzo, de modificación de la Ley Orgánica 10/1995, de 23 de noviembre, del Código Penal, en materia de maltrato animal.

Un estudio completo sobre el tema requeriría constantes referencias a más normas extrapenales, civiles y administrativas

---

RP [Revista Penal], ss. [y siguientes], (S)TS [(Sentencia del) Tribunal Supremo], (TF)UE [(Tratado de Funcionamiento de la) Unión Europea], UIC [Unidad de Investigación Consolidada], v. [véase].

—nuestra CE no contiene referencia expresa a los animales, sino solo al medio ambiente y a los recursos naturales (art. 45.1 y 2 CE)—, autonómicas —exceptuando La Rioja, donde se derogó en verano de 2023, todas las Comunidades Autónomas cuentan con su propia ley de protección animal en vigor—, estatales y supraestatales —a nivel europeo, la declaración básica sobre la necesidad de tener en cuenta «las exigencias en materia de bienestar de los animales como seres sensibles» a la hora de formular las políticas de la UE la contiene el art. 13 TFUE—; además de una perspectiva histórica que aquí no podemos ofrecer. Nuestro objetivo es más modesto: presentar una visión panorámica actual de los animales en el CP. Comenzaremos abordando la posibilidad de que los animales sean sujeto (II) y/u objeto (III) del delito para, con las conclusiones extraídas, clasificar los delitos que en el CP contienen alguna referencia a los animales (IV), siguiendo con algunas apreciaciones sobre atipicidad y justificación (V) en relación con los delitos clasificados, y terminando con algunas cuestiones relacionadas con las penas y similares (VI).

II. ANIMALES COMO SUJETO DEL DELITO

2.1. Animales como sujeto activo: falta de acción

La acción humana es el presupuesto básico de la atribución de responsabilidad de los sistemas penales —aunque hay autores que admiten el «actuar» de las personas jurídicas—. Si bien existen ejemplos históricos de que esto no siempre fue así (Zaffaroni, 2011), actualmente los animales no pueden tener responsabilidad penal porque no pueden actuar —ni omitir actuar— en el sentido jurídico-penal; «aunque los impulse una cierta voluntad, no se trata de la consciencia y voluntad racionales del aparato espiritual del ser humano» (Luzón Peña, 2025, p. 137). Muchas son las razones que impiden que los animales tengan responsabilidad jurídica de ninguna clase y, en concreto, que puedan ser autores o partícipes de delitos: el desarrollo, capacidad o control que de sus actos tiene su sistema nervioso central —de los que lo tengan—, la imposibilidad de comunicarnos sus conocimientos o de equiparar su voluntad a la de los humanos, su incapacidad de motivarse por las normas jurídicas, etc. Por ello, las expresiones «el/los que» o «quien(es)» utilizadas para describir los supuestos de hecho recogidos en el CP nunca darán pie a extender la responsabilidad penal a los animales, por mucho que cambie el reconocimiento de sus derechos y bienes jurídicos —existen otros ejemplos de sujetos de derechos que carecen no solo de responsabilidad, sino también de capacidad para exigirlos (Zaffaroni, 2011); sin embargo, «todo habla a favor de asumir que todos aquellos animales, humanos o no humanos, a los cuales puedan ser atribuidos "estados intencionales" consistentes en deseos, creencias, temores, entre otros, tendrían que ser considerados sujetos de intereses susceptibles de ser jurídicamente tutelados en la forma de derechos» (Mañalich Raffo, 2022, p. 28)—.

Todas las consecuencias que pudieran derivarse para el propio animal por su conducta, como por ejemplo su sacrificio obligatorio, están lejos de la responsabilidad penal. Sin embargo, sí puede tener consecuencias en las personas, físicas o jurídicas, que guarden relación con aquel o con los hechos. Además de la civil por daños (art. 1905 CC) —recordada ahora por el art. 24.3 LPDBA—, un ejemplo es la antigua falta penal contra los intereses generales consistente en dejar sueltos o en condiciones de causar daños animales feroces o dañinos (antiguo art. 631 CP), ahora infracción leve administrativa (art. 37.16 LOPSC) que sigue castigando al humano garante que debe controlar ese peligro. Si ese peligro se materializa, dicho humano podrá responder también por los resultados causados por el animal, al menos, a título de imprudencia. Aunque se centra sobre todo en los parámetros para discernir entre imprudencia grave y menos grave, un ejemplo se puede ver en el comentario de la reciente STS 632/2024 (ECLI:ES:TS:2024:3623) hecho por Magro Servet (2024), que casa y vuelve a la condena de la dueña de un perro potencialmente peligroso por su raza que causó lesiones a una niña cuando era paseado incumpliendo medidas reglamentarias obligatorias —suelto y sin bozal—. Y, si un humano dirige el ataque de un animal, dicho animal será considerado como el medio o instrumento agresivo —no instrumento en el sentido de «otro» de la autoría mediata recogida en el art. 28 CP— y quien lo dirige será responsable penalmente por ser el autor por ejemplo de lesiones dolosas o de maltrato animal —si lo que provocó el humano fue una pelea entre dos animales—; e incluso podrá ser considerado autor de los resultados típicos que sufriese el animal azuzado, pues, como se verá, podrán estar justificados para quien los causa directamente en su defensa —el art. 340 *bis* CP castiga en sus diferentes apartados el maltrato de obra o la causación de lesiones o muerte «por cualquier medio o procedimiento»; si en el caso expuesto no se aceptase la autoría inmediata de quien dirige el ataque del animal, podrá ser mediata por instrumentalizar al defensor—.

2.2. *Animales como sujeto pasivo: titularidad de bienes jurídicos e imposibilidad de ser víctima*

El sujeto pasivo puede serlo del delito o de la acción, en función de si es el titular del bien jurídico protegido o es sobre el que recae directamente la acción (Luzón Peña, 2025). Siempre que se acepte que la cualidad de sujeto pasivo, que no necesariamente implica titularidad de derechos ni tampoco personalidad, puede atribuirse a los animales, tras la reforma del CP operada por la LO 3/2023 se debe extender la consideración de ciertos animales como sujetos pasivos del delito y de la acción, por ser titulares del bien jurídico protegido y sobre los que directamente recae la acción de maltrato (art. 340 *bis* CP) y abandono (art. 340 *ter* CP). Así se infiere del Preámbulo de la LO 3/2023 —como se verá en el apartado dedicado al bien jurídico—; de lo contario, si se negase el significado literal obvio que implica la utilización de palabras y expresiones que suponen posesión del bien jurídico por parte de los animales protegidos por los delitos de maltrato y abandono, habría que vincular siempre dicho bien jurídico al titular, en sentido amplio, del animal —incluso para los vertebrados silvestres en libertad—. Como afirman Muñoz Conde, López Peregrín y García Álvarez (2015) en materia de bienes jurídicos colectivos —medio ambiente—, «el concepto de sujeto pasivo es poco preciso y sólo tiene interés para saber quién es el titular del bien jurídico protegido en el tipo penal en aquellos casos en que quepa disponer libremente de él», algo que no puede suceder en los bienes jurídicos de titularidad animal.

Sin embargo, el concepto de víctima, aunque estrechamente relacionado con el de sujeto pasivo, no es tan amplio y goza de mayor concreción legislativa. La Ley 4/2015, de 27 de abril, del Estatuto de la víctima del delito define a esta como la persona física que haya sufrido un daño o perjuicio sobre su persona o patrimonio (art. 2.a —víctima directa—) o como una de las personas físicas con especial relación de parentesco, análoga o de convivencia enumeradas (art. 2.b —víctimas indirectas—), excluyéndose expresamente otros perjudicados. Sin entrar en otros conceptos que se puedan manejar en criminología o en victimología —y sin que falten penalistas que argumenten a favor del estatus de víctimas de ciertos animales (Borja Jiménez, 2020)—, hay que afirmar que, a la vista de la regulación positiva vigente, es imposible considerar estrictamente a los animales como víctimas del delito. No cabría tampoco la agravante de ensañamiento (art. 22.5.ª CP), precisamente porque habla de «víctima» —aun cuando este fue exigido en la versión del maltrato vigente en el antiguo art. 337 CP desde la LO 15/2003 hasta la LO 5/2010 (Higuera Guimerá, 2018)—, ni tampoco la de alevosía (art. 22.1.ª CP), por restringirse a los delitos contra las personas; pero se presentan dudas sobre la aplicación de las de abuso de superioridad (art. 22.2.ª CP) —«ofendido»— o de abuso de confianza (art. 22.6.ª CP). No obstante, en aplicación del *favor libertatis* y teniendo en cuenta el fundamento de la circunstancia, sí podría entenderse que cabe la atenuante de reparación (art. 21.5.ª CP) cuando el culpable proceda a reparar el daño que le ha hecho a un animal, aunque en ella se hable de «reparar el daño ocasionado a la víctima» —de no aceptarse, siempre quedaría el recurso a la atenuante analógica (art. 21.7.ª CP)—.

III. ANIMALES COMO OBJETO DEL DELITO

3.1. Animales como objeto material

Varios son los tipos penales que contemplan los animales, de manera individual o colectiva, como objeto material —directo— sobre el que recae la acción.

Desde luego, en los delitos de maltrato y abandono animal la acción recae sobre los animales o sobre partes de su cuerpo, pero solo sobre determinados: domésticos, amansados, domesticados o que vivan temporal o permanentemente bajo el control humano; o cualquier otro vertebrado no incluido en los anteriores —es decir, silvestres que se encuentren en libertad— (arts. 340 *bis*.1 y 340 *ter* CP). Los invertebrados solo estarán protegidos si se encuentran dentro del primer bloque de animales dependientes de los humanos —en virtud de la LPDBA (arts. 35.2 y 37.1, y disposiciones transitoria 2.ª y final 4.ª) los invertebrados pueden ser animales de compañía—. También en los delitos patrimoniales (arts. 234 ss. CP) el objeto material puede ser también un animal, dado que estos delitos siguen protegiendo su dimensión patrimonial, aunque esta haya sido matizada y ya no se pueda disponer de ellos como cuando únicamente eran considerados como bienes muebles. Asimismo, se tipifican conductas que recaen sobre los animales considerados como materia prima (art. 364.2 CP). Y, por último, otros delitos castigan actividades perjudiciales contra los animales en un sentido colectivo y, por tanto, desde una perspectiva que no considera al animal como individuo: los delitos contra la fauna (arts. 333 ss. CP). En el resto de delitos que se comentarán en el apartado correspondiente, los animales no son el objeto material directo sobre el que recae la acción.

Que el Derecho penal sancionador de hechos que recaen sobre animales sea en su mayoría lo que se puede llamar «Derecho penal administrativo» —porque antes de que el Derecho penal tutelase esos bienes jurídicos ya había intervenido el Derecho administrativo, por lo que es habitual encontrar normas penales en blanco que remiten a normas administrativas, cuyas sanciones, además, son subsidiarias (Colás Turégano, 2021)— conlleva una dificultad que, aquí, por razones de espacio, solo podemos apuntar: el concurso entre leyes sancionadoras. Por ejemplo, el abandono, sin entrar en más detalle, está tipificado como infracción: del CP (art. 340 *ter*); de la LOPSC (art. 37.16); de la LPDBA (art. 74.k); de la Ley 32/2007, de 7 de noviembre, para el cuidado de los animales, en su explotación, transporte, experimentación y sacrificio (art. 14.1.ñ); de la Ley 8/2003, de 24 de abril, de sanidad animal —en relación con sus fines— (arts. 84.20 y 85.12); y de normas autonómicas —por ejemplo, en Castilla y León, en el art. 28.4.b de la Ley 5/1997, de 24 de abril, de protección de los animales de compañía; y, en Canarias, en el art. 24.3.d de la Ley 8/1991, de 30 de abril, de protección de los animales—.

3.2. Animales como objeto ideal (bien jurídico)

Los intereses protegidos en los distintos tipos delictivos que han sido mencionados varían enormemente. Desde el patrimonio hasta bienes jurídicos colectivos «que desbordan la óptica individual de los bienes que mediatamente se implican [...] y cuya entidad se autonomiza de la puesta en peligro de éstos» (Muñoz Conde, 2023, p. 604). Incluso la concepción de lo que protege el mismo delito a lo largo del tiempo puede cambiar.

El mejor ejemplo de esto último y que desemboca, precisamente, en el tema que trataremos principalmente en este apartado —¿pueden tener los animales sus propios bienes jurídicos que no persigan la protección mediata de los humanos?; en tal caso, ¿protegen también ahora mediatamente bienes jurídicos animales los delitos que castigan conductas contra bienes jurídicos colectivos, como por ejemplo los medioambientales?— es el bien jurídico protegido por el delito de maltrato animal —y del abandono, que fue considerado en su regulación y puede seguir considerándose un maltrato por omisión (Borja Jiménez, 2020)—. De ser una falta contra los intereses generales (LO 10/1995), pasó a ser delito relativo a la protección de animales domésticos en los supuestos graves (LO 15/2003), configurándose finalmente como un delito contra los animales (LO 3/2023). Hasta esta última ubicación «no resultaba tan evidente el bien jurídico que se protegía, ya que existía una corriente antropocéntrica y otra ecocéntrica, así como puntos de vista intermedios, en los que el interés a proteger era difuso» (Arregui Montoya, 2024, p. 114). Durán Seco (2016) resumió las posturas doctrinales que se venían manteniendo antes de las última reforma del CP: la protección del medio ambiente, de la vida y/o salud de los animales, del bienestar animal, del conjunto de obligaciones de carácter bioético que tienen los humanos para con los animales o la inexistencia de bien jurídico —esta autora defendía un bien jurídico de doble vertiente, compatible con una concepción personal de este, que protegiera tanto las sensaciones o emociones que a los seres humanos nos produce el maltrato hacia los animales, como el bienestar animal—.

A partir de la LO 3/2023, además de haberse «ampliado la porción de injusto» —tal y como reconoce la reciente STS 238/2025 (ECLI:ES:TS:2025:1198) en un supuesto en el que casa y absuelve a los autores de unos hechos que ahora abarcaría la vigente redacción del delito de maltrato— desde luego formalmente, signifique lo que signifique materialmente, las categorías de animales enumerados en los delitos del Título XVI *bis* CP son titulares de bienes jurídicos: vida, salud e integridad. «Con ello, el legislador penal parece haber concretado de un modo categórico qué es lo que ha pretendido proteger a través de los delitos relacionados con el maltrato y abandono de animales: [...] directamente su vida, salud e integridad (física y emocional)» (Hava García, 2023, p. 11). El tiempo ha dado la razón a quienes venían manteniendo posturas favorables a la existencia de bienes jurídicos de titularidad de los animales (García Álvarez, López Peregrín, 2013; Ríos Corbacho, 2016; Cervelló Donderis, 2019), posición que, tras la anterior reforma de 2015, llegó a ser la «más defendida [...] a pesar de su ubicación sistemática» (García Álvarez, 2024, p. 65); si bien esta realidad legislativa choca con el tradicional concepto personal del bien jurídico.

Como esta norma de modificación del CP es parte de una reforma de mayor calado, es importante dedicarle unas líneas a los diferentes objetos y ámbitos —qué se protege y de qué animales— de la LPDBA y de los delitos de maltrato y abandono. Mientras que en la LPDBA se habla de derechos —definidos en su art. 1.2: «[s]e entiende por derechos de los animales su derecho al buen trato, respeto y protección, inherentes y derivados de su naturaleza de seres sintientes, y con las obligaciones que el ordenamiento jurídico impone a las personas, en particular a aquéllas que mantienen contacto o relación con ellos»— y bienestar de los animales, en la LO 3/2023 se habla de bien jurídico —párrafos tercero y séptimo de su Preámbulo: «[...] atendiendo al bien jurídico a proteger en los delitos contra los animales, que no es otro que su vida, salud e integridad, tanto física como psíquica», «[...] el bien jurídico protegido en estos delitos, a saber, la vida, la integridad y la salud de los animales»—; y aunque ambas normas nazcan de la misma reforma, no existe una correspondencia plena entre los derechos —se utiliza el plural— positivos que se reconocen en la LPDBA y el bien jurídico —se utiliza el singular— declarado como protegido por los delitos de maltrato y abandono tras la LO 3/2023. Lógicamente, ambas categorías están relacionadas también materialmente: sin entrar a definir cada término, se puede simplificar en que el bienestar animal, concretado en el buen trato —literalmente lo opuesto al maltrato—, respeto y protección consagrados, implica «estar» —vida— «bien» —salud e integridad—.

A pesar de esa cercanía entre los términos utilizados en una y otra norma, lo deseable hubiera sido que los bienes jurídicos protegidos por los delitos contra los animales fueran plenamente coincidentes, a su vez, con los derechos otorgados por otra norma no —íntegramente— sancionadora.

Y, por un lado, la LPDBA solo es aplicable a los animales de compañía y silvestres en cautividad, excluyéndose aquellos que no encajen en ninguna de esas dos categorías —animales silvestres libres— y los que, encajando, son excluidos expresamente por el art. 1.3 LPDBA: animales utilizados en espectáculos taurinos (a), animales de producción (b), animales utilizados en experimentación e investigación (c), animales silvestres (d) y animales utilizados en actividades específicas, profesionales o en la caza (e). Mientras, por el otro, el CP protege a todos los animales vertebrados frente al maltrato y al abandono —conductas tan graves que el legislador ha decidido extender a más categorías animales—. Frente al último, lógicamente, siempre que sean susceptibles de ser abandonados porque se encuentren bajo la responsabilidad del sujeto activo (art. 340 *ter* CP), aunque sean silvestres —en otro sentido, pero relacionado, el art. 465 CC reconoce la posesión temporal de animales salvajes o silvestres—, y con el resto de exigencias del tipo. Frente al maltrato, salvo en determinadas actividades legalmente reguladas, cuando se causen lesiones básicas —que requieran tratamiento veterinario para el restablecimiento de la salud del animal—, agravadas o la muerte, y si es grave también de obra o sin causar lesión, extendiéndose la protección a invertebrados que vivan temporal o permanentemente bajo el control humano —esto deja fuera invertebrados silvestres con gran capacidad de sentir el maltrato, por ejemplo, los de la clase de los cefalópodos, como el pulpo, e incluye a otros animales, vertebrados e invertebrados, que no cabía imaginar que fueran a ser protegidos—. El sistema de exclusiones es distinto: mientras que en la LPDBA se establece un listado de categorías de animales cuyas relaciones con los humanos no se rigen por esa norma —principalmente por emplearse para ciertas actividades— y, por tanto, carecen en bloque de los derechos —y protección— que esta otorga a los que sí caen dentro de su ámbito, en el CP, aunque también se excluyen —otras— categorías o la pena varía en función de estas, los animales que sí son protegidos solo pierden dicha protección en determinadas actividades y, por lo tanto, fuera de esas actividades, la recuperan. Todas las exclusiones que se hacen expresamente en la LPDBA también operan en el CP, pues estas actividades enumeradas que pudieran involucrar a los animales titulares de los bienes jurídicos protegidos por los delitos de maltrato están reguladas legalmente. Visto con un ejemplo: un animal de producción, si conserva su fin productivo, no estará amparado por la LPDBA; pero la aplicación del CP solo se verá excepcionada en la actividad concreta a la que está vinculado —habrá maltrato típico si se efectúa fuera de dicha actividad— y con sujeción a las normas que la regulan —habrá maltrato típico si, dentro de esa actividad, se incumplen dichas normas—. Obviamente, otras causas de atipicidad y justificación excluirán el delito —y también las que se extienden a todo el ordenamiento (Luzón Peña, 2025) excluirán la infracción de la LPDBA o de otras normas administrativas sancionadoras—.

Hechas estas precisiones, se puede concluir que existe reconocimiento de bienes jurídicos de titularidad de los animales protegidos por el CP mediante los delitos de maltrato y abandono —otros delitos que se verán protegen otros bienes jurídicos, pero siempre de titularidad humana—. Cuestión distinta es delimitar el verdadero alcance de los bienes jurídicos formalmente declarados, pues el legislador puede excluir actividades en los que estos no deben ser respetados en atención a diversos motivos —esta regulación legal de actividades permitidas se distingue de la autorización administrativa o judicial, como causa de atipicidad, en que los bienes jurídicos afectados no son ni colectivos ni de titularidad pública—. Los problemas sobre dicho alcance van desde los filosóficos más abstractos —¿pueden o deben los animales ser titulares de bienes jurídicos?, ¿qué animales y qué derechos sí y cuáles no?— a los más concretos procesales —¿cómo se demuestran unas lesiones psicológicas sufridas por un animal? ¿qué requisitos ha de tener el informe veterinario que acredite la necesidad de un tratamiento y, por tanto, la intensidad lesiva al bien jurídico protegido?—, pasando por otros nada sencillos que involucran otras disciplinas —¿qué es la integridad psíquica de un animal?, ¿qué conductas sexuales no lesivas son maltrato de obra grave?—.

Ciertos animales que no consumimos como alimento —en nuestra cultura— se libran de las situaciones más extrañas que sí pueden darse con otros. Por ejemplo: a un toro, en principio, animal de producción, le será de aplicación la Ley 32/2007, quedando sin protección penal su vida, salud o integridad, en el marco de la actividad legalmente regulada, sin perjuicio de que en su explotación, transporte o sacrificio se deban evitar sufrimientos innecesarios en virtud de dicha norma o se pueda aplicar el CP fuera de ese marco —«[e]l hecho de que una persona tenga autorización para matar animales destinados al consumo humano no justifica en absoluto que pueda someterlos a vejaciones antes de su sacrificio» (Ramos Vázquez, Fuentes Loureiro, 2021, p. 413)—; incluso se le pueden causar esos sufrimientos y maltratar públicamente hasta la muerte en virtud de la Ley 10/1991, de 4 de abril, sobre potestades administrativas en materia de espectáculos taurinos; pero también podría ser un animal de compañía si pierde su fin productivo y su propietario decide inscribirlo (arts. 1.3.b y 3.a LPDBA) en el Registro de Animales de Compañía, ganando mayor protección su vida, salud e integridad, y obteniendo los derechos de la LPDBA.

Tampoco se libran de contradicciones en su regulación los animales que la propia LPDBA declara siempre de compañía en su art. 3.a —y también, a nivel estatal, el art. 3.3 L 8/2003—, a saber: perros, gatos y hurones. Los tres términos designan aquí variedades domesticadas de especies animales. Con dos de ellos no hay ningún problema de identificación, pues las variedades perro (*Canis lupus familiaris*) y hurón (*Mustela putorius furo*) no comparten nombre con sus especies, lobo (*Canis lupus*) y turón (*Mustela putorius*), respectivamente; sin embargo, la palabra «gato» puede hacer referencia tanto a la especie gato montés (*Felis silvestris*), como a sus variedades, por ejemplo, gato doméstico (*Felis silvestris catus*) o gato montés europeo (*Felis silvestris silvestris*). La referencia legal ha de entenderse hecha solo al gato doméstico. El gato montés, como especie —aunque en España solo haya poblaciones salvajes de gato montés europeo—, está incluido en el Listado de Especies Silvestres en Régimen de Protección Especial (RD 139/2011). No parece que el legislador solo quisiera expresar que nunca podrán ser silvestres, pues se les da esta categoría «independientemente del fin al que se destinen» (art. 3.a LPDBA), por lo que la declaración es engañosa dado que estos animales pueden emplearse en actividades que excluyen la aplicación de la LPDBA y, por tanto, anulan su estatus de animal de compañía

—el ejemplo más claro es la caza—. Pero el absurdo va más allá si se piensa que, siendo animales de compañía, categoría que más protección brinda a sus individuos, por ejemplo, pueden ser castrados y no solo esterilizados, siendo «esterilización» el término que define y utiliza la LPDBA en su art. 3.s —promoviéndola con carácter general y obligándola en determinados supuestos—: «método clínico practicado por profesionales veterinarios colegiados por el cual se realiza una intervención quirúrgica o medicamentosa sobre el animal con el objetivo de evitar su capacidad reproductora». En el ámbito veterinario suele reservarse este término para diferenciar la ligadura de trompas uterinas y la vasectomía de la castración, es decir, de la extirpación de las gónadas; práctica esta última que es llevada a cabo no solo con el fin de evitar la reproducción, sino por las evidentes ventajas que ofrece para los humanos en relación con el comportamiento de sus mascotas, sin que la mutilación, de las más graves que se pueden infligir a un humano (art. 149 CP), tenga consecuencias —siempre que se realice conforme a Derecho—, lo que difícilmente se corresponde con una pretendida tutela real a la integridad física del animal.

En resumen, los problemas relacionados con el concepto personal del bien jurídico o los derechos animales son problemas teóricos que pueden más o menos resolverse de manera satisfactoria; pero la realidad sobre nuestra relación con los animales se acaba imponiendo y cualquier otorgamiento de derechos o cualquier protección penal de bienes jurídicos de su titularidad será, inevitablemente, parcial y seguramente solo aparente —en el ámbito penal, Hava García (2023) habla directamente de Derecho penal simbólico—.

IV. DELITOS RELACIONADOS CON LOS ANIMALES

4.1. Animales (también) como sujeto pasivo: delitos contra los animales

Tras la reforma de 2023, el Capítulo IV, «De los delitos relativos a la protección de la flora, fauna y animales domésticos», del Título XVI, «De los delitos relativos a la ordenación del territorio y el urbanismo, la protección del patrimonio histórico y el medio ambiente», deja de hacer referencia a los animales domésticos, vaciándose de contenido los arts. 337 y 337 *bis* CP, cuyas conductas, el maltrato y el abandono, pasan al nuevo Título XVI *bis* «Delitos contra los animales». Puesto que estas dos conductas ya se tratan de manera específica separadamente en esta obra, aquí no haremos más referencias que las ya hechas sobre todo en relación con el bien jurídico objeto de protección de ambos tipos, los únicos que en el CP protegen bienes jurídicos de titularidad de los animales.

4.2. Animales (solo) como objeto material: delitos patrimoniales y contra la salud pública

Entre los tipos que contemplan a los animales —solo— como su objeto material, encontramos dos categorías que protegen bienes jurídicos dispares, relacionadas por compartir la perspectiva de los animales al servicio de los humanos: los delitos patrimoniales, que protegen la vertiente patrimonial de los animales como seres apropiables propiedad de los humanos; y el delito contra la salud pública, que contempla los animales como productos alimenticios.

4.2.1. Delitos patrimoniales

El reconocimiento jurídico de la cualidad de seres sintientes de los animales —lo que se ha venido a denominar «sintiencia animal»— y el cambio de estatus de los animales efectuado por la L 17/2021, pasando de ser cosas muebles —semovientes— a ser seres vivos dotados de sensibilidad, mantuvo la posibilidad de seguir aplicándoles el régimen jurídico de los bienes y las cosas en la medida en que fuera compatible con su naturaleza o con las disposiciones destinadas a su protección. De hecho, esa norma, por sí sola, tuvo «un efecto más didáctico que práctico» (Broto Cartagena, 2024, p. 6). Esto implica que, dado que no hay delitos de aplicación preferente que castiguen la sustracción de animales, a pesar de la creación con la LPD-BA de una infracción administrativa (art. 74.l) que contempla específicamente los hurtos, robos o apropiaciones indebidas que tengan por objeto animales, estas conductas seguirán castigándose como delitos patrimoniales —y ello porque lo que protegen las normas administrativa y penal es lo mismo, la dimensión patrimonial de los animales, siendo de preferente aplicación la segunda de ellas, aunque la intención del legislador fuera la de colmar una supuesta laguna punitiva en los delitos patrimoniales que exclusivamente protegen la posesión y propiedad de los bienes muebles (Ramos Martínez, 2024)—. Estas conductas —hurto, robo y apropiación indebida— han de entenderse como categorías que incluyen: el hurto común (arts. 234 y 235 CP) y el *furtum possesionis* (art. 236 CP); el robo con fuerza en las cosas (arts. 237 a 241 CP) y el robo violento o intimidatorio (art. 237 y 242 CP); y la apropiación indebida (art. 253 CP) y las otras formas de apropiación ilícita (art. 254 CP) —como por ejemplo de mascota perdida—. La nueva normativa no afecta a la mencionada dimensión patrimonial de los animales, que pueden ser objeto de apropiación según el Derecho civil y, por tanto, dicha vertiente se sigue protegiendo a través de los delitos correspondientes (Muñoz Conde, 2023). Siguen siendo de aplicación también delitos como las estafas, cuyo resultado típico es la realización de un acto de disposición en perjuicio propio o ajeno (art. 248 CP, párrafo primero), o las extorsiones, que exigen para su consumación la realización u omisión de un acto o negocio jurídico en perjuicio de su patrimonio o del de un tercero (art. 243 CP). También, desde luego, los daños en la propiedad ajena (art. 263.1 CP y demás concordantes), que podrán darse en concurso con los delitos de maltrato animal; y, además, la energía genésica animal puede incluirse entre los objetos materiales de la defraudación del art. 255 CP (Muñoz Conde, 2023).

En varios de los delitos del Título XIII, «Delitos contra el patrimonio y contra el orden socioeconómico», aparecen menciones a la dimensión patrimonial de los animales o de sus productos cuyo fin es el consumo humano: hurto de productos ganaderos cometido en las explotaciones ganaderas que supongan un perjuicio grave a estas (art. 235.1.4.º CP), daños causados por infección o contagio de ganado (art. 263.2.2.º CP) y receptación de productos ganaderos (art. 298.1.b CP).

Finalmente, aunque sea obvio, siempre que en otros lugares del CP se haga referencia al patrimonio o a los bienes —patrimoniales—, se podrán incluir los animales que se posean —por ejemplo: amenazas de causar mal a animales de compañía (arts. 169 ss. CP), atentados contra animales de compañía como medio de acoso (art. 172 *ter*.1.4.ª CP), malversación de animales de titularidad de las administraciones públicas (art. 432 ss. CP), etc.—.

4.2.2. Delitos contra los animales como producto alimenticio

Entre los delitos contra la salud pública, tras el delito de adulteración peligrosa no autorizada de alimentos, sustancias o bebidas destinadas al comercio alimentario (art. 364.1 CP), se tipifican, en el art. 364.2 CP, una serie de conductas peligrosas que protegen la salud colectiva castigando la adulteración de productos cárnicos u otros de origen animal que se destinen al consumo humano. Este delito no ha sufrido variaciones durante la vigencia del CP 1995. Las conductas, transcritas literalmente, son las siguientes: (1.º) administrar a los animales cuyas carnes o productos se destinen al consumo humano sustancias no permitidas que generen riesgo para la salud de las personas, o en dosis superiores o para fines distintos a los autorizados; (2.º) sacrificar animales de abasto o destinar sus productos al consumo humano, sabiendo que se les ha administrado las sustancias mencionadas en el número anterior; (3.º) sacrificar animales de abasto a los que se hayan aplicado tratamientos terapéuticos mediante sustancias de las referidas en el apartado; (4.º) despachar al consumo público las carnes o productos de los animales de abasto sin respetar los períodos de espera en su caso reglamentariamente previstos.

4.3. Animales en otros delitos

Los animales aparecen también mencionados, aunque ya no como objeto material directo de las conductas típicas, en otros delitos de los Títulos XVI, «De los delitos relativos a la ordenación del territorio y el urbanismo, la protección del patrimonio histórico y el medio ambiente», y XVII, «De los delitos contra la seguridad colectiva».

4.3.1. Delitos contra los recursos naturales y el medio ambiente

En el Capítulo III, «De los delitos contra los recursos naturales y el medio ambiente», del Título XVI se castigan varias conductas, algunas complementarias entre sí, que atentan contra bienes jurídicos colectivos relacionados con el medio ambiente y cuyo objeto material común son, precisamente, elementos de ese medio físico —atmósfera, (sub)suelo, agua— (Vercher Noguera, 2024), cabiendo la comisión imprudente (art. 331 CP).

La exigencia de contravención a leyes u otras disposiciones de carácter general las convierte en normas penales en blanco, siendo obvia la relación entre el medio ambiente, se entienda solo o no solo al servicio de los humanos, y los animales —sobre todo los silvestres—.

Por ello, en los supuestos de hecho recogidos en los arts. 325, 326.1 y 326 *bis* —lo que incluye las agravaciones del art. 327 y las conductas especiales de autoridades y funcionarios públicos del art. 329— CP se contempla como una de las alternativas típicas que las contaminaciones o conductas potencialmente contaminantes enumeradas causen o puedan causar daños sustanciales a los animales. Este tipo de resultado lesivo o peligro —hipotético (Muñoz Conde, 2023)—, que debe ser consecuencia de la intervención en el medio físico-objeto material descrita en cada tipo, protege indirectamente la vida animal —como recurso, inseparable del medio ambiente en el que habita—, aunque al no ser objeto ideal directo del delito podrá existir concurso con otros de los delitos ya vistos.

Asimismo, cabe la posibilidad de que un espacio natural protegido haya sido calificado como tal, conforme a la L 42/2007 (art. 28), por un «elemento natural» animal —por ejemplo, una especie amenazada—, por lo que su «daño grave» se subsumiría bajo el art. 330 CP.

4.3.2. Delitos contra la fauna

En el Capítulo IV, «Delitos contra la flora y fauna», del Título XVI el objeto ideal directamente protegido ya no son las circunstancias exteriores a los seres vivos, sino estos en su conjunto o, de nuevo, aspectos relacionados con su carácter de recurso natural. También se exige aquí la contravención a normas protectoras administrativas o la ausencia de autorización.

En lo que respecta a los animales: el art. 333 CP tipifica la introducción o liberación de especies de fauna no autóctona que perjudiquen el equilibro biológico; el art. 334 CP castiga la realización, dolosa o imprudente, de varias actividades perjudiciales, incluidas la caza y la pesca, para las especies protegidas de fauna silvestre —y su hábitat— y, de manera cualificada, las (sub)especies en peligro de extinción; el art. 355 CP recoge la caza o la pesca expresamente prohibidas de especies no protegidas (apartado 1) o —incluyendo ahora el marisqueo, cuya mención expresa impide que dicha actividad se pueda incluir en el concepto de pesca (García Mosquera, 2019)— efectuadas sin la autorización o permiso oportunos (apartado 2); y, por último, el art. 336 CP sanciona penalmente la caza o pesca no autorizadas con veneno, explosivos u otros medios destructivos o no selectivos.

4.3.3. Delitos relativos a la energía nuclear y a las radiaciones ionizantes

En el Capítulo I, «De los delitos de riesgo catastrófico», del Título XVII encontramos varias conductas dentro de la Sección 1.ª, «De los delitos relativos a la energía nuclear y a las radiaciones ionizantes», en las que se menciona expresamente a los animales. Por un lado, el art. 343.1 CP castiga como conducta alternativa la liberación contaminante de materiales o radiaciones ionizantes peligrosa para los animales; y, por otro, el art. 345 CP sigue la misma técnica legislativa para castigar actividades —que contravengan normas administrativas— relacionadas con materiales nucleares u otras sustancias radiactivas peligrosas que causen o puedan causar daños a animales. Ambas conductas admiten modalidad imprudente (arts. 344 y 345.3 CP, respectivamente). El conflicto con los delitos medioambientales ya vistos es evidente —normalmente dará lugar a concurso de leyes (Muñoz Conde, 2023)—, aunque este no se menciona expresamente, como sí ocurre en otros preceptos de la Sección 3.ª, «De otros delitos de riesgo provocados por explosivos y otros agentes», del mismo Capítulo (arts. 348, 349 y 350 CP). Sin embargo, cuando se produzcan resultados lesivos el concurso parece que será de delitos —por aplicación del art. 343.2 CP o del art. 77 CP—.

Además, en la línea de lo apuntado al hablar de los delitos patrimoniales, en los arts. 341 y 343.1 —primera conducta— CP se exige que la liberación de energía nuclear o elementos radiactivos ponga en peligro a las personas o a sus bienes, por lo que habrá que entenderse incluidos dentro de estos a los animales que formen parte del patrimonio de las personas.

4.3.4. Incendios forestales, en otras zonas vegetales y en bienes propios

Finalmente, en varias secciones del Capítulo II, «De los incendios», del Título XVII se menciona a los animales. En el art. 353.1.3.º CP, ubicado en la Sección 2.ª, «De los incendios forestales», se contempla la circunstancia cualificante por el resultado de alteración significativa de las condiciones de vida animal. En el art. 365 CP, único de la Sección 3.ª, «De los incendios en zonas no forestales», el objeto material son zonas de vegetación no forestales y se exige perjuicio grave en el medio natural en el que viven animales silvestres. Y en el art. 357 CP, también único de la Sección 4.ª, «De los incendios en bienes propios», además de las implicaciones ya vistas del concepto «bienes», una de las condiciones alternativas para su castigo es que el incendiario haya perjudicado gravemente las condiciones de vida silvestre, los bosques o los espacios naturales. Todos los incendios mencionados pueden ser cometidos por imprudencia (art. 358 CP).

Se hiciesen o no estas menciones expresas, es obvio que los incendios recogidos en estas secciones afectan siempre de manera directa a los animales por dañar su medio —de hecho, son delitos medioambientales (Muñoz Conde, 2023)—. Esto da pie a plantear aquí un problema concursal, común a las categorías de delitos anteriores, que se produce entre el delito de incendio —o el que corresponda— y los de maltrato animal que pudieran ser abarcados por el dolo, al menos eventual, del autor. De qué clase de concurso habría entre incendios forestales y delitos contra la flora y la fauna, precisamente por la circunstancia recogida en el mencionado art. 353.1.3.º CP, se viene debatiendo desde hace tiempo, decantándose la mayoría de la doctrina por el de leyes resuelto a favor de los incendios forestales (Trapero Barreales, 2013). A la vista de las penas y la historia legislativa de estos delitos, lo intuitivo sería pensar en la inclusión del desvalor del maltrato en los delitos de incendio y, por tanto, en el concurso de normas, considerándose incluidos dentro del bien jurídico protegido los animales que habitan en los objetos materiales «montes y masas forestales» o «zonas de vegetación no forestales»; pero la declaración formal de titularidad de bienes jurídicos de los animales silvestres puede dar pie a interpretaciones argumentadas —aunque seguramente desmesuradas en las consecuencias, sobre todo si se intentara construir un concurso real con cada muerte— de concurso de delitos. La tendencia jurisprudencial en la aplicación del concurso en el delito de maltrato animal, como afirma Hava García (2023), ha sido la contraria: ni siquiera aplicar el concurso ideal y castigar solo por un delito con independencia del número de animales maltratados, incluso después de la reforma de 2010 que eliminó el plural en la referencia a los animales objeto del delito. Por contra, se mostró a favor del concurso real la SAP Las Palmas de Gran Canaria 227/2024 (ECLI:ES:APGC:2024:862) en un caso de abandono de cuatro perros; y partidario de extender la doctrina contenida en dicha resolución, Aparicio de Lázaro (2024).

V. ANIMALES, JUSTIFICACIÓN Y ATIPICIDAD

5.1. Animales, legítima defensa y estado de necesidad

Una primera cuestión relacionada con situaciones de necesidad en sentido amplio surge ante los supuestos en los que una persona se defiende del ataque de un animal. De igual manera que se excluyó el actuar animal del concepto de acción, se debe excluir del de agresión ilegítima utilizado por la legítima defensa del art. 20.4.° CP (Luzón Peña, 2002). En consecuencia, la conducta de la persona atacada podrá estar justificada por estado de necesidad del art. 20.5.° CP, que podrá ser defensivo —construido entonces por analogía y con la consecuencia de la posibilidad de superar moderadamente la estricta proporcionalidad en la causación del mal— por reaccionar frente a la fuente de peligro (Luzón Peña, 2025). Y lo mismo para los casos ya mencionados de ataques de animales dirigidos, pues el animal —de las categorías vistas, fuera de determinadas actividades reguladas legalemente— sigue siendo titular de sus propios bienes jurídicos y, sin perjuicio de que el daño a aquellos bienes jurídicos que pertenezcan al agresor humano podría estar amparado por legítima defensa, ya no puede ser considerado como una mera cosa, por lo que, aunque una actuación defensiva contra un mismo objeto material suponga la lesión de distintos bienes jurídicos, debe prevalecer su condición de ser sintiente y aplicarse los límites del estado de necesidad defensivo.

Cuestión distinta es la justificación de conductas y resultados realizados por humanos para defender a un animal, lo que se puede reducir a decidir si los animales pueden o no ser defendidos como terceros en legítima defensa —sin necesidad de recurrir a argumentaciones y conceptos que, aunque interesantes, se alejan de nuestra tradición cultural, como por ejemplo la propuesta de Cancho Espinal (2013-2014) de considerar que la naturaleza se defiende a sí misma a través de los humanos—.

Hasta la LPDBA y la LO 3/2023 la respuesta era fácil para los seguidores del concepto personal de bien jurídico: frente a delitos de maltrato animal no cabía legítima defensa por no existir un bien jurídico individual en juego; pero sí frente a otras conductas con trascendencia patrimonial, como las sustracciones, aunque siempre con los límites que para la protección del patrimonio impone el art. 20.4.º CP, requisito primero —ataques que constituyan delito y lo pongan en grave peligro de deterioro o pérdida inminentes—.

Tras la entrada en vigor de esas normas, ampliado el espectro de titulares de derechos y superado el monopolio personal de los bienes jurídicos, la discusión se centra en la interpretación de la expresión «en defensa de la persona o derechos propios o ajenos» del art. 20.4.º CP. La utilización de la conjunción disyuntiva «o» entre «persona» y «derechos», y entre «propios» y «ajenos», da pie a entender que la legítima defensa puede llevarse a cabo, alternativamente, para proteger personas o derechos y, dentro de los segundos, derechos propios o ajenos —pero no necesariamente derechos de la persona, que ya tiene mención previa separada—. Por tanto, los derechos de titularidad no humana podrían ser defendidos en legítima defensa; algo nada incoherente si se piensa que el mismo concepto de derecho subjetivo es una ficción para otorgar cierto estatus jurídico a determinados intereses, gozando incluso de la categoría de persona —jurídica— entidades mucho más alejadas que los animales de la acepción «individuo de la especie humana» que recoge el diccionario de la RAE. Un ejemplo ilustrativo es la atribución de personalidad jurídica a la laguna del Mar Menor y su cuenca por la L 19/2022, estableciéndose en el art. 2 de dicha norma que el ecosistema allí desarrollado es titular de los derechos de existir y evolucionar naturalmente, de protección, de conservación y de restauración (Pardo Miranda, 2024). Afortunadamente, ahora, para quienes no hemos conocido contextos de esclavitud es fácil olvidar que la propia personalidad es una construcción jurídica por la intuición de correspondencia entre humano y persona —tal es el sentido de los «derechos humanos»—.

Pero incluso aceptando que los titulares de derechos defendibles no tienen necesariamente que ser personas, queda un último problema interpretativo, pues, como ya hemos analizado, los bienes jurídicos protegidos por los delitos de maltrato y abandono no están consagrados de manera positiva en ningún texto legal —al menos para todas las categorías de animales que pueden ser sujeto pasivo—. Si este reconocimiento extrapenal se considera necesario, únicamente vinculando los derechos de los animales de compañía y silvestres en cautividad otorgados por la LPDBA con los bienes jurídicos protegidos por el Titulo XVI *bis* CP, algo posible por el significado de unos y otros y por ampliar —y no restringir— el ámbito de la justificación, se podrían considerar como defendibles algunos de los animales titulares de dichos bienes jurídicos.

5.2. Animales, cumplimiento de un deber y ejercicio legítimo de un derecho, oficio o cargo

Como ya se ha adelantado, en el maltrato, principal delito que protege a los animales como titulares de bienes jurídicos, se excluye toda conducta que esté «legalmente regulada», mientras que en la redacción inmediatamente anterior a la LO 3/2023 se exceptuaba el maltrato «injustificado». Aunque es posible que el legislador entonces no lo estuviese utilizando así, en su sentido técnico jurídico-penal, la no justificación podría incluirse expresamente en casi todos los delitos. Ramos Vázquez y Fuentes Loureiro (2021) clasifican lo que significó «injustificadamente» para doctrina y jurisprudencia: los autores se movieron entre el reconocimiento a una mención expresa a las causas de justificación del art. 20 CP —en referencia a la legítima defensa y el estado de necesidad—, a la autorización legal y a la aceptación social; mientras que los órganos judiciales lo hicieron entre la referencia a las causas de justificación del art. 20 CP mencionadas y la vía de entrada a otras razones que fueran atendibles para cualquier persona. Se resume bien esta segunda posición jurisprudencial en el fundamento de Derecho quinto 5.2.2 de la STS 940/2021 (ECLI:ES:TS:2021:4607): «[...] no sólo se excluyen del tipo delictivo aquellas conductas que se encuentren legalmente autorizadas, como la experimentación con animales, los festejos taurinos, o un sacrificio en un matadero [...] sino cualquiera otra actuación en la que concurran razones objetivas que, pese a no estar legalmente previstas, hagan que el comportamiento que se enjuicia no desencadenen un significado reproche social».

Tanto esta última expresión como la vigente pueden parecer superfluas, pero, al igual que ocurre con otros delitos —el ejemplo más claro es el de las detenciones «ilegales» (arts. 163 ss. CP)—, son tantos los casos que podrían ser solo indiciariamente típicos que parece aconsejable la referencia expresa. Dicho de otra manera, hay maltrato animal —de obra, lesivo y mortal— legal y este es muy habitual. Esta exigencia plasmada en el tipo no es más que un recordatorio de que no se puede prohibir penalmente lo que está permitido por el ordenamiento (Roxin, Greco, 2020; Luzón Peña, 2025), por lo que puede considerarse, entonces, como una referencia especial a lo que de manera general se recoge en la eximente de obrar en cumplimiento de un deber o en el ejercicio legítimo de un derecho, oficio o cargo (art. 20.7.º CP); o, si se prefiere, para quienes admitimos la teoría de los elementos negativos del tipo, se trataría de una mención expresa y resumida de la parte negativa del tipo —al respecto, por muchos, Luzón Peña (2025)—.

El ordenamiento ha reconocido expresamente ya que los animales —vertebrados en todo caso, invertebrados en supuestos de especial relación con los humanos—, fuera de algunas actividades específicas, son titulares de bienes jurídicos; sin embargo, los animales siguen siendo, por ejemplo, fuente de materias primas. Su explotación, transporte, sacrificio... implican, necesariamente, afectación a sus bienes jurídicos, por lo que, aunque puedan entrar en juego otras circunstancias —por ejemplo, la adecuación social y jurídica—, hay que acudir a la justificación para excluir la responsabilidad penal. Por ello, quien —legalmente y sin incurrir en excesos extensivos o intensivos— caza una liebre o trabaja en un matadero está ejercitando legítimamente un derecho o un oficio, respectivamente.

5.3. Animales y principio de insignificancia

Otra cuestión interesante del delito de maltrato animal es la relativa a la exclusión de la tipicidad por insignificancia —aquí no tratamos la conveniencia de proteger penalmente los bienes jurídicos vida, salud e integridad de los animales, pues la decisión político-criminal es ya una realidad, sino las conductas que, subsumiéndose en los supuestos de hecho en cuestión, supongan un grado de injusto mínimo—. El principio de intervención mínima parece haber inspirado al legislador cuando exige, al menos, maltrato de obra grave (art. 340.4 *bis* CP). Por ello no es necesario acudir a la insignificancia para excluir la penalidad de conductas correctoras empleadas, por ejemplo, en el marco de la educación de un cachorro de perro, siempre que estas no sean graves ni causen lesiones al animal.

Sin embargo, la insignificancia como causa de atipicidad penal (Luzón Peña, 2025) puede ser la circunstancia alegada en —al menos algunos— supuestos de maltrato a animales invertebrados que vivan bajo el control humano. Y ello porque, al no reservarse solo para la protección del subfilo de los vertebrados las modalidades de maltrato en que se protegen animales domésticos, amansados, domesticados o que vivan temporal o permanentemente bajo el control humano, por ejemplo matar un insecto o un arácnido que alguien posee en un terrario sería, en principio, delito —sin perjuicio de otras circunstancias que eliminarían la responsabilidad penal, como el error de tipo (art. 14.1 y 2 CP) si se piensa que es silvestre en libertad o el miedo insuperable (art. 20.6.º CP)—.

La atipicidad, especialmente en virtud del principio de insignificancia o bagatela, puede operar en otros delitos relacionados con animales, como por ejemplo los delitos contra la fauna. Creemos que este es el pensamiento que, reforzado con diferentes argumentos, sustenta —con mención además expresa al «carácter insignificante de la vulneración del bien jurídico biodiversidad»—, en definitiva, la estimación del recurso de casación y consiguiente absolución contenida en la reciente STS 40/2025 (ECLI:ES:TS:2025:123) en un supuesto de posesión de una caracola marina perteneciente a una especie protegida, cuya insignificancia excusa ya al TS de entrar en el motivo relativo al error aducido también por los recurrentes. Se muestra de acuerdo con la STS Muñoz Cuesta (2025).

VI. ALGUNAS CUESTIONES RELACIONADAS CON LAS PENAS Y SIMILARES

6.1. La pena de inhabilitación especial para el ejercicio de profesión, oficio o comercio que tenga relación con los animales y para la tenencia de animales

La LO 15/2003, que elevó a delito las conductas graves de maltrato animal que había introducido como falta el CP 1995 en su versión original, estableció también por primera vez la pena complementaria de inhabilitación especial para el ejercicio de profesión, oficio o comercio que tenga relación con los animales.

La tenencia de animales fue añadida a esta inhabilitación especial en la reforma operada por la LO 1/2015, en la que se extendió la aplicación de la pena al delito de abandono y se subsanó su no inclusión en el catálogo del art. 33 CP, donde desde entonces consta como pena menos grave (art. 33.3.f CP) cuando su duración es de un año y un día a cinco años, y como pena leve cuando es de 3 meses a 1 año (art. 33.4.c CP), infiriéndose de ambas duraciones los límites máximo y mínimo, respectivamente. También tras esa reforma, la inhabilitación especial para la tenencia de animales se menciona expresamente entre las penas privativas de derechos (art. 39.b CP); sin embargo, no es descrita en ningún precepto.

La inhabilitación especial para profesión, oficio —industria— o comercio viene definida, de manera genérica, en el art. 45 CP, en el que también se incluye la inhabilitación especial para cualquier otro derecho. La profesión, el oficio o el comercio a que se refiere la pena ha de guardar relación con el ámbito en que se comete el delito.

Debe subrayarse que, en algunas profesiones, oficios o comercios, una conducta que indiciariamente encaje en el tipo puede resultar justificada, pero acompañarse de otras que no lo estén, cobrando con ello sentido la inhabilitación para esa profesión, oficio o comercio. Volviendo al ejemplo del matadero, la conducta de quien allí trabaje podría indiciariamente encajar en el tipo de maltrato en su modalidad agravada de causar la muerte y, sin embargo, tal conducta estaría justificada por tratarse de una actividad legalmente regulada. No obstante, ciertas conductas previas al sacrificio podrían constituir maltrato, fundamentando así la inhabilitación para la concreta actividad ejercida por ese sujeto en el matadero.

Por su parte, la inhabilitación especial para la tenencia de animales afecta solamente al derecho de posesión de estos y no a su propiedad (Gil Gil, Lacruz López, Melendo Pardos, Núñez Fernández, 2018). Por su nombre, puede asociarse inconsciente y erróneamente a la otra inhabilitación especial de tenencia —y porte— que regula el CP, la de armas —por cierto, contemplada como potestativa desde la última reforma cuando el maltrato básico o con resultado de muerte se hubiera cometido mediante su uso (art. 340 *bis*.1 y 3 CP, párrafos último y penúltimo, respectivamente)—, donde propiedad y posesión parecen estar más estrechamente relacionadas, pero, cuando el condenado posea animales por ser también su propietario —la LPDBA prefiere hablar de titular—, en verdad esta inhabilitación especial recuerda más a la relacionada con la patria potestad, pues incluso en su modalidad de privación subsisten determinadas obligaciones. Es decir, al sujeto privado de la tenencia de un animal del que es titular no se le exime, en principio, de mantenerlo (v. arts. 333 *bis*.2 y 432 CC), subsistiendo, por tanto, la posibilidad de cometer por omisión maltrato —Boldova Pasamar (2023, p. 84) considera que la tenencia «supone encargarse directa y personalmente del cuidado del animal (al margen de convivir o no con él)»—. El juez o tribunal, de oficio o a instancia de parte, deberá adoptar las medidas pertinentes respecto de su titularidad y cuidado (art. 340 *quinquies* CP, segundo párrafo).

La LPDBA (art. 11) impone como requisito ineludible para figurar inscrito en el nuevo Sistema Central de Registros para la Protección Animal no estar cumpliendo alguna de estas inhabilitaciones, ya sea penal o administrativa —dicha norma las contempla como medidas accesorias a la multa en su art. 77.1.f—.

6.2. Medidas cautelares

Actualmente, esta inhabilitación especial se impone como pena principal complementaria obligatoria en los delitos mencionados —el maltrato y el abandono—, pudiendo adoptarse, motivadamente, cualquier medida cautelar necesaria para la protección de los bienes jurídicos tutelados, incluyendo cambios provisionales sobre la titularidad y cuidado del animal (art. 340 *quinquies* CP, primer párrafo).

6.3. Suspensión de la ejecución de las penas privativas de libertad

Finalmente, como último aspecto relevante —por la duración de las penas de prisión impuestas en los delitos de maltrato y abandono— relacionado con los animales ya en sede de ejecución de la pena: en virtud del art. 83.1.6.ª CP, la suspensión de la ejecución de la pena privativa de libertad podrá condicionarse al cumplimiento del deber de participar en programas de protección de los animales.

BIBLIOGRAFÍA

Aparicio de Lázaro, J. R. (2024). El Derecho Animal: el nuevo régimen jurídico de los animales y la consideración de los perros de caza, en particular de los galgos, como animales de compañía. *Revista Jurídica de la Comunidad de Madrid*, 2024, 1-41.

Arregui Montoya, R. (2024). *El delito de maltrato animal*. Madrid: Dykinson.

Boldova Pasamar, M. A. (2023). Lección 4. Penas privativas de derechos. En L. Gracia Martín, M. Á. Boldova Pasamar, C. Alastuey Dobón, *Lecciones de consecuencias jurídicas del delito* (pp. 75-110). 7.ª ed. Valencia: Tirant lo Blanch.

Borja Jiménez, E. (2020). Animal y víctima: en torno al sujeto pasivo del delito de maltrato animal de asistencia. En J. L. González Cussac (dir.), J. León Alapont (coord.), *Estudios jurídicos en memoria de la Profesora Doctora Elena Górriz Royo* (pp. 121-144). Valencia: Tirant lo Blanch.

Broto Cartajena, J. A. (2024). Bienestar animal y conflictos de intereses (1). *Diario La Ley*, 10622, 1-13.

Cancho Espinal, C. J. (2013-2014). Legítima defensa de la «naturaleza»-medioambiente. *Temas de Derecho penal económico: empresa y compliance. Anuario de Derecho Penal*, 2013-2014, 447-472.

Cervelló Donderis, V. (2019). La tutela penal de los animales ante el maltrato: un proceso en transformación. *RDPC*, 22, 13-58.

Colás Turégano, M. A. (2021). La tutela penal de los animales y el principio *ne bis in idem*. En M. L. Cuerda Arnau (dir.), J. J. Periago Morant (coord.), *De animales y normas. Protección animal y Derecho sancionador* (pp. 114-156). Valencia: Tirant lo Blanch.

Durán Seco, I. (2016). El maltrato y el abandono de animales desde el punto de vista del derecho penal (LO 1/2015, de 30 de marzo). *La Ley Penal*, 123, 1-30.

García Álvarez, P., López Peregrín, C. (2013). Los delitos contra la flora, la fauna y los animales domésticos. Análisis doctrinal y jurisprudencial, con referencia a la reforma introducida por la LO 5/2010, de 22 de junio. *RECPC*, 15-11, 1-65.

García Álvarez, P. (2024). La nueva regulación de las infracciones (no solo) penales en materia de maltrato a los animales (LO 3/2023, de 28 de marzo). *RP*, 54, 60-83.

García Mosquera, M. (2019). Relevancia penal del furtivismo marino: el delito de marisqueo ilegal. *RECPC*, 21-18, 1-56.

Gil Gil, A., Lacruz López, J. M., Melendo Pardos, M., Núñez Fernández, J. (2018). *Consecuencias jurídicas del delito. Regulación y datos de la respuesta a la infracción penal en España*. Madrid: Dykinson.

Hava García, E. (2023). ¿Hacia dónde va la política criminal española sobre maltrato animal? Luces y sombras tras 25 años de reformas penales. *RECPC*, 25-23, 1-45.

Higuera Guimerá, J. F. (2018). El Derecho penal de los animales. En J. M. Suárez López, J. Barquín Sanz, I. F. Benítez Ortúzar, M. J. Jiménez Díaz, J. E. Sainz-Cantero Caparrós (dirs.), *En homenaje al Prof. Dr. Dr. H. C. Mult. Lorenzo Morillas Cueva* (pp. 1153-1175). Madrid: Dykinson.

Luzón Peña, D.-M. (2002). *Aspectos esenciales de la legítima defensa*. 2.ª ed. Montevideo/Buenos Aires: B de F.

Luzón Peña, D.-M. (2025). *Lecciones de Derecho penal. Parte general*. 4.ª ed. Valencia: Tirant lo Blanch.

Magro Servet, V. (2024). Delito de lesiones por imprudencia grave por llevar suelto a un perro que ataca a una persona. Los 20 parámetros para fijar el tipo de imprudencia penal. *Diario La Ley*, 10557, 1-11.

Mañalich Raffo, J. P. (2022). El injusto del maltrato animal. *Revista Chilena de Derecho Animal*, 3, 23-36.

Muñoz Conde, F. (2023). *Derecho penal. Parte especial.* 23.ª ed. Valencia: Tirant lo Blanch.

Muñoz Conde, F., López Peregrín, C., García Álvarez, P. (2015). *Manual de Derecho penal medioambiental.* 2.ª ed. Valencia: Tirant lo Blanch.

Muñoz Cuesta, J. (2025). Absolución de delito contra la fauna silvestre por posesión de caracola marina catalogada como especie protegida (STS 40/2025, 23 de enero de 2025). *Revista de Derecho vLex*, 249.

Pardo Miranda, M. (2024). El derecho al agua: dilemas de la tutela penal. *Revista de Derecho urbanístico y medio ambiente*, 374, 137-196.

Ramos Martínez, L. M. (2024). La regulación del robo, el hurto y la apropiación indebida de animales desde las Leyes 7/2023 y Orgánica 7/2023 y su incidencia en la legítima defensa. En M. García Mosquera, V. Rodríguez Vázquez, M. Díaz y García Conlledo, D.-M. Luzón Peña (dirs.), *Libro Homenaje al Profesor Javier de Vicente Remesal por su 70.º aniversario* (pp. 1129-1141). Madrid: BOE.

Ramos Vázquez, J. A., Fuentes Loureiro, M. A. (2021). El maltrato ¿justificado? de animales. En M. L. Cuerda Arnau (dir.), J. J. Periago Morant (coord.), *De animales y normas. Protección animal y Derecho sancionador* (pp. 395-416). Valencia: Tirant lo Blanch.

Ríos Corbacho, J. M. (2016). Nuevos tiempos para el delito de maltrato de animales a la luz de la reforma del Código Penal Español (LO 1/2015). *RECPC*, 18-17, 11-55.

Roxin, C., Greco, L. (2020). *Strafrecht. Allgemeiner Teil.* 5.ª ed. Múnich: C. H. Beck.

Trapero Barreales, M. A. (2013). Paradojas en la regulación de los incendios en el Anteproyecto de Código Penal 2013 —versión de 20 de septiembre— (¿Agravación o privilegio?). *InDret*, 4/2013, 1-72.

Vercher Noguera, A. (2023). Título XVI. De los delitos relativos a la ordenación del territorio y el urbanismo, la protección del patrimonio histórico y el medio ambiente. Capítulo III. De los delitos contra los recursos naturales y el medio ambiente. En M. L. Cuerda Arnau (dir.), A. Raga i Vives (coord.), *Comentarios al Código Penal. Tomo II. (Arts. 289 a Disposición transitoria undécima)* (2121-2154). Valencia: Tirant lo Blanch.

Zaffaroni, E. R. (2011). *La Pachamama y el humano.* Buenos Aires: Madres de Plaza de Mayo.

El delito de maltrato animal[1]

DULCE M. SANTANA VEGA
Profesora Titular, Acreditada a Catedrática de Universidad de Derecho penal
Universidad de Las Palmas de Gran Canaria (ULPGC)

I. CONSIDERACIONES INTRODUCTORIAS

El delito de maltrato animal se encuentra recogido en el Título XV Bis del Código Penal (en adelante, CP), que lleva por rúbrica: "De los delitos contra los animales", estando situado a continuación de los delitos contra el medio ambiente. Su ámbito de protección es más limitado que otras regulaciones europeas como la ley alemana *Tierschutzgesetz in der Fassung der Bekanntmachung vom 18. Mai 2006* (BGBl, IS.1206, 1313). Si bien, pese a la rúbrica omnicomprensiva que se adopta en el mencionado Título, no son solo los delitos incardinados en el mismo los únicos que protegen en el Código Penal español a los animales, tal como se ha puesto de manifiesto en otro capítulo de esta obra (Díaz García-Conlledo; Ramos Martínez).

El maltrato animal fue introducido en el CP en la redacción originaria que le dio la Ley Orgánica (en adelante, LO) 10/1995, configurándolo como una falta (actuales delitos leves). Posteriormente, la LO 15/2003, de 25 noviembre, pasa a considerar el maltrato grave de los animales domésticos como delito, pero manteniendo como falta determinados supuestos, tales como: el dejar sueltos o en condiciones de causar mal a animales feroces o dañinos por parte de los dueños o encargados de su custodia; o el maltrato cruel a los animales do-

---

[1] Este trabajo se enmarca en el GIR-571 de la ULPGC: "Problemas Jurídicas Actuales".

mésticos, o a cualesquiera otros en espectáculos no autorizados legalmente, o el abandono de animales). Con la LO 5/2010, de 22 de junio, y la LO 1/2015, de 30 de marzo, se introdujeron nuevas modificaciones, dando otra redacción a los arts. 337 y 337 bis, en los que se tipificaban los delitos de maltrato, explotación sexual y abandono de animales (Torres Fernández, 2010, p. 2 ss.; Durán Seco, 2015, p. 1 ss.; Santos Martínez, 2020, p. 81 ss.; Boiso Cuenca, 2021, p. 84). Aunque todas estas reformas penales supusieron un punto de inflexión en la consideración penal de los animales, sobre todo, en el maltrato animal, el nuevo estatus jurídico de los animales como "seres vivos dotados de sensibilidad" o seres sintientes, reconocido por la Ley 17/2021, de 15 de diciembre, se materializa por la reciente LO 3/2023, de 28 de marzo, la cual es la regulación vigente que se analizará.

II. EL DELITO DE MALTRATO ANIMAL EN EL CÓDIGO PENAL

El delito de maltrato animal se configura como una ley penal en blanco, ya que el citado tipo, bien expresa o bien tácitamente (Santana Vega, 2000, p. 46 ss.), requiere para completar su sentido acudir a normativa extrapenal estatal –representada, fundamentalmente, por la mencionada LO 7/2023, la cual recoge una norma de subsidiaridad sancionadora administrativa o de *non bis in idem* y de prioridad jurisdiccional en el art. 71, lo que es abordado en el capítulo de Viera González–; o autonómica. Esto dará lugar a que, por ejemplo, las peleas de gallos no puedan perseguirse como maltrato animal en Canarias o Andalucía, en los términos y dentro del ámbito en las que sean permitidas por sus respectivas legislaciones, aunque en Canarias, sin embargo, sí lo sería una corrida de toros (prohibidas desde la Ley Canaria de protección de los animales desde 1991, si bien desde mucho antes no se celebraba ninguna). Por su parte, el Tribunal Constitucional (en adelante, TC) español ha declarado inconstitucionales las limitaciones que la Ley catalana 28/2010 y la Ley balear 9/2017, de regulación de las corridas de toros y de protección de los animales (SSTC 177/2016, 20-10 y 134/2018, 13-12, respectivamente), si bien por invadir competencias estatales.

El maltrato animal se define en el art. 3 y), a los efectos de la Ley 7/2023, concepto que no coincide con el ámbito de protección del delito de maltrato del CP. Por ello, los tribunales acuden al concepto dado por la RAEL, la cual define el maltrato, en una de sus acepciones, como: "causar daño físico o moral a un animal" (Sentencia de la Audiencia Provincial —en adelante SAP— de Vitoria-Gasteiz Sección 2ª 247/2017, 12-9).

1. Aspectos comunes a las conductas típicas del delito de maltrato animal

En el análisis del delito de maltrato animal (art. 340 bis CP) se pueden distinguir una serie de elementos comunes a todas las conductas recogidas en el mismo que van a ser abordados en los siguientes apartados.

1.1. Bien jurídico-penal protegido

Esta cuestión es una de las más debatidas con relación a la protección jurídico-penal de los animales, siendo de gran relevancia su determinación, dado el carácter interpretativo que juegan los bienes jurídico-penales protegidos en cada delito, o grupos de ellos, a la hora de fijar el alcance y contenido de lo protegido penalmente y, en consecuencia, para determinar que supuestos serán delictivos o no (Roxin, 2013, p. 22 ss.).

En la actualidad, se pueden distinguir tres grupos de teorías sobre el bien jurídico protegido en el delito de maltrato animal. Para un primer grupo de autores, sobre todo tras la LO 3/2023, se puede afirmar que el bien jurídico penal protegido en el delito de maltrato animal del art. 340 bis es la integridad física y emocional de determinadas clases de animales. Esto es, se parte del reconocimiento de que los animales vertebrados no solo poseen un cuerpo susceptible de ser herido o privado de vida, sino que también sienten dolor, o tienen estados de ánimo. En suma, se considera que en este delito se estaría protegiendo los derechos a la vida, a la salud o integridad y a la dignidad de los animales (Boiso Cuenca, 2021, p. 88, delimitados por un marco antropocéntrico; Brage Cendán, 2017, p. 59; Cervelló Donderis, 2019, p. 20 ss.; Corcoy Bidasolo/Ramírez Martín, 2023, p. 1.559; Prats, 2020, p. 965 ss.; Sánchez Robert, 2022, p. 474; Vercher Noguera, 2017, p. 12; en su variante de protección de la dignidad animal, cfr. Arregui Montoya, 2024, p. 121; Mansilla Zambrano, 2017, p. 20 ss.; Ríos Corbacho, 2016, pp. 27-28; Zapico Barbeito, 2011 a, p. 20 ss.; o SSAP 17ª Madrid 287/2004, 19-4; León 3ª 555/2019, 18-12, entre otras).

Un segundo sector de la Doctrina científica penal en España considera que no existe bien jurídico penal protegido en estos delitos, cuyas conductas tendrían que estar recogidas, exclusivamente, en el Derecho administrativo sancionador, dado que el Derecho penal se articula para la protección de los seres humanos —o tomando a estos de referente—, que son los únicos que pueden ser sujeto de derechos, proponiéndose su destipificación penal. Para este sector de la doctrina estos delitos son una muestra más de la instrumentalización política del Derecho penal, establecida con la finalidad de transmitir a la sociedad una serie de valores que produzcan sentimientos y emociones determinados en asuntos que preocupan especialmente a la sociedad (García Álvarez/López Peregrín, 2013, p. 40; Marqués y Branqué, 2011, p. 1.352; el mismo, 2016, p. 865 ss.; Queralt Jiménez, 2015, p. 1001 ss., lo califica de chocante y de tipo marginal; Rodríguez López, 1017, p. 404 ss.; SAP Cuenca 1ª 59/2018, 30-5). Esto es, se estaría materializando en el delito de maltrato animal la denominada y cuestionada "función promocional" del Derecho penal (ya, Silva Sánchez, 1992, pp. 302-303).

Por último, se hallarían los autores que sostienen que estos tipos sí protegen un bien jurídico penal, pero estos tendrían siempre como referente al ser humano, considerando que lo protegido en el delito de maltrato animal sería: para algunos la —siempre cuestionable— protección de sentimientos humanos hacia los animales u obligaciones de naturaleza moral o bioéticas de los seres humanos hacia los animales (Higuera Guimerà, 1998, p. 348; Gimbernat Ordeig, 2011, p. 289 ss., diferenciando entre sentimientos lícitos y los que no los son, al refutar a Hefendehl, 2002, p. 50 y ss.; o STS 940/2021, 1-2: alude a "... la moral colectiva de proteger el bienestar animal..."); o bien, se refieren a los deberes de solidaridad humana hacia nuestros "hermanos vertebrados superiores" como algo digno de ser conceptuados como un bien jurídico susceptible de protección jurídico penal (Roxin, 2007, p. 18; el mismo, 2013, p. 18 ss.); o bien se alude a que las conductas de maltrato animal conllevan un riesgo para la convivencia humana, en cuanto que detrás de los actos de maltrato animal existe riesgo para cualquier otro ser humano, por lo que lo protegido sería el interés social en la protección de los animales (García Rivas, 2009, p. 230; Guzmán Dalbora, 2002, p. 14; Hava García, 2023, p. 41; Jaurrieta Ortega, 2019, 198).

Una cuestión también controvertida en la doctrina y la jurisprudencia (Colás Turégano, 2021a, p. 379) es la de si los delitos de maltrato animal protegen un bien jurídico penal de naturaleza individual (por todos, Colás Turégano, 2021a, p. 382; Manzanares Samaniego, 2023, p.1), o si este estos tienen naturaleza colectiva o supraindividual. En el primer caso, en el que se incardinarían los que defienden que lo protegido es la vida, integridad de cada animal, habría siempre tantos delitos como animales maltratados (concurso real de deltios: así, Sentencia del Juzgado de lo Penal 1 —en adelante, SJP— de Mérida 292/2022. 1-12: absolutoria por defecto de forma, pero en la que el Ministerio Fiscal calificó los hechos como 39 delitos de maltrato animal, solicitando la pena de 15 meses de prisión por cada delito de maltrato animal, esto es, alcanzando la pena del homicidio de un ser humano); mientras que en el segundo supuesto— bien jurídico penal supraindividual o colectivo, en la que se incardinarían las otras teorías— podría defenderse que, pese a haberse maltratado a varios animales dentro de una unidad típica de acción, solo habría un delito (Sentencia del Tribunal Supremo —en adelante, STS— 578/2018, 21-11: un solo delito de maltrato de un mastín y dos gayos; SAP Madrid 23ª 151/2024, 18-3: condena por un solo delito de maltrato animal a quien, en el interior del maletero, transportaba, tras dejar de ser útiles para las peleas, a dos gayos muertos mediante la dislocación de sus respectivos cuellos; SAP Málaga 1ª 38/2021, 4-2: un solo delito de maltrato leve de cuatro perros realizado por su propietario).

1.2. Sujetos del delito

Por lo que respecta a los sujetos activos, se trata de un delito común en el que cualquiera puede ser autor o partícipe (SAP Madrid 3ª 267/2018, 9-4: abuela que induce a su nieto a tirar a un perro yorkshire vivo a un contenedor para deshacerse de él), salvo en los casos del 340 bis.2 (infra). En este delito se recoge la responsabilidad penal de las personas jurídicas (clínicas veterinarias, asociaciones protectoras de animales, empresas de explotación de animales de renta, etc.), siempre que estas puedan ser consideradas responsables del delito de maltrato, a tenor de lo dispuesto por el art. 31 *bis* CP (art. 340 *quater* CP), y sin perjuicio de hacer frente a la responsabilidad civil, directa o subsidiaria.

En el caso de maltrato animal a gran escala habrá que considerar coautores no solo al que maltrata materialmente, sino también a quienes tenían el dominio funcional sobre tales actos de maltrato (por ejemplo, directora y administrador de un centro de acogida de animales que conocían y consentían la práctica de eutanasias ilegales de animales por el veterinario sin evitarlas (SAP Cádiz 4ª 241/2018, 29-6).

Cuando los sujetos activos de los delitos de maltrato animal del art. 340 bis CP sean menores de edad, pero mayores de catorce años, las consecuencias jurídico-penales a imponer no serán las penas del citado artículo, sino las medidas previstas en la LO 5/2000, 12-1, de responsabilidad penal de los menores), conforme a las reglas allí establecidas, y siendo competentes los Jueces de Menores, las cuales no generan, además, antecedentes penales (SAP Cáceres 2ª 302/2023, 15-12: tres menores de edad que, entrando en una parcela y tras romper valla, matan a dos gatos y dejan malheridos a otros tres, imponiéndoseles la medida de dos años de tareas socioeducativas, con el contenido indicado por el Equipo Técnico, y a que solidariamente indemnicen, junto con sus representantes legales, la cantidad de 711,14 €, con sus intereses legales).

Cuando se trate de menores de catorce años no habrá ninguna responsabilidad penal, sino que se considerarán menores de protección, siendo sometidos únicamente a medidas de esta clase (cfr. infra SAP A Coruña 1ª 506/2018, 25-10).

Una peculiaridad que presenta este delito es la cuestión relativa a si los animales pueden considerarse como sujetos pasivos del delito de maltrato. La posición adoptada a este respecto está íntimamente conectada con la sostenida en relación con el bien jurídico-penal que se estima protegido en el maltrato animal. Así, el sector de la doctrina penal que considera que los animales no pueden ser sujetos pasivos de delitos se basan en que no pueden ser nunca sujetos activos de los mismos, ni sujetos de derechos —ni como crías, ni como animales adultos— (Aznar Domingo/Martín García, 2024, pp. 2-3; Muñoz Lorente, 2007, 13; Olmedo de la Calle, 2021, p. 237); o bien porque estiman que este delito es el resultado de las obligaciones bioéticas de los seres humanos con el medio ambiente o, más concretamente, con los animales, por lo que solo podrá ser la sociedad sujeto pasivo de los mismos, si bien singularizado en los concretos animales lesionados o muertos (García Solé, 2010, p. 3, siguiendo a Higuera Guimerà, 1998, p. 349; o Zapico Barbeito, 2011a, p. 28).

Sin embargo, para las construcciones que defienden que el bien jurídico-penal protegido en el delito de maltrato es la vida, integridad física, psíquica, dignidad o bienestar animal, los animales deberían ser considerados en su individualidad como sujetos pasivos del delito (Mansilla Zambrano, 2017, p. 1 ss.; circunscribiendo su análisis a los perros guías, Borja Jiménez, 2020, p. 140 ss.).

1.3. Objeto material

La protección jurídico-penal del delito de maltrato se articula sobre la base de la diferenciación de diversas categorías de animales, las cuales no puede ser consideradas como meras cosas, sino como seres sintientes o sensibles (SAP Mérida 3ª 102/2018, 13-6), y sobre los que recae la acción de maltrato. Estas categorías no coinciden exactamente con las recogidas en la Ley 7/2021, de naturaleza administrativa, y, en todo caso, en todas ellas concurre la exigencia de ser vertebrados. En concreto, el art. 340 bis CP distingue entre:

a) Animal doméstico, pudiéndose entender por tales (art. 3.4 de la Ley 8/2003, de 24 de abril, de sanidad animal, a la que se remite la Ley 7/2021), a efectos penales, "aquellos animales de compañía pertenecientes a especies que críe y posea tradicional y habitualmente el hombre, con el fin de vivir en domesticidad en el hogar, así como los de acompañamiento, conducción y ayuda de personas ciegas o con deficiencia visual grave o severa".

b) Animal amansado. Tanto esta categoría, como la siguiente —animal domesticado—, viene caracterizada por su relación con el ser humano. Por animal amansado habrá que entender, ante la falta de una definición en la normativa indicada en el apartado anterior, aquellos animales silvestres o salvajes que en la edad adulta han podido ser aclimatados o adaptados a vivir con la especie humana, suprimiendo en ellos el peligro que podría resultar para las personas. Dentro de esta categoría se podría incluir a los animales de renta —ganado o animales destinados al deporte o espectáculo— o las mascotas exóticas (Zapico Barbeito, 2011, p. 20).

c) Animal domesticado. Por tal habrá que entender al animal silvestre o salvaje que, por haber nacido o haberse criado, desde que es un cachorro en cautividad, ha adquirido la condición de su domesticidad.

d) Animal que no siendo amansado o domesticado viva temporal o permanentemente bajo el control humano. Esta categoría podría hacerse corresponder con la de animal silvestre en cautividad, definido por el art. de la Ley 7/2023 como: “todo aquel animal silvestre cuyo geno/fenotipo no se ha visto significativamente alterado por la selección humana y que es mantenido en cautividad por el ser humano. Puede ser animal de compañía si se incluye en el listado positivo de animales de compañía, de lo contrario, será considerado, a los efectos de la citada ley administrativa, como silvestre en cautividad, sin perjuicio de la sujeción de los animales silvestres de producción a la Ley 32/2007, de 7 de noviembre, para el cuidado de los animales, en su explotación, transporte, experimentación y sacrificio”.

e) Cualquier otro animal vertebrado no incluido en los apartados anteriores. Dentro de esta categoría se encontrarían los animales silvestres que viven en libertad y que se hallan conceptuados en el art. 3.5 de la Ley 8/2003. En concreto, serían silvestres “el conjunto de especies, subespecies, población e individuos animales que viven y se reproducen de forma natural en estado silvestre en el territorio nacional, incluidos los que se encuentran en invernada o están de paso, con independencia de su carácter autóctono o alóctono, y de la posibilidad de su aprovechamiento cinegético".

1.4. El dolo en los delitos de maltrato animal

Todas las conductas incluidas en el delito de maltrato animal están previstas únicamente en su modalidad dolosa, esto es, requieren de conciencia y voluntad de cometerlas, siendo posible que se diera el dolo eventual, es decir, aquel en el que sujeto no quiere directamente la producción del resultado, pero se lo representa con una alta probabilidad, aceptándolo (Mir Puig, 20, p. 271 ss.; SAP Almería 3ª 9/2018, 11-1: dispara con un arma a un animal en la zona del hígado, considerando que tal conducta supone que el sujeto asumió, al menos con dolo eventual, la posibilidad de causarle la muerte). En consecuencia, la comisión imprudente de estas acciones no se castigaría por la vía penal (SSAP Madrid 16ª 418/2022, 26-7; Ciudad Real 1ª 59/2017, de 4 de mayo, absolutoria por no quedar acreditado el dolo en el envenenamiento de un gato con tóxico colocado para roedores; Las Palmas 1ª 10/2019, 14-1: absolución de quien revisa, advertido por vecina y con ayuda de esta, que un gato no estuviera en el interior de su vehículo, sin encontrarlo; pero, una vez arrancado el vehículo el gato sale del interior del coche, muriendo aplastado por la rueda trasera de aquel; sin embargo, la SJP 1 Albacete, 120/2018, 9-4: colocación de cepos con veneno para alimañas, resultando la muerte de un perro que lo ingiere, condena por el art. 336 CP —delitos contra el medio ambiente—).

Tampoco se castigará como delito o infracción administrativa de maltrato aquellos resultados lesivos producidos en los animales por caso fortuito, esto es, con ausencia de dolo

—e imprudencia, en el caso de infracciones administrativas— (SAP Alicante 10ª 9/2018, 17-1: disparos al aire que alcanzan fortuitamente a un perro, causándole lesión, por la que hubo de ser sacrificado).

En este delito será difícil que prospere como causa de exclusión de la culpabilidad el error de prohibición, sobre todo, cuando la brutalidad e ilegalidad inherentes al hecho enjuiciado son meridianamente claras para cualquier persona, sin que quepa disculpa alguna por razón de la procedencia foránea y de parámetros culturales distintos (SAP A Coruña 1ª 506/2018, 25-10, no lo aprecia en abuela de nieto de 10 años que, en su presencia, propina una brutal paliza durante una media hora a un *yorkshire,* que se encontraba en el domicilio, sin impedirlo de ningún modo, llegando a facilitar al menor una bolsa de plástico donde este introdujo al perro, cerrándola la acusada, tras lo cual el menor continuó dando patadas al perro). Sí podrá estimarse más fácilmente el error de tipo (SAP Soria 1ª 63/2020, 16-11: absolución por error de tipo invencible de propietario que entierra a un cachorro de una camada que creyó que había nacido muerto).

De la misma manera, la mera alegación de depresión o cualquier otra patología mental no puede servir de base como causa de exclusión o disminución de la responsabilidad penal por inimputabilidad, salvo que estén fehacientemente acreditadas (No la aprecian: SSAP Madrid 17ª 254/2017, 3-4; Cartagena 5ª 248/2023, 21-11; o Valencia 3ª 506/2017, 31-7: se alega hipoglucemia con alucinaciones, tras tirar por el balcón a una cría de perro de dos meses, impactando primero con el edificio de enfrente y luego cayendo a la calle y muriendo; sí se aprecia en SSAP Madrid 29ª 722/2017, 14-12: eximente incompleta— que atenúa— de anomalía o alteración psíquica por padecer el acusado, al tiempo de cometerse los hechos, un trastorno psicótico de la personalidad, síndrome depresivo, y dependencia a la cocaína; Murcia 3ª 49/2010, 8-6: absolución por eximente, debido a esquizofrenia paranoide en brote agudo, agravado por consumo de drogas).

No puede considerarse como elemento exculpatorio —o atenuatorio— de la responsabilidad penal de un maltrato animal, el alegar que se tuvo el deseo de asumir el cuidado de los animales que, previamente, habían sido abandonos por sus dueños, sin ser atendidos tampoco por las instituciones públicas, si tal deseo fue seguido de una absoluta dejación de los más elementales deberes de cuidado y alimentación a aquellos (SAP Las Palmas 6ª 307/2017, 1-9)

Por último, no cabe apreciar la atenuante de reparación del daño (art. 21.4ª CP) respecto del animal maltratado, si este estaba ya decomisado y todos los tratamientos veterinarios que le fueran prestados a partir de ese momento fueron realizados por el recurrente en cumplimiento de la orden que había recibido del Agente Forestal de conservar al animal en cuestión, sin poder llevarlo a ninguna parte, y mantenerlo vivo y bien atendido hasta que la Administración determinara su destino (SAP Logroño 1ª 139/2020, 11-11).

1.5. Atipicidad y causas de justificación en el maltrato animal

Para que las conductas tipificadas como lesiones o muerte del animal no sean castigadas penalmente se requerirá que se hayan realizado conforme a lo establecido por la ley (art. 340 bis. 1), dando lugar a su atipicidad o justificación (Mesías Rodríguez, 2018, p. 98).

Dentro de las actividades permitidas se encontrarían todas las que se llevan a cabo en los mataderos para obtener carne de consumo, realizadas conforme a la ley (STS 998/2022, 22-12: sacrificio de una vaca malherida que se había roto accidentalmente una pata en el matadero —"tiro de gracia"—); las actividades de caza y pesca, realizadas conforme a la normativa vigente; las corridas de toros en las Comunidades Autónomas españolas en donde estén permitidas; las peleas de gallos, en los municipios en los que estuvieran permitidas; la investigación científica llevada a cabo con informe favorable de los comités éticos de experimentación animal; o los sacrificios rituales practicados por determinados cultos religiosos (Zapico Barbeito, 2011 b), p. 450), entre otras.

No se considerará que existe maltrato animal cuando el sufrimiento que se le haya producido al animal sea consecuencia de la eximente de legítima defensa (art. 20.4ª CP) (SAP SC 2ª Tenerife 264/2018, 11-9: absolución por legítima defensa de quien repele con un palo, con entidad proporcionada, la agresión a varios perros que entran en un terreno de propiedad privada en el que el dueño tiene gallinas para evitar que sean atacadas; SAP Granada 2ª 258/2024, 4-1: absolutoria, por considerar que las lesiones causadas por un solo golpe a un *pitbull retrieber* lo fueron en legítima defensa, ya que el perro andaba paseando con su dueño, que no tenía licencia para tener animales potencialmente peligrosos, suelto y sin bozal, introduciéndose en la finca del acusado, donde, además, se hallaba su perro atado).

Así mismo, tampoco habrá lugar a responsabilidad penal por maltrato, si concurre la eximente de estado de necesidad —o de no ser completo la atenuará— (SSAP Cuenca 1ª 59/2018, 30-5: aprecia la eximente incompleta de estado de necesidad en la muerte de un perro ajeno, causada con un palo, ante el temor de que este le disgregara su rebaño, que es su medio de sustento, y no poder controlar al perro; o la de Vizcaya 1ª 90281/2021, 19-10: absolución de la acusada por estado de necesidad en un hurto de animales —cuatro perros propiedad del denunciante—, haciendo entrega de estos a terceros para que los cuidaran, al estimar que el denunciante los tenía desatendidos, procediendo también la acusada a interponer denuncia por maltrato animal contra el propietario).

La jurisprudencia ha considerado que no se maltrata a un animal —ausencia de tipicidad— en el caso de quien dispara y mata a dos perros que estaban atacando a unos terneros: uno de raza clasificada como potencialmente peligrosa —dogo argentino—, y el otro era un corpulento perro de la raza lobo checoslovaco, que deambulaban sin control humano por terreno abierto (STS 940/2021, 1-2: recurso de casación contra auto de archivo, sin acudir a las causas de justificación de legítima defensa o miedo insuperable que requerirían llegar a juicio para su acreditación).

Por último, serían atípicas penalmente todas aquellas conductas de maltrato que afectaran a aquellos animales que no están incluidos dentro del ámbito de protección material de este delito (v. gr. invertebrados como los insectos).

2. Clases de maltrato animal: las conductas tipificadas

En atención a la forma del maltrato o a su resultado, los delitos de maltrato animal del art. 340 bis del CP se estructuran en un tipo básico, que contiene la conducta de referencia, varios tipos agravados o cualificados y varios tipos atenuados, los cuales serán abordados en los siguientes apartados.

2.1. Conducta básica (art. 340 bis 1-I): lesión que requiera tratamiento veterinario

El tipo básico castiga la causación de una lesión a los animales protegidos que requiera tratamiento veterinario (v. gr. SSAP Alicante 10ª 437/2019, 18-12: una reconstrucción quirúrgica de las lesiones, teniendo que realizar el personal veterinario una segunda intervención quirúrgica para la estabilización de la fractura conminuta de la hemimandíbula derecha con hospitalización de tres días requiriendo durante los siguientes seis meses procedimientos de cirugía menor; Cuenca 1ª

281/2019, 21-10: el perro precisó para sanar de las heridas de una desbridación de tejidos y sutura por planos, previa anestesia, y posterior tratamiento antibiótico y analgésico, además de curas varias veces al día; STS 759/2023, 11-10: absolución por no requerir tratamiento, habiéndose acusado por maltrato animal).

El maltrato se puede cometer tanto por acción como en comisión por omisión, por grave falta de cuidado (STS 40/2023, 26-1; SSAP 2ª Alicate 421/2020, 13-1: ocho perros de raza podenco a los que no se les dan cuidados básicos de alimentación e higiene, motivando el fallecimiento de uno de ellos; en análogo sentido, cfr.: Barcelona 9ª 91/2024, 30-1; A Coruña 2ª 236/2018, 20-6: afectando a un caballo; Almería 2ª 16/2018, 18-1; o SJP 1 Santander 338/2014, 28-10).

El término "maltrato" no requiere habitualidad, pudiéndose producir la lesión por un solo acto; pero, si concurriera la citada habitualidad podría dar lugar a la aplicación del delito continuado (art. 74 del CP, SAP Lugo ª2 102/2019, 24-5).

Se trata de un delito de medios indeterminados o de "medios abiertos", esto es, se puede cometer de cualquier manera (SSAP Madrid 2ª 89/2018, 19-5: tener atado a un perro con una cadena y darle continuamente golpes; Barcelona 7ª 604/2019, 27-9: arrojar un gato por la ventana), salvo que concurran los medios indicados en las conductas agravadas del art. 340 bis. 2 CP, que se abordarán a continuación.

El legislador no ha establecido un concepto o interpretación legal de lo que deba entenderse por "tratamiento veterinario". En todo caso, dentro del mismo se incluirían todos aquellos actos que sean necesarios para restablecer la salud del animal, esto es, abarcará toda aquella actuación o intervención quirúrjica veterinaria que vaya más allá de los meros cuidados veterinarios básicos o la primera asistencia (STS 186/2020, 20-5 incluye como actos de tratamiento veterinario, entre otros: fluidoterapia, oxigenoterapia, inmovilizaciones, tratamientos basados en antibioterapia, o analgesia, entre otras), y/o una intervención quirúrgica. La diferente entidad del tratamiento veterinario, que puede materializarse en uno o varios actos en función de la clase y entidad de las lesiones, se ve reflejada también en las penas previstas (las alternativas de prisión o multa).

A diferencia del delito de lesiones a humanos, el de maltrato animal no alude a la exigencia de que "objetivamente" se requiera tratamiento veterinario. Pero, no habría inconveniente en considerarlo también exigible como una derivación del principio del hecho y del de culpabilidad. Con tal adverbio se quiere garantizar que si unas lesiones leves causadas por el autor fueran, posteriormente, agravadas por el propietario del animal para obtener una mayor indemnización por un delito grave, el autor solo tendrá que responder por las que causó, y no por las agravadas por el propietario o por las patologías previas que tuviera el animal.

Al ser un delito de resultado, admite formas imperfectas de ejecución (tentativa), si bien esto presentará la dificultad de su delimitación con las conductas atenuadas de maltrato cuando no se produzca lesión (infra). Así, en el caso de que un adiestrador de animales salvajes para poder rodar una película llevara a cabo tal adiestramiento, utilizando descargas eléctricas, no susceptibles de causar lesión, no podría subsumirse este proceder en la conducta básica, ni tampoco en la agravada de espectáculos, o por ser el sujeto activo el cuidador porque ambas agravaciones requieren que haya habido tratamiento veterinario, salvo que se conciba como una tentativa de la conducta básica. Y esta cuestión ahora se complica más al parecer referirse las conductas atenuadas a todas las categorías de animales, como se verá más adelante.

El precepto incluye, dentro de las lesiones básicas, con presunción *iure et de iure*, esto es, que no admite prueba en contrario, a los actos de carácter sexual practicados por un ser humano con un animal con ánimo de lascivia (zoofilía o bestialismo), incluida la explotación sexual, la cual requeriría ánimo de lucro. En todo caso, habrá que entender, por una interpretación contextual, que la zoofilia se castigará únicamente cuando haya sido necesario, como consecuencia de esta, tratamiento veterinario. (En este sentido, Gimbernat Ordeig, 2016, p. 22, ya estimaba, bajo la regulación anterior, que si no hay maltrato animal la zoofilia es un comportamiento que no produce daño alguno a la sociedad, por lo que no puede ser castigado por el Derecho penal, tratándose de una perversión sexual que solo puede ser castigada religiosamente, si se considerara pecado, o moralmente; en análogo sentido: Cuervo Nieto, 2023, p. 240; Manzanares Samaniego, 2023, p. 5). En consecuencia, en el resto de los supuestos en los que no se requiera tratamiento veterinario, pero se cause algún tipo de lesión, la zoofilia podría ser castigada, en su caso, como una conducta atenuada de maltrato (infra). Fuera de estos supuestos, la conducta sería atípica penalmente.

No obstante, no faltan autores, si bien bajo la regulación anterior, la cual aludía a "explotación sexual", que identificaban el acto mismo sexual con la lesión (De Juan García, 2020, p. 122; Toribio, 2020, p. 127); o un sector de la jurisprudencia afirmaba que la "explotación sexual" que configura un subtipo de mera actividad, se consuma con la realización de la conducta, sin necesidad de que cause lesión que requiera tratamiento veterinario (SAP Barcelona 9ª 91/2024, 30-1).

La regulación actual de la zoofilia o bestialismo habría que considerar que es un delito de resultado, siendo posible las formas imperfectas de ejecución, al menos, en los casos de penetraciones, felaciones o introducción de objetos o miembros corporales en los órganos sexuales de los animales. Fuera de estos supuestos, la expresión "actos sexuales" presenta una indeseable vaguedad que puede dar lugar a elevadas dosis de inseguridad jurídica.

En cuanto al maltrato psicológico, sin perjuicio de su sanción por vía administrativa, en el ámbito penal presentará problemas probatorios (SAP Lugo 2ª 70/2020, 27-10: la posibilidad de poder padecer una patología psíquica por un perro, que vive en un edificio con jardín, y al que no se le saca a pasear a la calle durante meses, evita un fallo condenatorio que ha de basarse en certezas, no en posibilidades).

El maltrato animal no es necesariamente un delito de propia mano, esto es, no hace falta contacto corporal del sujeto activo humano sobre el animal objeto del maltrato, tal sería el caso en el que el autor se valiera de un perro pastor de un rebaño de ovejas para que estas se risquen por un acantilado o barranco (Boiso Cuenca, 2021, p. 95).

El tipo básico tiene previsto un amplio margen penológico, lo que permitirá una mayor discrecionalidad al juez o tribunal para individualizar la pena (Gudín Rodríguez-Magariños, 2024, p. 9), en concordancia con la diferente gravedad que puedan revestir los casos de maltrato, estableciendo para el caso de los animales domésticos o amansados una pena alternativa de multa de 6 a 12 meses o de prisión de 6 a 18 meses. En el caso del resto de los animales vertebrados se establece también una pena de carácter alternativo de multa de 3 a 6 meses o prisión de 3 a 12 meses. En ambos supuestos las penas privativas de libertad, al ser inferiores a uno o dos años, respectivamente, serán susceptibles de sustitución por otras penas o de suspensión, salvo que se trate de reos habituales. En todo caso, se podrá condicionar la suspensión de las penas privativas de libertad a prohibiciones o deberes impuestas por el juez o tribunal, cuando se estimen necesarias para evitar el peligro de comisión de nuevos delitos, siempre que no sean excesivos y desproporcionados, entre los cuales se encuentra la realización de programas formativos, laborales, o culturales de protección de los animales. La ejecución de estos programas está regulada por los arts. 14 a 18 del Real Decreto 840/2011, a cuyo efecto el juez o tribunal remitirá testimonio a los servicios de la Administración penitenciaria.

Pese a que tal criterio no está recogido en el CP, la STS 229/2022, 11-3 señala que no sería tolerable que unas mismas lesiones ocasionadas a un animal (ser sintiente) mereciesen una penalidad superior que las producidas a un ser humano.

En el caso de que no quepa una individualización certera de los actos de maltrato producidos contra el mismo o diferentes animales, pero sí que hubo más de dos, separados espacio temporalmente, y en ejecución de un plan preconcebido o aprovechando idéntica ocasión, se procederá a apreciar un único delito, pero continuado (art. 74 CP), tal como también recoge la jurisprudencia, la cual admite su apreciación porque los ataques a animales no pueden considerarse "eminentemente personales" (SAP Huelva 1ª 19/2019, 22-1), lo que determinaría su exclusión del ámbito de aplicación de la continuidad delictiva; si bien, esto no impide que se aplicara el concurso real de delitos si los animales están perfectamente individualizados (SAP Cáceres 2ª 425/2018, 7-5, excluye el delito continuado, considerando que cada acta de inspección acreditaba un delito de maltrato animal diferente y con autonomía propia, manifestándose este como un delito de consumación permanente en el tiempo, cometiéndose, sobre todo, a través de omisiones a lo largo del tiempo y que afectan a la integridad física de los animales; vid. también: SSAP Burgos 1ª 164/2020, 26-6; Ourense 2ª 83/2020, 30-6: explotación ganadera en la que se van dejando morir a cabras y vacas de los que se encuentran sus cráneos, esqueletos o en estado de descomposición).

En el caso de que los delitos de maltrato animal sean cometidos por personas jurídicas, las penas vienen previstas como penas únicas, previéndose en el art. 340 ter CP dos modalidades, en función de la pena prevista para la persona física. En concreto, se podrá imponer la multa de uno a tres años, si el delito cometido por la persona física tiene prevista en la ley una pena de prisión superior a dos años; o la multa de seis meses a dos años, en el resto de los casos. Y esto sin perjuicio de que se pueda imponer las pernas privativas de derechos establecidas en los párrafos b) a g) del art. 33.7 (disolución de la persona jurídica; suspensión de sus actividades, clausura de sus locales y establecimientos; prohibición de realizar en el futuro las actividades en cuyo ejercicio se haya cometido, favorecido o encubierto el delito; inhabilitación para obtener subvenciones y ayudas públicas, para contratar con el sector público y para gozar de beneficios e incentivos fiscales o de la Seguridad Social; o la intervención judicial para salvaguardar los derechos de los trabajadores o de los acreedores por el tiempo que se estime necesario), con la duración que determine el juez, dentro de su ámbito temporal y conforme a las reglas establecidas en el art. 66 bis, todos ellos del CP.

2.2. Conductas agravadas o cualificadas

El art. 340 bis recoge en los apartados 2 y 3 del mismo una serie de conductas agravadas o cualificadas, respecto a la conducta básica expuesta en el aptdo. 1 del citado artículo.

2.2.1. Agravaciones de primer grado (340 bis.2): los elementos cualificadores

El apartado 2 del art. 340 contiene unas agravantes específicas, más propiamente, elementos especificadores o cualificadores del tipo básico, diversas de las genéricas "circunstancias agravantes" que son las incluidas en el art. 22 CP. Estas se rigen en su imposición por el art. 66 CP, mientras que en este caso la dosimetría penal será la que fija el propio art. 340 bis 2 (las penas previstas el aptdo. 1 del art. 340 bis CP, en su mitad superior).

Los elementos cualificadores del art. 340 bis.2 CP se establecen en atención a las formas de cometer el delito, a la clase de animal sobre el que se comete, la motivación especial concurrente en el autor, o el resultado producido. En concreto, se recogen los siguientes elementos cualificadores:

a) *Utilización de armas, instrumentos, objetos, medios, métodos o formas que pudieran resultar peligrosas para la vida o salud del animal.* Esta agravión está igualmente recogida para los seres humanos (SJP 1 Langreo 105/2020, 25-9: arrojar líquido abrasivo sobre animal doméstico; SJP 4 Bilbao 214/2016, 2-9: dopaje de bueyes en pruebas de arrastre, con resultado de muerte; SJP 3 Pontevedra 88/13, 19-3: uso de cepos para inmovilizar a caballos; SSAP Barcelona 9ª 172/2023, 11-12: utilización de un palo para golpear a dos chihuahuas; Bilbao 2ª 211/2020, 26-10: no aplica esta agravación en la colocación de un collar de sujeción de forma muy ajustada a un perro que le ocasionaba una presión intensa de forma continuada durante un período prolongado que le causó una herida cortante en la región cervical, pero sí lesión; Oviedo 2ª 438/2023, 22-11: persona que, con ánimo de menoscabar la integridad de un cachorro de perro, de apenas 5 meses, apostándose desde la planta baja de su vivienda, le apuntó y disparó con una carabina de aire comprimido del calibre 5.5 cuando el perro se hallaba en el parque, rodeado de niños que se encontraban jugando y que podían haber sido alcanzados con el disparo, provocando la muerte del perro). Cuestión controvertida sería la de considerar si estaría incluido en esta agravación aquellos casos en los que por comisión o en comisión por omisión las lesiones son causadas por otros animales, utilizados como instrumentos (SSAP Logroño 1ª 139/2020, 11-11: usar a una rehala de perros de caza para que practiquen con un cerdo vietnamita adulto; o SC Tenerife 6ª 154/2020, 27-5: deja a la perra en unión con otros perros de la misma raza en un inmueble abandonado, sabiendo que podrían atacarse y provocarse sufrimientos.).

b) *Ejecutar el hecho con ensañamiento.* Esta circunstancia ha tenido una recepción azarosa en el CP, incorporándose, para luego derogarse y, por último, volverse a introducir en el CP, tras la reciente Reforma de 2023. Su caracterización en la doctrina y su aplicación uniforme en la jurisprudencia ha encontrado mayores dificultades en el maltrato animal que con relación a su aplicación a los seres humanos (Arregui Montoya, 2022, p. 7 ss.). El ensañamiento es un "lujo de males", esto es, se trata de llevar a cabo la lesión, aumentando deliberadamente el dolor del animal, causándole padecimientos innecesarios (SSAP Cádiz 4ª 241/2018, 29-6: aplicación por un veterinario de Dolethal por vía intramuscular en una menor dosis de la recomendada para una eutanasia, por motivos económicos, pese a tener fondos suficientes, prolongando de esta forma la agonía de los animales antes de morir, los cuales, ante la vista y oído de los acusados, se retorcían, daban alaridos y se orinaban, y todo ello mientras se asfixiaban a medida que su frecuencia cardíaca disminuía, su sistema respiratorio se paralizaba progresivamente y sus músculos se contraían, proceso durante el cual conservaban la consciencia hasta que, finalmente, fenecían; Lugo 2ª 102/2019, 24-5: maltrato de extrema crueldad de un gato adulto, varias crías de gato y conejos, golpeándolos, aplastándolos, degollándolos o destripándolos, haciéndolo con gran ensañamiento y causándoles la muerte; Málaga 2ª 380/2017, 29-9: sacrificio masivo de perros y gatos de todas las razas y edades con grandes padecimientos por quienes no tenían ninguna titulación como veterinarios). Pero, como sucedería con los seres humanos, este elemento cualificante no es equivalente a la producción de varias —o muchas — heridas o golpes, pues si estos fueron posteriores a la muerte, sin haber causado el "plus innecesario de sufrimiento" al animal, no se podrá apreciar el ensañamiento.

c) *Causar al animal la pérdida o la inutilidad de un sentido, órgano o miembro principal.* El legislador equipara la pérdida a la inutilidad, esto es, para que se dé el delito no es necesario que el órgano, sentido o miembro sean extirpados, sino que también se incluye el que se produzca una disminución significativa de la funcionalidad de aquellos (inutilidad). Se entiende por órgano o miembro principal a aquellos que desarrollan una actividad funcional independiente y relevante para la vida, salud o el normal desenvolvimiento del animal. Este concepto tendrá que ser adaptado a cada clase de los animales protegidos.

Cuando la mutilación fuera de un órgano o miembro no principales, incluidas las mutilaciones estéticas de rabos u orejas, serán castigadas por el tipo básico (SAP Palma de Mallorca 1ª 357/2024, 18-7: mutilaciones de rabos y orejas en perros; gallos con amputaciones de cresta y barbilla, a uno le faltaba el ojo izquierdo y dos de los ejemplares presentaban lesiones compatibles con peleas; cfr. también Olmedo de la Calle, 2021b, p. 206, quien critica la SAP Valencia 2ª 16/21, 15-1 que lo calificó como lesión leve, contradiciendo el criterio de la STS 186/2020, 20-5, que las consideró como graves por requerir tratamiento veterinario). No constituirían delito —básico o agravado— las mutilaciones practicadas por veterinario por criterios sanitarios.

d) *Realizar el hecho por su propietario o quien tenga confiado el cuidado del animal.* Se trata de una agravación por la posición de garante de personas que tienen unos especiales deberes de cuidado con relación al animal. A este respecto, habría que recordar que, desde un punto de vista jurídico, es propietario quien lo sea conforme a lo establecido en el CC (SSAP Cáceres 2ª 219/2020, 9-10; Málaga 2ª 199/2020, 29-9), con independencia de lo que resulte en la inscripción en el correspondiente Registro o del nombre que figure en el chip que tenga el animal (SAP Madrid 6ª 519/2019, 13-9), sin perjuicio de las responsabilidades administrativas a que hubiera lugar. En todo caso, en el Derecho penal no se admite responsabilidad objetiva alguna. Por ello, esta agravación solo operará siempre que medie el dolo del propietario (SAP Oviedo 3ª 479/2024, 21-11: absolución de propietaria de animales maltratados porque el único dato que la relaciona con los hechos es la titularidad del ganado bobino que resultó afectado por la conducta del acusado a quien encargó su cuidado). De la misma manera, pese a que desde que un dueño de un perro quiere deshacerse del mismo deja de ser dueño de este, ya que el abandono extingue el dominio (art. 610 del CC), como en el caso anterior, esta norma no puede ser aplicable a los efectos de apreciar esta agravación, y solo puede ser tenido en cuenta a los efectos de la determinación de la responsabilidad civil. En suma, el concepto de propietario, a los efectos de este delito, ha de entenderse en un sentido material.

Llama la atención que no se haga referencia expresa a los veterinarios como sujetos activos cualificados (condenatorias: SSAP Cádiz 4ª 241/2018, 29-6; Guadalajara 1ª 100/2024, 21-6, aludiendo a su código deontológico). En consecuencia, tales profesionales sanitarios habrán de considerarse incluidos, junto con auxiliares veterinarios, paseadores, peluqueros caninos, responsables de albergues para animales, etc., bajo la expresión de personas a quienes el propietario le "tenga confiado el cuidado del animal". Esto conculca el principio de proporcionalidad penal, debido a los conocimientos y deberes especiales que tienen estos profesionales, respecto al resto de los señalados. Si bien, en la mayoría de los casos, esta agravación referida a los cuidadores concurrirá o se podría aplicar de forma alternativa con en el subtipo agravado del art. 340 bis.2 f) CP, relativo al ánimo de lucro, lo que deberá quedar reflejado en la determinación de las penas a imponer en estos casos.

e) *Ejecutar el hecho en presencia de un menor de edad o de una persona especialmente vulnerable.* Esta agravación se fundamenta en lo importante y significativo que es el trato animal en el proceso formativo de menores o personas especialmente vulnerables, a quienes tales conductas les puede producir un especial impacto en su sensibilidad. Por "especialmente vulnerable" habrá que entender aquella condición o situación en la que concurra más de un factor de vulnerabilidad (mujer con discapacidad y embarazada, persona ciega y con problemas cardiacos graves, persona de avanzada edad y con problemas de demencia senil).

f) *Ejecutar el hecho con ánimo de lucro.* Esta circunstancia requiere que la conducta de maltrato se haga a cambio de dinero u otro bien, servicio, profesión, cargo, o promesa, siempre que tenga traducción económica, con independencia que se reciba antes, durante o después del maltrato, siempre que sea lo que motivó su realización.

g) *Cometer el hecho para coaccionar, intimidar, acosar o producir menoscabo psíquico a quien sea o haya sido cónyuge o a persona que esté o haya estado ligada al autor por una análoga relación de afectividad, aun sin convivencia.* Las situaciones de crisis de pareja, matrimoniales o no, con o sin convivencia, pueden traducirse en comportamientos violentos, los cuales pueden terminar afectando, sobre todo, a las mascotas comunes o particulares de alguno de los integrantes de aquella. Esto es, se trata de conductas de maltrato animal para producir un maltrato psíquico al otro miembro de la pareja, a la manera de una violencia vicaria, pero sobre los animales (Colás Turégano, 2021b, p. 2, considera que tanto la violencia de género, la familiar o la que se ejerce sobre los animales tendrían como denominador común el ser "manifestación... de la cultura patriarcal que tiende a justificar la utilización y cosificación de los seres «construidos como inferiores» en el entorno doméstico". Por el contrario, críticamente, García Álvarez, 2024, p. 80, duda que la violencia instrumental sobre los animales, en el ámbito de las relaciones de pareja y expareja, vaya a tener operatividad real como agravantes, debido a la infracción del principio *non bis in ídem,* y a que procederá la aplicación de un concurso de delitos).

h) *Ejecutar el hecho del maltrato en un evento público.* Esta agravación hace referencia a los espectáculos en los que se causa lesión a los animales, objeto de protección en la conducta básica, tales como: peleas de perros, como parte de un espectáculo circense; o en corridas de toros o peleas de gallos en aquellas Comunidades Autónomas o municipios en los que no estuvieran permitidas (SSAP Albacete 2ª 339/2017, 1-9; Valladolid 2ª 185/2023, 24-11; Murcia 2ª 262/2024, 25-9); o bien en eventos públicos en los que es tradicional celebrarlos con animales (SAP Huelva 1ª 291/2020, 18-11: alquiler de una mula lesionada para la Romería del Rocío, a sabiendas de su estado, por quien la alquilaba y por quienes la recibían; AJI Alicante 1 de 7-11-2017: archivo de querella por prevaricación contra Alcalde que no permite la celebración del festejo taurino "Bous al Carrer", al justificar la prohibición por razones de seguridad pública, de competencia municipal, con riesgos para las personas y los animales en caso de lluvias de cierta entidad). Para que concurra la agravación no bastan los actos preparatorios, como, por ejemplo, interceptar a personas con gayos, constatando que los animales tenían espolones y elementos para cubrirlos, a la manera de unas pequeñas capuchas; o perros de razas peligrosas con enseres para peleas.

La otra agravación que se recoge en el apartado h) del art. 340 bis 2 es la de *difundir* el espectáculo público en el que se maltratan a los animales *a través de tecnologías de la información o la comunicación* (redes sociales convencionales o en redes encriptadas, o *darknets*, a sabiendas de la ilegalidad de tales grabaciones), lo que puede venir precedido o no del previo grabado por el mismo sujeto que, posteriormente, los difunde (SSAP Lugo 2ª 102/2019, 24-5: poseer en un disco duro extraíble numerosos videos de maltrato animal de extrema brutalidad y con ensañamiento —algunos de ellos elaborados por el procesado—, zoofilia, gore, necrofilia, difundiéndolos en internet; Almería 2ª 16/2018, 18-1: encargado de empresa de explotación porcina que, en lugar de impedir la acción lesiva de otro trabajador, consistente en lanzarse varias veces, como si se tratara de un piscina, sobre un grupos de lechones, se dedica a gravar la acción y a subirla a las redes sociales, resultando 79 lechones muertos por aplastamiento). La mera grabación del acto sin difusión, o la mera posesión del material grabado no constituyen esta agravación. Pero, si tras grabarlo o poseerlo, lo difunde esto será delictivo y tendrá reflejo en la determinación de la pena.

i) *Utilizar veneno, medios explosivos u otros instrumentos o artes de similar eficacia destructiva o no selectiva.* En este elemento calificante o agravatorio se recoge, de un lado, una modalidad alevosa, el veneno, que conlleva asegurar la ejecución del hecho, eliminando cualquier defensa que pudiera desplegar el animal, sus propietarios o cuidadores, así como también los denominados estragos (incendios, explosivos, inundaciones, etc.). Estos medios comisivos a gran escala o de gran potencial lesivo impiden calibrar los animales que podrían ser objeto de maltrato o muerte, pero en la que el autor acepta el resultado (STS 578/2018, 21-11: provocación de un incendio en la que resultan muertos un perro y dos gallos, y lesión de otro perro; TSJ Cataluña 36/2023, 2-5: muerte de un gato por incendio intencionado de una habitación).

2.2.2. *Agravación de segundo grado (art. 340 bis.3.I y II): causación de la muerte de los animales sin la concurrencia de elementos cualificantes*

El apdo. 3 del art. 340 bis CP alude en esta agravación a "animal doméstico, amansado, domesticado o que viva temporal o permanentemente bajo el control humano". Como se puede observar, no se hace referencia a la condición de "vertebrados" de estos animales. Sin embargo, pese a tal defecto de técnica legislativa, teniendo en cuenta el criterio de interpretación contextual de las normas, el principio de proporcionalidad penal y, sobre todo, la necesaria delimitación de estos delitos con relación a los ilícitos administrativos (vid. en esta obra, Viera González), habría que concluir que en este subtipo agravado se requiere también el carácter de vertebrados de los animales.

Esta agravación de segundo grado se dará cuando por la conducta básica (apdo. 1 del art. 340 bis) se produzca la muerte del animal, pero sin la concurrencia de los elementos cualificantes acabados de analizar (SSAP Santander 3ª 328/2017, 19-9: lesionar gravemente a un perro con patadas que le producen la muerte; SC Tenerife 6ª 449/2017, 21-11: arrojar a la basura cinco cachorros de la raza podencos, recién nacidos, que se lamentaban y lloraban y que murieron por hipotermia). La muerte se puede causar también en comisión por omisión (SAP Santiago de Compostela 6ª 244/2017, 29-12: maltrato por dejar de alimentar a una oveja y un asno, apareciendo muertos por inanición). En todo caso, la conexión causal entre la acción o la comisión por omisión del autor y la muerte del animal ha de quedar suficientemente acreditada (SAP Las Palmas 1ª 219/2018, 12-6: revocación y condena por maltrato básico).

No hace falta que se dé y constate el sufrimiento del animal para que se aprecie maltrato cuando este muera de forma instantánea (SSAP Alicante 10ª 249/2018, 28-7; Burgos 1ª 244/2019, 15-10: muerte de un gato por disparo).

También podrá haber casos de autorías adhesivas del delito de maltrato animal cuando un propietario, que deja de atender adecuadamente a sus animales, contrata con posterioridad a un encargado que no solo no procede al debido cuidado y alimentación, que ya no suministraba el dueño, sino que tampoco denuncia su evidente estado, produciéndose finalmente la muerte de varios de aquellos (SAP Ciudad Real 1ª 97/2024, 11-4).

La producción de la ulterior muerte del animal, como consecuencia de la previa producción de unas lesiones, tiene que ser abarcada por la intencionalidad del autor: dolo directo, de primer o segundo grado (SAP Cádiz 4ª 241/2018, 29-6), o eventual, ya que en este delito no está prevista la comisión imprudente. Por lo tanto, no sería posible incluir en este supuesto la solución concursal de la muerte preterintencional del animal (lesiones dolosas con ulterior resultado de muerte imprudente).

Dentro del ámbito de aplicación de esta agravación se incluyen también aquellos supuestos en lo que la muerte haya tenido lugar como consecuencia de la práctica de una eutanasia, realizada conforme a lo establecido legalmente, debida a la falta de viabilidad del animal por las graves lesiones causadas (SSAP Barcelona 8ª 401/2017, 5-10: golpeo reiterado con una piedra de un perro, causándole graves lesiones, cuya ausencia de mejoría clónica, y mal pronóstico, determinaron que los veterinarios que lo asistieron procedieran a la eutanasia del animal; Burgos 1ª 164/2020, 26-6; Madrid 17ª 254/2017, 3-4: grave estado de mal nutrición debido a la gran caquexia que presentaba en la musculatura craneal, con hemorragia nasal e infección de útero, provocándole la falta de higiene una grave dermatitis de ano, vulva y periné, encontrándose toda esta zona llena de larvas de mosca, motivo por el que procedió a practicarse una eutanasia; Ourense 2ª 140/2020 22-9: a dos ovejas agonizantes).

También se incluye en esta agravación la eutanasia practicada de forma ilegal, si bien en este caso, a diferencia del supuesto anterior, será castigado penalmente por este delito agravado quien la practique (SSAP Cádiz 4ª 241/2018: eutanasia en el seno de la Asociación para la protección de los Animales "El Refugio" a los animales que allí se hallaban, aplicándoles un medicamento destinado al uso humano para facilitar intubaciones y por anestesistas, llamado Mioflex Braun, al ser más barato, si bien a dosis mayores puede provocar la muerte del paciente el cual muere por asfixia, ahogado y conscientes de ello; Málaga 2ª 380/2017, 29-9: sacrificio por responsables de asociación protectora de animales domésticos sanos, tanto adultos como a hembras preñadas o camadas de cachorros, que se encontraban en las instalaciones de la asociación y de cualquier raza; Ciudad Real 1ª 198/2019, 31-10: mujer que procede a suministrar durante varios días un potente rodenticida —Brodifacoum—, lo que causó la muerte de cuatro de los perros, abandonados por su pareja, propietario de los mismos, quien se negó a llevárselos consigo, tras tener que abandonar la vivienda común por una orden de alejamiento).

Sin embargo, no se incluye en este tipo la no activación de la eutanasia por parte de la persona tenedora o propietaria del animal, habiendo sido recomendada por una veterinaria, en supuestos de sufrimiento de animales domésticos por enfermedades contraídas por estos, la cual queda fuera de la intervención penal (STS 1195/2024, 11-3).

Si queriéndose causar la muerte del animal con una conducta objetivamente idónea para causarla, esta no se produce por causa o accidente independiente de la voluntad de su autor, cabrían dos soluciones interpretativas: considerar que la muerte del animal es un resultado consumativo, por lo que, de no producirse, será castigada en grado de tentativa por este tipo agravado, o por el de la modalidad del apartado siguiente; o bien, lo que parece ser la postura mayoritaria de la jurisprudencia, estimar que la muerte del animal es una condición objetiva de punibilidad, por lo que si esta no se produce habría que castigar el hecho por el tipo básico o, en su caso, por el agravado de primer grado (SAP Cuenca 1ª 281/2019, 21-10).

A su vez, dentro de esta agravación de segundo grado, el legislador distingue dos sub- supuestos, en función de la clase de animal que resulte muerto. En el caso de que la muerte sea de un animal vertebrado doméstico, amansado, domesticado o que viva temporal o permanentemente bajo el control humano, se prevé la pena de prisión de doce a veinticuatro meses, además de la pena de inhabilitación especial de dos a cuatro años para el ejercicio de profesión, oficio o comercio que tenga relación con los animales y para la tenencia de animales.

Por el contrario, si se causa la muerte de un animal vertebrado no incluido en el apartado anterior (silvestres o salvajes), la pena agravada a imponer será menor, siendo la de prisión de seis a dieciocho meses o multa de dieciocho a veinticuatro meses, además de la pena de inhabilitación especial de dos a cuatro años para el ejercicio de la profesión, oficio o comercio que tenga relación con los animales y para la tenencia de animales. En ambos supuestos, esto es, con independencia del tipo de animal que resultara muerto, si la muerte se hubiera cometido utilizando armas de fuego, el juez o tribunal podrá imponer motivadamente la pena de privación del derecho a tenencia y porte de armas por un tiempo de dos a cinco años.

2.2.3. Agravación de tercer grado (art. 340.3.IV): causación de la muerte de los animales concurriendo alguno de los elementos cualificantes

En caso de que se produzca la muerte del animal, concurriendo alguno de los elementos calificantes del apdo. 2 del art. 340 bis, ya analizados, los jueces o tribunales impondrán las penas ya agravadas del 340 bis 2 "en su mitad superior" (SSAP 1ª Huelva 233/2024, 19-12: muerte por disparo a galgo por el propietario; Barcelona 2ª 13/2021, 22-1: dueño que inmoviliza las extremidades y cuello al perro raza American Staffordshire Terrier dándole más de seis golpes en la zona craneodorsal con una herramienta contundente, causándole la muerte por traumatismo craneoencefálico, para posteriormente introducir el cadáver en un saco y arrojarlo al rio Júcar; Mérida 3ª 102/2018, 13-6: estando acompañado en todo momento por un menor de edad, arroja a un foso de dos metros de profundidad a dos perros de raza cruzada labrador retrieber y una vez dentro les apedreó, causando la muerte de uno de ellos e hiriendo al otro de gravedad; Badajoz 1ª 68/2018, 12-9: coloca una trampa para gatos, quedando uno colgado por el cuello en una pared, muriendo; Madrid 16ª 418/2022, 26-7: celebración de peleas de perros con causación de muerte en presencia de menores; Castellón de la Plana 2ª 316/2017, 21-11: arrojar desde el balcón de su domicilio dolosamente a un perro de raza "Yorkshire" de su propiedad, provocándole inmediatamente la muerte; SJP 1 Toledo 389/2013, 15-10: ahorcamientos de dos galgos "Iniesta" y "Bola", de 5 años y 22 meses por su propietario).

Es de observar que, en esta agravación de tercer grado, el legislador no diferencia la pena a imponer en atención a la condición o clase de animal vertebrado de que se trate, por lo que la muerte de cualquiera de estos dará lugar a esta agravación.

2.3. Conductas atenuadas

Se prevén dos niveles de atenuación con relación a la conducta básica.

2.3.1. Atenuación de primer grado (art. 340 bis.1-II CP)

En este primer grado de atenuación se encontrarían las lesiones necesitadas de tratamiento veterinario, pero que hayan sido causadas a animales vertebrados que no sean domésticos, amansados, domesticados o que vivan temporal o permanentemente bajo el control humano. Esto es, se trataría de lesiones graves, pero que se atenúan por el objeto material sobre el que recaen: los animales silvestres.

En este caso, vienen previstas como penas alternativas: la de prisión de tres a doce meses (suspendible y sustituible) o la de multa de tres a seis meses, imponiéndose además la pena de inhabilitación especial de uno a tres años para el ejercicio de la profesión, oficio o comercio que tenga relación con los animales y para la tenencia de animales.

2.3.2. Atenuación de segundo grado (art. 340 bis.4 CP)

Se prevén, a su vez, dos clases de conductas atenuadas:

a) Los supuestos en los que las acciones u omisiones realizadas sobre el animal no requieran tratamiento veterinario, esto es, que hubiera bastado un mera asistencia veterinaria o ninguna, siempre que hubiera habido algún menoscabo físico o psíquico, o lo que es igual, un mínimo de antijuridicidad material (SSAP Málaga 1ª 385/2024, 8-10: tener a un perro atado de forma y lugar no adecuados; Barcelona 9ª 575/2019, 25-11: pega un tiro con su escopeta de balines al perro de su vecino, causando una herida en la base de la oreja derecha por la cara externa, teniendo perforada la piel, pero sin que el disparo hubiera atravesado el cartílago; Girona 4ª 381/2020, 23-11: perro en lugar inadecuado, presentando larvas y falta de prueba de la causación de las heridas; Lugo 2ª 31/2024, 27-3: lechones transportados en sacos de hilos con agujeros en el portabultos de un coche; Oviedo 8ª 134/2017, 29-12: perro encerrado en el domicilio y que llevaba cuatro días solo, siendo también visto asomado a la ventana intentando beber agua de la lluvia).

b) La segunda atenuación prevista en el art. 340 bis.4 es aquella en la que, pese a que se produce un grave maltrato animal, este no ha causado lesión (SSAP Alicante 10ª 416/2017, 3-11: vaciar un extintor en el morro de un perro, por hacer una gracia; León 3ª 459/2024, 24-11: chico que mete la cabeza del perro dentro de la fuente, pisándole la cabeza, mientras le decía " hijo de perra te voy a matar", poniéndose de pie encima para que el animal no sacara la cabeza). El término "grave" viene a sustituir al anteriormente utilizado de "cruelmente", el cual presentaba una mayor indeterminación y podría confundirse con el ensañamiento.

Debido a una deficiente técnica legislativa, el legislador omite concretar sobre qué clase de animales procedería apreciar estas conductas atenuadas, debiendo nuevamente circunscribirse, por las mismas razones ya apuntadas, a los vertebrados; si bien dentro de esta categoría, al no distinguir el legislador, no deberá distinguir el intérprete, debiéndose incluir a todas las clases de vertebrados mencionadas en el art. 340 CP.

Estas conductas atenuadas tienen previstas también una pena alternativa: o la pena de multa de uno a dos meses; o bien trabajos en beneficio de la comunidad de uno a treinta días, que requerirá siempre para poder ser impuesta del previo consentimiento del condenado (art. 49 CP). Asimismo, se impondrá la pena de inhabilitación especial de tres meses a un año para el ejercicio de profesión, oficio o comercio que tenga relación con los animales y para la tenencia de animales.

El carácter leve de este delito y de sus penas (arts. 13.4 y 33.4 CP) tiene como consecuencia el que el plazo de prescripción de este delito sea de solo un año (art. 131.1 CP), lo que dará lugar a absoluciones por prescripción en el caso de que no se persigan o de que estén indebidamente paralizados los procedimientos, superando el citado plazo (SSAP Barcelona 9ª 91/2024, 30-1, o 1211/2023, 11-12).

III. ESPECIAL REFERENCIA A LA RESPONSABILIDAD CIVIL *EX DELICTO* DE MALTRATO ANIMAL

Además de la controvertida cuestión del decomiso de los animales maltratados, abordada en otro capítulo de esta obra (vid. Cazorla González), la comisión del delito de maltrato suele dar lugar a la imposición de una responsabilidad civil, regulada por los arts. 109-126 CP. Pero, una de las peculiaridades que presenta la responsabilidad civil *ex delicto* del maltrato animal es la de no poder ser solicitada en los casos en los que es el propio dueño el que maltrata a su animal, dado que la condición de sujeto activo (autor o partícipe) del delito y perjudicado no pueden coincidir en un mismo sujeto, salvo que concurrieran supuestos de copropiedad en el animal.

Por otra parte, en la mayoría de los casos, la responsabilidad civil consistirá en el abono de los gastos veterinarios, necropsias, enterramiento, cuidado de los animales por protectoras, o en el valor de los animales muertos (SSAP Almería 2ª 16/2018, 19-1: valor de los lechones muertos; Mérida 3ª 102/2018, 13-6: gastos ocasionados a persona que se hace cargo de un perro maltratado, abonando además los gastos veterinarios; Jaén 2ª 136/2024, 25-6: gallo fallecido tasado en 800 euros por la Federación Andaluza de Gallos Combatientes Españoles).

Especial consideración merece la determinación e indemnización por daños morales, sobre todo, en los supuestos de fallecimiento del animal, en cuyo caso, al no haber parámetros de cuantificación objetivos que permitan calcularlo, ni directa ni indirectamente mediante referencias pecuniarias, únicamente puede ser evaluado con criterios amplios de discrecionalidad judicial, los cuales siempre habrán de estar fundamentados, atendiendo a criterios tales como: la gravedad de los hechos, su entidad real o potencial, la relevancia y repulsa social de los mismos, así como su incidencia en los perjudicados y las circunstancias personales de los ofendidos, y, por razones de congruencia, atendiendo a las cantidades solicitadas por las acusaciones (SSTS 22-7-92, 19-12-93, 12-5-2000, o 5-5-2020, entre otras; cfr. también: SSAP Badajoz 1ª 118/2020, 17-11: 1.000 € en concepto de responsabilidad civil, omnicomprensiva del valor del can y del daño moral que su muerte cruel ha producido a su dueño; Cuenca 1ª 59/2018, 30-5: 700 € daño moral muerte de perro de raza común, dejando para ejecución de sentencia el valor del animal muerto; Cuenca 1ª 130/2024, 24-9: 3.300 € por daños morales, al haber necesitado el dueño del perro muerto tratamiento psicológico). En el caso de muerte de los animales por terceros, en el que se apreciara además de un delito de daños, el maltrato animal, los citados daños afectivos solo se podrán indemnizar en una cantidad única por ambos delitos (SAP León 3ª 422/2020, 21-12).

IV. CUESTIONES CONCURSALES

El delito de maltrato animal podrá entrar en concurso con otros delitos como, por ejemplo, el de organización criminal del art. 570 (SAP Madrid 16ª 418/2022, 26-7: peleas de perros); con los de falsedad en documento oficial, sobre todo cuando la conducta de maltrato se lleve a cabo por funcionarios públicos o veterinarios (SAP Málaga 2ª 380/2017, 29-9); con los delitos de tenencia ilícita de armas del 564.1º CP o incendio del art. 351 CP (SSTS 578/2018, 21-11; o 759/2023. 11-10: prende fuego a la casa, sabiendo que dentro estaba una gata que fallece por el mismo). Podría entrar en concurso medial con los delitos de daños dolosos (art. 263 CP). En el tipo agravado de maltrato animal por explosivos u otros estragos podría entrar en concurso con el de daños previsto en el artículo 263.2 apartado 3º o bien solaparse con él (Gudín Rodríguez-Magariños, 2024, p. 8). También podrá entrar en concurso de delitos con las amenazas (SAP León 3ª 422/2020, 21-12: con un rifle dispara al caballo de otro, valorado en 1.800 €, tras una discusión, y amenazando, art. 169.2º CP, al dueño de este).

Podrá también entrar en concurso de delitos con el de receptación cuando se utilicen para una pelea de animales, sustrayéndoselos a su legítimo propietario (SAP 2ª 136/2024, 25-6); con el delito de estafa —de seguros — en aquellos casos que se fingen accidentes de animales propios, atropellando o golpeando a otros caballos, simulando que son los propios, los cuales son luego eutanasiados para pedir indemnizaciones a las compañías aseguradoras de esos animales (SAP Jaén 3ª 346/2023, 11-12).

En los supuestos agravados de zoofilia, podrán entrar en concurso de delitos con los de distribución de pornografía infantil (SAP Lugo 2ª 102/2019, 24-5: difusión de videos con menores, de entre 5 y 7 años, llevando a cabo actos de naturaleza sexual explícita, incluyendo felaciones y penetraciones por vía vaginal y anal por parte de adultos, cuya identidad no pudo averiguarse; o, en uno de los casos, se mostraba a un perro lamiendo la vagina de una menor de unos 9 a 11 años; así mismo, se visualizaba un maltrato de extrema brutalidad con varías crías de gato, golpeándolas, aplastándolas o destripándolas, haciéndolo con gran ensañamiento y causándoles la muerte, y procediendo a continuación a masturbarse delante de los restos de los cadáveres de los animales muertos).

También entraría en concurso de delitos el maltrato, sobre todo, de animales domésticos, con los tipos de violencia de género, a la manera de una violencia vicaria, pero sobre animales (Magro Servet, 2022, pp. 1 ss. y 8, sobre el VIOPET, https://www.viopet.es), calificándose además el maltrato animal como una conducta predictora de la violencia de género (Ruiz Cabello, 2022, p. 4); o violencia doméstica (así, Herbert Garrido, 2020, p. 24, llama la atención de cómo el vínculo afectivo que se genera entre animales de compañía y humanos puede ser aprovechado por el agresor, el cual puede amenazar, golpear o matar al animal con el objetivo de intimidar, manipular, como represalia o para causar sufrimiento a la víctima humana, controlar u obtener obediencia e impedir que abandone el hogar violento). A este respecto, la jurisprudencia ha apreciado un concurso ideal, lo que podría resultar cuestionable, entre el delito de daños, el asesinato de una mujer en violencia de género y el de maltrato animal con resultado de muerte, tras haber rociado de gasolina el cuerpo de la mujer que se hallaba en la parte delantera de su vehículo y el perro en la trasera. La apreciación del concurso ideal tendrá la consecuencia de que, al aplicarse una sola pena (art. 77 CP), será imposible imponer la inhabilitación especial prevista como pena principal en el delito de maltrato animal (SAP S. C. Tenerife -Jurado- 278/2020, 22-10).

Cuando las conductas constitutivas del delito de intrusismo profesional integren las del maltrato, aquel podría ser absorbido por este (SAP Mérida 3ª 161/2018, 11-10: criador de varias razas de perros que, sin la debida autorización, ni inscripción como núcleo zoológico, amputaba cuerdas vocales, practicaba cesáreas, administraba hormonas para controlar contracciones uterinas, o inyectaba vacunas; de otra opinión, SSAP Burgos 1ª 164/2020, 26-6; Málaga 2ª 380/2017, 29-9, que aprecian un concurso de delitos entre el intrusismo y el maltrato animal, imponiendo sus respectivas penas).

Cuando se usen armas para cometer un robo con violencia en casa habitada y se dispare con las mismas a un perro, el delito de maltrato animal con uso de armas concretamente peligrosas para la vida, entrará en concurso medial de delitos con el de robo con violencia en casa habitada con uso de armas (SAP Barcelona 10ª 63/2024, 23-10, jurado; SAP de Burgos 1ª 176/2015, 6-5: sustracción del propio animal que luego es maltratado).

En el caso de que se trate del ámbito de una competición deportiva, podría entrar en concurso el maltrato animal con un delito de corrupción en los deportes (SJP 4 Bilbao 214/2016, 2-9: dopaje).

La falsa imputación de un delito de maltrato dará lugar a un delito de calumnias (SAP 1ª 541/2019, 18-12: publicar en la red social Facebook de la Hípica de Granada un mensaje en el que se imputada a su directora un delito de maltrato animal con resultado de muerte).

Especiales dudas y dificultades se aprecian en la jurisprudencia a la hora de delimitar el concurso aparente de leyes entre el tipo de abandono (art. 340 ter CP) y el de maltrato de animales en comisión por omisión. En línea de principios, se parte de que si el abandono determina lesiones graves o muerte, la conducta deberá ser calificada de maltrato animal (SSAP Ciudad Real 2ª 56/2024, 2-2: abandono de animal en un contenedor sin lesión grave; S/C Tenerife 2ª 369/2019, 22-11: condena por maltrato a propietario de una instalación con reses ganaderas a las cuales no atiende, ni alimenta, ni dispone de las medidas higiénicas necesarias, presentando estas síntomas de sufrir graves carencias alimenticias, delgadez generalizada y extrema en algunos casos, procediendo a la venta de la mitad de ellas y falleciendo el resto; Pontevedra 3ª 73/2024, 22-3: condena por abandono a inquilina que deja el piso que tenía alquilado, cerrando la puerta y todas las ventanas, hallando el propietario la vivienda llena de basura y a su gato muerto; Pontevedra 2ª 54/2018, 23-5: condena por maltrato con resultado de muerte a propietario de yegua regalada que omitió de modo voluntario las más elementales obligaciones de cuidado del animal, hasta que casualmente una vecina encontró al animal en un estado lamentable, por lo que llamó al SEPRONA, debiendo ser sacrificada).

El delito de maltrato animal puede entrar también en concurso con el delito medioambiental recogido en el art. 334 CP, por ejemplo, en caso de que se maltrate con resultado de muerte a animales de especies en peligro de extinción que sean vertebrados.

Tratándose de veterinarios que fueran funcionarios públicos, a efectos penales (art. 24 CP), el delito de maltrato animal podría entrar en concurso con un delito contra la administración pública, por ejemplo, el de actividades y negociaciones prohibidas a los funcionarios públicos (SAP Cáceres 2ª 318/2019, 20-11: absolución penal de veterinario del delito de actividades prohibidas a los funcionarios públicos, que era funcionario interino de Comunidad Autónoma, porque sus funciones públicas nada tienen que ver con la identificación -chip- y vacunación antirrábica de mascotas realizadas de forma privada, sin perjuicio de la irregularidad administrativa al no tener concedida la compatibilidad para la actividad privada).

En el caso de personas que tengan en acogimiento temporal a un animal doméstico, entregado por una asociación protectora de animales, al que luego se le encuentra un hogar de adopción, tendrán obligación de devolverlo, so pena de incurrir en el delito de apropiación indebida del art. 253 CP

(SAP Málaga 1ª 291/2020, 8-10, vid. también Capítulo de Díaz García-Conlledo/Ramos Martínez). Si bien, podría plantearse un supuesto de maltrato psicológico en casos de aclimatación del animal durante un tiempo significativo con el acogedor, lo que deberá quedar acreditado.

V. CUESTIONES PROCESALES

Los delitos de maltrato animal son perseguibles de oficio por el Ministerio Fiscal. Pero, también podrán perseguirse mediante denuncia o querella —permitiendo esta última, además, constituirse en parte del proceso—. Estas serán, por lo general, interpuestas por el SEPRONA, asociaciones en defensa de los derechos de los animales, o por sus propietarios o poseedores legítimos. No procede la acusación particular si quien la interpone es una persona que presencia o tiene conocimiento de los hechos (SAP Las Palmas 1ª 297/2020, 15-12). En estos casos, lo que sí procedería es la acción popular. En efecto, será frecuente en este delito el ejercicio de la acción popular por parte de asociaciones de protección de animales, grupos ecologistas, etc. (SSAP Santiago de Compostela 6ª 196/2019, 11-12; o Badajoz 1ª 95/2017, 30-10, que considera que no procede la fianza exigida por el art. 280 LECrim, requerida para la interposición de querella en los casos en los que el ejercicio de la acción popular se realiza en un proceso en curso, ya que la necesidad de tal requisito no parece razonable; Las Palmas 1ª 227/2024, 27-5: FADUA; o Algeciras 7ª 317/2024, 14-1).

Además de las testificales de los terceros que presencien el maltrato, especial relevancia tendrán las pruebas periciales veterinarias, cuya valoración corresponderá al órgano jurisdiccional (SAP Granada 2ª 334/2024, 8-7: absolutoria, por discrepancia con el dictamen pericial).

VI. CONCLUSIONES

La evolución normativa de la protección jurídico-penal del maltrato animal ha corrido paralela al incremento de la sensibilidad social ante este tipo de maltrato y a la constatación de la insuficiencia e ineficacia de los instrumentos administrativos de prevención y sanción del maltrato animal (Marqués i Banqué, 2016, p. 868), lo que es de esperar que se solvente con la nueva Ley 7/2023.

La nueva redacción dada a los delitos contra los animales, tras la LO 3/2023 supone un redimensionamiento en la protección jurídico-penal de estos, en cuanto que conllevan un acercamiento, que no identificación, a los delitos de análoga naturaleza contra las personas (Requejo Conde, 215, p.1 ss.). Esta nueva concepción se insertaría dentro el movimiento "*one health*", la cual propugna un tratamiento unificado en la protección jurídica de la integridad física de los seres vivos vertebrados. Pero, no debe pasar desapercibo que tal concepción produce problemas de coherencia interna en el sistema penal configurado en torno a la protección del ser humano, al menos en lo que a los bienes jurídico-penales personalísimos se refiere, como la vida, la integridad física, la dignidad o la libertad sexual.. Además, la Constitución española refiere los derechos fundamentales y las libertades públicas exclusivamente a los seres humanos.

De las teorías expuestas de la Doctrina penal española sobre el bien jurídico-penal protegido en los delitos contra los animales, aquí se ha partido de una concepción antropocéntrica, más concretamente, de la que sostiene que lo protegido son los intereses de la sociedad en la protección de la vida, integridad y dignidad de los animales como seres sintientes. En todo caso, el bien jurídico-penal protegido en los delitos contra los animales no puede perder el referente humano por coherencia con el sistema penal. Obsérvese que la propia clasificación de los animales, a efectos administrativos o penales, toma como referencia al ser humano, al diferenciar entre: domésticos, amansados, domesticados o silvestres. Esto es, según hayan entrado o no en contacto con aquel.

Las construcciones utilizadas por un sector de la doctrina penal para soslayar aspectos técnicos esenciales, como el relativo a atribuir la condición de sujeto pasivo del delito a un animal, configurándolo bien como un "objeto jurídico de protección", o como "sujetos pasivos de la acción pero con menos derechos" se avienen mal con la estructuración y el contenido de la teoría del delito y genera confusión. En suma, la tipificación penal de conductas de abandono o maltrato de animales no requiere el calificar a los animales como sujetos pasivos del delito para protegerlos adeucadamente. Siguiendo a la STS 998/2022, 22-12, "... la existencia de delitos exclusivamente orientados a preservar el bienestar animal no descansa en que los animales sean titulares de derechos...". Por ello, los animales, como seres sintientes, serían un *tertius genus* de objetos materiales del delito, entre las personas y las cosas. Pero, no podrán ser concebidos como sujetos pasivos, condición reservada para las personas físicas (así, SAP Mérida 3ª 161/2018, 11-10), por lo que se refiere a la titularidad de los bienes jurídicos penales personalísimos.

Por lo demás, bajo la famosa frase: "Europa nos obliga" se ocultan con frecuencia medias verdades o hechos inciertos. A este respecto, artículo 13 de la versión consolidada del Tratado de Funcionamiento de la Unión Europea (DOUE n.º 83, de 30 de marzo de 2010), establece que: "Al formular y aplicar las políticas de la Unión en materia de agricultura, pesca, transporte, mercado interior, investigación y desarrollo tecnológico y espacio, la Unión y los Estados miembros tendrán plenamente en cuenta las exigencias en materia de bienestar de los animales como seres sensibles, *respetando al mismo tiempo las disposiciones legales o administrativas y las costumbres de los Estados miembros relativas, en particular, a ritos religiosos, tradiciones culturales y patrimonio regional*". En consecuencia, no hay obligación de castigar "penalmente" en la protección de los animales exigida por la UE, ni esta ha tomado una postura respecto a los toros o cualquiera otra tradición de los Estados miembros que las posean, en el sentido de prohibirlas, así como hacia las normas que las regules. Para la UE es una cuestión estatal.

En cuanto a la respuesta sancionadora, habría que insistir en la mejora de la prevención y sanción que ofrece el Derecho administrativo sancionador, sobre todo, tras la Ley 7/2021. Por ello, no se comparte la propuesta de un sector de la doctrina (Arregui Montoya, 2024, p. 415), de incluir tipos imprudentes de maltrato, los cuales tendrán mejor acomodo en el ámbito del Derecho administrativo sancionador, sin olvidar que esta propuesta iría en contra del principio de *ultima ratio* que caracteriza al Derecho penal. Y sin olvidar, además, que, en esta materia, tendrá adecuado acomodo las vías que ofrecería la justicia restaurativa (Bernuz Beneitez, 2020, p. 414 ss.).

La función simbólica o promocional del Derecho penal, que pretende hacer pedagogía social por medio del castigo de delitos, se aviene mal con la debida función instrumental y el principio de intervención mínima que lo caracterizan. La no observancia de las exigencias técnicas en la tipificación de cualquier delito se traducirá en una jurisprudencia contradictoria y en la pérdida de seguridad jurídica, lo que, en el ámbito del Derecho penal tiene las peores consecuencias (pena de banquillo, privación de libertad y de derechos, o generación de antecedentes penales).

BIBLIOGRAFÍA

Alfageme Toribio, A. (2020). La explotación sexual de animales y la zoofilia en el Código penal español. Crítica Penal y Poder, 20, 11-137.

Arregui Montoya, R. (2022). Análisis jurídico sobre la concurrencia del ensañamiento en el delito de maltrato animal. Derecho Animal: Forum of Animal Law Studies, V. 13, 1, 6-18.

__ (2024). El delito del maltrato animal. Madrid: Dykinson.

Aznar Domingo, A.; Martín García, F. (2024). Los delitos de maltrato animal tras la reforma del Código Penal por la Ley Orgánica 3/2023, de 28 de marzo. La Ley Penal, 8363, 1-5.

Bernuz Beneitez, M. J. (2020). ¿Castigos (eficaces) para delitos contra los animales? Repensando la respuesta al maltrato animal. Indret, 1, 394-423.

Boiso Cuenca, M. (2021). Análisis del delito de maltrato animal (art. 337 CP). Derecho Animal: Forum of Animal Law Studies, V. 12, 1, 82-111.

Borja Jiménez, E. (2020). Animal y víctima: en torno al sujeto pasivo del delito de maltrato animal de asistencia. En: J. León Alapont; J. L. González Cussac (coords.), Estudios jurídicos en memoria de la Profesora Doctora Elena Górriz Royo (121-144). Valencia: Tirant lo blanch.

Brage Cendán, S. B. (2017). *Los delitos de maltrato y abandono de animales.* Valencia: Tirant lo Blanch.

Cervelló Donderis, V. (2019). La tutela penal de los animales ante el maltrato: un proceso en transformación, Revista de Derecho Penal y Criminología, 22 (13-58).

Colás Turégano, M. A. (2021 a). Perfiles y modelos de conducta en el delito de maltrato animal: arts. 337 y 337 bis CP (análisis jurisprudencial). VVAA, Estudios penales en homenaje al profesor José Manuel Lorenzo Salgado (367-382). Valencia: Tirant lo blanch.

__ (2021 b). Maltrato animal y maltrato doméstico: la agravante de cometer el hecho en presencia de un menor. *Revista General de Derecho Animal y Estudios Interdisciplinares de Bienestar Animal: Journal of Animal Law & Interdisciplinary Animal Welfare Studies,* 8. Disponible en: https://www.iustel.com//v2/revistas/detalle_revista.asp?id_noticia=424328&d=1

Corcoy Bidasolo, M.; Ramírez Martín, G. (2023). Delitos contra los animales. En M. Corcoy Bidasolo; S. Mir Puig, *Comentarios al Código penal* (1.558-1.563). Valencia: Tirant lo blanch.

Cuerda Arnau, M. L. (2021). La exclusión de los animales como agentes morales: Inmoralidad e impacto ecológico. *Revista General de Derecho Animal y Estudios Interdisciplinares de Bienestar Animal,* 8. Disponible en: www.iustel.com//v2/revistas/detalle_revista.asp?id_noticia=424323&d=1,

Cuervo Nieto, C. (2023). La explotación sexual de animales en el Código Penal español: análisis y consideraciones. *Revista de Estudios Jurídicos y Criminológicos,* 7, 213-242.

De Juan García, A. (2020). Maltrato animal y muerte instantánea: apuntes sobre la Sentencia de la Audiencia Provincial (SAP) de Albacete núm. 30/2019, de 21 de enero. Derecho Animal: Forum of Animal Law Studies, V. 11, 1, 119-124.

Durán Seco, I. (2016). El maltrato y el abandono de animales desde el punto de vista del derecho penal (LO 1/2015, de 30 de marzo). *La Ley,* 9702, 1-40.

García Álvarez, P. (2024). La nueva regulación de las infracciones (no solo) penales en materia de maltrato a los animales (LO 3/2023, de 28 de marzo). *Revista Penal,* 54, 60-83.

García Álvarez, P.; López Peregrín, C. (2013). Los delitos contra la flora, fauna y los animales domésticos. *Revista Electrónica de Ciencia Penal y Criminología,* 13 (1-64).

García Rivas, N. (2009). Sobre la reforma del art. 337 CP. En: F. J. Álvarez García; A. Manjón-Cabeza Olmeda; A. Ventura Püschel (coords.), *La adecuación del Derecho penal español al ordenamiento de la Unión Europea: La Política criminal europea* (629-632). Valencia: Tirant lo blanch.

García Solé, M. (2010). Ética Animal. El Delito de Maltrato a los Animales. El Maltrato Legislativo a su Protección. Revista de Bioética y Derecho, 18, (36-43).

Gimbernat Ordeig, E. (2011). Rechtsgüter und Gefühle. *Goltdammer's Archiv für Strafrecht,* 158 (284-208).

__ (2016). Prólogo a la vigésima primera edición. Código Penal. 26. Ed. Madrid:Tecnos,

Gudín Rodríguez-Magariños, A. E. (2023).Los delitos de maltrato animal tras su reforma por las leyes de bienestar y maltrato animal. Diario La Ley, 10259, 1-13.

Guzmán Dalbora. J. L. (2002). El delito de maltrato de animales. En: J. L. Díez Ripollés; J. Cerezo Mir (coords.), *La ciencia del derecho penal ante el nuevo siglo: libro homenaje al profesor doctor don José Cerezo Mir* (1319-1350). Madrid: Tecnos.

Hava García, E. (2023). ¿Hacia dónde va la política criminal española sobre maltrato animal? Luces y sombras tras 25 años de reformas penales. *Revista Electrónica de Ciencia Penal Criminología,* 25 (1-45).

Hefendehl, R. (2002). *Kollektive Rechtsgüter im Strafrecht.* Köln: Carl Heymanns.

Herbert Garrido, A. (2020). Maltrato animal: las victimas ocultas de la violencia doméstica. *Derecho Animal (Forum of Animal Law Studies)* 2020, V. 11, 1, 14-27.

Higuera Guimerá J. P. (1998). Los malos tratos crueles a los animales en el Código Penal de 1995. *Actualidad Penal,* 1 (343-362).

Jaurrieta Ortega, I. (2019). El bien jurídico protegido en el delito de maltrato animal. RDUNED, 24, 181-202.

Lopez Berral, A. E. (2023): Luces y sombras del delito de maltrato animal: análisis jurídico de la actual regulación del delito de maltrato animal, *Bioderecho,*18, 1-28.

Magro Servet, V. (2016). El delito de maltrato animal en el Código Penal tras la L.O. 1/2015 y la reeducación de los condenados. Diario La Ley, 8841, 1-9.

__ (2022). El maltrato vicario a los animales en la violencia de género en la reforma del Código Penal. *Diario La Ley,* 10182, 1-8.

Mansilla Zambrano, A. (2017): El sujeto pasivo y el interés jurídico protegido en la regulación del maltrato animal en el Derecho penal, Consejo General de la Abogacía Española, 10-2. Disponible en: https://www.abogacia.es/publicaciones/blogs/blog-de-derecho-de-los-animales/el-sujeto-pasivo-y-el-interes-juridico-protegido-en-la-regulacion-del-maltrato-animal-en-el-derecho-penal/

Manzanares Samaniego, J. L. (2023). La protección de los animales en la Ley Orgánica 3/2023, de 28 de marzo. *Diario La Ley,* 10282, 1-16.

Marqués i Banché, M. (2016). Comentario al art. 337 CP. En: G. Quintero Olivares, *Comentarios al Código Penal Español.* T. II, 7ª ed. Pamplona: Aranzadi (págs. 865-878).

Martínez Cimadevilla, P. (2020). Los delitos de maltrato y abandono animal. Diario La Ley, 9761, 1-6.

Muñoz Lorente, J. (2007). La protección penal de los animales domésticos frente al maltrato. *La Ley Penal,* 42, 5-37.

Mesías Rodríguez, J. (2018). Los delitos de maltrato y abandono de animales en el Código Penal español. *Derecho Animal: Forum of Animal Law Studies,* V. 9, 2, 66-105.

Mir Puig, S. (2016). *Derecho penal. Parte General,* 10ª ed. Barcelona: Reppetor.

Olmedo de la Calle, E. (2021 a). Los delitos de maltrato animal en España. Valencia: Tirant lo blanch

__ (2021 b). Análisis de la Sentencia nº 16/21, de 15 de enero, de la Sección Segunda de la Audiencia Provincial de Valencia. El corte estético de orejas a los perros y su consideración como delito de maltrato animal en España. Derecho Animal: Forum of Animal Law Studies, V. 12, 2, 2021, 199-207.

Prats, E. (2020). El delito de maltrato animal en España. Revista Jurídica de Catalunya, V. 119, 4, 965-1002.

Queralt Jiménez, J. J. (2015). *Derecho penal español. Parte Especial.* Valencia: Tirant lo blanch.

Requejo Conde, C. (2015). "El delito de maltrato a los animales tras la reforma del Código Penal por la Ley Orgánica 1/2015, de 30 de marzo", *Revista Derecho Animal,* V. 6, 1-26.

__ (2021). *Los delitos de maltrato animal en España.* Valencia: Tirant lo blanch.

Roxin, C. (2007). *Strafrecht. Allgemeiner Teil. T. I Grundlage Aufbau der Verbrechenslehte,* 3ª ed. Munich: C. H. Bech.

__ (2013). El concepto de bien jurídico como instrumento de crítica legislativa sometido a examen, *RECPC,* 15 (1-26).

Ríos Corbacho, J. M. (2016): "Nuevos tiempos para el delito de maltrato de animales a la luz de la reforma del Código Penal español (LO 1/2015)", *Revista Electrónica de Ciencia Penal y Criminología,* Nº 18, págs. 1-55.

Rodríguez López, P. (2007). *Medio ambiente, territorio, urbanismo y derecho penal.* Barcelona: Bosch.

Ruiz Cabello, U. (2022). La prueba de la violencia de género y su problemática judicial. *La Ley,* 8367, 1-6.

Sánchez Robert, M. J. (2022). La problemática en torno a la concreción del bien jurídico protegido y el objeto material en el delito de maltrato animal. En: VVAA, *Estudios en homenaje al Prof. Dr. D. Jesús Martínez Ruiz* (463-475). Madrid: Dykinson.

Santana Vega, D. M. (2000). *El concepto de ley penal en blanco.* Buenos Aires: Ad-hoc.

Santos Martínez, A. M. (2020). Los delitos de maltrato y abandono de animales. En: M. Bustos Rubio; A. Abadías Selma; A. del Moral García (dirs.), Una década de reformas penales*: análisis de diez años de cambios en el Código Penal (2010-2020)* (681-698). Barcelona: J. M. Bosch.

Silva Sánchez, J. M. (1992). *Aproximación al Derecho penal contemporáneo.* Barcelona: Bosch.

Torres Fernández, M. E. (2010). La reforma del delito de maltrato de animales domésticos del artículo 337 CP. Diario La Ley, 7534, 1-8.

Vercher Noguera, A. (2017). Nuevas perspectivas sobre el bien jurídico protegido en los delitos ambientales: ¿cabría hablar de derechos no humanos de los animales domésticos frente a su maltrato? *Diario La Ley*, 8994, 1-22.

Zapico Barbeito, M. (2011 a). "Hacia un nuevo bien jurídico del delito de maltrato de animales domésticos y amansados", *Revista Aranzadi de Derecho y Proceso penal*, 25, 3-30.

__ (2011 b). "Art. 337". En: P. Faraldo Cabana (Dir.), *Ordenación del territorio, patrimonio histórico y medio ambiente en el Código Penal y la legislación especial* (438-456). Valencia: Tirant lo blanch.

La delimitación (y colisión) entre infracciones administrativas y delitos en el maltrato y el abandono animal

JOSÉ ANCOR VIERA GONZÁLEZ[1]
Personal Investigador en Formación
Universidad de Las Palmas de Gran Canaria

I. INTRODUCCIÓN

El 29 de marzo de 2023 se publicaron en el Boletín Oficial del Estado la Ley 7/2023, de 28 de marzo, de protección de los derechos y el bienestar de los animales (en adelante, LPDBA), así como la Ley Orgánica 3/2023, de 28 de marzo, de modificación de la Ley Orgánica 10/1995, de 23 de noviembre, del Código Penal (en adelante, CP).

La primera Ley integra las infracciones y sanciones administrativas por incumplimiento de lo dispuesto en la ley, así como el correspondiente procedimiento sancionador; la reforma de la segunda, en cambio, introduce en el libro II del CP un nuevo título XVI bis (*«De los delitos contra los animales»*), en el que se modifica la regulación penal preexistente relativa a los delitos sobre los animales.

---

1 Este trabajo se enmarca en una ayuda para la formación predoctoral concedida por el Cabildo de Gran Canaria (resolución de 14.03.2024; BOC n.º 62, de 26.03.2024), además de llevarse a cabo en el seno del Grupo de Investigación Reconocido "Problemas Jurídicos Actuales" (Cód. 571) de la Universidad de Las Palmas de Gran Canaria.

Lo esperable en los referidos textos legales, publicados en igual fecha, tramitados (y debatidos) de forma simultánea y relacionados con igual materia, era una marcada delimitación entre infracciones administrativas y delitos; es decir, un impulso notorio hacia la seguridad jurídica. Sin embargo, nos encontramos ante una aparente oportunidad perdida, en cuya tramitación se advirtió sobre lo que *pudo ser* y, finalmente, *no fue*.

La confrontación entre ambos textos manifiesta la concurrencia de diversas antinomias (incluso en un mismo texto), además de incoherencias y errores, que no solo posibilitan la doble punición sobre igual hecho, sino que obstaculizan determinar qué es infracción administrativa y qué es delito. Así, este capítulo tiene como objeto cuestionar si aquellas antinomias son meramente aparentes o reales, para, a continuación, plantear brevemente cómo actuar procesalmente ante las mismas y cómo delimitar, si fuera posible, los ilícitos administrativos de los delitos en esta materia.

II. BIEN JURÍDICO PROTEGIDO: ¿UN DEBATE ENTRE EXTREMOS Y POLOS OPUESTOS?

El Preámbulo de la LO 3/2023, de 28 de marzo, de modificación del CP, en materia de maltrato animal, recoge que el bien jurídico a proteger en los delitos contra los animales es *la vida, la salud* y *la integridad de aquellos*, tanto física como psíquica. Sin perjuicio de carecer el Preámbulo de valor normativo, ha de tenerse en consideración como elemento interpretativo de la norma.

Confrontando el anterior texto normativo con la LPDBA, no cabe hacer distinciones en el objeto de tutela más allá de lo oportunamente señalado por Díaz y García-Conlledo y Ramos Martínez en esta obra. Por tanto, al menos en esta materia, cobra mayor relevancia el criterio cuantitativo a fin de determinar cuándo interviene el Derecho administrativo y cuándo el Derecho penal (así, entre otros, Górriz Royo, 2003, p. 164; Olmedo de la Calle, 2020, p. 663).

La delimitación del bien jurídico protegido, más allá del referido Preámbulo, ha sido el epicentro de un constante debate entre teorías antropocentristas (posicionamiento que puede denominarse *clásico*) y teorías ecocéntricas (más recientes), con la intervención aparentemente "conciliadora" de las teorías eclécticas, mixtas o interespecíficas (sobre este debate, Hava García, 2008, pp. 118 y ss.). No obstante, todas ellas presentan obstáculos, en principio, de difícil salvación.

Las teorías antropocentristas se basan en el *sentimiento* del hombre frente a los animales, así como en los efectos que el maltrato sobre animales provoca sobre el ser humano y su *sensibilidad*. Estas teorías han encontrado aparente plasmación legislativa en el CP italiano, cuyo Título IX-Bis lleva por rúbrica "*Dei delitti contro il sentimento per gli animali*" (a pesar de ello, la doctrina penal italiana, prácticamente en su totalidad, excluye considerar dichos sentimientos como bien jurídico. Así, entre otros, Donini, 2008, pp. 1577 y ss.; Fasani, 2017, pp. 720 y ss.); y en España, ya el CP de 1928 integraba una postura evidentemente antropocentrista, en cuanto que no solo calificaba como delito de daños deteriorar o causar perjuicio a otro en sus animales (art. 750), sino que, además, el art. 810 establecía que serían castigados quienes *públicamente* maltrataren a los animales domésticos o los obligaren a una fatiga excesiva. No obstante, sin perjuicio del generalizado cuestionamiento respecto a concebir los sentimientos como bien jurídico debido a su imprecisión, el vigente CP abarca también aquellos supuestos en los que se ejerza maltrato sobre el animal o se cause lesiones o la muerte del mismo en la más estricta privacidad (es decir, sin conocimiento por parte de terceros), lo que, en principio, excluye la capacidad de afección a sentimientos o a la sensibilidad social frente a los animales.

El nacimiento de las teorías interespecíficas encuentra su fundamento, también, en las críticas y cuestionamientos expuestos en esta obra por Díaz y García Conlledo y Ramos Martínez –en concreto, en el apartado "*Animales como objeto ideal (bien jurídico)*"– respecto a la consideración de los animales como titulares de bienes jurídicos. No obstante, los posicionamientos eclécticos también encuentran sus obstáculos. En este sentido, mantener dicha postura supondría que el hombre, tras atribuir valor al animal, decide protegerse, en parte a pesar de lo anterior, a sí mismo, tratando de este modo, aparentemente, sostener la debilidad de los dos componentes (Fasani, 2017, p. 741). Sin perjuicio de dicho cuestionamiento, entiendo que dicha posición es la más adecuada de las tres.

Las referidas críticas y cuestionamientos, a las que nos remitimos en el anterior párrafo, excluyen, asimismo, las teorías ecocéntricas. Como ejemplo del distanciamiento del legislador de dicha posición, cabe citar la infracción grave aún vigente consistente en "*la negativa de lidiar y dar muerte a la res sin causa que lo justifique*" –art. 15.n) de la Ley 10/1991, de 4 de abril, sobre potestades administrativas en materia de espectáculos taurinos–.

Entender que la vida, la salud y la integridad (física y psíquica) del animal constituye el bien jurídico no significa excluir los intereses del ser humano, en cuanto que la perspectiva humana tutelante es común en la protección de cualquier bien jurídico. Así, no ha de entenderse dichos intereses como absolutos, sino que han de equilibrase y confrontarse con los intereses humanos, no suponiendo ello la exclusión de la autonomía de aquellos (Ruga Riva, 2021, p. 10).

Hava García (2009, p. 124) entiende que el papel de los sentimientos humanos se agota en el acto inicial que permite la tipificación de los delitos contra los animales, debiendo seguir dichos tipos protectores su camino a partir de dicho momento. Más allá de la anterior postura, se entiende oportuna la precisión expuesta por Fasani (2017, p. 743), en referencia a las categorías sociológicas de Luisa Battaglia, quien señala que la tutela del animal deriva de un reconocimiento de carácter *antropogénico*, que no se traduce necesariamente en una tutela *antropocéntrica*.

De este modo, encontrándonos ante un bien jurídico de titularidad colectiva, sin perjuicio de que este sea *la vida, la salud* y *la integridad* (física y psíquica) del animal, aun encontrando los sentimientos humanos su límite en la elección político-criminal al tipificar dichas infracciones, no ha de olvidarse (i) la titularidad del bien y (ii) el carácter antropogénico del reconocimiento del mismo.

En lo que a la delimitación entre infracciones administrativas y delitos corresponde, olvidar los anteriores elementos, como luego veremos, no solo supondrá errar en penar o no un hecho, sino también en calificar una infracción como delito (o un delito como infracción); o peor aún, en calificar erróneamente un determinado hecho como infracción *y* delito.

III. LA *TRIPLE IDENTIDAD* ENTRE DELITOS E INFRACCIONES ADMINISTRATIVAS Y LA SALVAGUARDA DEL *NON BIS IN ÍDEM* DESDE EL ÁMBITO PROCESAL

La identidad de hechos en infracciones administrativas y delitos no es infrecuente; no obstante, sí es infrecuente, incoherente e improcedente establecer como delitos hechos menos gravosos que otros tipificados como infracciones administrativas. Y también es incoherente que la sanción penal sea más leve (incluso preferible) que la sanción administrativa.

En este caso, la LPDBA y la reforma del CP fueron tramitadas de forma paralela, debatidas conjuntamente y publicadas el mismo día en el BOE. Ello manifiesta que, a pesar de seguirse el procedimiento de urgencia (arts. 93 y 94 del Reglamento del Congreso de los Diputados de 10.02.1982) en la tramitación de ambos textos, la atención y el interés sobre el mismo no fue proporcional a la decisión procedimental adoptada.

Ejemplo de lo previamente expuesto lo encontramos en el abandono animal "*en condiciones de riesgo*", tipificado como infracción administrativa grave en el art. 74.k) *in fine* de la LPDBA, con sanción de multa de 10.001 a 50.000 euros —art. 76.1.b)—, sin perjuicio de las posibles sanciones accesorias (art. 77). Por otro lado, en principio, igual hecho (abandonar a un animal *vertebrado* en condiciones en que pueda peligrar su vida o integridad) puede ser delito —art. 340 ter CP—. En este último caso, procederá imponer una pena de multa de uno a seis meses o de trabajos en beneficio de la comunidad de treinta y uno a noventa días, además de la pena de inhabilitación especial de uno a tres años para el ejercicio de profesión, oficio o comercio que tenga relación con los animales y para la tenencia de animales. Así, teniendo prevista la cuota diaria de la pena de multa un mínimo de dos euros (art. 50.4 CP), la sanción mínima en caso de abandono de un animal podría ser 60 euros, mientras que la sanción administrativa mínima sería 10.001 euros. Pero, la mayor gravedad del tipo penal la marca la pena conjunta y principal de inhabilitación de profesión, oficio o comercio.

Ante la identidad fáctica compartida entre una infracción administrativa y un delito, interviene el principio *non bis in ídem*, que imposibilita, en principio, la existencia de dos procedimientos sancionadores simultáneos o sucesivos ante igual hecho, igual sujeto e igual fundamento. En este sentido, el art. 71.1 de la LPDBA establece que "*no podrán sancionarse los hechos que hayan sido sancionados penal o administrativamente cuando se aprecie identidad de sujeto, de hecho y de fundamento*". Por tanto, procede plantear aquí cómo actuar, desde el ámbito procesal, ante supuestos de "triple identidad".

3.1. Prelación del proceso penal frente al procedimiento administrativo sancionador

El art. 71.2 de la LPDBA impone que, en aquellos supuestos en los que los hechos puedan ser constitutivos de delito, el órgano administrativo ha de trasladar el tanto de culpa a la autoridad judicial o al Ministerio Fiscal, absteniéndose de seguir el procedimiento sancionador mientras no finalice el procedimiento penal mediante sentencia firme u otra resolución, o el Ministerio Fiscal no acuerde la improcedencia de iniciar o proseguir las actuaciones en vía penal, quedando hasta entonces interrumpido el plazo de prescripción.

La citada prevalencia del proceso penal encuentra su fundamento en "*la subordinación de los actos de la Administración de imposición de sanciones a la autoridad judicial*" (STC 77/1983, 3 de octubre). Hoy, dicha subordinación encuentra su fundamento, principalmente, en el carácter más garantista del proceso penal, en las mayores posibilidades investigadoras para alcanzar la verdad material y en que, en atención al principio de separación de poderes, la regla atribuye la potestad de juzgar al poder judicial (Gómez Tomillo, 2020, p. 436). Por otro lado, Queralt Jiménez (1992, p. 11) entiende que dicha prevalencia tiene "*claro alcance y sentido material*".

Algunos autores (entre otros, Alonso Mas, 2004, p. 56) entienden que la prioridad del proceso penal es contradictoria, en cuanto que este puede perjudicar en mayor medida los intereses del infractor. Sin embargo, entiendo, procede diferenciar la citada prioridad procedimental de la preferencia sancionadora, que, en cualquier caso (sobre todo en el supuesto de entender que es aplicable el régimen penal), ha de ser justificada en la resolución judicial.

Expuesto lo anterior, sin perjuicio de la preferencia (legal) del proceso penal, la variada casuística exige concretar (o al menos ejemplificar) los distintos supuestos que pueden darse en la práctica procesal entre ambos procedimientos.

3.2. Procedimiento administrativo sancionador previo al procedimiento penal

A pesar de la anterior regla genérica, es posible que un hecho penalmente relevante sea objeto (o no) de condena en un procedimiento administrativo sancionador previo; y dentro de cada variante concurren otras subvariantes. Por ello, a continuación, se referirán algunos ejemplos y se desarrollará brevemente cómo proceder frente a los mismos:

a. *Hecho penalmente relevante sancionado previamente en vía administrativa*: Generalmente, en este supuesto se admite la *técnica del descuento* o *compensación*, que permite condenar en vía penal por igual hecho si se descuenta la sanción administrativa, entendiendo así que "*materialmente sólo se le ha impuesto una sanción*" (STC, Pleno, 2/2003, de 16 de enero). De este modo, entiende el Tribunal que no se vulnera el principio *non bis in ídem*. Parte de la doctrina es crítica con dicha solución (entre otros, Carpio Briz, 2012, pp. 237 y 242).

b. *Absolución en vía administrativa sin intervención de la jurisdicción de lo contencioso-administrativo*: En este caso, no opera el derecho a la tutela judicial efectiva en su vertiente de intangibilidad de las resoluciones judiciales, en cuanto que la resolución previa es administrativa y no jurisdiccional. En consecuencia, tras un simple procedimiento administrativo sancionador con resultado absolutorio, puede existir un proceso penal que finalice con resultado de condena, siendo irrelevante el motivo de la absolución administrativa.

c. *Absolución en vía administrativa con intervención de la jurisdicción de lo contencioso-administrativo:* En caso de encontrar la absolución su fundamento en la prescripción de la infracción (o la sanción) u otros defectos procedimentales, nada impide la iniciación posterior de un proceso penal frente a iguales hechos, sujetos y fundamentos, en cuanto que aquellos fenómenos únicamente tienen relevancia en el ámbito administrativo. En cambio, en caso de deberse la absolución a razones materiales, la resolución de la jurisdicción contencioso-administrativa vinculará a la penal, en atención a la intangibilidad de las razones judiciales (art. 267 LOPJ).

3.3. Procedimiento penal previo al procedimiento administrativo sancionador

El art. 71.2 de la LPDBA deja abierta la puerta a la continuación del procedimiento administrativo sancionador una vez finalice el procedimiento penal, dependiendo aquel, como a continuación se expone, del resultado de este último , pudiendo darse los siguientes supuestos:

a. *Previo procedimiento penal absolutorio*: No será posible iniciar un procedimiento administrativo sancionador posterior cuando la absolución (o el sobreseimiento libre) encuentre su fundamento en razones materiales (por ejemplo, en la inexistencia objetiva o subjetiva del hecho) o en la falta o nulidad de pruebas. No obstante, sí será posible iniciar (o continuar) el procedimiento administrativo sancionador en caso de sobreseimiento provisional, siempre que, en su caso, la sanción administrativa no se apoye únicamente en las pruebas existentes en el proceso penal hasta su sobreseimiento.

b. *Previo procedimiento penal condenatorio*: En general, no será posible iniciar posteriormente un procedimiento administrativo sancionador, salvo cuando la doble sanción se encuentre prevista de forma expresa en la ley.

IV. DELIMITACIÓN *CUALITATIVA* EN SUPUESTOS DE IDENTIDAD FÁCTICA. ESPECIAL REFERENCIA AL ABANDONO ANIMAL

Sin entrar a analizar si el animal es sujeto pasivo, víctima o simplemente objeto material, debate sobre el que ya se han pronunciado en esta obra Santana Vega, así como Díaz y García Conlledo y Ramos Martínez, cabe resaltar que, en ocasiones, pese a la identidad fáctica entre infracciones administrativas y delitos, no coincide el tipo de animal objeto de protección y/o el fundamento de la sanción.

La LPDBA, a pesar de hacer referencia a "animales" en general, limita su ámbito de aplicación a "*los animales de compañía y silvestres en cautividad*" (art. 1.1). Así, entre otros, quedan excluidos los animales silvestres que no se encuentren en cautividad, que se rigen, según el art. 1.3.d) de igual texto legal, por la Ley 42/2007, de 13 de diciembre, de Patrimonio Natural y Biodiversidad (en adelante, LPND).

Atendiendo al art. 80 de la LPND, en el que se desglosan las distintas infracciones, no se tipifica como infracción la simple causación de lesiones, la muerte o el maltrato animal; sin perjuicio de la posible relación de la letra x) de dicho precepto con el art. 54.5 de igual ley ("Queda prohibido dar muerte, dañar, molestar o inquietar intencionadamente a los animales silvestres, sea cual fuere el método empleado o la fase de su ciclo biológico), aunque el encabezado de este último precepto y del capítulo en el que se integra acota a "especies autóctonas silvestres". De este modo, cabe como posible interpretación entender que maltratar un animal silvestre no autóctono –y que no se encuentre en cautividad– carece de respuesta administrativa.

Por otro lado, el ámbito de protección en varias leyes autonómicas es aún más restringido. Así, a modo de ejemplo, en Canarias la Ley 8/1991, de 30 de abril, de protección de los animales, pese a que hace referencia igualmente a "animales" en general, limita la protección a los animales domésticos y de compañía. Curiosamente, el art. 3.2 de dicho texto legal establece que "*quedan fuera del ámbito de esta Ley los animales salvajes cautivos o los criados con la finalidad de ser devueltos al medio natural* [sin referencia a los silvestres o salvajes no cautivos]. *No obstante, no serán objeto de malos tratos y deberá observarse para éstos las mismas condiciones higiénico-sanitarias, de salubridad y de alimentación preceptuadas en esta Ley*". Sin embargo, la exclusión de los anteriores animales del ámbito de dicha ley excluye cualquier responsabilidad por infringir la prohibición contenida en el anterior precepto, que resta inoperante. La Comunidad de Madrid (Ley 4/2016, de 22 de julio, de Protección de los Animales de Compañía de la Comunidad de Madrid) limita la protección a los animales de compañía. En otras comunidades, como Castilla-La Mancha (Ley 7/2020, de 31 de agosto, de Bienestar, Protección y Defensa de los Animales de Castilla-La Mancha), el ámbito de protección se aproxima bastante a la LPDBA. Y en el País Vasco (Ley 9/2022, de 30 de junio, de protección de los animales domésticos), pese a la referencia a "*animales domésticos*", el ámbito de protección es superior al propio de la LPDBA, al abarcar no solo a los animales domésticos y silvestres en cautividad o bajo control humano, sino también los "*animales silvestres urbanos*", definidos en el art. 2.7 de igual texto legal como "*aquellos animales silvestres que viven compartiendo territorio geográfico con las personas en los núcleos urbanos de ciudades y pueblos*", sin distinguir entre vertebrados e invertebrados.

Así, igual hecho (maltratar, lesionar o matar un animal silvestre vertebrado en libertad) puede carecer de reproche administrativo (o no, en caso de ser aquel "urbano" y encontrarse en la Comunidad Autónoma del País Vasco) y, al mismo tiempo, ser calificado como delito, al abarcar el CP cualquier animal vertebrado.

Además, el art. 340 bis CP hace referencia a "*animal doméstico, amansado, domesticado o que viva temporal o permanentemente bajo el control humano*", así como a "*animal vertebrado*". En cambio, el art. 340 ter del CP limita el ámbito de protección a los animales vertebrados. Así, a efectos del CP, ¿puede un animal invertebrado ser objeto de protección en el art. 340 bis del CP?; ¿lo es en la normativa administrativa?

En atención a la definición del art. 3.a) de la LPDBA, el ámbito de protección del art. 340 bis CP integra los animales de compañía. El art. 35 de igual texto legal regula el listado positivo de animales de compañía, en el que se incluye las especies silvestres que pueden ser objeto de tenencia como animales de compañía. Este, según el apartado segundo de dicho precepto, estará compuesto por un conjunto de listados de grupos de animales silvestres, entre los que se incluye el "*listado positivo de invertebrados -todos aquellos taxones no considerados vertebrados-*". Por tanto, en principio, pueden existir animales de compañía invertebrados. En este sentido, el art. 34.e) de la LPDBA permite tener animales de acuariofilia (entre los que hay múltiples invertebrados) como animales de compañía, mientras no se encuentren incluidos en el catálogo de especies exóticas invasoras ni de especies silvestres protegidas.

Si atendemos al Derecho comparado, según el Preámbulo de la LO 3/2003, de 28 de marzo, de modificación del CP, podemos observar cómo países de nuestro entorno, como Francia (Arrêté du 11 août 2006 fixant la liste des espèces, races ou variétés d'animaux domestiques) o Luxemburgo (Règlement grand-ducal du 16 novembre 2018 fixant les listes des animaux autorisés et les modalités particulières des demandes d'autorisation de détention), han introducido ya en sus respectivos ordenamientos el referido listado positivo, incluyendo, entre otras especies de animales, a los invertebrados. A modo de ejemplo, el gusano de seda (Bombyx mori), variedades domésticas de la abeja melífera (Apis spp.), variedades domésticas de la Drosophila (Drosophila spp.), artrópodos de terrario no venenosos o peces ornamentales y moluscos no venenosos de acuario. Además, desde una perspectiva supranacional, el Reglamento (CE) n.º 998/2003 del Parlamento Europeo y del Consejo, de 26 de mayo, por el que se aprueban las normas zoosanitarias aplicables a los desplazamientos de animales de compañía sin ánimo comercial, define en su art. 3.a) a los animales de compañía, remitiéndose, además de los requisitos allí establecidos, al Anexo I, en el que se incluye, también, a los invertebrados.

Asimismo, cabe citar como ejemplo, aun siendo criticada por parte de la doctrina, la Sentencia del Tribunal de Casación italiano, Sección III, 18428/2007, de 15 de mayo, en la que ratifica el fallo de la sentencia impugnada , y en la que se condenó al administrador único de un restaurante-pizzería por mantener a numerosos bogavantes, vivos, sobre hielo en una vitrina refrigerada, sometiéndolos así a sufrimientos por asfixia lenta. En la citada Sentencia se expone lo siguiente: "[...] los invertebrados, categoría a la que pertenece los bogavantes, están dotados de un sistema nervioso central que los hace sensibles a los estímulos externos y capaces de percibir dolor [...]" –traducción realizada por el autor de este capítulo–. Así, conforme a nuestro ordenamiento jurídico y atendiendo al Derecho comparado, podría parecer que los animales invertebrados también son objeto de protección en el art. 340 bis del CP y en la normativa administrativa; no obstante, como luego veremos, *cualquier* maltrato a *cualquier* animal no es merecedor de sanción penal o administrativa.

Por otro lado, en cuanto al sujeto activo, los arts. 340 bis y 340 ter del CP prevén como pena principal, también, la inhabilitación especial para el ejercicio de profesión, oficio o comercio que tenga relación con los animales. No obstante, además de ello, no se establece ningún subtipo agravado para aquel que, en el ejercicio de su profesión u oficio, y con aprovechamiento de ello, maltrate, lesione, mate o abandone a un animal. En este sentido, sin perjuicio de su valoración *de lege ferenda*, no existe delimitación subjetiva en el sujeto activo de la acción y sí, en cambio, en el animal sobre el que aquella recae.

En último lugar, en caso de no existir identidad en el fundamento de la sanción, no se infringirá el principio *non bis in idem*, lo que sucederá en los supuestos en los que dos sanciones amparen diversos intereses o bienes jurídicos. En este caso, merece especial referencia el abandono animal, que, según la normativa de la respectiva Comunidad Autónoma, es calificado como infracción leve, grave, muy grave o delito. No obstante, sin perjuicio de la delimitación entre infracción administrativa y delito en atención a la gravedad del hecho, de lo cual nos ocuparemos en próximos apartados, nos centraremos ahora en la delimitación en virtud del interés o bien jurídico protegido.

Antes de la gran reforma del 2015 del CP, el art. 631 establecía dos (ya antiguas) faltas: (i) los dueños o encargados de la custodia de animales *feroces* o *dañinos* que los dejaren sueltos o en condiciones de causar mal; y (ii) quienes abandonen un animal doméstico en condiciones en que pueda peligrar su vida o su integridad. La primera, pese a permanecer en algunas normas administrativas, ha desaparecido del CP; la segunda, en cambio, está integrada en el art. 340 ter CP como delito menos grave, ampliándose la protección a cualquier "*animal vertebrado que se encuentre bajo su responsabilidad*". No obstante, aquellas mismas faltas permanecen hoy como infracción leve en el art. 37.16 de la LOPSC, aunque limitando el abandono de los animales domésticos cuando se produzca en condiciones en que pueda peligrar su vida (sin hacer referencia a la integridad).

El Proyecto de la LOPSC añadía en igual apartado el maltrato cruel de animales domésticos en condiciones en que pueda peligrar su vida. Sin embargo, tras varias enmiendas, ello fue eliminado del texto, a fin de salvaguardar el principio *non bis in ídem*, en cuanto que el maltrato de animales domésticos ya estaba previsto como delito. A pesar de tal apreciación legislativa, no fue objeto de enmienda por posible vulneración de igual principio el abandono animal "*en condiciones en que pueda peligrar su vida*", pese a contemplarse dicha infracción en el CP. Ante ello, cabe plantearnos lo siguiente: ¿comparte el art. 37.16 de la LOPSC y el art. 340 ter CP igual bien jurídico? En caso de no existir identidad en el fundamento (bien jurídico), ¿puede sancionarse dos veces a igual sujeto por igual hecho?

El art. 1 de la LOPSC establece que dicha Ley tiene como objeto la tutela de la *seguridad ciudadana*, como bien jurídico de carácter colectivo, sin perjuicio de que dicha salvaguarda deba alcanzarse a través de la protección de personas y bienes, así como del mantenimiento de la tranquilidad de los ciudadanos. De este modo, si el objeto de tutela es la seguridad ciudadana, parece inútil requerir que el abandono se produzca "*en condiciones en que pueda peligrar su vida*".

El art. 3.e) de la LPDBA define qué ha de entenderse por *animal abandonado*. No obstante, hay que diferenciar cuándo un animal se considera "abandonado", que es lo que regula el referido precepto, y cuándo se ejecuta la acción de "abandonar", que es lo que exige el art. 37.16 de la LOPSC. En este caso, centrándonos en el abandono físico en condiciones que pueda afectar a la seguridad ciudadana, y no el mero abandono asistencial, irrelevante a los efectos de dicha ley (en este sentido, Martín Fernández, 2020, 108 y ss.), este se da desde el instante en el que la persona que tenga bajo su responsabilidad al animal haga vagar al mismo, en lugares públicos o privados de acceso público –al relacionar dicha infracción con el art. 25.d) de la LPDBA–, en condiciones en que pueda peligrar su vida además de poner en riesgo la seguridad ciudadana (debiéndose entender ello como peligro abstracto). Ambas exigencias pueden enlazarse, por ejemplo, cuando un perro cruza una autovía; no obstante, raramente puede darse cuando el animal doméstico, con motivo de su abandono, se asilvestre y atente contra personas o bienes, sin ser, *per se*, un animal feroz o dañino (que, en su caso, se integraría en la primera infracción del art. 37.16 LOPSC).

En atención a lo anterior, conviene cuestionar *de lege ferenda* la permanencia de la exigencia del peligro a la vida del animal en la LOPSC, bastando el riesgo abstracto para la seguridad ciudadana. En cualquier caso, sin perjuicio de la desacertada literalidad de la norma, heredera del tenor literal de la antigua falta del art. 631 CP, cabe afirmar que ambos textos legales tutelan bienes jurídicos distintos. Por tanto, no concurriría un concurso de leyes, sino un concurso de infracciones, ante el que no es posible alegar la interdicción del principio *non bis in ídem*, sino, en todo caso, el respeto al principio de proporcionalidad de las sanciones.

El art. 31.2 de la LOPSC establece que "*en el caso de que un solo hecho constituya dos o más infracciones [...] la conducta será sancionada por aquella infracción que aplique una mayor sanción*". Por otro lado, el art. 77.2 CP establece que, en el caso de que un solo hecho constituya dos o más delitos, "*se aplicará en su mitad superior la pena prevista para la infracción más grave, sin que pueda exceder de la que represente la suma de las que correspondería aplicar si se penaran separadamente las infracciones*". En principio, el primer precepto parece hacer referencia a concursos entre infracciones administrativas, aunque no hace referencia expresa a la naturaleza de la infracción; y el segundo, expresamente, a concursos entre delitos, no previendo, así, el concurso entre infracción administrativa y delito. El art. 4.1 del CP establece que "*las leyes penales no se aplicarán a casos distintos de los comprendidos expresamente en ellas*", siendo extensible dicho principio, que prohíbe la aplicación analógica, al Derecho administrativo. No obstante, como se ha señalado, el art. 31.2 de la LOPSC hace referencia a infracciones, sin precisar la naturaleza de las mismas; por otro lado, el art. 16.1 de igual texto normativo, además del Preámbulo, hace referencia a "*infracciones penales y administrativas*". En este sentido, puede realizarse una interpretación extensiva del término *infracciones* en el referido precepto, permitiendo el sentido literal de la norma integrar el concurso entre infracciones y delitos (o infracciones penales, según la LOPSC), no teniendo sentido limitar dicho tipo de interpretación cuando, como en este caso, beneficia al reo (así, entre otros, De Vicente Martínez, 2004). En este sentido, ante un concurso entre infracción administrativa y penal, atendiendo a la mayor gravedad de la sanción penal, procederá esta última, individualizando la pena, también, atendiendo a la afección a la seguridad ciudadana. La discrecionalidad judicial en la individualización judicial de la pena permitirá tener en consideración, a su vez, el art. 77.2 CP. Y en caso de sancionarse administrativamente el hecho de modo previo a la sanción penal, procederá aplicar la *técnica del descuento*; y de ser a la inversa, nada impedirá sancionar administrativamente cuando el desvalor del injusto (relacionado con la afección a la seguridad ciudadana) no sea abarcado en la sanción penal. De este modo, la interpretación extensiva del art. 31.2 de la LOPSC evita el forzamiento de malabares procesales o punitivos, sin atentar, además, contra la debida proporcionalidad.

V. (IR)RELEVANCIA PENAL Y DELIMITACIÓN *CUANTITATIVA* EN SUPUESTOS DE TRIPLE IDENTIDAD

La LPDBA, en su art. 74.k), establece como infracción grave "*el* [simple] *abandono de uno o más animales*". A continuación, tras distinción por medio de una infracción leve consistente en la falta de comunicación en caso de pérdida o sustracción (acción ajena al abandono y, por tanto, se entiende, incoherente su ubicación sistemática), se califica, nuevamente, como grave "*el no recoger el animal de las residencias u otros establecimientos similares en los que haya sido recogido, y el abandono del animal en condiciones de riesgo*". En el primer caso, denominándose comúnmente dicha práctica como "abandono responsable", más allá de cuestionar si realmente es un abandono *stricto sensu* (en contra, Mesías Rodríguez, 2018, p. 85), pese a integrarse en la consideración legal de "animal abandonado" –art. 3.e) de la LPDBA–, resulta cuanto menos sorprendente igualar legalmente la gravedad de la infracción a aquel segundo supuesto en el que el abandono se lleve a cabo en condiciones de riesgo. Igual afirmación puede hacerse en cuanto al abandono *sin riesgo* y el abandono *con riesgo*. Asimismo, entiendo que existe otra errata en el texto, en cuanto que no puede recogerse (o no recogerse) lo que (ya) ha sido *recogido*, sino, en todo caso, lo que ha sido *entregado* (y aún no recogido). Es más, la letra m) de igual precepto, que, de nuevo, recoge dicha infracción, señala: "*no recogerlo de los centros veterinarios, las residencias u otros establecimientos similares en los que los hubieran depositado previamente, pese a no conllevar riesgo para el animal*". Ello no solo corrobora la errata de la letra k), sino que expone una improcedente reiteración de la infracción.

En cuanto a la referida *infracción leve* (según el art. 74.k) de la LPDBA), consistente en la falta de comunicación en caso de pérdida o sustracción del animal, no solo se ubica sistemáticamente, entiendo, de forma incorrecta, sino que entra en contradicción manifiesta con la letra m) de igual precepto, que califica como *infracción grave* "*no denunciar la pérdida o sustracción del animal*". La iniciativa del Proyecto de Ley (publicado en el BOE el 12.09.2022), en su art. 82.k), calificaba como infracción grave simplemente "*el abandono de uno o más animales*", sin referencia alguna a la falta de comunicación como infracción leve, encontrándose esta en dicho Proyecto en la letra m), como también ahora. Posteriormente, el Grupo Parlamentario Republicano, en enmienda núm. 210, propuso, sin referencia a la letra m), la modificación de la letra k), introduciendo en esta el texto que, hoy, se encuentra en igual letra del art. 74, en cuanto consideraba "*desproporcionado aplicar la sanción prevista para las infracciones graves el hecho de no comunicar la pérdida o la sustracción de un animal*". Tras lo anterior, la Ponencia propuso, por mayoría, la inclusión de la enmienda transaccional a la antedicha enmienda, sin referencia alguna a la letra m), que permanece aún hoy.

La Disposición Final tercera de la LPDBA introdujo varias modificaciones en la Ley 32/2007, de 7 de noviembre, para el cuidado de los animales, en su explotación, transporte, experimentación y sacrificio. Entre estas, se añadió la letra ñ) en el art. 14. En esta se incluye la siguiente infracción, calificada como muy grave: "*Abandonar a un animal, con el resultado de la ausencia de control [...] o su efectiva posesión*".

En atención a lo anterior, el abandono de un animal doméstico, como podría ser un perro, en condiciones de riesgo constituye una infracción grave, mientras que el abandono de un cerdo o una cabra (animal de producción) destinado al consumo, con el simple resultado de ausencia de su efectiva posesión, constituye una infracción muy grave. De este modo, igual texto normativo introduce en el ordenamiento jurídico dos infracciones y califica (y sanciona) como más grave la que, de modo manifiesto, es cualitativa y cuantitativamente menos grave.

Similar incoherencia concurre entre la LPDBA y el CP en relación al maltrato animal. Entre otras prohibiciones, el art. 25.a) de la LPDBA, respecto a los animales de compañía o silvestre en cautividad, prohíbe "*maltratarlos o agredirlos físicamente, así como someterlos a trato negligente o cualquier práctica que les pueda producir sufrimientos, daños físicos o psicológicos u ocasionar su muerte*". Los arts. 73 y 74 de la LPDBA, al igual que el art. 340 bis del CP, clasifican la gravedad del delito en atención a la gravedad de la lesión creada. Así, primeramente, a efectos ilustrativos, se expone la siguiente tabla comparativa, que desglosa de menor a mayor gravedad los resultados lesivos contemplados en ambos textos:

LPDBA	CP
Art. 73 (infracción leve) *"[…] toda conducta que, por acción u omisión y sin provocar daños físicos ni alteraciones de su comportamiento al animal, conlleve la inobservancia de prohibiciones, cuidados u obligaciones establecidas legalmente o las derivadas del incumplimiento de responsabilidades administrativas por parte de los titulares o responsables del animal"*	Art. 340 bis.4 *"Si las lesiones producidas no requiriesen tratamiento veterinario o se hubiere maltratado gravemente al animal sin causarle lesiones […]".*
Art. 74, párrafo primero (infracción grave) *"toda conducta que por acción u omisión y derivada del incumplimiento de las obligaciones o de la realización de conductas prohibidas impliquen daño o sufrimiento para el animal, siempre que no les causen la muerte o secuelas graves".*	Art. 340 bis.1 *"el que fuera de las actividades legalmente reguladas y por cualquier medio o procedimiento, incluyendo los actos de carácter sexual, cause […] lesión que requiera tratamiento veterinario para el restablecimiento de su salud".*
Art. 74.a) (infracción grave) *"El incumplimiento, por acción y omisión, de las obligaciones y prohibiciones exigidas por esta ley, que implique daño o sufrimiento para el animal, cuando produzca en los animales secuelas permanentes graves, daños o lesiones graves siempre que no sea constitutivo de delito".*	Art. 340 bis.3 *"Cuando, con ocasión de los hechos previstos en el apartado primero de este artículo, se cause la muerte […]".*
Art. 75.a) (infracción muy grave) *"El incumplimiento de las obligaciones y prohibiciones exigidas por esta ley cuando se produzca la muerte del animal, siempre que no sea constitutivo de delito, así como el sacrificio de animales no autorizado".*	

En atención a la gravedad del resultado lesivo, el CP establece diferentes marcos penales abstractos; no obstante, pese a la diversa gravedad del resultado lesivo, las acciones previstas en el art. 74, párr. I y el apartado a) de igual precepto son calificadas como infracciones graves, teniendo, así, igual marco penal abstracto, sin perjuicio del deber de individualizar la pena concreta dentro del mismo.

Más allá de la anterior apreciación, el art. 74.a) de la LPDBA integra, también, como infracción grave (ni siquiera muy grave), "*siempre que no sea constitutivo de delito*", causar en el animal "*secuelas permanentes graves, daños o lesiones graves*", cuando ello encuentre su origen en el incumplimiento, por acción y omisión, de las obligaciones y prohibiciones exigidas por dicha ley (entre las que se encuentra maltratarlos o agredirlos físicamente —art. 25.a—). No obstante, el art. 340 bis.4 CP establece como delito la acción consistente en causar lesiones menos graves (que no requieran tratamiento veterinario) o maltratar gravemente al animal sin causarle lesiones. En este sentido, el 340 bis.4 CP requiere un desvalor del resultado menos grave que el exigido en la infracción *grave* del art. 74.a) de la LPDBA.

Existiendo la anterior colisión entre desvalores de resultado, en la que la infracción administrativa contempla un resultado más grave que el recogido en el tipo penal, forzosamente deberá atenderse, sobre todo, al desvalor de la acción. Sin embargo, el tenor literal de ambos textos en lo relativo a la conducta es similar, siendo difícil, si no imposible, delimitar la gravedad del desvalor de la acción en atención únicamente a la literalidad de la norma.

Los anteriores solapamientos, errores, contradicciones y ambigüedad textual conforman obstáculos no sencillos de superar para el intérprete y, peor aún, para el aplicador del Derecho, impulsando la propia norma interpretaciones (y posibles condenas) erróneas. Más allá de aquellos, dichos obstáculos se tornan imposibles de superar para el ciudadano medio, quien, ante el lógico desconcierto, queda expectante (el más atento) a una casuística jurisprudencial que, muy probablemente, se mueva en un constante vaivén entre el Derecho administrativo y el Derecho penal. En cuanto a los animales, pese a la oportuna y necesaria dirección político criminal preocupada por la protección de los mismos, no cualquier vehículo es útil para alcanzarla correcta y completamente. Así, en este caso, más allá del común debate y críticas sobre el objeto de protección, la orientación y la perspectiva (lo que también es necesario), procede criticar (sobre todo, autocriticar), cuestionar y replantear la técnica legislativa, que, en este caso, más allá del propio objeto, ha sido absolutamente desatendida. Esta evidente desatención ha derivado, en varios supuestos, en el desconocimiento sobre *qué* sancionar y *cómo* sancionar.

5.1. La relación y colisión entre el principio de legalidad y el principio de intervención mínima

El denominado principio de intervención mínima, cuya introducción en el Derecho penal español se atribuye a Muñoz Conde (1975, p. 71), fue defendido por dicho autor como "*un principio político-criminal limitador del poder punitivo del Estado derivado de la propia naturaleza del Derecho penal*". Este principio es comúnmente integrado en el principio de proporcionalidad penal, siendo dispares los posicionamientos sobre la ubicación dentro del mismo, mientras que parte de la doctrina modifica su terminología o defiende su inexistencia, pese a reconocer la generalidad el carácter fragmentario y subsidiario propio del Derecho penal. No obstante, ello, como afirma De la Mata Barranco (2007, p. 162) respecto al principio de proporcionalidad, se trata más de una cuestión terminológica o lógica que de un debate centrado en cuestiones dogmáticas irrenunciables.

El Tribunal Constitucional, en sentencia 26/2018, de 5 de marzo (Excmo. Sr. D. Alfredo Montoya Melgar), previa remisión a la STC 229/2003, de 18 de diciembre, reconoce que en materia penal rige el principio de intervención mínima y, conforme a este, "*la intromisión del Derecho Penal debe quedar reducida al mínimo indispensable para el control social. De modo tal que la san-*

ción punitiva, como mecanismo de satisfacción o respuesta, se presenta como ultima ratio, reservada para aquellos casos de mayor gravedad y siempre sometida a las exigencias de los principios de legalidad y tipicidad". Por otro lado, la STS 363/2006, de 28 de marzo (Excmo. Sr. D. Juan Ramón Berdugo Gómez de la Torre), aun integrándolos en el principio de intervención mínima, acoge el "doble carácter del Derecho penal" compartido en la doctrina: (i) fragmentariedad, en cuanto que solo se protege los bienes jurídicos "*más importantes para la convivencia social, limitándose, además, esa tutela a aquellas conductas que atacan de manera más intensa a aquellos bienes*" (esta exigencia es calificada como "doble fragmentariedad" por Cancio Meliá y Pérez Manzano, 2015, p. 97); y (ii) subsidiariedad, en cuanto opera "*únicamente cuando el orden jurídico no puede ser preservado y restaurado eficazmente mediante otras soluciones menos drásticas que la sanción penal*".

El Tribunal Supremo, en sentencia 683/2016, de 26 de julio (Excma. Sra. Ana María Ferrer García), afirma que el principio de intervención mínima "*es un principio de política criminal a tomar en consideración por el legislador, y que, una vez apreciados los respectivos presupuestos de tipicidad, se desvanece ante el principio de legalidad*", excluyendo como destinatario al aplicador de la norma la STS 585/2017, de 20 de julio (Excmo. Sr. D. Pablo Llarena Conde); no obstante, esta última sentencia señala, respecto al aplicador de la norma, que "*sólo cuando los términos del legislador no fueron claros, asume el principio como criterio de evaluación interpretativa, sabiendo el juez que la opción normativa del legislador hubo de ser la de menor expansividad de la norma penal*". De modo más amplio, la STS 654/2002, de 17 de abril (Excmo. Sr. D. Juan Saavedra Ruiz), establece que "*el alcance del precepto debe fijarse también desde la perspectiva del principio de intervención mínima del derecho penal que hay que deducir que el Legislador ha tenido en cuenta cuando ha criminalizado conductas como la descrita*". En cuanto al maltrato y al abandono animal, pese a dirigirse dicha exigencia principalmente al legislador, como se ha señalado, este no solo ha pasado el testigo al aplicador de la norma, sino que ha dificultado la interpretación y aplicación de la misma.

Sin perjuicio de lo anterior, el TC, en sentencia 24/2004, de 24 de febrero (Excma. Sra. Dña. Elisa Pérez Vera), señala que la delimitación del delito y la infracción administrativa ha de atender al "*carácter de ultima ratio que constitucionalmente ha de atribuirse a la sanción penal*"; así, continua, "*sólo han de entenderse incluidas en el tipo las conductas más graves e intolerables, debiendo acudirse en los demás supuestos al Derecho administrativo sancionador, pues de lo contrario el recurso a la sanción penal resultaría innecesario y desproporcionado*" (en similar línea la reciente STS 245/2024, 13 de marzo). En este sentido, ha de atenderse como criterio delimitador al difuso merecimiento de pena; es decir, a criterios cuantitativos relativos a la gravedad del injusto.

5.1.1. Carácter fragmentario y subsidiario en el maltrato animal

La STS 186/2020, de 20 de mayo (Excma. Sra. Dña. Ana María Ferrer García), señala que el maltrato integra "*todos los comportamientos que, por acción u omisión, sean susceptibles de dañar la salud animal*". Tanto el CP como la LPDBA aproximan la acción típica a la anterior definición. A pesar de la referida aproximación entre textos, en atención al art. 12 del CP, no existirá delito cuando aquella acción u omisión susceptible de dañar la salud animal sea imprudente. En cambio, el art. 28 de la Ley 40/2015, de 1 de octubre, de Régimen Jurídico del Sector Público establece: "*Sólo podrán ser sancionadas por hechos constitutivos de infracción administrativa las personas […] que resulten responsables de los mismos a título de dolo o culpa*". Así, a diferencia del CP, las infracciones administrativas pueden ser punibles aun cuando sean imprudentes. Ello, *per se*, manifiesta el carácter fragmentario y subsidiario del Derecho penal.

La referida imprudencia sancionable en el Derecho administrativo puede apreciarse con la "simple inobservancia", que no ha de entenderse como la admisión en el Derecho administrativo sancionador de la responsabilidad objetiva, sino como la desatención de un deber legal de cuidado, es decir, cuando el infractor no se comporta con la diligencia exigible (así, entre otras, la SAN 2016/2007, de 10 de mayo; ECLI:ES:AN:2007:2016).

Sin perjuicio de lo anterior, resulta necesario delimitar los delitos de las infracciones administrativas dolosas. Como hemos señalados, no colocando el legislador el acento en el desvalor del resultado, procederá cuestionar cuándo, en atención al desvalor de la acción, un hecho merece y necesita ser sancionado en vía penal o administrativa.

El art. 337.4 del CP, previo a la reforma del 2023, exigía el maltrato *cruel*. Sin embargo, el Proyecto de LO de modificación del CP, en materia de maltrato animal, excluyó el maltrato del referido apartado, dejando en este únicamente aquellas lesiones que no requiriesen tratamiento veterinario. Tras varias enmiendas, en informe de la Ponencia publicado en el BOE el 20.12.2022 se introdujo el maltrato *grave*.

El requisito de *crueldad* (presente en el art. 544 bis del CP italiano) resultaba difuso y más próximo a la parte subjetiva del tipo que a la parte objetiva, por lo que resulta preferible exigir la *gravedad* de la acción, que no ha de confundirse con la gravedad del resultado lesivo. Ello, no obstante, no descarta que la crueldad de la acción sirva como criterio de valoración de la gravedad del hecho. Sin embargo, no existe fórmula matemática genérica cuyo resultado determine la mayor o menor gravedad, sino que será necesario (como así puede extraerse de la casuística jurisprudencial) atender al caso concreto, valorar las circunstancias concretas (objetivas y subjetivas) y determinar, tras ello, el *sí* o el *no* del merecimiento y la necesidad de pena, correspondiendo a la teoría de la pena, en cambio, determinar el *quantum* de aquel merecimiento y necesidad.

Así, la STS 229/2022, 11 de marzo (Excmo. Sr. D. Antonio del Moral García), recuerda que, en atención al principio de intervención mínima y el carácter de última ratio del Derecho penal, este "*ha de reservarse para los ataques más intolerables a los bienes jurídicos*", siendo suficiente para los ilícitos de menor entidad el derecho administrativo sancionador. Además, ante el solapamiento de los marcos penales con los del art. 147 del CP, señaló que ello "*empuja a una interpretación muy estricta de la gravedad [...] Han de ser lesiones de especial entidad; tanta, como para que se capte como proporcionada una eventual equiparación penológica con las mismas lesiones causadas a otra persona*". Hoy, tras la reforma del 2023, aquel solapamiento ha incrementado en el apartado primero del art. 340 bis del CP y ha disminuido, en cambio, en el apartado cuarto.

Por otro lado, la STS 998/2022, de 22 de diciembre (Excmo. Sr. D. Manuel Marchena Gómez), resalta que la doble proyección del poder coercitivo del Estado "*obliga, ahora más que nunca, a reivindicar la vigencia de los principios que legitiman la aplicación de la norma penal*" (*ultima ratio* y fragmentariedad), debiendo actuar como parámetros irrenunciables en el juicio de subsunción; de lo contrario, señala, se correría el riesgo de impulsar, más allá de sus límites naturales, la "fuerza expansiva del derecho penal". En relación con ello, lamenta que la fidelidad de la Sala a los principios que legitiman la aplicación de la norma convierta cualquier pronunciamiento absolutorio en una colectiva sensación social de fracaso. En este caso, el Tribunal entendió que el hecho, consistente en sacrificar una vaca que se había fracturado accidentalmente una pata trasera, encuentra suficiente reproche en el ámbito del derecho administrativo.

En conformidad con lo previamente expuesto, la delimitación entre infracciones administrativas y delitos, en este caso, ha de concluirse a partir del desvalor y la gravedad de la acción, relegando, por lo demás, las acciones u omisiones imprudentes al Derecho administrativo, siempre que el resultado sea objetivamente imputable a aquellas.

En último lugar cabe hacer referencia a aquellos animales silvestres en libertad que carezcan de protección en el orden administrativo. En estos casos, resulta prácticamente inoperante el carácter subsidiario del Derecho penal, en cuanto no existe medio alternativo menos gravoso, debiendo atender principalmente al carácter fragmentario del mismo, así como a la idoneidad o adecuación de la sanción penal. Así, la improcedente ausencia de protección administrativa en estos casos puede derivar en que dos agresiones idénticas, con iguales resultados, sean calificadas de modo distinto (infracción administrativa y delito); o, en su caso, sancionada una sola agresión como infracción administrativa (y otra considerada atípica).

5.1.2. Carácter fragmentario y subsidiario en el abandono animal

El delito de abandono animal —art. 340 ter del CP— requiere abandonar a un animal vertebrado en condiciones *en que pueda peligrar su vida o integridad.* Por otro lado, el art. 74.k) de la LPDBA califica como infracción grave el abandono de uno o más animales, sin perjuicio de calificar también como grave cuando dicho abandono se lleve a cabo "*en condiciones de riesgo*". En último lugar, descartando la infracción de abandono de la LOPSC por diferir su fundamento, el art. 14.1.ñ) de la Ley 32/2007, de 7 de noviembre, califica como infracción muy grave "*abandonar a un animal, con el resultado de la ausencia de control sobre el mismo o su efectiva posesión*".

En este caso, resulta innecesario analizar el supuesto consistente en no recoger al animal de los centros de recogida, residencias, centros veterinarios u otros establecimientos similares, en cuanto que el animal queda en compañía y, por tanto, sin peligro alguno.

En el resto de supuestos cabe resaltar que las infracciones administrativas, al contrario que el art. 340 ter del CP, no requieren que el abandono derive en un resultado de peligro concreto para el animal, sin perjuicio de que, abstractamente, el art. 74.k) *in fine* de la LPDBA establezca como infracción grave el abandono "*en condiciones de riesgo*", sin mayor especificación. De este modo, el resultado de peligro concreto para la vida o la integridad del animal del art. 340 ter del CP requiere: (i) que el animal se halle en el ámbito de eficacia causal de la acción peligrosa; (ii) que el sujeto activo ya no pueda ejercer un control seguro del riesgo, en cuanto ha transcendido a su esfera de dominio; y (iii) que la producción del resultado lesivo sea inminente, pudiéndose explicar su ausencia únicamente por el azar (en esta línea, Alcácer Guirao, 2004, p. 8). En un sentido próximo, Kiss (2015, p. 15) entiende que concurre delito de peligro concreto consumado cuando la ausencia del daño se presente sin esperanzas y con mínimas posibilidades.

En atención a lo anterior, cuando a causa del abandono concurra un peligro concreto, deberá subsumirse el hecho en el tipo penal; en cambio, cuando simplemente concurra un peligro abstracto, ha de ser calificado como infracción administrativa. No obstante, el art. 340 ter del CP solo contempla el abandono de "animales vertebrados". Así, si se entiende que un animal doméstico puede ser, también, invertebrado, ha de afirmarse que el abandono de este en condiciones que pueda peligrar su vida (piénsese, por ejemplo, en un pez invertebrado de acuario) es atípico, debiendo acudir, en su caso, al Derecho administrativo sancionador.

5.2. El principio de insignificancia (o de bagatela): ¿Es delito o infracción administrativa maltratar gravemente a una abeja que viva temporalmente bajo el control humano?

El concepto de animales de compañía, como se ha señalado previamente, también integra los animales invertebrados. Frente a lo anterior, ¿es delito (o infracción) maltratar gravemente a una abeja que viva temporalmente bajo el control humano? Francia (en *Arrêté du 11 août 2006 fixant la liste des espèces, races ou variétés d'animaux domestiques*), como también se ha señalado, considera animal doméstico (o de compañía, según el concepto en España), entre otros, a las variedades domésticas de abejas (Apis spp.). En caso de España proceder en similar modo que Francia, aquellas podrán ser incluidas en el listado positivo de animales de compañía (arts. 34 y ss. de la LPDBA). No obstante, sin perjuicio de que sea autorizable o no tener una abeja como animal de compañía, puede darse el supuesto en el que la misma viva temporalmente bajo el control humano, lo que sería suficiente, según el art. 340 bis.1 del CP, para entender que concurre, en caso de maltrato grave, una infracción formal de la norma.

El Tribunal de Casación italiano, en relación a los bogavantes, en sentencia 18428/2007, de 15 de mayo, señaló lo siguiente: "[...] los invertebrados, categoría a la que pertenece los bogavantes, están dotados de un sistema nervioso central que los hace sensibles a los estímulos externos y capaces de percibir dolor [...]" –traducción realizada por el autor de este capítulo–. No obstante, atendiendo a la literatura científica (a modo de ejemplo, Elwood, 2011), dicha afirmación genérica ha de ser cuestionada. Sin perjuicio de dicho cuestionamiento, en el supuesto en el que la abeja sintiera dolor, ¿es merecedora la agresión de reproche penal o administrativo?

El carácter fragmentario del Derecho penal no solo requiere tutelar los bienes jurídicos más importantes para la convivencia social, sino, además, limitar dicha tutela a las agresiones más intensas a aquellos bienes. Como se ha señalado a comienzos de este capítulo, entiendo que la titularidad del bien jurídico (la vida, la salud y la integridad del animal) es colectiva; y sin perjuicio de ello, con independencia de la titularidad, el bien ha sido construido y configurado a partir de criterios antropogénicos. De este modo, sin embargo, la valoración de lo materialmente antijurídico respecto al animal concreto puede derivar en cierta (y lógica) incertidumbre, pero resulta contraproducente, por el contrario, incluir en el CP múltiples enumeraciones y distinciones entre animales. Por tanto, será tarea de los Juzgados y Tribunales posicionarse de forma individualizada, atendiendo a la referida perspectiva antropogénica configuradora del bien jurídico y al propio desvalor de la acción.

En este caso, entiendo, conforme a lo anterior, que maltratar (aun gravemente) a una abeja carece de relevancia jurídico-penal; no por la gravedad de la acción, sino por el objeto sobre el que recae la acción. Ante ello, entiendo, tampoco cabe la intervención del Derecho administrativo sancionador, que, en todo caso, intervendría cuando el desvalor de la acción no alcance la relevancia penal. En otras palabras, no encontrando diferencias, en este caso, la tutela de ambas ramas sancionadoras desde un punto de vista cualitativo, sino desde una perspectiva cuantitativa, no cabe la intervención de ninguna de ellas ante la exclusión de la relevancia del objeto sobre el que recae la acción (es decir, lo cualitativo).

Igual conclusión podría alcanzarse respecto al abandono, por ejemplo, de un ratón –resaltando la posibilidad de prohibirse su inclusión en el listado positivo de animales de compañía conforme a su carácter invasor (art. 36.1.c) de la LPDBA–. Ahora bien, ¿es delito o infracción abandonar a un hámster o una chinchilla? La proximidad entre dichos roedores es bastante estrecha; sin embargo, la relación con el ser humano varía según el caso. De este modo, sin atribuirse el intérprete y, sobre todo, el aplicador del Derecho funciones que no le son propias, procede interpretar la norma conforme a la perspectiva del principio de intervención mínima que el legislador ha tenido al configurar, desde un punto de vista antropogénico, el bien jurídico y la norma. Solo ello permitirá, pese a su complejidad, salvaguardar la proporcionalidad del *ius puniendi* estatal y excluir la sanción sobre hechos (jurídicamente) insignificantes.

BIBLIOGRAFÍA

Alcácer Guirao, R. (2004). Embriaguez, temeridad y peligro para la seguridad del tráfico. Consideraciones en torno a la reforma del delito de conducción temeraria. *La Ley Penal: revista de derecho penal, procesal y penitenciario,* 10, 5-22.

Alonso Mas, M.J. (2004). *Prevalencia de la vía jurisdiccional penal y prohibición de doble enjuiciamiento,* Valencia: Tirant lo Blanch.

Cancio Meliá, M. & Pérez Manzano, M. (2015). Principios del derecho penal (II). En J.A. Lascuarín Sánchez, *Introducción al derecho penal.* Madrid: Thomson Reuters-Civitas, 89-121.

Carpio Briz, D. (2012). Europeización y reconstitución del non bis in ídem – efectos en España de la STEDH Sergueï Zolotoukhine v. Rusia, de 10 de febrero de 2009. En S. Mir Puig/M. Corcoy Bidadosolo (dirs.), *Constitución y Sistema Penal,* Madrid: Marcial Pons.

De la Mata Barranco, N.J. (2007). *El principio de proporcionalidad penal.* Valencia: Tirant lo Blanch.

De Vicente Martínez, R. (2004). *El principio de legalidad penal.* Valencia: Tirant lo Blanch.

Donini, M. (2008). “Danno” e “offesa” nella c.d. tutela penale dei sentimenti. Note su morale e sicurezza come beni giuridici, a margine della categoria dell'“offense” di Joel Feinberg. *Rivista italiana di Diritto e Procedura Penale,* n. 4/2008, 1546-1593.

Elwood, R. W. (2011). Pain and suffering in invertebrates? *ILAR Journal,* vol. 52, 2, 175-184.

Fasani, F. (2017). L'animale come bene giuridico. *Rivista Italiana di Diritto e Procedura Penale,* LX, 2, 710-746.

Fasani, F. (2021). La nozione di “animale” nel Diritto penale. *Criminalia: Annuario di scienze penalistiche,* 291-308.

Gómez Tomillo, M. (2020). Non bis in idem en los casos de dualidad de procedimientos penal y administrativo. Especial consideración de la jurisprudencia del TEDH. *InDret,* 421-456.

Górriz Royo, E. (2003). *Protección penal de la ordenación del territorio: los delitos contra la ordenación del territorio en sentido estricto del art. 319 CP.* Valencia: Tirant lo Blanch.

Hava García, E. (2009). *La tutela penal de los animales.* Valencia: Tirant lo Blanch.

Kiss, A. (2015). Delito de lesión y delito de peligro concreto: ¿qué es lo "adelantado"? *InDret*, 1/2015, 1-25.

Mesías Rodríguez, J. (2018). Los delitos de maltrato y abandono de animales en el Código Penal español. *dA.Derecho Animal (Forum of Animal Law Studies)*, 9/2, 66-105.

Muñoz Conde, F. (1975). *Introducción al Derecho penal*. J.M. Bosch.

Olmedo de la Calle, E. (2020). El principio de accesoriedad administrativo en los delitos de maltrato animal. En J. Alapont León (Coord.), *Estudios jurídicos en memoria de la Profesora Doctora Elena Górriz Royo*, Valencia: Tirant lo Blanch.

Ruga Riva, C. (2021). Il "sentimento per gli animali": critica di un bene giuridico (troppo) umano e (comunque) inutile. *La legislazione penale*, 2, 575-584.

El decomiso de animales en la jurisdicción penal. Una propuesta unificadora

CRISTINA CAZORLA GONZÁLEZ[1]
Personal Investigador en Formación
Universidad de Las Palmas de Gran Canaria

I. INTRODUCCIÓN

La Ley 17/2021, de 15 de diciembre, de modificación del Código Civil, la Ley Hipotecaria y la Ley de Enjuiciamiento Civil, sobre el régimen jurídico de los animales les otorgó a estos el estatus *de "seres vivos dotados de sensibilidad"* superando su anterior condición de *"bienes muebles"*. Su proyección semántica en el conjunto del ordenamiento jurídico, y en particular en materia penal, no se ha reconocido de manera explícita y expresa hasta la reciente Ley Orgánica 3/2023, de 28

---

1 Este trabajo se ha desarrollado gracias a una ayuda destinada a la Formación del Personal Investigador de la Universidad de Las Palmas de Gran Canaria, con la financiación del Ilmo. Cabildo de Gran Canaria disfrutada hasta el 31.12.2023 -*RESOLUCIÓN de 25 de noviembre de 2022, por la que se convocan tres contratos predoctorales en la rama de Jurídicas ULPGC/2023-24 para estudiantes que hayan realizado el Grado en Derecho en esta Universidad y estén cursando programas de doctorado foráneos*-. No obstante, la obra ve la luz en el marco de una ayuda para la Formación de Profesorado Universitario concedida por el Ministerio de Ciencia, Innovación y Universidades del Gobierno de España (FPU2022/03986) y en el Grupo de Investigación Reconocido "Problemas Jurídicos Actuales" (Cód. 571) de la Universidad de Las Palmas de Gran Canaria.

de marzo, de modificación de la Ley Orgánica 10/1995, de 23 de noviembre, del Código Penal. En su Exposición de Motivos abiertamente se afirma que su nueva condición jurídica también debe ser recogida en el texto penal. En consecuencia, se incorpora, como principal novedad, la creación de un nuevo Título; el Título XVI *bis* bajo la rúbrica *"De los delitos contra los animales"*. No obstante, a pesar de los avances legislativos que ha emprendido nuestro país en los últimos años en aras de su protección y salvaguarda, es importante señalar que el legislador español no ha establecido una herramienta o institución jurídica específica para la recuperación o apropiación definitiva de los animales en la jurisdicción penal. Actualmente, estos se encuentran en una suerte de limbo, pues todavía sigue sin estar claro qué medidas pueden adoptarse una vez se declara probada la comisión de un delito sobre ellos. El decomiso del animal se ha convertido, por tanto, en una cuestión particularmente controvertida y compleja. Y es que, en la Parte Especial del Código Penal las referencias explícitas y directas al decomiso se circunscriben a figuras delictivas muy concretas: blanqueo de capitales, delitos contra la Hacienda Pública y la Seguridad Social, corrupción urbanística y delitos contra la salud pública (especialmente en los delitos relativos a tráfico de drogas, en los que el decomiso de las sustancias estupefacientes vertebra su aplicación por antonomasia). La situación descrita reclama, por tanto, una profunda reflexión por cuanto, ¿es compatible que un animal entendido como *"ser vivo dotado de sensibilidad"* pueda ser decomisado en esta jurisdicción?

II. COBERTURA JURÍDICA CONFORME A LA REDACCIÓN LEGAL DEL ART. 127 Y SS. CP. LA NATURALEZA JURÍDICA DEL ANIMAL A EFECTOS DE DECOMISO

El decomiso es sintética y apriorísticamente definido por la doctrina como la *«pérdida o confiscación de la cosa proveniente del delito o de la que haya sido utilizada para su ejecución, privando de ella al titular o detentador para ser adjudicada al Estado»* (Bacigalupo Sagesse, 2019, p. 254). La reforma de la LO 1/2015 de modificación del Código Penal desterró el vocablo *"comiso"* del texto penal, el cual era utilizado de forma indistinta por el legislador para referirse al instituto del decomiso, con el fin de unificar su tratamiento léxico. Así lo dispuso el apartado 260 del artículo único de la mentada Ley Orgánica: *"Sustitución de términos en el Código Penal. Todas las referencias contenidas en la Ley Orgánica 10/1995, de 23 de noviembre, del Código Penal, al término comiso se sustituyen por el término decomiso"*. Sin embargo, esta aspiración dista de materializarse de forma efectiva y completa no ya en el conjunto del ordenamiento jurídico, sino incluso en la propia jurisdicción penal. La LO 12/1995, de 12 de diciembre, de Represión del Contrabando, el cual consagra en el Título I los *"Delitos de contrabando"* establece en el vigente artículo 5 el *"comiso"* de los bienes, efectos e instrumentos derivados de la comisión de un delito de contrabando. De acuerdo con el Diccionario panhispánico del español jurídico el vocablo *"decomiso"* ofrece como primera acepción: *"1. Gral. Cosa decomisada"*. De acuerdo con el mentado Diccionario una *"cosa"* es *«toda entidad material o inmaterial que tenga una existencia autónoma y pueda ser sometida al poder de las personas como medio para satisfacer una utilidad generalmente económica»*. Respecto al ámbito legislativo, el art. 127.1 CP dispone: *"Toda pena que se imponga por un delito doloso llevará consigo la pérdida de los efectos que de él provengan y de los bienes, medios o instrumentos con que se haya preparado o ejecutado, así como de las ganancias provenientes del delito, cualesquiera que sean las transformaciones que hubieren podido experimentar".* Más exhaustiva es la relación de la clase de bienes, efectos e instrumentos que proporciona la LO 12/1995, de 12 de diciembre, de Represión del Contrabando, susceptibles de ser decomisados y que comprende: *"a) Las mercancías que constituyan el objeto del delito; b) Los materiales, instrumentos o maquinaria empleados en la fabricación, elaboración, transformación o comercio de los géneros estancados o prohibidos; c) Los medios de transporte con los que se lleve a efecto la comisión del delito, salvo que pertenezcan a un tercero que no haya tenido participación en aquél y el Juez o el Tribunal competente estime que dicha pena accesoria resulta desproporcionada en atención al valor del medio de transporte objeto del comiso y al importe de las mercancías objeto del contrabando; d) Las ganancias obtenidas del delito, cualesquiera que sean las transformaciones que hubieran podido experimentar y e) Cuantos bienes y efectos, de la naturaleza que fueren, hayan servido de instrumento para la comisión del delito".*

En tal sentido, no se nos escapa que los concretos vocablos empleados, la carga conceptual de las realidades más frecuentes sobre las cuales se proyecta la institución (ganancias materiales, vehículos, propiedades inmobiliarias, etc.), y los fenómenos delincuenciales a los que suele vincularla la literatura especializada ahonda en la discusión sobre si resulta procedente que la misma integre a los animales. Este debate también comienza a proyectarse también en sentido inverso, esto es, sobre si es posible extender ciertas figuras y garantías restringidas a las personas humanas a los animales (personas no humanas), como sucede con el *habeas corpus* (Beadry, 2016; Kurki, 2021; Stucki & Herrera, 2017; Ewasiuk, 2016). Planteamientos tan *"disruptivos"* han comenzado a tener cabida y acogida práctica, todavía de manera excepcional, en países como Argentina o Estados Unidos (Wise, 2010, 2012, 2018, 2022; De Baggis, 2015; Berros, 2015; Chible Villadangos, 2016; Castillo Ramos, 2021). Resulta, por tanto, perentorio abordar, la idoneidad de la propia figura y su aplicabilidad en el ámbito que nos ocupa. Y es que, como expone Giménez-Candela (2018a, 2018b), los ordenamientos jurídicos contemporáneos están asistiendo a un proceso de descosificación animal que cimenta la descomposición y el cambio de la categoría jurídica que asocia los animales a simples cosas(=*res*). Esta percepción encuentra su origen en el Derecho Romano y así se ha mantenido durante siglos, hasta fechas relativamente recientes en las que se constata una revisión integral de los postulados antropocéntricos que han vertebrado nuestros actuales sistemas jurídicos. En este sentido, la entrada en vigor de la Ley 17/2021, de 15 de diciembre, de modificación del Código Civil, la Ley Hipotecaria y la Ley de Enjuiciamiento Civil, sobre el régimen jurídico de los animales ha supuesto un cambio de paradigma en nuestro ordenamiento jurídico en tanto en cuanto ha modificado la rúbrica del Libro Segundo *"De los animales, de los bienes, de la propiedad y de sus modificaciones"*, la del Título I *"De la clasificación de los animales y los bienes"*, las "*Disposiciones Preliminares*" y ha introducido los arts. 333 y 333 *bis*. El art. 333 *bis* apartado primero es, precisamente, el que define a los animales como *"seres vivos dotados de sensibilidad"*. No obstante, debe advertirse que el legislador no le priva al animal de forma plena y absoluta del régimen jurídico de los bienes y las cosas, en tanto en cuanto les aplica el mismo tratamiento que a ellas si ello fuere *"compatible con su naturaleza o con las disposiciones destinadas a su protección"*. Por ende, en la naturaleza jurídica del animal se residencia el nudo gordiano de la controversia a resolver pues, como señala Arregui Montoya, qué concepción se tenga servirá de base para determinar si el decomiso se acuerda «*al amparo del bienestar del mismo* [del animal] *y su curación en caso de lesión o, al amparo del artículo 127 del Código Penal, si se trata del comiso desde un punto de vista formal como instrumento del delito*» (Arregui Montoya, 2024, p. 361).

Presentados los antecedentes, la academia especializada ha tenido ocasión de pronunciarse sobre la materia, especialmente a partir del análisis del tipo penal relativo al maltrato animal regulado en el ya derogado art. 337 CP y reubicado en el actual art. 340 *bis*. El art. 127 CP y ss. consagra las disposiciones a medio de las cuales se regula el decomiso, pero ninguna de ellas alude a la realidad animal. Corolario de lo expuesto, no está nada claro que el decomiso pueda acordarse sobre un animal de manera definitiva como consecuencia accesoria del propio proceso penal. Avanzando en nuestra exposición y con ocasión de la tramitación de la reciente LO 3/2023, de 28 de marzo, de modificación de la Ley Orgánica 10/1995, de 23 de noviembre, del Código Penal, este debate se reavivó en el seno del Consejo Fiscal, con el fin de resolver el grave problema que suponía que cientos de animales vivos intervenidos cautelarmente tuviesen que regresar con sus propietarios una vez cumplida la medida de inhabilitación especial. El Consejo Fiscal tiene como misión fundamental asistir en sus funciones al Fiscal General del Estado y emite informes al amparo de lo prevenido en el art. 14.4 j) de la Ley 50/1981, de 30 de diciembre, por la que se regula el Estatuto Orgánico del Ministerio Fiscal, el cual le atribuye a este órgano la función de *"j) Informar los proyectos de ley o normas reglamentarias que afecten a la estructura, organización y funciones del Ministerio Fiscal. A estos efectos, el Consejo Fiscal deberá emitir el informe correspondiente en el plazo de treinta días hábiles. Cuando en la orden de remisión se haga constar la urgencia del informe, el plazo será de quince días hábiles"*.

Pues bien, los antecedentes de esta discusión en el seno del Ministerio Público se remontan a la Mesa Tercera de la XI Reunión Anual de la Red de Fiscales y Medio Ambiente celebrada en 2019, relativa a los malos tratos de los animales domésticos, donde se intentó consensuar un criterio en torno a esta cuestión, siendo el resultado infructuoso y provocando finalmente, que el criterio sostenido fuera rechazar el decomiso definitivo del animal (Fiscalía General del Estado de Medio Ambiente y Urbanismo, 2019, p. 15). En consonancia con la postura resultante alcanzada en 2019, el Consejo Fiscal se posicionó abiertamente en contra del decomiso definitivo del animal vivo maltratado y vetó la aplicación del art. 127 CP siguiendo el criterio mantenido ante la falta de consenso en las Conclusiones de la XI Reunión Anual de la Red de Fiscales y Medio Ambiente en 2019 (Fiscalía General del Estado de Medio Ambiente y Urbanismo, 2019, p. 15), al expresarse en los siguientes términos: *«en el delito del art. 337 CP el animal es la víctima del mismo por lo que no puede aplicarse el decomiso previsto en el art. 127 del CP en la medida en que no es un efecto procedente del delito ni tampoco un bien, medio o instrumento con el que se haya preparado o ejecutado»* (Consejo Fiscal, 2022, p. 16). Para añadir a continuación que ni el nuevo art. 340 *bis* ni el 340 *quinquies* que introduce la LO 3/2023 resuelven satisfactoriamente la cuestión por lo que, en este punto, un animal intervenido en un contexto de maltrato tampoco podría ser finalmente decomisado, solo cautelarmente. Dicha circunstancia también fue advertida en la valoración de la propuesta del prelegislador efectuada por el Consejo General del Poder Judicial en su Conclusión undécimo primera (Consejo General del Poder Judicial, 2022, p. 16).

Descrita su postura, la alternativa planteada por este órgano consistió en la creación de una nueva pena consistente en la privación definitiva de la titularidad y/o posesión del animal víctima de este delito, incorporando dicha sanción entre las penas privativas de derechos del art. 39 CP (Consejo Fiscal, 2022, p. 17). A nivel teórico propone una propuesta parecida Arregui Montoya, quien sugiere la creación de una medida accesoria consistente en la privación de la tenencia del animal (Arregui Montoya, 2024, p. 255). Obsérvese que, de acuerdo con este planteamiento, el reconocimiento del animal maltratado como víctima, titular de derechos merecedores de tutela penal y su estatus de ser vivo dotado de sensibilidad, restringiría materialmente que pueda operar el decomiso como institución jurídica en los términos del art. 127.1 CP, ya que el animal vivo no sería un efecto, un bien o un instrumento del delito. Los defensores de esta tesis reputan difícil conciliar esa apuesta progresiva por un mayor reconocimiento de los derechos de los animales y su capacidad para ser víctimas y sujetos pasivos de ciertos delitos con los mecanismos jurídicos que efectivamente los amparan, los cuales se sustancian sobre premisas conceptuales que los reducen a su estado iniciático de *"cosa mueble, bien o mercancía"*. El Consejo Fiscal defiende esta visión, la cual puede encontrar acomodo en base a los siguientes argumentos:

1. Existe un evidente componente económico ínsito a la figura del decomiso que frustra cualquier encaje de la institución en el fenómeno delincuencial tratado en estas líneas, a pesar de los intensos esfuerzos intelectuales en argumentar lo contrario (Vercher Noguera, 2021, p. 8). Tesis que es igualmente compartida por Cervelló Donderis, (Cervelló Donderis, 2021, p. 108). No obstante, y aun con todo, Vercher Noguera ha admitido su aplicación práctica en tanto que *«instrumento en manos del juez instructor a tenor del cual está obligado a recoger las armas, instrumentos o efectos relacionados con el delito que se hallen en la escena del crimen o en poder del reo»* refiriéndose al decomiso cautelar (Vercher Noguera, 2021, p. 7).

2. El tenor literal del art. 127 impide el decomiso del animal maltratado como objeto del delito (Olmedo de la Calle, 2021, p. 393).

3. Los animales no son un *"instrumento"* del delito en el sentido del art. 127 del CP. El Consejo Fiscal apeló especialmente al animal como destinario del maltrato para diferenciarlo de aquellos supuestos en los que este es utilizado para agredir a otro animal o otra persona, para resaltar con énfasis que esta concesión de *"instrumento"* es conforme a la descripción que se recoge en diversos instrumentos internacionales que han sido ratificados por nuestro país. *«Así, el art. 1 c) del Convenio relativo al blanqueo, seguimiento embargo y decomiso de los productos del delito, hecho en Estrasburgo el 8 de noviembre de 1990, dice:*

"por «instrumentos» se entenderá los bienes utilizados o que se pretenda utilizar en cualquier forma, en todo o en parte, para cometer uno o más delitos". Idéntica definición se recoge en el art. 1 c) del Convenio Relativo al Blanqueo, Seguimiento, Embargo y Comiso de los Productos del delito y a la financiación del terrorismo, hecho en Varsovia el 16 de mayo de 2005». (Fiscalía General Del Estado Medio Ambiente y Urbanismo, 2019, p. 15).

4. La naturaleza del animal se ubica en un plano distinto al efecto del delito, a la ganancia, o a una cosa, en tanto en cuanto *«optar por un comiso penal o administrativo sería contradictorio con los nuevos avances legislativos y con la figura jurídica del decomiso»* (Arregui Montoya, 2024, p. 368), tal y como abiertamente también señaló el propio Consejo Fiscal al justificar la creación de una nueva pena, atendiendo precisamente a la naturaleza sintiente de los animales y su condición de víctima en el delito de maltrato.

No obstante, y como se ha indicado, no existe consenso sobre si un animal maltratado vivo puede ser o no finalmente decomisado y son varias las voces que igualmente defienden la idoneidad de la institución tales como, Alfageme Toribio (2021), González Macabex (13.01.2023), Moradell (21.01.2022), así como varios fiscales a raíz de la XI Reunión Anual de la Red de Fiscales de Medio Ambiente (Fiscalía General del Estado de Medio Ambiente y Urbanismo, 2019, p. 14). A mayor abundamiento, durante la tramitación de la LO 3/2023 varios grupos parlamentarios acogieron este planteamiento, trasladando una propuesta de modificación del art. 127 CP que enmendase la redacción actual, y adaptase la regulación del decomiso (tradicionalmente configurado para las cosas), a los animales como seres sintientes. Así, deben destacarse las enmiendas nº 16 del Grupo Parlamentario Plural y nº 49 del Grupo Parlamentario Republicano los cuales propusieron la creación de un nuevo apartado del art. 127 CP: *«4. En los delitos cuyo objeto material sea uno o varios animales, los jueces y tribunales podrán acordar también, en atención a las circunstancias del caso, el decomiso de estos y los que estuvieran en riesgo, y resolverán sobre su destino atendiendo a su protección y bienestar»* (Boletín Oficial de Las Cortes Generales, 2022, pp. 24-25; 54-55). Estos grupos plantearon igualmente una modificación del artículo 340 *quinquies,* dentro del Apartado Cuatro del artículo Único del Anteproyecto de la Ley Orgánica, abogando la expresa introducción del decomiso definitivo de los animales, en consonancia con lo expuesto en las enmiendas nº 9 y nº 70 del Grupo Parlamentario Plural y nº 49 del Grupo Parlamentario Republicano (Boletín Oficial de Las Cortes Generales, 2022, p. 19, 72). A nivel doctrinal, para Olmedo de la Calle una modificación del art. 127 CP habría evitado dicha discusión (Olmedo de la Calle, 2021, p. 343). Asimismo, Arregui Montoya (2024, p. 362) considera que ello hubiese facilitado la motivación de las decisiones judiciales que considerasen oportuno imponer esta consecuencia accesoria.

Sin embargo, el prelegislador no tomó en consideración ninguna de las alternativas planteadas. Por lo tanto, actualmente la problemática que sustanció esta discusión no se ha resuelto. La situación no ha mejorado, pero al menos se sigue dejando la puerta abierta para que las asociaciones por la defensa de los derechos de los animales y operadores jurídicos concienciados puedan encontrar un camino por el que discurrir a partir de una interpretación sistemática y extensiva de los términos *"bien o efecto"*. De hecho, en no pocas ocasiones la defensa de esta idoneidad se ha cuestionado apelando a su instrumentalidad, por cuanto sus detractores señalan un retorcimiento de los límites y contornos de la institución motivada por la existencia de un mecanismo o solución legal *ex professo* para resolución de la disyuntiva planteada y no por argumentario sólido que vertebre el planteamiento jurídico defendido. Por su parte, para Cervelló Donderis, la incorrecta aplicación del decomiso en sede judicial no deja de ser en último término *«una reacción ante la pasividad administrativa y garantía para la seguridad de los animales»* (Cervelló Donderis, 2021, p. 108).

III. EL DECOMISO DE LOS ANIMALES EN LA PRÁCTICA FORENSE

3.1. El decomiso cautelar

En la práctica forense, el decomiso o intervención cautelar de los animales maltratados constituía antes de la reforma una práctica consolidada (Gavilán Rubio, 2017, pp. 159-161; Alfageme Toribio, 2021, pp. 301-305; Arregui Montoya, 2024, pp. 358 y ss.).

La cobertura jurídica se fundamentaba, principalmente, en base a lo dispuesto en los arts. 13, 326, y 334 de la LECrim, y en el texto penal, acudiendo a los arts. 127 *octies* CP (relativo a la realización anticipada de los bienes) así como el propio art. 339 CP. Este precepto habilitaba a los Jueces o Tribunales a adoptar, de manera motivada y a cargo del autor del hecho, las medidas encaminadas a restaurar el equilibrio ecológico perturbado *"así como adoptar cualquier otra medida cautelar necesaria para la protección de los bienes tutelados en este Título"*. En este sentido, a título meramente ejemplificativo, léase el Auto del Juzgado de Primera Instancia e Instrucción nº1 de Puente-Genil (Córdoba) de 5 de abril de 2021 (Alfageme Toribio, 2021, pp. 440-452), así como los ejemplos recogidos por Arregui Montoya (2024, pp. 358 y ss.). Vercher Noguera también proporciona una relación de Autos que acuerdan la intervención cautelar de varios animales, aunque señala la confusión judicial que existe sobre la naturaleza del decomiso penal respecto del administrativo y el amparo jurídico que tendría la medida bajo la cobertura de los arts. 13, 334 de la LECrim y el art. 727, apartado 11 de la LEC para justificar el depósito judicial de los animales (Vecher Noguera, 2021, pp. 484-486).

Ahora, tras la entrada en vigor de la LO 3/2023, el legislador ha introducido el nuevo art. 340 *quinquies,* el cual dispone:

> *"Los jueces o tribunales podrán adoptar motivadamente cualquier medida cautelar necesaria para la protección de los bienes tutelados en este Título, incluyendo cambios provisionales sobre la titularidad y cuidado del animal.*
>
> *Cuando la pena de inhabilitación especial para el ejercicio de profesión, oficio o comercio que tenga relación con los animales y para la tenencia de animales recaiga sobre la persona que tuviera a asignada la titularidad o cuidado del animal maltratado, el juez o tribunal, de oficio o a instancia de parte, adoptará las medidas pertinentes respecto a la titularidad y el cuidado del animal".*

En este sentido, la intervención del animal que se acuerda como medida cautelar encuentra cobertura a partir del propio dictado del art. 340 *quinquies*. No obstante, en tanto en cuanto la pena de inhabilitación especial para el ejercicio de profesión, oficio o comercio impuesta tiene una duración temporal limitada, sigue sin resolverse la problemática relativa a la atribución definitiva del animal, por lo que, como se analizó en líneas previas, la redacción vigente no resuelve esta delicada cuestión ya que artículo reproducido únicamente se refiere a los cambios provisionales sobre la titularidad y cuidado del animal. De acuerdo con Arregui Montoya, la pérdida de la titularidad provisional del acusado respecto del animal se proyectaría para los supuestos menos graves, de tal punto que se respetase la reeducación y pudiese recobrar su tenencia si estuviese rehabilitado para ella. Aun así, esta autora defiende, que incluso la cobertura del artículo recién reproducido serviría para justificar su retirada definitiva en circunstancias tasadas (Arregui Montoya, 2024, p. 361).

3.2. El decomiso definitivo del animal

A nivel jurisprudencial son varias las resoluciones que acuerdan el decomiso definitivo de los animales. Con carácter previo a la reforma pueden destacarse la SAP Huelva nº 291/2020 de 18.11.2020 [Roj: SAP H 1299/2020] que ratifica en toda su extensión el decomiso definitivo de los animales acordados por la SJP Huelva de 17.02.2020 (Procedimiento Abreviado 170/2020). También la SAP Teruel nº 29/2013 de 12.09.2013 [Roj: SAP TE 115/2013]:

> «*Sobre este último particular conviene decir que es la sociedad la que de acuerdo con la razón de su existencia, es decir su naturaleza y fines, ha accedido voluntariamente a hacerse cargo del animal y solicita su entrega; y siendo que el comiso del objeto procede legalmente y ello es compatible con la solicitud formulada; ciertamente como razona el Ministerio Fiscal ha de accederse a su entrega, y ello es posible y se hace al amparo del art. 339 del Código Penal pues como medida necesaria para protección concreta del objeto de la lesión ha de acordarse la pérdida del animal por parte del maltratador y su entrega definitiva a quien se ha ofrecido a tenerlo. Desde el momento de la entrega definitiva del animal la protectora podrá poseerlo y disfrutarlo con el mismo carácter y sin ninguna limitación, derecho éste que conlleva como contrapartida, la obligación en interés propio de mantenerlo y cuidarlo*».

Esta sentencia acuerda el decomiso sobre la base del art. 339 CP, decretándose la pérdida del animal (respecto del condenado) y su entrega con carácter definitivo a la Sociedad Protectora de Animales Amigo Mío. Igualmente, ratifica la sentencia de instancia en todos sus términos la SAP Córdoba nº 382/2024 de 03.12.2024 [Roj: SAP CO 1573/2024], así como la SAP Murcia nº 262/2024 de 25.09.2024 [Roj: SAP MU 3119/2024] respecto de 45 gallos de pelea intervenidos conforme al siguiente razonamiento:

> «*Los gallos constan intervenidos en la causa y así se hace saber en la descripción de hechos probados y tratándose de seres vivos utilizados en actividades ilícitas que le proporcionaban sufrimiento y dolor a los mismos, no pueden ser devueltos a quienes fueran sus titulares los cuales estaban participando en el propio acto delictivo, aportando al animal, que a todas luces en dichos combates iba a ser maltratado*».

De otro lado, con carácter posterior a la reforma debe mencionarse la SAP Las Palmas de Gran Canaria nº 227/2024 de 27.05.2024 [Roj: SAP GC 862/2024]. En este caso, la Acusación Popular (Federación de Asociaciones Unidas por la Defensa Animal) recurrió la sentencia de instancia, entre otros motivos, por incongruencia omisiva al denunciar la falta de pronunciamiento expreso sobre el decomiso definitivo de los animales maltratados. El Tribunal estimó parcialmente su recurso y acordó la pérdida de la titularidad y decomiso definitivo de los cuatro canes, *ex* art. 340 *quinquies* CP con el fin de «*garantizar la adecuada protección a la salud e integridad, tanto física como psíquica de los animales perjudicados procede de suyo la privación al acusado de la titularidad de los cánidos que figuran en el factum ("DIRECCION003", "DIRECCION004", "DIRECCION005" y "DIRECCION006") y el decomiso definitivo de los mismos*».

Sin embargo, en otras ocasiones, el destino definitivo del animal no se recoge en la resolución, desconociéndose su situación o qué trato se le ha dispensado por parte del Tribunal. Así sucede en la SAP Barcelona nº 953/2024 de 09.12.2024 [Roj: SAP B 16282/2024] en la que se resuelve el recurso de apelación presentado por la parte condenada y se reproduce de manera íntegra el Fallo del Juzgado de lo Penal núm. 8 de Barcelona en el Procedimiento Abreviado núm. 540/2023. En él no se hace referencia al decomiso del animal. Se ignoran los motivos de esta falta de pronunciamiento, si se trató de un extremo que no fue planteado por el Ministerio Fiscal en su escrito de calificación definitiva y posterior *petitum* o si la titularidad del animal ya había sido retirada (y en ese caso, bajo qué precepto y si fue una retirada definitiva), con carácter previo durante el transcurso del propio procedimiento judicial.

Por tanto, en este punto, habrá que estar a la interpretación jurisprudencial en torno a los límites del art. 340 *quinquies* en lo relativo a esta cuestión, y cómo en la práctica forense se irá moldeando la aplicación de este precepto.

IV. TOMA DE POSTURA

El examen de la idoneidad del decomiso como institución válida y susceptible de ser aplicada a los animales no debiera proyectarse y agotar la discusión en un único fenómeno criminal (el maltrato de los animales), sino que debe ser onnicomprensiva y comprender, en último término e instancia, su idoneidad y pertinencia respecto del orden penal en su conjunto. Esta tesis es igualmente defendida por Moradell (28.01.2022). Y es que, es importante abarcar con la mayor amplitud de miras posible un asunto de tal complejidad como el tratado en las presentes líneas, por cuanto lecturas precipitadas podrían avocarnos a cimentar posturas incongruentes que dimanen en futuras antinomias interpretativas. Aun cuando se reconozca el valor de las tesis de aquellos que niegan la idoneidad del decomiso del animal en base al vigente art. 127 y ss. CP, una visión hermenéutica e integral del estado de la cuestión nos emplaza a defender la institución con perspectiva amplia, aunque con matices. Para ello estructuraremos nuestro planteamiento sobre las siguientes premisas que se enumeran a meros efectos discursivos y organizativos:

1. En primer lugar, a los animales les debería corresponder una única naturaleza jurídica, por ende, debe procurarse que el ordenamiento jurídico penal les prodigue un tratamiento unitario conforme a la misma. La Ley 17/2021, de 15 de diciembre se aprueba con el fin de reconocer su cualidad de seres vivos dotados de sensibilidad y superar su anterior estadio de *"cosas muebles"*. Sin embargo, el propio legislador reconoce también que *"solo les será aplicable el régimen jurídico de los bienes y de las cosas en la medida en que sea compatible con su naturaleza o con las disposiciones destinadas a su protección"*. A fecha de los corrientes estamos asistiendo a un régimen de transición que aboga por un progresivo y paulatino reconocimiento de la realidad sintiente del animal al conjunto de nuestro sistema, por lo que el análisis debe acomodarse calibrando siempre las

implicancias y las consecuencias prácticas que suponen en su seno. Aun cuando esta sea una idea que será objeto de ulterior desarrollo, no parece lógico rechazar el decomiso definitivo en unos casos atendiendo a la naturaleza sintiente del animal sobre una interpretación restringida de los términos *"efectos"* y/o *"bienes"*, y en otros casos incardinarlos de manera automática sin mayor discusión.

Profundizando en esta línea argumental, son varios los ejemplos que pueden citarse al respecto. En primer lugar, adviértase que en la LO 12/0995, de 12 de diciembre, de Represión del Contrabando se establece el *"comiso"* para los delitos y las infracciones administrativas de contrabando. Constituye un delito de contrabando quienes realicen operaciones de importación, exportación, comercio, tenencia o circulación de *"especímenes de fauna y flora silvestres y sus partes y productos, de especies recogidas en el Convenio de Washington, de 3 de marzo de 1973, o en el Reglamento (CE) n.º 338/1997 del Consejo, de 9 de diciembre de 1996, sin cumplir los requisitos legalmente establecidos"*, siempre que su valor supere los 50.000 euros. Pues bien, respecto de este delito, ni el legislador ni la doctrina reputan problemático que los concretos especímenes vivos puedan ser objetos de decomiso. Tanto es así, que la rúbrica del art. 8 del Real Decreto 1333/2006, de 21 de noviembre, por el que se regula el destino de los especímenes decomisados de las especies amenazadas de fauna y flora silvestres protegidas mediante el control de su comercio, no ofrece ninguna duda al adjudicar al Estado la propiedad de los especímenes CITES definitivamente decomisados. El mentado Real Decreto resulta de aplicación respecto de los decomisos definitivos de especímenes de flora y fauna por tráfico de especies, acordados no solo en la jurisdicción administrativa, sino también en el orden penal. En segundo lugar, y volviendo de nuevo al orden penal común, qué duda cabe de que los animales utilizados como instrumento para la comisión de un delito de lesiones o narcotráfico (en el caso de que sean utilizados para camuflar el transporte de las sustancias estupefacientes, por ejemplo), pueden ser efectivamente decomisados. También pueden ser objeto de decomiso los animales que reflejen las transformaciones de las ganancias resultantes que se han generado por la comisión de otros delitos de naturaleza socioeconómica. En este sentido, conforme a los datos reportados en las estadísticas que se elaboran por parte de la Comisión de Prevención del Blanqueo de Capitales e Infracciones Monetarias, en los últimos años se han decomisado 69 caballos en sentencias dictadas por la Audiencia Nacional en materia de blanqueo de capitales (CPBCIM, 2018, p. 53).

Por tanto, la facultad que ostenta el Estado para acordar el decomiso definitivo del animal no debe subrogarse naturalmente al bien jurídico protegido, al sujeto pasivo de la infracción, a la norma en la que se ubica la infracción penal, a su inclusión en un determinado apéndice, anexo o catálogo, o incluso la modalidad comisiva cometida, sino en base a la naturaleza jurídica que se le ha atribuido para *"ser"* y las características inherentes a este. De este modo, y a título meramente ejemplificativo, un animal vivo incluido en el Anexo I de la Convención sobre el Comercio Internacional de Especies Amenazadas de Fauna y Flora Silvestres no debiera ser tratado o subjetivamente valorado por el intérprete como una *"cosa"* o un *"ser vivo dotado de sensibilidad especial"* dependiendo de cuál sea el tipo aplicable, salvo que expresamente el legislador establezca un tratamiento diferencial que así lo justifique. Las características o propiedades ínsitas a su naturaleza no trasmutan dependiendo de estos factores, evidentemente. En consecuencia, este planteamiento debe ser homogéneo respecto del conjunto de la realidad sobre la que se proyecta y no debiera admitir excepciones o salvedades sobre un sustrato eminentemente interpretativo si desea construirse una postura solvente. Lo contrario sería abonar un campo fértil para toda clase de desagravios e inseguridades jurídicas porque el animal vivo será *sujeto* u *objeto* dependiendo, se insiste, de cuál sea el concreto precepto que se le aplique o de si está incluido o no en una determinada lista. Es por ello, por lo que, admitida y validada la posibilidad por parte del Estado de que un animal vivo pueda ser definitivamente decomisado en el orden penal especial y común debe admitirse también que incluso aquellos sujetos a maltrato, son considerados *"bienes o efectos"* y no *"sujetos"* en lo relativo a la institución del decomiso, aun cuando el legislador no se haya pronunciado de manera expresa sobre esta cuestión en la reciente LO 3/2023.

2. En segundo lugar y en aras de una mayor claridad, la cuestión exige plantear, *sensu contrario,* las desatinadas e irracionales conclusiones a las que se llegaría si se partiese de una visión fragmentada por cuanto las relaciones concursales que existen entre las diversas infracciones dinamitaría cualquier atisbo de previsibilidad, certidumbre y seguridad jurídica. Piénsese en las relaciones concursales que pudieren entre el art. 334.1.b) CP, el art. 2.2.b) de la Ley Orgánica 12/1995, de 12 de diciembre, de Represión del Contrabando y, he aquí la clave, el nuevo art. 340 *bis* CP (antiguo art. 337 CP). Y es que, en los casos en los que se produzca un delito de tráfico de especies al tiempo que un delito de maltrato animal, debiera considerarse vetada la aplicabilidad del decomiso definitivo si se acoge el planteamiento defendido por aquellos que niegan la viabilidad de la institución, con independencia del animal de que se trate. Si se asume que el decomiso no es una institución jurídica válida para un *border collie* maltratado, tampoco debiera serlo (a efectos pedagógicos), para un tigre de Bengala maltratado que además es objeto de tráfico de especies ya que el razonamiento del Consejo Fiscal es igualmente extensible a ambos supuestos: *«en el delito del art. 337 CP el animal es la víctima del mismo por lo que no puede aplicarse el decomiso previsto en el art. 127 del CP en la medida en que no es un efecto procedente del delito ni tampoco un bien, medio o instrumento con el que se haya preparado o ejecutado».* Así entendidas las cosas, en el caso propuesto: ¿cuál es la tesis que debiera prevalecer y por qué? Si se mantiene la postura defendida por el Consejo Fiscal respecto de la interpretación

que va a realizarse sobre el nuevo art. 340 *bis*, ¿cómo puede conciliarse de manera satisfactoria esta disyuntiva a medio de la cual se argumenta que existen animales que sí pueden ser definitivamente decomisados frente a otros que no? En este punto debe reiterarse que el legislador no atribuye selectiva ni arbitrariamente la cualidad de *"ser sintiente"* a una parte de los animales por encima de otros, máxime cuando el nuevo art. 340 *bis* resulta de aplicación a todos los animales vertebrados. De este modo, dicha condición que se les reconoce y los concretos derechos que les asisten no pueden quedar circunscritos al Título XVI *bis*, reduciendo su aplicabilidad operativa al execrable fenómeno del maltrato animal, que por muy reprobable que sea no agota todas las conductas de abuso que estos puedan experimentar. A mayor abundamiento, los derechos de los animales, y en particular su *"derecho"* a la vida, salud e integridad, tanto física como psíquica, no se agota en el Título recién creado, por cuanto y como es evidente pueden verse tangencialmente comprometidos en otras muchas ocasiones. En términos iusfilosóficos se reputa a todas luces contraintuitiva esta solución porque dispensa tratamientos distintos, pero sin tener muy claro el fundamento de esa distinción. Además, pártase de la base de que, en ambos supuestos, los animales constituyen el objeto material de sendas infracciones. Sobre estas reflexiones ¿cuál es la concreta institución jurídica que operaría para que sea trasladado definitivamente a un refugio? Si no es el decomiso ¿cuál es el instituto que se invoca para hacer definitivo el propio decomiso cautelar acordado? La posterior adopción del animal o su traslado a un refugio son medidas substancialmente distintas que se acuerdan sobre un decomiso definitivo previo, por cuanto las mismas requieren que el Estado pueda disponer de forma plena de este. En estos casos y por más innominada que sea la medida o el instrumento normativo empleado lo que se ha efectuado con carácter previo y *de facto*, es un decomiso definitivo.

Ciertamente, en el alcance de los bienes jurídicos tutelados en cada una de las infracciones y los sujetos pasivos identificados en una y otra se residencia, en parte, el origen de esa disímil proyección y la confusión que ha enquistado su abordaje doctrinal al acotar y parcelar su análisis a un único fenómeno criminal (vid. Vercher Noguera, 2021; Arregui Montoya, 2024). Proyección a medio de la cual se establecen dos regímenes de *"protección"* a tenor de los mecanismos y las consecuencias jurídicas que implican cada una de las infracciones comentadas. Pero desde una perspectiva armónica y congruente, un animal vivo sometido a cualquiera de las prácticas contempladas en el art. 334 (y no sólo tráfico de especies), no es menos merecedor de esa condición de los derechos que incipientemente se le comienzan a reconocer, a pesar de que la tutela penal que se le brinden al mismo emane de dos bienes jurídicos distintos. Lo mismo puede prodigarse respecto del animal utilizado como instrumento para la comisión de otros delitos o que materialice las ganancias obtenidas.

3. Por tanto, y volviendo de nuevo al tema que nos ocupa, la solución a este dilema es muy simple y, además, la proporciona el propio legislador en el art. 333 y en el art. 333 *bis* del Código Civil cuando de manera expresa se establece, de un lado: que los animales pueden ser objeto de apropiación, con las limitaciones que expongan las leyes; de otro: que solo les será aplicable el régimen jurídico de los bienes y las cosas en la medida en que sea compatible con su naturaleza o con las disposiciones destinadas a su protección. Respecto de la institución del decomiso, el legislador no ha establecido una limitación expresa que restrinja la posibilidad de que los animales puedan ser decomisados, pero es que, además, el propio art. 333 *bis* dispone que el régimen jurídico de los bienes y las cosas les será aplicable en la medida en que sea compatible con su naturaleza o con las disposiciones destinadas a su protección. Sobre esta base normativa cabe formular nuestra postura y es que, reconociendo el legislador la naturaleza sintiente de los

animales como seres vivos dotados de sensibilidad, ello no es incompatible con la aplicación del régimen propio de las cosas en relación con el decomiso (y en particular el decomiso definitivo), porque son objeto de apropiación, pura y simplemente, tal y como se recoge en la norma civil vigente. De hecho, dicho régimen posibilita que sobre esos animales entendidos como *"bienes, medios, efectos o instrumentos"* del art. 127.1 CP puedan adoptarse medidas y/o decisiones que, en cambio, les están vetadas si se les trata como seres vivos dotados de sensibilidad de forma plena. Circunstancia esta que los sitúa en un limbo jurídico que trae como consecuencia final que los animales intervenidos por un delito de maltrato no puedan ser finalmente decomisados y deban, por ende, volver de nuevo con sus dueños una vez concluida la pena de inhabilitación especial. En cambio, si se parte de la premisa de que los animales son seres sintientes y, al mismo tiempo, de apropiación, tal y como expresamente reconoce el art. 333 del Código Civil, se vertebra una postura adecuada y ajustada tanto a su naturaleza como a las características y singularidades que de ella se prodigan.

4. En cuarto lugar, la creación de una nueva pena privativa de derechos consistente en la privación de la titularidad o tenencia del animal implica asumir con carácter previo la existencia de un derecho previo reconocido por el ordenamiento jurídico por parte del tenedor de su propiedad o posesión del animal en cuestión. Este enfoque puede tildarse de suficiente y adecuado en el caso de algunos animales, pero no agota la casuística y la cobertura que ahora ofrece el nuevo tipo del delito del art. 340 *bis* que integra a todos los animales vertebrados maltratados. Existirán animales vertebrados maltratados que se situarán extramuros de las legislaciones y apéndices que determinan las condiciones para su tenencia y propiedad; en esos casos: ¿sobre qué substrato se acordaría la privación de ese derecho? En este sentido, a medio de las presentes líneas no se entra a discutir la conveniencia de introducir o no esta pena en nuestro ordenamiento jurídico y que encuentra a solventes

defensores académicos. Lo que se discute es que esta tesis sea la correcta para resolver la problemática tratada en las presentes líneas.

5. De otro lado, no es congruente sostener la defensa del decomiso cautelar y negar al mismo tiempo la idoneidad del decomiso definitivo, pues el fundamento del decomiso es idéntico en ambos casos, aunque hoy en día esa discusión se entendería superada dada la cobertura que proporciona el art. 340 *quinquies*, como ya se ha analizado.

6. En sexto lugar, no es cierto que el componente económico que fundamenta el instituto del propio decomiso lo inhabilite como medida para ser invocada en este ámbito. El contenido de esta aseveración no es erróneo si, tal y como defiende Vercher Noguera se proyecta exclusivamente sobre el maltrato animal (Vercher Noguera, 2021, p. 8), pero la cuestión reclama, nuevamente, coherencia sobre la realidad animal en su conjunto. Y desde ese prisma, por supuesto que el decomiso despliega un papel más que relevante, trascendental en tanto en cuanto, el tráfico de especies constituye uno de los principales negocios criminales del mundo y mueve miles de millones de euros al año.

En definitiva, a efectos estrictamente sustantivos, los animales vivos constituyen, en última instancia, *"efectos"* y *"bienes"* y por muy improcedente que nos pueda parecer catalogarlos bajo estos *nomens*, conforman realidades perfectamente aprehensibles y decomisables de acuerdo con lo dispuesto en el art. 127.1 CP. Es por ello, por lo que, en estrictos términos de corte iusfilosófico, no debería reputarse incoherente adaptar la institución del decomiso a esta singular realidad. A mayor abundamiento, el reconocimiento de una modalidad singular de decomiso aplicada a los animales no frustra la creciente (aunque no tan reciente en el tiempo) reivindicación de la dignidad como una cualidad inherente no sólo al ser humano sino igualmente predicable y extensible a las restantes especies animales y a la Naturaleza en general. Y es que, aunque actualmente la cobertura que ofrece el art. 127 CP pudiera ser suficiente para acordar el decomiso del animal, la pertinencia de la revisión de este precepto no debe reputarse estéril o redundante por cuanto subraya la diferencia valorativa y epistemológica que se le concede social y normativamente a veinte tortugas moras vivas o cinco gatos respecto de la condición material de un simple ordenador o una motocicleta. Aunque a efectos prácticos la idoneidad y fundamento del decomiso tradicional ha demostrado y demuestra ser mecanismo solvente y efectivo en términos teóricos para recuperar los concretos especímenes vivos intervenidos fruto de un delito de maltrato o a consecuencia de otras infracciones penales, es necesario que el legislador reconozca de manera explícita la singularidad del decomiso de los animales vivos, con independencia de cuál sea el tipo penal o el fenómeno delictivo que resulte de aplicación. Es por ello por lo que y constituyendo los animales un *tertium genus*, debiera apostarse por esa modificación de la institución en la Parte General del Código Penal, creado una previsión específica en el art. 127 CP, en sintonía con lo expuesto por los defensores de esta tesis en las propuestas a la LO 3/2023 que, lamentablemente, no fueron atendidas.

BIBLIOGRAFÍA

Alfageme Toribio, A. (2021). *El maltrato animal desde una perspectiva penal, internacional y multidisciplinar.* Tesis doctoral: Universidad de Granada. http://hdl.handle.net/10481/71753.

Arregui Montoya, R. (2024). *El delito de maltrato animal.* Madrid: Dykinson.

Beaudry, J. S. (2016). From autonomy to habeas corpus: Animal rights activists take the parameters of legal personhood to court. *Global Journal of Animal Law, 1*(5).

Bacigalupo Saggese, S. (2019). Capítulo X. Las consecuencias accesorias del delito en el Código Penal. La extinción de la responsabilidad penal. La responsabilidad civil derivada del delito. En Lascuráin Sánchez, J. A. (Coord.) et al. *Manual de Introducción al Derecho Penal.* Colección Derecho Penal y Procesal Penal. Agencia Estatal Boletín Oficial del Estado: Madrid.

Berros, M. V. (2015) Breve contextualización de la reciente sentencia sobre el habeas corpus en favor de la orangutana Sandra: entre ética animal y derecho. *Revista Derecho Ambiental – Abeledo Perrot*; 41:1-13.

Boletín Oficial de Las Cortes Generales (21 de noviembre de 2022). *Enmiendas e índice de enmiendas al articulado 121/000118 Proyecto de Ley Orgánica de modificación de la Ley Orgánica 10/1995, de 23 de noviembre, del Código Penal, en materia de maltrato animal.* Congreso de los Diputados. XIV Legislatura Serie A: Proyectos de Ley. Disponible en red: https://www.congreso.es/public_oficiales/L14/CONG/BOCG/A/BOCG-14-A-118-2.PDF#page=1.

Castillo-Ramos, M., (2021). El habeas corpus como garantía constitucional de protección de derechos de los animales. 593 *Digital Publisher CEIT,* 6(5-1),252-264. https://doi. org/10.33386/593dp.2021.5-1.83.

Cervelló Donderis, V. (2021). La penalidad en los delitos de maltrato y abandono de animales. En Cuerda Arnau (dir.), *De animales y normas.* Protección animal y derecho sancionador. Tirant Lo Blanch: Valencia, 80-113.

Consejo Fiscal (2022). *Informe del Consejo Fiscal al Anteproyecto de Ley Orgánica de modificación de la Ley Orgánica 10/1995, de 23 de noviembre, del Código Penal, en materia de maltrato animal.* Disponible en red: https://www.fiscal.es/documents/20142/290789/INFORME+DEFINITIVO+FIRMADO.pdf/d567bdbc-3d2b-43b2-ebeb-b8298b6f4567?t=1664362547523.

Consejo General del Poder Judicial (2022). *Informe sobre el anteproyecto de Ley Orgánica de modificación de la Ley Orgánica 10/1995, de 23 de noviembre, del Código Penal, en materia de maltrato animal.* Disponible en red: https://www.poderjudicial.es/cgpj/es/Poder-Judicial/Consejo-General-del-Poder-Judicial/Actividad-del-CGPJ/Informes/Informe-sobre-el-anteproyecto-de-Ley-Organica-de-modificacion-de-la-Ley-Organica-10-1995–de-23-de-noviembre–del-Codigo-Penal–en-materia-.

CPBCIM (2018). *Memoria Información Estadística 2012-2016.* Tesoro Público. Gobierno de España. Disponible en red: https://www.tesoro.es/sites/default/files/estadisticas/memoria_estadistica_2012-2016_def.pdf.

De Baggis, G. F. (2015, February). Solicitud de Hábeas Corpus para la Orangután Sandra. Comentario a propósito de la Sentencia de la Cámara Federal de Casación Penal de la Ciudad Autónoma de Buenos Aires, de 18 de diciembre de 2014. In *dA. Derecho Animal. Forum of Animal Law Studies*, 6(1): 1-8.

Ewasiuk, C. (2016). Escape routes: The possibility of habeas corpus protection for animals under modern social contract theory. *Colum. Hum. Rts. L. Rev.*, *48*, 69.

Fiscalía General del Estado de Medio Ambiente y Urbanismo (2019). *Conclusiones XI Reunión Anual de la Red de Fiscales de Medio Ambiente y Urbanismo (18-19 de febrero de 2019).*

Giménez-Candela, M. (2018a). Descosificación de los animales en el CC. español. *DA. Derecho Animal. Forum of Animal Law Studies*, VOL 9, n.° 3: 7-47, https://raco.cat/index.php/da/article/view/349334.

Giménez-Candela, M. (2018b). Es alguien (no algo). *DA. Derecho Animal. Forum of Animal Law Studies*, 2018, vol.VOL 9, n.° 1: 5-10, https://raco.cat/index.php/da/article/view/349363.

González Macabex, M. (13.01.2023). *Que no vuelvan con quien los maltrató: el decomiso definitivo de animales en la reforma del Código Penal.* Blog de Derecho de los Animales. Consejo General de la Abogacía Española. Disponible en red: https://www.abogacia.es/publicaciones/blogs/blog-de-derecho-de-los-animales/que-no-vuelvan-con-quien-los-maltrato-el-decomiso-definitivo-de-animales-en-la-reforma-del-codigo-penal/.

Kurki, V. (2021). Legal personhood and animal rights. *Journal of Animal Ethics*, *11*(1), 47-62.

Moradell, J. (21.01.2022). *Algunas cuestiones sobre el comiso, decomiso o intervención policial y judicial, y la salvaguarda de animales de la fauna silvestre, y en parte aplicables en general a todo tipo de animales.* Disponible en red: https://interjuez.es/2022/01/28/algunas-cuestiones-sobre-el-comiso-decomiso-o-intervencion-policial-y-judicial-y-la-salvaguarda-de-animales-de-la-fauna-silvestre-y-en-parte-aplicables-en-general-a-todo-tipo-de-animales/.

Olmedo de la Calle, E. (2021). *Los delitos de maltrato en España.* Tirant Lo Blanch: Valencia.

Stucki, S., & Herrera, J. C. (2017). Habea (r) s Corpus: Some Thoughts on the Role of Habeas Corpus in the Evolution of Animal Rights. *International Journal of Constitutional Law Blog.*

Vercher Noguera, A. (2021). El decomiso de los animales domésticos sometidos a maltrato. En Cuerda Arnau (dir.), *De animales y normas.* Tirant Lo Blanch: Valencia.

Villadangos, M. J. C. (2016). La protección del animal no humano a través del habeas corpus. *Derecho y Humanidades,* (27), 37-67.

Wise, S. M. (2010). Legal personhood and the nonhuman rights project. *Animal L., 17,* 1.

Wise, S. M. (2012). Nonhuman rights to personhood. *Pace Envtl. L. Rev., 30,* i.

Wise, S. M. (2018). The struggle for the legal rights of nonhuman animals begins-the experience of the nonhuman rights project in New York and connecticut. *Animal L., 25,* 367.

Wise, S. M. (2022). The Nonhuman Rights Project's Struggles to Gain Legal Rights for Nonhuman Animals. *Animal Ethics and Animal Law,* 117.

tirant
PRIME

Inteligencia jurídica
en expansión

Trabajamos para
mejorar el día a día
del **operador jurídico**

Adéntrese en el universo
de **soluciones jurídicas**

 96 369 17 28  atencionalcliente@tirantonline.com

prime.tirant.com/es/